हजारीप्रसाद द्विवेदी संचयिता

महात्मा गांधी अन्तरराष्ट्रीय हिन्दी विश्वविद्यालय

वाणी प्रकाशन
नयी दिल्ली-110002
फोन : 3273167, 3275710 • फैक्स : 3275710
e-mail : vani_prakashan@yahoo.com
vani_prakashan@mantraonline.com

हजारीप्रसाद द्विवेदी संचयिता

संपादक

राधावल्लभ त्रिपाठी

वाणी प्रकाशन

वाणी प्रकाशन का 'लोगो'
विख्यात चित्रकार मक़बूल फ़िदा हुसेन की
कूची से

ISBN : 81-7055-169-2

वाणी प्रकाशन
21-ए, दरियागंज, नयी दिल्ली-110002
द्वारा प्रकाशित

फोन : 0091#11#23273167, 23275710
फैक्स : 0091#11#23275710
ई-मेल : vaniprakashan@gmail.com
vani_prakashan@yahoo.com
वेबसाइट : www.vaniprakashan.com

प्रथम संस्करण : 2001
द्वितीय संस्करण : 2010

मूल्य : 400.00

जी एस आफसेट, शाहदरा, दिल्ली-110032
द्वारा मुद्रित

HAJARIPRASAD DWIVEDI
SANCHAYITA
Edited by
Dr. Radhavallabh Tripathi

अनुक्रम

परिशिष्ट

पीठिका

"आठहु पहर मस्तान माता रहै, आठहु पहर की छाक पीवै।
कहै कबीर सोइ सन्त जन सूरमा काल निच्चोड़ि के अमृत पीवै।।"

('कबीर' तथा 'साहित्य का मर्म' में द्विवेदीजी के द्वारा उद्धृत)
ग्रन्थावली-7, पृ. 155 ग्रन्थावली-4, पृ. 338

पढ़ा पढ़ाया लिखा लिखाया अब क्या करना बाकी।
व्योमकेश दरवेश चलो अब गंगा के तट एकाकी।।

(18 दिसम्बर 1969 को शिवमंगल 'सुमन' को द्विवेदी जी द्वारा लिखे पत्र से)

हजारीप्रसाद द्विवेदी और व्योमकेश शास्त्री में अपने आपको द्विधा विभक्त करके द्विवेदी जी ने उस सृजनशीलता की रक्षा और विकास किया, जो हिन्दी साहित्य के लिए मूल्यवान् उपलब्धि है।

(दूसरी परम्परा की खोज, डॉ. नामवरसिंह, पृ. 121)

"मेरे विचार में हजारीप्रसादजी की यह सबसे महत्त्वपूर्ण देन थी--एक आधुनिक भारतीय किस दुर्गम रास्ते से अपनी खंडित चेतना का अतिक्रमण कर सकता है, अपनी जातीय स्मृति की सलवटों से उस देवता की मूर्ति निकाल सकता है, जिस पर पिछले दो सौ वर्षों से इतिहास की गर्द जमा होती गई है, जो मूर्ति भी है और आइना भी, जिसमें वह अपने से साक्षात्कार करता है। वह सही अर्थ में आधुनिक थे, क्योंकि वह अतीत की सब छलनाओं और इतिहास की मरीचिकाओं से मुक्त थे--वह सही अर्थ में हिन्दू भी थे--ऐसे ब्राह्मण--जिन्होंने हिन्दुत्व की बहुविध प्रेरणाओं से मनुष्य का सत्त्व निचोड़ा था। आधुनिकता और हिन्दुत्व इन दोनों के मेल से वह प्रामाणिक अर्थ में भारतीय बने थे। उनकी दृष्टि में भारतीयता वर्तमान के पासपोर्ट पर कोई बनी बनाई विरासत नहीं थी, जिसे हम अतीत से पा लेते हैं--वह एक ऐसा मूल्य थी, जिसे हर पीढ़ी को अपने समय में अर्जित करना पड़ता है।"

(कला का जोखिम, निर्मल वर्मा, 1984, पृ. 30)

सम्पादकीय

आचार्य हजारीप्रसाद द्विवेदी पिछली सदी के शलाका पुरुषों में एक थे। अध्यापक, पंडित, समीक्षक व रचनाकार आदि अनेक रूपों में अनेकत्र वे स्मरणीय बने रहेंगे। उनके लेखन की परिधि इतनी बड़ी है कि उसमें से प्रतिनिधि रचनाओं का चयन करना सरल कार्य नहीं है। निबन्ध, समीक्षा, शास्त्ररचना, सम्पादन, अनुसन्धान, उपन्यास, कहानी तथा नाटक और कविता–इन नौ विधाओं में लगभग पचास वर्षों तक उन्होंने सतत साहित्य साधना की। उनके लेखन की विपुलता चयनकार की हानोपादानबुद्धि को भ्रमित करनेवाली है। उनकी समग्र रचनाओं का सुव्यवस्थित सम्पादन न हो पाना भी चयनकार के लिए एक बड़ी समस्या उत्पन्न करता है। ग्यारह खंडों में पाँच हजार से अधिक पृष्ठों में उनकी जो ग्रन्थावली छपी है, उसमें उनकी अनेक रचनाएँ असंकलित हैं। 1934 ई. में प्रकाशित उनकी 'नखदर्पण में हिन्दी कविता' नामक पुस्तिका का उल्लेख कु. पी. वासवदत्ता ने अपनी पुस्तक (1965 ई.) में किया है। यह पुस्तिका मुझे नहीं मिल पाई और 'ग्रन्थावली' में इसका समावेश नहीं हुआ है। 'यदि मैं लिखता' और 'हिन्दी के समीक्षक आचार्य रामचन्द्र शुक्ल' ये दो द्विवेदी जी के बहुत पुराने किन्तु महत्त्वपूर्ण लेख हैं, जो 'ग्रन्थावली' में नहीं हैं और प्रस्तुत संकलन में इतर स्रोतों से लिए गए हैं। महात्मा गांधी पर उनकी लम्बी कविता (इस संकलन में वैभव-5 के अन्तर्गत छठा शीर्षक) तथा भूमिका में आगे उद्धृत 'अथ कविता' शीर्षक द्विवेदी जी की एक पैरोडी भी 'ग्रन्थावली' में नहीं हैं।

आचार्य द्विवेदी पर सौ से अधिक शोध-प्रबन्ध लिखे गए होंगे, जिनमें पिष्टपेषण और चर्वित चर्वण ही प्रायः हुआ है। आचार्य द्विवेदी भी हिन्दी के एक 'कलम के सिपाही' और 'आवारा मसीहा' थे। यह विडम्बना ही है कि उनकी कोई विशद प्रामाणिक जीवनी नहीं लिखी गई। मेरी इच्छा थी कि इस 'भूमिका' में उनकी एक जीवनी भी रहे। प्रामाणिक सामग्री के अभाव में यह उतनी पुष्ट नहीं बन सकी, जितनी बन सकती थी। भूमिका कुछ लम्बी अवश्य हो गई है, इसमें आचार्य द्विवेदी की साहित्य-यात्रा को उसकी समग्रता में समझने का विनम्र प्रयास किया गया है।

'आचार्य हजारीप्रसाद द्विवेदी' शीर्षक संचयिता के पाँच वैभवों में क्रमशः ललित

निबन्ध, समीक्षा तथा अनुसन्धान, उपन्यास, कलाशास्त्र और कविता की विधाओं में हुए द्विवेदीजी के लेखन को समेटा गया है। वैभव-1 'सृष्टि का लालित्य' में दस ललित निबन्ध हैं। 'नाखून क्यों बढ़ते हैं?' जैसे चर्चित निबन्ध का अभाव इसमें खटक सकता है, पर जो निबन्ध लिए गए हैं, उनमें वे प्रथम पाँच द्विवेदी जी की पुष्पों, वृक्षों और ऋतुओं को अवधूतों, अपराजेय जिजीविषा से सम्पन्न मनीषियों, सामन्तीय मूल्यबोध, अर्थातीत छन्द और ऊर्ध्वगामिता तथा सृष्टि के लय और राग का प्रतीक बना देने की अद्भुत क्षमता के परिचायक हैं। शेष पाँच निबन्धों में उनका ब्रह्मांड दर्शन, कौतुकीवृत्ति, समाजचिन्ता और अपनी धरोहर के जीवन्त रूपों से गहरी संसक्ति प्रतिफलित हुई। वैभव-2 में 'सूर साहित्य' और 'मेघदूत एक पुरानी कहानी' से चाहकर भी कोई अंश नहीं रखे जा सके। ये दोनों पुस्तकें विषय के साथ ऐसी समग्र एकतानता से लिखी गई हैं कि इनमें से कोई एक अंश तोड़कर अलग करना ही सम्भव नहीं लगा। 'सूर' पर उनकी एक बाद की पुस्तक से 'यह अन्ध गायक कौन था?' शीर्षक एक पठित भाषण यहाँ लिया गया है, यह बताने के लिए भी कि जिस वैष्णव महाभाव में डूबकर 1930 ई. में 'सूर-साहित्य' पुस्तक द्विवेदी जी ने लिखी, वह 1978 ई. में वैसा ही उनके भीतर स्पन्दित है। वैभव-3, ललित अष्टपदी में 'बाणभट्ट की आत्मकथा' से तीन, 'चारुचन्द्रलेख' से एक व 'पुनर्नवा' तथा 'अनामदास का पोथा' से दो-दो अंश संगृहीत हैं। इन अंशों के संग्रह में यह ध्यान रखा गया है कि सम्बद्ध उपन्यास की भावधारा में पाठक अवगाहन कर सकें और उसकी पूरी संरचना को भी पकड़ सकें। वैभव-4 में 'कालिदास की लालित्य योजना' से तीन व लालित्य तत्त्व तथा साहित्य का मर्म पुस्तकों से एक-एक अंश लिया गया है। यह जानते हुए भी कि द्विवेदीजी का कवि रूप अचर्चित, उपेक्षित और अस्वीकृत है, वैभव-5 में उनकी कविताओं के सात नमूने यहाँ रखे गए हैं। ऐसा न करना द्विवेदी जी के प्रति अन्याय होता। द्विवेदीजी द्वारा सम्पादित अनेक ग्रन्थों की भूमिकाएँ, उनकी कहानियाँ और एकमात्र नाटक—इनमें से कुछ भी इस संकलन में नहीं आ सका। इसका कारण इसके कलेवर की सीमा है।

ललित अष्टपदी में उपन्यासों से चुने गए अंशों के शीर्षक मेरे द्वारा दिए गए हैं, यही स्थिति लालित्य-दृष्टि में 'भारतीय कलादृष्टि' शीर्षक से संकलित अंश तथा ललित सप्तक में संकलित तीसरी, चौथी व पाँचवीं कविताओं के साथ भी है, जिनमें शीर्षक कवि द्वारा नहीं दिए गए। 'ललित अष्टपदी' में उपन्यासों से संकलित अंशों के साथ कुछ स्थलों पर संस्कृत साहित्य से प्रभाव या छाया बताने के लिए पाद टिप्पणियाँ मैंने जोड़ी हैं। ऐसी पाद टिप्पणियाँ द्विवेदीजी स्वयं भी जोड़ चुके थे। इससे यह न माना जाए कि द्विवेदीजी के कृतित्व में मौलिकता की कमी है। हिन्दी के सबसे मौलिक कवि कदाचित् तुलसीदास कहे जा सकते हैं, और नानापुराण, निगमागम व प्राचीन काव्यों तथा नाटकों की छायाएँ, अनुगूँजें सबसे ज्यादा यदि हिन्दी के किसी बड़े काव्य

में मिलती हैं, तो उनके 'रामचरितमानस' में। तुलसीदास के बाद प्राचीन साहित्य से सर्वाधिक प्रभाव व छायाएँ अन्तर्भावित करके रचनात्मक साहित्य में नवीनता लानेवाले साहित्यकार हिन्दी में कदाचित् द्विवेदीजी ही हैं।

मैं महात्मा गांधी अन्तरराष्ट्रीय हिन्दी विश्वविद्यालय का कृतज्ञ हूँ जिसके कारण मुझे हजारीप्रसाद द्विवेदी को पढ़ने और समझने का अवसर मिला। आशा है यह संकलन हिन्दी के पाठकों के लिए संग्राह्य और उपादेय होगा।

राधावल्लभ त्रिपाठी

भूमिका

जीवनरेखाएँ

पंडित हजारीप्रसाद द्विवेदी का जन्म श्रावण शुक्ल 11 संवत् 1964 (20 अगस्त, सन् 1907 ई.) को बलिया जिले के अन्तर्गत भारत दुबे का छपरा, ओझवलिया नामक ग्राम में सरयूपारीण ब्राह्मण कुल में हुआ। इनके पिता का नाम अनमोल द्विवेदी तथा माता का नाम परमज्योति द्विवेदी था। भारत दुबे का छपरा जो केवल दुबे का छपरा के नाम से भी जाना जाता रहा है, बलिया जिले में ओझवलिया या ओझ गाँव का वह हिस्सा था, जिसे इन्हीं के प्रपितामह श्री आरत दुबे ने बसाया था। आरत दुबे प्रख्यात हिन्दी सेवी बाबू रामदीनसिंह के काश्तकार थे। उनका कुल ज्योतिष विद्या के लिए विख्यात था। उनके प्रपितामह ने 28 वर्ष तक काशी में रहकर ज्योतिष का सांगोपांग गहन अध्ययन किया था। उनके पिता अनमोल द्विवेदी अपने गाँव के सम्मानित पंडित और ज्योतिषी थे।

द्विवेदीजी का जन्म के बाद नाम रखा गया था—बैजनाथ। पर जन्म के बाद एक बार पिता पंडित अनमोल द्विवेदी को एक मुकदमा लड़ने के लिए रुपयों की जरूरत थी, और अचानक उन्हें एक हजार रुपए मिल गए। इस आकस्मिक प्राप्ति को बेटे के भाग्य से जोड़ते हुए बैजनाथ का नाम हजारीप्रसाद कर दिया गया।

द्विवेदीजी ने प्राथमिक शिक्षा पहले गाँव रैपुरा में और फिर अपने चाचा की देखरेख में बसीरापुर (बसरिकापुर) के मिडिल स्कूल में पाई। 1920 ई. में वे प्रथम श्रेणी में मिडिल हुए और संस्कृत की प्रवेशिका परीक्षा भी पास की। संस्कृत का प्रारम्भिक अध्ययन इन्होंने पाराशर ब्रह्मचर्य आश्रम में किया। चाचा बाँकेबिहारी द्विवेदी मैथिलीशरण गुप्त के बड़े प्रशंसक थे। लघुसिद्धान्तकौमुदी, भारतभारती और जयद्रथवध हजारीप्रसाद जी ने उनकी प्रेरणा से रट डाले। गाँव में अच्छा पुस्तकालय न था। पर आर्य समाज के प्रभाव से षड्दर्शनग्रन्थों के अनुवादों, उपनिषदों की टीकाओं, रामायण-महाभारत और 'लघुसिद्धान्तकौमुदी' आदि ग्रन्थों का हजारीप्रसाद जी ने अपनी छात्रावस्था के आरंभ में अध्ययन कर लिया था। 1923 ई. में काशी हिन्दू विश्वविद्यालय में दाखिल हुए। 1930 ई. में उन्होंने इंटर और ज्योतिषाचार्य की परीक्षा उत्तीर्ण की।

विद्यार्थी जीवन में ही विवाह (1927 ई. में) श्रीमती भगवती देवी के साथ हुआ। परिवार भरा-पूरा रहा—चार पुत्र और तीन पुत्रियों का उनकी वंशवृद्धि में योग रहा।

श्रीमती आशा नायकम् विश्वभारती, शान्तिनिकेतन की रेक्टर थीं। उनके द्वारा सम्पर्क करने के परिणामस्वरूप पं. हजारीप्रसाद द्विवेदी ने काशी और अपना देश छोड़कर जीविकोपार्जन और कुछ शान्तिनिकेतन के आकर्षण से प्रेरित होकर सुदूर बंगाल में प्रयाण का निश्चय किया। 7 नवम्बर, 1930 ई. के दिन लम्बा सफर तय करके वे शान्तिनिकेतन पहुँचे थे। पहुँचते ही सबसे पहला काम किया—श्रीमती आशा नायकम् से भेंट। भेंट बाद में हुई, दूर से देखते ही उन्हें श्रीमती नायकम् में अपनी दीदी दिखाई दीं।

हजारीप्रसाद द्विवेदी पारम्परिक हिन्दू और ब्राह्मण थे। यज्ञोपवीत संस्कार उनका हुआ ही होगा। परम्परा में यज्ञोपवीत संस्कार होने पर व्यक्ति द्विज (दूसरी बार जन्मा हुआ) बनता है। पर हजारीप्रसादजी ने 8 नवम्बर 1930 ई. के दिन को अपना द्विजत्व प्राप्ति का दिन माना। ''अपना दूसरा जन्म वे शान्तिनिकेतन पहुँचने के दिन को ही मानते थे। जन्मदिन मनाते तो उन्हें कभी देखा नहीं गया। लेकिन द्विजत्व प्राप्ति का दिन वे बड़ी निष्ठा से मनाते थे।'' (दूसरी परम्परा की खोज : डॉ. नामवरसिंह, पृ. 11)। यह क्रम जीवन के अन्तिम पड़ाव तक जारी रहा। 23 अक्टूबर 1973 के पत्र में शिव मंगल सिंह सुमन को वे लिखते हैं—''आप जानते हैं कि 6,7 और 8 नवम्बर मेरे द्विजत्व प्राप्ति की तिथि है। मैं शान्तिनिकेतन के लिए 6 को चला था और 7 को पहुँचा था और 8 को काम शुरू किया था। इन तिथियों को मैं बहुत महत्त्वपूर्ण समझता हूँ। इसी समय उज्जैन में महाकाल के दरबार में इसकी 43वीं वर्षगाँठ सम्पन्न होगी।'' (ग्रन्थावली-11/378)

शान्तिनिकेतन में द्विवेदीजी 20 वर्ष तक रहे। यह अवसर जीवन में न आता, तो उनकी प्रतिभा को सम्भवतः वह परिष्कार, निखार और विकास भी न मिलता, जो यहाँ मिला। शान्तिनिकेतन में रह कर उन्होंने 1940 से 1946 ई. के बीच कलकत्ता की अभिनवभारती ग्रन्थमाला का सम्पादन किया; तथा 1941 से 1947 तक विश्वभारती विश्वविद्यालय की प्रतिष्ठित शोधपत्रिका विश्वभारती के संपादक रहे। शान्तिनिकेतन में आचार्य क्षितिमोहन सेन तथा रवीन्द्रनाथ ठाकुर के व्यक्तिगत सम्पर्क ने उनके पांडित्य, चिन्तन और प्रतिभा को नया परिष्कार और वैभव दिया। ''काशी से शान्तिनिकेतन के लिए प्रस्थान शौक नहीं लाचारी थी। यह दूसरी बात है कि वह लाचारी भी वरदान बन गई। शान्तिनिकेतन में पैसे कम थे, लेकिन और बहुत कुछ था। स्वयं रवीन्द्रनाथ थे। और क्षितिमोहन सेन भी। इसके अलावा समूचे आश्रम का सांस्कृतिक वातावरण। विश्वभारती उस समय अपने उत्कर्ष के शिखर पर था। प्रलोभन यह कि पास ही कलकत्ते से पंडित बनारसीदास चतुर्वेदी 'विशालभारत' जैसी प्रभावशाली पत्रिका भी निकाल रहे थे। यह सब था, फिर भी काशी के लिए मन

में हुड़क थी। क्या विडम्बना है! जिस काशी ने गोद से उतार दिया, उसी के लिए हुड़क!'' (दूसरी परम्परा की खोज, पृ. 24)।

इसी हुड़क के कारण अठारह वर्ष बाद काशी हिन्दू विश्वविद्यालय में आने का अनुरोध मिला, तो आचार्य हजारीप्रसाद द्विवेदी बड़े धर्मसंकट और अन्तर्द्वन्द्व में पड़ गए कि जाएँ कि न जाएँ। अन्ततः न जाने का निर्णय लिया। शान्तिनिकेतन में रहकर जो किया जा सकता था, उसके सामने दुनिया के सारे प्रलोभन फीके थे। इसी मनःस्थिति में पं. बनारसीदास चतुर्वेदी को उन्होंने लिखा—''जिस कार्य को मैं कर रहा हूँ, इसके लिए मुझे भारतवर्ष के तीन और बाहर के एक ऐसे महापुरुष के आशीर्वाद प्राप्त हैं, जिनकी तुलना में सब लाभ फीके पड़ जाते हैं। इन चारों के नाम आप जानते हैं—रवीन्द्रनाथ, गांधीजी, मालवीय और एंड्र्यूज। इनके सामने मैं संसार के किसी और को नहीं देख पाता।'' (पत्र—हजारीप्रसाद द्विवेदी, सं. मुकुन्द द्विवेदी, पृ. 124)। पर काशी का आमंत्रण फिर से दो वर्ष बाद आ पहुँचा। इस बार अनुरोध विश्वविद्यालय के उपकुलपति श्री गोविन्द मालवीय ने विशेष रूप से किया था। 'अन्ततः अन्दर के अप्रतर्क्य प्रतिरोध को अनसुना करके काशी आने का निर्णय कर लिया।' (दूसरी परम्परा की खोज)

1950 ई. से 1960 ई. तक द्विवेदी काशी हिन्दू विश्वविद्यालय में रहे। 1961 ई. में वे पंजाब विश्वविद्यालय, चंडीगढ़ में आ गए। कुछ समय बाद काशी हिन्दू विश्वविद्यालय के कला संकाय में ही हिन्दी भाषा के ऐतिहासिक व्याकरण की योजना के निदेशक होकर लौटे। आयु के आखिरी पड़ाव पर पहुँचे, तो प्रतिष्ठा और पद उनका अनुगमन कर रहे थे। हिन्दी ग्रन्थ अकादेमी के उपाध्यक्ष रहे, अस्वस्थता के कारण लखनऊ रहना और आना-जाना सम्भव न था। इनके अनुरोध पर अकादेमी का एक शाखा कार्यालय काशी में ही खोल दिया गया। काशी छोड़ना नहीं चाहते थे, पर अन्त में काशी फिर से छूटी, जब रुग्णावस्था में चिकित्सा के लिए दिल्ली ले जाया गया।

रहन-सहन और लिबास में सदा फक्कड़ रहे। विचारों की तरह। खादी का कुर्ता, और धोती तथा कन्धे पर भागलपुरी चादर, प्रायः यही वेशभूषा उनकी आजीवन बनी रही।

मध्यवित्त परिवार में जन्म लेकर दरिद्रता और घोर उपेक्षा का दुःख उन्होंने वर्षों तक झेला। उनके सुयोग्य शिष्य डॉ. नामवरसिंह ने तो इस दृष्टि से उनकी तुलसीदास से तुलना कर दी है—''बचपन की वही दरिद्रता, जवानी में काशी के पंडितों का वही घृणित विरोध और अन्त में थोड़े दिनों की महन्ती भी वैसी ही।'' (दूसरी परम्परा की खोज, पृ. 21)। काशी में आचार्य हजारीप्रसाद द्विवेदीजी ने जो झेला और पाया, उस पर बहुत लिखा गया है। पर शान्तिनिकेतन में उन्होंने जो झेला और पाया—वह उनके जीवनीकारों ने प्रायः अनदेखा किया है। संघर्ष, वेदना और परदेश

में पड़े रहने की कचोट शान्तिनिकेतन में जैसी उन्होंने झेली वैसी अन्यत्र रहकर कहीं नहीं झेली। पर शान्तिनिकेतन में तीन बातें थीं, जिनके कारण द्विवेदीजी वहाँ बीस बरस टिके रह सके, पहली–गुरुदेव का स्नेह और आश्रम में उनकी डाली हुई परम्पराएँ, दूसरे क्षिति बाबू का साथ और तीसरी–बनारसीदास चतुर्वेदी जी से निरन्तर पत्राचार। पर इन सबके साथ एक साँसत और टीस बराबर बनी रहती थी, जिसे उन्होंने शान्तिनिकेतन में रहकर कभी किसी के आगे व्यक्त नहीं किया। यह सचमुच द्विवेदीजी की महानुभावता का प्रमाण है। जिस संस्था ने घोर गरीबी में सहारा दिया था, और जिसके कारण दो जून सुख से रोटी खा रहे थे, वहाँ की व्यवस्था से जो कुछ असुविधा, यन्त्रणा होती रही, उसे लेकर एक शब्द कभी कदाचित् उन्होंने जबान पर नहीं आने दिया। बनारसीदास चतुर्वेदी से उनका पत्राचार परदेश में पड़े हुए दो अनन्य हिन्दी सेवकों के बीच निश्छल संवाद का नमूना है–सर्वथा अन्तरंग और विश्वस्त। 7-9-37 की तारीख में बनारसीदास चतुर्वेदी के नाम लिखे पत्र में द्विवेदीजी के मन की टीस खुली है–"आपसे कहने में कोई संकोच नहीं। मैं आपसे अपने हृदय की बात कह रहा हूँ। शान्तिनिकेतन में रहकर मैं जो कुछ साहित्यिक कार्य कर सकता हूँ, वह नहीं कर सकता। मुझे तीस-पैंतीस पीरियड प्रतिसप्ताह काम करने के बाद भी प्रतिदिन पेट की चिन्ता के लिए कई अनावश्यक यान्त्रिक काम करने पड़ते हैं। जो क्लास मैं लेता हूँ, उसमें ग्यारह घंटे संस्कृत में, दो घंटे स्तोत्र में, छह घंटे गणित पढ़ाने में सम्मिलित हैं। हिन्दी का कार्य कुल 10-11 घंटे करता हूँ। इस प्रकार 19 घंटे मेरा कम करके साहित्यिक रचनात्मक कार्य में लगाया जा सकता है।" (ग्रन्थावली-11/302)। आज के टालमटूल अध्यापन के काल में विश्वविद्यालय के प्राध्यापक प्रायः सप्ताह में दो-चार पीरियड लेने को भी भारी बोझ समझते हैं, द्विवेदी जी उस काल में पैंतीस पीरियड प्रतिसप्ताह का अतिशय भारी बोझ मौन और शान्त भाव से ढोते रहे, तो इसके पीछे शान्तिनिकेतन का अनुशासन और पावन वातावरण जितनी बड़ी वजह थी, उतनी ही बड़ी वजह द्विवेदीजी की आर्थिक विवशता भी थी।

बनारसीदास चतुर्वेदी जी को लिखे एक अन्य पत्र में उन्होंने कहा है–इतना आप ध्यान रखें कि हिन्दू विश्वविद्यालय वाराणसी का संस्कृत कॉलेज न होता, तो मैं शायद कुछ भी पढ़ न पा सकता था... हिन्दू विश्वविद्यालय के सेंट्रल हिन्दू कॉलेज में बड़े उत्साह से इंटरमीजिएट पढ़ने गया।...मेरे घर की आर्थिक अवस्था की बात न कहनी ही ठीक है। मुझे याद आता है कि पिताजी ने बड़ी कठिनाई के बाद गाँव के एक व्यक्ति से चालीस रुपए उधार लिए थे। वह मेरी इंटरमीजिएट की भर्ती की प्रथम कहानी थी। मैं इसके बाद क्लास में बैठता और फीस नहीं देता था। आर्थिक संकट के कारण विश्वविद्यालय में शिक्षा का मोह असमय में छोड़ना ही पड़ा। शान्तिनिकेतन के निवासकाल में वृद्ध पिता साथ रहने को आ गए थे और जीवन

के अन्तिम दिनों में वे हजारीप्रसाद के साथ रहे। छोटे भाई की पढ़ाई का भार द्विवेदीजी ही उठाते रहे। शान्तिनिकेतन आने के पूर्व कदाचित् काफी बड़ा कर्जा उन पर था जिसे उतारने के लिए वे अतिरिक्त काम करते रहे। 10.6.36 के अपने पत्र में बनारसीदास चतुर्वेदी को फिर लिखा है—'सौभाग्यवश मुझे एक हल्का-सा काम मिल गया है। मेरी आँखें जहाँ तक काम दे सकतीं थीं, इसी में चिपटा रहा। पत्र लिखना बंद कर दिया था। कल पूरे सौ रुपए का काम समाप्त कर चुका हूँ। अगले सप्ताह में भगवान् की कृपा होगी, तो 20 रुपए का और कर दूँगा। इस प्रकार इस जून के भीतर 120 रुपए पा जाऊँगा और ऋण की एक किश्त जो जेठ की पूर्णिमा को दे देनी चाहिए थी, आषाढ़ में निश्चित रूप से चुका सकूँगा। यह रुपया मुझे अप्रत्याशित रूप से मिल गया है।' (ग्रन्थावली-11/294)।

मान-सम्मान उपाधियाँ आदि द्विवेदीजी को यथेष्ट मिलीं, जिनमें भारत शासन का पद्मभूषण (1957 ई.) तथा बंग साहित्य अकादेमी का टैगोर पुरस्कार (1962 ई.) तथा केन्द्रीय साहित्य अकादेमी का पुरस्कार (1973 ई.) का उल्लेख किया जा सकता है।

19 मई 1979 को द्विवेदीजी ने अपना पार्थिव शरीर त्यागा।

व्यक्तित्व, संस्कार तथा प्रेरणास्रोत

संस्कारों से द्विवेदीजी परम वैष्णव थे। उनके परिवार में राधाकृष्ण की उपासना होती थी। उनके पिता स्वर्गीय अनमोल द्विवेदी राधाकृष्ण के परम उपासक थे। वे जुगलकिशोर की रट लगाए रहते थे। (चिन्तन और व्यक्तित्व, पृ. 4 पर डॉ. श्याम सुन्दर घोष के लेख में डॉ. शिवप्रसाद सिंह के 'अवकाश' जून द्वितीय 1979 में छपे लेख से उद्धृत)। पिता का यह संस्कार अमिट रूप से आजीवन हजारीप्रसाद जी के चित्तपटल पर अंकित रहा। मृत्यु के पूर्व सुन्दरलाल अस्पताल में उन्होंने अपनी बहुत कमजोर आवाज में अपने एक शिष्य से कहा था—"अहिरा सुनते नइखे। केतना मनावत हईं पर काहे के?" वे गुस्से में कृष्ण को अहिरा (अहीर) कहते थे। (वही)

द्विवेदीजी के व्यक्तित्व में कालिदास, बाणभट्ट, मध्यकालीन तान्त्रिक साधकों, तुलसी, कबीर व रवीन्द्रनाथ सभी की प्रतिच्छवि देखी जा सकती है। लोकजीवन और लोकचेतना में वे रमे रहे। शान्तिनिकेतन के उनके बीस वर्षों के प्रवास ने उनके भीतर व्योमकेश को जन्म दिया। संवर्धित किया। रवीन्द्रनाथ के प्रति अकुंठ कृतज्ञता द्विवेदीजी के मन में सदैव बनी रही। उनकी पुस्तक 'मृत्युंजय रवीन्द्र' इसका उत्तम साक्ष्य है। अपने होने की सार्थकता का एहसास कदाचित् रवीन्द्रनाथ के सम्पर्क में उन्होंने जितना पाया, उतना अन्य किसी के सम्पर्क में नहीं। उनके पास जाने से बराबर यह अनुभव होता था कि मैं छिन्नवृन्त तूलखंड की भाँति व्यर्थ ही इधर-उधर मारे-मारे फिरने के लिए नहीं बना हूँ। (मृत्युंजय रवीन्द्र, पृ. 7)। रवीन्द्रनाथ के व्यक्तित्व

की गरिमा से वे अभिभूत थे—उनके निकट जानेवाले को सदा यह अनुभव होता था कि वह पहले से अधिक परिष्कृत और अधिक बड़ा होकर लौट रहा है। (वही)

द्विवेदीजी रवीन्द्रनाथ के परम प्रशंसक रहे पर रवीन्द्रनाथ का सर्वातिशायी साहित्यिक अवदान उनके समीक्षक व्यक्तित्व का उपजीव्य कभी नहीं बना। रवीन्द्र के प्रति अपार श्रद्धा भले उनके मानस में रही हो, पर उनकी समझ व मानस की बनावट में वे बहुत दूरगामी प्रभाव नहीं डाल सकते थे। इस समझ और मानस की बनावट में यदि द्विवेदीजी अपने समय के महापुरुष में किसी के सबसे अधिक निकट आते हैं, तो वे गांधीजी हैं। महात्मा गांधी के सिवा और कोई दूसरा नेता नहीं है, जिसने देश में ऐसी आत्मगरिमा का संचार किया हो (ग्रन्थावली-8/271)। सर्वाधिक निर्व्याज अकुंठ श्रद्धा और आस्था भी उन्होंने गांधी जी के लिए ही प्रकट की है। 'वह चला गया' शीर्षक निबन्ध में वे गांधीजी के कर्म और मर्म को भागवत से जोड़ कर देखते हैं। यह द्विवेदीजी ही कर सकते थे क्योंकि वे उस भावभूमि को जी रहे थे, जो गांधी जी की भावभूमि भी थी। "पिछले सत्ताईस वर्षों से महात्मा जी की बातें सुनता आ रहा हूँ, और उनके किए कार्यों को देखता आ रहा हूँ। कई बातों में उनके आदर्शों पर चलने का प्रयत्न मैंने किया है।..महात्मा जी के प्रति मेरे मन में इतनी श्रद्धा रही है, जितनी किसी के मन में उपास्य देवता की होती है।" इस उपास्य-उपासक भाव में एक भावावेग है—सारे अनास्थाओं और अविश्वासों के युग में कोई एक आस्था और विश्वास का केन्द्र अपना लेने का आवेग। 'वह चला गया' शीर्षक से गांधीजी की हत्या के पश्चात लिखा गया लेख तो स्पष्ट ही एक भावाविष्ट मनःस्थिति में लिखी गई प्रशस्ति है। गांधी जी में वे एक सच्चा अवधूत देखते हैं। 'शिरीष के फूल' में गांधी जी का आकस्मिक स्मरण जिस तरह द्विवेदीजी ने किया है, और कोई न कर पाता। किसी व्यक्ति पर द्विवेदीजी ने कदाचित् गांधी जी को छोड़ कर; गांधीजी पर भी जो लम्बी कविता उन्होंने लिखी (देखें इस संचयिता के पाँचवें वैभव में छठा शीर्षक) उसमें गांधी एक व्यक्ति न होकर प्रतीक बना दिए गए हैं।

हिन्दी साहित्य के लिए ललक उनके मन में हरिऔध जी ने जगाई। हरिऔध जी ने इनकी हिन्दी की कविताएँ पढ़ कर इनकी पीठ थपथपाई थी। इनकी वीररस से परिपूर्ण कविता पढ़कर तो उन्होंने द्विवेदीजी को आधुनिक भूषण कह दिया था (उपन्यास साहित्य : प्रे. ना. दुबे, पृ. 14)।

द्विवेदीजी मूलतः संस्कृत के पंडित और ज्योतिषी थे। पंडित बनारसीदास चतुर्वेदी ने उन्हें हिन्दी साहित्य के अध्ययन के लिए प्रेरित किया। द्विवेदीजी के व्यक्तित्व के निर्माण में जिन आचार्यों का योग रहा, उनमें शान्तिनिकेतन के क्षितिमोहन सेन अविस्मरणीय हैं। उन्होंने लिखा है—"मैं मन-ही-मन इस बात के लिए लज्जा का अनुभव करता हूँ कि दीर्घकाल तक उनके सम्पर्क में रह कर भी मैं उनके स्नेह का

उचित अधिकारी नहीं सिद्ध हो सका।'' (सूरसाहित्य, भूमिका)। आचार्य क्षितिमोहन सेन को उन्होंने इसी सम्भ्रममिश्रित समादर के साथ हिन्दी साहित्य की भूमिका तथा अन्य पुस्तकों में स्मरण किया है। शान्तिनिकेतन में नन्दलालबसु और दीनबन्धु एंड्र्यूज का सम्पर्क भी उनके जीवन में महत्त्वपूर्ण रहा।

अन्य विद्वानों में प्रो. विंटरनित्स, पं. विधुशेखर शास्त्री तथा वेणी माधव वाड़ुवा से अप्रत्यक्षतया उन्होंने बौद्ध साहित्य के अध्ययन में दिशानिर्देश पाया। प्रकाशकों में पंडित नाथूराम प्रेमी के लिए उनके मन में बड़ा आदर रहा। कनिष्ठ सहयोगियों में प्रो. दशरथ ओझा तथा अनुज पृथ्वीनाथ द्विवेदी का स्मरण उन्होंने किया है।

बलराज साहनी शान्तिनिकेतन में द्विवेदीजी के साथी रहे। उन्होंने उस समय के उनके रूप का वर्णन करते हुए जो चित्र खींचा है, वह द्विवेदीजी की उस छवि को अंकित करता है, जो अन्त तक बनी रही—''आयु इकतीस वर्ष है। गाड़ी देखने के बेहद शौकीन हैं। दूर से आती हुई गाड़ी का शब्द सुनते ही शास्त्रार्थ व चप्पल छोड़कर लाइन की तरफ भाग खड़े होते हैं। द्विवेदीजी जीवन से अथक प्रेम रखते हैं। वह उसकी क्रीड़ा को निर्लिप्त हो कर देखते हैं। किन्तु साथ ही उन्हें जीवन के चरम उद्देश्य, साहित्य व कला के प्रति गहरी श्रद्धा है। ज्ञान और अनुभव के लिए भूख है। सुई से लेकर सोशलिज्म तक सभी वस्तुओं का अनुसन्धान करने के लिए उत्सुक रहते हैं। किसी विषय पर भी अचल धारणाएँ उनकी नहीं। बोलने के बजाय सुनना अधिक पसन्द करते हैं।'' (चिन्तन और व्यक्तित्व, बलराज साहनी का लेख, पृ. 151)।

आर्जव (सिधाई) इस सीमा तक थी कि तुरत विश्वास कर लेते थे, अपने अधिकार के लिए संघर्ष करने को तैयार कभी नहीं हुए। काशी हिन्दू विश्वविद्यालय से उन्हें षड्यंत्र के कारण निकाला गया था। इलाहाबाद में उनके साथी प्रतीक्षा करते रहे कि वे हाईकोर्ट में याचिका दायर करने के लिए आ रहे हैं, पर द्विवेदीजी अपमान और निष्कासन का विष पीकर चुपचाप रहे। इस आर्जव या भोलेपन के कारण उनमें प्रशस्तिपरकता भी आ गई थी जिसे चाटुकारिता कदापि नहीं कहा जा सकता। यह दरअसल वैष्णवी आस्था और भक्त हृदय की सदाशयता थी। 'लड़ाई खत्म हो गई' शीर्षक उनका लेख साप्ताहिक हिन्दुस्तान के 23 अप्रैल 1972 के अंक में छपा है। (ग्रन्थावली-10, 431-440)। अपनी पारिभाषित पदावली में वे अपने वर्तमान को आँकते हैं, तो बांग्ला देश की लड़ाई उनके लिए 'महाकाल का अकुंठ नर्तन' बन जाती है। इसी लेख में तत्कालीन प्रधानमन्त्री श्रीमती इन्दिरा गाँधी को 'भारत के इतिहास में' उदित 'महाशक्ति', 'विद्युत् शिखा' 'भारत की युग-युग से संचित तपस्या की मूर्तिमती ज्योति', 'अपराजेय' तथा 'आपादमस्तक तेजोमयी' बताया गया है, और दुर्गासप्तशती का गद्गद् होकर स्मरण किया गया है—बहुत सहज भाव से (ग्रन्थावली-10, 434-35)। इसे न चतुराई कहा जा सकता है, न अवसरपरायणता; भले ही लेख सम्पादक

के अनुरोध पर लिखा गया हो। द्विवेदीजी मनस्वी और मनीषी साहित्यकार थे। चाटुकारिता करके कुछ पाने की कला का उपयोग करते तो शान्तिनिकेतन की यन्त्रणा और उससे कई गुना काशी हिन्दी विश्वविद्यालय से निष्कासन के दारुण दुख तो उनके जीवन में न आते।

मन में उनके स्नेह का प्याला छलकता रहता था। एक बार जिसे अपना लिया, उस पर विश्वास न तोड़ा न छोड़ा। इन्दिरा गांधी के लिए मन में यही भाव है। प्रशंसा भी स्नेहातिरेक के कारण ही कुछ अधिक कर डाली है। इसी लेख में आगे कहा गया है–''परन्तु ये बातें हैं कि इन्दिरा जी पसोपेश में हैं। सोचता हूँ–यह भी हो सकता है? इन्दिरा जी को उनको छुटपन से जानता हूँ–तेजस्विनी, मृदुभाषिणी, दृढ़निश्चयी, अपराजेय। वही इन्दिरा पसोपेश में हैं? यह नहीं हो सकता। कुछ और बात होगी। इन्दिरा जी झुकना नहीं जानतीं, आपादमस्तकतेजोमयी।''

इन पंक्तियों में इन्दिरा जी को जिन चमकीले विशेषणों से द्विवेदीजी ने मंडित किया है, उनकी पदावली को ध्यान से देखें। 'तेजस्विनी, मृदुभाषिणी, दृढ़निश्चयी, अपराजेय' में केवल अन्तिम शब्द को बदलकर 'अपराजिता' कर दिया जाए, तो यह सुन्दर हरिगीतिका छन्द हो जाता है। पर 'अपराजिता' में वह अर्थगौरव न रहता, जो 'अपराजेय' इस क्षमतासूचक, पुल्लिंग विशेषण में सहज खिंचा चला आया है। 'आपादमस्तकतेजोमयी' भी हरिगीतिका छन्द का ही एक पद है। पूरा निबन्ध ही आवेग में थिरकते पर लयबद्ध मन से रचा गया है।

अपने इस स्वभाव के कारण द्विवेदी ने सहा बहुत। खुलकर विरोध नहीं किया। जिन इन्दिरा पर उनका स्नेह छलछलाता दिख रहा है, उन्हीं ने जब आपात्काल लगाया, तो द्विवेदीजी ने इसे उचित तो नहीं माना था पर मुखर होकर कहीं नहीं कहा कि यह अनुचित हुआ। आपातकाल की स्थितियों को देखकर वे पसोपेश में हैं। इस मनःस्थिति में 'मैं सोचता हूँ' शीर्षक टिप्पणी 30 अगस्त 1975 की तिथि में छपी है। इसके पहले पैराग्राफ को सन्त विनोबा के वचनों का अनुवाद कहा जा सकता है, जिन्होंने आपातकाल की परिणति अनुशासनपर्व में देखनी चाही थी। पर इसे दबी जबान से आपातकाल का समर्थन नहीं कहा जा सकता। शास्त्रीय पद्धति में रमे द्विवेदीजी ने उन मन्तव्यों को पूर्वपक्ष के रूप में ही प्रस्तुत किया है, जो आपातकाल के समर्थन में प्रचारित किए जा रहे थे। ''इन दिनों देश में बहुत अनुशासन का वातावरण बनने लगा है।...गाड़ियाँ ठीक समय से चलने लगी हैं, बिना टिकिट यात्रा कम हुई है''–इत्यादि कथनों के बाद अगले पैराग्राफ में ही सवाल किया गया है–''पर क्या यह हमारी गरिमा के अनुकूल है? क्या मनोनिग्रह और आन्तरिक अनुशासन जो इस देश के मनीषियों का निर्विवाद सिद्धान्त रहा है, एकदम लुप्त ही हो गया है?''–इन कथनों से तथाकथित अनुशासन के खोखलेपन को भी इंगित कर दिया गया है। 'प्रधानमन्त्री' विशेषण लगाकर इन्दिरा जी की किंचित् प्रशंसा इस टिप्पणी में भी

है। यह विशेषण लगाना ही इंगित है कि अब वे 'प्रिय इन्दिरा जी' नहीं, प्रधानमन्त्री हैं। 'लड़ाई खत्म हो गई' निबन्ध में जिस भावावेग के साथ उन पर स्नेह उँड़ेला गया है, वह इस टिप्पणी में नहीं है। कुल तीन प्रघट्टकों की इस टिप्पणी में पहले प्रघट्टक में पूर्वपक्ष, दूसरे में वस्तुस्थिति को आशाओं की सम्भावनाएँ बताकर अन्तिम प्रघट्टक में के पहले वाक्य में कहा गया है--लगता है उपरले स्तर के लोग ही बहक गए हैं। साहित्य के क्षेत्र में भी और जीवन के अन्यान्य क्षेत्रों में भी। अन्तिम वाक्य में देश के स्वाभिमान के खतरे में रहने की आशंकाओं के साथ टिप्पणी आकस्मिकतया ही समाप्त कर दी गई है।

बाद में, 19 जनवरी 1978 के साप्ताहिक हिन्दुस्तान में द्विवेदीजी का एक लेख छपकर आया, जिसका शीर्षक था—'भीष्म को क्षमा नहीं किया गया।' पूरा लेख गहरी सांकेतिक व्यंजनाओं से भरा हुआ है। कौरवों की सभा में द्रौपदी का भयंकर अपमान देखकर भीष्म का चुप रहना अक्षम्य है, द्रोणाचार्य को क्षमा किया जा सकता है। आखिर वे एक गरीब अध्यापक ही तो हैं। कौरवों की सभा में उनकी हैसियत एक ट्यूटर की है। पर भीष्म तो इतने बड़े ज्ञानी भी हैं, और परिवार के मुखिया भी। भरी सभा में अपनी ही बहू को निर्वस्त्र करने की घटना पर चुप रहने के अपराध से द्विवेदीजी उनको बरी नहीं कर सकते।

फिर भी यह सत्य है कि इन्दिरा जी के लिए उनके मन में स्नेह था। आपातकाल की रीति-नीति से असहमति होने पर भी यह स्नेह बना रहा। इस अवधि में इन्दिरा जी से द्विवेदीजी का पत्राचार भी जारी रहा। इन्दिरा जी ने 3 सितम्बर 1977 को उन्हें कोई पत्र भेजा था, केवल किसी के मुँह से यह सुनकर कि द्विवेदीजी उनकी ओर से अपने पत्र का उत्तर न मिलने से खिन्न हुए हैं। द्विवेदीजी ने इस पत्र का तत्काल (14-9-1977 के पत्र में) जो उत्तर भेजा, उससे जाना जा सकता है कि इन्दिराजी के मन में द्विवेदीजी के कारण उनके लिए बड़ा आदर था, और द्विवेदीजी के मन में वे प्रधानमन्त्री हैं, इसलिए उन्हें लेकर कोई सम्भ्रम का भाव नहीं था। इस पत्र से यह भी लगता है कि इन्दिरा जी उनसे कुछ ऐसे परामर्श की आशा रखती थीं, जो आध्यात्मिक धरातल के द्वारा उनकी यन्त्रणा को कम कर सके। द्विवेदीजी के पत्रोत्तर से यही लगता है। द्विवेदीजी ने निष्कपट भाव से उन्हें जो परामर्श दिया है, वह शायद और कोई देता भी नहीं। पत्र इस प्रकार है—

"प्रिय आयुष्मती इन्दिरा जी,

आपका 3 सितम्बर का पत्र मिला। मुझे थोड़ा आश्चर्य हुआ। ऐसा नहीं हुआ कि मैंने आपको पत्र लिखा हो, और उसका उत्तर तुरन्त न मिल गया हो। निर्वाचन का परिणाम मालूम होने के बाद मैंने आपको कोई पत्र नहीं लिखा था, स्वयं दिल्ली जाकर आपसे मिला था। यद्यपि वहाँ मिलनेवालों की भीड़ थी, फिर भी आपने मुझे अलग से 15-20

मिनिट का समय दिया था। पत्र मैंने नहीं लिखा था। अगर पत्र लिखता भी और उसका उत्तर नहीं पाता, तो भी मैं किसी से यह कहता नहीं। टंडनजी को किसी ने यों ही कह दिया होगा, मेरी तो इधर उनसे मुलाकात ही नहीं हुई। आपके मन में कष्ट नहीं होना चाहिए कि मेरे पत्र का उत्तर नहीं दिया। आपके पत्र से यह जानकर बड़ी प्रसन्नता हुई कि आप वेदान्त के तत्त्वज्ञान को भारतीय मनीषा की सबसे बड़ी देन मानती हैं, और उसके अनुसार चलने का प्रयत्न कर रही हैं। परमात्मा आपको इस मार्ग पर चलने की शक्ति दे। जब मैं विद्यार्थी था, उन्हीं दिनों पूज्य मालवीय जी से महाभारत का एक श्लोक सुना था। यह श्लोक कठिनाइयों के समय मुझे सदा बल देता रहा है। उसे आप तक पहुँचा देने का प्रलोभन नहीं रोक पा रहा हूँ। श्लोक इस प्रकार है–

सुखं वा यदि वा दुःखं, प्रियं वा यदि वाऽप्रियम्।
प्राप्तं प्राप्तमुपासीत, हृदयेनापराजितः।।

(सुख हो या दुःख, प्रिय हो या अप्रिय, जो मिल जाए, उसे प्रसाद रूप में ग्रहण कर लेना चाहिए, लेकिन सदा हृदय या मन से अपराजित रहकर) हृदय या मन को सदा अपराजित रखना चाहिए। पूरे महाभारत का यही उपदेश है। भगवान् से मेरी प्रार्थना है कि आपको इस मार्ग पर चलने की सदा शक्ति दें।

शुभेच्छु

–हजारीप्रसाद द्विवेदी''

द्विवेदीजी जानते थे कि श्लोक का अन्तिम पद ही इन्दिरा जी को मन्त्र की तरह उस समय चाहिए था। वही उन्होंने दिया। जिन इन्दिरा जी को अपराजेय कह चुके थे, उन्हें वे हृदय से सदा अपराजित देखना चाहते थे। यह उनके जीवन का भी मूलमन्त्र था। 'कुटज' निबन्ध के अन्त में समस्त आर्तभाव को झटकते हुए उन्होंने एक उद्दाम आत्मविश्वास के अर्जन के साथ इसे उद्धृत किया है।

भाषा-विमर्श

द्विवेदीजी जैसे खाँटी व्यक्ति के लिए सुदूर बंगाल में जाकर रहने का निर्णय सहज नहीं था। शान्तिनिकेतन वे चले गए, इसके पीछे एक प्रेरणा यह थी कि वे वहाँ रह कर हिन्दी का काम कर सकेंगे, जिससे अहिन्दीभाषी प्रदेश में हिन्दी का प्रचार होगा। हिन्दी के लिए ललक और कुछ करने की तड़प शान्तिनिकेतन के प्रवास काल में निरन्तर मन में थी। 3-4-38 की तारीख में बनारसीदास चतुर्वेदी को लिखे पत्र में उन्होंने किन्हीं सज्जन के द्वारा गुरुदेव को भेजे हिन्दी कविता के एक अधकचरे संकलन का जिक्र किया है, जिसे 'गुरुदेव ने उलट-पुलटकर देखा और अत्यन्त निराश भाव

से दूसरे दिन कहा–बापू, याइ बली न केन, तोमादेर एखनो साहित्यिक सेंस हय नि।' आगे द्विवेदीजी ने लिखा है–इस संग्रह के संग्राहक गुरुदेव से मिलकर यह इम्प्रेशन डाल चुके थे कि वे हिन्दी के धनी-धोरी हैं।...मैं कहता हूँ क्यों हिन्दी को हिन्दी नहीं कहा जाता, क्यों उसे मातृभाषा नहीं कहा जाता, क्यों इस बात को स्वीकार करने में हम हिचकते हैं कि उसके द्वारा करोड़ों का सुख-दुख अभिव्यक्त होता है? राष्ट्रभाषा अर्थात् तिजारत की भाषा, राजनीति की भाषा, कामचलाऊ भाषा–यही चीज प्रधान हो गई और मातृभाषा, साहित्य-भाषा हमारे रुदन हास्य की भाषा गौण! हमारे साहित्यिक दारिद्र्य का इससे बढ़कर अप-प्रदर्शन और क्या होगा? (ग्रन्थावली-11/306)।

गुरुदेव और क्षितिबाबू हिन्दी को लेकर उदार थे, तथापि बंगाली समाज द्विवेदीजी के लिए वैसा न था। भाषा को लेकर वहाँ एक वर्ग में अहम्मन्यता थी, जो शान्तिनिकेतन प्रवास में द्विवेदीजी के लिए कष्टकारक रही। ऊपर उल्लिखित पत्र में ही आनन्दबाजार पत्रिका से सम्बद्ध साप्ताहिक 'देश' के 2 अप्रैल 1938 के अंक में छपे 'टिपिकली बंगाली मनोवृत्ति के सूचक' 'एक मजेदार लेख' की चर्चा है। लेख का सारांश यह है कि हिन्दी भाषा-भाषियों की प्रकृत संख्या 1 करोड़ 60 लाख के आसपास है, और बंगला बोलनेवाले जिसमें लेखक ने समूचे बिहार, युक्त प्रान्त के पूर्वी जिले, उड़ीसा और असम को मान लिया है, दस करोड़ के आसपास आती है। बंगला भाषा ही इसलिए राष्ट्रभाषा हो सकती है क्योंकि उसके बोलने वाले अधिक भी हैं, और वह समृद्ध भी है। (वही)। राजनीतिक दुष्प्रचार के चलते बंगाल में हिन्दी प्रचारक की स्थिति विडम्बनामय थी। यही कारण था कि क्षितिबाबू ने हिन्दी साहित्य सम्मेलन प्रयाग का सदस्य होने से इनकार कर दिया था। "उन्होंने बताया कि मैं इस संस्था का सदस्य नहीं हो सकता क्योंकि इसके सदस्य होने से मेरा सब काम चौपट हो जाएगा। लोग समझेंगे कि यह भी हिन्दी प्रचारक है।" इस पत्र में द्विवेदी जी ने बंगाल में रहकर हिन्दी की सेवा करने की अपनी रणनीति की रूपरेखा स्पष्ट की है–"इस हालत में हमें प्रचार शब्द से अपने को दूर रखना चाहिए। ध्यान देने की बात है कि जब तक प्रचार शब्द का आविष्कार नहीं हुआ था तब तक बंगाल ने हिन्दी की बहुत जबरदस्त सेवा की है। अब प्रचार का फल यह हुआ कि 'देश' के लेख में बताया गया है कि बंगाल के लोगों को कभी हिन्दी में बोलना न चाहिए।" (वही)। निष्कर्ष यह कि "भाषा के प्रचार की कोशिश करना व्यर्थ है। यहाँ यह प्रचार तभी सफल हो सकता है जब संस्कृति का महत्त्वपूर्ण साहित्य प्रचारित हो।" (वही)। ज्योतिष, ब्रह्मांडविज्ञान आदि नाना विषयों पर अनवरत लेखन जिसका ज्यादातर हिस्सा शान्तिनिकेतन में रहकर द्विवेदीजी ने प्रस्तुत किया, उसके पीछे संस्कृति और भाषा के अविभाज्य सम्बन्ध की यही दृष्टि है। "जब तक हम अपने साहित्य को समृद्ध नहीं करेंगे, तब तक हमारा भाषा का प्रचार करना उपहासास्पद बना रहेगा।" (ग्रन्थावली-11/312)।

द्विवेदीजी ने अपनी साहित्य-साधना के द्वारा इस महादेश में भीतर-ही-भीतर चल रहे हिन्दी के उस सच्चे आन्दोलन से अपने आपको जोड़ा, जो शोर-शराबे और दिखावे के प्रचार से कोसों दूर था, पर हिन्दी के सेवकों की एक बड़ी रक्षापंक्ति बना सकने की उसमें क्षमता थी। निरन्तर समर्पित भाव से किए गए लेखन और साहित्य साधना से हिन्दी क्षेत्र में क्रान्ति का आभास तरुणाई के दिनों में ही उन्हें हो चुका था। 19-3-39 की तारीख में बनारसीदास जी को लिखे पत्र में उन्होंने कहा है—''मैं यह नहीं कहना चाहता कि हिन्दी का साहित्य अन्यान्य प्रान्तीय भाषाओं के साहित्य से हर बात में पिछड़ा हुआ है। कई बातों में वह पिछड़ा हुआ है, तो कई बातों में अन्य प्रान्तीय भाषाओं को बहुत पीछे भी छोड़ गया है। हिन्दी पाठकों की दृष्टि निश्चयपूर्वक बहुत व्यापक और उदार है। हाल में यह अधिकाधिक विस्तृत होती गई है। मैं नया लेखक ही हूँ। अधिक-से-अधिक बारह वर्षों से कलम चला रहा हूँ। परन्तु जहाँ-जहाँ मुझे जाने का अवसर मिला है, वहाँ नई पीढ़ी के विद्यार्थियों ने मेरे लेखों के सम्बन्ध में प्रश्न किए हैं। उन प्रश्नों का अध्ययन करके मैं इस नतीजे पर पहुँचा हूँ कि नई पीढ़ी का विद्यार्थी बड़ी सावधानी से हमारी प्रत्येक बात की जाँच कर रहा है।'' (ग्रन्थावली-11/312)

शिष्य परम्परा

अनेक बार द्विवेदीजी को लगता रहा शान्तिनिकेतन छोड़कर काशी आने का निर्णय उनके लिए व्यक्तिगत क्षति थी, विशेष रूप से गुरुदेव के सान्निध्य से वंचित रह जाने का उन्हें जीवनभर मलाल रहा। पर काशी में आने से हिन्दी क्षेत्र का एक बड़ा छात्रवर्ग उनके आचार्यत्व से स्फूर्त और अनुप्राणित हुआ। इस क्षेत्र में एक गुरु के रूप में द्विवेदीजी का अनन्य स्थान और समादर भी इस बृहत् शिष्य परम्परा में जिस तरह अभिव्यक्त हुआ है, वह हमारे यहाँ के गुरुशिष्य सम्बन्धों की अप्रतिमता का एक उज्ज्वल उदाहरण कहा जा सकता है।

द्विवेदीजी के आचार्यत्व से प्रत्यक्ष या परोक्ष रूप से लाभान्वित होनेवाले श्रेष्ठ विद्वानों, अनुसन्धाताओं की संख्या सैकड़ों में है। शान्तिनिकेतन में हिन्दी विभाग के (सम्प्रति सेवानिवृत्त) आचार्य डॉ. रामसिंह तोमर ने अपने शोधप्रबन्ध 'प्राकृत और अपभ्रंश साहित्य' में द्विवेदी के प्रति कृतज्ञता प्रकाश करते हुए लिखा है—''आचार्य हजारीप्रसाद द्विवेदीजी की छाया में रह कर लेखक ने तीन वर्ष शान्तिनिकेतन में अध्ययन चालू रखा। आचार्य द्विवेदीजी ने लेखक की अनेक प्रकार से सहायता की है।'' डॉ. शिवप्रसाद सिंह ने अपना शोधप्रबन्ध 'कीर्तिलता और अवहट्ट भाषा' अपने 'गुरुवर आचार्य हजारीप्रसाद द्विवेदीजी को प्रणतिपूर्वक भेंट' किया और भूमिका में लिखा—''आचार्य द्विवेदीजी ने इस निबन्ध के लिए विषय तय किया, निर्देश दिया और पढ़ा बताया, पाठ के एक-एक शब्द को उन्होंने देखा सुना, आँख में दर्द रहने पर भी उन्होंने जिस

उत्साह से यह सब-कुछ किया, वह उनके स्नेह वात्सल्य का परिचायक है, इसे कृतज्ञता प्रकट करके आँकने की धृष्टता मैं नहीं कर सकता।" डॉ. नामवरसिंह ने भी 'हिन्दी के विकास में अपभ्रंश का योग' नामक अपना सुविदित शोधप्रबन्ध 'गुरुवर आचार्य हजारीप्रसाद द्विवेदी को समर्पित' किया। डॉ. वीरेन्द्र श्रीवास्तव ने भी द्विवेदीजी के निर्देशन में अपभ्रंश पर काम किया। 'अपभ्रंश भाषा का अध्ययन' (1965) शीर्षक से प्रकाशित अपने शोधप्रबन्ध में आचार्यप्रवर का स्मरण इन्होंने यों किया है–"काशी हिन्दू विश्वविद्यालय में रहते हुए डॉ. हजारीप्रसाद द्विवेदी ने मुझे बहुत पहले अपभ्रंश का अध्ययन करने के लिए परामर्श दिया था और पाठ्यसामग्री की रूपरेखा नोट कराई थी। उनकी कृतियों से भी मैंने निस्सन्देह सहायता ली है। एतदर्थ मैं उनका अनुगृहीत हूँ।"

एक गुरु के रूप में उनकी उदारता, शिष्यों को प्रोत्साहित करने की प्रवृत्ति का उनकी शिष्य परम्परा बराबर उल्लेख करती आई है। डॉ. नामवरसिंह ने उन्हें 'आकाशधर्मी गुरु' कहा है, "जो हर पौधे को बढ़ने के लिए उन्मुक्तता देने के विश्वासी" थे।

रचनायात्रा

हजारीप्रसाद द्विवेदी का पहला प्रकाशित लेख 'वैष्णव कवियों की रूपोपासना' है। यह 1933 ई. में प्रकाशित हुआ। 'सूर-साहित्य' उनकी पहली सम्पूर्ण समीक्षा पुस्तक है। इसका लेखन उन्होंने अपने छात्र जीवन के अवसान के साथ ही विक्रम संवत् 1987 (1930 ई.) के आसपास किया तथा यह छपकर 1936 ई. में हिन्दी जगत् के समक्ष आई। पूरी पुस्तक सूर-साहित्य में गहरी आस्था और तदाकारिता के साथ रची गई है। तरुण समीक्षक का उछाह और उमंग भी इसमें है। "उस समय साहित्य क्षेत्र में नया कुछ करने की उमंग थी, और विश्वास था कि जो कुछ लिख रहा हूँ, सब प्रकार से नवीन और ग्राह्य है। इसलिए भाषा में जहाँ एक प्रकार का आत्मविश्वास का गुण था, वहीं थोड़ा-सा आक्रामक भाव भी आ गया था" (सूर-साहित्य : भूमिका)। "जिन दिनों मैंने इस पुस्तक को लिखा था, उन दिनों इस महान् भक्त की कविता का नशा था। ज्यों-ज्यों अवस्था बढ़ती गई है, त्यों-त्यों अनेक प्रपंचों में उलझता गया हूँ। जीवन में काव्य चर्चा के बहाने जिन भक्त रत्नों की रचनाओं में मन रमा रहता था, उनसे दूर हट गया हूँ।" (वही)

'हिन्दी साहित्य की भूमिका' द्विवेदीजी की दूसरी पुस्तक है। इस पुस्तक का प्रणयन 1936 ई. से 1940 ई. के बीच विश्वभारती के अहिन्दीभाषी साहित्य प्रेमी पाठकवर्ग को हिन्दी साहित्य की परम्परा से परिचित कराने के लिए हुआ था। मूलतः यह व्याख्यानों के रूप में थी। प्रकाशित रूप में व्याख्यानों में से ऐसे अंश छोड़ दिए गए हैं, जो केवल अहिन्दीभाषी पाठकों के लिए थे। इस पुस्तक की बड़ी विशेषता

यह है कि यह हिन्दी साहित्य के विकासक्रम को संस्कृत, पालि, प्राकृत और अपभ्रंश साहित्य की परम्पराओं से जोड़कर व्यवस्थित रूप में प्रस्तुत करने का पहला प्रयास कहा जा सकता है। इस तरह हिन्दी साहित्य को सम्पूर्ण भारतीय साहित्य के परिप्रेक्ष्य में यहाँ समझा गया है। इसी बीच 1934 ई. में द्विवेदीजी की 'नख दर्पण में हिन्दी कविता' नामक छोटी-सी पुस्तिका का भी प्रकाशन हुआ। इस पुस्तिका का उल्लेख कु.पी. वासवदत्ता ने अपनी पुस्तक (1965 ई.) में किया है।

शान्तिनिकेतन में रहकर द्विवेदीजी ने कबीर वाङ्मय को समझने की नई दृष्टि भी पाई, जो इनकी चौथी पुस्तक 'कबीर' में प्रतिफलित हुई। इस पुस्तक की रचना भी 1934 ई. के आसपास ही द्विवेदीजी ने की। वाचिक परम्परा में प्राप्त कबीर के पदों का संग्रह आचार्य क्षितिमोहन सेन कर चुके थे। यह संग्रह 1910 ई. में चार भागों में छपा था। इसी संग्रह के पदों में से सौ पदों का अँग्रेजी अनुवाद कवि रवीन्द्रनाथ ठाकुर ने किया था। यह अनुवाद एवलिन एंडरहिल की भूमिका के साथ लंदन से 'वन हंड्रेड पोयम्स ऑफ कबीर' शीर्षक से प्रकाशित हुआ था। डॉ. नामवरसिंह ने आचार्य क्षितिमोहन सेन और रवीन्द्रनाथ को कबीर पर कार्य करने के लिए द्विवेदी की सजीव प्रेरणाएँ कहा है। (दूसरी परम्परा की खोज, पृ. 44)। द्विवेदी के 'कबीर' के जन्म के पीछे क्षितिमोहन सेन व रवीन्द्रनाथ के कार्य की पृष्ठभूमि भले रही हो, पर कबीर का आविष्कार उन्होंने अपनी सूझबूझ और अन्तर्दृष्टि से किया। 1940 ई. में उनके 37 निबन्धों का संग्रह 'मध्यकालीन धर्मसाधना' नाम से छपा, और 1944 ई. में 'सूर और उनका काव्य' नाम से सूर पर एक पुस्तक और प्रकाशित होकर आई।

शान्तिनिकेतन पहुँचने के पश्चात् कुछ ही वर्षों में द्विवेदी एक आचार्य और अनुसन्धाता के रूप में प्रख्यात हो चुके थे। पर उनकी लेखनशैली के लालित्य को लक्षित कर साहित्य जगत् उनसे कुछ और रचनात्मक कृतियों की अपेक्षा कर रहा था। बनारस से प्रकाशित हंस मासिक मार्च 1939 के अंक में बलराज साहनी का द्विवेदीजी पर लेख छपा, जिसमें अन्त में कहा गया—"बहुत लोग, इन पंक्तियों का लेखक भी उन्हीं में से है, अभिलाषा रखते हैं कि श्रीहर्ष की तरह द्विवेदी जी को भी कोई हकीम उड़द की दाल और बासी भात खिला दे, ताकि अनुसन्धान-वनुसन्धान को त्याग कर लगते हाथ एक नॉवेल लिख डालें। अपनी मोहक भाषा को अपना काम करने दें। जहाँ अभी साहित्य के मान ही नहीं बन पाए, वहाँ आलोचक का क्या काम? और जिसके पास लेखक होने की सामग्री विद्यमान है, वह आलोचक बने क्यों? नॉवेल न सही, कोई कटाक्षपूर्ण निबन्ध-संग्रह ही सही। लेकिन यदि उसका प्रवाह एक बार उसकी अपनी गहन अनुभूतियों में से छलककर बहे, तो श्रीयुत बच्चन के लिए एक बेहतर मधुशाला तैयार हो।"

शान्तिनिकेतन में बिताया समय आचार्य द्विवेदी की रचनात्मक क्षमता का सबसे

उर्वर काल था। इसी काल में उन्होंने बहुसंख्य ललित निबन्ध भी लिखे। अशोक के फूल (1947), विचार और वितर्क (1949) और हमारी साहित्यिक सभाएँ (1950) ये निबन्धसंग्रह शान्तिनिकेतन में निवास की देन हैं। इसी काल में उन्होंने बंगला और संस्कृत से अनेक अनुवाद किए। रवीन्द्रनाथ के नाटक रक्त कररबी का अनुवाद लाल कनेर, मेरुतुंग का कथाग्रन्थ प्रबन्धचिंतामणि, पुरातनप्रबन्धसंग्रह के अनुवाद बहुत महत्त्वपूर्ण हैं।

1950 ई. में साहित्य का साथी के प्रकाशन के बाद 'हिन्दी साहित्य का उद्भव और विकास' पुस्तक की पूर्ति (2009 वि.सं.) द्विवेदीजी ने काशी हिन्दी विश्वविद्यालय में आने के पश्चात् की। यह पुस्तक हिन्दी साहित्य के इतिहास को प्रगतिवाद आन्दोलन तक विस्तारित करती है। हिन्दी साहित्य का आदिकाल (प्रथम सं. 1952 ई.) बिहार राष्ट्रभाषा परिषद् के लिए दिए गए पाँच व्याख्यानों का संग्रह है। व्याख्यानमाला का पहला व्याख्यान 13 मार्च, 1952 को दिया गया। परिषद् के मन्त्री आचार्य शिवपूजन सहाय ने इसकी भूमिका में लिखा–"हिन्दी साहित्य का आदिकाल अब तक प्रायः अन्धकार के आवरण से ढका सा रहा है। इस आवरण को हटाकर अन्धकार में प्रकाश फैलने का प्रथम प्रयत्न सम्भवतः आचार्य हजारीप्रसाद द्विवेदीजी ने किया है।" इसी बीच हमारी साहित्यिक समस्याएँ (1949), साहित्य का मर्म (1950) प्राचीन भारत का कलात्मक विलास तथा इसी का संशोधित संस्करण 'प्राचीन भारत के कलात्मक विनोद', 'कल्पलता' (1951 ई.) तथा इसके अनन्तर 'नाथसिद्धों की बानियाँ' (1957) और 'विचारप्रवाह' (1959) ये ग्रन्थ प्रकाशित हुए।

काशी हिन्दू विश्वविद्यालय तथा पंजाब विश्वविद्यालय चण्डीगढ़ में रह कर द्विवेदी ने मध्यकालीन भारतीय साहित्य का विशेष अध्ययन किया। मध्यकालीन बोध का स्वरूप (1970) जो मूलतः पंजाब विश्वविद्यालय में दिए गए व्याख्यानों का संग्रह है, तथा सहजसाधना (1963 ई.) मध्यकालीन धर्मसाधना 1953 ई. इन तीन पुस्तकों में यह अध्ययन विशेष रूप से प्रतिफलित हुआ है।

संपादक और अनुवादक के रूप में उनका कार्य इतना बड़ा है कि वही अकेला उन्हें हिन्दी के श्रेष्ठ आचार्य की पाँत में बिठाने में समर्थ है। अपभ्रंश भाषा का गहरा अध्ययन होने के कारण (विश्वनाथ त्रिपाठी के सहयोग से) वे अब्दुल रहमान के काव्य संदेशरासक (1960 ई.) का संपादन कर सके। 'नाथसिद्धों की बानियाँ' भी उन्हीं के द्वारा संपादित होकर हिन्दी जगत् के सामने आईं। पृथ्वीराजरासो का संपादन डॉ. नामवर सिंह के सहयोग से किया। उनके द्वारा किए गए अनुवाद या छायानुवाद विविध और बहुमूल्य हैं। 'लाल कनेर', 'मेरा बचपन', 'विश्वपरिचय' इन आधुनिक ग्रंथों तथा 'प्रबन्ध चिंतामणि', पुरातननिबन्धसंग्रह–ये प्राचीन ग्रन्थों से द्विवेदीजी के अनुवादों के द्वारा सहिन्दी का पाठक परिचित हो सका। धनंजय का नाट्यशास्त्रविषयक ग्रन्थ दशरूपक उनके और पृथ्वीनाथ द्विवेदी के सहसंपादन में छपा है, इसकी भूमिका

द्विवेदीजी ने लिखी है, जो नाट्यपरम्परा की प्रामाणिक समझ के कारण महत्त्वपूर्ण है।

इनके अतिरिक्त सन्तों का सूक्ष्म वेद, अपभ्रंश का रसात्मक साहित्य ये छोटी पुस्तिकाएँ भी द्विवेदीजी ने लिखीं, जो कु.पी. वासवदत्ता के अनुसार अप्रकाशित रहीं।

व्योमकेश शास्त्री और हजारीप्रसाद द्विवेदी

व्योमकेश शास्त्री हजारीप्रसाद द्विवेदी का ही एक रूप है। मूलतः व्योमकेश शास्त्री यह नाम उन्होंने एक बार विवशता में छद्मनाम के तौर पर अपने लिए गढ़ा था। व्योमकेश शास्त्री का द्विवेदीजी ने एक आड़ की तरह इस्तेमाल किया। पर यह विवशता और आड़ में अपना स्वयं का एक दूसरा रूप पहचाना। व्योमकेश शास्त्री के जन्म की कहानी उन्हीं का जबानी इस प्रकार है–

लगभग सत्ताइस-अट्ठाईस वर्ष पहले की बात है। मैं शान्तिनिकेतन से काशी आया था। उन दिनों महामना मालवीय जी सनातन धर्म नामक पत्र निकालते थे। मेरे सहयोगी मित्र पं. (अब डॉक्टर) भुवनेश्वर मिश्र 'माधव' उसका संपादन करते थे। काशी आया, तो माधवजी से मिले बिना कैसे जा सकता था! काफी अरसे के बाद हम दोनों मिले थे। देर तक बातें करते रहे, हँसते-हँसाते रहे। चलते-चलते माधवजी ने कहा–"कुछ सनातन धर्म के लिए लिखा कीजिए।" मैंने स्वीकार कर लिया। शान्तिनिकेतन आया, तो माधवजी की आज्ञा का पालन करना आवश्यक समझा, पर लिखूँ क्या? सनातन धर्म के योग्य क्या लिख सकता हूँ? धर्म का उपदेश देना मेरा काम नहीं है, यह मैं समझ गया था। ज्योतिष का नशा तब भी नहीं उतरा था। सोचा–पंचांगों की ही चर्चा कर दो। सनातन धर्म में तो इनका काफी महत्त्व है। लेख लिख दिया–क्या शीर्षक था–यह याद नहीं है। पर प्रसंग क्रम में विश्वपंचांग की चर्चा आ गई। यह पंचांग हिन्दू विश्वविद्यालय से निकलता था। संपादकों में पंडित मदनमोहन मालवीय का भी नाम था। मेरे महादेवतुल्य औढरदानी गुरु पं. रामयत्न ओझा का भी नाम था। किसी जमाने में मैं स्वयं उसमें कुछ काम भी कर चुका था। मुझे उसकी गणनापद्धति, जिसे गुरुजी 'दृश्यादृश्यवाद' कहा करते थे, पसंद नहीं थी। गुरुजी से कई बार उलझने की धृष्टता कर चुका था। गुरुजी भोजपुरी में कहते थे–अब हीं समुझत नइँखे, बाद में समुझि जइबे।–और हँस देते। उनके स्नेहसिक्त वाक्यों से मैं निरुत्तर हो जाता। इस बार गुरुजी के मत की उनका नाम लिए बिना आलोचना कर दी। लेख लिखा पूरे उत्साह से, किंतु भेजने का समय आया, तो मन काँप उठा। गुरुजी पढ़ेंगे, तो क्या कहेंगे? फिर सोचा– गुरुजी तो जानते ही हैं, बहुत होगा, डाँट देंगे। उनसे क्षमा माँग लेना तो बड़ा ही आसान काम था। मगर सत्य बात कह देनी चाहिए। उन दिनों नया जोश था। समझता था, जो सत्य मुझे मालूम होता है, वह सारी दुनिया का सत्य है। गुरुजी की बात बहुत बाद में समझ में आई। उन्होंने कहा था–'बाद में समुझि जइबे–'

अब थोड़ा-थोड़ा समझने लगा हूँ। लेख लिख लिया था, उसे छपना भी चाहिए। सो भेजने का निश्चय किया। लेखक का नाम था–व्योमकेश शास्त्री। पता-ठिकाना कुछ नहीं। मैं प्रसन्न हुआ कि किसी को पता नहीं लगा, उधर विधाता कुटिल हँसी हँस रहे थे–छिपते हो? छिपना क्या इतना आसान है!

व्योमकेश शिव का पर्याय है। व्योमकेश का अर्थ होता है व्योम या आकाश जिसका केश हो। व्योमकेश नाम में व्यंजना भी है–वह हजारीप्रसाद द्विवेदीजी का बृहत्तर रूप है, जिसका माथा आकाश को छूता है।

व्योमकेश शास्त्री हजारीप्रसाद द्विवेदी का वह दुराधर्ष रूप था, जो अपने गुरु और शास्त्र को चुनौती दे सकता था। हजारीप्रसाद द्विवेदी स्वयं अपने को इस रूप में बरदाश्त न कर पा रहे हों, यह बात अलग है। व्योमकेश शास्त्री के नाम से 'सनातन धर्म' को लेख जिस लिफाफे में रखकर भेजा गया था, उस पर शान्तिनिकेतन के डाकखाने की मुहर थी। 'सनातन धर्म' के संपादक माधव जी ने उस मुहर के आधार पर ही इंदोर के राजज्योतिषी पं. दीनानाथ चुलेट को सूचित किया कि शान्तिनिकेतन में व्योमकेश शास्त्री नाम का ज्योतिष का कोई महापंडित है। इसलिए बाद में जब शान्तिनिकेतन का डाकिया व्योमकेश शास्त्री के नाम एक रजिस्टर्ड पार्सल लेकर आ गया, और शान्तिनिकेतन के व्योमकेश शास्त्री को प्रसिद्ध पंचांग निर्माता दीनानाथ शास्त्री चुलेट का इंदोर में आयोजित होनेवाले अखिल भारतीय ज्योतिष सम्मेलन का न केवल निमंत्रण मिला, उस सम्मेलन में ग्यारह विद्वानों की निर्णायक समिति में बंगाल के व्योमकेश शास्त्री को नामजद करने की सूचना भी दी गई, तो हजारीप्रसाद द्विवेदी अपने स्वयं के इस रूप के आविर्भाव से सकपका जाएँ, यह स्वाभाविक था। वे नहीं चाहते थे कि उनका व्योमकेश शास्त्री का रूप सार्वजनिक मंच पर प्रकट हो। उन्होंने साहित्य और शास्त्र में परम्परा को चुनौती देने के लिए अपने भीतर के व्योमकेश शास्त्री को आहूत किया था, सार्वजनिक मंच पर उसे बिठाने के लिए नहीं। इस प्रसंग में तो व्योमकेश शास्त्री उस शिखंडी की तरह ही थे, जिनकी आड़ में हजारीप्रसाद द्विवेदी के अर्जुन ने भीष्म के समान अपने ही गुरु पर तीर चलाया। अन्ततः इस प्रसंग में अपनी सारी ऊहापोह और अन्तर्द्वन्द्व को गुरुदेव के समक्ष रखने के बाद हजारीप्रसाद द्विवेदी अपने भीतर के व्योमकेश को सार्वजनिक न कर सके। पर व्योमकेश शास्त्री उनके भीतर बराबर मौजूद रहे।

द्विवेदीजी ने व्योमकेश शास्त्री को ईजाद किया, आरंभ में एक आड़ के रूप में व्योमकेश शास्त्री का इस्तेमाल किया। पर आगे चलकर व्योमकेश शास्त्री न उनके लिए छद्म नाम रहा, न एक आड़। वह अपने आपको अपने ही द्वारा जाँचने- परखने का एक पैमाना बन गया। यही नहीं व्योमकेश शास्त्री के माध्यम से द्विवेदी जी ने न केवल अपने आपको पहचाना, अपने आपको सँवारा और सुधारा। साहित्य के इतिहास में ऐसे उदाहरण कम ही मिलेंगे, जहाँ कोई विवशता, आड़ या छद्म इतना

रचनात्मक, विराट् और प्रभविष्णु रूप ग्रहण कर ले। हजारीप्रसाद द्विवेदी व्योमकेश शास्त्री बनकर अपने को जाँचते और परखते हैं। अपने आप से अपने को अलग करके किसी साहित्यकार द्वारा अपनी परख करने के उदाहरण विरले मिलते हैं। कल्पना के लिए पुनर्नवा पर समीक्षा लिखने का प्रस्ताव आने पर हजारीप्रसाद द्विवेदी ने व्योमकेश बनकर अपनी ही औपन्यासिक कृतियों की जो समीक्षा लिखी, वह विश्लेषण क्षमता, तटस्थ आकलन और समीक्षादृष्टि का दुर्लभ नमूना है। यहाँ तक कि द्विवेदी के उपन्यासों पर लिखते समय अच्छे आलोचकों ने व्योमकेश की समीक्षा से बहुत-सी बातों की पुनरावृत्ति की है। द्विवेदीजी ने व्योमकेश बनकर अपनी खुद की अच्छी खबर भी ली है, पर अपने उपन्यासकार की उपलब्धि को पहचाना भी है।

'बाणभट्ट की आत्मकथा' के उपसंहार में व्योमकेश शास्त्री की टिप्पणी दी गई है। इतने सधे ढंग से बाणभट्ट की आत्मकथा और प्राचीन संस्कृत साहित्य के बीच के फर्क को शायद ही अन्य कोई रेखांकित कर पाता—"कादम्बरी में प्रेम की अभिव्यक्ति में एक प्रकार की दृप्त भावना है; परंतु इस कथा में सर्वत्र प्रेम की व्यंजना गूढ़ और अदृप्त भाव से हुई है। ऐसा जान पड़ता है कि एक स्त्री जनोचित लज्जा सर्वत्र उस अभिव्यक्ति में बाधा दे रही है। सारी कथा में स्त्री महिमा का बड़ा तर्कपूर्ण और जोरदार समर्थन है। कथा जिस ढंग से आरंभ हुई है उसकी स्वाभाविक परिणति अगूढ़ और दृप्त प्रेम ही हो सकती है। मुझे कथा के स्वाभाविक विकास की दृष्टि से इसमें कोई विरोध ही दिखता, पर बाणभट्ट की लेखनी से संभवतः अधिक स्पष्ट और अधिक दृप्त अभिव्यक्ति की आशा की जा सकती है।" (बाणभट्ट की आत्मकथा, सातवाँ पुनर्मु. 1999, पृ. 233)।

'पुनर्नवा' की समीक्षा द्विवेदीजी ने अपने आपको व्योमकेश शास्त्री के द्वारा सम्बोधित कराते हुए लिखी है। व्योमकेश शास्त्री अपने स्वयं के 'आल्टर ईगो' से यहाँ मुग्ध हैं। फिर वे हजारीप्रसाद की पोल-पट्टी खोलने पर भी आमादा हैं—"गप्प मारना कोई आपसे सीखे। काल्पनिक घटनाओं का आपने ऐसा समावेश किया है कि पाठक भ्रम में पड़ जाए कि वह इतिहास पढ़ रहा है। वैसे तो आपने जब 'बाणभट्ट की आत्मकथा' लिखी थी, उसी समय आपने यत्र-तत्र अपने श्लोक जोड़ दिए थे। कराली देवी की स्तुति ऐसा ही श्लोक है। एक निष्ठावान् संस्कृत विद्वान ने उसे प्राचीन संस्कृत का श्लोक मानकर एक बार उसकी ऐसी व्याख्या की कि मैं कुछ विश्वास के साथ कह सकता हूँ कि आपने स्वप्न में भी उसका ऐसा अर्थ न सोचा होगा।...लेकिन प्रस्तुत उपन्यास में तो आपने अपभ्रंश के दोहे और पद भी गढ़कर चला दिए हैं। लेकिन मुझसे आपका कुछ भी छिपा नहीं है। भ्रम में पड़नेवाले कोई और होंगे।" (ग्रन्थावली-11/287)।

'पुनर्नवा' का सारा का सारा भूगोल किस प्रकार द्विवेदीजी ने अपने गाँव के आसपास के स्थानों से उठाकर उसकी नवसृष्टि की, यह भी व्योमकेश शास्त्री की

समीक्षा से ही विदित हो सकता था। "हलद्वीप आधुनिक हल्दीप, द्वीपखण्ड द्रबहगड़ है, च्यवनभूमि जपही है, यह तो लोग अंदाज से समझ भी सकते हैं; परंतु द्वीपखण्ड का सरस्वतीविहार आपकी अपनी जन्मभूमि है यह कम लोग समझ पाएँगे। आपका अत्यन्त आत्मीय होने के कारण मैं चन्द्रा और सुमेर काका को पहचानता हूँ। श्यामरूप और गोपाल आर्यक को भी अच्छी तरह जानता हूँ, और आर्य देवरात भी मेरे जाने हुए हैं। चरित्रों में जो-जो सामान्य स्तर से अधिक उत्कर्ष आपने दिखाया है, वह भी यथार्थ पर आश्रित है, ऐसा मेरा विश्वास है। परंतु इन जाने माने गाँव के चरित्रों को आपने जो गरिमा दी है, वह आपका विशिष्ट अवदान है। किसी दूसरे के हाथ में पड़ने पर ये कदाचित् और तरह के हो जाते।"

'पुनर्नवा' की संरचना में कमजोरी है। मूलतः कालिदास के चरित्र को उकेरने के लिए यह उपन्यास लिखा गया था। पर कालिदास का चरित्र ही इसमें अन्य चरित्रों की भीड़ और उनके कर्तृत्व के विशदीकरण में कहीं गुम हो गया है। द्विवेदीजी ने व्योमकेश शास्त्री के द्वारा अपने आपको संबोधित कराते हुए पुनर्नवा की शक्ति और दुर्बलता दोनों को प्रस्तुत किया है–"आपने साहसपूर्वक 'मृच्छकटिक' के गोपाल आर्यक और शर्विलक को लोककथा में प्रसिद्ध लोरिक और साँवरु से जोड़ने का प्रयास किया है। साथ ही चारुदत्त और वसंतसेना की कथा को ऐतिहासिक आवरणों से मुक्त करके निजंधरी कथा में ले आने का साहस किया है। मेरी दृष्टि में यह उचित हुआ है, परंतु उसी साहस और स्पष्टता के साथ आप कालिदास को नहीं उभार सके। उभारते-उभारते रुक गए हैं।...वैसे पुनर्नवा कथानक की दृष्टि से मुझे बहुत शिथिल नहीं जान पड़ती। शिशिलता इसकी इस बात में है कि इसका आरंभ कालिदास के भावों को उजागर करने के उद्देश्य से हुआ था, इसकी तर्कसम्मत परिणति कालिदास के भावों को और स्पष्ट करने में होती।"

व्योमकेश शास्त्री न केवल हजारीप्रसाद द्विवेदी की औपन्यासिक रचनाप्रक्रिया का खुलासा करते है, वे उनकी असफलताओं का भी लेखाजेखा प्रस्तुत करते हैं।

व्योमकेश शास्त्री की एक सुनिश्चित प्रतिमा थी। द्विवेदी उसके साँचे में भी ढलना नहीं चाहते थे। रचनायात्रा के अंतिम पड़ाव पर पहुँचकर द्विवेदीजी ने व्योमकेश शास्त्री से भी अपने को मुक्त कर लिया। 'अनामदास' के रूप में एक और आड़ उन्होंने ली। अनामदास द्विवेदीजी का एक अलग रूप है। अनामदास द्विवेदीजी का सहचर है। उसे उन्होंने अपना 'अपरिचित मित्र' कहा है–'एक दीर्घायु के कोठे में पहुँचा हुआ' मित्र। द्विवेदीजी भी 66-2/3 वर्ष के हैं और उनका यह मित्र भी 66-2/3 वर्ष का है।

द्विवेदीजी के ललित निबंध

द्विवेदीजी के पूर्व भारतेंदु ने हिन्दी निबंध को नाटकीयता से परिपूर्ण चुभते व्यंग्य

और गुदगुदाते हास्यवाली एक शैली दी, बालकृष्ण भट्ट ने उसमें बाणभट्ट के अलंकृत गद्य को उतारा, प्रतापनारायण मिश्र ने उसमें स्वच्छन्दतावादी चेतना का संचार किया और लोकसंस्कारों से भी उसमें जोड़ा; सरदार पूर्णसिंह ने आत्मा का अविकल आलाप प्रस्तुत करते हुए एक अप्रतिम लय और राग उसमें उपजाया। इनके अतिरिक्त बख्शीजी, शान्तिप्रिय द्विवेदी, महावीरप्रसाद द्विवेदी, बद्रीनारायण चौधरी प्रेमघन, बालमुकुन्द गुप्त आदि भी महत्त्वपूर्ण निबंधकार द्विवेदीजी के पहले हो चुके थे। फिर भी ललित निबंध ने द्विवेदीजी की लेखनी से जिस पराकाष्ठा को हासिल किया, वह उनके पहले और बाद में अन्यत्र अगम्य रही।

हिन्दी में हजारीप्रसाद द्विवेदी का नाम ललित निबंध का पर्याय-सा बन चुका है। इसमें कोई संदेह नहीं कि ललित निबंध की एक विशेष शैली उन्होंने हिन्दी को दी। उनकी परम्परा में कुछ इक्के-दुक्के ललित निबन्धकार और आए, जिन्होंने उनका अनुवर्तन किया। पर हजारीप्रसाद जी के ललित निबंधों में जो दृष्टि और सृष्टि है, वह पुनर्नवा होकर इन ललित निबंध लेखकों की कृतियों में अवतरित नहीं हो पाई। द्विवेदीजी के ललित निबंध हिन्दी में अभी वैसे अनूठे और ताजा बने हुए हैं। उनके अनूठेपन का कारण क्या है?

कहा जाता है कि ललित निबंध की विधा ही हमारी परम्परा की नहीं। यह पश्चिम से आई है। पर द्विवेदीजी ने अपने ललित निबंधों की रचना पश्चिम के चार्ल्स लैम्ब, हैजलिट् आदि निबन्ध लेखकों से रूप, संरचना और अभिप्राय ग्रहण करके की होगी—ऐसा नहीं लगता। लैम्ब और हैजलिट् आदि से उनके निबंधों की संरचना और वस्तु वैशिष्ट्य में मूलभूत अन्तर है। उनके निबन्धों को मन के उन्मुक्त भटकाव की परिभाषा के भीतर भी नहीं रखा जा सकता। वे ललित निबंध के क्षेत्र में उतरे, तो वे भारतीय परम्पराओं में रचे बसे थे। फिर ललित निबंध का उनका अपना स्रोत होना चाहिए। और यह स्रोत कुछ ऐसा निराला ही था। इसीलिए उनका इस क्षेत्र में अनुगमन करनेवाले लेखकों में वह बात नहीं बन सकी, द्विवेदीजी के ललित निबंधों में है। क्योंकि उनका इस स्रोत से सीधे जुड़ाव नहीं था।

मेरी समझ से द्विवेदीजी के ललित निबंधों का स्रोत पौराणिक कथावाचकों या प्रवचनकारों की परम्परा है—वह भी भागवतप्रवचनकारों की। द्विवेदीजी वैष्णव परिवार से आए थे। उनको भागवत पर प्रवचन करने का अच्छा अभ्यास था। परीक्षा के लिए फीस के पैसे न होने पर उनके भागवत प्रवचनों का आयोजन किया गया था। इंटरमीडिएट की परीक्षा केवल एक विषय—अँग्रेजी—लेकर उन्होंने दी, क्योंकि पूरी परीक्षा फीस देने के लिए पैसे न थे। द्विवेदीजी सामान्यतः अपनी विवशताओं की कथा किसी को सुनाते न थे। केवल बनारसीदास चतुर्वेदी को लिखे कुछ पत्रों में उनकी व्यक्तिगत पीड़ाएँ मुखर हुई हैं। 5-9-45 को लिखे पत्र में वे विस्तार से अपनी ट्यूशनों और संस्कृत कॉलेज से मिली वृत्ति के सहारे नाना कष्ट सह-सहकर की गई

पढ़ाई की कथा बताते हैं। उसी में ये वाक्य हैं—"मेरे पास ओढ़ने के लिए भी कपड़े न थे। किसी से माँगने की कला भी नहीं आती थी। सो मैंने बगल में पोथी दबाई और कथा बाँचने चला गया। मेरे एक मित्र थे, उन्होंने कोआथ (आरा) में मेरी कथा बिठा दी। वे खुद आर्य समाजी थे, पर मेरी सहायता के लिए उन्होंने इस बात की परवा नहीं की। कथा सात दिन तक हुई। और आठवें दिन चढ़ावा चढ़ा। 35 रुपए की एक रजाई, कुछ साड़ियाँ, कुछ कपड़े, कुछ धोतियाँ और प्रचुर अन्न मुझे मिला। रजाई कोआथ के हकीम बंधुओं ने दी थी। मेरे जीवन में इतनी बड़ी सहायता न कभी मिली और मिलेगी। सो मैं इंटरमीजियट् की नदी पार कर गया। आचार्य पास करने के बाद मैंने एक बार और कथा बाँची थी।"

जिन भागवत प्रवचनों के दम पर जीवन की इतनी बड़ी सहायता मिली, जो न पहले 'कभी मिली और मिलेगी' और जिनके बूते पर इंटरमीडिएट की वैतरणी पार हो सकी, उन्हें द्विवेदीजी यों भूल जाएँगे, यह कैसे हो सकता था?

ललित निबंधों में वे प्रवचनकार की भाँति अपने पाठकों को संबोधित करते हैं। भागवत ऐसा ग्रंथ है कि उस पर प्रवचन करता-करता कई बार उत्तम प्रवचनकार अपने भीतर डूब जाता है, और आत्मालाप की शैली में बोलता जाता है। वह बीच-बीच में हँसी की फुलझड़ियाँ भी छोड़ता है। अवांतर प्रसंग ले आता है। अन्य ग्रंथों के सटीक श्लोक चस्पाँ कर देता है। कभी-कभी अपना रचा भी जोड़ देता है। द्विवेदी अपने ललित निबंधों में यही सब करते हैं। प्रवचनकारों की इस शैली का अत्यंत रचनात्मक उपयोग कदाचित् अकेले द्विवेदीजी ने हिन्दी साहित्य में किया। यही उनके ललित निबन्धों के अनूठेपन का रहस्य है। उनका अनुकरण करते हुए कई लोगों ने ललित निबंध लिखे। पर ये ललित निबंधकार भागवत प्रवचन करनेवालों के घराने के नहीं थे।

द्विवेदीजी ने प्रवचन की विधा का नवसंस्कार करके ललित निबंध का अपना ढाँचा तैयार किया। व्यावसायिक प्रवचनकार जिससे कतराकर निकल जाते हैं, वह उन्होंने इस ढाँचे में रहकर किया। व्यावसायिक प्रवचनकार लोगों को रसविभोर करता है, गुदगुदाता है, रुलाता भी है। पर वह उनके दिमाग की खिड़कियाँ बंद करता जाता है। द्विवेदीजी रसमग्न होते हैं, सहृदय पाठक को भावविभोर करते हैं, पर ऐसा करते-करते एक झटके से चौंकाकर उसे चैतन्य कर देते हैं। अशोक के फूल के सौंदर्य, सुंदरियों के पादप्रहार से उसका फूलना भारतीय साहित्य में उसके वर्णन, यक्षों और गंधर्वों की दुनिया इन सबमें रमकर, 'भारतवर्ष का सुवर्णयुग इस पुष्प के प्रत्येक दल में लहरा रहा है' इस वाक्य के बाद अचानक यह वाक्यावली है—

"कहते हैं दुनिया बड़ी भुलक्कड़ है। केवल उतना ही याद रखती है, जितने से उसका स्वार्थ सधता है। बाकी को फेंककर आगे बढ़ जाती है। शायद अशोक से उसका स्वार्थ नहीं सधा। क्यों वह उसे याद रखती? सारा संसार स्वार्थ का अखाड़ा

ही तो है।" (ग्रन्थावली, पृ. 23)

दुनिया के स्वार्थ पर यह टिप्पणी तो प्रवचनकार भी करता ही। वह लोगों के स्वार्थ की कोई मनोरंजक कहानी यहाँ जोड़कर परमार्थ पर विचार करने का आह्वान करता। पर इसके ठीक आगे द्विवेदी अशोक के फूल की सारी मनोहारिता, रहस्यमयता, अलंकरण पर पानी फेरकर उल्टे यह कहते हैं—

"अशोक का वृक्ष जितना भी मनोहर हो, जितना भी रहस्यमय हो, जितना भी अलंकारमय हो, परन्तु है वह उस विशाल सामंत सभ्यता का ही प्रतीक, जो साधारण प्रजा के परिश्रमों पर पली थी, उसके रक्त के संसार कणों को खाकर बड़ी हुई थी और लाखों-करोड़ों की उपेक्षा से समृद्ध हुई थी। वे सामंत उखड़ गए, समाज ढह गए, और मदनोत्सव की धूमधाम मिट गई। सन्तान-कामिनियों को गन्धर्वों से अधिक शक्तिशाली देवताओं का वरदान मिलने लगा। पीरों ने, भूत-भैरवों ने, काली दुर्गा ने यक्षों की इज्जत मिटा दी। दुनिया अपने रास्ते चली गई। अशोक पीछे छूट गया।" (वही, पृ. 23)

प्रवचनकार के लिए कथा-प्रसंग हरिस्मरण का बहाना होते हैं। या लोगों को भरमाए रखने का। द्विवेदीजी के लिए पूरा ललित निबंध का ढाँचा ही बहाना है। उसके प्रिज्म से वे प्रकाश से वे जो दुनिया खोलते हैं, वह इंद्रधनुषी सप्तवर्णी आभा में झलमलाती लगती है। पर अचानक इस सप्तवर्णी आभा को समेटकर एक प्रखर किरण बच जाती है, जो वास्तविकता की है। सच्चा प्रवचनकार जन-जन के भीतर कौतुक, आनंद और जीवन का उत्साह जगाता है। द्विवेदी अपने निबंधों में यही करते हैं।

यह पुराणवाचक की विशाल आधार भूमि ही है, जिस पर विचरते हुए द्विवेदी ललित निबंध के अपने ही बनाए हुए ढाँचे को तोड़कर बार-बार बाहर आते हैं। कुटज, अशोक के फूल, शिरीष के फूल, देवदारु, आम फिर बौरा गए, वसंत आ गया है, आत्मदान का संदेशवाहक वसंत इत्यादि निबंधों की एक खास बनावट और कथन भंगी है। किसी फूल या ऋतु को बहाना बनाकर वे उस माध्यम से बातों की लड़ी गूँथते हैं। पर पुराणवाचक अन्य अनेक प्रकार की कथनभंगियों का प्रयोग करता है। वह किसी घटना या प्रसंग को सुनाकर उसकी व्याख्या करता हुआ अपने उपदेश, संदेश और प्रवचन को विन्यस्त करता है। द्विवेदीजी का एक निबंध है—'ठाकुर की बटोर।' यह निबंध द्विवेदी ने अपने गाँव में ठाकुर जी (भगवान्) के जीर्ण-शीर्ण मंदिर की स्थिति के विवरण से आरंभ किया है, फिर मंदिर के जीर्णोद्धार के लिए बुलाई गई सभा का प्रसंग है। इस प्रसंग के माध्यम से भारतीय समाज की स्थिति की पड़ताल वे यहाँ करते हैं। द्विवेदीजी के अनेक निबंध ऐसे हैं, जिनमें उनका पौराणिक सीधे-सीधे उपदेशक का बाना पहन लेता है, आखिर जो दाय उसके पास है, उसके चलते यह भी उसका दायित्व है कि वह लोगों को बताए कि उन्हें करना क्या है। 'आस्था

का स्वप्न', 'आंतरिक शुचिता भी आवश्यक है', 'प्रायश्चित्त की घड़ी', 'धार्मिक एवं सच्चरित्र नारी कुटुंब की शोभा है'—इन शीर्षकों के अन्तर्गत लिखे गए उनके निबंध उपदेशपरायणता से बोझिल हैं।

दरअसल द्विवेदी के ललित निबंधों का सर्वोत्तम अंश उनके शान्तिनिकेतन प्रवास के दो दशकों का है। उनके भीतर का प्रवचनकार भी शान्तिनिकेतन में ही सर्वाधिक मुखर रहा। अशोक के फूल 1948 ई. में छपकर आया था, जब वे शान्तिनिकेतन में ही थे, कल्पलता (1951 ई.) में भी शान्तिनिकेतन में रहकर लिखे गए निबंध ही हैं। द्विवेदीजी के रचनाकार का आंतरिक उल्लास कौतुकीवृत्ति और विनोद जो इन निबंधों में हैं, बाद में मुरझाए-मुरझाए लगते हैं। इसके बाद वे 'हमारी समस्याएँ' तथा 'विचार और वितर्क' (1949 ई.) के जाल को काटने में लगे दिखते हैं, 'विचार प्रवाह' (1959 ई.) में तिरते उतराते नजर आते हैं। प्रतिष्ठा इस बीच इतनी हो गई थी कि अपनी सहृदयता और सदाशयता के कारण संपादकों के अनुरोध पर फरमाइशी निबंध बहुत से लिखे। शान्तिनिकेतन छोड़ने के बाद जो उल्लेखनीय निबंध द्विवेदीजी ने लिखे, वे काशी छोड़ने के बाद। इनमें कौतुक, आनंद और उछाह काफी कुछ छीज गया लगता है। उसकी जगह गंभीरता और वेदना है, आहत स्वाभिमान और जिजीविषा तथा मनस्विता है, जो विशेषरूप से 'कुटज' जैसे निबंधों की भावधारा बनती है। 'कुटज' शीर्षक निबंध संग्रह 1964 ई. में छपा।

विनोद का लेखन

प्रायः शुद्ध मनोविनोद, शुद्ध क्रीड़ा या लीला के भाव से द्विवेदीजी अन्यच्छायाओं का काव्य या साहित्य रचते थे। यह अन्यच्छाया का साहित्य पैरोडी कहा जा सकता है। उनके भीतर का मसखरा इसमें रह-रहकर झाँकता था। बाणभट्ट की आत्मकथा एक गहरे और उदात्त अर्थ में अन्यथाकरण या पैरोडी का ही नमूना है। हलके स्तर पर उन्होंने आधुनिक अतियथार्थवादी कविताओं की अन्यच्छाया या पैरोडी करते हुए एक काव्यकौतुक सहज भाव से यह रचा था—

अथ कविता

छप् छप्!
(कौन किसकी सुनता है?)
अनंत का नर्तन
शंख, नीहारिका, पैराबोला, हाइपरबोला!
(कौन किसे सुनने देता है?)
सुदूर की आवाज कानों को खाए जाती है
(मानों कोई कुंडी खटखटा रहा है)

खरल में पिसा करते हैं मोती
पिसा करते हैं चंदन
अशेष फूत्कार
विराट् नर्तन!
छप् छप्!
(कौन किसकी सुनता है?)
उफ्!
सेठों की पगड़ियाँ, सुंदरियों की साड़ियाँ
पहलवानों का लँगोट, आगरे की दालमोठ
छप् छप् छप्
(कौन किसे सुनने देता है?)
हुश!

(चिंतन और व्यक्तित्व, बलराज साहनी के लेख में पृ. 152 पर उद्धृत)

उफ्, हुश् आदि निरर्थक विस्मयबोधक अव्ययों, कोष्ठकों में लाए गए प्रश्नों को निकाल दिया जाए, तो सामान्य पाठक इसे कोई गंभीर आधुनिक या अत्याधुनिक कविता भी मान सकता है। द्विवेदीजी आधुनिक कविता को लेकर अपनी समझ की कमी को विनम्र भाव से स्वीकार करते रहे। उपर्युक्त निरर्थक विस्मयबोधक अव्यय और कोष्ठकों के प्रश्नों से अपनी इस समझ की कमी पर भी फब्ती करते हैं, और आधुनिक कविता पर भी।

औपन्यासिक सृष्टि

द्विवेदीजी ने चार उपन्यासों की रचना की—'बाणभट्ट की आत्मकथा', 'चारुचन्द्रलेख', 'पुनर्नवा' तथा 'अनामदास का पोथा'। हिन्दी के उपन्यास विश्व में ये चारों रचनाएँ अनन्य स्थान रखती हैं। वर्णनों की चित्रात्मकता तथा काव्यात्मकता, कलासंसार का आलोचनात्मक उन्मीलन, भारतीय आख्यानपरम्परा की नवरचना, इतिहास, अतीत, ऐतिह्य, समकालिक बोध, कला और संस्कृति, नारी का भव्य और उदात्त रूप तथा ललित निबंध, व्याख्यान, प्रवचन, कहानी आदि अनेक विधाओं का सम्मोहनकारी घोल तैयार करके द्विवेदीजी ने उपन्यास का एक अलग ढाँचा निर्मित किया।

पुनर्नवा को छोड़कर शेष तीनों उपन्यासों में इन्हें किसी और की कृति बताने वाली एक प्रस्तावना दी गई है। अपने दूसरे उपन्यास का तो नाम ही अघोरनाथ के द्वारा चन्द्रगुहा के पृष्ठभाग पर उट्टंकित वृत्तांत के कारण उन्होंने चारुचन्द्रलेख रखा।

द्विवेदीजी ने उपन्यास की आधुनिक धारा से अपने आपको जोड़ते हुए ये कृतियाँ

नहीं रची थीं। उपन्यास का आधुनिक प्रतिदर्श उनके सामने था भी नहीं, उनके सामने इन उपन्यासों की रचना में दो प्रतिदर्श थे–एक बाण, दण्डी या सुबन्धु के गद्यकाव्यों का, दूसरा भारतीय परम्परा के आख्यान-उपाख्यानों का। यदि आधुनिक अर्थ में उपन्यास रचने का कुछ भाव रहा भी हो, तो वह प्रायः गद्यकाव्य रचने के प्रवाह में और आख्यान या जिसे द्विवेदीजी ने विनोदपूर्ण शैली में गप्प कहा है, उसका ताना-बाना बुनने की प्रक्रिया में वह बह गया है। आधुनिक उपन्यास के इकहरे कालबोध और यथार्थ की अपेक्षा के साथ द्विवेदीजी के उपन्यासों का पाठ किया जाए, तो उनके साथ न्याय नहीं किया जा सकता। यदि उन्होंने इन रचनाओं को उपन्यास कहा भी, तो उसके पीछे आचार्य रामचन्द्र शुक्ल ने भारतीय उपन्यास के रूपबंध के बारे में जो धारणा व्यक्त की थी, वह रही होगी–"उपन्यास को काव्य के निकट रखनेवाला पुराना ढाँचा एकबारगी क्यों छोड़ा जाए? उसके भीतर हमारे भारतीय कथात्मक गद्यप्रबन्धों (जैसे–कादम्बरी, हर्षचरित्र) के स्वरूप की परम्परा छिपी हुई है। योरप उसे छोड़ रहा है, छोड़ दे। यह कुछ आवश्यक नहीं कि हम एकदम हर कदम उसी के पीछे-पीछे चलें।" (रामचन्द्र शुक्ल : हिन्दी साहित्य का इतिहास, पृ. 640)

इनकी रचनाभूमि और प्रेरणास्रोत भी इन्हें इतर उपन्यास वाङ्मय से विशिष्ट बनाते हैं। बाणभट्ट की आत्मकथा के प्रणयन में द्विवेदीजी के द्वारा देखी गई एक प्राचीन वराह मूर्ति है। धरती का उद्धार करते हुए वराह की यह तेजोद्दीप्त मूर्ति उनके मानस में स्फुरित होती रही, और रचनाप्रक्रिया में वह एक प्रतीक बन गई। उदयगिरि की वराहमूर्ति का द्विवेदीजी ने इस उपन्यास की भूमिका में उल्लेख किया है, तथा बाणभट्ट और हर्ष की कृतियों का दाय भी उन्होंने स्वीकार किया है। बाणभट्ट की कृतियों से इस कृती रचनाकार का जो मनस्वी स्वाभिमानी और परिणतप्रज्ञ व्यक्तित्व उभरता है, उसकी संगति राहुल के द्वारा 'वोल्गा से गंगा' के दो अध्यायों में चित्रित बाणभट्ट से कहीं संगति नहीं बैठती। राहुल जी के दुर्विनियोजन ने भी द्विवेदीजी को बाणभट्ट पर लिखने के लिए प्रेरित किया। बाणभट्ट की कुछ ऐसी ही दुर्गति हॉवेल ने कादम्बरी की अपनी भूमिका में की थी। आरम्भ में द्विवेदीजी का विचार यही था कि राहुल जी और हॉवेल की दुर्व्याख्या के समाधान के लिए बाणभट्ट की पाँच अध्यायों में एक जीवनी लिख दें। इस जीवनी में स्वयं बाणभट्ट और उनके समकालीन राजा हर्ष की कृतियों को आधार बनाया जाना था, और अन्त में किन्हीं दीदी का एक पत्र छपना था। जीवनी लिखते हुए आत्मकथा बनने लगी। कथित दीदी आस्ट्रिया की मिस कैथेराइन बन गईं। जब विशाल भारत में आत्मकथात्मक 'जीवनी' की दो किश्ते छपीं, तो द्विवेदीजी को राहुल जी का प्रशंसात्मक पत्र मिला, और चतुरसेन शास्त्री ने भी पत्र के द्वारा सराहना व्यक्त की। फिर तो जीवनी का रूपान्तरण होने लगा। द्विवेदीजी ने आरम्भ में सोचा ही नहीं था कि इस सब उधेड़बुन

में वे अन्ततः अपने ढंग का एक उपन्यास लिख डालेंगे।

'बाणभट्ट की आत्मकथा' और 'चारुचन्द्रलेख' के रचनाकाल में लम्बा अन्तराल है। पुस्तकाकार तो यह उपन्यास बाणभट्ट की आत्मकथा के प्रकाशन के सत्रह वर्ष बाद प्रकाशित हुआ। यह प्रबन्धचिंतामणि में दी गई एक कथा पर आधारित है। प्रबन्धचिंतामणि में राजा सातवाहन उसकी रानी चन्द्रलेखा और तांत्रिक नागार्जुन की कथा है। इस कथा में द्विवेदीजी ने मध्यकालीन धर्मसाधना और तांत्रिक सम्प्रदायों के अपने अध्ययन का खूब उपयोग किया है। मूल कहानी में सिद्धरस पाने के लिए रानी चन्द्रलेखा नागार्जुन की हत्या करवा देती है। पर रस देवताधिष्ठित होने के कारण तिरोहित हो जाता है। द्विवेदीजी ने अपने उपन्यास में नागार्जुन को नागनाथ बना दिया है। हत्या में सम्मिलित चन्द्रलेखा के पुत्रों का उल्लेख नहीं किया है, और हत्या में आभड़ व्यापारी तथा धुंडकेश्वर नामक क्रूर साधु को लिप्त दिखाया है। पूरी कथा को उन्होंने मानवतावादी और राष्ट्रवादी ढाँचे में प्रस्तुत किया है।

संरचना

इन चारों उपन्यासों की संरचना के निम्नलिखित स्तर हैं—(1) समकालीन परिवेश या परिस्थितियों का परोक्ष गुँथाव (2) इतिहास का समावेश (3) समकालीन परिवेश और इतिहास का संस्कृतीकरण, आदर्शीकरण, पौराणिकीकरण तथा मिथकीकरण (4) उपन्यासकार का स्वप्नलोक। संरचना के इन चारों स्तरों का बराबर गुँथाव द्विवेदी के चार उपन्यासों को छोड़कर हिन्दी के उपन्यास वाङ्मय में कम देखने को मिलता है। इसलिए ये चारों उपन्यास भारतीय उपन्यास-साहित्य की उपलब्धि हैं।

चारों उपन्यासों की संरचना और रचना-प्रक्रिया तुलसीदास के रामचरितमानस के समान है, जो 'नानापुराणनिगमागमसम्मत' होकर भी स्वान्तःसुखाय है। 'बाणभट्ट की आत्मकथा' में द्विवेदीजी ने कदाचित् सबसे अधिक प्राचीन साहित्य की अपनी स्मृति, उसके मन्थन से जनित उपपत्तियों व पंक्तियों तथा तद्गत अभिप्रायों को समेटा है। यहाँ बाणभट्ट के दोनों गद्यकाव्यों तथा चण्डीशतकस्तोत्रकाव्य के अतिरिक्त बाण के समकालीन राजा हर्ष की तीन रूपक रचनाओं, भवभूति और शूद्रक के नाटक—विशेषतः मालतीमाधव, रघुवंश, मेघदूत, विक्रमोर्वशीय तथा कुमारसंभव आदि कालिदास के काव्यों, शास्त्रों में कामसूत्र और नाट्यशास्त्र, कौलावलीनिर्णय, बृहत्संहिता, भक्तिरसामृतसिन्धु, अभिलषितार्थचिन्तामणि,—यहाँ तक कि बौद्धसाहित्य के अनेक ग्रंथों—विशेषतः मिलिंदपन्हो तथा आधुनिक रचनाओं में राखालदास बन्द्योपाध्याय के दो उपन्यासों—शशांक और करुणा का उपयोग किया गया है। देवपुत्र तुवरमिलिंद की अपहृता कन्या चन्द्रदीधिति (भट्टिणी) के संधान के लिए प्रसारित भावपूर्ण आह्वानपरक पत्र अपनी पदावली और वाक्यावली में करना उपन्यास में इसी तरह के प्रसंग में भेजे पत्र की छाया लेकर प्रस्तुत है। कापालिकों की वशीकरण साधनाओं

का वर्णन भी राखालदास जी के उपन्यास में हुआ है, जो सम्भवतः द्विवेदीजी के लिए प्रेरणाभूमि बना हो। 'करुणा' तथा 'शशांक' दोनों उपन्यासों में हूणों के बर्बर आक्रमण का प्रतिरोध करने के लिए पुकार है। द्विवेदीजी ने इसका भी उपयोग किया है, हूण शब्द के स्थान पर 'प्रत्यन्त दस्यु' शब्द उन्होंने रखा है। राखालदास के उपन्यासों के अनेक प्रसंग द्विवेदीजी में परोक्ष छाया ग्रहण कर अपनी अलग विच्छित्ति उत्पन्न करते हैं। पर राखालदास के उपन्यासों से कुछ पंक्तियों या प्रसंगों की समानता स्थूल या सतही ही है। हजारीप्रसाद द्विवेदी के उपन्यासों का कलेवर अपनी आभ्यंतर संरचना में उनसे बहुत अलग है। यह आभ्यंतर संरचना यदि किन्हीं आधुनिक रचनाकारों से प्रभावित हुई है, तो वे रवीन्द्रनाथ और शरच्चन्द्र हैं। बाणभट्ट की आत्मकथा का नायक शरच्चन्द्र के श्रीकांत की तरह यायावर, प्रेम-प्रसंगों से कतराकर बच निकलनेवाला है, तो दूसरी ओर निउनिया, चन्द्रा आदि प्रगल्भा नायिकाओं की सृष्टि भी शरच्चन्द्र की नारी पात्रों का स्मरण कराती है।

समकालिकता

यद्यपि द्विवेदीजी के चारों उपन्यास सीधे-सीधे हमारे वर्तमान की कोई कथा नहीं कहते, पर समकालिकता और उपन्यासकार के भौतिक समय का गुँथाव उन चारों में भरपूर है। चारों उपन्यासों में समकालिकता या उपन्यासकार के समय की स्थितियों का गुँथाव जितना ही परोक्ष है, उतना ही उपन्यास-संसार का वह आंतरिक, अविभाज्य और महत्त्वपूर्ण अंश भी है। आंतरिक इसलिए कि वही उपन्यास रचना के लिए एक प्रेरक तत्त्व रहा है। अविभाज्य इसलिए कि उसे हटा देने पर उपन्यास की दृष्टि और सृष्टि खंडित होती है। महत्त्वपूर्ण इसलिए कि उपन्यासकार अपने समय को भी संबोधित और व्याख्यायित कर रहा है।

उनके चारों उपन्यासों की पृष्ठभूमि और प्रेरणा उनके अपने समय और समकालीन जीवन के अनुभवों में है। भौगोलिक, सांस्कृतिक, राजनीतिक परिस्थितियाँ लेखक के पारिवारिक या वैयक्तिक सम्बन्ध—ये सब इस गुँथाव का हिस्सा हैं। द्विवेदीजी ने कालिदास के प्रभाव से अन्यथाकरण की अवधारणा का प्रतिपादन किया था। समकालीन जीवन का भी उन्होंने रचना में पुनर्विन्यास किया। बाणभट्ट की आत्मकथा में उनकी आत्मकथा भी पिरो दी गई है। काशी के तांत्रिकों और अनेक पंडितों की झलकियाँ यहाँ देखी जा सकती हैं, विशेषरूप से द्विवेदीजी के अपने गुरु पंडित रामयत्न ओझा तथा द्विवेदीजी के अनेक सहपाठी यहाँ रूपांतरित होकर प्रस्तुत हैं। बाणभट्ट की आत्मकथा में अपनी जन्मभूमि ओझवलिया गाँव के अनेक स्थलों का समावेश द्विवेदीजी ने कर लिया है। इसके पीछे अपने गाँव और अपने परिचितों के प्रति अनुराग तो है ही; कदाचित् एक तरह का कौतुक भी है, अपने गाँव-गिराँव और स्थानीयता को मिथक और इतिहास के कथानक में शामिल करने का प्रलोभन भी है। ओझवलिया

या उसके आसपास के स्थलों में भँडसर भद्रेश्वर हो गया है, यद्यपि उपन्यास में जिस जगह भद्रेश्वर है, वहाँ दूरोदराज तक द्विवेदी के वर्तमान का भँडसर पहुँच नहीं पाता। द्विवेदीजी के गाँव के पास ही महासरयू नदी की एक छोटी-सी धारा बहती है, जिसे छोटी सरयू कहा जाता था। यह छोटी सरयू ही महासरयू बन गई है, सुरहा झील सौरभह्रद के रूप में तरंगित है, बजरहा गाँव वज्रतीर्थ बनकर प्रतिष्ठित है, चुनार के पास विंध्याचल के एक टुकड़े को द्विवेदीजी ने धूम्रगिरि कहा है। शाहाबाद की करुष संज्ञा कर दी है। नामवरजी की शब्दावली में इस प्रकार द्विवेदीजी ने जनपदीय 'पूँजी' का निवेश उपन्यास में किया है (दूसरी परम्परा, पृ. 15)।

बाणभट्ट की आत्मकथा में पान के बीड़ों से सतत सम्भृत मुखवाले धावक द्विवेदीजी के अनवरत ताम्बूलभक्षी एक बनारसी मित्र हैं। शान्तिनिकेतन के कुछ दूरी पर कंकालीतला नामक जगह थी, जिसमें रहनेवाले भैरव बाबा के बारे में अनेक कथाएँ प्रचलित थीं। इन्हीं की छाया अघोर भैरव की प्रस्तुति में है।

समकालिकता में गहरी पैठ द्विवेदीजी की औपन्यासिक कृतियों को आधुनिक भी बनाती है। 'पुनर्नवा' को छोड़कर शेष सभी उपन्यास तो अपने समय की कथा से आरंभ होते हैं, और पर्यवसान भी उनका अपने समय में लौटकर होता है। बाणभट्ट की आत्मकथा की प्रति आस्ट्रिया की मिस कैथेरीन ने तैयार की है। व्योमकेश शास्त्री के रूप में अपने लिखे को आष्ट्रियादेश निवासिनी कुमारी कैथेरीन के द्वारा किया गया अनुवाद बताकर द्विवेदी ने अपनी कथा पर ही यह प्रश्न कराया है—हाय, उस वृद्ध हृदय में कितना परिताप संचित है! अस्त्रिय वर्ष की यवनकुमारी देवपुत्रनन्दिनी क्या आस्ट्रियादेशवासिनी दीदी ही हैं?

वास्तव में द्विवेदीजी ने चारों उपन्यासों में पश्चिम का प्रतिदर्श कम और भारतीय आख्यान परम्परा का प्रारूप अधिक अपनाया है। उनके उपन्यास गप्प हैं, एक कथा के भीतर उनमें दूसरी और फिर तीसरी कथा निकल आती है, वे जानकारियों के पुलिंदे हैं, उपदेशों की बीच-बीच में उनमें भरमार है, वर्णनों की बहुलता है। बाणभट्ट या संस्कृत के अन्य पुराने कथाकारों की तरह कथा कहने की जल्दी द्विवेदीजी को नहीं है। पश्चिम के नॉवेल के मानदंडों पर उनके उपन्यास को कसने से उनके साथ न्याय नहीं हो सकता। श्री नेमिचंद्र जैन ने 'चारुचन्द्रलेख' की सख्त आलोचना की है, उसके पीछे उपन्यास का पश्चिमी मानक अधिक रहा है। उनके अनुसार "पांडित्य के भंडार में से चुनाव करना द्विवेदीजी के लिए कठिन हो गया है। और चारुचन्द्रलेख एक उपन्यास के बजाय कथासरित्सागर जैसा कहानी-किस्सों का खजाना बन गया है।" कृष्णनाथ के अनुसार चारुचन्द्रलेख इतिहास और व्यक्ति का, युद्ध और प्रेम का कथा में द्वैत है। नेमिजी के अनुसार यह द्वैत नहीं 'असमंजस' है। चारुचन्द्रलेख कलात्मक कथाकृति और सूचनात्मक इतिहास के बीच असमंजस कृति है।

नेमिजी की उपन्यास से अपेक्षा है कि वह सातवाहन और चन्द्रलेखा की आरंभिक विवाह कथा के रूप में आरम्भ किया गया था, विवाह कथा तक वह बेजोड़ भी है। बाद में वह सीदी मोला, जयित्रचन्द्र के दरबार आदि के अनावश्यक विवरणों में उलझ जाता है। पर क्या द्विवेदीजी एक विवाह-कथा लिखना चाहते थे? विवाह का प्रसंग तो उनके उपन्यास की प्रस्तावना भर है। 'चारुचन्द्रलेख' के नायक के विषय में नेमि जी कहते हैं–"इतनी प्रधान स्थिति में ऐसे अभावात्मक वैशिष्ट्यहीन निष्क्रिय चरित्र को रखने का क्या कलात्मक अभिप्राय हो सकता है? वह आरम्भ से अन्त तक केवल रोता झींकता ही रहता है। चन्द्रलेखा की ओर उसका व्यवहार दीनतापूर्ण है, वह भी कुछ विचित्र और असंगत ही लगता है। सातवाहन को ऐसा चरित्र बनाने की प्रतीकात्मक आवश्यकता जो भी हो, मानवीय घात-प्रतिघात के स्तर पर जीवंत व्यक्तियों के बीच सम्बन्ध के स्तर पर उसकी कोई सार्थकता नहीं जान पड़ती।" (कल्पना : फरवरी 1966)

वस्तुतः तो चारुचन्द्रलेख आधुनिक अर्थ में नायक-नायिका पर केंद्रित उपन्यास है ही नहीं। उसका नायक समय ही है। सातवाहन पाशुपत दर्शन के मान से बद्ध जीव है, जो रानी (इच्छाशक्ति) और नैना (क्रियाशक्ति) के आगे विवश है। वह ज्ञाता, द्रष्टा और साक्षी है। अन्त में उसकी क्रिया शक्ति मर जाती है, इच्छाशक्ति पंगु हो जाती है। बोधशक्ति भयग्रस्त हो जाती है। चारुचन्द्रलेख का अवसान अवसाद से भरा हुआ है, और निराशाजनक लगता है।

द्विवेदीजी इस उपन्यास की संरचना को आध्यात्मिक या दार्शनिक, मनोवैज्ञानिक, आधिभौतिक–सामाजिक, राजनीतिक सभी स्तरों पर एक साथ अनुप्रयुक्त करना चाहते हैं। उनकी इस महत्त्वाकांक्षा के कारण आज के पाठक को यह बिखरा हुआ प्रतीत होता है। पर इसमें जानने, समझने, हमारे संवेदन को झकझोरने के लिए सामग्री प्रचुर है। देवीशंकर अवस्थी के शब्दों में "चारुचन्द्रलेख की कथा में राजनीतिक दाँवपेंच हैं, प्रजातन्त्र का जयघोष है, तांत्रिक और बौद्धिक साधनाओं की व्याख्याएँ हैं। सिद्धों की सिद्धि का चमत्कार है, गोरखनाथ के योग का प्रताप है। पटुनटकलाचपल कृष्ण की लीला का गान है, सामन्ती समाज व्यवस्था पर प्रकाश है, रणनीति की विवेचना है, देश में सोने के रिजर्व स्टॉक की समाप्ति की घोषणा है, और मुद्रास्फीति की समस्या है। उसमें विदेशी आक्रमण है, इस्लाम की विशेषता है, और देशप्रेम की पुकार भी। आश्लेष में लिपटी हुई बाहुएँ भी हैं, और तलवार भाँजने वाली भुजाएँ भी। इसमें कोटिवेधी रस है और मर्मवेधी दृष्टि भी। अमोघवाक् की भविष्यवाणियाँ भी हैं, और पृथ्वी से पराजित होनेवाले नक्षत्र भी। चारुचन्द्रलेख में भारतवर्ष की मोहक प्रकृति...वन-लता, वृक्ष, पुष्प, पर्वत, उपत्यका, चाँदनी, सूर्योदय है, और है कालिदास की कविता और उसकी व्याख्या। भाषाविज्ञान के विद्यार्थियों के लिए भी सामग्री है, और चीनी आक्रमण के संदर्भ में यह भी जानने योग्य है कि श्यामवंश के प्रतापी

राजाओं की एक लाख सेना को सिर्फ पाँच हजार विदेहों ने समाप्त कर दिया था, और तिब्बत असल में हमारा ही है।''

'चारुचन्द्रलेख' अपार सम्भावनाओं और अद्‌भुत फैलाव के होते हुए भी उपन्यास के आधुनिक निकष पर एक असफल कृति है। पर यह उतनी ही अनोखी भी है।

सम्भवतः 'चारुचन्द्रलेख' की जटिल संरचना को लेकर हुई आलोचना को ध्यान में रखकर द्विवेदीजी ने अगला उपन्यास अपेक्षाकृत सादे फलक पर रचा। समय की दृष्टि से वे 'पुनर्नवा' में बाणभट्ट के काल और मध्यकाल दोनों से पीछे आते हैं—गुप्तकाल में। पुनर्नवा में लोकजीवन, लोकतत्त्वों और लोककथाओं का निराला विन्यास और विनिवेश उन्होंने किया। लोरिकचन्दा की कहानी लोकसाहित्य में प्रसिद्ध और प्रचलित है। मुल्लादाऊद का सूफी प्रेम आख्यान 'चन्दायन' इसी पर आधारित है। इसे मृच्छकटिक और कालिदास के साहित्य से जोड़कर इस उपन्यास में चमत्कार भर दिया गया है। लोरिक की गाथा का मलसाँवरू श्यामरूप और फिर मृच्छकटिक का शर्विलक हो गया है। उसके नाम के पहले जुड़ा मल द्विवेदीजी की प्रतिभा में उसका मल्ल और जुझारू ब्राह्मण का स्वरूप प्रकाशित कर देता है। लोरिक की प्रेमिका चनवा चन्द्रा के रूप में यहाँ अवतरित होती है। द्विवेदीजी ने द्विविध प्रक्रिया इसमें अपनाई है, लोककथा के पात्रों को मृच्छकटिक और कालिदास साहित्य के पात्रों में तब्दील कर दिया है, तो मृच्छकटिक के पात्रों को लोककथा में ला उतारा है। वसन्तसेना की दासी मदनिका यहाँ माँदी बन गई है। यहीं तक न रुककर वे अपनी कल्पना और पांडित्य के बेजोड़ योग से इस कथा को मिथकों से भी जोड़ देते हैं। अतः लोरिक मूलतः लहुराबीर लघुवीर और श्रीकृष्ण के पुत्र साम्ब की पूजा-परम्परा से जुड़ जाता है। लोरिकदेव जो बाणभट्ट की आत्मकथा में सातवीं शताब्दी में राजा हर्ष का समकालीन है, इस उपन्यास में समुद्रगुप्त के सेनानायक के रूप में प्रतिष्ठित है। एकरेखीय कालबोध को तोड़कर द्विवेदीजी अपने सांस्कृतिक बोध के द्वारा पात्रों को एक काल से दूसरे में प्रक्षिप्त करते हैं।

'चारु चन्द्रलेख' जो भयावह अपार खाइयाँ खोलकर रख देता है, उन्हें इसमें पाटा भी गया है। चारुचन्द्रलेख में तो ज्ञान, इच्छाशक्ति, क्रियाशक्ति और बुद्धि सब छिटक कर अलग हो जाते हैं, और सारा राष्ट्र, समाज, मनुष्य हाराकीरी करता प्रतीत होता है। पुनर्नवा में ज्ञान को फिर से इच्छा-शक्ति और क्रिया-शक्ति के साथ जोड़कर पुनरुज्जीवित कर दिया गया है।

अनामदास का पोथा द्विवेदीजी के उपन्यास साहित्य की पराकाष्ठा पर है। छान्दोग्य उपनिषद् के मूल आख्यान में रैक्व अपनी पीठ की खाज के कारण गाड़ी के एक पहिए से पीठ खुजाते हुए चित्रित हैं। द्विवेदीजी ने इस खाज को हटा दिया है, यहाँ पीठ की फुरहरी है, जो गहरे सांकेतिक मनोवैज्ञानिक प्रतीकात्मक अभिप्राय लेकर उदित होती है—शायद इसके पीछे रेणु की कहानी 'तीसरी कसम उर्फ मारे

गए गुलफाम' के हीरामन की पीठ की खुजली का संस्कार है। दूसरी ओर रामायण और पुराणों में प्रोक्त ऋष्यशृंग की कहानी को भी नवीन रूप देकर रैक्वाख्यान में अवतरित करा दिया गया है।

आधुनिक पैमाने से यह उपन्यास भी उतना ही असफल माना गया, जितना 'चारुचन्द्रलेख'। विजयमोहन सिंह कहते हैं—''यह उपन्यास एक ओर तो औपनिषदिक प्रश्नों, जिज्ञासाओं और विवादों की प्रसंगहीन व्याख्याओं का पुलिंदा बन गया है, और दूसरी ओर वह 'पीड़ा तथा विरह की रीतिपरक पद्धतियों का अनुसरण' करती 'भावाकुल रूढ़िपरक परिस्थितियों' में बुनी रैक्व तथा जाबाला के घोर तरल प्रेम की कथा के रूप में सामने आता है।'' (पूर्वग्रह, 22-23/74)। एक अन्य समीक्षक ने तो मामा, उजुका और अरुंधती को छोड़कर इस उपन्यास के शेष चरित्रों को 'तत्त्वचिन्तन के बवण्डर' कह दिया है। (ह.प्र.द्वि. का उप. साहित्य, पृ. 162) इससे भी अतिरंजित और एकपक्षीय मूल्यांकन द्विवेदीजी के उपन्यासों पर शोधकार्य करने वाले डॉ. प्रेम दुबे का है—''अनामदास का पोथा पढ़कर उसके पांडित्य के प्रभाव से तो मन अभिभूत हो उठता है, लेकिन रैक्व के आख्यान के रूप में उसके आस्वादन का प्रश्न जब उठता है, तो ऐसा स्पष्ट अनुभव होने लगता है कि वहाँ सब हवा है, और हवा ही हवा है, जिसमें विसंगत कल्पनातथ्य, व्यक्तित्वविहीन पात्र, और परस्पर असम्बद्ध दार्शनिक विचार छटपटाते हुए इस दुराशा से तैर रहे हैं कि उन्हें भी पाँव रखने भर का स्थान कहीं-न-कहीं पर तो उपन्यासकार देगा ही।'' (वही, पृ. 194)। डॉ. रामविलास शर्मा ने द्विवेदीजी के उपन्यासों को सामंती वृत्ति के पोषक और नायिकाभेद के वर्धक माना है। (लोक जागरण और हिन्दी साहित्य, पृ. 40-41)। इन सबसे अलग डॉ. नामवरसिंह की व्याख्या है, जो इन चारों उपन्यासों में प्रगतिशीलता और लोकदृष्टि का निराला आख्यान उन्मीलित करती है। डॉ. सिंह ने 'अनामदास के पोथे' में जटिल मुनि के रूप में मध्यकालीन किसी शूद्र संत को अवतरित होते देखा है। (दूसरी परम्परा की खोज, पृ. 52)

आत्मप्रक्षेपण

द्विवेदीजी अपने आपको अपने उपन्यासों में नाना रूपों में प्रकट करते हैं। इस पर 'हजारीप्रसाद द्विवेदी और व्योमकेश शास्त्री' शीर्षक के अन्तर्गत हम चर्चा कर चुके हैं। बाण और रैक्व के रूप में भी उन्होंने अपने आपको प्रस्तुत किया है, अपने आपको समझना और सँवारना चाहा है। चारुचन्द्रलेख के सातवाहन भी वे ही हैं। आत्मप्रक्षेपण का एक रोचक उदाहरण बाणभट्ट की आत्मकथा में 'नेहनानानन्द' का चरित्र है। नेहनानानन्द का प्रचलित नाम नाना गुसाँई है। अपने प्रवचनों में बार-बार 'नाना' शब्द का प्रयोग करते हैं, इसलिए लोग नेहनानानन्द या नानागुसाँई कहते हैं। नाना गुसाँई स्वयं हजारीप्रसाद द्विवेदी ही हैं। यह उनका स्नेहमय रूप है। यह उनकी

सब-कुछ को स्वीकार करने की प्रवृत्ति का भी मूर्तीकरण है। नेहनानानन्द के मठ में सब प्रकार के प्रस्थानों और हर तरह के सम्प्रदाय के साधुओं का डेरा है। द्विवेदी ने यह नाम कैसे गढ़ा, इसके पीछे भी उनके निजी जीवन की कथा है। वे स्वयं अपने भाषणों में 'नाना' शब्द का प्रयोग बहुत करते थे, किसी प्रशंसक ने उनका ससंकोच इस पर ध्यान खींचा था। (यह भी एक विचारणीय व रोचक संयोग है कि गोस्वामी तुलसीदास, जिनके व्यक्तित्व और जीवनरेखाओं का डॉ. नामवरसिंह ने हजारीप्रसाद जी के व्यक्तित्व व जीवनरेखाओं से गहरा साम्य देखा है, भी 'नानापुराणनिगमागमसम्मत' से आरंभ करके 'रामचरितमानस' में 'नाना' शब्द का बार-बार प्रयोग करते हैं। यह कदाचित् इसलिए है कि तुलसीदास व हजारीप्रसाद जी दोनों का मानस नानात्ववादी है।) अस्तु, अपने प्रशंसक की बात द्विवेदीजी के मन में कहीं अटकी रह गई, और अपनी विनोदप्रियता के द्वारा उन्होंने अपने ही नानात्वप्रिय स्नेहमय रूप को नेहनानानन्द के चरित्र में प्रत्युपस्थित कर दिया। दूसरी ओर नेहनानानन्द का प्रतिद्वन्द्वी घुण्डकेश्वर साधु है। "मध्ययुगीन धार्मिक सम्प्रदायों के बारे में जितने शोधग्रंथ सुलभ हैं, उनमें से किसी में कहीं घुण्डक साधुओं का उल्लेख तो मिलता नहीं, न उनके गुरु घुण्डक स्वामी का ही। इसलिए यही मानना पड़ेगा कि वह द्विवेदीजी की कल्पसृष्टि है। और पण्डितजी की शब्द रचना की वृत्ति से परिचित लोगों को यह बताने की जरूरत नहीं कि लोकभाषा का गुण्डा ही सुसंस्कृत होकर घुण्डक बन गया है, और गुण्डेश घुण्डकेश्वर। कहते हैं कि काशी हिन्दू विश्वविद्यालय में सचमुच ही इस नाम से जाने जाने वाले एक सज्जन हुआ करते थे।" (दूसरी परम्परा की खोज, पृ.30)

'चारुचन्द्रलेख' उपन्यास की कथा द्विवेदीजी के मानस में शान्तिनिकेतन के प्रवास के दिनों में अवतरित हुई थी। उपन्यास में सातवाहन का मंत्री विद्याधर भट्ट द्विवेदी का आदर्श पात्र है। "मेरे गुरु ने बताया था कि विद्याधर, यदि कोई तेरा साथ न भी दे, तो उस लक्ष्य तक बढ़ने में हिचकिचा मत—जिसे तूने ठीक समझ लिया है। निकल पड़ अकेला, निहत्था, निरस्त्र। रास्ता न सूझता हो, तो अपनी पसलियों की ही मशाल जला ले।" स्पष्ट है कि अध्ययनशील संस्कारी व्यक्तित्ववाला मंत्री विद्याधर द्विवेदीजी का आत्मप्रक्षेपण है, और गुरु में रवीन्द्रनाथ की छाया है। रवीन्द्रनाथ की 'एकला चलो' कविता का लगभग भावानुवाद द्विवेदीजी ने विद्याधर के गुरु के वचनों को प्रस्तुत करते हुए कर दिया है।

संस्कृतीकरण

आदर्शीकरण, मिथकीकरण, संस्कृतीकरण की निरंतर प्रक्रिया अटूट रूप से चारों उपन्यासों में अपनाई गई है। द्विवेदीजी की अपनी शब्दावली में ये चारों अन्यथाकरण के अंग कहे जा सकते हैं। इन चारों के लिए उन्होंने प्राचीन साहित्य का भरपूर उपयोग

किया है, कहीं-कहीं तो जरूरत से ज्यादा ही किया है। सुरहा झील में बाणभट्ट के अच्छोद सरोवर का वर्णन मिल जाता है।

इतिहास का उपयोग द्विवेदी ने किफायत के साथ किया है। इतिहास का अतिक्रमण वे ज्यादा करते हैं। पर ऐतिहासिक स्थल और उनका सांस्कृतिक पर्यावरण उनके उपन्यासों में भरपूर है। भारत का ही नहीं बृहत्तर भारत का और भारत के बाहर के देशों तक का भी। पुरुषपुर (पेशावर) भी बाणभट्ट की आत्मकथा में है, तो रोमकपत्तन भी उल्लिखित है। स्थाण्वीश्वर (इस समय कुरुक्षेत्र से लगा हुआ थानेसर) का वर्णन करते हुए उन्होंने श्रीहर्ष की रत्नावली आदि का बहुत ही रचनात्मक उपयोग किया है और काव्यात्मकता और कल्पना के रंगों की इंद्रधनुषी छटाएँ नगर-वर्णन में विन्यस्त कर दी हैं। पर वे यह भूल गए हैं कि स्थाण्वीश्वर और कान्यकुब्ज भौगोलिक दृष्टि से बहुत दूर हैं।

चारुचन्द्रलेख उपन्यास में निम्नलिखित श्लोक की बार-बार पुनरावृत्ति होती है—

गताऽहं कालन्दीतटसलिलमानेतुमनसा
घनैर्मेघैस्तावद् गगनमभितो मेदुरमभूत्।
भृशं धारासारैरपतमसहाया क्षितितले
जयत्वङ्के गृह्णन् पटुनटकलः कोऽपि चपलः।।

यह ध्यान श्लोक किसी प्राचीन प्रसिद्ध पद्य की तरह द्विवेदीजी ने अपने उपन्यास में रखा है। पर वास्तव में यह मंडन कवि ने निम्नलिखित छंद का स्वयं द्विवेदीजी के द्वारा किया हुआ रूपांतर है।

अलि हौं जु गई जमुनाजल को का कहौं बीर बिपत्ति परी
घहराइ के कारि घटा उनयी भरि के जब गागरि सीस धरी।
रपट्यौ घट, घाट चढ़्यौ न गयौ, कवि मंडन हाल बेहाल गिरी
चिर जीवहु नन्द कौ वारौ लला गहि बाँह गरीब की ठाढ़ि करी।।

द्विवेदीजी के रूपांतर में गरीब को बाँह में गहकर उठाने की बजाय क्षितितल में गिरी नायिका के अंक में ग्रहण किया गया है जिससे दयाभाव के स्थान पर प्रेम की प्रतिष्ठा हुई है। (चिंतन और व्यक्तित्व, पृ. 34, डॉ. विद्यानिवास मिश्र का लेख)।

अन्यथाकरण का सौंदर्य

इसमें कोई संदेह नहीं कि द्विवेदीजी ने संस्कृत, पालि, प्राकृत, अपभ्रंश और अवहट्ट भाषाओं के साहित्य का गहरा मंथन किया है, उससे अनेक अभिप्राय उन्होंने ग्रहण किए हैं। यह प्रभाव-ग्रहण कहीं भी आरोपित या ओढ़ा हुआ नहीं लगता। जिस तरह रामचरितमानस में कालिदास, भवभूति, जयदेव आदि संस्कृत के कवियों, श्रीमद्भागवत, शिवपुराण आदि पुराणों, वैदिक संहिताओं, आगम ग्रंथों से अनेक आशय, पदावलियाँ, कथनभंगियाँ ली गई हैं, फिर भी मानस के सरोवर में इस तरह घुला-मिलाकर

गोस्वामी जी ने उन्हें एकदम अपना बना लिया है। द्विवेदीजी ने भी इसी तरह अपनत्व के साथ प्राचीन वाङ्मय से पदावलियाँ, मुहावरे आदि लिए हैं। बाणभट्ट की आत्मकथा में बाणभट्ट भट्टिनी की 'सीमंत रेखा पर सिंदूर की अरुणिमा' देखने, उनके 'प्रबल कबरीभार (केशों) की तिमिरकांति' के द्वारा माथे की टिकुली के 'बालसूर्य को बंदी' बनाने की कामना करता है। (बाणभट्ट की आत्मकथा, पृ. 206)। भट्टिनी को लेकर बाण की इस उधेड़बुन की सारी शब्दावली शंकराचार्य की सौंदर्यलहरी के एक पद्य से आई है। द्विवेदीजी ने प्रबल कबरीभार की तिमिरकांति के द्वारा बंदी बनाए गए बालसूर्य और अरुणिम सिंदूररेखा से रंजित सीमंतसरणि (माँग) का बिंब तो सौंदर्यलहरी के इस पद्य से लिया, पर चंद्रमंडल में उषा की रेखा के उदित होने और मेघों में विद्युल्लता के चमकते रहने की कामना इसमें उन्होंने अपनी ओर से जोड़ी है, जिसे उन्हीं की शब्दावली में अन्यथाकरण कहा जा सकता है। शंकराचार्य ने भगवती के लिए जो कहा, उसमें एक सुहागिनी नारी का बिंब है, जो यथार्थ जगत् से उठाया गया है। द्विवेदीजी ने भट्टिनी के लिए उसका उपयोग किया। यह आनंदवर्धन और राजशेखर जैसे आचार्यों की भाषा में सौंदर्यलहरी से उनके संवाद या अन्यच्छाया का उदाहरण है।

'बाणभट्ट की आत्मकथा' के आखिरी प्रसंग में एक स्थान पर निउनिआ बाण से कहती है—''वह दूर कमलिनी पत्रों में सोई हुई निश्चल निस्पंद बलाका को देख रहे हो न आर्य, ऐसा लग रहा है मानो मरकत पात्र में रखी हुई शंखशुक्ति हो! मेरा मन आज उसी प्रकार निश्चल हो गया है, उतना ही निर्मल निर्विकार।'' यहाँ 'गाहासतसई' की इस गाथा को अनूदित कर दिया गया है।

द्विवेदीजी केवल उक्तियाँ ही नहीं पूर्ववर्ती साहित्य से चरित्र और जीवन भी लेते हैं, वे उनका संदर्भ बदल देते हैं। वे पुराने वाङ्मय से सामग्री उसी तरह संचित करते हैं, जिस तरह अपने समय पर लिखनेवाला कोई कथाकार समकालीन जीवन से सामग्री लेता है। दोनों की रचना का आधार जगत् ही रहता है। इस जगत् में रहकर मनुष्य दोनों तरह से रचता है, वाङ्मय विश्व से भी वह शब्द, भाव और पद-पदार्थ लेकर नई सृष्टि कर सकता है और अपने प्रत्यक्षगम्य भौतिक विश्व से भी। रचनात्मकता की चुनौती दोनों में बराबर हो सकती है।

द्विवेदीजी के चारों उपन्यास आनंदवर्धन तथा राजशेखर की शब्दावली में 'तुल्यदेहितुल्य' या 'परपुरप्रवेशसदृश' अन्यच्छाया के उदाहरण हैं। वे अपनी चेतना के साथ कालिदास, बाण, श्रीहर्ष, भवभूति या नाथपंथी सिद्धों की रचनाओं में उतरते हैं, और उनमें उतरकर अपने काम की सामग्री लाते हैं। मूल यहाँ माध्यम बन जाता है। पदावली, पदार्थ वे ही रहते हैं। पर वाक्यार्थ नए आ जाते हैं। वस्तु वही रह कर भी उसका संदर्भ बदल जाता है। कहीं पर प्राचीन साहित्य से वे बीज लेते हैं, और उन्हें अपनी धरती पर रोपकर अंकुर उत्पन्न करते हैं, तो कहीं वे प्राचीन साहित्य

की वृक्षावली से पुष्प चुनकर अपनी रचना को सजाते हैं।

बाणभट्ट ने हर्षचरित के आरंभ में जो अपना वृत्तांत दिया है, उसमें तृतीय पुरुष में अपने वर्णन करते हुए उन्होंने बताया है कि जब बाण हर्ष की राजसभा में गया, तो महाराज ने उसका परिचय दिए जाने पर कह दिया यह बड़ा भुजंग (लंपट) है। बाण ने भी तमककर उनके इस अभियोग का उत्तर दे दिया, जिससे हर्ष की लगभग बोलती बंद हो गई, और वे इतना ही कह पाए कि हमने ऐसा सुन रखा है। 'बाणभट्ट की आत्मकथा' हर्षचरित में हर्ष और बाण के बीच हुए इस संवाद की नींव पर बनाया गया भवन है। इसमें भट्टिणी, निउनिया, महामाया आदि चरित्र जुड़ जाते हैं। इसमें बाणभट्ट के हर्षचरित से बीज लेकर अपनी प्रतिभा से द्विवेदीजी ने उसे एक महावृक्ष के रूप में पनपाकर खड़ा कर दिया है। बीच-बीच में इस महावृक्ष को उन्होंने जिन पुष्पों, फलों से अलंकृत किया है, वे भी कालिदास, बाण आदि के साहित्य से लिए गए हैं।

'बाणभट्ट की आत्मकथा' में कच्ची सामग्री का घोल कई पदार्थ मिलाकर तैयार किया गया है। उसमें महाराज यशोवर्मा, शीलभद्र, सुगतभद्र, तुवरमिलिंद, हर्षवर्धन तथा कृष्णवर्धन–ये पात्र इतिहास की पृष्ठभूमि से उठाए गए हैं। लोरिकदेव का अवतरण लोकगाथाओं के भीतर से होता है। बाणभट्ट के पिता और पितामहों के घर के वे वर्णन जहाँ 'शुक-सारिकाएँ भी विशुद्ध मंत्रोच्चारण कर लेती थीं, और मेरे पूर्वजों के विद्यार्थी उनसे डरते रहते थे। वे पग-पग पर उनके अशुद्ध पाठों को सुधार दिया करती थीं। यज्ञ धूम से धूमायित रहनेवाले घर, जहाँ सरस्वती स्वयं आकर अपने पाणिपल्लवों से बाण के पिता के होमकालीन श्रमसीकरों को पोंछ दिया करती थीं' (वही, पृ. 11) कादंबरी से आए हैं। इस तरह की अन्यच्छायाओं को लेकर कभी द्विवेदीजी परपुरप्रवेश की तरह बाण की दुनिया को नई दृष्टि से देखते हैं, कभी वे तुल्यदेहितुल्य नई सृष्टि करते हैं। कादंबरी का चांडालकन्या का वर्णन 'बाणभट्ट की आत्मकथा' में छोटे राजकुल की द्वाररक्षिणी के वर्णन में मिला लिया गया है। "वह एक जीवित नीलमणि की सुकुमार पुत्तलिका ही जान पड़ती थी। उसका सारा शरीर आगुल्फ लंबे नील कंचुक से ढका हुआ था और मस्तक पर लाल उत्तरीय बँधा हुआ था। पर इससे उसकी शोभा में लेश मात्र भी कमी नहीं आई थी। अधिकंतु वह संध्या के समय की लाल सूर्यकिरणों के द्वारा आच्छादित नीलकमल की वनस्थली की भाँति अधिक रमणीय हो गई थी।" ('बाणभट्ट की आत्मकथा', पृ. 26)। बिम्बविधान की यह पूरी की पूरी लड़ी हजारीप्रसाद द्विवेदीजी ने बाणभट्ट के चांडालकन्यावर्णन से ली है। कादंबरी से ही अत्यंत चित्रोपम विविधवर्णी संध्यावर्णन भी यहाँ उधार ही लिया गया है (पृ. 34), और जरद्द्रविणधार्मिक के वर्णन से दक्षिण के पुजारी की रचना की गई है। कादंबरी के अच्छोद सरोवर का विशद चित्र और शूलपाणिसिद्धायतन की छवि भी यहाँ किंचित् हेर-फेर के साथ उपस्थित है। द्विवेदीजी

इन सबको लेकर भी इनमें 'अन्यथाकरण' करते हैं।

चारुचन्द्रलेख में अन्यच्छाया का सौंदर्य अपने अलग विच्छित्ति के साथ है। इसमें बारहवीं सदी की ऐतिहासिक, सामाजिक और राजनीतिक उथलपुथल की जबरदस्त पृष्ठभूमि है। मेरुतुंग की प्रबन्धचिंतामणि के कुछ प्रबन्ध जो स्वयं अपने आप में किंवदंतियों, ऐतिहासिक तथ्यों, मिथकों और गल्प के सम्मिश्रित रूप हैं, इस पृष्ठभूमि में बीज की तरह निक्षिप्त कर लिए गए हैं।

'पुनर्नवा' उपन्यास भी 'मृच्छकटिक' और कालिदास की कृतियों से इसी तरह अनुप्राणित है।

'अनामदास का पोथा' में छान्दोग्यउपनिषद् की कथा को द्विवेदीजी ने तीन तरह से लिखा है। इसी उपन्यास में नाट्यशास्त्र से पूर्वरंगविधान उठाकर अनूदित किया गया है।

बाणभट्ट, श्रीहर्ष आदि संस्कृत के कवियों तथा इतिहास के ज्ञान से कच्ची सामग्री लेकर द्विवेदी उसे अपनी रचना की भट्ठी में पकाते हैं। जो बनता है, वह उदात्त रूप प्रकट करता है। चारुचन्द्रलेख में बंगाल के राजा लक्ष्मणसेन, उनके समकालीन जयदेव और उनके मंत्री उमापति व उनके सभा कवि धोयी के उल्लेख ऐतिहासिक तथ्य हैं। बारहवीं शताब्दी में एक सातवाहन राजा को उज्जयिनी में ले आना इतिहास के ढाँचे पर रोपी गई कल्पना ही है। सातवाहन ही नहीं, जन्मजन्मान्तर की उसकी संगिनी रानी चंद्रलेखा भी यहाँ उस काल में आ उतरती हैं, जिस काल में एक ओर जयित्रचंद्र (जयचंद्र) और पृथ्वीराज का पराभव हो चुका है, और गजनी का सुलतान देश को रौंदता चला आ रहा है। द्विवेदीजी के ही शब्दों में इस तरह उपन्यास का जो रूप बनता है वह "नया नहीं है, पुरातन भी नहीं है। चिर नवीन है, चिर पुरातन भी!" (चारुचन्द्रलेख, पृ. 19)

अन्यच्छाया इस अर्थ में एक उड़ान होती है। मूल कृति जिससे प्रभावग्रहण किया गया है, वह इस उड़ान को भरने के लिए जमीन पर देती है। उड़ान तो नए रचनाकार को ही भरना है। द्विवेदीजी ने प्राचीन ग्रंथों से पदावली, पंक्तियाँ, उक्तियाँ अनेक स्थानों पर यथावत् उठाई हैं। फिर भी ये पदावलियाँ, पंक्तियाँ और उक्तियाँ उनके उपन्यासों की उड़ान में धरती की तरह आधार भी बनी हैं, और फिर नीचे छूट भी गई हैं। 'आत्मकथा' में बाणभट्ट से गुज़रकर वे बाणभट्ट को नए सिरे से रचते हैं। इस रचाव में वे बाण की कादंबरी और हर्षचरित या रत्नावली को अतिक्रांत भी कर जाते हैं। शेष उपन्यास भी अपने मूल स्रोत को इसी तरह अतिक्रांत करते हैं।

उपन्यास का नया प्रारूप

उलटवाँसियों, पहेलियों, दंतकथाओं, इतिहास, गप्प, दर्शन और दृष्टि, सृष्टि और कृष्टि

इनका रमणीय समायोग करके उपन्यास का जो रूप द्विवेदीजी ने तैयार किया, उसकी संरचना संभावनाओं से भरी हुई है। लातीनी अमेरिका के उपन्यासकार गार्सिया मार्क्वेज या मिलान कुंदेरा अपने देश की पुराकथा, मिथक, और वास्तविकता को मिलाकर एक भिन्न प्रकार के औपन्यासिक यथार्थ की सृष्टि करते हैं। अपने देश के अधिक गहरे संस्कार और प्राण के साथ द्विवेदीजी उस स्तर तक देशज उपकरणों के द्वारा पहुँचते हैं।

द्विवेदीजी ने अन्यच्छाया की तकनीक अपनाई, क्योंकि वे उपन्यास का नया ढाँचा खड़ा करने की कोशिश कर रहे थे। यह ढाँचा क्या है? यह ढाँचा भारतीय कथा का है। जिसमें कथा के भीतर कई कथाएँ समाई रहती हैं।

इन चारों उपन्यासों में द्विवेदी कहानी की हमारी परम्परा और आधुनिक उपन्यास को मिलाकर उपन्यास का एक नया ढाँचा रचते हैं। चारुचन्द्रलेख के विषय में उनका यह कथन चारों उपन्यासों पर लागू होता है—"हिन्दी का आलोचक यह मानकर चलता है कि यह उपन्यास है, फिर उन्हीं बँधी-बँधाई धारणाओं के अनुसार वह इसमें नायक, घटना, कथानक, काल, भाषा, देश...पता नहीं क्या-क्या खोजता है। मैं तो कहता हूँ कि यह गप्प है, गप्प का कोई नायक होता है? 'रेणु' की रचनाओं में जैसे एक पूरा अंचल ही नायक होता है, उसी प्रकार मेरी इस गप्प का नायक सातवाहन नहीं, समय या काल है..." (चिंतन और व्यक्तित्व, पृ. 60, परेश का लेख)।

इकहरेपन के विरुद्ध यह कई परतों को खोलती है। इसलिए एक कथा के भीतर से दूसरी कथा निकल आती है। सारा रचनाव्यापार अनुकीर्तन है। कहे हुए को फिर से कहा जाता है। यह फिर से कहना ही सबसे कठिन होता है। क्योंकि यह न दोहराव है न नकल। कालिदास रघुवंश में और भवभूति उत्तररामचरित में रामायण को फिर से कहते हैं, पर वे भी अनुकीर्तन करते हैं। दोहराते नहीं। वे रामायण की कथा का केवल पुनर्विन्यास नहीं करते।

पहले की साहित्यिक रचनाओं की अन्यच्छाया करके नयी रचना में दिक्कालबोध बदल जाता है। यह एक दिक्काल को उठाकर अपने दिक्काल के बहुदर्शी में से उसे प्रस्तुत करना होता है। कभी-कभी इसमें दोनों दिक्काल आमने-सामने हो जाते हैं। अतीत के उपनेत्र से हम वर्तमान को देखते हैं, वर्तमान में स्थित होकर हम अतीत के दिक्काल को जाँचते हैं। वे कालबोध में इकहरेपन को नकारते हुए काल को भी नवीन रचना में बदलते हैं। द्विवेदीजी ने गल्प या गप्पवाली जो शैली और तकनीक अपने उपन्यासों के लिए अपनाई, वह काल के एकरेखीय आयाम के स्थान पर उसकी चक्राकार गति को स्वीकार करके चलती है। काल के कई स्तरों को एक साथ उनके चारों उपन्यास झिंझोड़ते हैं। चारुचन्द्रलेख में जयित्रचंद्र, पृथ्वीराज और गौरी के उल्लेखों में 'इतिहास सूहवदेवी जैसी विश्वासघाती और देशद्रोहिणी रानी की कथा से मिलकर इसे एक अर्थ में गहरी समकालिकता भी दे देता है।

लोकदृष्टि

द्विवेदीजी ने संस्कृत के गौरव ग्रंथों से कच्ची सामग्री लेकर उसका अन्यथाकरण किया। इस अन्यथाकरण की प्रक्रिया में वे इस सामग्री को अपने समय के चाक पर रखकर उसे नई आकृति देते हैं, अपनी लोकदृष्टि का रंग उस पर चढ़ाते हैं। अनामदास का पोथा में वे औषस्ति ऋषि के मुख से कहलवाते हैं—"लोकताप से तप्त होना सबसे बड़ा तप है, क्योंकि वह अखिलात्मा पुरुष की परमाराधना है। यही वैश्वानर उपासना भी है।" (अनामदास का पोथा, पृ. 75)। तथा "अकेले में आत्माराम और प्राणाराम होना भी एक प्रकार का स्वार्थ ही है।" (वही, पृ. 82)। यह लोकदृष्टि चारों उपन्यासों में गहराई से पिरोई हुई है, इसने चारों की संरचना और मूल स्रोत को अतिक्रांत करने तथा नए औपन्यासिक ढाँचे को गढ़ने की प्रक्रिया को प्रभावित किया है।

'पुनर्नवा' में द्विवेदीजी कुषाणकाल पर जा टिकते हैं, जहाँ पंचध्यानी बुद्धों की उपासना के प्रभाव से आभीर राजा आभीरों की उपास्य पंचमूर्ति प्रतिष्ठित करवा रहे हैं, और बलराम, श्रीकृष्ण, प्रद्युम्न और अनिरुद्ध की चार मूर्तियों में साम्ब की मूर्ति आ जुड़ती है (पुनर्नवा, पृ. 43)। यही सांब कुछ हजार वर्षों तक भारत के गाँव देहातों में भटकते हुए लहुराबीर के रूप में पुजते रहे हैं। द्विवेदीजी लहुराबीर के मूल (लघुवीर) पर भी विचार करते हैं, पर लहुराबीर किस तरह भारत की आभीर जाति की अस्मिता और लड़ाई में संबल बना रहा है—यह बताना इस सारे विवेचन में ध्येय है। "लहुराबीर अत्याचार और अनाचार को ध्वंस करने के प्रतीक बन गए हैं।" (वही)। लोक की शक्ति में अडिग विश्वास के बल पर वे अतीत को नए सिरे से रच डालते हैं। वे अपने नायक गोपाल आर्यक को अपभ्रंश की गाथाओं के पुल पर चलकर एक महानायक में रूपान्तरित कर देते हैं। लोकजीवन के ग्वालारिक को वे गोपाल आर्यक बना देते हैं।

द्विवेदीजी के आर्जव का ही यह अद्भुत पर सहज कौशल है कि वे भाषा शास्त्र के गूढ़ विचार को इस बातचीत के द्वारा बड़े सरस ढंग से प्रस्तुत कर देते हैं और गोपाल आर्यक से लोरिक के अवतरण की कथा भी खड़ी कर देते हैं। यह आर्जव लोकचिंता और लोकदृष्टि से अधिगत हुआ है।

मृच्छकटिक का रेभिल, जो शूद्रक के नाटक में शास्त्रीय संगत का बड़ा उत्तम कलाकार है, यहाँ लोकगीत का गायक बन गया है। जो कथित प्राकृत का दोधक (दोहा) वह सुनाता है, वह भी दरअसल प्राकृत का न होकर अपभ्रंश का है। मृच्छकटिक का शर्विलक पुनर्नवा में छबीला पंडित हो गया है। द्विवेदीजी लोक और शास्त्र को जोड़ते हैं, क्लासिक और लोकसाहित्य को मिलते हैं। जो वे लिख देते हैं, वह मिलावटी नहीं कहा जा सकता, न विविध सामग्री का मिश्रण। बटोरी गई सामग्री में उनकी

लोकदृष्टि के कारण सामंजस्य ही नहीं, उस सबका नवाविष्कार भी हो जाता है।

'अनामदास' मिथक की एक व्याख्या है। पर मिथक की व्याख्या की बजाय यह उपन्यास लोकजीवन को उसके प्रकृत रूप में चित्रित करने के लिए अधिक पठनीय है। उपनिषद् की कथा में रैक्व ऋषि एक टूटी बैलगाड़ी के नीचे पीठ खुजलाते बैठे रहते हैं। द्विवेदी इस टूटी बैलगाड़ी को उस गाड़ीवान् की तकलीफ से जोड़कर देखते हैं, जो उसे हाँकते हुए तूफान में मारा गया। इस क्रम में यहाँ उजुका (ऋजुका) का अवतरण होता है, जो उसकी पत्नी है, और दाने-दाने को तरस रही है। यह उस आदिम युग में पहुँचना है, राजा भी खेती करता-कराता है (पृ. 34)। पर वह ज्ञानियों की संगत करने में अधिक खोया रहता है। राजकुमारी तत्त्वचिंतन और खेती-किसानी में समान रूप से रुचि लेती है। प्राणायाम के द्वारा अपनी चेतना को अद्भुत सामर्थ्यमयी बना लेनेवाले रैक्व यहाँ हैं। राजा जानश्रुति की साधन-संपदा, राजकुमारी जबाला की प्रेमभावना और रैक्व की प्राणायाम सिद्धि तीनों की ही सार्थकता द्विवेदी उनके लोक से जुड़ने में देखते हैं।

उपन्यासों में ही नहीं, लेखों और भाषणों में द्विवेदीजी ने देश की आम जनता के लिए साहित्यकारों की भूमिका को लेकर प्रश्न उठाए हैं। 1945 ई. में प्रसाद परिषद् काशी के सातवें अधिवेशन में पढ़े गए अपने निबंध में, जो उसी वर्ष की 'प्रसाद परिषद्' की पत्रिका में प्रकाशित है, वे कहते हैं—"नगरों और गाँवों में फैला हुआ सैकड़ों जातियों और सम्प्रदायों में विभक्त अशिक्षा, कुशिक्षा, दारिद्र्य और रोग से पीड़ित मानव समाज आपके सामने उपस्थित है। भाषा और साहित्य की समस्या वस्तुतः उन्हीं की समस्या है। क्यों वे इतने दीन-दलित हैं? शताब्दियों की सामाजिक, मानसिक और आध्यात्मिक गुलामी के भार से दबे हुए ये मनुष्य ही आपकी भाषा के प्रश्न और संस्कृति तथा साहित्य की कसोटी हैं।" (शान्तिनिकेतन से शिवालिक, प्रथम सं., पृ. 429 पर काशीनाथ सिंह के लेख में उद्धृत)

यथार्थबोध और समाजदृष्टि

एक ऐसे समय में जब हमारे उपन्यासकार काल के हाथों खिलौने की तरह नाच रहे हों, द्विवेदीजी काल को नचाने की कोशिश करते हैं। मजे की बात यह है कि जिस खेल-खेल में वे उपन्यासों में कल्पना, भ्रम और मिथक का मोहक जाल रचते हैं, उसी खेल से वे उसे यकायक तोड़ भी देते हैं। चारुचन्द्रलेख तो तंत्र, मंत्र, जादू के विचित्र मायावी लोक में भ्रमण कराते-कराते पता नहीं कब बहुत निर्णायक ढंग से यह बोध कराने लगता है कि यह सब कितना झूठा था! सिद्धों, तांत्रिकों और महान् साधकों की अद्भुत गाथाओं के भीतर इतिहास की भयानक खबरें निरंतर चीत्कार करती हुई गूँजती हैं, जब नालंदा और तक्षशिला ध्वस्त होते हैं, वहाँ के पुस्तकालय धू-धू कर जलते हैं, आम जनता को तो पशुओं से भी गया-बीता समझकर

सताया जाता है, सिद्ध और तांत्रिक अपनी विद्या के बल पर देश को बचा लेने का दंभ थोथा साबित हो जाता है। जो सिद्धियाँ वैयक्तिक स्तर पर अद्‌भुत प्रभाव दिखाती थीं, वे एक बड़ी राजनीतिक सत्ता के आगे परास्त होकर अपनी सारी दयनीयता में सिकुड़ कर रह जाती हैं।

सीदी मौला एक महान् साधक और फक्कड़ संत हैं। वे आकाश में उड़ने की क्षमता रखते हैं। प्राणायाम से अपने शरीर को इस तरह साध सकते हैं कि उस पर आग, पानी का बुरी तरह मारे पीटे जाने का असर न हो। वे चारुचन्द्रलेख में एक अदनी लड़की के इस प्रत्यादेश के आगे लड़खड़ा गए। पहली बार उनकी फक्कड़ाना मस्ती पर अप्रत्याशित दिशा से धक्का लगा था। (चारुचन्द्रलेख, पृ. 190)।

चारुचन्द्रलेख में मैनसिंह की यह अप्रत्याशित चुनौती पाँच हजार वर्षों की ज्ञान, ध्यान, तप और योग की परम्परा को आज के नए भारत की चुनौती भी है। यह ऐतिहासिक वर्तमान की पक्की सामाजिक और राजनीतिक धरती पर खड़े जागरूक लेखक का हमारी संस्कृति में घुस आए विकार का प्रत्याख्यान है।

राष्ट्रभाव की प्रबल धारा पहले तीन उपन्यासों में प्रत्यक्ष है। अनामदास का पोथा में यह मुखर न होकर प्रच्छन्न पर अधिक प्रभविष्णु होकर प्रवाहित है। वर्णव्यवस्था की रूढ़ियों पर द्विवेदीजी करारी चोट करते हैं। "महामाया जिन्हें म्लेच्छ कह रही हैं, वे भी मनुष्य हैं। भेद इतना ही है कि उनमें सामाजिक ऊँच-नीच का ऐसा भेद नहीं है। जहाँ भारतवर्ष के समाज में एक सहस्र स्तर हैं, वहाँ उनके समाज में कठिनाई से दो तीन होंगे। बहुत कुछ इन आभीरों के समान समझो। भारतवर्ष में जो ऊँचे हैं, वे बहुत ऊँचे हैं, जो नीचे हैं, उनकी नीचाई का कोई आरपार नहीं। परंतु उनमें सब समान हैं। उनकी स्त्रियों में रानी से लेकर परिचारिका तक के और गणिका से लेकर वारविलासिनी तक के सैकड़ों भेद नहीं हैं।" (बाणभट्ट की आत्मकथा, पृ. 206)

चारुचन्द्रलेख में भारतीय समाज को लेकर सरोकार और चिंता और अधिक साफ है। बाणभट्ट की आत्मकथा में द्विवेदीजी बाण, भट्टिणी और निउनिया की कोमल-तरल भावनाओं को संसार में डूबते-उतराते अधिक रहे हैं। हर पृष्ठ पर 'हाय' शब्द का एकाधिक बार प्रयोग इसमें हुआ है। (शायद हिन्दी के किसी लेखक ने हाय इस विस्मयबोधक अव्यय का इतना प्रयोग न किया हो, जितना द्विवेदीजी ने। कहीं-कहीं तो एक ही पैरा में दस-दस बार और एक ही वाक्य में दो-दो बार द्विवेदीजी हाय-हाय करते हैं।) पर चारुचन्द्रलेख में वे इस लय को भी तोड़ने की कोशिश करते हैं, जो कवि बाण की कविता के संस्कार में गहराई से रचे-बसे होने के कारण पहले उपन्यास में निरंतर अव्याहत बजती रही है। लय चारुचन्द्रलेख में भी बनती है, पर सामाजिक स्थितियों, धार्मिक विकृतियों और एक घोर इतिहास के विरुद्ध जूझने के स्वर उसमें आ जुड़े हैं। यहाँ उस भारत की तस्वीर है, जिसमें "सिद्धियों के पीछे

पागल बने लोगों ने देश को निर्वीर्य और कायर बना दिया है। माया को पराभूत करनेवाले लोग माया के सबसे मजबूत वाहन सिद्ध हुए हैं। कामक्रोध को शत्रु घोषित करने वाले उसके क्रीत दास सिद्ध हुए हैं। हमारा समाज पाखंड और मिथ्याचार से अभिभूत हो गया है।" (चारुचन्द्रलेख, पृ. 255)

वैयक्तिक साधना के अस्वीकार में द्विवेदीजी इस अति तक भी पहुँच जाते हैं कि अमोघवज्र के शब्दों में व्यक्ति-चित्त का परिष्करण उन्हें असफल प्रयास लगने लगता है, 'अनावश्यक भी' (चारुचन्द्रलेख, पृ. 256)। वे समाजचित्त के परिष्करण को पहले अधिक आवश्यक पाते हैं। यह आज के लोकतंत्र भाव का मध्यकालीन भारत में प्रक्षेप है।

वैसे तो चार में तीन उपन्यासों का आरंभ तो व्योमकेश शास्त्री या हजारीप्रसाद द्विवेदी नाम के लेखक के अपने दिक्काल से होता है। हालाँकि यह शुरुआत बनावटी किस्म की लगती है, पर इसके द्वारा द्विवेदीजी शायद यह बताना चाहते थे कि वे अपने ऐतिहासिक वर्तमान को उपन्यासों में की गई गप्पबाजी में भूले नहीं हैं। चारों में वे गहरे सांकेतिक अभिप्रायों के साथ अपने वर्तमान को भी देखते हैं। चारुचन्द्रलेख में ध्वस्त हो रहे देश की त्रासद और करुण तस्वीर अपने समय को वे जाँच न रहे होते तो संभव न थी। अनामदास के पोथे में अकाल और भुखमरी में मर रही आम जनता को लेकर उनकी चिंता भी यों ही नहीं प्रकट हो जाती।

स्त्रीविमर्श

गुंथर ग्रास ने अपने उपन्यास 'फ्लाउंडर' में यह कहना चाहा है कि हजारों साल की मानव सभ्यता में सारा अधःपतन स्त्रियों के आधिपत्य को विस्थापित कर पुरुष प्रधान समाजों में परिणति के कारण हुआ। द्विवेदीजी अपने चारों उपन्यासों में यह बात भी निरूपित करते हैं, पर अपने ढंग और अपने संस्कार से।

"मेरी मंडली की स्त्रियाँ पुरुषों की अपेक्षा अधिक सुखी थीं। बहुत छुटपन से ही मैं स्त्री का सम्मान करना जानता हूँ। साधारणतः जिन स्त्रियों को चंचल और कुलभ्रष्टा माना जाता है, उनमें एक दैवी शक्ति होती है—यह बात लोग भूल जाते हैं। मैं नहीं भूलता।" (बाणभट्ट की आत्मकथा, पृ. 16)। स्त्रियों के विषय में इस प्रकार का विचार बाण, भवभूति आदि कवियों में भी अन्तर्निहित है। पर उसके आधार पर निउनिया की सृष्टि और राजा हर्ष के एक मौखरी सामंत के द्वारा अपहृत तुवरमिलिंद की कन्या भट्टिणी के उद्धार का वृत्तांत बाणभट्ट की आत्मकथा में उठकर खड़ा होता है। वह नया है। उसके द्वारा द्विवेदीजी उस भुवनमोहिनी का दर्शन करते हैं, जो उनकी चेतना में रमी हुई है। वह शक्ति है, माया है।

"मैं इन्हीं विचारों में उलझा हुआ था कि सामने भट्टिणी आकर खड़ी हो गई। उनकी बड़ी-बड़ी आँखों में आँसू भरे हुए थे, कंठ वाष्पगद्गद था और मुखमंडल

लाल आभा से आभासित था। तो क्या यही त्रिपुरसुंदरी का दक्षिणमुख है? दक्षिणमुख, जिसमें करुणा की धारा प्रवाहित हो रही है, अनुराग की आभा उल्लसित हो रही है, स्नेह की स्निग्धता चमक रही है? आहा, भुवनमोहिनी का क्या यही वह रूप है, जिसकी पूजा करने के लिए अवधूत गुरु ने मुझे इतना सिखाया था?'' (बाणभट्ट की आत्मकथा, 1969, पृ. 183)।

''अवधूत गुरु जो कण-कण में इसी भुवनमोहिनी को व्याप्त देखते हैं, बाण को समझाते हैं—ब्रह्मांड का प्रत्येक अणु देवता है। त्रिपुरसुंदरी ने जिस रूप में तुझे सबसे अधिक प्रभावित किया है, उसी की पूजा कर।'' (वही, पृ. 105)। इस उपदेश का ही असर है कि बाण मूर्ति को डूब जाने देता है, भट्टिणी को बचा लेता है। भट्टिणी ने अपने धर्म का पालन किया। वे डूबने के लिए नदी में कूदीं, तो महावराह को साथ लेकर। बाणभट्ट ने महावराह को डूब जाने दिया। भट्टिणी को बचा लिया। वराह की मूर्ति को बचाने का प्रयास मात्र एक निरर्थक कर्म-कांड के प्रति समर्पण होता। उसे डूब जाने देकर भट्टिणी को बचा लेना मूल्य की रक्षा है।

बाणभट्ट की महाश्वेता के प्रति दुर्निवार आस्था हजारीप्रसाद जी के भीतर है। महाश्वेता ही भट्टिणी, सुचरिता और निउनिया के रूपांतरों में यहाँ प्रकट हुई है। जिस अर्थ में भवभूति और बाण नारीवादी रचनाकार हैं, उस अर्थ में द्विवेदीजी भी। यह नारीवाद एक दर्शन और जीवनपद्धति से आया है।

द्विवेदीजी स्त्री के भीतर पुरुष और पुरुष के भीतर विराजमान स्त्री का दर्शन करनेवाले विरले रचनाकारों में हैं। बाणभट्ट की आत्मकथा में उनकी निउनिया बालक के वेश में शर्विलक की दुकान पर मधु बेचती है। बाणभट्ट, जो सम्राट् हर्षवर्धन के अनुज तथा महासान्धिविग्रहिक कुमार कृष्णवर्धन को खरी-खरी सुनाने से नहीं चूकता, उनके मुँह पर राजकुल को अत्याचारी कह देता है, भट्टिणी के सामने लाज से सिमटा-सिमटा रहता है। यही स्थिति पुनर्नवा में परम पौरुष से सम्पन्न मल्ल शर्विलक की है, जो स्त्री के सामने संकोच से जड़ हो जाता है। उसकी प्रेमिका चन्द्रा उसे खोजती फिरती है, और उद्दाम आवेग और ऊर्जा में जीवंत चरित्र प्रतीत होती है।

नाट्यसृष्टि : 'वसंतविभ्राट्'

आधुनिकता के प्रवाह को लेकर द्विवेदीजी की परवाह, स्त्री को लेकर उनकी विशेष दृष्टि 'वसंतविभ्राट्' नामक उनके एकांकी में प्रतिफलित हुई है। जब सामाजिक-राजनीतिक स्तर पर हमारे यहाँ देश को इक्कीसवीं सदी में ले जाने की बात भी नहीं उठी थी, उस समय द्विवेदी बाईसवीं सदी पर नाटक लिखते हैं। यह एकांकी उनकी छात्रावस्था की रचना लगती है। यह इलाहाबाद से छपनेवाले चाँद मासिक के (वर्ष 12 खंड 1) 6 अप्रैल 1934 के अंक में प्रकाशित हुआ था। नाटक की भूमिका में नाटककार ने कहा है—''कथानक आज से दो सौ वर्ष बाद का है।

परिस्थितियों के सूक्ष्म अध्ययन से स्पष्ट ही समझ में आ जाएगा कि उन दिनों भारतवर्ष में कई स्वतंत्र शासनवाले प्रदेश हो जाएँगे। उस समय वर्तमान प्रदेशों की सीमा ज्यों की त्यों नहीं रहेगी। अनुमान है कि वर्तमान बनारस कमिश्नरी और बिहार के कुछ जिलों के संयोग से काशी नामक एक स्वतंत्र प्रदेश होगा। इसकी राजधानी काशी होगी। साम्यवाद, समाजवाद या इसी माप के अन्य वादों का बहुत प्रचार संसार की रोटी समस्या का हल कर देगा। लोगों को इस समस्या से फुरसत मिलने पर अन्य उलझनों को सुलझाने का सामूहिक केंद्र होने के कारण काशी में यह बात अधिक उग्र रूप धारण कर लेगी। काशी के उत्तरार्ध में स्त्रियों का राज्य होगा, और दक्षिणार्ध में पुरुषों का। पुरुष राज्य में स्त्रियाँ रहेंगी, पर स्त्री राज्य में बिना आज्ञा के पुरुष नहीं जाने पाएँगे।" (वसंतविभ्राट्, चिंतन और व्यक्तित्व, पृ. 116)।

द्विवेदीजी के नाटक के स्त्री राज्य में स्त्रियों ने कोमलता, प्रेम, शृंगार और उत्सवों का त्याग कर रखा है। नाटक के आरंभ की घोषणा में नाटककार कहता है–"नाम इस तरह रखे जाएँगे, जिनका धर्म से कोई सम्बन्ध नहीं होगा। पुरानी संस्कृति की गंध उसमें रहेगी, पर वे संस्कृत के नहीं होंगे। कोई-कोई परिवार प्राचीनता का प्रेमी तब भी रहेगा। इन परिवारों के नाम में प्राचीनता की गंध रहेगी।" (वसंतविभ्राट्, चिंतन और व्यक्तित्व, पृ. 116)।

वसंतविभ्राट् के आठ दृश्यों में कुल कथा यह है कि स्त्री राज्य में वसंत घुस आता है। उसके पास प्रवेशपत्र न होने के कारण उसे गिरफ्तार कर लिया जाता है, और थाने पर लाया जाता है। आगे चलकर मदन भी गिरफ्तार होता है, पर मदन के गिरफ्तार होने पर स्त्री राज्य में विद्रोह हो जाता है। इस विद्रोह के काल में कुछ लड़कियाँ उद्यान में सहकार पूजन का आयोजन कर डालती हैं। कोई मुञ्चर्जला देवी स्त्री राज्य की व्यवस्था के खिलाफ बगावत का झंडा उठाती हैं। उनके व्याख्यान में यह बात सिद्ध की जाती है कि जिस प्रकार की स्वतंत्रता स्त्री राज्य में स्त्रियों ने प्राप्त की है, उसका कोई अर्थ नहीं है। अन्त में एक कवि के अवतरण से महिला राज्य का विरोध और वैमनस्य शांत होता है।

स्त्री राज्य में स्त्रियों को सुंदरी कहकर अपमानित करनेवाले पुरुष दंड के भागी होते हैं। स्त्री राज्य की यह परिकल्पना राजा हर्ष की विजय यात्रा के विवरणों से आई है, यह आधुनिकता के आरपार देखने की दृष्टि से या दोनों के घालमेल से? स्त्रियों के थाने का एक दृश्य इस एकांकी में है। महिला थाने उस समय तो अस्तित्व में नहीं आए थे, आज से लगभग सत्तर साल पहले जब द्विवेदीजी यह एकांकी लिख रहे थे। पर उनका स्त्री राज्य का थाना आज के महिला थानों का ही सुस्पष्ट पूर्वरूप है।

नाटक के रूप में द्विवेदी का वसंतविभ्राट् कमजोर रचना है। पर यह अभी तक अपने समय से आगे की रचना बनी हुई है। स्त्री राज्य की प्रबुद्ध स्त्रियाँ अँग्रेजी

साहित्य में कुछ शताब्दियों पहले आए रोमांटिसिज्म के आन्दोलन की हँसी उड़ाती हैं। नाटक के उपोद्घात में द्विवेदीजी ने लिख दिया है कि बाईसवीं सदी में "भाषा बहुत बदल जाएगी। लिंग-भेद, ने का प्रयोग, वैभक्तिक विकार लोप हो जाएँगे।" इसके आगे कोष्ठक में नोट है—"यहाँ भाषा इस युग की दी गयी है।" इसके नोट के बावजूद भविष्य की भाषा का कुछ आभास स्त्रीराज्य के निवासियों की भाषा में मिल जाता है। जामा अपनी माँ आर्य महल्लिका को मामा कहकर संबोधित करती है। जामा मदन को अपना हार देती है, और मदन उसे फेंककर चल देता है। इस पर जामा की माँ आर्य महल्लिका कहती है—"डबल अपमान! देखूँगी उस दुष्ट को!"

जीवनदृष्टि

प्राचीन काव्यों और ग्रंथों से छायाएँ लेते हुए द्विवेदीजी उनके साथ उलझते हैं और वैचारिक ऊहापोह भी करते चलते हैं। पहले से बँधा-बँधाया कोई विचार दर्शन वे लेकर नहीं चले। पर अन्यच्छाया के साथ अपनी छाया रचते हुए दर्शन भी वे प्रस्तुत करते हैं।

उनके उपन्यासों और ललित निबंधों में काम पुरुषार्थ को प्रधानता मिली है। काम पुरुषार्थ का दुर्लभ मानवीय, उदात्त भावसंकुल रूप जैसा इन उपन्यासों में चित्रित है, वह शरच्चंद्र के उपन्यासों की याद दिलाता है। अमृतलाल नागर के सभी उपन्यासों में काम पुरुषार्थ शरीर के स्तर पर एक दुर्निवार आतंककारी ताकत की तरह छाया हुआ है। लेखक वहाँ अपने यौनविकार का परिष्कार करने के लिए व्यग्र दिखता है। द्विवेदीजी के उपन्यासों में काम प्रधान है, पर उसे देवता बना दिया गया है। शरीर मंदिर हो गया है। बार-बार वहाँ यह वाक्य दोहराया गया है स्त्री शरीर एक देवमंदिर है। कालिदास ने शाकुंतल में कामपूजा का चित्रण किया है। भवभूति के नायक-नायिका भी कामदेवतायतन (कामदेव के मंदिर) में मिलते हैं। द्विवेदीजी के उपन्यास में बाणभट्ट वासुदेव की जिस मूर्ति को देखता है, वह कामदेव की है। उसके सामने बने यंत्र में कामगायत्री लिखी हुई है। काम को इतना पवित्र, वायवीय और दिव्य बनाने का प्रयास आज के साहित्य में अन्यत्र न मिलेगा। काम के देवता के रूप में स्थापित करके यहाँ जो दर्शन खड़ा करने का प्रयास किया गया है, उसमें सुचरिता के मुख से उपनिषद् को उद्धृत कराया गया है—"आनंद से ही विधाता ने सृष्टि उत्पन्न की है। आनंद ही उसका उद्गम है। आनंद ही उसका लक्ष्य है। लीला के सिवाय इस सृष्टि का क्या प्रयोजन हो सकता है?"

द्विवेदीजी उपन्यास और ललित निबंध की विधाओं का अपना एक सौंदर्यशास्त्र गढ़ते हैं, जो उन्हीं की शब्दावली में भावानुप्रवेश और महाभाव की स्थिति में पहुँचने का है। दलित द्राक्षा की तरह निचोड़ देना और महाभाव में ढरक जाना—ये पदावलियाँ उनके चारों उपन्यासों और ललित निबंधों में बार-बार आवृत्त भी होती हैं। पुनरुक्ति

दोष की परवाह किए बिना वे एक कीर्तन की तरह इन पदों की आवृत्ति करते हैं।

उनके चारों उपन्यासों में अतीत की एक साहसिक व्याख्या है। यह आसान काम नहीं था। ऐसा करते हुए पुनः द्विवेदीजी की ही शब्दावली उधार लेकर कहें, तो उन्होंने खुद अपने दलित द्राक्षा की तरह निचोड़ा और महाभाव में ढरकाया है। यह अतीत, इतिहास और पुरावृत्त का जितना ज्ञान उनका है, उसे मथकर अपने समय के लिए कारगर नवनीत निकालकर लाने का है। जो मथने पर तत्त्व निकलता है, वह लोक में सारे तत्त्वज्ञान और चिंतन को पुनः प्रतिष्ठित करता है। यह बड़े प्रयास से पाँच हजार साल के चिंतन में हम जहाँ-जहाँ भटके हैं, उस भटकाव से पलटाकर वापस मुकाम पर लाने का प्रयास कहा जा सकता है। इस मुकाम पर लाने के प्रयास में द्विवेदी खुद हाँफते हुए से कई पड़ावों पर ठहरते हैं। पर वे शास्त्र को लोक से जोड़ने के अपने उपक्रम को जारी बराबर रखे रहते हैं।

"पिता जी ने मुझसे एक बार कहा था कि देख मैना, जैसे हर व्यक्ति का एक मन होता है, वैसे ही एक समष्टिचित्त भी है। व्यक्तियों का मन समष्टिचित्त का एक अंग ही होता है। अगर ऐसा न होता, तो प्रत्येक मनुष्य लाल रंग को लाल ही रंग न देखता, किसी को कष्ट में देखकर उद्विग्न न होता। किसी को प्रसन्न देखकर आह्लादित न होता। पूरे समष्टि मानव का एक चित्त है। उसी का अंग होने के कारण व्यष्टि चित्त दूसरों के समान ही सुख-दुख अनुभव करता है।" (पुनर्नवा, पृ. 120)।

मिथकों की समाजशास्त्रीय व्याख्या के साथ इधर कई उपन्यास लिखे गए हैं। पर उनमें दुर्व्याख्या भी हो गई है, क्योंकि लोकमानस और लोकविश्वास जिसकी भीत पर मिथक खड़ा है, उसे तोड़कर मिथक की व्याख्या नहीं की जानी चाहिए। अतीत पर लिखे गए उपन्यासकारों में द्विवेदीजी ने ही कदाचित् पहली बार महावराह के मिथक को लोकोद्धारक रूप में देखा है। उपनिषद् दर्शन की पृष्ठभूमि में पहली बार समष्टि चित्त की बात उनमें आई है। चंदबरदाई के पुत्र जल्हन अपने पिता के शब्दों को उद्धृत करते हैं—"मेरी वाणी में लाख-लाख लोगों की आशाओं और आकांक्षाओं के स्वर झंकृत होने लगते हैं। यही देवता मेरी वाग्देवी है। वह जनचित की समष्टि शक्ति से भिन्न और कुछ नहीं है।" (चारुचन्द्रलेख, पृ. 292)।

भट्टिणी को बचाने के प्रयास में वराह की मूर्ति बाण के हाथों छूट जाती है और डूब जाती है। पर मूर्ति टूटती नहीं है। द्विवेदीजी मूर्तिभंजक नहीं हैं। चारों उपन्यासों में एक अव्याहत वैष्णवी आस्था अटूट बनी रही है। बाणभट्ट की आत्मकथा में अन्तःस्वर की तरह 'जलौघमग्ना सचराचरा धरा' का श्लोक, जो वराह के धरित्री का उद्धार करनेवाले रूप का स्तवन है और बार-बार गुंजित होता है। 'चारुचन्द्रलेख' में आँधी-तूफान में अवश होकर मार्ग में गिर पड़ी गोपी को उठाते और उबारते कृष्ण के लिए आकुल पुकारवाला श्लोक बार-बार उद्धृत होता है। द्विवेदीजी एक कीर्तनिया

के भाव से इन श्लोकों को अपनी रचना में बीच-बीच में खुद ही गा उठते हैं। तो क्या इसे उनका भक्ति के अवश असमर्थ समर्पण भाव के प्रति व्यामोह माना जाए? बाणभट्ट की आत्मकथा में भट्टिणी वराह की मूर्ति के आगे जार-जार आँसू बहाती है, कभी आनंदातिरेक से, कभी आर्तभाव से। नायक बाणभट्ट स्वयं एकाधिक बार इसी भावदशा में पहुँच जाता है। चारुचन्द्रलेख की माता जी तो वैष्णव समर्पण भाव की साकार मूर्ति हैं। इस सबके बावजूद द्विवेदीजी उस भक्ति में कोई आस्था नहीं रखते, जो मनुष्य को निष्क्रिय और अकर्मण्य बना दे। ये अंधश्रद्धा से भी संघर्ष करते हैं। इस संघर्ष के क्रम में उनके उपन्यासों में प्रजातांत्रिक मूल्यों और समष्टिचित्त की बात आती है। 'चारुचन्द्रलेख' में समष्टि चित्त की चर्चा आना द्विवेदी के विचारों में क्रमिक विकास का सूचक है। अनामदास के पोथे में उपनिषदों का काल है। उपनिषदों के दर्शन की छानबीन भी है। उपनिषदों में ही ब्रह्म का स्वरूप बताते हुए उसे सबके भीतर पिरोई हुई सर्वात्मक सत्ता भी बताया गया है और इसी क्रम में वहाँ श्वौवसीय मन या समष्टिचित्त की भी चर्चा की गई है। चारुचन्द्रलेख में धर्म और तंत्र के नाम पर सदियों तक हुए अनाचार और पाखंड को काटने की कोशिश है, तो यहाँ उपनिषद् दर्शन और वेदांत की व्याख्याओं में हुई कुज्झटिकाओं को हटाने की। परम तत्त्व के चिंतन की खोल ओढ़कर समाजविमुख साधना का फिर से प्रत्याख्यान यहाँ किया गया है।

ऋष्यशृंग एक मिथ है, रैक्व भी एक मिथ है। रैक्व उस टूटी बैलगाड़ी के नीचे बैठकर पीठ खुजलाते रहते हैं, जिस पर कभी जानश्रुति राजा की कन्या जबाला बैठी थी। पीठ खुजलाने के मिथ की एक व्याख्या भी द्विवेदीजी ने यहाँ कर डाली है। रैक्व चूँकि एक तेजस्वी साधक था, इसलिए कंदर्प या गंधर्व (कामदेव) उसे सामने से अपना फूलों का बाण न मार पाया, पीठ पीछे से उसने रैक्व पर वार किया। (पृ. 145)। धर्म, चिंतन के सूत्रों और अनुष्ठानों की इस तरह की व्याख्याएँ इस उपन्यास में मिलती हैं। विवाह भी एक सामगायन है। (पृ. 146)। यह कुल मिलाकर गृहस्थ के जीवन के संघर्ष का महिमामंडन है, जो चारुचन्द्रलेख में मैनसिंह के शब्दों में किया गया था।

जीवनदृष्टि की अन्विति के कारण द्विवेदीजी के साहित्य में महावाक्यता का आधान हो सका है। उनके चारों उपन्यास मिलाकर एक ही उपन्यास हैं, समीक्षा के भारतीय मानक का उपयोग करके कह सकते हैं, कि वे चारों मिलकर एक महावाक्य बनते हैं। यों तो काल, कथा और पात्रों की दृष्टि से वस्तु की सतह पर चारों की भूमि सर्वथा अलग है, पर इस सतह के नीचे उतरें, तो चारों में हम क्रम, अन्विति और सातत्य पा सकते हैं। चारुचन्द्रलेख में आकर लगता है कि बाणभट्ट की आत्मकथा जहाँ से अधूरी छूटी थी, वहाँ से शुरुआत हो रही है। भट्टिणी ही तो रानी चंद्रलेखा बनकर यहाँ आ उतरती हैं। विरतिवज्र और अवधूत भैरव भी यहाँ हैं, कहीं सीदी मोला

के रूप में, तो कहीं गोरख और अमोघवज्र के रूप में। महामाया भगवती बन जाती हैं। बाणभट्ट की संगिनी निउनिया, जो पहले उपन्यास में कादंबरी के उपेक्षित पात्र पत्रलेखा का प्रतिरूप है, यहाँ मैना और मैनसिंह बन जाती है। यह अवश्य कि वे ही पात्र जब छह सौ साल के बाद इस देश की धरती पर उतरते हैं तो उनके रूप स्वरूप स्वभाव कुछ बदल ही जाते हैं। बाणभट्ट की आत्मकथा से महामाया एक बार फिर 600 ई. के भारत से पीछे जाकर करीब 600 ई. पू. के भारत में आ उतरती हैं, ऋतंभरा माता जी के रूप में। अवधूत भैरव अपने अधिक प्रकृत रूप में औषस्ति ऋषि बनकर यहाँ आ जाते हैं। निर्वसन रहनेवाले काले चिपिटनासा वाले मुनि और स्याद्वाद की बात करनेवाले मुनि भी यहाँ हैं। एक तरह से द्विवेदीजी 'बाणभट्ट की आत्मकथा' लिखकर फिर उसी की अन्यच्छायाएँ दूसरे उपन्यासों में रचते रहे हैं।

'बाणभट्ट की आत्मकथा' में भट्टिणी बाण से इस तरह अलग हुई हैं कि शायद फिर कभी नहीं मिली होंगी। वे महान् राष्ट्रनायक तुवरमिलिंद की कन्या थीं, राजकुमारी थीं। बाणभट्ट ने कभी अपने आपको उनके लायक नहीं माना। इसलिए विचित्र परिस्थितियों में ये दोनों मिलकर, अलग हो-होकर, फिर मिलकर अन्त में अलग होने लगते हैं, तो "अन्तरात्मा के अतल गह्वर में से कोई चिल्ला उठा—फिर क्या मिलना होगा?" (बाणभट्ट की आत्मकथा, पृ. 232)—इस वाक्य से उपन्यास समाप्त हो जाता है। चारुचन्द्रलेख में सातवाहन चंद्रलेखा से मिल-मिलकर बिछड़ता है। अन्त तक उसे संदेह रहता है कि रानी जीवित हैं, और उसे मिलेंगी। पर अनामदास के पोथे में जबाला और रैक्व के रूप में पुनः बाण और भट्टिणी ही अवतरित होते हैं, और अब की बार ये मिलते हैं।

बाणभट्ट की आत्मकथा में त्रिकोण है— बाण, भट्टिणी और निपुणिका का। चारुचन्द्रलेख में फिर त्रिकोण बनता है—राजा सातवाहन, रानी चन्द्रलेखा और मैना के बीच। द्विवेदीजी ने इस त्रिकोण की व्याख्या भी की है—ज्ञान, इच्छा और क्रिया के रूप में यह जगत् त्रिधा विभक्त है। जो शक्ति अपने आपको त्रिधा विभक्त करती है, वह आद्या शक्ति है।

द्विवेदीजी के चारों उपन्यासों को एक श्रृंखला में देखा जाना चाहिए, परस्पर विच्छिन्न करके नहीं। बाणभट्ट की आत्मकथा और चारुचन्द्रलेख में जो छूट गया, उसे उन्होंने पुनर्नवा के द्वारा पूरने की कोशिश की और इन तीनों को समग्रता अनामदास का पोथा के द्वारा उन्होंने दी। प्रेम मनुष्य का स्व-भाव है। यह उनके चारों उपन्यासों और ललित निबंधों की अन्तर्वस्तु है। इसी प्रेम की प्राप्ति की कथा बाणभट्ट की आत्मकथा से आरंभ होकर अनामदास के पोथे में पूरी होती है। 'अनामदास का पोथा' मनुष्य की उस मूलभूत कामभावना की अकुण्ठ प्रतिष्ठा करता है, जो पाप के नाम पर निर्मित समस्त वर्जना को चुनौती देते हैं। प्राणशक्ति के रूप में काम-भावना का निरूपण करके द्विवेदीजी यह स्पष्ट कर देना चाहते हैं कि यह मनुष्य की आन्तरिक

ऊर्जा है, जो उसके विकास का बीज है। (दूसरी परम्परा की खोज, पृ. 64)।

"इसलिए द्विवेदीजी जब अपनी कथाकृतियों में अपने आपको किसी कल्पित कथावाचक की ओट में छिपाते हैं, तो प्रयोजन अपने आपके अधिक-से-अधिक उद्घाटन का ही होता है। इस एक मुखौटे के द्वारा सारी कुण्ठा हवा हो जाती है, और सहज अभिव्यक्ति का द्वार खुल जाता है। यदि यह मुखौटा न होता, तो शायद हिन्दी साहित्य 'बाणभट्ट की आत्मकथा', 'चारुचन्द्रलेख', 'पुनर्नवा', 'अनामदास का पोथा' की सुकुमार-संवेदनावाली साहसिक प्रेमकहानियों से वंचित रह जाता। आकस्मिक नहीं है कि द्विवेदीजी के सारे उपन्यास मूलतः प्रेम कथा ही हैं, और इनमें प्रेम का एक चिरपरिचित त्रिकोण है, किन्तु यह त्रिकोण ईर्ष्या के स्थान पर समरस सम्बन्ध का अद्‌भुत निर्वाह किया गया है। निश्चय ही एक तत्त्ववाद के अधीन!" (वही)

द्विवेदीजी की पद्य रचनाएँ

द्विवेदीजी विरचित वाङ्मय की विविधता और समृद्धि के कारण उसके कतिपय पक्ष अभी भी उपेक्षित या अनदेखे रह गए हैं। उन्हें एक पंडित, ललित निबंधकार और समीक्षक के रूप में ख्याति अधिक मिली। बाणभट्ट की आत्मकथा के प्रकाशन के बाद वे हिन्दी में अपने ढंग की निराली औपन्यासिक सृष्टि के लिए जाने गए। छात्रावस्था से लगाकर द्विवेदीजी भोजपुरी, ब्रज, खड़ी बोली और संस्कृत में पद्यरचना करते रहे। द्विवेदीजी के इन पद्यों को हाशिए की वस्तु समझा गया। स्वयं द्विवेदीजी ने भी साहित्य के उपभोक्ता समाज में जिन चीजों की माँग अधिक थी, उन्हें परोसने पर बराबर ध्यान रखा। माँग या आग्रह पर लिखी होने से उनकी कृतियों में गुणवत्ता क्षीण हुई हो—यह नहीं कहा जा सकता। 'बाणभट्ट की आत्मकथा' जैसा हिन्दी का एक महत्त्वपूर्ण उपन्यास भी आग्रह के कारण ही पूरा किया गया। उनकी पंडिताई को सराहा गया, उनके ज्योतिष, धर्मशास्त्र और काव्यशास्त्र के ज्ञान की धाक बराबर रही। उनके ललित-निबंध पाठ्यक्रमों में बढ़ाए जाते रहे।

द्विवेदीजी जिस परम्परा को अंगीकार करके साहित्य-साधना करते रहे, उसमें कविता केवल पद्य रचना तक सीमित नहीं रही है। गद्य में भी कविता होती है। इस तरह उनके उपन्यास और ललित निबंध एक व्यापक अर्थ में काव्य हैं। इन काव्यों के अन्तराल में द्विवेदीजी बीच-बीच में फुटकल छंद या मुक्तछंद में भी कविताएँ लिखते रहे, वह भी चार भाषाओं में, तो जाहिर है कि उनके मन का एक कोना ऐसा था, जो इन छंदों या मुक्त छंद के स्फुट काव्यों में ही झाँकता था। कुल मिलाकर ये ही ऐसी रचनाएँ हैं जिनको द्विवेदी ने पूरी तरह स्वान्तःसुखाय ही लिखा और द्विवेदीजी की पद्यरचनाओं को अन्यान्य विधाओं में उनकी रचनाओं के बरक्स सहसा कम महत्त्व की आँक देना संभव नहीं है। उनका स्वप्नलोक, कोमल रागात्मक मन, विनोदी स्वभाव तथा भावना जगत् जिस तन्मयता और अन्तरंग अभिव्यक्ति के साथ उनके पद्यों में

व्यक्त हुए हैं, वह बाणभट्ट की आत्मकथा के कुछ अंशों को छोड़ दें, तो अन्यत्र नहीं है। निराला के शब्दों में द्विवेदीजी के पद्य उनके समस्त साहित्य में पार्श्वच्छवि की तरह हैं।

पद्य रचनाओं में द्विवेदी बाहर के प्रत्यक्ष या अप्रत्यक्ष अनुरोधों के दबाव से मुक्त हैं। ये दबाव साहित्य के सेवक की सेवाभावना के भी हो सकते हैं। इनमें द्विवेदी का कोमल मन व्यक्त हुआ है। वे कृष्ण को हाथ में मुरली लिए हुए ही देखना चाहते हैं। सूर के काव्य का प्रभाव उन पर बना रहा। इसी मनःस्थिति में कभी उन्होंने यह दोहा लिखा था–

केहि के बेधन हेतु प्रिय, यह विशाल धनुबाण।
अग जग बेधन में कुशल कम कुछ मुरली तान?

(चिंतन और व्यक्तित्व पृ. 4, डॉ. श्यामसुंदर घोष के लेख में उद्धृत)

(यह मुरली सारे जग को बींधने में क्या कुछ कम कुशल है–तो आपने किसे बींधने के लिए यह धनुष बाण हाथ में उठाया?)

समालोचक की डाक पर लिखी गई कविता में विडंबनाओं के बीच अपने आप पर हँस सकने की कूवत, सहज विनोद और कबीर के फक्कड़पन का रचाव देखा जा सकता है।

काली घटा बढ़ती चली आती है गगन पर
झुक झूम झूम पेड़ हैं अलमस्त मगन, पर–
साहित्य का सेवक किसी मसले में है उलझा

ऐसे में 'रूम के बाहर' कोई डाकिया, जिसका नाम 'बाहर' से तुक मिलाने के लिए 'हरिहर' रखा गया है, पंडित जी कहकर पुकारता है। समालोचक अपनी डाक देखने लग जाता है।

बुकपोस्ट के बंडल हैं कई, पाँच सात दस
इन पोथों में ही शायद हो रस का दरस परस।
फिर एक-एक को समालोचक है खोलता,
कुंचन ललाट पर है और ओठ खोलता
उँह मारिए गोली वही अनुरोध लेख का–
कुछ देख रेख का तथा कुछ मीन मेष का।

'रस के दरस परस' की जगह किसी-किसी व्यावसायिक पत्रिका के विज्ञापनों में समालोचक उलझ जाता है।

तीन दिन में ही काले हो जाएँ सफेद केश
ऐसा गया का है एक करामाती दरवेश
वह भी न मिला हाय अभागे लिक्खाड़ को
वह झोंकता ही रह गया किस्मत के भाड़ को।

यह कविता शान्तिनिकेतन में 1930 ई. के आसपास लिखी गई लगती है। 1930 से 1940-41 की अवधि में लिखी अन्य कविताओं में इस कौतुक, क्रीड़ा की जगह रहस्यवादी-छायावादी स्वर अनुगुंजित है और रवींद्रनाथ और निराला का असर साफ है। पर इसी अवधि में तीन लंबी कविताएँ एकदम भिन्न कलेवर की द्विवेदीजी लिख डालते हैं। तीनों कविताओं में वर्तमान, इतिहास और मिथक को अतीत और अद्भुत के योग में प्रस्तुत किया गया है। सिराजुद्दोला की करुणकथा पर खंडकाव्य-नुमा बड़ी कविता 8 अगस्त 1931 को पूरी हुई।

एक और अलग तरह की कविता शान्तिनिकेतन में 8 जनवरी 1943 को ब्रह्ममुहूर्त में पूरी की गई। इसे 'मेरा स्वप्न' शीर्षक दिया गया है। जतारा मध्यप्रदेश में टीकमगढ़ जिले में एक गाँव है। इस गाँव के अतीत, दन्तकथाओं और इतिहास को इस महत्त्वाकांक्षी कविता में समेटा गया है।

द्विवेदीजी की ब्रज भाषा की कविताएँ अपनी अचूक लय और लालित्य से चकित कर देती हैं। 'भारत में काल है कि बगरौ वसंत है' पद्माकर की पदावली की पैरोडी प्रस्तुत करती है। इस पैरोडी में टीस और व्यथा की कथा है।

मुख पीत-पीत आँख पीत देह को रकत पीत
पीत रंग में ही पुते लोग, हाँ वसंत है।

जिस तरह तुलसीदास का रामचरितमानस उनके संस्कृत के छंदों के बिना पूरा नहीं होता, उसी तरह द्विवेदीजी के संस्कृत में रचे छन्द उनके साहित्य के अविभाज्य हिस्से हैं। ललित निबंधों में वे संस्कृत में लिखे अपने श्लोक उसी भाव से गूँथते हैं, जिस भाव से प्रवचनकार अपनी प्रामाणिकता स्थापित करने के लिए बीच-बीच में संस्कृत के श्लोक ले आता है। 'कुटज' निबंध द्विवेदीजी की परिणत अवस्था की रचना है। इसमें यह छोटा-सा अनुष्टुप् सारे निबंध की व्याख्या को निचोड़कर लाया गया है, और यह उस निबंध की कविता को भी प्रस्तुत करता है।

भित्वा पाषाणपिठरं छित्वा प्राभञ्जनीं व्यथाम्।
पीत्वा पातालपानीयं कुटजश्चुम्बते नभः।।
[पाषाण के पिठर को बींधकर
प्रभंजनमयी व्यथा को छेदकर
पाताल का पीकर जल
कुटज चूम रहा है
आकाश]

मेघदूत एक पुरानी कहानी सरस सुबोध टीका है। इसमें भी मेघदूत पर टीका का उपोद्घात रचने के लिए द्विवेदीजी को संस्कृत रचना का सहारा लेना जरूरी लगता है—

अहो सुमहदस्त्यस्य मेघदूतस्य सौष्ठवम्।
यद्गुणैः कर्णमागत्य चापलाय प्रलोभ्यते।। इत्यादि

कालिदास के रघुवंश महाकाव्य के पहले सर्ग में रघुवंश का उपोद्घात करते हुए महाकवि ने कहा है—'तद्गुणैः कर्णमागत्य चापलाय प्रचोदितः।' इस अनुष्टुप की उतराई उसी की पैरोडी है।

संस्कृत में लिखी कविताओं में सुमित्रानन्दन पंत की कविताओं के अनेक ललित और छन्दोबद्ध अनुवाद हैं। द्विवेदीजी ने सारे छायावादी कवियों में पंत को ही संस्कृत में अनुवाद के लिए चुना—कदाचित् पंत के काव्य का लालित्य और लय द्विवेदी जी के भीतर जो सहृदय विराजमान था, उसको भी तुष्ट करता था, और संस्कृत की छन्दोबद्धता के लिए भी वह अनुकूल था। 'प्रेमचन्दप्रशस्तिः' उनकी एक अन्य रचना है, जिसमें श्लेष के द्वारा प्रेमचन्द तो अभिनव चन्द्र सिद्ध करने का संरम्भ है, और फिर अन्त में इसी श्लेष को आगे ले जाते हुए चन्द्र से साम्य को नकारते हुए कहा गया है कि प्रेमचन्द और चन्द्र एक समान हो ही नहीं सकते, एक तो सदा पूर्णकला वाला है, दूसरा कभी-कभी पूर्णकला वाला बनता है।

प्रेमचन्द्रश्च चन्द्रश्च न कदापि समावुभौ।
एकः पूर्णकलो नित्यमपरस्तु यदा कदा।।

दूसरी ओर 'वन्दे मोटी तोंदमुदारम्' की मिश्रभाषामयी या अवहट्टमयी पदावली भी द्विवेदीजी लिखते हैं।

संस्कृत में छन्दोरचना वे अपने मन की सान्त्वना के लिए भी करते रहे होंगे। अपने आप 31 अगस्त 1939 को लिखे इन छंदों में मनसमझव्वौल है।

उदयगिरिनिकूटादुद्भवस्ताम्रकान्तिः
प्रतपति दिशि दिश्यङ्गाधारां प्रवर्षन्।
स च निखिलवसूनां प्राणदाता विवस्वान्
यदि पतति दिनान्ते के वयं क्व स्थिरत्वम्।।

(उदयगिरि के शिखर से उगनेवाला, तांबई आभावाला, हर दिशा में अंगारों की धार बरसाकर तपनेवाला, सारे प्राणियों का वह प्राणदाता विवस्वान् (सूर्य) भी यदि दिनावसान में नीचे गिरता है, तो हम कहाँ और स्थिरता कहाँ?)

अमृतकिरणवर्षैःसैचयन्नौषधानि
प्रथितमधुरकांतिः मूर्तशान्तिः सुधात्मा
विधिगुणपरिपाकात् सोऽपि विभ्रंशते चेत्
उपशमितविरोधाः एव के वीतविघ्नाः।।

(अमृतमयी किरणों की वर्षा से औषधियों को सींचता हुआ, प्रसिद्ध मधुर कांतिवाला, शान्ति का मूर्त रूप, अमृतमय चन्द्रमा भी यदि भाग्य के गुण के पक जाने से नीचे गिरता है, तो विरोधों को शान्ति करनेवाले विघ्नों को निरस्त करनेवाले महात्माओं की क्या बात?)

रचनात्मक वैशिष्ट्य

शैव दर्शन की शब्दावली में कहा जाए, तो स्पन्द उनकी रचनाओं में परिव्याप्त है। निरंतर एक कौतुक और बेचैनी उनमें दिखती है।

आर्जव द्विवेदीजी के साहित्य का गुण है। ललित निबंध, उपन्यास, शोधपरक या पांडित्यपूर्ण लेखन—सभी में निष्कपट तथा पारदर्शी व्यक्तित्व देखा जा सकता है। सहज को साधना सबसे कठिन है। उन्होंने स्वयं सहज को साध लिया था।

उनके समग्र साहित्य का एक गुण है—पाठ का वैशिष्ट्य। यह गुण उनमें वाचिक परम्परा के संस्कार के कारण आया है। बतकही या बातचीत की शैली में लिखते हुए वे शब्दों के नाद और गूँज पर ध्यान रखते हैं।

आस्था

भौतिक स्तर पर मार्क्स की मान्यताओं में उनकी आस्था उतनी ही अटूट है, जितनी जीवन के अन्य धरातलों पर वेदांत और शैव दर्शनों में। क्या यह एक अन्तर्विरोध है?'' 'यह गलत बात है कि मनुष्य कभी पीछे लौटकर हू-ब-हू उन्हीं विचारों को अपनाएगा जो पहले थे। जो लोग मध्य युग की भाँति सोचने की आदत को एक भयंकर वात्याचक्र की उलझन से निकलने का साधन समझते हैं, वे गलती करते हैं।...अगला कदम सामूहिक मुक्ति का है। सब प्रकार के शोषणों से मुक्ति का। अगली मानवीय संस्कृति मनुष्य की समता और सामूहिक मुक्ति की भूमिका पर खड़ी होगी। प्रगतिशील आन्दोलन बहुत महान् उद्देश्य से चालित है।''

''हाँ हम रह गए, लेकिन युगसत्य वेगपूर्वक चला है, वह समस्त मोहों और आसक्तियों को अपने रथचक्र से रौंदता हुआ आगे बढ़ रहा है।''

मार्क्सवाद के साथ प्रेम और करुणा को जोड़ दिया जाए, तो हजारीप्रसाद द्विवेदी का दर्शन बनता है। वे युगसत्य को स्वीकार करते हैं, पर साहित्य का 'मायालोक' समाप्त हो जाएगा यह मानने को तैयार नहीं हैं। ''कुछ और भी है इस दृश्यमान जगत् के उस पार, इस भासमान जगत् के अन्तराल में कोई शाश्वत सत्ता है, जो इसे मंगल की ओर ले जाने के लिए कृतनिश्चय है।'' (ग्रंथावली-10/69)

आधुनिक मानस की अनास्था, सन्त्रास और घुटन की स्थिति के लिए उन्होंने गीता से एक शब्द के द्वारा व्यक्त किया है—'कार्पण्य।' अपने आप को दलित द्राक्षा की भाँति निचोड़कर जब तक सर्व के लिए निछावर नहीं कर दिया जाता, तब तक स्वार्थ खंडसत्य है, वह मोह को बढ़ावा देता है, तृष्णा को उत्पन्न करता है और मनुष्य को दयनीय, कृपण बना देता है। कार्पण्य दोष से जिसका स्वभाव उपहत हो गया है, वह स्वार्थ भी नहीं समझ पाता, परमार्थ की तो दूर की बात है।

'दलित द्राक्षा की तरह निचोड़कर सर्व के लिए समर्पित' हो जाने की बात

को द्विवेदी मूल मन्त्र की तरह या कीर्तन की तरह बार-बार अपनी रचनाओं में दोहराते हैं। आधुनिक पाठक उनकी इस अनुवृत्ति से उद्वेजित भी हो सकता है। पर यह अनुवृत्ति द्विवेदीजी अपने आपके लिए करते हैं, अपने आपको स्मरण दिलाने के लिए।

शिवप्रसाद सिंह कहते हैं—"पंडित जी का 'सर्व' और उनकी 'समर्पण' बिलकुल उनकी चीज है और उनके चित्त में इतने गहरे धँसी हुई है कि इसे यों ही नहीं उड़ाया जा सकता। यह एक अजीब प्रक्रिया है, अपने संपूर्ण जीवन के सुख-दुख के बीच उनका अनुभूत रिश्ता है, जिसे हम आज की दृष्टि से जो चाहे कह लें, इसके पीछे विद्यमान उस व्यक्ति की ईमानदारी में संदेह नहीं किया जा सकता, और निरंतर परिचित होते हुए मूल्यों, सत्यों, धारणाओं के जगत् में अपनी मान्यता के प्रति ऐसी विलक्षण निष्ठा अपनी अनवरतता के कारण ही एक आधुनिक मूल्य बन जाती है..." (शान्तिनिकेतन से शिवालिक, 1988, पृ. 7)।

शैव दर्शन का स्पन्द, अरविंददर्शन का ऊर्ध्वारोहण उनमें प्रतिफलित होते हैं। शैव दर्शन में यह पैठ उन्होंने कदाचित, मूल ग्रंथों के पाठ के साथ प्रसाद जैसे रचनाकारों के मनन से भी पाई। प्रसाद ने अपनी रचनाओं में इच्छा शक्ति, क्रियाशक्ति और ज्ञानशक्ति के त्रिकोण की बात की है। द्विवेदीजी ने यह त्रिकोण संभवतः प्रसाद के प्रभाव से स्वीकार किया है। "इच्छा अनन्त है, क्रिया शान्त है, इच्छा नाद है, कॉण्टीन्यूअम् है, क्रिया बिंदु है, क्वाण्टम् है। इच्छा गति है, क्रिया स्थिति है। गति और स्थिति का यह द्वन्द्व चलता रहता है। इसी से रूप बनता है, छन्द बनता है, संगीत बनता है, नृत्य बनता है। इच्छा काल है क्रिया देश है। इसी देश काल के द्वन्द्व से जीवन रूप लेता है—प्रवाह के रूप में' (लालित्यतत्त्व पृ. 14)

मनुष्य की रचनाशीलता में वे अटूट आस्था रखते हैं। इस रचनाशीलता में सृष्टि के सौंदर्य के प्रति कौतुक का भाव है। "पृथ्वी लाखों वर्षों तक ठंडी होती रही। लाखों वर्षों तक उस पर तरल तप्त धातुओं की लहाछेह वर्षा होती रही। लाखों वर्षों तक उसके बाहर और भीतर प्रलय ताण्डव चलता रहा और जीवतत्त्व अविक्षुब्ध भाव से प्रतीक्षा में बैठा रहा। अवसर आने पर उसने संपूर्ण जड़ शक्ति के विरुद्ध विद्रोह करके सिर उठाया—अंकुर के रूप में। सारी जड़ शक्ति अपने प्रबल आकर्षण का वेग लगाकर भी उसे नीचे नहीं खींच सकी।"

इस आस्था के कारण द्विवेदीजी में अतीत के प्रति एक आकर्षण निरंतर बना रहा। यह आकर्षण व्यामोह या अतीतग्रस्तता नहीं कहा जा सकता। वे निरंतर कौतुक और सिसृक्षा के भाव से अतीत की नापजोख करते रहे हैं। शिवप्रसाद सिंह ने इसमें द्विवेदीजी का विरोधाभास देखा है। "पंडित जी अतीत के भग्न जीर्ण टुकड़े के प्रति भी असीम मोह से विजड़ित हो जाते हैं। शायद इसके भीतर भी कुछ मिल जाए। उस अंधकाल को जानने के लिए एक मामूली चिनगारी भी मिल जाए, तो उसे जिलाए रखना कर्तव्य है। इसी कर्तव्य से प्रेरित होकर वे निरंतर तंत्र, मंत्र,

पुराण, आगम, जैन, बौद्ध, शैव, शाक्त, नाथ कापालिकों के राशिभूत नीरस और फालतू से लगनेवाले शास्त्र साहित्य को उकेरते रहते हैं।" (शान्तिनिकेतन से शिवालिक, 1988, पृ. 9) एक पुरातत्त्वविद् के लिए प्राचीन काल का कोई पत्थर बहुमूल्य हो सकता है, हमारे लिए वह निरा पत्थर का टुकड़ा हो। पर उस पत्थर के टुकड़े को यदि पुरातत्त्वविद् कौतुक के भाव से परखता है, तो यह पुराणपंथी भावुकता नहीं कही जा सकती। यह उसके अपने क्षेत्र की विषयविशेषज्ञताजनित अनिवार्यता है।

पंडित, अनुसन्धाता तथा समीक्षक

शान्तिनिकेतन के प्रवास की द्विवेदी के पांडित्य और चिंतन प्रतिभा को तराशने, निखारने और सँवारने में सकारात्मक और अद्वितीय भूमिका रही। 1930 से 1950 के दो दशकों का काल उनकी मेधा के विकास का अभूतपूर्व काल है। यहाँ उन्होंने रवीन्द्रनाथ ठाकुर, आचार्य क्षितिमोहन सेन से प्रेरणा पाकर संस्कृत और हिन्दी के साहित्य के साथ-साथ प्राकृत और अपभ्रंश के साहित्य का विशेष अध्ययन किया। सिद्धों और संतों की वाग्धारा में अवगाहन किया। अन्वेषण तथा अध्ययन के नए क्षितिज इससे उनके सामने खुलते गए। गुरुदेव के सान्निध्य और शान्तिनिकेतन में प्राप्त सामग्री के प्रभाव से वे प्राच्यमागध अपभ्रंश से जन्मी बंगला में भी दीक्षित हुए, जो अन्यत्र रहकर नहीं हो सकते थे। पंजाब विश्वविद्यालय में नियुक्त होने के पश्चात् उन्होंने शौरसेनी अपभ्रंश से सम्बद्ध पश्चिमी हिन्दी, पश्चिमी प्रांतों की सांस्कृतिक परम्पराओं तथा यहाँ के भाषिक परिप्रेक्ष्य से अपने को परिचित किया। यहाँ रहकर उन्होंने गुरुमुखी लिपि में लिखी हिन्दी की कृतियों का उद्धार किया, सिख गुरुओं की वाणियों और जीवन का अध्ययन किया।

द्विवेदीजी के पंडित, अनुसन्धाता और समीक्षक को उनकी लोकदृष्टि और दलित, दीन-दुखी वर्ग के प्रति करुणा ने अलग तरह का रूप दिया है। रवीन्द्रनाथ पर लिखी अपनी पुस्तक में उन्होंने रवीन्द्रनाथ के काव्यों से विस्तृत उद्धरण देकर सिद्ध किया है कि "वे कल्पनाविलासी कवि नहीं थे।...वे दीन और दलित के कण्ठ की वाणी को सहस्रगुण शक्ति देकर मुखरित कर सके थे, क्योंकि उनकी वेदना उन्हें व्याकुल कर देती थी।" (ग्रन्थावली-8/300)। रवीन्द्रनाथ की उन कविताओं को द्विवेदीजी ने यहाँ उद्धृत किया है, जहाँ वे सत्ता को चुनौती और जनता को संघर्ष का मन्त्र दे रहे हैं।

साहित्य को जाँचने का निर्भ्रांत प्रतिमान उनके पास यही था कि वह अपने सामाजिक सम्बन्धों के परिप्रेक्ष्य में अपनी श्रेष्ठता प्रमाणित करे। एकांत साधना से कोई बड़ा योगी हो सकता है, पर 'उसके आचरण और विचार की परीक्षा अन्तर्वैयक्तिक और सामाजिक सम्बन्ध के भीतर से ही हो सकती है।" (ग्रन्थावली-9/246)।

द्विवेदीजी अतीत के व्याख्याकार थे। परम्पराओं के सम्बन्ध में वे अपने आपको

बालू से तैल निकालनेवाला मानते रहे। फिर भी उन्होंने भारतव्याकुलता से अपने आपको बचाकर रखा। जो कुछ प्राचीन है, वह सब उन्हें स्वीकार्य नहीं था। पर देश की परम्पराओं से गहरा लगाव होने के कारण वे आत्मपरीक्षण भी उतना ही निर्मम होकर कर सकते थे। इसीलिए वे यह कह सके—"हमने कम पाप किए हैं? करोड़ों को हमने अनजान में नीच बना रखा है, करोड़ों को जान-बूझकर पैरों तले दबा रखा है। करोड़ों को हमने उपेक्षा से महान् संदेशों के अयोग्य समझ रखा है।" (ग्रन्थावली-9/159)।

स्त्रियों और निम्न वर्ग के लोगों के प्रति अन्याय तो बहुत किया गया। पर परम्परा में उसे लेकर गहरी ग्लानि और गहरा अनुताप भी पूरी संवेदनशीलता के साथ बना रहा। इसीलिए द्विवेदी का यह आत्मपरीक्षण प्रतीकार की इस संभावना को उजागर करता हुआ समाप्त होता है—"यह हमारी विशाल सांस्कृतिक गरिमा का ही प्रभाव है कि हम अन्याय करके लज्जित होते हैं। अगर यह लज्जा सच्ची है, तो हम अन्याय का प्रतिकार भी कर सकते हैं।" (वही)।

पश्चिमी औपनिवेशिक दृष्टि ने भारत में इस्लाम के आगमन और प्रतिष्ठा से उत्पन्न स्थितियों की भ्रांत व्याख्या की। प्रो. हेवेल ने लिखा—"मुसलमानी सत्ता के प्रतिष्ठित होते ही हिन्दू राजकाज से अलग कर दिए गए। इसलिए दुनिया की झंझटों से छुट्टी मिलते ही उनमें धर्म की ओर, जो उनके लिए एकमात्र आश्रयस्थल रह गया था, स्वाभाविक आकर्षण पैदा हुआ।" द्विवेदीजी ने प्रो. हावेल के इस मंतव्य का दृढ़तापूर्वक प्रत्याख्यान करते हुए भक्तिकाव्य के स्वाभाविक और पारंपरिक विकास की सही परिप्रेक्ष्य में पहली बार व्याख्या की। वस्तुतः संस्कृत साहित्य की संपूर्ण परम्परा से भी अपभ्रंश व हिन्दी भाषाओं में भक्तिकाव्य की धारा का सीधा सम्बन्ध जुड़ता है। श्रीमद्भागवत जैसा भक्ति का अद्वितीय ग्रन्थ नवम शताब्दी में सारे भारत में प्रतिष्ठित हो चुका है। दक्षिण में आलवार संतों का अवतरण हो चुका है। इस परम्परा में भारतीय भाषाओं में भक्तिकाव्य या भक्तिकाल का उदय स्वतः होना ही था, इस्लाम से उसका सीधे कोई सम्बन्ध था ही नहीं। द्विवेदीजी ने इस्लाम और भक्तिकाल के सम्बन्ध को अस्वीकार करते हुए कहा कि यदि भारत में इस्लाम न भी आया होता, तो भक्तिकाव्य अपने स्वाभाविक विकास के क्रम में इसी प्रकार प्रतिष्ठित होता। शुक्ल जी की स्थापनाओं और मान्यताओं को उन्होंने साहस के साथ चुनौती दी। आचार्य रामचन्द्र शुक्ल ने अपने हिन्दी साहित्य के इतिहास में हिन्दू मानस पर इस्लाम और मुस्लिम शासन के प्रभाव का निरूपण इन शब्दों में किया है—"देश में मुसलमानों का राज्य प्रतिष्ठित हो जाने पर हिन्दू जनता के हृदय में गौरव, गर्व और उत्साह के लिए अवकाश न रह गया। उसके सामने ही उसके देव मंदिर गिराए जाते थे, देवमूर्तियाँ तोड़ी जाती थीं, और पूज्य पुरुषों का अपमान होता था, और वे कुछ भी न कर सकते थे।... इतने भारी राजनीतिक उलटफेर के पीछे हिन्दू जनसमुदाय पर बहुत दिनों तक उदासी-सी छायी रही। अपने पौरुष से हताश जाति के लिए भगवान्

की शक्ति और करुणा की ओर ध्यान जाने के अतिरिक्त दूसरा मार्ग ही क्या था?"

द्विवेदीजी ने इस भ्रान्त धारणा का भी खंडन किया कि भक्तिकाव्य पर ईसाई प्रभाव था। ग्रियर्सन ने लिखा था कि ईसाइयत के प्रभाव से देश में अचानक बिजली की कौंध के समान भक्तों का प्रसार हो गया। द्विवेदीजी ने इसके प्रत्युत्तर में यह स्थापना दी कि हिन्दू भक्ति का पापबोध ईसाई-पापबोध से तत्त्वतः भिन्न है। "सूरदास आदि भक्तों का पाप बाह्य तथा आगन्तुक वस्तु है, परंतु ईसाई भक्तों का पाप आन्तर और स्वाभाविक है।" (सूर-साहित्य, पृ. 71) तथा "सूरदास आदि स्वभावतः अपने को पापात्मा नहीं समझते।" (वही, पृ. 70)

द्विवेदीजी ने अपने अध्ययन के द्वारा हिन्दी साहित्य के भक्तिकाल का सीधा सम्बन्ध नाथसिद्धों के साहित्य से जोड़कर देखा। दूसरे उन्होंने इस तथ्य को रेखांकित किया कि जो कवि मुस्लिम शासन या मुगल शासकों से सन्त्रस्त होकर ईश्वर की शरण में चले गए थे, उन्होंने कहीं भी इस्लाम की निंदा नहीं की है। मुगलकाल में सांस्कृतिक समन्वय की जो अभूतपूर्व प्रक्रिया घटित हुई और जिस प्रकार सूफी मत तथा सूफी काव्य का विस्तार देश में हुआ—यह भी इस्लाम की परम्परा के भारतीय तत्त्वचिंतन और अध्यात्म के साथ नैकट्य की प्रक्रिया का साक्ष्य है।

संत साहित्य के विषय में प्रचलित अनेक भ्रांतियों का निराकरण द्विवेदी के व्यवस्थित अध्ययन से संभव हुआ। उन्होंने इस धारणा को तोड़ा कि काव्यसौंदर्य की दृष्टि से संत कवियों की रचनाएँ अविचार्य हैं, वे गूढ़ और अस्पष्ट हैं तथा उनमें हमारे संसार की उपेक्षा की गई है। इस अध्ययन से इस भ्रांत सिद्धांत की भी पड़ताल सम्भव हुई कि निर्गुनियाँ संतों के द्वारा जाति का विरोध, अवतारवाद का और मूर्तिपूजा खंडन 'इस्लामी जोश' या एक 'हथकंडा' था।

कबीर पर द्विवेदीजी की पुस्तक 1942 में छपकर आई। इसके पहले कबीर पर हिन्दी में स्वतंत्र रूप से कोई समीक्षा की पुस्तक नहीं थी। हिन्दी के आचार्यों में कबीर की वह प्रतिष्ठा न थी, जो तुलसी या सूर की थी। अपनी उलटबासियों तथा कथन की विशिष्ट भंगिमा के कारण कुछ कवियों को कबीर ने आकृष्ट अवश्य किया था। इन्हीं में एक अयोध्यासिंह उपाध्याय 'हरिऔध' थे, जो 'प्रियप्रवास', 'वैदेहीवनवास' आदि काव्यों के लिए जाने जाते हैं। हरिऔध जी ने 1916 ई. में कबीर की वाणी का एक संक्षिप्त संकलन 'कबीर वचनावली' के नाम से संपादित करके प्रकाशित कराया था। द्विवेदीजी को मुख्य रूप से कबीर पर कार्य करने की प्रेरणा आचार्य क्षितिमोहन सेन के द्वारा परिश्रमपूर्वक विभिन्न स्रोतों से तैयार किए गए कबीर वाणी के संग्रह तथा उसी संग्रह में से गुरुदेव के द्वारा चुने गए 100 पदों के अंग्रेजी अनुवाद को देखकर मिली होगी। आचार्य क्षितिमोहन सेन का कबीर के पदों का संग्रह चार भागों में ब्रह्मचर्याश्रम बोलपुर शान्तिनिकेतन से 1910-11 ई. में प्रकाशित हुआ और एल्विन अंडरहिल के सहयोग में अनूदित रवीन्द्रनाथ का

'सांग्स ऑफ कबीर' 1917 ई. में सामने आया। क्षितिमोहन सेन, रवीन्द्रनाथ तथा एल्विन अंडरहिल कबीर के कवि के रूप में कम करके नहीं आँकते। यह बात दूसरी है कि उनकी दृष्टि कबीर के रहस्यदर्शी (द्विवेदीजी की शब्दावली में मरमी) रूप ही केंद्रित रही है। रवीन्द्र के चयन में तो 42वें क्रमांक पर रखे गए केवल एक पद (तीरथ में तो सब पानी है) को छोड़कर किसी भी पद में कबीर का वह रूप है नहीं, जिसका उदाहरण आज हिन्दी के प्रगतिशील साहित्यसमीक्षक बार-बार देते आ रहे हैं। कबीर का यह रूप द्विवेदीजी का नवाविष्कार है।

द्विवेदीजी के पहले हिन्दी में कबीर की छवि क्या थी यह बाबू श्यामसुंदरदास के कार्य से विदित होता है। यह सत्य है कि कबीर पर हिन्दी में प्रवर्तक कार्य बाबू श्यामसुंदरदास ने 'कबीरग्रन्थावली' के संपादन के द्वारा किया, जो 1928 ई. में प्रकाशित हुई। 'कबीरग्रन्थावली' में न केवल कबीर की समस्त रचनाएँ संकलित थीं, निर्गुणसाहित्य के मर्मज्ञ अध्येता डॉ. पीताम्बरदत्त बड़थ्वाल के सहयोग से लिखी भूमिका भी थी। किंतु कबीर के प्रति यथोचित सम्मान के बावजूद बाबू साहब भी उन्हें साहित्य में प्रतिष्ठित न कर पाए, क्योंकि वे स्वयं ही कबीर के व्यक्तित्व के प्रति आश्वस्त न थे। ग्रन्थावली की भूमिका में उन्होंने लिखा है—"तिस पर कबीरदास जी स्वयं पढ़े-लिखे न थे। उन्होंने जो कुछ कहा है, वह अपनी प्रतिभा तथा भावुकता के वशीभूत होकर कहा है। उनमें कवित्व उतना नहीं था, जितनी भक्ति और भावुकता थी। उनकी अटपट वाणी हृदय को चुभनेवाली है।" (पृ. 4) (दूसरी परम्परा की खोज, पृ. 43)। कबीर पर द्विवेदीजी ने जो चर्चा की, उससे कबीरकाव्य के पुनर्मूल्यांकन की दिशा खुली। कबीर के दर्शन और साधना पद्धति को सही परिप्रेक्ष्य में समझने का व्यवस्थित प्रयास द्विवेदी ने किया। उन्होंने यह तो माना कि 'कबीर सब-कुछ को अस्वीकार करने का अपार साहस लेकर अवतरित हुए थे' पर इस भ्रम का निराकरण करने का प्रयास भी किया कि कबीर व्यक्तिगत रूप से किसी साधना मार्ग के विरोधी थे। दूसरी ओर कबीर को लेकर बाद में जो एक और अतिवादी दृष्टि विकसित हुई, उसका भी पूर्व प्रत्याख्यान द्विवेदीजी ने कर दिया है। उन्हें मूलतः एक समाजसुधारक या सामाजिक कुरीतियों-अन्यायों के विरोध में ध्वजोत्तोलन करनेवाला क्रांतिकारी मानना गलत है। 'कबीर' के उपसंहार में वे कहते हैं—"कबीर ने बहुत सी ऐसी बातें कही हैं, जिनसे (अगर उपयोग किया जाए, तो) समाजसुधार में सहायता मिल सकती है। पर इसलिए उनको समाजसुधारक समझना गलती है। वस्तुतः वे व्यक्तिगत साधना के प्रचारक थे।" (कबीर, पृ. 223)।

द्विवेदीजी ने हिन्दी साहित्य के परिप्रेक्ष्य को उसकी समग्र परम्परा के साथ पहली बार प्रस्तुत किया। उन्होंने हिन्दी साहित्य का वास्तविक महत्त्व आँका। इस संदर्भ में उनके ये प्रतिज्ञावाक्य ध्यातव्य हैं—"आज से लगभग हजार वर्ष पहले हिन्दी साहित्य बनना शुरू हुआ था। इन हजार वर्षों में हिन्दी भाषी जनसमुदाय क्या सोच- समझ

रहा था—इस बात की जानकारी का एकमात्र साधन हिन्दी साहित्य ही है। कम-से-कम भारतवर्ष के आधे हिस्से की सहस्रवर्ष व्यापी आशा-आकांक्षाओं का मूर्तिमान् प्रतीक यह हिन्दी साहित्य अपने आप में ऐसी शक्तिशाली वस्तु है कि इसकी उपेक्षा भारतीय विचारधारा को समझने में घातक सिद्ध होगी।...दुर्भाग्यवश हिन्दी साहित्य के अध्ययन और लोकचक्षुगोचर करने का भार जिन विद्वानों ने अपने ऊपर लिया है, वे भी हिन्दी साहित्य का सम्बन्ध हिन्दू जाति के साथ ही अधिक बताते हैं और इस प्रकार अनजान आदमी को दो ढंग से सोचने का मौका देते हैं—एक यह कि हिन्दी साहित्य एक हतदर्प पराजित जाति की संपत्ति है, इसलिए उसका महत्त्व एक पराजित जाति के राजनीतिक उत्थान-पतन के साथ अंगांगिभाव से संबद्ध है, और दूसरा यह कि ऐसा न भी हो, तब भी वह एक निरंतर पतनशील जाति की चिंताओं का मूर्त प्रतीक है, जो अपने आप में कोई विशेष महत्त्व नहीं रखता।—मैं इन दोनों बातों का प्रतिवाद करता हूँ।...मैं इस्लाम के महत्त्व को भूल नहीं रहा हूँ। लेकिन जोर देकर कहना चाहता हूँ कि इस्लाम नहीं आया होता, तो भी इस साहित्य का बारह आना वैसा ही होता जैसा आज है।'' (हिन्दी साहित्य की भूमिका, अ. 1)।

सिद्धों और संतों की वाणी तथा परम्पराओं पर प्रकाश डालने का काम द्विवेदी ने किया, जो भारतीय साहित्य के अध्ययन का स्वर्णाध्याय है। रामचन्द्र शुक्ल ने सिद्धों की भाषा को देशभाषामिश्रित अपभ्रंश या पुरानी हिन्दी की काव्यभाषा कहा था, जो सरहपाद (विक्रमसंवत् 690) के साथ ही अवतरित हो जाती है। इस भाषा के लिए 'पुरानी हिन्दी' शब्द का प्रयोग (उसने कहा था कहानी के लेखक) पं. चन्द्रधर शर्मा गुलेरी ने चलाया। राहुल जी ने भी अपनी हिन्दी काव्यधारा में आठवीं शताब्दी से तेरहवीं शताब्दी तक की अपभ्रंश की कविताओं को पुरानी हिन्दीवाले खंड में समाविष्ट किया। रामचन्द्र शुक्ल, गुलेरी तथा राहुल जी जिसे पुरानी हिन्दी कह रहे हैं, वह वस्तुतः साहित्यिक अपभ्रंश है। द्विवेदीजी ने इस तथ्य को प्रमाणित करते हुए सिद्ध किया कि खड़ी बोली का इस साहित्यिक अपभ्रंश से सीधा सम्बन्ध नहीं है, उनके अनुसार हिन्दी की अव्यवहित पूर्ववर्ती संधिभाषा अवहट्ट है। इस अवहट्ट को उन्होंने अग्रसरीभूत अपभ्रंश भाषा की संज्ञा भी अपनी ओर से दी। द्विवेदीजी की यह व्याख्या आचार्य हेमचंद्र (बारहवीं शताब्दी) के परिनिष्ठित और ग्राम्य अपभ्रंश इन दो भाषा भेदों की अवधारणा पर आधारित है। द्विवेदीजी ने अपभ्रंश की प्राचीन परम्परा का अनुसंधान करते हुए जहाँ इसे आभीरी प्राकृत से जोड़कर प्रथम शताब्दी ई. से इसका उपक्रम परिलक्षित किया, वहीं हेमचंद्र जिसे ग्राम्य अपभ्रंश कह रहे हैं, उसको द्विवेदीजी ने अपनी लोकाभिमुख प्रगतिवादी दृष्टि के कारण अग्रसरीभूत कहा। इस अग्रसरीभूत अपभ्रंश के साहित्य को द्विवेदीजी ने हिन्दी साहित्य के आदिकाल के अन्तर्गत व्यवस्थापित किया। उनके अनुसार—''दसवीं से चौदहवीं शताब्दी तक

के समय में लोकभाषा में लिखित जो साहित्य उपलब्ध हुआ है उसमें परिनिष्ठित अपभ्रंश से कुछ आगे बढ़ी हुई भाषा का रूप दिखाई देता है।...इसलिए दसवीं से चौदहवीं शताब्दी के उपलब्ध लोकभाषा साहित्य को अपभ्रंश से थोड़ी भिन्न भाषा का साहित्य कहा जा सकता है।'' इस अग्रसरीभूत अपभ्रंश में तत्सम शब्दों के प्रयोग की प्रवृत्ति अपेक्षाकृत अधिक है। अपने अपभ्रंश के ज्ञान के कारण ही 'सन्देशरासक' के संपादन में द्विवेदीजी पाठ की अनेक गुत्थियाँ सुलझा सके।

भक्तिकाल की व्याख्या के समान ही द्विवेदीजी हिन्दी साहित्य के आदिकाल में हिन्दी भाषा के उद्भव और विकास के साथ इसकी साहित्य यात्रा को जोड़कर देखते हुए शुक्ल जी के द्वारा इस काल को दी गई वीरगाथाकाल की संज्ञा को असंगत ठहराया।

राजशेखर की शब्दावली में द्विवेदी तत्त्वाभिनिवेशी समीक्षक कहे जा सकते हैं। वे मर्म को पकड़ लेते हैं, पंक्तियों के भीतर से ऐसा अर्थ निकाल लेते हैं, जो सामान्य बुद्धि से अगम्य हो, दो पंक्तियों के अन्तराल में छिपे गूढ़ार्थ को वे खँगाल लेते हैं।

आधुनिक कवियों में पंत पर उनकी समीक्षा पठनीय है। यहाँ तक कि ललित निबंधों में उन्होंने अन्य किसी आधुनिक हिन्दी कवि को शायद याद नहीं किया, पर पंत को बहुत उदारता से ऐसा दुर्लभ गौरव द्विवेदीजी देते हैं, जैसा अन्य कोई समीक्षक देने की सोचता भी नहीं। पंत की छंदोयोजना का वैशिष्ट्य, संस्कृत के वर्णवृत्तों को हटाकर उनके स्थान पर हिन्दी की अपनी छंदःसंपदा का उनका आविष्कार, पंत के कविव्यक्तित्व की गतिशीलता, उनकी चेतना में निरंतर विकास और बदलाव—इन बिंदुओं का विशेष विवेचन द्विवेदीजी ने इस निबंध में किया है। पंत के महाकाव्य 'लोकायतन' को भी उन्होंने भाषा की शक्ति, भावसंपदा और चरित्रसृष्टि के साथ युगजीवन की अन्तश्चेतना को विशाल पटभूमि पर चित्रित करने के कारण सराहनीय माना। पंत के अवसान पर 'नयी चेतना का महान् गायक चला गया' शीर्षक से आलोचना अक्टूबर-दिसम्बर 1977 के अंक में उनकी टिप्पणी भी उतनी ही सहृदयतापूर्ण है। शिरीष के फूल में शिरीष के फक्कड़पन का उद्‌घाटन करते हुए वे कालिदास की कविदृष्टि और सौंदर्य सृष्टि पर अच्छी चर्चा कर रहे हैं। इसी प्रसंग में कहा गया है—''कालिदास महान् थे, क्योंकि वे अनासक्त रह सके थे। कुछ इसी श्रेणी की अनासक्ति आधुनिक हिन्दी कवि सुमित्रानंदन पंत में है। कविवर रवीन्द्रनाथ में यह अनासक्ति थी।'' (ग्रन्थावली-9, पृ. 28)

एक समीक्षक के रूप में पूर्ववर्ती आचार्यों के प्रति वे परम सहृदयता का बर्ताव करते हैं। अपने समकालीनों या अपने से पूर्ववर्ती आचार्यों पर इतनी सहृदयता पूर्ण समाशंसा कम समीक्षकों ने लिखी होगी। आचार्य रामचन्द्र शुक्ल पर उनकी यह टिप्पणी पठनीय है—''हिन्दी साहित्य का सचमुच ही क्रमबद्ध इतिहास आचार्य रामचन्द्र शुक्ल ने 'हिन्दी शब्द सागर' की भूमिका के रूप में सन् 1929 ई. में प्रस्तुत किया।...

शुक्ल जी ने प्रथम बार हिन्दी साहित्य के इतिहास को कविवृत्तसंग्रह की पिटारी से बाहर निकाला। पहली बार उसमें श्वासोच्छ्वास का स्पंदन सुनाई पड़ा। पहली बार वह जीवंत मानव विचार के प्रवाह के रूप में दिखाई पड़ा।" (हिन्दी साहित्य का आदिकाल, पृ. 2)। तथा—भारतीय काव्यालोचन का इतना गम्भीर और स्वतंत्र विचारक हिन्दी में तो दूसरा हुआ ही नहीं, अन्यान्य भारतीय भाषाओं में भी हुआ है या नहीं, ठीक नहीं कह सकते—शायद नहीं हुआ। (पृ. 146)।

व्याख्यापद्धति

द्विवेदीजी की व्याख्यापद्धति संगतिकरण की नहीं है। विरोध को वे प्रकट करते हैं, अन्तर्विरोध को पहचानते हैं। इसके साथ ही वे परम्परागत शब्दों को नई आभा भी देते हैं।

वागीश शुक्ल ने अर्थार्ष को लेकर द्विवेदीजी की आलोचना करते हुए लिखा है—"द्विवेदीजी ने अर्थ को बिलकुल मानवीय शक्ति में परिसीमित कर दिया और शब्द को बेजान मान लिया है, जब तक उसमें मानवीय मेधा जानदार अर्थ को खोज नहीं निकालती। वे उस जगह से ठीक उलटी ओर खड़े हैं, जहाँ भारतीय मेधा का पारंपरिक चिंतन खड़ा है। वे 'आधुनिक' हैं।" (परम्परा की आधुनिकता, पृ. 25)। वागीश जी की यह टिप्पणी द्विवेदीजी के समग्र कृतित्व पर आधारित नहीं है। क्या किसी एक भाषण के मात्र उपोद्घात के आधार पर, जिसमें विनयवश एक रूपक खड़ा किया गया हो, द्विवेदीजी को उस जगह से 'ठीक उलटी ओर' खड़ा किया जा सकता है, 'जहाँ पारंपरिक भारतीय मेधा का पारंपरिक चिंतन खड़ा' है? द्विवेदीजी ने पटना अधिवेशन को संबोधित करते हुए उस समय के वहाँ के सम्ज के लिए यह बात कही थी कि वे अर्थार्षवाक् बोलेंगे। वागीश जी का कथन है कि द्विवेदीजी ने परम्परा की शब्दप्रधानता को अनदेखा किया है। यह सत्य है। परंतु परम्परा इतिहास (रामायण-महाभारत) और पुराणों को भी शब्दप्रधान नहीं, अर्थप्रधान मानती है। द्विवेदीजी का कार्य वेदों की तरह प्रभुसम्मित उपदेश देनेवाला नहीं, पुराण सम्मित अर्थप्रधान व्याख्याकार का कार्य है। हमारे युग के लिए प्रभुसम्मित कार्य की आवश्यकता नहीं थी। द्विवेदीजी अपने युग के साथ चले, पश्चगामी नहीं हुए। उन्होंने आधुनिकता के लक्षणों—संदेह और प्रमाणीकरण को भी नहीं छोड़ा। तथापि यह कहना तो सत्य नहीं कि द्विवेदीजी शास्त्र परम्पराओं को बेजान मानकर अपनी मेधा से ही उनमें से जीवंत अर्थ निकालने का कार्य करते रहे और उन्होंने परम्परा के भीतर के जीवन को नहीं पकड़ा। वागीष जी ने 'साप्ताहिक हिन्दुस्तान' को दिए गए एक इण्टरव्यू का हवाला देते हुए द्विवेदीजी के आधुनिक होकर रह जाने और शास्त्र परम्परा का निर्वाह न कर पाने की कथित व्यथा का एक कल्पित चित्र भी खींचा है। उनके पटना अधिवेशन के भाषण की तरह यदि द्विवेदीजी के कृतित्व का मूल्यांकन ऐसे

इक्के-दुक्के साक्षात्कारों से करने बैठें, तो अनर्थ ही होगा। यों वागीश जी की उपस्थापना के निराकरण में एक अन्य साक्षात्कार में द्विवेदीजी का यह कथन उद्धरणीय है–"विचार तो एक से एक आते हैं। मगर अपनी सीमा जानता हूँ। एक तारे से एक ही स्वर निकलता है। जन्म भर पंडित रहे। अब क्या खाक माडर्न बनेंगे।" ('आलोचना' जुलाई, 1967, पृ. 65)।

भवभूति ने कहा है–'लौकिकानां हि साधूनामर्थं वागनुवर्तते।' लौकिक साधुओं की वाणी अर्थ का अनुगमन करती है। द्विवेदीजी लौकिक साधु हैं। आद्य ऋषियों की वाणी का अर्थ अनुगमन करता है–यह भी उसके भवभूति ने कहा है। यह आद्य ऋषियों का समय नहीं है। आद्य ऋषि का पाखंड रचनेवाले अनेक हैं। शब्द को जानदार मानकर उनमें से अनंत अर्थ निकालना अब भरमाने के लिए भी होता है। आद्य ऋषि का पाखंड रचने की अपेक्षा लौकिक साधु होना अधिक अच्छा है।

द्विवेदीजी की उपलब्धि

द्विवेदीजी नए विचारों का स्वागत करते रहे और उन्होंने अपने चिंतन के वातायन सदा खुले रखे। लालित्यतत्त्व उनका अंतिम ग्रंथ है। उसमें स्पष्ट है कि वे अपने समय के समीक्षकों से आगे भी देख रहे हैं। बीसवीं सदी में खुले ज्ञान के ये क्षितिजों को उन्होंने निहारा है। लालित्यतत्त्व मात्र सौंदर्यशास्त्र की पुस्तक नहीं है। यह हिन्दी में कला संरचना का पहला प्रामाणिक और व्यवस्थित विवेचन भी है। इसमें जानदार शब्दों से जानदार अर्थ निकालते हुए प्रस्थान खड़ा किया जा रहा है। लालित्य मानव द्वारा लालित होने से लालित्य है। वह ललिता से जुड़कर भी लालित्य होता है।

यह सही है कि द्विवेदीजी ने अभिनवगुप्त की तरह कलाचिंतन को कोई प्रस्थान स्थापित नहीं किया। यदि वे लालित्यतत्त्व को पूरा कर पाते, तो कदाचित् ऐसे एक समग्र प्रस्थान की स्थापना उनके कृतित्व से हो सकती थी। यह भी सही है कि द्विवेदीजी किसी एक शास्त्र परम्परा में रहकर उसकी व्याख्या की सर्वांगीण संगति अपनी समीक्षा में बिठा नहीं सके। उन्होंने मार्क्सवाद और आधुनिक प्रगतिशील परम्पराओं का भी समावेश किया, वेदांत का सहारा लिया और शैव दर्शन का भी भरपूर उपयोग किया। उनके समग्र कृतित्व में इससे अन्तर्विरोध और असामंजस्य व्याप्त हो गया हो, ऐसा नहीं लगता। मार्क्सवाद, वेदांत और शैवाद्वैत तथा तांत्रिक शाक्त दृष्टि–इन चारों को मिलाकर द्विवेदीजी ने एक चतुरस्र समीक्षा प्रस्थान के निर्माण की भूमि तो अवश्य प्रशस्त की है। इस भूमि पर रहकर वे इतिहास को इच्छा और गति कहते हैं, तो भूगोल को क्रिया और स्थिति। वे मनुष्य समाज की सामूहिक इच्छा को पहली बार इस प्रस्थान में अन्तर्भावित करते हैं। (ग्रन्थावली-10, पृ. 432)।

द्विवेदीजी की हिन्दी साहित्य की भूमिका प्रगतिशील परम्पराओं का आख्यान है। इस दृष्टि से वे मध्यकालीन भारत में शास्त्र और लोक के अन्तःसम्बन्धों के

सबसे बड़े व्याख्याकार के रूप में सामने आते हैं। हिन्दी साहित्य की भूमिका में वे सप्रमाण अपना यह कथन सत्यापित करते हैं कि "भारतीय पाण्डित्य ईसा की पहली सहस्राब्दी के बाद आचार-विचार और भाषा के क्षेत्रों में स्वभावतः लोक की ओर झुक गया था। यदि अगली शताब्दियों में भारतीय इतिहास की अत्यधिक महत्त्वपूर्ण घटना अर्थात् इस्लाम का प्रमुख विस्तार न घटी होती, तो भी वह इसी रास्ते जाता। उसे भीतर की शक्ति उसे इसी स्वाभाविक विकास की ओर ठेले लिए जा रही थी।"

"विचित्र विडम्बना है कि निरंतर 'तात्त्विक' चिंतन की चुनौती झेलते हुए भी द्विवेदीजी ने अपने समकालीन अनेक मार्क्सवादी आलोचकों की तुलना में योगियों और संतों के रहस्यवाद के मूल्यांकन में अधिक ऐतिहासिक दृष्टि का परिचय दिया।" (दूसरी परम्परा की खोज, पृ. 83)

रामानुज और रामानंद–आदि संतों को उन्होंने इन परम्पराओं का आधार बना कर हिन्दी साहित्य की परम्पराओं का पुनराख्यान किया। हिन्दी साहित्य की व्याख्या में भी उन्होंने उत्पादक वर्ग, कामगार लोगों की सांस्कृतिक भूमिका, मुगल काल के रचनाकार का उनकी अपेक्षा भोक्तावर्ग से अधिक जुड़ना और साहित्य पर उसके प्रभाव को स्पष्ट किया है। (हिन्दी साहित्य उसका उद्भव और विकास, पृ. 181)।

द्विवेदीजी की भूमिका परम्परा और आधुनिकता के बीच सेतु की रही है। "एक ऐसे समय में जब प्राचीन परम्परा और आधुनिक प्रतिभा के बीच कम-से-कम साहित्य में अन्तःक्रिया के सभी रास्ते बंद से हो गए लगते हैं, यह द्विवेदीजी का अद्वितीय योगदान है कि उन्होंने भारतीय अतीत और वर्तमान को एक अटूट और अनिवार्य सम्बन्ध में देखा और हमें अनुभव कराया।" (परम्परा की आधुनिकता में अशोक वाजपेयी का लेख, पृ. 146)।

एडवर्ड सैद ने अपने 'ओरिएंटलिज़्म' ग्रंथ के द्वारा जो प्रश्न उठाए, द्विवेदी उन्हें पहले ही उठा चुके थे। उन्होंने प्राच्यविद्याविदों की सीमाओं को रेखांकित किया है। 'विचार प्रवाह' में वे कहते हैं–"इनके शिक्षितों ने अपने पुराने साहित्य के प्रति एक ऐसा मनोभाव पैदा कर दिया, जिसे अँग्रेजी में म्यूजियम इन्ट्रेस्ट कहते हैं। यह एक दृष्टि से बहुत बुरा हुआ। सामाजिक पटभूमि से विच्छिन्न होकर प्राचीन ग्रंथ केवल प्रदर्शनी की वस्तु रह गए।" (विचार प्रवाह, पृ. 107)।

मार्क्सवादी पैमानों का भी उपयोग वे निस्संकोच करते हैं। रसास्वाद की सीमाओं को वे ही इस रूप में स्पष्ट कर सकते थे–"सहृदय के रूप में काव्य के रसास्वाद को स्वीकार करना, कविता को स्थितिशील कलावस्तु (स्टेटिक ऑब्जेक्ट) मान लेने के समान है। इस प्रकार उसकी रचनाप्रक्रिया में गतिशीलता पक्ष (डाइनामिक प्रॉसेस) का आनंद है, वह उपेक्षित हो जाता है।" (मध्यकालीन बोध का स्वरूप, पृ. 65)।

शास्त्र परम्परा को एक सजीव मानने का ही परिणाम है कि वे उसकी गतिशीलता और विकास को पकड़कर उसका विस्तार करते हैं। इस विस्तार में वे अपने से बाद

के चिंतन का—उत्तरआधुनिकतावादियों की मान्यताओं तक का भी पूर्वाभास दे देते हैं। उनके अनुसार साहित्य इतिहास को बनाता है। "जीवन के संपूर्ण सार रसों से जो काव्य पुष्ट हुआ है, वह जीवन की भाँति ही क्रियाशील सर्जक और निरंतर विकासमान वस्तु है।' (विचार प्रवाह, पृ. 131)।

परम्परा का नवाविष्कार द्विवेदी के अनुसन्धाता और विचारक की एक बड़ी विशेषता है कालिदास से उन्होंने कतिपय शब्द लेकर एक नई सौंदर्यशास्त्रीय पारिभाषिक शब्दावली से हिन्दी जगत् को परिचित कराया। महाकवि कालिदास के कविमानस में इन शब्दों की अर्थच्छाया तो वही रही होगी, जो द्विवेदीजी ने निरूपित की, पर भारतीय काव्यशास्त्र और कलाचिंतन की पूरी परम्परा में कहीं भी ये शब्द इस अर्थच्छाया के साथ व्यवहृत नहीं हुए। एक तरह से कालिदास के माध्यम से द्विवेदी ने इन शब्दों को लेकर नए सौंदर्यशास्त्र गढ़ने का उपक्रम किया। ये शब्द हैं—अबोधपूर्वास्मृति, अन्यथाकरण, अन्वयन, यथाप्रदेशविनिवेश, यथालिखितानुभव, तत्त्वान्वेषण, समाधि, भावानुप्रवेश तथा करणविगम। इसके साथ ही लालित्यतत्त्व की अवधारणा भी द्विवेदीजी ने व्यवस्थापित की। लालित्यतत्त्व की अवधारणा के प्रतिपादन में उन्होंने निम्नलिखित चार तत्त्वों को आधार बनाया—मानव-तत्त्व, लोकतत्त्व, मिथकतत्त्व और लालित्यतत्त्व। माधुर्य की समग्र व्याख्या लालित्य के प्रतिपादन में द्विवेदीजी ने की। यह भरतमुनि की परम्परा में हुए अलंकार विवेचन पर आधारित है। भरतमुनि ने तीन शारीरिक, सात अयत्नज तथा दस स्वाभाविक अलंकार माने हैं (नाट्यशास्त्र 22/5)। ये बीस अलंकार मिलकर वर्ण, प्रभा, राग, आभिजात्य, विलासिता, लावण्य, लक्षण, छाया और सौभाग्य को परिष्कृत करते हैं। इन सबका सहज रूप माधुर्य है।

अभिनवगुप्त और पंडितराज जगन्नाथ के चिंतन पर समान रूप से आस्था रखते हुए वे लालित्य की व्याख्या में शैवाद्वैत तथा वेदांत दोनों का सहारा लेते हैं। ब्रह्म की इच्छाशक्ति ही छंद है। यह इच्छाशक्ति रूप छंद समस्त भेदोपभेदों का छादन करता है।

वस्तुतः द्विवेदीजी ने अपनी व्याख्या में अन्तःप्रज्ञा के द्वारा शब्दों का विवर्तन करके अनन्त अर्थों को, उत्पन्न करने की पद्धति का भी अवलम्बन लिया है, और मानवीय मेधा से संदेह, तर्क-वितर्क करके अर्थविस्तार और अर्थसंहति उत्पन्न करने की प्रणाली का भी। यह अवश्य सत्य है कि वे सौंदर्य का समग्र शास्त्र रचने में सफल नहीं हो सके हैं।

पुस्तकसूची

मूल ग्रन्थ

1. बाणभट्ट की आत्मकथा (पुनर्मुद्रण, 1999)

2. चारुचन्द्रलेख (सातवाँ सं.-1989)
3. पुनर्नवा (द्वि.सं., 1975)
4. अनामदास का पोथा (प्रथम सं., 1976)
5. हजारीप्रसाद द्विवेदी ग्रन्थावली–सं. मुकुन्द द्विवेदी, राजकमल प्रकाशन, दिल्ली, दूसरा सं. 1998, 11 खण्ड। (संक्षिप्त नाम-ग्रन्थावली)
6. हिन्दी साहित्य की भूमिका–राजकमल प्रकाशन, द्वि. सं. 1959
7. सूरसाहित्य, राजकमल प्रकाशन, दिल्ली, 1973

सहायक ग्रन्थ

1. हजारीप्रसाद द्विवेदी : चिंतन और व्यक्तित्व, संपादक–कृपाशंकर चौबे, हजारीप्रसाद द्विवेदी स्मारक समिति, कलकत्ता, 1994। (संक्षिप्त नाम–चिंतन और व्यक्तित्व)
2. शान्तिनिकेतन से शिवालिक–सं. शिवप्रसाद सिंह (प्रथम सं.) भारतीय ज्ञानपीठ, कलकत्ता, 1967
3. शान्तिनिकेतन से शिवालिक (दूसरा सं.) सं. शिवप्रसाद सिंह, नेशनल प. हाउस, नई दिल्ली।
4. हजारीप्रसाद द्विवेदी का उपन्यास साहित्य–डॉ. प्रेम दुबे, ओम् प्रकाशन, टूरी हटरी रायपुर, 1992। (सं. नाम–ह.प्र.द्वि. का उप. साहित्य।)
5. आचार्य हजारीप्रसाद द्विवेदी–संपादन–बी.आर.आज़ाद, विभा जोशी, प्रकाशन विभाग, सूचना और प्रसारण मंत्रालय, भारत सरकार, नई दिल्ली, 1985
6. आचार्य हजारीप्रसाद द्विवेदी–व्यक्ति और साहित्य–गणपतिचंद्र गुप्त, भारतेंदु भवन, चण्डीगढ़, 1963
7. आचार्य हजारीप्रसाद द्विवेदी–व्यक्तित्व और कृतित्व कु. पी. वासवदत्ता, युगवाणी प्रकाशन, कानपुर, 1965
8. आचार्य हजारीप्रसाद द्विवेदी की आलोचना–चंद्रदेव यादव, प्रेम प्रकाशन मंदिर, दिल्ली, 1993
9. आचार्य हजारीप्रसाद द्विवेदी के साहित्य में लालित्य योजना–डॉ. कविता रानी, भावना प्रकाशन, दिल्ली, 1990
10. आचार्य हजारीप्रसाद द्विवेदी के उपन्यास साहित्य में प्रक्षेपित मानव-मूल्यों का अनुशीलन–कृष्णबिहारी सिलाकारी, सागर प्रकाशन, सागर, 1997
11. आचार्य हजारीप्रसाद द्विवेदी का कथा-संसार–राजमती दिवाकर, मानवेन्द्र प्रकाशन, सागर
12. आचार्य हजारीप्रसाद द्विवेदी के ऐतिहासिक उपन्यास–राज काव, साहित्य निधि प्रकाशन, दिल्ली, 1987

13. पुनर्नवा चेतना और शिल्प–राजनारायण, विवेक प्रकाशन, दिल्ली, 1976
14. आचार्य हजारीप्रसाद द्विवेदी के साहित्य में सामाजिक चिंतन–राजेन्द्रप्रसाद शर्मा, साहित्यागार, जयपुर, 1990
15. हिन्दी का ललित निबंध और आचार्य हजारीप्रसाद द्विवेदी–विदुषी भारद्वाज, राधा पब्लिकेशंस, नई दिल्ली, 1992
16. आचार्य हजारीप्रसाद द्विवेदी के साहित्येतिहास ग्रंथों में इतिहास चेतना का अनुशीलन–डॉ. श्रीमती दुर्गावती सिंह, निर्मल पब्लिकेशंस, दिल्ली, 1998
17. परम्परा की आधुनिकता–हजारीप्रसाद द्विवेदी : संपादक अशोक वाजपेयी, पूर्वोदय प्रकाशन 7/8, दरियागंज, नई दिल्ली, 1997
18. उपन्यासकार हजारीप्रसाद द्विवेदी–डॉ. स्नेहलता शरत्चन्द्र, विद्या पुस्तक सदन, दिल्ली, 1996
19. हजारीप्रसाद द्विवेदी के उपन्यासों का नवमूल्यांकन–डॉ. उदयवीर शर्मा 'उवीश' रचना प्रकाशन, मथुरा, 1987
20. उपन्यासकार हजारीप्रसाद द्विवेदी–बादामसिंह रावत, गिरनार प्रकाशन, मेहसाना, 1980
21. हजारीप्रसाद द्विवेदी के उपन्यासों में जीवन दर्शन-मंजु सारस्वत, यूनिक ट्रेडर्स, जयपुर, 1989
22. क्योंकि समय एक शब्द है–रमेश कुंतल मेघ, लोकभारतीय प्रकाशन, इलाहाबादा, 1975
23. बाणभट्ट की आत्मकथा–विमर्श और व्याख्या, लक्ष्मणप्रसाद गौतम, हिन्दी साहित्य संसार, पटना, 1967
24. हजारीप्रसाद द्विवेदी–नेशनल पब्लिशिंग हाउस, नई दिल्ली-1980
25. Songs of Kabir–Translated by Rabindranath Tagore, Assisted by Evelyn Underhill, 1917; Cosmo Publications, New Delhi, 1985

वैभव-1

सृष्टि का लालित्य

एक : अशोक के फूल

अशोक में फिर फूल आ गए हैं। इन छोटे-छोटे लाल-लाल पुष्पों के मनोहर स्तबकों में कैसा मोहन भाव है! बहुत सोच-समझकर कन्दर्प देवता ने लाखों मनोहर पुष्पों को छोड़कर सिर्फ पाँच को ही अपने तूणीर में स्थान देने योग्य समझा था। एक यह अशोक ही है।

लेकिन पुष्पित अशोक को देखकर मेरा मन उदास हो जाता है। इसलिए नहीं कि सुंदर वस्तुओं को हतभाग्य समझने में मुझे कोई विशेष रस मिलता है। कुछ लोगों को मिलता है। वे बहुत दूरदर्शी होते हैं। जो भी सामने पड़ गया, उसके जीवन के अंतिम मुहूर्त्त तक का हिसाब वे लगा लेते हैं। मेरी दृष्टि इतनी दूर तक नहीं जाती। फिर भी मेरा मन इस फूल को देखकर उदास हो जाता है। असली कारण तो मेरे अन्तर्यामी ही जानते होंगे, कुछ थोड़ा-सा मैं भी अनुमान कर सका हूँ। बताता हूँ।

भारतीय साहित्य में, और इसलिए जीवन में भी, इस पुष्प का प्रवेश और निर्गम दोनों ही विचित्र नाटकीय व्यापार हैं। ऐसा तो कोई नहीं कह सकेगा कि कालिदास के पूर्व भारतवर्ष में इस पुष्प का कोई नाम ही नहीं जानता था; परंतु कालिदास के काव्यों में यह जिस शोभा और सौकुमार्य का भार लेकर प्रवेश करता है वह पहले कहाँ था! उस प्रवेश में नववधू के गृह-प्रवेश की भाँति शोभा है, गरिमा है, पवित्रता है और सुकुमारता है। फिर एकाएक मुसलमानी सल्तनत की प्रतिष्ठा के साथ-ही-साथ यह मनोहर पुष्प साहित्य के सिंहासन से चुपचाप उतार दिया गया। नाम तो लोग बाद में भी लेते थे, पर उसी प्रकार जिस प्रकार बुद्ध, विक्रमादित्य का। अशोक को जो सम्मान कालिदास से मिला वह अपूर्व था। सुंदरियों के आसिंजनकारी नूपुरवाले चरणों के मृदु आघात से वह फूलता था, कोमल कपोलों पर कर्णावतंस के रूप में झूलता था और चंचल नील अलकों की अचंचल शोभा को सौ-गुना बढ़ा देता था। वह महादेव के मन में क्षोभ पैदा करता था, मर्यादा-पुरुषोत्तम के चित्त में सीता का भ्रम पैदा करता था और मनोजन्मा देवता के एक इशारे पर कन्धे पर से ही फूट उठता था। अशोक किसी कुशल अभिनेता के समान झम् से रंगमंच पर आता है और दर्शकों को अभिभूत करके खप्-से निकल जाता है। क्यों ऐसा हुआ? कन्दर्प-देवता

के अन्य बाणों की कदर तो आज भी कवियों की दुनिया में ज्यों-की-त्यों है। अरविंद को किसने भुलाया, आम कहाँ छोड़ा गया और नीलोत्पल की माया को कौन काट सका? नवमल्लिका की अवश्य ही अब विशेष पूछ नहीं है; किंतु उसकी इससे अधिक कदर कभी थी भी नहीं। भुलाया गया है अशोक! मेरा मन उमड़-घुमड़कर भारतीय रस-साधना के पिछले हजारों वर्षों पर बरस जाना चाहता है। क्या यह मनोहर पुष्प भुलाने की चीज थी? सहृदयता क्या लुप्त हो गई थी? कविता क्या सो गई थी? नां, मेरा मन यह सब मानने को तैयार नहीं है। जले पर नमक तो यह है कि एक तरंगायित पत्रवाले निफूले पेड़ को सारे उत्तर भारत में अशोक कहा जाने लगा। याद भी किया तो अपमान करके!

लेकिन मेरे मानने-न-मानने से होता क्या है? ईसवी सन् के आरंभ के आस-पास अशोक का शानदार पुष्प भारतीय धर्म, साहित्य और शिल्प में अद्भुत महिमा के साथ आया था। उसी समय शताब्दियों के परिचित यक्षों और गंधर्वों ने भारतीय धर्म-साधना को एकदम नवीन रूप में बदल दिया था। पंडितों ने शायद ठीक ही सुझाया है कि गंधर्व और कंदर्प वस्तुतः एक ही शब्द के भिन्न-भिन्न उच्चारण हैं। कंदर्प-देवता ने यदि अशोक को चुना है तो यह निश्चित रूप से एक आर्येतर सभ्यता की देन है। इन आर्येतर जातियों के उपास्य वरुण थे, कुबेर थे, वज्रपाणि यक्षपति थे। कन्दर्प यद्यपि कामदेवता का नाम हो गया है, तथापि है वह गन्धर्व का ही पर्याय। शिव से भिड़ने जाकर एक बार यह पिट चुके थे, विष्णु से डरते रहते थे और बुद्धदेव से भी टक्कर लेकर लौट आए थे। लेकिन कन्दर्प-देवता हार माननेवाले जीव न थे। बार-बार हारने पर भी वह झुके नहीं। नए-नए अस्त्रों का प्रयोग करते रहे। अशोक शायद अंतिम अस्त्र था। बौद्ध-धर्म को इस नए अस्त्र से उन्होंने घायल कर दिया, शैवमार्ग को अभिभूत कर दिया और शक्ति-साधना को झुका दिया। वज्रयान इसका सबूत है, कौल-साधना इसका प्रमाण है और कापालिक मत इसका गवाह है।

रवीन्द्रनाथ ने इस भारतवर्ष को 'महामानवसमुद्र' कहा है। विचित्र देश है यह! असुर आए, आर्य आए, शक आए, हूण आए, नाग आए, यक्ष आए, गंधर्व आए—न जाने कितनी मानव-जातियाँ यहाँ आईं और आज के भारतवर्ष के बनाने में अपना हाथ लगा गईं। जिसे हम हिन्दू रीति-नीति कहते हैं, वह अनेक आर्य और आर्येतर उपादानों का अद्भुत मिश्रण है। एक-एक पशु, एक-एक पक्षी न जाने कितनी स्मृतियों का भार लेकर हमारे सामने उपस्थित है। अशोक की भी अपनी स्मृति-परम्परा है। आम की भी है, बकुल की भी है, चम्पे की भी है। सब क्या हमें मालूम है? जितना मालूम है, उसी का अर्थ क्या स्पष्ट हो सका है? न जाने किस बुरे मुहूर्त में मनोजन्मा देवता ने शिव पर बाण फेंका था! शरीर जलकर राख हो गया और 'वामन-पुराण' (षष्ठ अध्याय) की गवाही पर हमें मालूम है कि उनका रत्नमय धनुष टूटकर खण्ड-खण्ड

हो धरती पर गिर गया। जहाँ मूठ थी, वह स्थान रुक्म-मणि से बना था, वह टूटकर धरती पर गिरा और चम्पे का फूल बन गया! हीरे का बना हुआ जो नाह-स्थान था, वह टूटकर गिरा और मौलसरी के मनोहर पुष्पों में बदल गया! अच्छा ही हुआ। इन्द्रनील-मणियों का बना हुआ कोटि-देश भी टूट गया और सुंदर पाटल-पुष्पों में परिवर्तित हो गया। यह भी बुरा नहीं हुआ। लेकिन सबसे सुंदर बात यह हुई कि चन्द्रकान्त-मणियों का बना हुआ मध्य-देश टूटकर चमेली बन गया और विद्रुम की बनी निम्नतर कोटि बेला बन गई, स्वर्ग को जीतनेवाला कठोर धनुष जो धरती पर गिरा तो कोमल फूलों में बदल गया! स्वर्गीय वस्तुएँ धरती से मिले बिना मनोहर नहीं होतीं!

परंतु मैं दूसरी बात सोच रहा हूँ। इस कथा का रहस्य क्या है? यह क्या पुराणकार की सुकुमार कल्पना है या सचमुच ये फूल भारतीय संसार में गन्धर्वों की देन हैं? एक निश्चित काल के पूर्व इन फूलों की चर्चा हमारे साहित्य में मिलती भी नहीं! सोम तो निश्चित रूप से गन्धर्वों से खरीदा जाता था। ब्राह्मण-ग्रंथों में यज्ञ की विधि में यह विधान सुरक्षित रह गया है। ये फूल भी क्या उन्हीं से मिले?

कुछ बातें तो मेरे मस्तिष्क में बिना सोचे ही उपस्थित हो रही हैं। यक्षों और गंधर्वों के देवता—कुबेर, सोम, अप्सराएँ—यद्यपि बाद के ब्राह्मण-ग्रंथों में भी स्वीकृत हैं, तथापि पुराने साहित्य में अपदेवता के रूप में ही मिलते हैं। बौद्ध साहित्य में तो बुद्धदेव को ये कई बार बाधा देते हुए बताए गए हैं। महाभारत में ऐसी अनेक कथाएँ आती हैं जिनमें सन्तानार्थिनी स्त्रियाँ वृक्षों के अपदेवता यक्षों के पास संतान-कामिनी होकर जाया करती थीं! यक्ष और यक्षिणी साधारणतः विलासी और उर्वरता-जनक देवता समझे जाते थे। कुबेर तो अक्षय निधि के अधीश्वर भी हैं। 'यक्ष्मा' नामक रोग के साथ भी इन लोगों का सम्बन्ध जोड़ा जाता है। भरहुत, बोध गया, साँची आदि में उत्कीर्ण मूर्तियों में संतानार्थिनी स्त्रियों का यक्षों के सान्निध्य के लिए वृक्षों के पास जाना अंकित है। इन वृक्षों के पास अंकित मूर्तियों की स्त्रियाँ प्रायः नग्न हैं, केवल कटिदेश में एक चौड़ी मेखला पहने हैं। अशोक इन वृक्षों में सर्वाधिक रहस्यमय है। सुंदरियों के चरण-ताड़न से उसमें दोहद का संचार होता है और परवर्ती धर्म-ग्रंथों से यह भी पता चलता है कि चैत्रशुक्ला अष्टमी को व्रत करने और अशोक की आठ पत्तियों के भक्षण से स्त्री की संतान-कामना फलवती होती है। 'अशोक-कल्प' में बताया गया है कि अशोक के फूल दो प्रकार के होते हैं—सफेद और लाल। सफेद तो तान्त्रिक क्रियाओं में सिद्धिप्रद समझकर व्यवहृत होता है और लाल स्मरवर्धक होता है। इन सारी बातों का रहस्य क्या है? मेरा मन प्राचीन काल के कुज्झटिकाच्छन्न आकाश में दूर तक उड़ना चाहता है। हाय, पंख कहाँ हैं?

यह मुझे प्राचीन युग की बात मालूम होती है। आर्यों का लिखा हुआ साहित्य ही हमारे पास बचा है। उसमें सब-कुछ आर्य-दृष्टिकोण से ही देखा गया है। आर्यों

से अनेक जातियों का संघर्ष हुआ। कुछ ने उनकी अधीनता नहीं मानी, वे कुछ ज्यादा गर्वीली थीं। संघर्ष खूब हुआ। पुराणों में इसके प्रमाण हैं। यह इतनी पुरानी बात है कि सभी संघर्षकारी शक्तियाँ बाद में देवयोनि-जात मान ली गईं। पहला संघर्ष शायद असुरों से हुआ। यह बड़ी गर्वीली जाति थी। आर्यों का प्रभुत्व इसने कभी नहीं माना। फिर दानवों, दैत्यों और राक्षसों से संघर्ष हुआ। गंधर्वों और यक्षों से कोई संघर्ष नहीं हुआ। वे शायद शान्तिप्रिय जातियाँ थीं। भरहुत, साँची, मथुरा आदि में प्राप्त यक्षिणी-मूर्त्तियों का गठन और बनावट देखने से यह स्पष्ट हो जाता है कि ये जातियाँ पहाड़ी थीं। हिमालय का प्रदेश ही गन्धर्व, यक्ष और अप्सराओं की निवास-भूमि है। इनका समाज संभवतः उस स्तर पर था, जिसे आजकल के पंडित 'पुनालुअन सोसाइटी' कहते हैं। शायद इससे भी अधिक आदिम! परंतु वे नाच-गान में कुशल थे। यक्ष तो धनी भी थे। वे लोग वानरों और भालुओं की भाँति कृषि पूर्व स्थिति में भी नहीं थे और राक्षसों और असुरों की भाँति व्यापार-वाणिज्यवाली स्थिति में भी नहीं। वे मणियों और रत्नों का संधान जानते थे, पृथ्वी के नीचे गड़ी हुई निधियों की जानकारी रखते थे और अनायास धनी हो जाते थे। संभवतः इसी कारण उनमें विलासिता की मात्रा अधिक थी। परवर्ती काल में यह बहुत सुखी जाति मानी जाती थी। यक्ष और गन्धर्व एक ही श्रेणी के थे, परंतु आर्थिक स्थिति दोनों की थोड़ी भिन्न थी। किस प्रकार कन्दर्प-देवता को अपनी गंधर्व-सेना के साथ इन्द्र का मुसाहिब बनना पड़ा, वह मनोरंजक कथा है। पर यहाँ वह सब पुरानी बातें क्यों रटी जाएँ? प्रकृत यह है कि बहुत पुराने जमाने में आर्य लोगों को अनेक जातियों से निपटना पड़ा था। जो गर्वीली थीं, हार मानने को प्रस्तुत नहीं थीं, परवर्ती साहित्य में उनका स्मरण घृणा के साथ किया गया और जो सहज ही मित्र बन गईं, उनके प्रति अवज्ञा और उपेक्षा का भाव नहीं रहा। असुर, राक्षस, दानव और दैत्य पहली श्रेणी में; तथा यक्ष, गंधर्व, किन्नर, सिद्ध, विद्याधर, वानर, भालू आदि दूसरी श्रेणी में आते हैं। परवर्ती हिन्दू-समाज इन सबको बड़ी अद्भुत शक्तियों का आश्रय मानता है, सबमें देवता-बुद्धि का पोषण करता है।

अशोक-वृक्ष की पूजा इन्हीं गंधर्वों और यक्षों की देन है। प्राचीन साहित्य में इस वृक्ष की पूजा के उत्सवों का बड़ा सरस वर्णन मिलता है। असल पूजा अशोक की नहीं, बल्कि उसके अधिष्ठाता कन्दर्प-देवता की होती थी। इसे 'मदनोत्सव' कहते थे। महाराजा भोज के 'सरस्वती-कण्ठाभरण' से जान पड़ता है कि यह उत्सव त्रयोदशी के दिन होता था। 'मालविकाग्निमित्र' और 'रत्नावली' में इस उत्सव का बड़ा सरस-मनोहर वर्णन मिलता है। मैं जब अशोक के लाल स्तबकों को देखता हूँ तो मुझे वह पुराना वातावरण प्रत्यक्ष दिखाई दे जाता है। राजघरानों में साधारणतः रानी ही अपने सनूपुर चरणों के आघात से इस रहस्यमय वृक्ष को पुष्पित किया करती थीं। कभी-कभी रानी अपने स्थान पर किसी अन्य सुंदरी को भी नियुक्त कर दिया

करती थीं। कोमल हाथों में अशोक-पल्लवों का कोमलतर गुच्छ आया, अलक्तक से रंजित नूपुरमय चरणों के मृदु आघात से अशोक का पाद-देश आहत हुआ–नीचे हल्की रुनझुन और ऊपर लाल फूलों का उल्लास! किसलयों और कुसुम-स्तबकों की मनोहर छाया के नीचे स्फटिक के आसन पर अपने प्रिय को बैठाकर सुंदरियाँ अबीर, कुंकुम, चंदन और पुष्प-सम्भार से पहले कन्दर्प-देवता की पूजा करती थीं और बाद में सुकुमार भंगिमा से पति के चरणों पर बसंत-पुष्पों की अंजलि बिखेर देती थीं। मैं सचमुच इस उत्सव को मादक मानता हूँ। अशोक के स्तबकों में वह मादकता आज भी है, पर पूछता कौन है? इन फूलों के साथ क्या मामूली स्मृति जुड़ी हुई है? भारतवर्ष का सुवर्ण-युग इस पुष्प के प्रत्येक दल में लहरा रहा है।

कहते हैं, दुनिया बड़ी भुलक्कड़ है! केवल उतना ही याद रखती है, जितने से उसका स्वार्थ सधता है। बाकी को फेंककर आगे बढ़ जाती है। शायद अशोक से उसका स्वार्थ नहीं सधा। क्यों उसे वह याद रखती? सारा संसार स्वार्थ का अखाड़ा ही तो है!

अशोक का वृक्ष जितना भी मनोहर हो, जितना भी रहस्यमय हो, जितना भी अलंकारमय हो, परंतु है वह उस विशाल सामंत-सभ्यता की परिष्कृत रुचि का ही प्रतीक, जो साधारण प्रजा के परिश्रमों पर पली थी, उसके रक्त के स-सार कणों को खाकर बड़ी हुई थी और लाखों-करोड़ों की उपेक्षा से समृद्ध हुई थी। वे सामंत उखड़ गए, समाज ढह गए, और मदनोत्सव की धूमधाम भी मिट गई। संतान-कामिनियों को गन्धर्वों से अधिक शक्तिशाली देवताओं का वरदान मिलने लगा–पीरों ने, भूत-भैरवों ने, काली दुर्गा ने यक्षों की इज्जत घटा दी। दुनिया अपने रास्ते चली गई, अशोक पीछे छूट गया!

मुझे मानव-जाति की दुर्दम-निर्मम धारा के हजारों वर्ष का रूप साफ दिखाई दे रहा है। मनुष्य की जीवनी-शक्ति बड़ी निर्मम है, वह सभ्यता और संस्कृति के वृथा मोहों को रौंदती चली आ रही है। न जाने कितने धर्माचारों, विश्वासों, उत्सवों और व्रतों को धोती-बहाती यह जीवन-धारा आगे बढ़ी है। संघर्षों से मनुष्य ने नई शक्ति पाई है। हमारे सामने समाज का आज जो रूप है, वह न जाने कितने ग्रहण और त्याग का रूप है। देश और जाति की विशुद्ध संस्कृति केवल बाद की बात है। सबकुछ में मिलावट है, सबकुछ अविशुद्ध है। शुद्ध है केवल मनुष्य की दुर्दम जिजीविषा (जीने की इच्छा)। वह गंगा की अबाधित-अनाहत धारा के समान सब-कुछ को हजम करने के बाद भी पवित्र है! सभ्यता और संस्कृति का मोह क्षणभर बाधा उपस्थित करता है, धर्माचार का संस्कार थोड़ी देर तक इस धारा से टक्कर लेता है, पर इस दुर्दम धारा में सब-कुछ बह जाते हैं। जितना कुछ इस जीवनी-शक्ति को समर्थ बनाता है, उतना उसका अंग बन जाता है, बाकी फेंक दिया जाता है। धन्य हो महाकाल, तुमने कितनी बार मदनदेवता का गर्व-खंडन किया है, धर्मराज के कारागार

में क्रांति मचाई है, यमराज के निर्दय तारल्य को पी लिया है, विधाता के सर्वकर्तृत्व के अभिमान को चूर्ण किया है! आज हमारे भीतर जो मोह है, संस्कृति और कला के नाम पर जो आसक्ति है, धर्माचार और सत्यनिष्ठा के नाम पर जो जड़िमा है, उसमें का कितना भाग तुम्हारे कुण्ठनृत्य से ध्वस्त हो जाएगा, कौन जानता है! मनुष्य की जीवन-धारा फिर भी अपनी मस्तानी चाल से चलती जाएगी। आज अशोक के पुष्प-स्तबकों को देखकर मेरा मन उदास हो गया है, कल न जाने किस वस्तु को देखकर किस सहृदय के हृदय में उदासी की रेखा खेल उठेगी! जिन बातों को मैं अत्यन्त मूल्यवान् समझ रहा हूँ और जिनके प्रचार के लिए चिल्ला-चिल्लाकर गला सुखा रहा हूँ, उनमें कितनी जिएँगी और कितनी बह जाएँगी; कौन जानता है! मैं क्या शौक से उदास हुआ हूँ? माया काटे कटती नहीं। उस युग के साहित्य और शिल्प मन को मसले दे रहे हैं। अशोक के फूल ही नहीं, किसलय भी हृदय को कुरेद रहे हैं। कालिदास-जैसे कल्प-कवि ने अशोक के पुष्प को ही नहीं, किसलयों को भी मदमत्त करनेवाला बताया था—अवश्य ही शर्त यह थी कि वह दयिता (प्रिया) के कानों में झूम रहा हो—'किसलयप्रसवोऽपि विलासिनां मदयिता दयिता श्रवणार्पितः!'—परंतु शाखाओं में लम्बित, वायुलुलित किसलयों में भी मादकता है। मेरी नस-नस से आज अरुण उल्लास की झंझा उत्थित हो रही है। मैं सचमुच उदास हूँ।

आज जिसे हम बहुमूल्य संस्कृति मान रहे हैं, क्या ऐसी ही बनी रहेगी? सम्राटों-सामंतों ने जिस आचार-निष्ठा को इतना मोहक और मादक रूप दिया था, वह लुप्त हो गई; धर्माचार्यों ने जिस ज्ञान और वैराग्य को इतना महार्घ समझा था, वह समाप्त हो गया; मध्ययुग के मुसलमान रईसों के अनुकरण पर जो रस-राशि उमड़ी थी, वह वाष्प की भाँति उड़ गई तो क्या यह मध्य-युग के कंकाल में लिखा हुआ व्यावसायिक-युग का कमल ऐसा ही बना रहेगा? महाकाल के प्रत्येक पदाघात में धरती धसकेगी। उसके कुण्ठनृत्य की प्रत्येक चारिका कुछ-न-कुछ लपेटकर ले जाएगी। सब बदलेगा, सब विकृत होगा—सब नवीन बनेगा।

भगवान् बुद्ध ने मार-विजय के बाद वैरागियों की पलटन खड़ी की थी। असल में 'मार' मदन का ही नामान्तर है। कैसा मधुर और मोहक साहित्य उन्होंने दिया! पर न जाने कब यक्षों के वज्रपाणि नामक देवता इस वैराग्यप्रवण धर्म में घुसे और बोधिसत्त्वों के शिरोमणि बन गए। फिर वज्रयान का अपूर्व धर्म-मार्ग प्रचलित हुआ। त्रिरत्नों में मदन देवता ने आसन पाया। वह एक अजीब आँधी थी। इसमें बौद्ध बह गए, शैव बह गए, शाक्त बह गए। उन दिनों 'श्री सुंदरी-साधनतत्पराणां योगश्च भोगश्च करस्थ एव' की महिमा प्रतिष्ठित हुई। काव्य और शिल्प के मोहक अशोक ने अभिचार में सहायता दी! मैं अचरज से इस योग और भोग की मिलन-लीला को देख रहा हूँ। यह भी क्या जीवनी-शक्ति का दुर्दम अभियान था! कौन बताएगा कि कितने विध्वंस के बाद इस अपूर्व धर्म-मत की सृष्टि हुई थी? अशोक-स्तबक का

हर फूल और हर दल इस विचित्र परिणति की परम्परा ढोए आ रहा है। कैसा झबरा-सा गुल्म है!

मगर उदास होना भी बेकार है। अशोक आज भी उसी मौज में है, जिसमें आज से दो हजार वर्ष पहले था। कहीं भी तो कुछ नहीं बिगड़ा है, कुछ भी तो नहीं बदला है। बदली है मनुष्य की मनोवृत्ति। यदि बदले बिना वह आगे बढ़ सकती तो शायद वह भी नहीं बदलती। और यदि वह न बदलती और व्यावसायिक संघर्ष आरंभ हो जाता—मशीन का रथ घर्घर चल पड़ता—विज्ञान का सवेग धावन चल निकलता, तो बड़ा बुरा होता। हम पिस जाते। अच्छा ही हुआ जो वह बदल गई। पूरी कहाँ बदली है? पर बदल तो रही है। अशोक का फूल तो उसी मस्ती से हँस रहा है। पुराने चित्त से इसको देखनेवाला उदास होता है। वह अपने को पंडित समझता है। पण्डिताई भी एक बोझ है—जितनी ही भारी होती है, उतनी ही तेजी से डुबाती है। जब वह जीवन का अंग बन जाती है, तो सहज हो जाती है। तब वह बोझ नहीं रहती। वह उस अवस्था में उदास भी नहीं करती। कहाँ! अशोक का कुछ भी तो नहीं बिगड़ा है। कितनी मस्ती में झूम रहा है! कालिदास इसका रस ले सके थे—अपने ढंग से। मैं भी ले सकता हूँ, अपने ढंग से। उदास होना बेकार है।

[अशोक के फूल से]

दो : शिरीष के फूल

जहाँ बैठके यह लेख लिख रहा हूँ उसके आगे-पीछे, दाएँ-बाएँ, शिरीष के अनेक पेड़ हैं। जेठ की जलती धूप में, जबकि धरित्री निर्धूम अग्निकुण्ड बनी हुई थी, शिरीष नीचे से ऊपर तक फूलों से लद गया था। कम फूल इस प्रकार की गर्मी में फूल सकने की हिम्मत करते हैं। कर्णिकार और आरग्वध (अमलतास) की बात मैं भूल नहीं रहा हूँ। वे भी आस-पास बहुत हैं। लेकिन शिरीष के साथ आरग्वध की तुलना नहीं की जा सकती। वह पंद्रह-बीस दिन के लिए फूलता है, वसंत ऋतु के पलाश की भाँति। कबीरदास को इस तरह पंद्रह दिन के लिए लहक उठना पसंद नहीं था। यह भी क्या कि दस दिन फूले और फिर खंखड़-के-खंखड़—'दिन दस फूला फूलिके खंखड़ भया पलास'! ऐसे दुमदारों से तो लँडूरे भले। फूल है शिरीष। वसंत के आगमन के साथ लहक उठता है, आषाढ़ तक तो निश्चित रूप से मस्त बना रहता है। मन रम गया तो भरे भादों में भी निर्घात फूलता रहता है। जब उमस से प्राण उबलता रहता है और लू से हृदय सूखता रहता है, एकमात्र शिरीष कालजयी अवधूत की भाँति जीवन की अजेयता का मन्त्र प्रचार करता रहता है। यद्यपि कवियों की भाँति हर फूल-पत्ते को देखकर मुग्ध होने लायक हृदय विधाता ने नहीं दिया है, पर नितांत ठूँठ भी नहीं हूँ। शिरीष के पुष्प मेरे मानस में थोड़ा हिल्लोल जरूर पैदा करते हैं।

शिरीष के वृक्ष बड़े और छायादार होते हैं। पुराने भारत का रईस? जिन मंगल-जनक वृक्षों को अपनी वृक्ष-वाटिका की चहारदीवारी के पास लगाया करता था, उनमें एक शिरीष भी है (वृहत्संहिता, 55। 3)। अशोक, अरिष्ट, पुन्नाग और शिरीष के छायादार और घनमसृण हरीतिमा से परिवेष्टित वृक्ष-वाटिका जरूर बड़ी मनोहर दिखती होगी। वात्स्यायन ने 'कामसूत्र' में बताया है कि वाटिका के सघन छायादार वृक्षों की छाया में ही झूला (प्रेंखा दोला) लगाया जाना चाहिए। यद्यपि पुराने कवि बकुल के पेड़ में ऐसी दोलाओं को लगा देखना चाहते थे, पर शिरीष भी क्या बुरा है! डाल इसकी अपेक्षाकृत कमजोर जरूर होती है, पर उसमें झूलनेवालियों का वजन भी तो बहुत ज्यादा नहीं होता। कवियों की यही तो बुरी आदत है कि वजन का एकदम खयाल नहीं करते। मैं तुन्दिल नरपतियों की बात नहीं कह रहा हूँ, वे

चाहें तो लोहे का पेड़ बनवा लें!

शिरीष का फूल संस्कृत-साहित्य में बहुत कोमल माना गया है। मेरा अनुमान है कि कालिदास ने यह बात शुरू-शुरू में प्रचार की होगी। उनका इस पुष्प पर कुछ पक्षपात था (मेरा भी है)। कह गए हैं, शिरीष पुष्प केवल भौंरों के पदों का कोमल दबाव सहन कर सकता है, पक्षियों का बिलकुल नहीं–'पदं सहेत भ्रमरस्य पेलवं शिरीष पुष्पं न पुनः पतत्रिणाम्।' अब मैं इतने बड़े कवि की बात का विरोध कैसे करूँ? सिर्फ विरोध करने की हिम्मत न होती तो भी कुछ कम बुरा नहीं था, यहाँ तो इच्छा भी नहीं है। खैर, मैं दूसरी बात कह रहा था। शिरीष के फूलों की कोमलता देखकर परवर्ती कवियों ने समझा कि उसका सब-कुछ कोमल है! यह भूल है। इसके फल इतने मजबूत होते हैं कि नए फूलों के निकल आने पर भी स्थान नहीं छोड़ते। जब तक नए फल-पत्ते मिलकर, धकियाकर उन्हें बाहर नहीं कर देते तब तक वे डटे रहते हैं। वसंत के आगमन के समय जब सारी वनस्थली पुष्प-पत्र से मर्मरित होती रहती है, शिरीष के पुराने फल बुरी तरह खड़खड़ाते रहते हैं। मुझे इनको देखकर उन नेताओं की बात याद आती है, जो किसी प्रकार जमाने का रुख नहीं पहचानते और जब तक नई पौध के लोग उन्हें धक्का मारकर निकाल नहीं देते तब तक जमे रहते हैं।

मैं सोचता हूँ कि पुराने की यह अधिकार-लिप्सा क्यों नहीं समय रहते सावधान हो जाती? जरा और मृत्यु, ये दोनों ही जगत् के अतिपरिचित और अतिप्रामाणिक सत्य हैं। तुलसीदास ने अफसोस के साथ इनकी सचाई पर मुहर लगाई थी–'धरा को प्रमान यही तुलसी जो फरा सो झरा, जो बरा सो बुताना!' मैं शिरीष के फलों को देखकर कहता हूँ कि क्यों नहीं फलते ही समझ लेते बाबा कि झड़ना निश्चित है! सुनता कौन है? महाकालदेवता सपासप कोड़े चला रहे हैं, जीर्ण और दुर्बल झड़ रहे हैं, जिनमें प्राणकण थोड़ा भी ऊर्ध्वमुखी है, वे टिक जाते हैं। दुरन्त प्राणधारा और सर्वव्यापक कालाग्नि का संघर्ष निरंतर चल रहा है। मूर्ख समझते हैं कि जहाँ बने हैं वहीं देर तक बने रहें तो कालदेवता की आँख बचा जाएँगे। भोले हैं वे। हिलते-डुलते रहो, स्थान बदलते रहो, आगे की ओर मुँह किए रहो तो कोड़े की मार से बच भी सकते हो। जमे कि मरे!

एक-एक बार मुझे मालूम होता है कि यह शिरीष एक अद्भुत अवधूत है। दुःख हो या सुख, वह हार नहीं मानता। न ऊधो का लेना, न माधो का देना। जब धरती और आसमान जलते रहते हैं, तब भी यह हजरत न-जाने कहाँ से अपना रस खींचते रहते हैं। मौज में आठों याम मस्त रहते हैं। एक वनस्पतिशास्त्री ने मुझे बताया है कि यह उस श्रेणी का पेड़ है जो वायुमंडल से अपना रस खींचता है। जरूर खींचता होगा। नहीं तो भयंकर लू के समय इतने कोमल तन्तुजाल और ऐसे सुकुमार केसर को कैसे उगा सकता था? अवधूतों के मुँह से ही संसार की सबसे सरस रचनाएँ

निकली हैं। कबीर बहुत-कुछ इस शिरीष के समान ही थे, मस्त और बेपरवा, पर सरस और मादक। कालिदास भी जरूर अनासक्त योगी रहे होंगे। शिरीष के फूल फक्कड़ाना मस्ती से ही उपज सकते हैं और 'मेघदूत' का काव्य उसी प्रकार के अनासक्त अनाविल उन्मुक्त हृदय में उमड़ सकता है। जो कवि अनासक्त नहीं रह सका, जो फक्कड़ नहीं बन सका, जो किए-कराए का लेखा-जोखा मिलाने में उलझ गया, वह भी क्या कवि है? कहते हैं कर्णाट-राज की प्रिया विज्जिका देवी ने गर्वपूर्वक कहा था कि एक कवि ब्रह्मा थे, दूसरे वाल्मीकि और तीसरे व्यास। एक ने वेदों को दिया, दूसरे ने रामायण को और तीसरे ने महाभारत को। इनके अतिरिक्त और कोई यदि कवि होने का दावा करे तो मैं कर्णाट-राज की प्यारी रानी उनके सिर पर अपना बायाँ चरण रखती हूँ—'तेषां मूर्ध्नि ददामि वामचरणं कर्णाट-राजप्रिया!' मैं जानता हूँ कि इस उपालम्भ से दुनिया का कोई कवि हारा नहीं है, पर इसका मतलब यह नहीं कि कोई लजाए नहीं तो उसे डाँटा भी न जाए। मैं कहता हूँ कि कवि बनना है मेरे दोस्तो, तो फक्कड़ बनो। शिरीष की मस्ती की ओर देखो। लेकिन अनुभव ने मुझे बताया है कि कोई किसी की सुनता नहीं। मरने दो!

कालिदास वजन ठीक रख सकते थे, क्योंकि वे अनासक्त योगी की स्थिर-प्रज्ञता और विदग्ध प्रेमी का हृदय पा चुके थे। कवि होने से क्या होता है? मैं भी छंद बना लेता हूँ, तुक जोड़ लेता हूँ और कालिदास भी छंद बना लेते थे—तुक भी जोड़ ही सकते होंगे—इसलिए हम दोनों एक श्रेणी के नहीं हो जाते। पुराने सहृदय ने किसी ऐसे ही दावेदार को फटकारते हुए कहा था—'वयमपि कवयः कवयः कवयस्ते कालिदासाद्या!' मैं तो मुग्ध और विस्मय-विमूढ़ होकर कालिदास के एक-एक श्लोक को देखकर हैरान हो जाता हूँ। अब इस शिरीष के फूल का ही एक उदाहरण लीजिए। शकुन्तला बहुत सुंदर थी। सुंदर क्या होने से कोई हो जाता है? देखना चाहिए कि कितने सुंदर हृदय से वह सौंदर्य डुबकी लगाकर निकला है। शकुन्तला कालिदास के हृदय से निकली थी। विधाता की ओर से कोई कार्पण्य नहीं था, कवि की ओर से भी नहीं। राजा दुष्यंत भी अच्छे-भले प्रेमी थे। उन्होंने शकुन्तला का एक चित्र बनाया था; लेकिन रह-रहकर उनका मन खीझ उठता था। उहूँ, कहीं-न-कहीं कुछ छूट गया है। बड़ी देर के बाद उन्हें समझ में आया कि शकुन्तला के कानों में वे उस शिरीष पुष्प को देना भूल गए हैं, जिसके केसर गण्डस्थल तक लटके हुए थे, और रह गया है शरच्चन्द्र की किरणों के समान कोमल और शुभ्र मृणाल का हार।

कृतं न कर्णार्पितबंधनं सखे
    शिरीषमागण्डविलम्बिकेसरम।
न वा शरच्चन्द्रमरीचिकोमलं
    मृणालसूत्रं रचितं स्तनान्तरे।।

कालिदास ने यह श्लोक न लिख दिया होता तो मैं समझता कि वे भी बस

और कवियों की भाँति कवि थे, सौंदर्य पर मुग्ध, दुःख से अभिभूत, सुख से गद्‌गद!! पर कालिदास सौंदर्य के बाह्य आवरण को भेदकर उसके भीतर तक पहुँच सकते थे, दुःख हो कि सुख, वे अपना भाव-रस उस अनासक्त कृषीवल की भाँति खींच लेते थे जो निर्दलित ईक्षुदण्ड से रस निकाल लेता है। कालिदास महान् थे, क्योंकि वे अनासक्त रह सके थे। कुछ इसी श्रेणी की अनासक्ति आधुनिक हिन्दी कवि सुमित्रानन्दन पंत में है। कविवर रवीन्द्रनाथ में यह अनासक्ति थी। एक जगह उन्होंने लिखा है–'राजोद्यान का सिंहद्वार कितना ही अभ्रभेदी क्यों न हो, उसकी शिल्पकला कितनी ही सुंदर क्यों न हो, वह यह नहीं कहता कि हममें आकर ही सारा रास्ता समाप्त हो गया। असल गन्तव्य स्थान उसे अतिक्रम करने के बाद ही है, यही बताना उसका कर्तव्य है।' फूल हो या पेड़, वह अपने-आपमें समाप्त नहीं है। वह किसी अन्य वस्तु को दिखाने के लिए उठी हुई अंगुली है। वह इशारा है।

शिरीष तरु सचमुच पक्के अवधूत की भाँति मेरे मन में ऐसी तरंगें जगा देता है जो ऊपर की ओर उठती रहती हैं। इस चिलकती धूप में इतना सरस वह कैसे बना रहता है? क्या ये बाह्य परिवर्तन–धूप, वर्षा, आँधी, लू–अपने-आपमें सत्य नहीं हैं? हमारे देश के ऊपर से जो यह मार-काट, अग्निदाह, लूट-पाट, खून-खच्चर का बवण्डर बह गया है, उसके भीतर भी क्या स्थिर रहा जा सकता है? शिरीष रह सका है। अपने देश का एक बूढ़ा रह सका था। क्यों मेरा मन पूछता है कि ऐसा क्यों संभव हुआ? क्योंकि शिरीष भी अवधूत है। शिरीष वायुमंडल से रस खींचकर इतना कोमल और इतना कठोर है। गांधी भी वायुमंडल से रस खींचकर इतना कोमल और इतना कठोर हो सका था। मैं जब-जब शिरीष की ओर देखता हूँ तब तब हूक उठती है–हाय, वह अवधूत आज कहाँ है!

[कल्पलता से]

तीन : कुटज

कहते हैं, पर्वत शोभा-निकेतन होते हैं। फिर हिमालय का तो कहना ही क्या! पूर्व और अपर समुद्र—महोदधि और रत्नाकर—दोनों को दोनों भुजाओं से थाहता हुआ हिमालय 'पृथ्वी का मानदण्ड' कहा जाए तो गलत क्या है? कालिदास ने ऐसा ही कहा था। इसी के पाद-देश में यह जो शृंखला दूर तक लोटी हुई है, लोग इसे 'शिवालिक' शृंखला कहते हैं। 'शिवालिक' का क्या अर्थ है? 'शिवलिक' या शिव के जटाजूट का निचला हिस्सा तो नहीं है? लगता तो ऐसा ही है। शिव की लटियायी जटा ही इतनी सूखी, नीरस और कठोर हो सकती है। वैसे, अलकनन्दा का स्रोत यहाँ से काफी दूरी पर है, लेकिन शिव का अलक तो दूर-दूर तक छितराया ही रहता होगा। संपूर्ण हिमालय को देखकर ही किसी के मन में समाधिस्थ महादेव की मूर्ति स्पष्ट हुई होगी। उसी समाधिस्थ महादेव के अलक-जाल के निचले हिस्से का प्रतिनिधित्व यह गिरि-शृंखला कर रही होगी। कहीं-कहीं अज्ञात-नाम-गोत्र झाड़-झंखाड़ और बेहया-से पेड़ खड़े दिख अवश्य जाते हैं, पर और कोई हरियाली नहीं। दूब तक सूख गई है। काली-काली चट्टानें और बीच-बीच में शुष्कता की अन्तर्निरुद्ध सत्ता का इजहार करनेवाली रक्ताभ रेती! रस कहाँ है? ये जो ठिंगने-से लेकिन शानदार दरख्त गर्मी की भयंकर मार खा-खाकर और भूख-प्यास की निरंतर चोट सह-सहकर भी जी रहे हैं, इन्हें क्या कहूँ? सिर्फ जी ही नहीं रहे हैं, हँस भी रहे हैं। बेहया हैं क्या? या मस्तमौला हैं? कभी-कभी जो लोग ऊपर से बेहया दिखते हैं, उनकी जड़ें काफी गहरे पैठी रहती हैं। ये भी पाषाण की छाती फाड़कर न जाने किस अतल गह्वर से अपना भोग्य खींच लाते हैं।

शिवालिक की सूखी नीरस पहाड़ियों पर मुस्कराते हुए ये वृक्ष द्वन्द्वातीत हैं, अलमस्त हैं। मैं किसी का नाम नहीं जानता, कुल नहीं जानता, शील नहीं जानता, पर लगता है, ये जैसे मुझे अनादि काल से जानते हैं। इन्हीं में एक छोटा-सा—बहुत ही ठिंगना—पेड़ है, पत्ते चौड़े भी हैं, बड़े भी हैं। फूलों से तो ऐसा लदा है कि कुछ पूछिए नहीं। अजीब-सी अदा है, मुस्कराता जान पड़ता है। लगता है, पूछ रहा है कि क्या तुम मुझे भी नहीं पहचानते? पहचानता तो हूँ, अवश्य पहचानता हूँ। लगता

है, बहुत बार देख चुका हूँ। पहचानता हूँ उजाड़ के साथी, तुम्हें अच्छी तरह पहचानता हूँ! नाम भूल रहा हूँ। प्रायः भूल जाता हूँ। रूप देखकर प्रायः पहचान जाता हूँ, नाम नहीं याद आता। पर नाम ऐसा है कि जब तक रूप के पहले ही हाजिर न हो जाए तब तक रूप की पहचान अधूरी रह जाती है। भारतीय पंडितों का सैकड़ों बार का कचारा-निचोड़ा प्रश्न सामने आ गया—रूप मुख्य है या नाम? नाम बड़ा है या रूप? पद पहले है या पदार्थ? पदार्थ सामने है, पद नहीं सूझ रहा है। मन व्याकुल हो गया, स्मृतियों के पंख फैलाकर सुदूर अतीत के कोनों में झाँकता रहा। सोचता हूँ, इसमें व्याकुल होने की क्या बात है? नाम में क्या रखा है—ह्वट्स देअर इन ए नेम! नाम की जरूरत ही हो तो सौ दिए जा सकते हैं। सुस्मिता, गिरिकान्ता, वनप्रभा, शुभ्रकिरीटिनी, मदोद्धता, विजितातपा, अलकावतंसा, बहुत-से नाम हैं। या फिर पौरुष-व्यंजक नाम भी दिए जा सकते हैं—अकुतोभय, गिरिगौरव, कूटोल्लास, अपराजित, धरती धकेल, पहाड़फोड़, पातालभेद! पर मन नहीं मानता। नाम इसलिए बड़ा नहीं है कि वह नाम है। वह इसलिए बड़ा होता है कि उसे सामाजिक स्वीकृत मिली होती है। रूप व्यक्ति-सत्य है, नाम समाज-सत्य। नाम उस पद को कहते हैं जिस पर समाज की मुहर लगी होती है, आधुनिक शिक्षित लोग जिसे 'सोशल सैंक्सन' कहा करते हैं। मेरा मन नाम के लिए व्याकुल है, समाज द्वारा स्वीकृत, इतिहास द्वारा प्रमाणित, समष्टि-मानव की चित्त-गंगा में स्नात!

इस गिरिकूट-बिहारी का नाम क्या है? मन दूर-दूर तक उड़ रहा है—देश में और काल में—मनोरथानामगतिर्नविद्यते! अचानक याद आया—अरे, यह तो कुटज है! संस्कृत साहित्य का बहुत परिचित, किंतु कवियों द्वारा अवमानित, यह छोटा-सा शानदार वृक्ष 'कूटज' है। 'कूटज' कहा गया होता तो कदाचित ज्यादा अच्छा होता। पर नाम इसका चाहे कुटज ही हो, विरुद तो निस्संदेह 'कूटज' होगा। गिरिकूट पर उत्पन्न होनेवाले इस वृक्ष को 'कूटज' कहने में विशेष आनंद मिलता है। बहरहाल, यह कूटज-कुटज है, मनोहर कुसुम-स्तबकों से झबराया, उल्लास-लोल चारुस्मित कुटज! जी भर आया। कालिदास ने 'आषाढ़स्य प्रथम-दिवसे' रामगिरि पर यक्ष को जब मेघ की अभ्यर्थना के लिए नियोजित किया तो कंबख्त को ताजे कुटज पुष्पों की अंजलि देकर ही संतोष करना पड़ा—चंपक नहीं, वकुल नहीं, नीलोत्पल नहीं, मल्लिका नहीं, अरविंद नहीं—फकत कुटज के फूल! यह और बात है कि आज आषाढ़ का नहीं, जुलाई का पहला दिन है। मगर फर्क भी कितना है! बार-बार मन विश्वास करने को उतारू हो जाता है कि यक्ष बहाना मात्र है, कालिदास ही कभी 'शापेनास्तंगमितमहिमा' होकर रामगिरि पहुँचे थे, अपने ही हाथों इस कुटज पुष्प का अर्घ्य देकर उन्होंने मेघ की अभ्यर्थना की थी। शिवालिक की इस अनत्युच्च पर्वत-शृंखला की भाँति रामगिरि पर भी उस समय और कोई फूल नहीं मिला होगा। कुटज ने उनके सन्तप्त चित्त को सहारा दिया था—बड़भागी फूल है यह! धन्य हो कुटज, तुम 'गाढ़े के साथी'

हो। उत्तर की ओर सिर उठाकर देखता हूँ, सुदूर तक ऊँची काली पर्वत शृंखला छाई हुई है और एकाध सफेद बादल के बच्चे उससे लिपटे खेल रहे हैं। मैं भी इन पुष्पों का अर्घ्य उन्हें चढ़ा दूँ? पर काहे वास्ते? लेकिन बुरा भी क्या है?

कुटज के ये सुंदर फूल बहुत बुरे तो नहीं हैं। जो कालिदास के काम आया हो उसे ज्यादा इज्जत मिलनी चाहिए। मिली कम है। पर इज्जत तो नसीब की बात है। रहीम को मैं बड़े आदर के साथ स्मरण करता हूँ। दरियादिल आदमी थे, पाया सो लुटाया। लेकिन दुनिया है कि मतलब से मतलब है, रस चूस लेती है, छिलका और गुठली फेंक देती है। सुना है, रस चूस लेने के बाद रहीम को भी फेंक दिया गया था। एक बादशाह ने आदर के साथ बुलाया, दूसरे ने फेंक दिया! हुआ ही करता है। इससे रहीम का मोल घट नहीं जाता। उनकी फक्कड़ाना मस्ती कहीं गई नहीं। अच्छे-भले कद्रदान थे। लेकिन बड़े लोगों पर भी कभी-कभी ऐसी वितृष्णा सवार होती है कि गलती कर बैठते हैं। मन खराब रहा होगा, लोगों की बेरुखी और बेकद्रदानी से मुरझा गए होंगे—ऐसी ही मनःस्थिति में उन्होंने बिचारे कुटज को भी एक चपत लगा दी। झुँझलाए थे, कह दिया :

वे रहीम अब बिरछ कहँ, जिनकर छाँह गंभीर;
बागन बिच-बिच देखियत, सेंहुड़ कुटज करीर।

गोया कुटज अदना-सा 'बिरछ' हो। 'छाँह' ही क्या बड़ी बात है, फूल क्या कुछ भी नहीं? छाया के लिए न सही, फूल के लिए तो कुछ सम्मान होना चाहिए। मगर कभी-कभी कवियों का भी 'मूड' खराब हो जाया करता है। वे भी गलत बयानी के शिकार हो जाया करते हैं। फिर बागों से गिरिकूट-बिहारी कुटज का क्या तुक है?

कुटज अर्थात् जो कुट से पैदा हुआ हो। 'कुट' घड़े को भी कहते हैं, घर को भी कहते हैं। कुट अर्थात् घड़े से उत्पन्न होने के कारण प्रतापी अगस्त्य मुनि भी 'कुटज' कहे जाते हैं। घड़े से तो क्या उत्पन्न हुए होंगे। कोई और बात होगी। संस्कृत में 'कुटहारिका' और 'कुटकारिका' दासी को कहते हैं। क्यों कहते हैं? 'कुटिया' या 'कुटीर' शब्द भी कदाचित् इसी शब्द से संबद्ध हैं। क्या इस शब्द का अर्थ घर ही है? घर में काम-काज करनेवाली दासी कुटकारिका और कुटहारिका कही ही जा सकती हैं। एक जरा गलत ढंग की दासी 'कुटनी' भी कही जाती है। संस्कृत में उसकी गलतियों को थोड़ा अधिक मुखर बनाने के लिए उसे 'कुट्टनी' कह दिया गया है। अगस्त्य मुनि भी नारदजी की तरह दासी के पुत्र थे क्या? घड़े में पैदा होने का तो कोई तुक नहीं है, न मुनि कुटज के सिलसिले में, न फूल कुटज के। फूल गमले में होते अवश्य हैं, पर कुटज तो जंगल का सैलानी है। उसे घड़े या गमले से क्या लेना-देना? शब्द विचारोत्तेजक अवश्य है। कहाँ से आया? मुझे तो इसी में संदेह है कि यह आर्य भाषाओं का शब्द है भी या नहीं। एक भाषा शास्त्री किसी संस्कृत

शब्द को एक से अधिक रूप में प्रचलित पाते थे तो तुरंत उसकी कुलीनता पर शक कर बैठते थे। संस्कृत में 'कुटज' रूप भी मिलता है और 'कुटच' भी। मिलने को तो 'कूटज' भी मिल जाता है। तो यह शब्द किस जाति का है? आर्य जाति का तो नहीं जान पड़ता। सिलवाँ लेवी कह गए हैं कि संस्कृत भाषा में फूलों, वृक्षों और खेती-बागवानी के अधिकांश शब्द आग्नेय भाषा-परिवार के हैं। यह भी वहीं का तो नहीं है? एक जमाना था जब आस्ट्रेलिया और एशिया के महाद्वीप मिले हुए थे, फिर कोई भयंकर प्राकृतिक विस्फोट हुआ और ये दोनों अलग हो गए। उन्नीसवीं शताब्दी के भाषा-विज्ञानी पंडितों को यह देखकर आश्चर्य हुआ कि आस्ट्रेलिया के सुदूर जंगलों में बसी जातियों की भाषा एशिया में बसी हुई कुछ जातियों की भाषा से सम्बद्ध है। भारत की अनेक जातियाँ वह भाषा बोलती हैं जिनमें सन्थाल, मुण्डा आदि भी शामिल हैं। शुरू-शुरू में इस भाषा का नाम आस्ट्रो-एशियाटिक दिया गया था। दक्षिण-पूर्व या अग्निकोण की भाषा होने के कारण इसे आग्नेय-परिवार भी कहा जाने लगा है। अब हम लोग भारतीय जनता के वर्ग-विशेष को ध्यान में रखकर और पुराने साहित्य का स्मरण करके इसे कोल-परिवार की भाषा कहने लगे हैं। पंडितों ने बताया है कि संस्कृत भाषा के अनेक शब्द, जो अब भारतीय संस्कृति के अविच्छेद्य अंग बन गए हैं, इसी श्रेणी की भाषा के हैं। कमल, कुड्मल, कम्बु, कम्बल, ताम्बूल आदि शब्द ऐसे ही बताए जाते हैं। पेड़-पौधों, खेती के उपकरणों और औजारों के नाम भी ऐसे ही हैं। 'कुटज' भी हो तो क्या आश्चर्य? संस्कृत भाषा ने शब्दों के संग्रह में कभी छूत नहीं मानी। न जाने किस-किस नस्ल के कितने शब्द उसमें आकर अपने बन गए हैं। पंडित लोग उसकी छान-बीन करके हैरान होते हैं। संस्कृत सर्वग्रासी भाषा है।

यह जो मेरे सामने कुटज का लहराता पौधा खड़ा है वह नाम और रूप दोनों में अपनी अपराजेय जीवनी-शक्ति की घोषणा कर रहा है। इसीलिए यह इतना आकर्षक है। नाम है कि हजारों वर्ष से जीता चला आ रहा है। कितने नाम आए और गए। दुनिया उनको भूल गई, वे दुनिया को भूल गए। मगर कुटज है कि संस्कृत की निरंतर स्फीयमान शब्दराशि में जो जमके बैठा सो बैठा ही है। और रूप की तो बात ही क्या है! बलिहारी है इस मादक शोभा की। चारों ओर कुपित यमराज के दारुण निःश्वास के समान धधकती लू में यह हरा भी है और भरा भी है, दुर्जन के चित्त से भी अधिक कठोर पाषाण की कारा में रुद्ध अज्ञात जलस्रोत से बरबस रस खींचकर सरस बना हुआ है और मूर्ख के मस्तिष्क से भी अधिक सूने गिरि कान्तार में भी ऐसा मस्त बना है कि ईर्ष्या होती है। कितनी कठिन जीवनी-शक्ति है! प्राण ही प्राण को पुलकित करता है, जीवनी-शक्ति ही जीवनी-शक्ति को प्रेरणा देती है। दूर पर्वतराज हिमालय की हिमाच्छादित चोटियाँ हैं, वहीं कहीं भगवान् महादेव समाधि लगाकर बैठे होंगे; नीचे सपाट पथरीली जमीन का मैदान है, कहीं-कहीं पर्वतनन्दिनी सरिताएँ आगे बढ़ने

का रास्ता खोज रही होंगी—बीच में यह चट्टानों की ऊबड़-खाबड़ जटाभूमि है—सूखी, नीरस, कठोर! यहीं आसन मारकर बैठे हैं मेरे चिरपरिचित दोस्त कुटज। एक बार अपने झबरीले मूर्धा को हिलाकर समाधिनिष्ठ महादेव को पुष्पस्तबक का उपहार चढ़ा देते हैं और एक बार नीचे की ओर अपनी पाताल-भेदी जड़ों को दबाकर गिरिनन्दिनी सरिताओं को संकेत से बता देते हैं कि रस का स्रोत कहाँ है। जीना चाहते हो? कठोर पाषाण को भेदकर, पाताल की छाती चीरकर अपना भोग्य संग्रह करो; वायुमंडल को चूसकर, झंझा-तूफान को रगड़कर, अपना प्राप्य वसूल लो; आकाश को चूमकर, अवकाश की लहरी में झूमकर, उल्लास खींच लो। कुटज का यही उपदेश है :

भित्त्वा पाषाणपिठरं छित्त्वा प्राभञ्जनीं व्यथाम्
पीत्वा पातालपानीयं कुटजश्चुम्बते नभः!

दुरन्त जीवन-शक्ति है! कठिन उपदेश है। जीना भी एक कला है। लेकिन कला ही नहीं, तपस्या है। जियो तो प्राण ढाल दो जिंदगी में, मन ढाल दो जीवन-रस के उपकरणों में! ठीक है। लेकिन क्यों? क्या जीने के लिए जीना ही बड़ी बात है? सारा संसार अपने मतलब के लिए ही तो जी रहा है। याज्ञवल्क्य बहुत बड़े ब्रह्मवादी ऋषि थे। उन्होंने अपनी पत्नी को विचित्र भाव से समझाने की कोशिश की कि सब-कुछ स्वार्थ के लिए है। पुत्र के लिए पुत्र प्रिय नहीं होता, पत्नी के लिए पत्नी प्रिया नहीं होती—सब अपने मतलब के लिए प्रिय होते हैं—'आत्मनस्तु कामाय सर्व प्रियं भवति!' विचित्र नहीं है यह तर्क? संसार में जहाँ कहीं प्रेम है, सब मतलब के लिए। सुना है, पश्चिम के हॉब्स और हेल्वेशियस-जैसे विचारकों ने भी ऐसी ही बात कही है। सुनके हैरानी होती है। दुनिया में त्याग नहीं है, प्रेम नहीं है, परार्थ नहीं है, परमार्थ नहीं है—है केवल प्रचण्ड स्वार्थ। भीतर की जिजीविषा—जीते रहने की प्रचण्ड इच्छा—ही अगर बड़ी बात हो तो फिर यह सारी बड़ी-बड़ी बोलियाँ, जिनके बल पर दल बनाए जाते हैं, शत्रुमर्दन का अभिनय किया जाता है, देशोद्धार का नारा लगाया जाता है, साहित्य और कला की महिमा गाई जाती है, झूठ हैं। इसके द्वारा कोई-न-कोई अपना बड़ा स्वार्थ सिद्ध करता है। लेकिन अन्तरतर से कोई कह रहा है, ऐसा सोचना गलत ढंग से सोचना है। स्वार्थ से भी बड़ी कोई-न-कोई बात अवश्य है, जिजीविषा से भी प्रचण्ड कोई-न-कोई शक्ति अवश्य है। क्या है?

याज्ञवल्क्य ने जो बात धक्कामार ढंग से कह दी थी वह अंतिम नहीं थी। वे 'आत्मनः' का अर्थ कुछ और बड़ा करना चाहते थे। व्यक्ति का 'आत्मा' केवल व्यक्ति तक सीमित' नहीं है, वह व्यापक है। अपने में सब और सबमें आप—इस प्रकार की एक समष्टि-बुद्धि जब तक नहीं आती तब तक पूर्ण सुख का आनंद भी नहीं मिलता। अपने-आपको दलित द्राक्षा की भाँति निचोड़कर जब तक 'सर्व' के लिए निछावर नहीं कर दिया जाता तब तक 'स्वार्थ' खण्ड-सत्य है, वह मोह को बढ़ावा देता है, तृष्णा को उत्पन्न करता है और मनुष्य को दयनीय—कृपण—बना देता है।

कार्पण्य दोष से जिसका स्वभाव उपहत हो गया है, उसकी दृष्टि म्लान हो जाती है। वह स्पष्ट नहीं देख पाता। वह स्वार्थ भी नहीं समझ पाता, परमार्थ तो दूर की बात है।

कुटज क्या केवल जी रहा है? वह दूसरे के द्वार पर भीख माँगने नहीं जाता, कोई निकट आ गया तो भय के मारे अधमरा नहीं हो जाता, नीति और धर्म का उपदेश नहीं देता फिरता, अपनी उन्नति के लिए अफसरों का जूता नहीं चाटता फिरता, दूसरों को अवमानित करने के लिए ग्रहों की खुशामद नहीं करता, आत्मोन्नति के हेतु नीलम नहीं धारण करता, अंगूठियों की लड़ी नहीं पहनता, दाँत नहीं निपोरता, बगलें नहीं झाँकता। जीता है और शान से जीता है—काहे वास्ते, किस उद्देश्य से? कोई नहीं जानता। मगर कुछ बड़ी बात है। स्वार्थ के दायरे से बाहर की बात है। भीष्म पितामह की भाँति अवधूत की भाषा में कह रहा है : 'चाहे सुख हो या दुःख, प्रिय हो अप्रिय, जो मिल जाए उसे शान के साथ, हृदय से बिलकुल अपराजित होकर, सोल्लास ग्रहण करो। हार मत मानो!'

सुखं वा यदि वा दुःखं प्रियं वा यदि वाऽप्रियम्
प्राप्तं प्राप्तमुपासीत हृदयेनापराजितः।

—शान्तिपर्व, 25।26

हृदयेनापराजितः! कितना विशाल वह हृदय होगा जो सुख से, दुःख से, प्रिय से, अप्रिय से विचलित न होता होगा! कुटज को देखकर रोमांच हो आता है। कहाँ से मिली है यह अकुतोभया वृत्ति, अपराजित स्वभाव, अविचल जीवन दृष्टि!

जो समझता है कि वह दूसरों का उपकार कर रहा है वह अबोध है, जो समझता है कि दूसरे उसका अपकार कर रहे हैं वह भी बुद्धिहीन है। कौन किसका उपकार करता है, कौन किसका अपकार कर रहा है? मनुष्य जी रहा है, केवल जी रहा है; अपनी इच्छा से नहीं, इतिहास-विधाता की योजना के अनुसार। किसी को उससे सुख मिल जाए, बहुत अच्छी बात है; नहीं मिल सका, कोई बात नहीं; परंतु उसे अभिमान नहीं होना चाहिए। सुख पहुँचाने का अभिमान यदि गलत है, तो दुःख पहुँचाने का अभिमान तो नितरां गलत है।

दुःख और सुख तो मन के विकल्प हैं। सुखी वह है जिसका मन वश में है, दुखी वह है जिसका मन परवश है। परवश होने का अर्थ है खुशामद करना, दाँत निपोरना, चाटुकारिता, हाँ-हजूरी। जिसका मन अपने वश में नहीं है वही दूसरे के मन का छंदावर्तन करता है, अपने को छिपाने के लिए मिथ्या आडम्बर रचता है, दूसरों को फँसाने के लिए जाल बिछाता है। कुटज इन सब मिथ्याचारों से मुक्त है। वह वशी है। वह वैरागी है। राजा जनक की तरह संसार में रहकर, संपूर्ण भोगों को भोगकर भी उनसे मुक्त है। जनक की ही भाँति वह घोषणा करता है : 'मैं स्वार्थ के लिए अपने मन को सदा दूसरे के मन में घुसाता नहीं फिरता, इसलिए मैं मन

को जीत सका हूँ, उसे वश में कर सका हूँ' :

नाहमात्मार्थमिच्छामि मनोनित्यं मनोन्तरे।
मनो मे निर्जितं तस्मात् वशे तिष्ठति सर्वदा।

कुटज अपने मन पर सवारी करता है, मन को अपने पर सवार नहीं होने देता। मनस्वी मित्र, तुम धन्य हो!

[कुटज से]

चार : देवदारु

पता नहीं किसने इस पेड़ का नाम 'देवदारु' रख दिया था, नाम निश्चय ही पुराना है, कालिदास से भी पुराना, महाभारत से भी पुराना। सीधे ऊपर की ओर उठता है, इतना ऊपर कि पासवाली चोटी के भी ऊपर उठ जाता है, एकदम द्युलोक को भेद करने की लालसा से। नीचे शाखाएँ मर्त्यलोक को अभयदान देने की मुद्रा में फैलती चली जाती हैं, मानो कह रही हों, 'भय नहीं, मैं जो हूँ!' प्रत्येक शाखा की झबरीली टहनियाँ कँटीले पत्तों के ऐसे लहरदार छन्दों का वितान तानती हैं कि छाया चेरी-सी अनुगमन करती है। जिस आचार्य ने परिपाटीविहित शिष्टजनानुमोदित 'सज्जा' को 'छाया' नाम दिया था, वह जरूर इस पेड़ की शोभा से प्रभावित हुआ था। पेड़ क्या है, किसी सुलझे हुए कवि के चित्त का मूर्तिमान् छन्द है—धरती के आकर्षण को अभिभूत करके लहरदार वितानों की शृंखला को सावधानी से सँभालता हुआ, विपुल व्योम की ओर एकाग्रीभूत मनोहर छंद! कैसी शान है, गुरुत्वाकर्षण के जड़-वेग को अभिभूत करने की कैसी स्पर्द्धा है—प्राण के आवेग की कैसी उल्लासकर अभिव्यक्ति है! देवताओं का दुलारा पेड़ नहीं तो यह क्या है? क्या यों ही समाधि लगाने के लिए महादेव ने 'देवदारु-द्रुम-वेदिका' को ही पसंद किया था? कुछ बात होनी चाहिए। कोई नहीं बता सकता कि महादेव समाधि लगाकर क्या पाना चाहते थे। उन्हें कमी किस बात की थी? कालिदास ने बताया है कि उन्होंने इस प्रयोजनातीत (निष्प्रयोजन तो कैसे कहें) समाधि के लिए देवदारु-द्रुम के नीचे वेदिका बनाई थी। शायद इसलिए कि देवदारु भी अर्थातीत छंद है—प्राणों का उल्लासनर्तन, जड़शक्ति के दुर्वार आकर्षण को पराभूत करके विपुल व्योममंडल में विहार करने का अर्थातीत आनंद!

कहते हैं, शिव ने जब उल्लासातिरेक में उद्दाम नर्तन किया था तो उनके शिष्य तण्डु मुनि ने उसे याद कर लिया था। उन्होंने जिस नृत्य का प्रवर्तन किया उसे 'ताण्डव' कहा जाता है। 'ताण्डव' अर्थात् 'तण्डु' मुनि द्वारा प्रवर्तित 'रस-भाव-विवर्जित' नृत्य! रस भी अर्थ है, भाव भी अर्थ है, परंतु ताण्डव ऐसा नाच है जिसमें रस भी नहीं, भाव भी नहीं। नाचनेवाले का कोई उद्देश्य नहीं, मतलब नहीं, 'अर्थ' नहीं। केवल जड़ता के दुर्वार आकर्षण को छिन्न करके एकमात्र चैतन्य की अनुभूति का उल्लास!

यह 'एकमात्र' लक्ष्य ही उसमें छन्द भरता है, इसी से उसमें ताल पर नियंत्रण बना रहता है। एकाग्रीभाव, छंद की आत्मा है। अगर यह न होता तो शिव का ताण्डव बेमेल धमाचौकड़ी और लस्टम-पस्टम उछल-कूद के सिवा और कुछ न होता। ताण्डव की महिमा आनंदोन्मुखी एकाग्रता में है। समाधि भी एकाग्रता चाहती है। ध्यान, धारणा और समाधि की एकाग्रता से ही 'योग' सिद्ध होता है। बाह्य प्रकृति के दुर्वार आकर्षण को छिन्न करने का उल्लास ताण्डव है। अन्तःप्रकृति के असंयत फिंकाव को नियंत्रित करने के उल्लास का नाम समाधि है। देवदारु वृक्ष पहले प्रकार के उल्लास को सूचित करता है, शिव का 'निवात निष्कम्प-इव-प्रदीपः' रूप दूसरे प्रकार के। दोनों में एक ही छंद है। शिव ने समझ-बूझकर ही देवदारु-द्रुम की वेदिका को पसंद किया होगा। देवदारु के नीचे समाधिस्थ महादेव! तुक मिल रहा है, शानदार तुक! कौन कहता है कि कालिदास ने तुक मिलाने की परवा नहीं की? मेरा मन कहता है कि कालिदास भी तुकाराम थे, तुक मिलाने के मौजी वाग्विलासी! मगर ये तुक भोंड़े किस्म के नहीं होते थे, यह तो निश्चित है। 'झगरे-रगरे बगरे-डगरे'—ये भी कोई तुक है! मगर सारी दुनिया इसी को तुक कहती आ रही है। कुछ-न-कुछ तो होगा ही, सारी दुनिया यों ही पागल नहीं हो सकती। लेकिन यह भी सही है कि 'बात-बात' में तुक मिला करता है। अगर ऐसा न होता तो 'बेतुकी' हाँकनेवालों को बुरा न माना जाता। जो लोग 'तुक की बात करते हैं' वे शब्द की ध्वनियों का तुक तो नहीं मिलाते। फिर तुक है क्या?

तुक बह है जो देवदारु की गगनचुम्बी शिखा और समाधिस्थ महादेव की निवात-निष्कम्प-प्रदीप की ऊर्ध्वगामिनी ज्योति में है! अर्थात् तुक अर्थ में रहता है। ध्वनि-साम्य के तुक में कुछ-न-कुछ अर्थचारुता होनी चाहिए। ध्वनि-साम्य साधन है, तुक अर्थ का धर्म होना चाहिए। मगर ऐसा कहना खतरे से खाली नहीं है। किसी नए आलोचक ने अर्थ की लय की वकालत की है। मैं अच्छी तरह जानता हूँ कि सारी पंडितमंडली उस गरीब पर बरस पड़ी है। अगर तुक अर्थ में मिल सकता है तो लय क्यों नहीं मिल सकता? मेरे अन्तर्यामी कहते हैं कि तुक तो अर्थ में रहता है, लय नहीं रहता। बहुत से लोग अन्तर की आवाज को आँख मूँदकर मान लेते हैं, मैं नहीं मान पाता। आँख खोलने पर भी यदि अन्तर की आवाज ठीक जँचे तो मान लेना चाहिए; क्योंकि उस अवस्था में भीतर और बाहर का तुक मिल जाता है। शिवजी ने अन्तर और बाहर का तुक मिलाने के लिए ही तो देवदारु को चुना था। अन्तर्यामी भी बहिर्यामी के साथ ताल मिलाते रहें, यही उचित है। महादेव ने आँखें मूँद ली थीं, देवदारु ने खोल रखी थीं। महादेव ने भी जब आँख खोल दी तो तुक बिगड़ गया, छंदोभंग हो गया, त्रैलोक्य को मदविह्वल करनेवाला देवता भस्म हो गया। उसका फूलों का तूणीर जल गया, रत्नजटित धनुष टूट गया। सब गड़बड़ हो गया। सोचता हूँ—उस समय देवदारु की क्या हालत हुई होगी! क्या इतनी ही

फक्कड़ाना मस्ती से झूम रहा होगा? क्या ऐसा ही बेलौस खड़ा होगा? शायद हाँ, क्योंकि शिव की समाधि टूटी थी, देवदारु का ताण्डव—रसभावविवर्जित महानृत्त—नहीं टूटा था। देवता की तुलना में वह निर्विकार रहा—काठ बना हुआ। कौन जाने इसी कहानी को सुनकर किसी ने इसे 'देवता का काठ' (देव-दारु) नाम दे दिया हो! फक्कड़ हो तो अपने लिए हो बाबा, मनुष्य के लिए तो निरे काठ हो; दया नहीं, माया नहीं, मोह नहीं, आसक्ति नहीं, निरे काठ! ऐसों से तो देवता ही भला! कहीं-न-कहीं उसमें दिल तो है। मगर यह भी कैसे कहा जाए! देवता के दिल होता तो लाज-शरम भी होती, लाज-शरम होती तो आँखों की पलकें भी झँपतीं। लेकिन देवता है कि ताकता रहता है, पलकें उसकी झँपती ही नहीं। एक क्षण के लिए उसने आँखें मूँदीं कि अनर्थ हुआ! बहुत सावधान, सदा जाग्रत।

अलबत्त, महादेव इन देवताओं से भिन्न थे। जहाँ आँखें झुकनी चाहिए, वहाँ उनकी आँखें झुकती थीं, जहाँ टकटकी बँधनी चाहिए वहाँ बँध जाती थी। पार्वती जब पुष्पों के आभरण से सजी हुई सञ्चारिणी पल्लविनी लता की भाँति उनके सामने आयीं, तो उनके (पार्वती के) बिम्बफल के समान अधरोष्ठवाले मोहक मुख पर उनकी टकटकी बँध गई। फिर उनकी आँखें झुकीं भी। वे मनुष्य के समान विकारग्रस्त हुए। वे देवताओं में मनुष्य थे—महादेव! उस दिन देवदारु चूक गया। वह सब देखता रहा। इतना बड़ा अनर्थ हो गया और आपने अवधूतपन का बाना नहीं छोड़ा। वह महावृक्ष नहीं बन सका, 'देवदारु' बन गया। आँखें खोले रहना भी कोई तुक की बात है! महावृक्ष वनस्पति होते हैं, जिनमें भावुकता तो नहीं पर सार्थकता होती है, जो फूल तो नहीं देते पर फल देते हैं—'अपुष्पा फलवन्तो ये'। देवदारु चूक गया, 'वनस्पति' की मर्यादा से वंचित रह गया।

तो क्या हुआ? यह सब मनुष्य की आत्म-केन्द्रित दृष्टि का प्रसाद है। देवदारु को इससे क्या लेना-देना! वह तो जैसा है वैसा बना हुआ है। तुम उसे वनस्पति कहो या देवता का काठ कहो! तुम्हें अच्छा लगता है तो अच्छा नाम देते हो, बुरा लगता है तो बुरा नाम देते हो। नाम में क्या धरा है? मुमकिन है, इसका पुराना नाम देवतरु हो। देवता का तरु नहीं, देवता भी और तरु भी। देव होकर वह छन्द है, तरु होकर अर्थ है। छन्द, समष्टिव्यापिनी जीवन-गति के समानान्तर चलनेवाले व्यष्टिगत प्राणवेग का नाम है; अर्थ, समाज-स्वीकृति-प्राप्त संकेत हुआ करता है।

जहाँ बैठकर लिख रहा हूँ, वहाँ से ऊपर और नीचे पर्वतपृष्ठ पर देवदारु वृक्षों की सोपान-परम्परा-सी दीख रही है। कैसी मोहक शोभा है! वृक्ष और भी हैं, लोगों ने नाम भी बताए हैं, पर सब छिप गए हैं। दिखते हैं आकाशचुम्बी देवदारु। ऐसा लगता है कि ऊपरवाले देवदारु वृक्षों की फुनगी पर से लुढ़का दिया जाऊँ तो फुनगियों पर ही लोटता हुआ हजारों फीट नीचे तक जा सकता हूँ, अनायास! पर ऐसा लगता ही भर है। भगवान् न करे कोई सचमुच लुढ़का दे। हड्डी-पसली चूर हो जाएगी।

जो कुछ लगता है वह सचमुच हो जाए तो अनर्थ हो जाए। लगने में बहुत-सी बातें गलत लगती हैं। इसीलिए कहता हूँ कि लगना अर्थ नहीं होता, कई बार अनर्थ होता है। अर्थ वास्तविकता है, वास्तविक जगत् की सचाई है; लगता है सो मन का विकल्प है, अन्तर्जगत् की स्पृहा मात्र है, छंद है। दोनों में कहीं ताल-तुक मिल जाता तो काम की बात होती। नहीं मिलता, यह खेद की बात है। ताल तुक मिलना अर्थ है, न मिलना अनर्थ है।

प्रत्येक व्यक्ति के मन में कुछ-न-कुछ लगता रहता है। मजेदार बात यह है कि व्यक्ति का लगना अलग-अलग होता है। 'अ-लग' अर्थात् जो न लगे। लगता है पर नहीं लगता, यह भी कोई तुक की बात हुई? तुक की बात सब होती जब लगना 'अलग' लगना न होता। इसीलिए कहता हूँ कि तुक अर्थ में होता है। जिसने इस पेड़ का नाम देवदारु दिया था उसे क्या लगा था, कह नहीं सकता। बात औरों को भी कमोबेश लगी होगी, तभी सबने मान लिया। जो सबको लगे सो अर्थ; एक को लगे, बाकी को न लगे तो अनर्थ! अलगाव को ही पुराने आचार्यों ने पृथकत्व बुद्धि का नाम दिया है। और भी समझाकर कहा है कि यह अलगाव 'मैं-पन' है, 'अहंकार' है। इधर कवि लोग हैं कि उन्हें हमेशा कुछ देखकर कुछ-न-कुछ लगता ही रहता है। खुलेआम कहते हैं कि मुझे ऐसा लग रहा है। क्यों कहते हो बाबा कि 'मुझे' ऐसा लग रहा है? दुनिया की ओर भी देखो। वह तुम्हें पागल कहेगी। पागल को भी तो कुछ-न-कुछ लगता रहता है। मगर दुनिया को देखता हूँ तो हैरत में पड़ जाता हूँ। कवि को जो कुछ लगता है उसके लिए 'वाह-वाह' कहके उसे सिर उठा लेती है। कुछ समझ में नहीं आता—'हौं ही बौरी विरह बस कै बौरो सब गाँव।'

बिहारी अच्छे-खासे कवि माने जाते हैं। उन्हीं की बात याद आ गई थी। बात इतनी ही सी थी कि कोई विरह की मारी स्त्री कह रही है कि मैं ही पागल हो गई हूँ या सारा गाँव ही पागल हो गया है? क्या समझकर ये लोग चाँद को ठण्डी किरणवाला कहते हैं—'कहा जाने ये कहत हैं ससिहिं सीतकर नाँव।' विरह की मारी महिला का दिमाग बिगड़ गया है, जो सबको ठण्डा लग रहा है उसे वह दाहक मान रही है। पागलपन ही तो है। मगर जब बिहारी ने उसे दोहा छंद में बाँध दिया तो बात बिलकुल बदल गई। हाय-हाय, कैसी विरह-वेदना है कि उस सुकुमार बालिका को चाँद भी गरम मालूम पड़ता है! हृदय के भीतर जलनेवाली विरहाग्नि ने उसे किसी काम का नहीं छोड़ा। हे भगवान्, तुम ऐसा कुछ नहीं कर सकते कि सारे गाँव के समान इस बालिका को भी चन्द्रमा उतना ही शीतल लगे जितना औरों को लगता है! अर्थात् विरहिणी की दारुण व्यथा अब सबके चित्त की सामान्य अनुभूति के साथ ताल मिलाकर चलने लगी। पागल का 'लगना' एक का लगना होता है, कवि का लगना सबको लगने लगता है। बात उलटकर कही जाए तो इस प्रकार होगी—जिसका लगना सबको लगे, वह कवि है; जिसका लगना सिर्फ उसे ही लगे, औरों को नहीं, वह पागल है।

लगने-लगने में भी भेद है। जो सबको लगे वह अर्थ है, जो एक को ही लगे वह अनर्थ है। अर्थ सामाजिक होता है।

मगर देवदारु नाम केवल नाम ही नहीं है। मैंने अपने गाँव के एक महान् भूत-भगवान् ओझा को देवदारु की लकड़ी से भूत भगाते देखा है। आजकल के शिक्षित लोग भूत में विश्वास नहीं करते। वे भूत को मन का वहम मानते हैं। पर गाँव में भूत लगते मैंने देखा है। भूत भगाते भी देखा है। भूत भी 'लगता' है। सब लगालगी वहम ही होती होगी। आँखों की भी। बिहारी जानते थे। कह गए हैं–'लगालगी लोचन करें, नाहक मन बँधि जाय।' नाहक अर्थात् बेमतलब, निरर्थक।

हमारे गाँव में एक पंडित जी थे। अपने को महाविद्वान् मानते थे। विद्या उनके मुँह से फचाफच निकला करती थी। शास्त्रार्थ में वे बड़े-बड़े दिग्गजों को हरा देते थे। विद्या के जोर से नहीं, फचफचाहट के आघात से। प्रतिपक्षी मुँह पोंछता हुआ भागता था। अगर कुछ कैंडे का हुआ तो दैहिक-बल से जय-पराजय का निश्चय होता था। मेरे सामने ही एक बार खासी गुत्थमगुत्थी हो गई। गाँव-जवार के लोगों को पंडित जी की विद्या पर भरोसा नहीं था, पर उनकी फचाफच वाणी और भीमकाया पर विश्वास अवश्य था। शास्त्रार्थ में पंडित जी कभी हारे नहीं। कम लोग जानते हैं कि शास्त्रार्थ में कोई हारता नहीं, हराया जाता है! पंडित जी के यजमान जमके उनके पीछे लाठी लेकर खड़े हो जाते थे, तो उनकी विजय निश्चित हो जाती थी। पंडित जी केवल बड़े दिग्गज विद्वानों को ही नहीं, आसपास के भूतों को भी पराजित करने में अपना प्रतिद्वन्द्वी नहीं जानते थे। गायत्री का मन्त्र (जो उनके मुँह से आल्हा-जैसा सुनाई देता था) और देवदारु की लकड़ी–उनके अस्त्र थे। एक बार वे बगीचे से गुजर रहे थे, घोर अंधकार, भयंकर सुनसान! क्या देखते हैं कि आगे दनादन ढेले गिर रहे हैं। पंडित जी का अनुभवी मन तुरंत ताड़ गया कि कुछ दाल में काला है। मनुष्य इतनी तेजी से ढेले नहीं फेंक सकता। पंडित जी डरनेवाले नहीं थे। पीछे मुड़कर ललकारा–'अरे केवन है!' 'केवन' अर्थात् कौन। पीछे मुड़कट्टा, घोड़े पर चढ़ा चला आ रहा था, टप्प-टप्प-टप्प! (यहाँ पाठकों की जानकारी के लिए बता दूँ कि एक बार मैंने अपने गाँव में भूतों के जाति-भेद की जाँच की थी। कुल तेईस किस्म के हैं। मुड़-कट्टा एक भूत ही है। मूड़ नहीं है। छाती पर दो आँखें मशाल की तरह जलती रहती हैं। घोड़े पर चढ़कर चलता है।) सो, पंडित जी से उलझने की हिमाकत की इस दुरन्त मुड़कट्टे ने। डरनेवाला कोई और होता है। पंडित जी ने जूता उतार दिया, वह गायत्री मन्त्र के पाठ में बाधक था। झमाझम गायत्री पढ़ने लगे। देवदारु की लकड़ी मुट्ठी में थी। दे रद्दे पर रद्दा। विचारा मुड़कट्टा त्राहि-त्राहि कर उठा–'अबकी बार छोड़ दो पंडित जी, पहचान नहीं सका था। अब फिर यह गलती नहीं होगी। आज से मैं तुम्हारा गुलाम हुआ।' पंडित जी का ब्राह्मण मन पसीज गया। नहीं तो यह सारे गाँव-जवार का कण्टक समाप्त ही हो गया होता। मैंने यह

कहानी स्वयं पंडित जी के मुँह से सुनी थी। अविश्वास करने का कोई उपाय नहीं था—फर्स्टहैण्ड इन्फर्मेशन था। उस दिन मेरे बालचित्त पर देवदारु की धाक जम गई थी। अब भी क्या दूर हुई है!

आज देवदारु के जंगल में बैठा हूँ। लाख-लाख मुड़कट्टों को गुलाम बना सकता हूँ। भूतों में जैसे मुड़कट्टे होते हैं, आदमियों में भी कुछ होते हैं। मस्तक नाम की चीज उनके पास होती ही नहीं, मस्तक ही नहीं तो मस्तिष्क कहाँ, लता ही कट गई तो फूल की संभावना ही कहाँ रही—'लतायां पूर्वनूनायां प्रसूनस्योद्भवः कुहः'! क्या इन मुड़कट्टों को देवदारु की लकड़ी से पराभूत किया जा सकता है? करने का प्रयत्न ही तो कर रहा हूँ। परंतु पंडित जी के पास तो फचफची गायत्री थी, वह कहाँ पाऊँ?

मन की सारी भ्रांति को दूर करनेवाले देवदारु, तुम्हें देखकर मन श्रद्धा से जो भर जाता है, वह अकारण नहीं है। तुम भूत भगवान हो, तुम बहम-मिटावन हो, तुम भ्रांति-नसावन हो। तुम्हें दीर्घकाल से जानता था, पर पहचानता नहीं था। अब पहचान भी रहा हूँ। तुम देवता के दुलारे हो, महादेव के प्यारे हो, तुम धन्य हो!

जानता हूँ कि बुद्धिमान लोग कहेंगे कि यह महज गप्प है। यह भी जानता हूँ कि कदाचित् अंतिम विश्लेषण पर पंडित जी की कहानी 'पत्ता खड़का, बंदा भड़का' से अधिक वजनदार न साबित हो। संभावना तो यहीं तक है कि पत्ता भी न खड़का हो और पंडित जी ने आद्योपांत पूरी कहानी बना ली हो। मगर बलिहारी है इस सर्जनाशक्ति की। क्या शानदार कहानी रची है पंडित जी ने! आदिकाल से मनुष्य गप्प रचता आ रहा है, अब भी रचे जा रहा है। आजकल हम लोग ऐतिहासिक युग में जीने का दावा करते हैं। पुराना मनुष्य 'मिथकीय युग' में रहता था, जहाँ वह भाषा के माध्यम को अपूर्ण समझता था वहाँ मिथकीय तत्त्वों से काम लेता था। मिथक गप्पें—भाषा की अपूर्णता को भरने का प्रयास हैं। आज भी क्या हम मिथकीय तत्त्वों से प्रभावित नहीं हैं? भाषा बुरी तरह अर्थ से बँधी हुई है। उसमें स्वच्छन्द संचार की शक्ति क्षीण से क्षीणतर होती जा रही है। मिथक स्वच्छन्द विचरण करता है। आवरण होता है भाषा का, अभिव्यक्त करता है भाषातीत को। मिथकीय आवरणों को हटाकर उसे तथ्यानुयायी अर्थ देनेवाले लोग मनोवैज्ञानिक कहलाते हैं, आवरणों की सार्वभौम रचनात्मकता को पहचाननेवाले कला-समीक्षक कहलाते हैं। दोनों को भाषा का सहारा लेना पड़ता है, दोनों धोखा खाते हैं। भूत तो सरसों में है। जो सत्य है वह सर्जनाशक्ति के हिरण्य पात्र में मुँह बंद किए ढँका ही रह जाता है। एक-पर-एक गप्पों की परतें जमती जा रही हैं। सारी चमक सीपी की चमक में चाँदी देखने की तरह मन का अभ्यासमात्र है। गप्प कहाँ नहीं है, क्या नहीं है? मगर छोड़िए भी।

देवदारु भी सब एक-से नहीं होते। मेरे बिलकुल पास में जो है, वह जरठ भी है, खूँसट भी। ज़रा उसके नीचे की ओर जो है, वह सनकी-सा लगता है। एक

मोटेराम खड्ड के एक प्रान्त पर उगे हैं, आधे जमीन में, आधे अधर में; आधा हिस्सा ठूँठ, आधा जगर-मगर; सारे कुनबे के पाधा जान पड़ते हैं। एक अल्हड़ किशोर है, सदा हँसता-सा; कवि-जैसा लगता है। जी करता है इसे प्यार किया जाए। सदा से ऐसा होता आया है। हर देवदारु का अपना व्यक्तित्व होता है। एक इतना कमनीय था कि बैल की ध्वजावाले महादेव ने उसे अपना बेटा बना लिया था। पार्वती माता की छाती से दूध ढरक पड़ा था। कालिदास खुद कह गए हैं। मगर कुछ लोग ऐसे होते हैं कि उन्हें 'सबै धान बाईस पसेरी' दिखते हैं। वे लोग सबको एक ही जैसा देखते हैं। उनके लिए वह खूँसट, वह पाधा, वह सूम, वह सनकी, वह झिंझोटा, वह झबरैला, वह चपरगेंगा, वह गदरौना, वह खिटखिटा, वह झक्की, वह झुमरैला, वह धोकरा, वह नटखटा, वह चुनमुन, वह बाँकुरा, वह चौरंगी, सब समान हैं। महादेव जी के प्यारे बेटे के कमनीय व्यक्तित्व को भी सब नहीं पहचान सकते थे। एक मदमत्त गजराज आए और अपने गण्डस्थल की खाज मिटाने के लिए उसी पर पिल पड़े। जड़ें हिल गईं, पत्ते झड़ गए, खाल छूट गई और आप खाज मिटाते रहे। महादेव जी को बड़ा क्रोध आया। आना ही था। उन्होंने उसकी रक्षा के लिए एक सिंह तैनात कर दिया। पर मेरे सामने जो अल्हड़ कवि है, इनका क्या होगा? वह तो कहिए कि इधर हाथी आते ही नहीं। फिर भी डर तो लगता ही है। हाथी न सही, गधों और खच्चरों से तो शहर भरा पड़ा है। लेकिन मैं जिधर हूँ उधर वे भी कम ही आते हैं। गाहे-बगाहे आ भी जाते हैं, पर उन्हें देवदारु की तरफ देखने को फुरसत नहीं होती। उन्हें देखने को और बहुत-सी चीजें मिल जाती हैं। बहरहाल कोई खास चिंता की बात नहीं है। इस देश के लोग पीढ़ियों से सिर्फ जाति देखते आ रहे हैं, व्यक्तित्व देखने की उन्हें न आदत है, न परवा है। संत लोग चिल्लाकर थक गए कि 'मोल करो तलवार को, पड़ा रहन दो म्यान', मगर तलवार बंद ही रह गए, म्यान के मोल-भाव से बाजार गर्म है। व्यक्तित्व को यहाँ पूछता ही कौन है! अर्थ मात्र, जाति है; छन्दमात्र, व्यक्तित्व है। अर्थ आसानी से पहचाना जा सकता है क्योंकि वह धरती पर चलता है; छंद आसानी से पकड़ में नहीं आता, वह आसमान में उड़ा करता है।

बात यह है कि जब मैं कहता हूँ कि देवदारु सुंदर है तो सुननेवाले सुंदर का एक सामान्य अर्थ ही लेते हैं। हजार तरह के सुंदर पदार्थों में रहनेवाला, एक सामान्य सौंदर्य-धर्म। सौंदर्य का कौन-सा विशिष्ट रूप मेरे हृदय में उल्लास तरंगित कर रहा है यह बात बस, मैं ही जानता हूँ। अगर मुझमें इस बात को कहने की शक्ति नहीं हुई तो यह गूँगे का गुड़ बनी रह जाएगी। जिसमें शक्ति होती है वह कवि कहलाता है। अनेक प्रकार के कौशल से वह इस बात को कहने का प्रयत्न करता है, फिर भी शब्दों का सहारा तो उसे लेना ही पड़ता है। शब्द सदा सामान्य अर्थ को प्रकट करते हैं, कवि विशिष्ट अर्थ देना चाहता है। वह छंदों के सहारे, उपमान-योजना के बल पर, ध्वनि-साम्य के द्वारा विशिष्ट अर्थ का साधारणीकरण करता है। तो भी

क्या सब उसके विशिष्ट अर्थ को समझ पाते हैं? बिलकुल नहीं। कोई बड़भागी होता है जिसके दिल की धड़कन कवि के दिल की धड़कन के साथ ताल मिला पाती है। कवि के हृदय के साथ जिसका हृदय मिल जाए उसे 'सहृदय' कहा जाता है। देवदारु की ऊर्ध्वशिखा-शोभा मेरे हृदय में एक विशेष उल्लास पैदा करती है। मेरे पास कवि-कौशल नाम की चीज नहीं है। मैं अपने विशिष्ट अनुभवों का साधारणीकरण नहीं कर पा रहा हूँ। कवि होता तो कर लेता। उपमानों की छटा खड़ी कर देता, सहृदय के चित्त को अपने चित्त के ताल पर नृत्य कराने योग्य छंद ढूँढ़ लेता, ध्वनियों की नियतसंचारी समता का ऐसा समाँ बाँधता कि सुननेवाले का मन मयूर की भाँति नाच उठता, पर मेरे भाग्य में यह कुछ भी नहीं है। केवल आँख फाड़कर देखता हूँ, पाषाण की कठोर छाती भेदकर यह देवदारु न जाने किस पाताल से अपना रस खींच रहा है और क्रम-ह्रस्व छाया का वितान तानता हुआ ऊर्ध्वलोक की ओर किसी अज्ञात निर्देशक के तर्जनी-संकेत की भाँति कुछ दिखा रहा है। यह इतनी उँगलियाँ क्या यों ही उठी हुई हैं? कुछ बात है, अवश्य कुछ रहस्य है। भीतर-ही-भीतर अनुभव कर रहा हूँ, पर बता सकूँ ऐसी भाषा कहाँ है? हाय, मैं असमर्थ हूँ, मूक हूँ! मीमांसकों का एक संप्रदाय मानता था कि शब्द का अर्थ वहाँ तक जाता है जहाँ तक वक्ता ले जाना चाहता है। वक्ता की इच्छा को विवक्षा कहते हैं। ये लोग कहते हैं कि जब जैमिनि मुनि ने कहा था कि 'यत्परः शब्दः सशब्दार्थः' तो उनका यही मतलब था। मेरा रोम-रोम अनुभव कर रहा है कि मुनि की बात का ऐसा अर्थ नहीं होना चाहिए। कहाँ विवक्षा इतनी दूर तक ले जाती है? 'सुंदर' शब्द का प्रयोग करके मैं जो कहना चाहता हूँ वह कहाँ प्रकट हो पा रहा है? कहना तो बहुत चाहता हूँ, कोई समझे भी तो! नहीं, शब्द उतना ही बता पाता है जितना लोग समझते हैं। वक्ता जो कहना चाहता है उतना कहाँ बता पाता है वह? दुनिया में कवियों की जो कदर है, वह इसीलिए है कि वे जो अनुभव करते हैं उसे श्रोता के चित्त में प्रविष्ट भी करा सकते हैं। प्रेषणधर्मिता उनके कहे का एक प्रधान गुण है। मैं नहीं पहुँचा पाता हूँ उस अर्थ को जिसे मेरा मन अनुभव कर रहा है, क्योंकि मैं शब्दों और छंदों का ऐसा अस्त्र नहीं बना पाता हूँ जो मेरी अनुभूतियों को लेकर तीर की तरह श्रोता के हृदय में चुभ जाए। अर्थ निश्चय ही वक्ता की इच्छा के अधीन नहीं है। वह सामाजिक स्वीकृति चाहता है। उसमें लय नहीं, संगीत नहीं, नाद नहीं, गति नहीं। वह स्थिर है। शब्दों के गतिशील आवेग से वह हिलता है, भरभराता है, नए-नए परिवेश में सजता है और तब कहीं नया अर्थ पैदा करता है। अर्थ में लय नहीं होती, वह लय के सहारे नया अर्थ देता है।

लेकिन देवदारु है शानदार वृक्ष। हवा के झोंकों से जब हिलता है तो इसका आभिजात्य झूम उठता है। कालिदास ने इसी हिमालय के उस भाग की, जहाँ से भागीरथी के निर्झर झरते रहते हैं, शीतल-मंद-सुगंध-पवन की चर्चा की थी, उन्होंने

शीतलता को भागीरथी के निर्झर-सीकरों की देन कहा, सुगन्धि को आस-पास के वृक्षों के पुष्पों के सम्पर्क की बदौलत घोषित किया, लेकिन मस्ती के लिए मुहुःकम्पित देवदारु को उत्तरदायी ठहराया। देवदारु के बारंबार कम्पित होते रहने में एक प्रकार की मस्ती अवश्य है। युग-युगांत की संचित अनुभूति ने ही मानो यह मस्ती प्रदान की है। जमाना बदलता रहा है, अनेक वृक्षों और लताओं ने वातावरण से समझौता किया है, कितने ही मैदान में जा बसे हैं, लेकिन देवदारु है कि नीचे नहीं उतरा, समझौते के रास्ते नहीं गया और उसने अपनी खानदानी चाल नहीं छोड़ी। झूमता है तो ऐसा मुस्कराता हुआ मानो कह रहा हो, मैं सब जानता हूँ, सब समझता हूँ। तुम्हारे करिश्मे मुझे मालूम हैं, मुझसे तुम क्या छिपा सकते हो—'मों ते दुरैहौ कहा सजनी, निहुरे-निहुरे कहुँ ऊँट की चोरी!' हजारों वर्ष के उतार-चढ़ाव का ऐसा निर्मम साथी दुर्लभ है।

[कुटज से]

पाँच : वसन्त आ गया है

जिस स्थान पर बैठकर लिख रहा हूँ, उसके आस-पास कुछ थोड़े-से पेड़ हैं। एक शिरीष है, जिस पर लंबी-लंबी सूखी छिम्मियाँ अभी लटकी हुई हैं। पत्ते कुछ झड़ गए हैं और कुछ झड़ने के रास्ते में हैं। जरा-सी हवा चली नहीं कि अस्थिमालिकावाले उन्मत्त कापालिक भैरव की भाँति खड़खड़ाकर झूम उठते हैं। 'कुसुमजन्म ततो नव पल्लवाः' का कहीं नाम-गन्ध भी नहीं है। एक नीम है। जवान है, मगर कुछ अत्यंत छोटी किसलयिकाओं के सिवा उमंग का कोई चिन्ह उसमें भी नहीं है। फिर भी यह बुरा मालूम नहीं होता। मसें भीगी हैं और आशा तो है ही। दो कृष्ण-चूड़ाएँ हैं। स्वर्गीय कविवर रवीन्द्रनाथ के हाथ से लगी वृक्षावली में ये आखिरी हैं। इन्हें अभी शिशु ही कहना चाहिए। फूल तो इनमें कभी आए नहीं, पर ये अभी नादान हैं। भरे फागुन में इस प्रकार खड़ी हैं मानो आषाढ़ ही हो। नील मसृण पत्तियाँ और सूच्यग्र शिखान्त। दो-तीन अमरूद हैं, जो सूखे सावन भरे भादों कभी रंग नहीं बदलते—इस समय दो-चार श्वेत पुष्प इन पर विराजमान हैं; पर ऐसे फूल माघ में भी थे और जेठ में भी रहेंगे। जातीय पुष्पों का एक केदार है; पर इन पर ऐसी मुर्दनी छाई हुई है कि मुझे कवि-प्रसिद्धियों पर लिखे हुए एक लेख में संशोधन की आवश्यकता महसूस हुई है। एक मित्र ने अस्थान में एक मल्लिका का गुल्म भी लगा रखा है, जो किसी प्रकार बस जी रहा है। दो करबीर और एक कोविदार के झाड़ भी उन्हीं मित्र की कृपा के फल हैं, पर वे बुरी तरह चुप हैं। कहीं भी उल्लास नहीं, उमंग नहीं और उधर कवियों की दुनिया में हल्ला हो गया, प्रकृति रानी नया शृंगार कर रही है, और फिर जाने क्या-क्या! कवि के आश्रम में रहता हूँ। नितांत ठूँठ नहीं हूँ; पर भाग्य प्रसन्न न हो तो कोई क्या करे? दो कांचनार वृक्ष इस हिन्दी-भवन में हैं। एक ठीक मेरे दरवाजे पर और दूसरा मेरे पड़ोसी के। भाग्य की विडम्बना देखिए कि दोनों एक ही दिन के लगाए गए हैं। मेरावाला ज्यादा स्वस्थ और सबल है। पड़ोसीवाला कमजोर, मरियल। परंतु इसमें फूल नहीं आए और वह कम्बख्त कंधे पर से फूल पड़ा है। मरियल-सा पेड़ है, पर क्या मजाल कि आप उसमें फूल के सिवा और कुछ देखें! पत्ते हैं नहीं और टहनियाँ फूलों से ढक गई हैं। मैं रोज देखता हूँ कि हमारे वाले

मियाँ कितने अग्रसर हुए! कल तीन फूल निकले थे। उनमें दो तो एक सन्थाल-बालिका तोड़कर ले गई। एक रह गया है। मुझे कांचनार फूल की ललाई बहुत भाती है। सबसे बड़ी बात यह है कि इन फूलों की पकौड़ियाँ भी बन सकती हैं। पर दुर्भाग्य देखिए कि इतना स्वस्थ पेड़ ऐसा सूना पड़ा हुआ है और वह कमजोर दुबला लहक उठा है! कमजोरों में भावुकता ज्यादा होती होगी!

पढ़ता-लिखता हूँ। यही पेशा है। सो दुनिया के बारे में पोथियों के सहारे ही थोड़ा-बहुत जानता हूँ। पढ़ा हूँ, हिन्दुस्तान के जवानों में कोई उमंग नहीं है, इत्यादि-इत्यादि। इधर देखता हूँ कि पेड़-पौधे और भी बुरे हैं। सारी दुनिया में हल्ला हो गया कि वसंत आ गया। पर इन कमबख्तों को खबर ही नहीं! कभी-कभी सोचता हूँ कि इनके पास तक संदेश पहुँचाने का क्या कोई साधन नहीं हो सकता! महुआ बदनाम है कि उसे सबके बाद वसंत का अनुभव होता है; पर जामुन कौन अच्छा है! वह तो और भी बाद में फूलता है। और कालिदास का लाड़ला यह कर्णिकार? आप जेठ में मौज में आते हैं। मुझे ऐसा लगता है कि वसंत भागता-भागता चलता है। देश में नहीं, काल में। किसी को वसंत पंद्रह दिन का है तो किसी का नौ महीने का। मौजी है अमरूद। बारह महीने इसका वसंत-ही-वसंत है। हिन्दी-भवन के सामने गंधराज पुष्पों की पाँत है। ये अजीब हैं, वर्षा में ये खिलते हैं, लेकिन ऋतु-विशेष के उतने कायल नहीं हैं। पानी पड़ गया तो आज भी फूल ले सकते हैं। कवियों की दुनिया में जिसकी कभी चर्चा नहीं हुई, ऐसी एक घास है—विष्णुकान्ता। हिन्दी-भवन के आँगन में बहुत है। कैसा मनोहर नाम है! फूल और भी मनोहर होते हैं। जरा-सा तो आकार होता है, पर बलिहारी है उस नील मेदुर रूप की। बादल की बात छोड़िए, जरा-सी पुरवैया बह गई तो इसका उल्लास देखिए। बरसात के समय तो इतनी खिलती है कि मत पूछिए। मैं सोचता हूँ कि इस नाचीज लता को संदेश कैसे पहुँचता है! थोड़ी दूर पर वह पलाश ऐसा फूला है कि ईर्ष्या होती है। मगर उसे किसने बताया कि वसंत आ गया है? मैं थोड़ा-थोड़ा समझता हूँ, वसंत आता नहीं ले आया जाता है। जो चाहे और जब चाहे अपने पर ले आ सकता है। वह मरियल कांचनार ले आया है। अपने मोटेराम तैयारी कर रहे हैं, और मैं?

मुझे बुखार आ रहा है। यह भी नियति का मजाक ही है। सारी दुनिया में हल्ला हो गया है कि वसंत आ रहा है, और पास आया बुखार। अपने कांचगार की ओर देखता हूँ और सोचता हूँ, मेरी वजह से तो यह नहीं रुका है?

[अशोक के फूल से]

छह : केतु-दर्शन

12 नवम्बर की ऐतिहासिक रात थी। मैं लगभग तीन बजे उठ गया। धूमकेतु की धूम मची हुई थी। इसे देखना जरूरी हो गया था। ज्योतिष से नाता टूट गया है, लेकिन पिण्ड नहीं छूटा है। लोग हजार तरह के प्रश्न पूछते हैं। जवाब तो देना ही पड़ता है। सो, 12 नवम्बर को रात को घर से बाहर निकल पड़ा। ज्योतिष की दुनिया में इस तारीख को एक अद्भुत घटना हुई थी। उस दिन रात के ठीक तीन बजे सारा आकाश आतिशबाजी की शोभा से उद्दीप्त हो उठा था। नीचे-ऊपर, दाएँ-बाएँ ज्वलन्त उल्कापिण्डों की ऐसी लहाछेह वर्षा हुई थी कि देखनेवालों ने पृथ्वी के भविष्य की आशा छोड़ दी थी। यह 1917 ई. की बात है। तबसे अब तक 12 नवम्बर की तिथि कितनी ही बार आई, और गई, लेकिन वैसा दृश्य फिर नहीं दिखाई दिया। 14 नवम्बर को अवश्य ही सिंह राशि के पास के यदा कदा आकाशबाण छूटते नजर आते हैं, पर 12 नवम्बर की घटना ऐतिहासिक हो गई है। अगर वह ऐतिहासिक न होकर कहीं ज्योतिषिक होती, तो मेरा रात जागना धूमकेतु के बिना भी सार्थक होता। लेकिन जो बीत गई सो बीत गई। आज नए धूमकेतु आए हैं, परिव्राजक जाति के पिंड हैं, कौन जाने फिर कभी पधारेंगे या नहीं, देख ही लेना चाहिए। पुराने जमाने के धुरन्धर ज्योतिषी वराहमिहिर ने साफ शब्दों में इन लोगों की चाल-ढाल का पता लगाने में अपनी हार मान ली थी। 'बृहत्संहिता' में कह गए हैं, इन भलेमानसों की गति और उदय-अस्त का पता गणित-विधि से नहीं चलता—'दर्शनमस्तमनं वा न गणितविधिनाऽस्य शक्यते ज्ञातुम्'!! आधुनिक ज्योतिषी इतना नहीं कहते, मगर उनके भी कहने का कुछ अर्थ इसी के आस-पास पहुँचता है। सो, केतु-दर्शन दुर्लभ सौभाग्य है। मुझसे भी अधिक चिंतित मेरे बच्चे थे। छोटे हजरत ने स्कूल में जो कुछ सुना था, उस पर से अनुमान कर लिया था कि रात को कोई लंबी पूँछ वाला लंगूर आने वाला है। उनका भ्रमोच्छेद भी कर्तव्य था।

जो लोग दीवारों में घिरे और छत से ढँके कमरों में रात काटने के अभ्यस्त हैं, उनसे यदि कहूँ कि रात जीवंत वस्तु है तो न जाने क्या कहेंगे। लेकिन जो कोई भी आँख-कान रखनेवाला भला आदमी तारा-खचित आसमान के नीचे घंटे-आध घंटे

के लिए आ खड़ा होगा, वह अनुभव करेगा कि रात सचमुच ही जीवंत पदार्थ है। वह साँस लेती हुई जान पड़ती है, उसके अंग-अंग में कंपन होता रहता है, वह प्रसन्न होती है, उदास होती है, धुँधुआ जाती है, खिल उठती है। धीरे-धीरे, लेकिन निस्संदेह, वह करवट बदलती रहती है, सो जाती है, जाग उठती है! हर किसान रात के 'विहँसने' का अनुभव किए होता है। एक बार मैं गाँव से ऐसी ही बिहँसती हुई रात को उषःकाल समझकर निकल पड़ा था, और आठ मील पैदल चलने पर भी जब सूर्योदय नहीं हुआ तब अपनी गलती समझ सका था। ज्योतिष के विद्यार्थी के समान सौभाग्यवान् विरला ही शास्त्रजिज्ञासु होता होगा। उसे आसमान में आनंद मिलता है, और यदि मेघाच्छन्न आकाश कुछ भी दिखाने को प्रस्तुत न हो, तो रात की शोभा को कौन छीन सकता है? ज्योतिष अपने प्रेमी को कभी खाली हाथ नहीं लौटने देता।

12 नवम्बर की रात को एक उल्का मुझे अस्तगामी एण्ड्रोमीडा नक्षत्र के पास दिखी, मैं पूर्वी आकाश में देखने की आशा में था। विराट् शून्य को अगर समुद्र समझें तो उसमें कोटि-कोटि नक्षत्रपुंज कई द्वीप-पुंजों के समान हैं। हमारा यह नक्षत्र-जगत् एक द्वीपपुंज है! दूसरा जो हमारे सबसे निकट का पड़ोसी द्वीपपुंज है वह भरणी नक्षत्र के समीपवर्त्ती इस एण्ड्रोमीडा के ही पास की एक नीहारिका है। इस विराट् ब्रह्माण्ड के अरायजनवीश–ज्योतिषी–लोगों ने हिसाब लगा के बताया है कि इस पड़ोसी नक्षत्रपुंज का, जो हमारा सबसे निकटवर्ती नक्षत्र है, उसका प्रकाश पृथ्वी तक सिर्फ नौ लाख वर्षों में ही पहुँच जाता है, और जो हमसे बहुत दूर है, उसके प्रकाश के आने में कुछ ज्यादा समय जरूर लग जाता है–सिर्फ 3 अरब वर्ष!–लेकिन फिर भी वह हमारे सबसे निकटवर्ती द्वीप-पुंज की आखिरी सीमा का ही पत्थर है। उल्कापिण्ड यद्यपि वहीं से आता दिखाई दिया, मगर मुश्किल से उसकी ऊँचाई 25-30 मील की रही होगी। वह तो केवल हमारी आँख को सुदूर शून्य में खींच लेने का एक बहाना मात्र था। ऐसा लगा मानो किसी ने अनन्त शून्य में कुछ देखने या दिखाने के उद्देश्य से दियासलाई जला दी हो!

पूर्वी आकाश का मुख उज्ज्वल हो गया जैसे प्राची दिग्वधू ने हँस दिया हो। शुक्र देवता या वीनस देवी–यवन देवियों में सर्वाधिक सुंदरी–उदय होनेवाली हैं। कालिदास होते तो कह उठते :

अलकसंयमनादिव लोचने
हरति मे हरिवाहनदिङ्मुखम्!

ऐसा जान पड़ता है कि प्राची दिशारूपी सुंदरी ने अपने मुख पर से केशों को हटा लिया है, और इस प्रकार एकाएक उद्भासित मुख मेरी आँखों को बरबस खींच रहा है। अवश्य मैं निश्चित रूप से इस बात को नहीं कह सकता, क्योंकि कालिदास ने चंद्रमा की उदयगूढ़ किरणों को देखकर ही उल्लास प्रकट किया था। मैं केवल यही कह सकता हूँ कि शुक्र का उदय भी कम लुभावना नहीं होता, और मेरा विश्वास

है कि इस विषय में कालिदास मुझसे अधिक लोभी थे।

यह हस्त नक्षत्र उदित हुआ। पाँचों अँगुलियाँ साफ दिख रही हैं। इसके पास ही कुहासे-सा दिखाई दिया। धूमकेतु की यह पूँछ थी। हिन्दी में इसे पुच्छलतारा कहा जाता है, इसीलिए मैं भी इस झाड़ूनुमा पताका को पूँछ कह रहा हूँ। असल में यह पूँछ नहीं है। प्राचीन आचार्यों ने 'पुच्छलतारा' को केतु (पताका), धूमकेतु (धुएँ की पताका) और शिखी (चोटीवाला) कहा है। यही उचित भी है, क्योंकि आधुनिक शोधों से प्रमाणित हो गया है कि जिसे 'पूँछ' कहा जाता है वह वास्तव में शिखा या चोटी है। जब धूमकेतु सूर्य के पास पहुँचता है, तो उसके भीतर के लघुभार गैसीय पदार्थ सूर्य की ओर उसी प्रकार आकृष्ट होते हैं, जिस प्रकार धारायन्त्र (फव्वारे) से ऊर्ध्वमुख धाराएँ निकलती हैं। फिर सूर्य की प्रकाश-राशि का ऐसा दबाव पड़ता है कि वह उसी प्रकार पीछे फिंक जाता है जिस प्रकार पृथ्वी के आकर्षण से धारायंत्र की ऊर्ध्वमुख धाराएँ नीचे लौट आती हैं। यही कारण है कि केतु की शिखा या पताका केतु पर सूर्य से उलटी दिशा में रहती है। अब यदि फव्वारे की धाराएँ पूँछ है तो केतु का पिछला हिस्सा भी पूँछ है और यदि वह शिखा है तो यह भी शिखा है। मुझे शिखा कहना ज्यादा अच्छा लगता है, पर जो चल पड़ा है उसे मान लेना ही उचित है। 'गतानुगतिको लोको न लोकः पारमार्थिकः' दुनिया का यही नियम है। भारवि ने अफसोस के साथ कहा था कि दुनिया को सच्चे अर्थ से कोई मतलब थोड़े ही है। जो जी में आया कह दिया। दुनिया को नाश करनेवाले देवता का नाम रख दिया 'शिव' (कल्याण) और पालन करनेवाले का नाम दे दिया जनार्दन (जन का नाश करनेवाला)! अब इसके चक्कर में कौन पड़े? अपने से भरसक गलती नहीं करनी चाहिए :

धियात्मनस्तावदचारु नाचरेत्!
जनस्तु यद्वेद स तद्वदिष्यति।
जनावनायोद्यमिनं जनार्दनं
जगत्क्षये जीव्यशिवं शिवं वदन्।।

सो, धीरे-धीरे हस्त नक्षत्र के पास धूमकेतु का उदय हुआ। आहा, क्या सुंदर पताका (केतु) है! श्वेत पताका शान्ति का संदेशवाहक है। कम लोग जानते होंगे कि धूमकेतु कभी-कभी शुभ फल भी देते हैं। मेरा मन, लेकिन, इस धूमकेतु को देखकर सन्नाटे में आ गया। यह दक्षिण-पूर्व में हस्त नक्षत्र के पास उदय, यह झबरीली शिखा, यह लाल-लाल ज्वलंत नाभि, ये सब तो अच्छे लक्षण नहीं हैं। पुराने पंडित इससे निश्चित रूप से सशंक हो उठते। ऐसे केतु अग्निदेवता के पुत्र होते हैं, ये भय के कारण होते हैं और ये क्या एक-दो हैं, सब मिला के पच्चीस भाई हैं!–

शुकदहनबन्धु जीवकलाक्षाक्षतजोपमा हुताशसुताः।
आग्नेय्यां दृश्यंते तावन्ततेऽपि शिखिनो भयदाः।।

न जाने यह भाइयों में कौन-सा है! सबसे छोटा भाई तो नहीं होगा, बड़ा भी नहीं है। मैग्निच्युड के हिसाब से चौथा या पाँचवाँ होगा! खैर, कोई बात नहीं। भय के हेतु होने में उतना डर नहीं है। डर यह है कि हस्त नक्षत्रवाला केतु दण्डकारण्य के राजा का नाश कर डालता है!

यह दण्डकारण्य कहाँ है? भाण्डारकर ने बताया था कि नागपुर समेत समूचा महाराष्ट्र ही दण्डकारण्य है। पर्जिटर ने कहा था कि बुंदेलखंड से लेकर कृष्णा नदी के तट का सारा देश दण्डकारण्य कहा जाता था। मगर उन ज्योतिषियों को मैं बहुत बुद्धिमान नहीं मानता जो ग्रहस्थिति देखकर फल भाखा करते हैं। बुद्धिमान ज्योतिषी वह है, जो फल देखकर ग्रहस्थिति का पता बताए। आए दिन ऐसे बुद्धिमान ज्योतिषियों के विवरण पत्र-पत्रिकाओं में निकलते ही रहते हैं जब कोई परिणाम हो जाता है, तो वे ग्रहस्थिति का अध्ययन करते हैं। कुछ तो इतने चतुर हैं कि फल देखकर यह भी कह देते हैं कि किस अतीत में उन्होंने ऐसे ही फल के होने की भविष्यवाणी की थी। बुद्धिमान फल से वृक्ष का पता लगाते हैं। जब किसी अधिपति के लिए भय का फलादेश शास्त्र में मिल ही गया है, तो अनुमान कर लेने में क्या बुराई है? मुझे आशंका हुई कि दण्डकारण्य कहीं हैदराबाद की रियासत तो नहीं है। बुरा मैं किसी का नहीं सोचना चाहता। भगवान् करें, दण्डकारण्य भूलोक में कहीं हो ही नहीं!

मगर जाने भी दीजिए। धूमकेतु बिलकुल शुक्र के पास है। पहले के ज्योतिषी लोग मानते थे कि ये तीन जाति के हैं—दिव्य, अन्तरिक्ष और भौम। नए ज्योतिषी भी तीन प्रकार के मानने लगे थे—दीर्घवृत्त में घूमनेवाले, परवलय में विचरनेवाले और अतिपरवलय-मार्ग में रमनेवाले। दीर्घवृत्तवालों का कुछ हिसाब लग जाता है, क्योंकि दीर्घवृत्त की एक सीमा होती है। परंतु परवलय और अतिपरवलय में घूमने वाले एकदम रमतेराम होते हैं। इधर से आए, उधर निकल गए। अनुमान किया गया था कि दीर्घवृत्तवाले भी पहले रमतेराम ही थे, लेकिन संयोगवश इस दुनिया के आकर्षण के चक्कर में पड़ गए हैं, इस आकर्षण की माया न काट सकने के कारण ही इन्हें घरबारी का भेष धारण करना पड़ा है। स्वर्गीय कविवर रवीन्द्रनाथ ठाकुर ने लिखा है कि "ये लोग सूर्य के परिवार में एकदम बिराने हैं। बहुत दूर से अचानक सूर्य के इलाके में आ जाते हैं। किसी प्रकार एक बार सूर्य के चारों ओर प्रदक्षिणा समाप्त करके तत्काल विरागी होकर निकल पड़ते हैं!" परंतु अब, सुना है कि, ज्योतिषियों ने अपना मत बदल दिया है। वे मानने लगे हैं कि वस्तुतः सभी केतु दीर्घवृत्त में ही घूमते हैं। कोई देर आता है, कोई सबेर, लेकिन आते सब हैं। सब माया में फँसे हैं, बैरागी कोई नहीं। मगर मैं दूसरी बात सोच रहा हूँ।

कुछ थोड़े-से धूमकेतुओं की गतिविधि का पता लग सका है। एक हैली धूमकेतु है, जो 1910 ई. में अंतिम बार दिखा था। हैली नाम के ज्योतिषी ने पहले-पहल

हिसाब लगाकर देखा था कि यह 76 वर्ष में लौटता है, और इसका मार्ग दीर्घवृत्ताकार है। तब से यह कई बार देखा गया है और इसका नाम ही 'हैली धूमकेतु' पड़ गया है। 1910 ई. की 19वीं मई को यह सूर्य और पृथ्वी के बीच में आ गया था। 20 मई को तो यह पृथ्वी के बहुत नजदीक आ गया। सूर्य के सामने आने पर यह और भी तेजस्वी बना। इसकी पूँछ—अर्थात् शिखा—उदयगिरि से अस्तगिरि तक पहुँचती थी। उस चौड़ी उज्ज्वल शिखा को देखकर एक कवि ने आकाश-सुन्दरी की उज्ज्वल सीमंतरेखा का सौंदर्य अनुभव किया था। एक दिन तो हमारी यह पृथ्वी उसकी पूँछ के भीतर से निकल गई। पढ़े-लिखे—अर्थात् समझदार समझे जानेवाले—लोग घबरा गए थे। प्रतिक्षण कुछ घट पड़ने की आशंका थी। त्राहि-त्राहि मच गई थी। लेकिन बाद में मालूम हुआ कि विधाता ने पृथ्वी को काफी मजबूत बनाया है, धूमकेतु इसका कुछ बिगाड़ नहीं सकते—उनकी पूँछ तो बिलकुल नहीं! 1910 ई. में पृथ्वी बच गई, और उम्मीद की जानी चाहिए कि 1986 ई. में भी बच ही जाएगी। अगर नहीं बच सकी, तो उसका कारण धूमकेतु नहीं होगा, मनुष्य के बनाए हुए मारणास्त्र होंगे। खैर।

अब यह जो 'हैली' नामक धूमकेतु है, वह बराबर इसी प्रकार देखा गया है। 87 ई. पू. से लेकर 1910 ई. तक वह प्रति 76वें वर्ष देखा गया है और संसार के इतिहास में कहीं-न-कहीं उसकी चर्चा अवश्य मिल जाती है। ऐसा जान पड़ता है कि पाँचवीं शताब्दी के मध्यभाग के आस-पास वह भारतवर्ष में भी दिखा था। पराशर नामक ज्योतिषी ने उसका नाम 'चलकेतु' दिया था। संयोगवश उसी समय हूण दस्युओं का बड़ा घोर आक्रमण हुआ था, और समूचा मध्यदेश विध्वस्त हो गया था। पराशर का विश्वास था कि यह केतु 1500 वर्ष बाद उदित होता है। पराशर के आधार पर वराहमिहिर ने अपनी 'वृहत्संहिता' में लिखा है कि चलकेतु पश्चिम दिशा में उदित होता है, उसकी शिखा दक्षिण की ओर झुकी होती है, और अंगुलभर ऊँची दिखती है। जैसे-जैसे वह शिखा उत्तर की ओर झुकती जाती है, वह वैसे-वैसे बढ़ती जाती है (यहाँ यह स्मरण रखना चाहिए कि केतु की शिखा सूर्य के निकट आने से बढ़ती जाती है), फिर तो वह सप्तर्षियों को, ध्रुव को और अभिजित् नक्षत्र को छूती हुई आकाश के आधे से भी अधिक भाग को ढँक लेती है। यह प्रयाग से लेकर अवन्ती तक के संपूर्ण मध्यदेश का नाश कर डालता है, और दस या अठारह महीने तक प्रजा रोग और दुर्भिक्ष का शिकार हो जाती है। चलकेतु का यह विवरण इस धूमकेतु के अन्य प्राप्त विवरणों से मिल जाता है।

तो, प्रकृत बात यह है कि हमारा नया धूमकेतु शुक्र के पास दिखाई दे रहा है। पता नहीं यह कोई पुराना परिचित केतु है, या नया उग गया है! ज्योतिषी लोग इसकी जात-पाँत जानने में लगे हैं, जल्दी ही इसकी जन्मपत्री तैयार हो जाएगी। एक बार एक ऐसा ही केतु बुध के पास पहुँच गया था। वह ज्योतिषियों का पहचाना

हुआ था। बुध ने आकर्षण की ऐसी नकेल खींची कि बिचारे का रास्ता ही गड़बड़ा गया। जहाँ ज्योतिषी लोग उसका इंतजार कर रहे थे, वहाँ पहुँच तो गया मगर जरा देर से। ज्योतिषशास्त्र के बारे में पहले ही कह चुका हूँ कि वह कभी अपने जिज्ञासु को खाली हाथ लौटने नहीं देता। इस बार जो इस मार्ग-भ्रष्ट धूमकेतु के आने में देर हुई उससे ज्योतिषियों को लाभ ही हुआ। हिसाब लगाकर उन्होंने बुध का वजन निकाल लिया। कई बार पता लगा था कि पृथ्वी की बराबरी करने के लिए बुध को इक्कीस गुना भारी होना पड़ेगा। मैं सोचने लगा था कि इस बार भी कुछ नया गुल खिलेगा क्या! अभी तो कुछ पता नहीं चलता है।

क्या केतुओं की संख्या जानी जा सकती है? गर्ग ने न जाने किस प्रकार गणना करके यह संख्या 101 बताई थी, पराशर ने एक सहस्र। मौजी ज्योतिषी नारद ने कहा था–है तो एक ही, लेकिन बहुरूपिया है! होगा!

मैं इस प्रभातकल्पा शर्वरी के उपान्त्य भाग में आश्चर्य के साथ धूमकेतु को देख रहा हूँ। मनुष्य कितना जानता है! इस विपुल ब्रह्माण्ड-निकाय में वह कैसा क्षुद्र जीव है, फिर भी कितनी शक्ति का स्रोत है वह! वह धूमकेतु से पहले डरा था। फिर घबराया था, लेकिन अब उसने इसका भी रहस्य बहुत-कुछ जान लिया है, और भी जानने के लिए हाथ-पैर मार रहा है। मनुष्य हारेगा नहीं। निराश होने की कोई बात नहीं है जो लोग केतु को देखकर ही घबरा गए हैं, उन्हें समझना चाहिए कि मनुष्य की बुद्धि को जिस शक्ति ने इतनी महिमा दी है, वह उसे केतु से हारने नहीं देगी।

[कल्पलता से]

सात : पंडितों की पंचायत

यह संयोग की ही बात कही जाएगी कि इस बार के एकादशीवाले झगड़े की सभा में मुझे भी उपस्थित रहना पड़ा। मैं बिलकुल ही नहीं जानता था कि काशी के पंचांग-निर्माताओं ने गाँव में रहनेवाले विश्वास-परायण पंडितों को आलोड़ित कर दिया है। वैशाख शुक्ल पक्ष की एकादशी किसी ने बृहस्पतिवार के दिन बता दी है और किसी ने शुक्रवार के दिन। अचानक जब एक दिन पंडितों की पंचायत में मुझे बुला भेजा गया तो एकदम शस्त्रहीन योद्धा की भाँति मुझे संकोच के सहित ही जाना पड़ा। सभा में उपस्थित पंडितों में से अधिकांश मुझे जानते थे, किसी-किसी के मत से मैं घोर नास्तिक भी था, फिर भी न जाने क्यों इन्होंने मुझे बुलाने की बात का समर्थन किया। शायद इसलिए कि मैं कुछ ज्योतिषशास्त्र से परिचित समझा जाता था और आलोच्य विषय का कुछ सम्बन्ध उक्त शास्त्र से भी था। जो हो, मैंने इसे पंडित-मण्डली की उदारता ही समझी और शुरू से आखिर तक अपना कोई स्वतंत्र मत व्यक्त न करने का संकल्प-सा कर लिया।

मैं जब सभास्थल पर पहुँचा तो विचार आरंभ हो चुका था। इसीलिए यह जानने का मौका ही नहीं मिला कि सभा का कोई सभापति या सरपंच है या नहीं। शायद इसका निर्वाचन ही नहीं हुआ था। मुझे देखते ही एक पंडित जी ने उत्तेजित भाव से कहा, कि देखिए 'विश्व-पंचांग वालों ने क्या अनर्थ किया है। इन लोगों का गणित तीन लोकों से न्यारा होता है। भाई, सब जगह जबरदस्ती चल सकती है; 'लेकिन शास्त्र पर जबरदस्ती नहीं चलेगी।' मैंने मन-ही-मन इसका अर्थ समझ लिया। यह मुझे युद्ध क्षेत्र में आ डटने की ललकार थी। मैं हँसकर रह गया।

शास्त्र पर जबरदस्ती! मेरी भावुकता को जबरदस्त धक्का लगा। मेरा विद्रोही पाण्डित्य तिलमिलाकर रह गया। क्षण-भर में मेरे सामने संपूर्ण ज्योतिषिक इतिहास का रूप खेल गया। एक युग था, जब हमारे देश में लगध मुनि का अत्यंत सूक्ष्म गणित प्रचलित था लेकिन पंडितों का दल संतुष्ट नहीं हुआ, उसने किसी भी प्राचीन शास्त्र को प्रमाण न मानकर अपना अनुसंधान जारी रखा। गणना सूक्ष्म से सूक्ष्मतर होती गई। अचानक भारतवर्ष के उत्तरी पश्चिमी किनारे पर यवनवाहिनी का भीषण

रण-तूर्य सुनाई पड़ा। देश के विद्यापीठ–गांधार से लेकर साकेत तक–एकाधिक बार विध्वस्त हुए। भारतवर्ष कभी जीतता रहा, कभी हारता रहा। कभी सारा भारतीय साम्राज्य समृद्धिशाली नगरों से भर गया, कभी श्मशान परिणत जनपदों के हाहाकर से झनझना उठा। पर अनुसंधान जारी रहा। भारतीय और ग्रीक पंडितों के ज्ञान का संघर्ष भी चलता रहा, हठात ईसा की चौथी शताब्दी में भारतीय ज्योतिष के आकाश में कई ज्वलंत ज्योतिष्क पिण्ड एक ही साथ चमक उठे। भारतीय गणना बहुत परिमाण में यावनी विद्या से समृद्ध हुई। यावनी विद्या हतदर्प होकर भारतीय गौरव को वरण करने लगी। उस दिन निःसंकोच भारतीय पंडितों ने घोषणा की–यवन मलेच्छ हैं सही, पर इस (ज्योतिष) शास्त्र के अच्छे जानकार हैं। 'वे भी ऋषिवत् पूज्य हैं, ब्राह्मण ज्योतिषी की तो बात ही क्या है!' (वृहत् संहिता)।

मैंने कल्पना के नेत्रों से देखा–महागणक आचार्य बराहमिहिर न्यायासन पर बैठकर तत्काल प्रचलित पाँच सिद्धांतों के मतों का विचार कर रहे हैं। इनमें दो विशुद्ध भारतीय मत के प्राचीनतर सिद्धांत हैं, दो में यावनी विद्या का असर है, पाँचवाँ (सूर्य सिद्धांत) स्वतंत्र भारतीय चिंता का फल है, बराहमिहिर ने पहले दोनों यावनी प्रभावापन्न सिद्धांतों की परीक्षा की। पौलिश का सिद्धांत अच्छा मालूम हुआ, रोमक भी उसके निकट ही रहा। आचार्य ने छोटी-मोटी भूलों का खयाल न करते हुए साफ-साफ कह दिया–अच्छे हैं। फिर भी सूर्य सिद्धांत की जाँच हुई। आचार्य का चेहरा खिल उठा। यह और भी अच्छा था। और अन्त में ब्रह्म और शाकल्य के सिद्धांतों की बारी आई। आचार्य के माथे पर जरा-सा सिकुड़न का भाव दिखाई दिया, उन्होंने दोनों को एक तरफ ठेलते हुए कहा–उहुँ! यह दूर-विभ्रष्ट हैं।

पौलिशकृतोऽस्फुटोऽसौ तस्यासन्नस्तु रोमकः प्रोक्तः।
स्पष्टतरः सावित्रः परिशेषौ दूर-विभ्रष्टौ।। (पंच सिद्धांतिका)

उस दिन किसी की हिम्मत नहीं थी कि आचार्य को शास्त्र पर जबरदस्ती करने वाला कहे। क्योंकि वह स्वतंत्र चिंता का युग था, भारतीय-समाज इतना रूढ़िप्रिय और परापेक्षी नहीं था। वह ले भी सकता था और दे भी सकता था। मैंने देखा ब्रह्मगुप्त के शिष्य भास्कराचार्य निर्भीक भाव से कह रहे हैं, इस गणित स्कंध में युक्ति ही एक मात्र प्रमाण है, कोई भी आगम प्रमाण नहीं। यह बात सोलह आने सही थी और भारतीय पंडित-मंडली को सही बात स्वीकार करने का साहस था। पर आज क्या हालत है।

मैं जिस समय यह चिंता कर रहा था उसी समय पंडित लोग निर्णय-सिंधु और धर्म-सिंधु के पन्ने उलट रहे थे। नाना प्रसिद्ध और अप्रसिद्ध ऋषियों, पुराणों और संहिताओं के वचन पढ़े जा रहे थे और उनकी संगतियाँ लगाई जा रही थीं। मैं उद्विग्न-सा होकर सोच रहा था कि वे निबंध ग्रंथ क्यों बनाए गए? मुझे ऐसा लगा कि पश्चिम में एक आत्म विश्वासी धर्म का जन्म हुआ है जो किसी से समझौता नहीं जानता,

किसी को मित्र नहीं मानता। उसके दाहिने हाथ के कठोर कृपाण के आक्रमण से बड़ी-बड़ी सभ्यताओं के लौह प्राचीर चूरचार हो जाते हैं, और बाएँ हाथ के अमृत आश्वासन से पराजित जन-समूह एक नए जीवन और नए वैभव के साथ जी उठता है। जो एक बार उसके अधीन हो जाता है वही उसके रंग में आपाद-मस्तक रंग जाता है। वह इसलाम है।

इसलाम-विजय-स्फीत वक्ष होकर भारतीय संस्कृति को चुनौती देता है, उसके बारंबार आक्रमण से उत्तरी भारत संत्रस्त हो उठता है और कुछ काल के लिए समूचा हिन्दुस्तान त्राहि-त्राहि की मर्म-भेदी आवाज से गूँज उठता है। धीरे-धीरे उत्तर के विद्यापीठ दक्षिण और पूर्व की ओर खिसकते जाते हैं। महाराष्ट्र नवीन आक्रमण से मोर्चा लेने के लिए कटिबद्ध होता है और भारतीय विश्वास के अनुसार सबसे पहले अपने धर्म की रक्षा को तैयार होता है। भारतीय पंडितों ने कभी इतनी मुस्तैदी के साथ स्तूपीभूत शास्त्र-वाक्यों की छानबीन नहीं की थी, शायद भारतीय संस्कृति को कभी ऐसे विकट ललकार के सुनने की संभावना नहीं हुई थी। क्षणभर के लिए ऐसा जान पड़ा कि भारतीय मनीषा ने स्वतंत्र चिंता को एकदम त्याग दिया है, केवल टीका, केवल निबंध, केवल संग्रह ग्रंथ! शास्त्र के किसी अंग पर स्वतंत्र ग्रंथ नहीं लिखे जा रहे हैं। सर्वत्र टीका-पर-टीका, तिलक-पर-तिलक, तस्यापि तिलक—एक कभी समाप्त न होनेवाली टीकाओं की परम्परा।

देखते-देखते टीका-युग का प्रभाव देश के इस छोर से उस छोर तक व्याप्त हो जाता है। महाराष्ट्र, काशी, मिथिला और नवद्वीप टीकाओं और निबंधों के केंद्र हो उठते हैं। शास्त्र का कोई वचन छोड़ा नहीं जाता है, किसी भी ऋषि की उपेक्षा नहीं की जा रही है पर भयंकर सतर्कता के साथ प्रचलित लोक नियमों का ही समर्थन किया जाता है। इस नियम के विरोध में जो ऋषि-वचन उपलब्ध होते हैं उन्हें 'ननु' के साथ पूर्व पक्ष में कर दिया जाता है और उत्तर पक्ष सदा स्थानीय आचार्यों का समर्थन करता है। पंडितों की भाषा में इसी को संगति लगाना कहा जाता है। संगति लगाने का यह रूप मुझे हतदर्प भारतीय धर्म की सबसे बड़ी कमजोरी जान पड़ी। मैं ठीक समझ नहीं सका कि शास्त्रीय वचनों के इन विशाल पर्वतों को खोदकर ये चुहियाँ क्यों निकाली जा रही हैं।

यह जो एकादशी व्रत का निर्णय मेरे सामने हो रहा है, जिसमें बीसियों आचार्यों के सैकड़ों श्लोक उद्धृत किए जा रहे हैं, अपने आप में ऐसा क्या महत्त्व रखता है जिसके लिए एक दिन सैकड़ों पंडितों ने परिश्रमपूर्वक सैकड़ों निबंध रचे थे और आज आसेतु हिमाचल समस्त भारतवर्ष के पंडित उनकी सहायता से व्रत का निर्णय कर रहे हैं। क्या श्रद्धापूर्वक किसी एक दिन उपवास कर लेना पर्याप्त नहीं था! यदि एकादशी किसी दिन 55 दण्ड से ऊपर हो गई, या किसी दिन उदय काल में न आ सकी, या किसी दिन उदय काल में आ गई तो क्या बन या बिगड़ गया? किसी

भी एक दिन व्रत कर लेना पर्याप्त नहीं है? मुझे 'ननु' 'तथाच' और 'उक्तच' की धुआँधार वर्षा से मध्य युग का आकाश इतना आविल जान पड़ा कि बीसवीं शताब्दी का ज्ञान लोक अनेक चेष्टाओं के बाद भी निबंधकारों की असली समस्या तक नहीं पहुँच सका। मैंने फिर एक बार सोचा, शास्त्रीय वचनों के इन विशाल पर्वतों को खोदकर यह चुहिया क्यों निकाली जा रही है।

लेकिन आज चाहे कुछ भी क्यों न जान पड़े, टीका-युग का प्रारंभ नितांत अर्थ-हीन नहीं था। मुझे साफ दिखाई दिया, भारतवर्ष की पदध्वस्त संस्कृत हेमाद्रि के सामने खड़ी है, चेहरा उसका उदास पड़ गया है, अश्रुक्षुब्ध-नयन कोटर शायी-से दिख रहे हैं, वदन कमल मुरझा गया है। हेमाद्रि का मुख-मंडल गंभीर है, भूदेश किंचित कुचिंत हो गए हैं, विशाल ललाट पर चिंता की रेखाएँ उभर आई हैं, अधरोष्ठ दाँतों के नीचे आ गया है—वे किसी सुदूर की वस्तु पर दृष्टि लगाए हैं। यह दृष्टि कभी अर्थ-हीन नहीं हो सकती, वह किसी निश्चित सत्य पर निपुण भाव से आबद्ध है। शायद वह भारतवर्ष के विच्छिन्न रस्म और रवाजों की बात होगी, शायद वह स्तूपीभूत शास्त्रों के मत-भेद की चिंता होगी, शायद वह संपूर्ण आर्य-सभ्यता को एक कठोर नियम-सूत्र में बाँधने की चेष्टा होगी, शायद वह नवागत प्रतिद्वंद्वी धर्म की अचिन्तनीय एकता के जवाब की बात होगी—पर वह थी बहुत दूर की बात। मुझे उसमें कोई संदेह नहीं रहा। जिस पंडित के लिए समग्र शास्त्र हस्तामलकवत् थे, जिसकी आँखों के सामने भारतीय संस्कृति नित्य कुचली जा रही थी, उस महामानव का कोई प्रयत्न निरर्थक नहीं हो सकता।

अगर सारा भारतवर्ष एक ही दिन उपवास करे, एक ही दिन पारण करे, एक ही मुहूर्त में उठे-बैठे, तो निश्चय ही वह एक सूत्र में ग्रंथित हो जाए। हेमाद्रि और उनके अनुयायियों का यही स्वप्न था, वह सफल भी हुआ। आज की यह पंचायत उसी सफलता का सबूत है। इस समय यह विचार नहीं हो रहा है कि विश्व पंचाङ्ग का मत मान्य है या और किसी का, बल्कि इस बात का निर्णय होने जा रहा है कि वह कौन-सा एक—और केवल एक—दिन होना चाहिए जब सारे भारत के गृहस्थ एक ही चिंता के साथ उपेषित होंगे। आज की सभा का यही महत्त्व है।

हेमाद्रि का स्वप्न सफल हुआ; पर उद्देश्य नहीं सिद्ध हो सका। भारतवर्ष एक ही तिथि को व्रत और उपवास करने लगा, एक मुहूर्त में उठने-बैठने के लिए बद्धपरिकर हुआ; पर एक नहीं हो सका। उसकी कमजोरी केवल रस्मों और रवाजों तक ही सीमित नहीं थी, यह तो उसकी बाहरी कमजोरी थी। जातियों और उपजातियों से उसका भीतरी अंग जर्जर हो गया था, हजारों संप्रदायों में विभक्त होकर उसकी आध्यात्मिक साधना शतच्छिद्र कलश की भाँति संग्रह हीन हो गई थी—वह हतज्योति उलका-पिंड की भाँति शून्य में छितराने की तैयारी कर रहा था।

लेकिन डूबते-डूबते भी सँभल गया। तकदीर ने तंत पर उसकी खबर ली, ज्योंही

नाव डगमगाई, त्योंही किनारा दिख गया। और भी सुदूर दक्षिण से भक्ति की निविड़ घनघटा दिखाई पड़ी, देखते-देखते यह मेघखंड सारे भारतीय आसमान में फैल गया और आठ सौ वर्षों तक इसकी जो धारा सार वर्षा हुई, उसमें भारतीय साधना का अनेक कूड़ा बह गया, उसके अनेक बीज अंकुरित हो उठे। भारतवर्ष नए उत्साह और नए वैभव से शक्तिशाली हो उठा। उसने उदात्त कंठ से दृढ़ता के साथ घोषित किया—प्रेम पुमर्थो महान्—प्रेम ही परम पुरुषार्थ है। विधि और निषेध, शास्त्र और पुराण, नियम और आचार, कर्म और साधना, इन सबके ऊपर है यह अमोघ महिमाशाली प्रेम। प्रेमी जाति और वर्ण से ऊपर है, आश्रम और संप्रदाय से अतीत है।

जिन दिनों की बात हो रही है, उन दिनों भारतवर्ष का प्रत्येक कोना तलवार की मार से झनझना रहा था, बडे-बड़े मंदिर तोड़े जा रहे थे, मूर्तियाँ विध्वस्त की जा रही थीं, राज्य उखाड़े जा रहे थे। विच्छिन्न हिन्दू-शक्ति जीवन के दिन गिन रही थी। और साथ ही दो भिन्न दिशाओं से उसे संहत करने का प्रयत्न चल रहा था। विच्छेद से और संघात के दो परस्पर विरोधी प्रयत्नों से एक अज्ञातपूर्व दशा नवीन विचार का संघर्ष नहीं चला था। तब तक दृश्य और अदृश्य गणना नामक दो अद्भुत शब्दों का आविष्कार नहीं हुआ था। साधारण दिमाग को समझ में ही नहीं आएगा कि गणना—ज्योतिष की प्रत्यक्ष गणना—दृश्य और अदृश्य एक ही साथ कैसे हो सकती है। पंडित लोग इस बात को इस प्रकार समझाते हैं—पहली तरह की गणना वह जिसे हमारे प्राचीन आचार्यों ने बताई है। यह ऋषिप्रोक्त गणना है। इस पर से अगर ग्रह-गणित करो तो कुछ स्थूल आता है। अर्थात् उस स्थान पर से ग्रह कुछ इधर-उधर हटा हुआ नजर आता है। पर आधुनिक वैज्ञानिक गणना से वह ठीक स्थान पर दिखता है। यह तो कहा नहीं जा सकता कि ऋषियों की गणना गलत है, असल बात यह है कि वह अदृश्य गणना है, वह आसमान में ग्रहों को यथास्थान दिखाने की गणना नहीं है; बल्कि एकादशी आदि व्रतों के निर्णय करने की गणना है। ये व्रत भी अदृश्य हैं, इनके फल भी अदृश्य हैं, फिर इनकी गणना क्यों अदृश्य न हो? दृश्य-गणना आधुनिक विज्ञान-सम्मत है। इसका काम ग्रहण, यूति आदि दृश्य-पदार्थों को दिखाना है। कुछ पंडित पहली गणना को ही मानकर पत्रा बनाते हैं, कुछ दूसरी के हिसाब से, कुछ दोनों को मिलाकर। इन दोनों को मिलाने से जिस 'दृश्यादृश्य' नामक विसंष्ठुल गणना का अवतार हुआ है उसमें कई पक्ष हैं, कई दल हैं। कोई सामन, कोई निरयण, कोई रैवत, कोई चैत्र, अनेक मत खड़े हुए हैं। झगड़ा बहुत-सी छोटी मोटी बातों तक पहुँचा हुआ है। उदाहरण के लिए मान लिया जाए कि किसी प्राचीन पंडित ने कहा कि 'क' से 'ख' स्थान का देशान्तर-काल एक घंटा है और आज के इस वैज्ञानिक युग में प्रत्यक्ष सिद्ध हो गया है कि एक घंटा नहीं पौन घंटा है। अब कौन-सा मत मान लिया जाए? कोई एकादशी व्रत के लिए प्राचीनाचार्य की बात पर चिपटा हुआ है, दूसरा इतनी-सी बात में उदार होना पसंद करता है। इन अनेक झगड़ों के कारण

एकादशी व्रत का निर्णय करना बड़ा मुश्किल हो गया है। प्रत्येक पत्रा अलग राय देता है, प्रत्येक पंडित अलग-अलग मत का समर्थन करता है। यह पश्चिमी विचारों के संघर्ष का परिणाम है। आज की इस छोटी-सी सभा की सृष्टि हुई। हिन्दू सभ्यता नई चेतना के साथ जाग उठी, आज जो आलोचना चल रही है, वह उसी नई चेतना का भग्नावशेष है। उसमें कोई स्फूर्ति नहीं रह गई है। नीरस और प्रलम्बमान तर्क-जाल से उकताकर मैं उद्विग्न हो रहा था। जी में आया, यहाँ से उठ चलूँ और इस विचार के आते ही मेरी कल्पना वहाँ से उठाकर मुझे अन्यत्र ले चली।

मुझे ऐसा जान पड़ा, मैं सारे जगत् के छोटे-मोटे व्यापार को देख सकता हूँ। मेरी दृष्टि समुद्र पार करके अद्‌भुत कर्ममय लोक में पहुँची। यहाँ के मनुष्यों में किसी को फुरसत नहीं जान पड़ी, सबको समय के लाले पड़े थे। सारे द्वीप में एक भी ऐसा गाँव नहीं मिला, जहाँ घंटों तक एकादशी व्रत के निर्णय की पंचायत बैठ सके। सभी व्यस्त, सभी चंचल, सभी तत्पर! मैं आश्चर्य के साथ इनकी अपूर्व कर्म-शक्ति देखता रह गया। यहाँ से लाल, काली, नीली आदि अनेक तरंगें बड़े वेग से निकल रही थीं और सारे जगत् के वायुमंडल को मुहूर्त भर में तरंगित कर देती थीं। भारतवर्ष के शांत वायुमंडल पर भी ये बार-बार आघात करती हुई नजर आईं। वह भी कुछ विक्षुब्ध हो उठा। ये विचारों की लहरें थीं।

मैं सोचने लगा, यूरोप से आए हुए नए विचार किस प्रकार नित्य प्रति हमारे समाज को अज्ञात भाव से एक विशेष दिशा की ओर खींचे लिए जा रहे हैं। पुस्तकों, समाचार-पत्रों, चल-चित्रों और रेडियो आदि के प्रचार से हमारे समाज के विचारों में भयंकर क्रांतिकारी परिवर्तन हो रहे हैं। भयंकर इसीलिए कि अभी तक यह समाज इस क्रांतिकारी विचार के महाभार को सँभालने के योग्य नहीं हुआ है--उसके पैर लड़खड़ा रहे हैं। उसके कंधे दुर्बल हैं, उसकी छाती धड़क रही है। हम सन्त्रस्त की तरह इन विचारों को देखते हैं; पर जब अज्ञात भाव से ये ही हमारे अंदर घर कर जाते हैं तो या तो हम जान ही नहीं सकते या यदि जान सकते हैं तो घबरा उठते हैं। आज की सभा भी इसी घबराहट का एक रूप है।

जिस दिन तक भारतीय ज्योतिष-शास्त्र के साथ इसका कोई भी पंडित यह बात ठीक-ठीक नहीं समझ रहा है। एकादशी व्रत का यह झगड़ा शारदा एक्ट से कम खतरनाक नहीं है, बाबू भगवानदास के प्रस्तावित कानून से कम उद्वेगजनक नहीं है। अगर ये कानून भारतीय संस्कृति को हिला सकते हैं तो यह झगड़ा और भी अधिक हिला देगा।

लेकिन भारतीय संस्कृति क्या सचमुच ऐसी कमजोर नींव पर खड़ी है, कोई एक एक्ट, कोई एक कानून और कोई एक विचार-विनिमय उसे हिला दे? मैं समझता हूँ, नहीं। मेरे सामने छः हजार वर्षों की और सहस्रों योजन विस्तृत देश की विशाल संस्कृति खड़ी है, उसके इस वृद्ध शरीर में जरा भी बुढ़ापा नहीं है, वह किसी चिरनवीन

प्रेरणा से परिचालित है। उसके मस्तिष्क में सहस्रों वर्ष का अनुभव है; लेकिन थकान नहीं है, उसकी आँखों में अनादि तेज झलक रहा है, पर आलस्य नहीं है! वह अपूर्व शक्ति और अनंत धैर्य को अपने वक्ष-स्थल में वहन करती आ रही है। उसने अपने विराट परिवर्तनशील दीर्घ जीवन में क्या-क्या नहीं देखा है? कुछ और देख लेने में उसे कुछ भी झिझक नहीं, कुछ भी हिचक नहीं है। जो लोग इस तेजोमय मूर्ति को नहीं देख सकते वही घबराते हैं, मैं नहीं घबरा सकता।

शास्त्र चर्चा अब भी चल रही थी। मैं सोचने लगा क्या यह जरूरी नहीं है कि सभी पंचांगवाले एकमत होकर एक ही तरह का निर्णय करें। शायद नहीं। क्योंकि हमारा देश एक विचित्र परिस्थिति में से गुजर रहा है। वह पुराना रास्ता छोड़ने को बाध्य है, किंतु नया रास्ता अभी मिला नहीं। वह कुछ पुराने के मोह में और कुछ नए के नशे में भूल रहा है। किसी दूसरे के दिखाए रास्ते से जाने की अपेक्षा खुद रास्ता ढूँढ़ लेना अच्छा है। चलने दो, इन भिन्न-भिन्न मतों को, इन भिन्न-भिन्न पक्षों को, भारतीय जनमत स्वयमेव इनमें से अच्छे को चुन लेगा। इस दृष्टि से इस सभा का बड़ा महत्त्व है। यह भटके हुए लोगों का राह खोजने का प्रयास है। यह अच्छा है।

आठ : ठाकुरजी की बटोर

[इस गाँव में हिन्दुओं के सौ घर हैं, मुसलमानों के पंद्रह। धनी-मानी हिन्दू ही हैं, गरीब कहाने योग्य मुसलमान ही। फिर भी गाँव के ठाकुरबारी और मस्जिद में बड़ा अन्तर है। मस्जिद जगमगाई रहती है, ठाकुरबारी में भूत रेंगते रहते हैं। मैं मस्जिद को भी खुदा का 'अपना' घर नहीं मानता और ठाकुरबारी को भी ठाकुरजी का एकमात्र मंदिर नहीं समझता। इस बार तीन वर्ष पर घर लौटा तो मालूम हुआ, एक साधु ठाकुरजी की पूजा साल-भर से कर रहे हैं, पर दोनों शाम भोजन कर सकने-भर का अन्न उन्हें नहीं मिल पाता। एक दिन जब मेरे एक ग्रेजुएट मित्र साधु को साथ लेकर मेरे पास आए और ठाकुरबारी की दुरवस्था का सजीव वर्णन किया तो मैं उनकी प्रस्तावित सभा में, जहाँ ठाकुरजी के राग-भोग की व्यवस्था करने का विचार होने वाला था, उपस्थित रहने और यथा संभव सहायता देने के लिए प्रतिज्ञा-बद्ध हो गया। स्थानीय भाषा में इसी प्रस्तावित सभा का नाम रखा गया 'ठाकुरजी की बटोर'।]

[1]

तीन बार घंटा-ध्वनि के साथ विज्ञापन करने और अनेक सज्जनों को अनेक बार व्यक्तिगत रूप से अनुरोध करने पर भी जब सभा-स्थल पर कुछ बच्चों के सिवा और कोई नहीं आया, तो मैं कुछ उद्विग्न हो आया। मैं सोचने लगा, लोग ठाकुरजी के प्रति इतने उदासीन क्यों हैं? हिन्दुओं में धर्मभावना क्या लुप्त हो गई है? मैंने कल्पना के नेत्रों से देखा कि जिन देवता के मंदिर के सामने बैठा हुआ हूँ, उसकी छत्रछाया तीन हजार वर्षों से कोटि-कोटि नर-नारियों को शान्तिदान कर रही है। सिंधु उपत्यका में के किसी अर्धदेवत्व-प्राप्त अनार्य वीर ने या उत्तरी प्रांतों के उपास्य किसी बाल-देवता ने युग-प्रतिष्ठित भागवत-धर्म में परम देवता का स्थान प्राप्त किया। तब से सैकड़ों बर्बर अनार्य जातियाँ उसके पावन नाम से उसी प्रकार हत-दर्प होकर शांत जीवन बिताने लगीं जिस प्रकार मन्त्रौषधि के प्रयोग से उपगत-ज्वर महासर्प। मैंने मानो स्पष्ट देखा कि भारतवर्ष के उत्तर-पश्चिमी किनारे से चींटियों की तरह सेनाएँ घुस रही हैं; लूट-पाट, नोच-खसोट, मार-पीट, कुछ भी उसके लिए असंभव नहीं है।

किसी सैन्यदल के रक्त-कलुष हाथों में तीक्ष्णफलक कुन्त है, किसी के खर-धार तलवार। देखते-देखते समृद्धिशाली नगर जलाकर भस्म कर दिए जाते हैं, बच्चे माताओं की गोदी से छीनकर पटक दिए जाते हैं, तरुणियों का दल ढोरों की भाँति हाँककर ले जाया जा रहा है—सारा उत्तरी भारत क्षण-भर के लिए श्मशान की तरह हो जाता है। फिर मैंने देखा, यही जातियाँ यहीं बस जाती हैं और पचास वर्ष बाद अपने सिक्कों पर अपने को परम भागवत कहने में गर्व अनुभव करती हैं। इतना शीघ्र इतना विकट परिवर्तन ! सचमुच उस देवता के सामर्थ्य का अंदाजा लगाना मुश्किल है, जिसने एक नहीं, दो नहीं, बीसियों आर्येतर बर्बर जातियों को आचार-निष्ठ, शांत भक्त बना दिया। भागवत का श्लोक मन-ही-मन गुनगुनाते हुए मैंने उस महावीर्य देवता को मन-ही-मन प्रणाम किया :

> किरात-हूणान्ध्र-पुलिन्द-पुक्कसा-
> आभीर-कंकाः यवनाः खसादयः;
> येऽन्येऽपि पापास्तदपाश्रयाश्रयात्
> शुद्ध्यंति तस्मै प्रभविष्णवे नमः।

मैं सोचता ही गया—आज हम बौद्ध-संस्कृति की संपूर्ण जानकारी के लिए तिब्बत, चीन, जापान, श्याम देशों की ओर टकटकी बाँधे हैं; एक दिन ऐसा भी था जबकि पश्चिमी प्रांतों में—गंधार, पारस्य, शकस्थान में—इसी महावीर्य देवता के नाम और महिमा का कीर्तन होता था, भावावेश में लोग दरविगलित नेत्रों से महाविष्णु का स्मरण करते थे—वह दिन आज बीत गया है। पश्चिम में एक स्वतः सम्बुद्ध धर्म-भावना का अवतार हुआ जिसके हाथ में दृढ़-मुष्टि कठोर कृपाण थी, और दूसरे में समानता के आश्वासन का अमृत वरदान। उसका प्राणदेवता अन्तर्मुख था। पर वह अपनी परिधि पर अक्लान्त भाव से चक्कर मार रहा था। उसने किसी से समझौता नहीं किया, किसी को मित्र नहीं माना, जो सामने आया उसी को ललकारा, जिधर लपका उधर ही काल-चक्र घूम पड़ा! वह इसलाम था। इसी इसलाम ने पश्चिम में इस महावीर्य देवता को उखाड़ फेंका। विजय-गर्व से स्फीतवक्ष इसलाम निर्भीक भाव से आगे बढ़ता गया, जिसने उसे आत्म-समर्पण किया वही उसके रंग में रंग गया, अरब से लेकर गंधार तक एक ही विजय-ध्वजा बार-बार प्रकम्पित होकर धरित्री का हृदय कम्पित करने लगी। आज हम उस कुचली हुई संस्कृति के लिए इन देशों की ओर ताकने की कुछ आवश्यकता ही नहीं समझते।

हाँ, जिस मंदिर के सामने बैठा हुआ मैं उसके उपासकों की प्रतीक्षा में समय बिता रहा हूँ, वह उसी महावीर्य किंतु पराजित देवता का प्रतीक है। उसके उपासक एकाधिक बार कुचले गए हैं, लूटे गए हैं, नोचे गए हैं, और तंग किए गए हैं। वे थके हुए निर्वीर्य, निस्पेषित उपासक हैं। उपासक के तेज से ही उपास्य तेजस्वी होता है। देवता का यह प्रतीक भी तेजोहीन, वीर्यहीन और निष्प्राण है।

इसी समय मैंने देखा, हमारी आशा-लता को लहलहाते हुए तीन वृद्ध हिन्दू सभास्थल में उपस्थित हुए। उन्होंने माथे की पगड़ी उतारी और अपना अनाडम्बर प्रणिपात ठाकुरजी को निवेदित किया। मन-ही-मन मैं सोचने लगा, आज भी करोड़ों हिन्दू इसी प्रकार अनाडम्बर भाव से गंभीर विश्वास के साथ ठाकुरजी को प्रणाम करके शान्ति पाते हैं। कौन कहता है कि वह महावीर्य देवता तेजोहत हो गया है! विजयस्फीत इसलाम उसको कुचल नहीं सकता। आज गंधार मुसलमान हो गया है, उसे इसलाम का अमृत वरदान प्राप्त हो गया है, तो क्या हुआ? इसलाम के आने के पहले विद्या और ज्ञान का महापीठ गंधार आज मुसलमान होकर बदल गया है। पाणिनि और यास्क की संतान आज भारतवर्ष में हींग बेचती फिरती है। इसलाम की इससे भयंकर पराजय और क्या हो सकती है? वैदिक-ऋचाओं के बनानेवाले ऋषियों की संतान का इससे अधिक पतन क्या हो सकता है? मुझे ऐसा जान पड़ने लगा कि पाणिनि और यास्क, चरक और सुश्रुत, पतञ्जलि और व्यास स्वर्ग में अत्यंत उदास बैठे हैं। भृकुटियाँ किञ्चित्-कुञ्चित् हो गई हैं, विशाल ललाट पर चिंता की रेखाएँ स्पष्ट दिख रही हैं, आँखें छलछला आई हैं—हाय, इसलाम, तुम कब देख सकोगे?

मुझे ऐसा लगा, इसलाम ने मेरी बात सुन ली है। उसके हाथ तलवार की मूठ पर ठीक ही बैठे हैं, मूर्ति अत्यंत उग्र है पर क्रूर नहीं। मुझे उस मूर्ति में वीरता का तेज दिखा, देर तक उस पर आँख ठहर नहीं सकती। इसलाम ने शांत गंभीर स्वर में कहा—'तुम ठीक कहते हो, पर तुम्हारे लगाए हुए अभियोग की मुझे बिलकुल परवा नहीं। मैं संस्कृति फैलाने नहीं आया, मैं कुछ तोड़ने आया हूँ। हजारों को दास बनाकर, लाखों को दलित और अस्पृश्य बनाकर जिस संस्कृति का जन्म होता है वहाँ कुफ्र का प्राबल्य होता है। मैं उसे साफ करने आया हूँ। इस असम व्यवस्था के साथ मेरा समझौता नहीं हो सकता। जिस सैकड़ों कच्चे-पक्के रंग के बेमेल पट को तुम कला का श्रेष्ठ निदर्शन मानते हो, उसे मैं भद्दे दागों का एक हास्यास्पद प्रदर्शन समझता हूँ; मैं धरती को एक पक्के रंग में रँगी देखना चाहता हूँ, भले ही वह रंग नीला हो। आज इसलाम की ध्वजा से धरती काँप रही है, क्योंकि उसमें भीरुता है, उसमें भेद-भाव है, उसमें भ्रान्ति और त्रुटि है। इसलाम का विजयतूर्य इस भीरुता, इस भेदभाव और भ्रान्त त्रुटि को दूर करके ही चुप होगा। समझौता करना डरपोकों का काम है, इसलाम डरपोक नहीं है, वह मरना भी जानता है और मारना भी जानता है। संस्कृति के विनाश की आशंका से पद-पद पर सन्त्रस्त बुद्धिमान कहे जानेवाले लोग कायर हैं।'

मैंने जरा विस्मय और आशंका के साथ जवाब दिया—'संसार को एक रंग में रँगने का प्रयत्न क्या मनुष्यता के वैचित्र्यपूर्ण विकास में बाधा पहुँचाना नहीं है? चमेली को गुलाब बनाने का प्रयत्न या चमेली और गुलाब दोनों को कुछ विचित्र-सा एक-रंगा फूल बनाने का प्रयत्न क्या श्रेयस्कर है? यह तो स्वयं ही एक भयंकर कुफ्र

है।' इसलाम ने गरजकर जवाब दिया—'शक्तिहीन ऐसी बातें कहा करते हैं, निर्वीर्य ऐसी बातें सुना करते हैं। तुममें मेरे कथन का सत्य अर्थ ग्रहण करने की शक्ति नहीं है, उसे धैर्य के साथ समझ सकने का साहस नहीं है। उपमाओं और रूपकों का सहारा लेकर प्रकृत अर्थ को विकृत करना दुनिया के बुद्धिमान कहे जानेवाले लोगों का एक व्यवसाय है। तुमने मेरी सीधी-सी बात का विकृत अर्थ लगाया है। मैं कभी नहीं कहता कि गुलाब और चमेली को एक कर दिया जाए। मैं कहता हूँ गुलाब और चमेली हों—या आम और धतूरे, सबको एक ही समान खुला आसमान, एक ही समान खाद और पानी की सुविधा, एक ही समान यत्न और उपचार प्राप्त होने चाहिए।' इसलाम की उग्र मूर्ति पर जरा-सा स्मित हास्य दिखाई पड़ा, वह मानो अवहेलना के साथ बड़ी संस्कृतियों का मजाक उड़ाना चाहता था। मैंने फिर बुद्धि का आश्रय लेते हुए पूछा—'ऐसे भी तो पौधे हो सकते हैं जो गुलाब और चमेली के अनुकूल खाद पाकर ही मुरझा जाएँ? कुछ पौधे पानी से बढ़ते हैं, कुछ पानी से ही मर जाते हैं। उनका क्या उपाय होगा?' इसलाम ने इस बार कड़ककर जवाब दिया—'मर जाएँ तो मर जाने दो; मुझे परवा नहीं। जो तीन लोक से न्यारे हैं, उनका न रहना ही अच्छा है। उनके रहने से बाकी दुनिया को कष्ट होगा। और देखो, तुम अधिक तर्क न करो। यह शक्तिहीन का लक्षण है। इस वज्रमुष्टि महाकृपाण को देखो। इसलाम इस पर भी पूर्ण विश्वास करता है। यही भगवान् का वरदान है, मनुष्यता का रक्षक है, इसलाम अपने कृपाण पर कभी संदेह नहीं करता।' यह कहकर एक अजब मस्ती के साथ मुस्कराता हुआ इसलाम ऊपर की ओर उठा, मानो वह जगत् की सारी जड़ता, समस्त अंधकार, सारे जंजाल को विध्वस्त कर सकने के महाव्रत में अपने-आपके सामने किसी दूसरे को नहीं मानना चाहता, मानो उसकी सफलता निश्चित है, मानो वह अद्वितीय कर्मठ योद्धा है।

[2]

संस्कृति क्या है? मैं जरा उद्विग्न भाव से सोचने लगा। मुझे एक बार याद आए वैदिक युग के कर्मकांड-पटु ऋत्विजों के दल, जो प्रत्येक कुश और पल्लव के स्थान, पात्र और विधान के विचार में गंभीर भाव से सतर्क थे। फिर याद आई उपनिषत्-कालीन ऋषियों की, जो बड़ी गंभीरता के साथ मौन भाव से चिंतन कर रहे थे कि क्या होगी वह चीज जिसे पाकर हम अमृत नहीं पा सकते। फिर याद आए काषाय-धारी बौद्ध भिक्षु, जो 'बहुजन हिताय, बहुजन सुखाय' घर-बार छोड़कर उत्तुंगशैल-शिखर और भीमकाय महासागर लाँघ रहे थे, और अन्त में याद आई, उज्जयिनी के सौध-गवाक्षों से लीला-कटाक्ष-क्षेपिणी पौर-विलासिनियाँ। देखते-देखते मेरी कल्पना ने मध्ययुग की आतंकग्रस्त हिन्दू संस्कृति को सामने खड़ा कर दिया—निराभूषणा, संकुचिता, अवमानिता, विक्षुब्धा। उसमें कर्मकाण्ड-काल की सजीवता नहीं थी, उपनिषत्काल की स्वतंत्र चिंता

नहीं थी, बौद्ध-काल की दुर्वार करुणा-भावना नहीं थी, काव्य-काल की सुखमय विलास-सज्जा नहीं थी। इसलाम के आक्रमण से उसका तेज म्लान हो गया था, दर्प-हत हो गया था, पर वह हार मानने को तैयार नहीं थी। वह कुचली हुई वन्य वीरुध की भाँति म्लान होकर भी सजीव थी, फिर से पनप उठने के लिए सचेष्ट थी, निरुपाय होकर वह जिधर सुविधा पाती उसी तरफ आश्रय को लपक पड़ती। इसी समय दक्षिणी आसमान से कई तेज-पुञ्ज ज्वलंत ज्योतियाँ उत्तर की ओर बड़े वेग से दौड़ती हुई नजर आईं। दिशाएँ तिमिराच्छन्न थीं, आसमान धूल से भरा हुआ था, धरित्री रक्त से तर थी। दक्षिण आकाश से आई हुई इन ज्योतियों ने कोई बाधा नहीं मानी, किसी की परवा न की। वे बढ़ती ही गईं। अचानक प्रकाश की किरण में स्पष्ट मालूम हुआ, इस कुचली हुई संस्कृति-लता को एक सहारा मिला है। यह सहारा था वैष्णव धर्म—भक्ति मतवाद। इसने इस लता को केवल आश्रय नहीं दिया, रस की धारासार वर्षा से उसे लहलहा दिया; पत्र और पुष्प की नूतन समृद्धि से देखनेवालों की आँखें निहाल हो गईं! मैं जिस देवता के मंदिर के सामने बैठा हुआ हूँ, वह उसी आश्चर्यजनक भक्ति मतवाद का उपाश्रय है। कौन कहता है यह पराजित देवता का प्रतीक है? वह आश्रयों का खजाना, सच्चा तिलस्म और अचिंतनीय जादू की लकड़ी है।

मैंने साफ देखा : मुर्शिदाबाद की सड़कों पर मुसलमान वंशोद्भूत साधक हरिदास भावावेश में हरिनाम संकीर्तन करते जा रहे हैं, और जल्लाद उन पर अविश्रान्त भाव से दंड प्रहार करते जा रहे हैं; चेहरे पर जरा भी शिकन नहीं पड़ती, शांत और मोहक तेज बढ़ता ही जा रहा है—मैं स्तब्ध, निर्वाक्। मैंने देखा : मेवाड़ के राजवंश की शोभा और शान मीराबाई दर-विगलित नयन, कम्पमान कण्ठस्वर और खिन्न गात्र से गोपाल लाल के विरह में नृत्य कर रही हैं, राज-परिचारक ने जहर का प्याला दिया है, वे अजब लापरवाही से पी रही हैं—मैं रुद्ध-श्वास, हत-चेष्ट! मैंने और भी देखा : बंदा वीर दिल्ली नगरी में बंदी होकर बैठा है; आँखों के सामने सात सौ प्राण-प्रिय साथी देखते-देखते तलवार के घाट उतार दिए जाते हैं। जल्लाद बंदा की गोद में उसका कोमल बच्चा डालता है, आज्ञा मिलती है, इसे अपने हाथों मार डालो। बंदा कृपाण उठाता है। पिता-पुत्र साथ ही बोल उठते हैं—"वाह गुरुजी!" और कृपाण उस कोमल कलेवर को कदली-स्तम्भ की भाँति विदीर्ण कर देता है—मैं विचलित, अश्रु-अंध, विक्षुब्ध!! कहाँ से आई इतनी शक्ति? ठाकुर, तुम धन्य हो!

मेरे सामने अचानक प्रकाश का एक महासमुद्र दिखाई दिया, देखते-देखते उस प्रकाश ने एक निश्चित रूप ग्रहण किया—एक त्रिभंगी मूर्ति, माथे पर मोर-पंख, हाथ में वंशी और लकुट, कटि में पीताम्बर, वक्षःस्थल पर वैजयंती की माला, कंधे पर कामरी। जी में आया कि मध्ययुग के कवि के कण्ठ में कण्ठ मिलाकर चिल्ला उठूँ—

'या लकुटी अरु कामरिया पर, राज तिहूँ पुर कौ तजि डारौं।'

ठीक इसी समय मेरी चिंता को आहत करते हुए कुछ भले आदमी सभास्थल

पर उपस्थित हुए। समय बहुत निकल गया था। जितने लोग आ गए थे, उन्हीं के साथ प्रस्तावित विषय को बिना भूमिका के ही उठा दिया गया। ठाकुरजी के राग-भोग की व्यवस्था के साथ-ही-साथ सारे गाँव के छोटे-मोटे झगड़ों का विचार आरंभ हुआ। बहस द्रौपदी का चीर हो उठा। महज सात रुपए माहवार का प्रबन्ध करना था, मैंने उत्तेजना में अपनी शक्ति के बाहर कुछ अधिक भार उठाने का संकल्प करके वृद्ध सज्जनों के चित्त को शायद कुछ आघात पहुँचाया, पर कुछ फल नहीं हुआ। मैं फिर एक बार उद्विग्न हो उठा। कुछ समझ में नहीं आया कि मध्ययुग की महिमा-शालिनी संस्कृति का उपाश्रय यह महावीर्य देवता आज इतना उपेक्षित क्यों है! मेरे सामने कुछ ही क्षण पहले जो तेजःपुञ्ज दिखाई पड़ा था, वह धीरे-धीरे धूमिल होने लगा। मैंने समझा, यह भी मेरा बौद्धिक विकार था, वास्तव में न मध्ययुग की कोई संस्कृति ही महत्त्वपूर्ण थी और न उसका आश्रय यह देवता ही। अचानक तर्क और बहस के भीतर से एक प्रकाश दिखाई पड़ा। मैं चौंक उठा, उत्तेजित हो गया और क्षण-भर के लिए हतबुद्धि हो रहा।

बात यह हुई। सभा में एक पंडितजी बैठे थे। उन्हें हम लोगों ने बड़े आग्रह से बुलाया था। मनोनीत सभापति की अनुपस्थिति में उन्हीं के सभापति होने की बात थी। इन पंडितजी को अपनी शास्त्र-निष्ठा पर अभिमान था। साधारण मनुष्य के लिए यह समझना बड़ा कठिन है कि पंडित का शास्त्र उसकी बुद्धि को दबा देता है और कब उसकी बुद्धि शास्त्र को। सभा में उन्होंने मुझे और मित्र को चुनौती-सी देते हुए कहा कि ठाकुरजी की पूजा अब तक शास्त्र-निषिद्ध विधि से होती रही है। जो साधु इस समय पूजा कर रहे हैं, वे ब्राह्मण नहीं हैं और शास्त्र के मत से ठाकुर उसी जाति के होकर पूजा ग्रहण करते हैं, जिस जाति में पुजारी का जन्म हुआ रहता है। इसके पूर्ववर्ती पुजारी भी अब्राह्मण थे। पिछले तीन वर्षों से ठाकुरजी अब्राह्मण होकर ही पूजा ग्रहण कर रहे हैं। इसीलिए यह अत्यंत स्पष्ट बात है कि ब्राह्मण ऐसे ठाकुरजी को पूज्य नहीं समझ सकता! ब्राह्मण धर्म का यथोचित पालन कठिन व्रत है।

पंडितजी ने अपने वक्तव्य को और भी स्पष्ट करते हुए बताया कि अनधिकारी की पूजा से गाँव का अमंगल हो रहा है। इसलिए पहले अब्राह्मण साधु को स्थानच्युत किया जाए, फिर राग-भोग की व्यवस्था बाद में होती रहेगी। मेरा नाम पुकारकर उन्होंने इस विषय पर मेरी स्पष्ट सम्मति चाही।

क्षण-भर में मेरे सामने मध्ययुग की भूयोभूयः पद-ध्वस्त भारतीय संस्कृति की जादू-भरी मूर्ति खेल गई। वह ब्राह्मण-संस्कृति नहीं थी, श्रमण संस्कृति नहीं थी, राजन्य संस्कृति नहीं थी, शास्त्रीय संस्कृति भी नहीं थी। वह संपूर्ण हिन्दू जाति की एक केंद्रा संस्कृति थी—अपने आप में परिपूर्ण, तेजोमयी, जीवंत! ये वृद्ध सज्जन, जिनके ललाटपट्ट पर रामानुजी संप्रदाय का विशाल तिलक अंकित है, जो पंडितजी की हाँ-में-हाँ मिला रहे हैं, आज भूल ही गए हैं—और शायद उन्हें कभी जानने का

मौका ही नहीं मिला—कि रामानुज के दादागुरुओं की परम्परा के अनेक आलवार भक्त अब्राह्मण ही नहीं थे, शूद्र से भी निम्न कुल में अवतरित हुए थे। महाप्रभु वल्लभाचार्य ने अपने शूद्र शिष्य कृष्णदास अधिकारी (अष्टछाप के एक कवि) को श्रीनाथजी के मंदिर का प्रधान अधिकारी बनाया था। महाप्रभु के गोलोकवास के अनंतर एक बार उन्होंने महाप्रभु के एकमात्र गुरु श्री गोकुलनाथ गोसाईं को भी मंदिर में जाना निषिद्ध कर दिया था। पंडितजी अब्राह्मणीभूत ठाकुर का चरणोदक लेने में हिचकते हैं, गौडीय वैष्णव संप्रदाय के प्राण-प्रतिष्ठाता महाप्रभु चैतन्यदेव ने मुसलमान भक्त हरिदास का चरणोदक हठ के साथ छककर पिया था। लेकिन मारिए गोली इन ऐतिहासक घटनाओं को। गोप-कुल में पालित और क्षत्रियवंश में अवतीर्ण अखंडानंद विग्रह भगवान् श्रीकृष्णचंद्र क्या ऋषि-मुनियों से भरी सभा में पूजा के पात्र नहीं समझे गए?

मैं सोच में पड़ गया। इस सभा में जो अब्राह्मण कुलोत्पन्न सज्जन बैठे हैं, उनके पास क्या आत्मसम्मान नाम की कोई चीज नहीं है? वे इस कथन का विरोध क्यों नहीं करते? और इस सभा में जो ब्राह्मण सज्जन बैठे हैं, उनमें क्या लोक-कल्याण की भावना का कुछ भी अवशेष नहीं रह गया? वही क्यों नहीं इस बात का प्रतिवाद कर रहे हैं? क्यों पहले दलवाले भीरु हैं, कायर हैं, डरपोक हैं और क्यों दूसरे दलवाले हठी हैं, अभिमानी हैं, रूढ़ि-प्रिय हैं? मैंने उत्तेजित भाव से कहा—'जो ठाकुर जाति-विशेष की पूजा ग्रहण करके ही पवित्र रह सकते हैं, जो दूसरी जाति की पूजा ग्रहण करके अग्राह्य-चरणोदक हो जाते हैं, वे मेरी पूजा नहीं ग्रहण कर सकते। मेरे भगवान् हीन और पतितों के भगवान् हैं, जाति और वर्ण से परे के भगवान् हैं, धर्म और संप्रदाय के ऊपर के भगवान् हैं, वे सबकी पूजा ग्रहण कर सकते हैं, और पूजा ग्रहण करके अब्राह्मण-चाण्डाल सबको पूज्य बना सकते हैं।' मेरी बात अभी समाप्त भी नहीं हो पाई थी कि मेरे मित्र ने मुझे बीच ही में रोका। उन्होंने ओरेटर की भाषा और भाष्यकार के लहजे में कहा कि वे मेरी बात से सोलह आने सहमत हैं, पर ऐसी बात ऐसे समय में नहीं कहनी चाहिए। वे शंकित हो रहे थे कि उनकी परिश्रमपूर्वक बुलाई हुई सभा कहीं व्यर्थता में पर्यवसित न हो जाए। मेरी उत्तेजना उनकी आशंका का प्रधान कारण थी। लेकिन मुझे इसलाम की बात याद आ रही थी—डरपोक ही समझौता किया करते हैं।

[3]

मेरे मित्र मुझे समझा रहे थे (क्योंकि भरी सभा में नासमझी का कार्य एकमात्र मैंने ही किया था!) और मैं अपनी सहज-सहचरी कल्पना के साथ ऊपर उठने लगा। मैं सभा-स्थल से कुछ ऊपर उठा, ठाकुरजी के मंदिर के ऊपर गया, उनकी निष्कम्प ध्वजा से भी ऊपर उठा—उठते-उठते मैं आविल आकाश का प्रत्येक स्तर लाँघ गया। अब

मैं ऐसी जगह आ गया जहाँ से दुनिया का कोई रहस्य देखने से बाकी नहीं था। मैंने दक्षिण को ओर देखा। सूची-भेद्य निबिड़ अंधकार के साथ चिता की आग जूझ रही थी, उसी प्रकाश में कलकल-निनादिनी नदी चाँदी की लकीर-सी चमक रही थी, सामने दूर तक फैले हुए सैकत-राशि पर केवल कंकाल और नर-मुण्ड बिखरे पड़े थे। चिता के पास एक काली-सी मूर्ति बैठी थी, शायद वह चिता का अधिकारी चाण्डाल था। इसी समय मेरे आश्चर्य को शतगुण वृद्धि करते हुए एक चारु-दर्शन महात्मा चिता की ओर भागते हुए दिखाई दिए! घने, काले, घुँघराले बाल अस्त-व्यस्त थे, पर शोभा उनसे चुई-सी पड़ती थी; विशाल भालपट्ट पर रामानुजी तिलक विराजमान था, पवित्रता उसमें अपनी छाया देख रही थी; कटिदेश और स्कन्धदेश पीत पट्टाम्बर से विभूषित थे; मुखमंडल के चारों ओर प्रकाश की किरणें छिटक रही थीं; मनोहर मुख देखकर आँखें धन्य हो जाती थीं। महात्मा अचानक आकर चाण्डाल के चरणों से लिपट गए। चाण्डाल चिल्ला उठा—"प्रभो, पामर को और भी अपराधी बना रहे हो? क्या करते हो देवता? छोड़ो, छोड़ो, मैं पापी, चाण्डाल, मुझे रौरव नरक में न फेंको!"

महात्मा ने कसकर चरण पकड़ लिया। उसी अवस्था में बोले—"शांत हो जाओ। मेरे नारायण, नष्ट हो जाने दो मेरी सारी वासना, मेरा सारा अभिमान इस पावन तीर्थ में। मैं उस मठ का प्रधान हूँ। तीन दिन पहले तुम भगवान् का दर्शन करने गए थे, मेरे शिष्यों ने तुम्हारा अपमान किया था। तब से भगवान् रूठ गए हैं। तीन दिन से मैं भूखा-प्यासा हूँ। मेरे ठाकुर ने मेरा अन्न खाना छोड़ दिया है। आज वे आए थे, चेहरा उनका उदास था, आँखें उनकी डबडबाई हुई थीं, उत्तरीय उनका अश्रुसिक्त था, गला उनका भरा हुआ। मैंने रोते हुए पूछा—'मेरे ठाकुर, मेरे प्यारे, तुम्हें हो क्या गया है?' भर्राई हुई आवाज में उन्होंने गरजकर कहा—'रामानन्द, मैंने तुम्हारा मठ छोड़ दिया है, तुम्हारे शिष्यों ने मेरे भक्त का अपमान किया है। मैं अब यहाँ नहीं आ सकता।' भीत भाव से मैंने पूछा—'तुम अब कहाँ रहोगे मेरे ठाकुर?' भगवान् ने जलद गंभीर स्वर में कहा—'जहाँ मेरे भक्त रहते हैं। वह देखो, उस श्मशान में वही मेरा भक्त चिता जला रहा है। तुम उसकी कृपा के बिना मुझे नहीं पा सकते।' यह कहकर वे चले गए और मैं दौड़ा तुम्हारे पास आया। मेरा शास्त्राभिमान आज धूल में लोट रहा है, मेरा वर्ण और आश्रम का अभिमान आज ध्वस्त हो गया है; तुम भक्त हो, तुम नारायण के रूप हो, मेरे ऊपर कृपा करो। आज्ञा दो, क्या सेवा कर सकता हूँ।"

चाण्डाल भक्त ने गद्गद कण्ठ से कहा—"प्रभो, मैं क्या कृपा कर सकता हूँ। भगवान् अगर मुझे कुछ इसी प्रकार की अनधिकार चर्चा करने को कहते हैं, तो उठो प्रभो, मैं आज्ञा देता हूँ, स्नान करके मुझे अपना शिष्य बना लो, वह रास्ता दिखा दो जिससे मैं अभिमान का समुद्र तैर सकूँ, भक्ति की नौका पा सकूँ।" रामानन्द ने आज्ञापालन किया, और दिग्वधुओं ने मौन शंख-नाद। मैं चिंतातुर हो उठा। यह इतिहास है या मनोवाञ्छित स्वप्न?

मैंने देखा, मेरे गाँव के मंदिर से भी ठाकुरजी निकले जा रहे हैं। उनकी मुखाकृति गंभीर है। जिस चटुल-चपल आनन्दमयी मूर्ति की कल्पना मैंने आज तक की है, उसका कोई चिह्न उस चेहरे पर नहीं है। सारा आसमान अणु-परमाणुओं के साथ 'धिक-धिक' कर उठा। मेरे सिवा यह धिक्कार-वाक्य और कोई दूसरा नहीं सुन सका। लज्जा और ग्लानि से मेरा चेहरा काला पड़ गया। मेरे ग्रेजुएट मित्र मुझे अब भी समझा रहे हैं। मैं शायद कुछ समझने योग्य हो चला था। अचानक उनके मुँह से एक युक्ति की अवतारणा होते देख मेरी भावुकता को एक और दचका लगा। उन्होंने मेरे वाक्य का यह अर्थ लगाया—जो मेरा लक्ष्य न होते हुए भी सही था—कि मैं मुसलमानों को भी पूजन का अधिकारी मान रहा हूँ।

हाय हिन्दू और हाय मुसलमान! आठ सौ वर्ष के निरंतर संघर्ष के बाद, एक-दूसरे से इतने नजदीक रहकर भी, तुमने अपनी एक संस्कृति न बनाई! अभी कुछ ही क्षण पहले सभा में बैठे हुए एक क्षत्रिय अध्यापक को अभिवादन करते हुए एक वैश्य शिष्य ने कहा था—'सलाम, बाबू साहब।' शास्त्र-निष्ठ पंडितजी ने डपटकर बताया—'यह मुसलमानी कायदा है।' क्षत्रिय अध्यापक ने क्षमा याचना-सी करते हुए कहा—'हम लोगों में बुरा रिवाज चल गया है।' लेकिन यह और इसी तरह के दो-चार और बुरे रिवाज ही तो हिन्दू और मुसलमान नामक दो विशाल शिलापटों को जोड़ने के गोंद थे। आज वह भी टूटने जा रहे हैं, वर्जनपरायण हिन्दू-भाव सबको धो-पोंछ डालना चाहता है, अभिमानी मुसलमान-भाव कुछ भी ग्रहण करना नहीं चाहता।

मुझे इस समय ऐसा मालूम हुआ कि पश्चिमी महासमुद्र की भयंकर लहरों से दो-चार श्वेतांग नाविक जूझते हुए चले आ रहे हैं। सामने और पीछे जहाँ तक दृष्टि जाती है, केवल पानी-ही-पानी दिख रहा है, केवल लहरों का फूत्कार, केवल लोल समुद्र का गर्जन! उनके चेहरे शांत हैं, मस्तिष्क धीर। इस शान्ति को देखकर मैं डर गया। यह वह शान्ति थी जिसके पेट में सारी दुनिया का तूफान था। मैं साँस रोककर उनके असीम साहस और धैर्य को देखता रह गया—निर्वाक्, निश्चेष्ट, निस्तब्ध!! अन्त में ये नाविक भारतीय किनारे पर पहुँचे। फिर टिड्डियों के दल की तरह शत-शत नौकाएँ महासमुद्र के लोल वक्ष पर छोड़ दी गईं। भारतीय अन्तरीप इस कोने से उस कोने तक इन विदेशियों से भर गया। मौका देखकर इन्होंने दरार पर आघात किया, पहले से ही अलग हिन्दू और मुसलमान दूर से दूरतर होते गए। मौका देखकर विदेशी राजा बन बैठे और अपूर्व अध्यवसाय और लगन के साथ दोनों जातियों को समझने की कोशिश करते गए। जितना ही उन्होंने समझा, उतना ही भेद-भाव को उत्तेजित किया। आज हम प्रत्येक बात को हिन्दू दृष्टिकोण और मुसलमान दृष्टिकोण से देखने के आदी हो गए हैं, मानो ऐसा कोई दृष्टिकोण ही नहीं है जिससे हिन्दू और मुसलमान साथ ही देख सकें। मैंने फिर एक बार दीर्घश्वास के साथ मन-ही-मन कहा—हाय रे हिन्दू और हाय रे मुसलमान!!

अन्त में, काफी बहस-मुबाहिसे के बाद, सभा दूसरे दिन के लिए स्थगित हुई। मैं अब भी कल्पना के मनोगामी रथ पर आसीन था। मेरे बगल में एक तरुण पण्डित मित्र बैठे थे। वे दूसरे गाँव से आये थे। एकमात्र वे ही शुरू से आखिर तक निर्लिप्त भाव से बैठे रहे। उन्होंने सब सुना, पर कहीं भी विचलित नहीं हुए, कहीं भी चंचल नहीं हुए। मुझे झकझोरते हुए उन्होंने कहा—'चलिए आज की सभा समाप्त हुई। आप बहुत उत्तेजित हो जाते हैं।' मैंने कहा—'ठीक है।'

पर क्या ठीक था? मेरे गाँव की यह ठाकुरबारी कुछ ऐसी महत्त्वपूर्ण नहीं है कि इसकी अव्यवस्था के कारण विराट् हिन्दू समाज अणुमात्र भी लज्जा अनुभव करे। और यह सभा? यह तो ततोधिक नगण्य है। फिर क्या करण है कि इस मामूली-सी सभा ने मेरे मन में भारतीय महामानव-समुद्र के प्रत्येक तरंग-विस्फूर्जन की स्मृति उत्पन्न करा दी? शायद यह हिन्दू समाज की जीवनी शक्ति का सबूत हो, यह इस विराट् महामानव-समुद्र की सजीवता का प्रमाण हो। असल बात यह है कि इस महामानव-समुद्र की कोई तरंग स्वतंत्र नहीं है। इस मामूली-सी ठाकुरबारी की समस्या भी सारे विश्व की समस्या के साथ जटिल भाव से उलझी हुई है, उसको विच्छिन्न भाव से सुलझाया नहीं जा सकता। सभाएँ होती रहेंगी, राग-भोग की व्यवस्था होगी भी, नहीं भी होगी, पर समस्या ज्यों-की-त्यों रहेगी अगर उसे विराट् पैमाने पर नहीं सोचा गया। सारे गाँव के मनुष्य सारे जगत् के साथ विचित्र भाव से जड़ित हैं, उन पर विश्व की राजनीतिक, आर्थिक, सामाजिक, नैतिक, आध्यात्मिक सभी प्रकार की गुरुतर समस्याओं का प्रत्यक्ष और अप्रत्यक्ष दबाव पड़ रहा है। वे ठाकुरजी से उदासीन होने को बाध्य हैं। सामने जो मस्जिद जगमगाई हुई है, वह भी समान रूप से उपेक्षित है। आज से दस वर्ष पहले वह इतनी जगमगाई नहीं थी। उसकी आज की जगमगाहट उसी प्रत्यक्ष और अप्रत्यक्ष दबाव का परिणाम है जिसके कारण यह ठाकुरबारी उपेक्षित है। एक ही किरण दो रंग के शीशों से प्रतिफलित होकर दो तरह की दिख रही है। यही ठीक था। मैं उठ पड़ा। उठते-उठते मैंने फिर सोचा—लेकिन क्या कारण है कि एक ही आर्थिक, राजनीतिक और सामाजिक समस्या के दबाव से वह मुसलमानी मस्जिद जगमगा उठी है और यह हिन्दू मंदिर उपेक्षित है? क्या मुसलमानी धर्म ज्यादा सजीव है? शायद नहीं। क्या हिन्दू धर्म ज्यादा मुर्दा है? शायद! वे हिन्दू धर्म के उत्कर्ष से भीत हैं। दूसरी तरफ हिन्दू धर्म जरूरत से ज्यादा आत्म-विश्वासी हो गया है। मुसलमान अपनी बची-खुची सारी शक्ति समेटकर मुसलमानियत का प्रदर्शन कर रहे हैं। यह अवस्था बहुत दिनों तक नहीं चलने की। वह आगन्तुक उत्साह भी समाप्त हो जाएगा और यह अत्यधिक आत्मबोध-मूलक शैथिल्य तो समाप्त हो ही चला है। जब दोनों समाप्त हो जाएँगे तभी रास्ता सूझेगा, तभी शान्ति आएगी। तथास्तु।

[कल्पलता से]

नौ : पुरानी पोथियाँ

इस देश में दीर्घकाल से लिखने की प्रथा प्रचलित है; परन्तु जलवायु की अनुकूलता न होने के कारण पोथियाँ बहुत दिनों तक नहीं टिक पाईं। यही कारण है कि इस देश में बहुत पुराने जमाने की लिखी पोथियाँ नहीं मिलतीं। फिर भी ऐसी पोथियाँ कम नहीं मिली हैं, जिनका नाना दृष्टियों से बड़ा महत्त्व है। साधारण जनता इनका महत्त्व नहीं जानती और इसीलिए बहुत-सी पोथियाँ नष्ट हो जाती हैं। पोथियों के संग्रह और उद्धार का कार्य अभी शुरू ही हुआ समझना चाहिए, फिर भी विदेशी तथा देशी विद्वानों ने अनेक ग्रंथों का उद्धार किया है। इन पोथियों में से कुछेक अत्यंत मूल्यवान पोथियों का पंसारियों की दुकानों से, गूदड़खानों के चिथड़ों से, कबर खोदनेवालों से और कभी-कभी सिगार के लिए पन्ना जलाते हुए सैनिकों से उद्धार किया गया है। अब भी देश के नाना भागों में नाना भाव से पुरानी पोथियाँ सड़ रही हैं। उनकी ओर जनता की दृष्टि का जाना नितांत वांछनीय है। श्री-निकेतन के ग्राम-कार्यकर्त्ताओं को एक बार एक उजाड़ घर में से बहुत-से पुराने ताड़पत्रों का बण्डल प्राप्त हुआ, जिसमें अनेक प्राचीन पुस्तकों के पन्ने थे। दुर्भाग्यवश इस बण्डल का अधिकांश भाग सड़कर नष्ट हो चुका था। गाँव के लोगों में पुरानी पोथियों के बारे में अनेक अंधविश्वास प्रचलित हैं। उनकी कहीं पूजा होती है और कहीं-कहीं छूने में भी डर का अनुभव किया जाता है।

अब तक हिन्दुस्तान की सबसे अधिक प्राचीन पुस्तकें जो मिली हैं, वे या तो भोजपत्र पर लिखी हुई हैं या तालपत्र पर। साधारणतः यह विश्वास किया जाता है कि इस देश में कागज पर पुस्तकों के लिखने का प्रचलन बाद में हुआ है। कहा जाता है कि चीनवालों ने 105 ई. में पहले-पहल कागज बनाया था। परंतु उसके करीब साढ़े चार सौ वर्ष पहले का एक प्रमाण ऐसा भी मौजूद है, जिससे साबित होता है कि हिन्दुस्तानी लोग भी रुई के चिथड़ों को कूटकर कागज बनाया करते थे। सिकंदर के निआर्कस नामक सेनापति ने लिखा है कि हिन्दुस्तान के लोग रुई के चिथड़ों को कूटकर लिखने की चीज बनाते हैं। स्पष्ट ही यह चीज कागज रही होगी, पर कुछ यूरोपीय 'पंडितों' की व्याख्या यह है कि यह वस्तु कागज नहीं, बल्कि

कपड़े का 'पट' जैसी कोई चीज होगी, जो आज भी हिन्दुस्तान में कम नहीं बनती। परंतु मैक्समूलर जैसे प्रामाणिक विद्वान् को यह व्याख्या नहीं जँची थी। उन्होंने निआर्कस के कथन का अर्थ कागज ही समझा था। वस्तुतः 'पट' रुई को कूटकर नहीं बनाया जाता, परंतु इतना तो निश्चित ही है कि अभी तक कागज पर लिखी हुई कोई इतनी पुरानी प्रति नहीं मिली है, जिससे निस्संदेह रूप से प्रमाणित किया जा सके कि निआर्कस के कथन का अर्थ कागज ही था। कागज पर लिखी सबसे पुरानी प्रति आज से लगभग डेढ़ हजार वर्ष पहले की है।

वस्तुतः तालपत्र और भोजपत्र ही पुरानी पोथियों के लिखने की सामग्री रहे हैं, दोनों ही इस देश में मिलते हैं और रुई के कागज की अपेक्षा सहज ही उपलभ्य हैं और सस्ते भी होते हैं। इन दो साधनों की प्रचुरता और सुलभता के कारण कागज का बहुत अधिक प्रचार इस देश में नहीं हुआ था। पुरानी पोथियों में से अधिकांश भोजपत्र और ताड़ के पत्तों पर लिखी पाई गई हैं। सोने, चाँदी और ताँबे के पत्तरों पर भी अमीर लोग पुस्तकें लिखवाते थे, पर वह केवल शौकीनी-भर ही थी। हाँ, चमड़े पर, पट पर, काठ के पट्ट पर और सबसे बढ़कर पत्थरों पर लिखने की प्रथा भी कम नहीं थी। कालस्रोत ने अब केवल अंतिम प्रकार के पुराने लेख बचने दिए हैं। ईसवी सन् की 5वीं शताब्दी के बाद सब प्रकार के ग्रंथ कुछ-न-कुछ मिल जाते हैं।

सन् 1784 ई. में सर विलियम जोन्स ने 'एशियाटिक सोसाइटी ऑफ बंगाल' नाम की प्रसिद्ध साहित्य-सभा का संघटन किया था। तब से पुरानी पोथियों का नए सिरे से अन्वेषण हुआ। कोलब्रुक नामक पंडित ने इस दिशा में महत्त्वपूर्ण कार्य किया। उन्होंने 10 हजार पौंड इस कार्य के लिए खर्च किए थे। तब से अनेक देशी और विदेशी विद्वान् इस कार्य में जुट पड़े, परंतु इस समस्त प्रयत्न का फल यह हुआ कि अधिकांश पुरानी पोथियाँ इस देश से हटकर यूरोप के देशों को पहुँच गईं। आज से लगभग आधी शताब्दी पहले आफ्रेख्ट नामक पंडित ने संस्कृत ग्रंथों की छपी और अनछपी सूचियों और खोज-रिपोर्टों के आधार पर संस्कृत की प्राप्त पोथियों का एक लेखा तैयार किया था। यह कार्य बड़े परिश्रम से किया गया था और यद्यपि आज यह बहुत पुराना पड़ गया है, फिर भी इसकी प्रामाणिकता में विश्वास किया जाता है। आफ्रेख्ट ने इंडिया आफिस के संग्रह के प्रसंग में कोलब्रुक, विटकिंस, टेलर, गायकवाड़, जानसन, फ्लीट, वेलेंटाइन, बरनेल और मेकेंज़ी आदि प्रसिद्ध ग्रंथ-संग्राहकों की चर्चा की है। बाद में कीथ ने इन ग्रंथों का वर्गीकरण किया था। उन्होंने आफ्रेख्ट, बरनेल से मेकेंजी, हडसन और टेलर के संग्रह को ज्यादा महत्त्वपूर्ण समझा था; परंतु अन्य अनेक विद्वानों के संग्रह इनसे भी अधिक महत्त्वपूर्ण हैं। नाना भाव से इन्हें संग्रह किया गया है। हिन्दी-जगत् के सुपरिचित विद्वान् राहुल सांकृत्यायन ने तिब्बत से बहुमूल्य ग्रंथों का संग्रह किया है, जो पटना संग्रहालय में सुरक्षित है।

इन पुस्तकों के संग्रह का इतिहास बड़ा मनोरंजक है। बहुत-सी पुस्तकें तो दाम देकर खरीदी गई हैं, कुछ विचित्र ढंग से प्राप्त हुई हैं। बरनेल ने लिखा है कि दीवानी मुकदमे में लगभग पाँच सौ पुरानी पोथियाँ प्रमाण के लिए नत्थी कर दी गई थीं। मेकेंजी मद्रास में भारत सरकार के सर्वेयर थे। सर्वे करने के प्रसंग में उन्हें बहुत-सी प्राचीन पोथियाँ मिल गई थीं। वावर पुरानी पोथियों के इतिहास के सिलसिले में अमर हो गए हैं। उनके नाम के साथ कुछ अत्यंत प्रामाणिक पुस्तकों का इतिहास जड़ित है। वह कूच में ब्रिटिश रेजिडेंट थे। सन् 1890 ई. में दो तुर्कों ने उन्हें भोजपत्र पर लिखी हुई कुछ पोथियाँ दिखाईं, जो उन्हें एक विध्वस्त बौद्ध स्तूप में मिली थीं। बुद्धिमान रेजिडेंट ने उन्हें खरीदकर बंगाल की एशियाटिक सोसाइटी को भेज दिया। सोसाइटी की ओर से प्रसिद्ध पंडित हॉर्नेल ने इनकी जाँच की तो ये चौथी-पाँचवीं शताब्दी की साबित हुईं। इन पोथियों ने संस्कृत-साहित्य के इतिहास में क्रांति कर दी। बहुत-सी पुस्तकों का काल-निर्णय आसानी से हो गया। 'वावर मैनुस्क्रिप्ट्स' संस्कृत-साहित्य के इतिहास में एक निश्चित सीमारेखा की ओर इशारा करती हैं। सन् 1886 ई. में जब उत्तरी बर्मा दखल किया गया, तो वहाँ के राजाप्रसाद के विशाल पुस्तकागार की पोथियों के पन्नों से सैनिक लोग सिगरेट जला रहे थे! प्रो. मियानेफ के अथक प्रयत्नों से यह अग्नि काण्ड समाप्त हुआ और कुछ पुस्तकें बचाई जा सकीं।

अब तक संस्कृत की सबसे पुरानी पोथियाँ जो मिल सकी हैं, उनमें सर्वाधिक प्राचीन पुस्तक एक तालपत्र पर लिखी हुई है। पंडितों का अनुमान है कि इनकी लिखावट दूसरी शताब्दी की है। यह एक नाटक का कुछ त्रुटित अंश है। इसे डॉ. लूडर्स ने (कीलहार्न संस्कृत टेक्स्ट, भाग 1) छपवाया है। फिर 'संयुक्तागम' नामक बौद्ध सूत्र है, जो भोजपत्र पर लिखा हुआ पाया गया है। यह डाक्टर स्टाईन को खोतान प्रदेश में मिला था। इसकी लिखावट से विद्वानों ने इसका लिपि-काल ईसवी सन् की चौथी शताब्दी माना है। ईसवी सन् की पाँचवीं शताब्दी की कुछ पोथियाँ ऐसी भी मिली हैं, जो कागज पर लिखी गई हैं। ये पुस्तकें यारकन्द शहर से 60 मील दक्षिण में किसी स्थान से प्राप्त की गई हैं। कागज पर लिखी हुई संस्कृत की सबसे प्राचीन पुस्तकें यही बताई जाती हैं। इन तथा अन्य अनेक प्राचीन पुस्तकों से केवल पुस्तकों की तिथि निश्चय करने में ही सहायता नहीं मिली है, बल्कि अन्य अनेक बातों के अध्ययन में भी सहायता मिली है और पूर्ववर्ती इतिहासज्ञों की अनेक भ्रांत धारणाओं का निराकरण भी हुआ है। इन पुस्तकों ने भारतवर्ष के साथ बाहरी दुनिया के सम्बन्ध-निर्णय में भी बहुमूल्य सहायता पहुँचाई है।

अँग्रेजों के इस देश में आने के पहले एक प्रकार से प्राचीनतर विद्याओं के लिए अंधकार-युग हो चला था। यहाँ के प्राचीन शास्त्रों के मर्मज्ञ सात-आठ सौ वर्षों तक की पुरानी लिपियों को यथाकथंचित पढ़ लेते थे। परंतु पुरानी लिपियों को पढ़ना एकदम भूल चुके थे। चौदहवीं शताब्दी में फिरोजशाह तुगलक ने बड़े परिश्रम से

टोपरा और मेरठ से अशोक के लेखवाले दो विशाल स्तम्भ उठवा मँगवाए थे, परंतु उन दिनों उस लिपि को पढ़नेवाला कोई पंडित नहीं मिला। सम्राट अकबर भी इन लेखों का आशय जानना चाहते थे, परंतु भारतवर्ष में प्राचीन लेखों के पढ़ने की विद्या लुप्त ही हो गई थी। सर विलियम जोन्स ने अशोक की लिपियों की छाप बनारस के तत्कालीन हाकिम के पास भेजी कि वहाँ के किसी पंडित से पढ़वाएँ। एक पंडित ने उस लेख को युधिष्ठिर के गुप्त बनवास का लेख कहकर पढ़ दिया और पुरानी लिपियों को एक जाली पोथी भी तैयार कर दी। बहुत दिनों तक उस जाली पोथी ने शोधप्रिय पंडितों को गुमराह किया। सन् 1834 ई. में कप्तान ट्रायर ने प्रयागवाले अशोक-स्तम्भ पर खुदे हुए समुद्रगुप्त के लेख का कुछ अंश पढ़ा, जिसे उसी साल डाक्टर मिल ने पूरा पढ़ लिया। गाजीपुर जिले में सैदपुर-भीतरी नामक गाँव के पास एक स्तम्भ है, जिस पर स्कन्दगुप्त ने एक लेख लिखवाया था। सन् 1837 ई. में डॉ. मिल ने उस समूचे लेख को पढ़ लिया था। इस प्रकार गुप्त-लिपि पढ़ ली गई। परंतु ब्राह्मी-लिपि फिर भी दुर्बोध्य ही समझी जाती रही। जिस साल कप्तान ट्रायर और डाक्टर मिल ने गुप्त-लिपि पढ़ डाली थी, उसी साल जेम्स प्रिंसेप ने ब्राह्मी-लिपि को पढ़ने का कठिन प्रयत्न किया। उन्होंने इलाहाबाद, रधिया, मधिया और दिल्ली वाले लेखों को मिलाकर यह निष्कर्ष निकाला कि ये चारों लेख एक ही लिपि के हैं। फिर उन्होंने गुप्त-लिपि से मिलते अक्षरों को छाँटा और ब्राह्मी-लिपि के कई अक्षर पढ़ लिए। बाद में रेवरेंड जेम्स स्टीवेन्सन, लासन आदि पंडितों की सहायता और उद्योग से पूरी ब्राह्मी वर्णमाला पढ़ी जा सकी। ब्राह्मी-लिपि के पढ़े जाने के बाद भारतवर्ष की अन्य लिपियों का पढ़ना बहुत सुगम हो गया। एक खरोष्ठी लिपि में जरूर समय लगा, परंतु हमारे आज के प्रसंग में उस लिपि का बहुत थोड़ा-ही सम्बन्ध है। इसीलिए उसके बारे में हम विशेष कुछ नहीं कहेंगे। एक बार पुरानी लिपियों की जानकारी होते ही भारतीय इतिहास की अनेक महत्त्वपूर्ण सामग्रियाँ जाँची जाने लगीं। सिक्के पढ़े गए, शिलालेख जाँचे गए, पुरानी पोथियाँ पढ़ी गईं और दानपत्रों के रहस्य उद्घाटित हुए। प्रत्येक शताब्दी और प्रत्येक प्रदेश की लिपि-विषयक विशेषताएँ समझ ली गईं और यह सिलसिला आज भी चल रहा है। यद्यपि पुरानी लिपियों के पढ़नेवालों में विदेशी पण्डितों का प्रयत्न ही प्रमुख रहा है, तथापि यह नहीं समझना चाहिए कि उन्होंने देशी पंडितों की सहायता के बिना ही यह कठिन कार्य किया था। गुप्त-लिपि और ब्राह्मी-लिपि के पढ़ने में अनेक अज्ञात और विस्मृत देशी विद्वानों ने बहुमूल्य सहायता पहुँचाई थी।

भोजपत्र हिमालय प्रदेश में पैदा होनेवाले 'भूर्ज' नामक वृक्ष की छाल है। इनकी ऊँचाई कभी-कभी 60 फुट तक जाती है। हिमालय में साधारणतः 14,000 फुट की ऊँचाई पर ये बहुतायत से पाए जाते हैं। इनकी छाल कागज की भाँति होती है। इस छाल को लेखक लोग अपनी इच्छानुसार लंबाई-चौड़ाई की काटकर उस पर स्याही

से लिखते थे। अब तो यह केवल तंत्र-मंत्र के काम ही आता है, पर किसी जमाने में कश्मीर तथा हिमालय प्रदेशों में भूर्जपत्र पर ही पोथियाँ लिखी जाती थीं। अधिकतर भूर्जपत्र की पुस्तकें कश्मीर से ही मिलती हैं। भोजपत्र की सबसे पुरानी पुस्तक खरोष्ठी लिपि में लिखा हुआ प्राकृत (पालीवाला नहीं) 'धम्मपद' नामक प्रसिद्ध ग्रंथ है, जो संभवतः ईसवी सन् की तीसरी शताब्दी का है। सबसे पुरानी संस्कृत-पुस्तक जो भोजपत्र पर लिखी मिली है, वह 'संयुक्तागम सूत्र' है, जिसकी चर्चा पहले ही की जा चुकी है। खरोष्ठीवाली पुस्तक का काल निश्चित रूप से नहीं कहा जा सकता। वह खोतान से प्राप्त हुई थी। कश्मीर और उत्तरी प्रदेशों के सिवा अन्यत्र भूर्जपत्र की पोथियों का बहुत अधिक प्रचार नहीं था। निचले मैदानों में ताड़ के पत्ते प्रचुर मात्रा में उपलब्ध होते थे। वे भूर्जपत्र की अपेक्षा टिकाऊ भी होते हैं और सस्ते तो होते ही हैं। इसीलिए मैदानों में ताल-पत्र का ही अधिक प्रचार था।

तालपत्र को उबालकर शंख या किसी अन्य चिकने पदार्थ से रगड़कर उन्हें गेल्हा जाता था। गेल्हने के बाद लोहे की कलम से उन पर अक्षर कुरेद दिए जाते थे, फिर काली स्याही लेप दी जाती थी, जो उन गड्ढों में भर जाती थी और चिकने अंश पर पोंछ दी जाती थी। लोहे की कलम से कुरेदने की यह प्रथा दक्षिण में ही प्रचलित थी। उत्तर भारत और पूर्व भारत में उन पर उसी प्रकार लिखा जाता था, जिस प्रकार कागज पर लिखा जाता है। इन पत्तों का आकार कभी-कभी दो फुट तक होता है। शान्तिनिकेतन के संग्रहालय में दोनों प्रकार की प्रतियाँ संगृहीत हैं। कुछ में केवल अक्षर कुरेदकर छोड़ दिए गए हैं, और कुछ में स्याही भरी गई है। संस्कृत में 'लिख्' धातु का अर्थ कुरेदना ही है। 'लिपि' शब्द जो लिखावट के लिए प्रचलित हुआ है, इसका कारण स्याही का लेपना ही है। इन पत्रों में लिखने की जगहों के बीचोंबीच एक छेद हुआ करता था। यदि पत्ते बहुत लंबे हुए तो दो छेद बनाए जाते थे और इन छेदों में धागा पिरो दिया जाता था। बाद में कागज पर लिखी पोथियों में भी छेद के लिए जगह छोड़ दी जाती थी, जो वस्तुतः छिद्रित नहीं हुआ करती थी। सूत्र में ग्रथित होने के कारण ही पोथियों के लिए 'ग्रंथ' शब्द प्रचलित हुआ। भाषा में 'सूत्र मिलना' जो मुहावरा प्रचलित है, उसका मूल पोथियों के पत्रों को ठीक-ठीक सँभाल रखनेवाला यह धागा ही जान पड़ता है। हमने ऊपर तालपत्र की सबसे पुरानी पोथी की चर्चा की है। काशगर से कुछ चौथी शताब्दी के लिखे हुए तालपत्र के ग्रंथों के त्रुटित अंश भी उपलब्ध हुए हैं। सबसे मजेदार बात यह है कि तालपत्र की लिखी हुई जो पूरी पुस्तकें हैं, वे जापान के होरियूजि मठ में सुरक्षित हैं। इनके नाम हैं—'प्रज्ञापारमिता हृदय-सूत्र' और 'उष्णीश विजय-धारिणी'। इनकी लिखावट से अनुमान किया गया है कि ये पोथियाँ ईसवी सन् की छठी शताब्दी के आस-पास लिखी गई होंगी।

भूर्जपत्र और तालपत्र की अपेक्षा भी अधिक स्थाई वस्तु पत्थर है। नाना प्रकार

से पत्थरों पर लेख खोदकर इस देश में सुरक्षित रखे गए हैं। कभी-कभी बड़ी-बड़ी पोथियाँ भी चट्टानों पर और भित्तिगात्रों की शिलाओं पर खोदी गई हैं। बहुत-सी महत्त्वपूर्ण पोथियों का उद्धार सिर्फ शिला-लिपियों से ही हुआ है। अशोक के शिला-लेख तो विख्यात ही हैं। बहुत पुराने जमाने में भी पर्वत-शिलाओं पर उट्टंकित ग्रंथों से क्रांतिकारी परिणाम निकले हैं। कश्मीर का विशाल अद्वैत शैव-मत जिस 'शिवसूत्र' पर आधारित है, वह पर्वत की शिला पर उट्टंकित था। शिलागात्रों पर उत्कीर्ण लिपियों ने साहित्य के इतिहास की भ्रांत धारणाओं को दूर किया है। सन् 1883 ई. में मैक्समूलर ने अपना वह प्रसिद्ध मत उपस्थित किया था, जिसके आधार पर संस्कृत-साहित्य-विषयक अनेक कल्पनाएँ प्रतिष्ठित हुई थीं। इस मत के अनुसार शकों, यवनों और पार्थियनों द्वारा बार-बार आक्रांत होते रहने के कारण कुछ समय के लिए संस्कृत-साहित्य का बनना एकदम बंद हो गया था। बाद में चलकर गुप्त सम्राटों की छत्रच्छाया में उसे फिर से नया जीवन मिला और उसमें ऐहिकतापरक स्वर सुनाई देने लगा। इस मत को महाक्षत्रप रुद्रदामा के गिरनारवाले लेख ने एकदम निरस्त कर दिया। इस लेख से निस्सन्दिग्ध रूप से प्रमाणित हो गया कि 150 ई. के पूर्व संस्कृत में सुंदर अलंकृत गद्यकाव्य लिखे जाते थे। यह सारा लेख ही गद्य-काव्य का एक उत्तम नमूना है। इस महाक्षत्रप ने अपने को 'स्फुट-लघु मधुर-चित्र-कान्त-शब्द-समयोदाइलंकृत-गद्य-पद्य' का मर्मज्ञ बताया था। सम्राट समुद्रगुप्त ने प्रयाग के स्तम्भ पर हरिषेण कवि द्वारा रचित जो प्रशस्ति खुदवाई थी, वह भी पद्य और गद्य-काव्य का उत्तम नमूना है। हरिषेण ने इसे संभवतः 530 ई. में लिखा होगा। अब तो सैकड़ों ललित काव्य और कवियों का पता शिला-लिपियों से चला है। इन काव्यात्मक प्रशस्तियों के अनेक संग्रह भी प्रकाशित हुए हैं।

इस प्रसंग में राजा भोज के अपने प्रासाद 'भोजशाला' से उद्धार की गई एक नाटिका और एक प्राकृत काव्य की चर्चा मनोरंजक होगी। इस भोजशाला की 'सरस्वती-कण्ठाभरण' नामक पाठशाला आजकल धार की कमालमौला मस्जिद के नाम से वर्तमान है। सन् 1905 ई. में एजुकेशनल सुपरिंटेंडेंट मिस्टर लेले ने प्रो. हच को खबर दी कि धार की कमालमौला मस्जिद का मिहराब टूट गया और उसमें से कई पत्थर खिसककर निकल आए हैं, जिन पर नागरी अक्षरों में कुछ लिखा हुआ है। इन पत्थरों को उलटकर इस प्रकार जड़ दिया गया था कि लिखा हुआ अंश पढ़ा न जा सके। जब पत्थर खिसककर टूट गिरे तो उनका पढ़ना संभव हुआ। परीक्षा से मालूम हुआ कि दो पत्थरों पर महाराज भोज के वंशज अर्जुनदेव वर्मा के गुरु गौड़ पंडित मदन कवि की लिखी हुई कोई 'पारिजातमंजरी' नामक नाटिका थी। नाटिका में चार अंक होते हैं। अनुमान किया गया कि बाकी दो अंक भी निश्चय ही उसी इमारत में कहीं होंगे, यद्यपि मस्जिद के हितचिंतकों के आग्रह के चलते उनका पता नहीं चल सका। फिर कुछ पत्थरों पर स्वयं महाराजा भोज के लिखे हुए आर्या छंद

के दो काव्य खोदे गए थे, जिनकी भाषा कुछ अपभ्रंश से मिली हुई प्राकृत थी। इस शिलापट्ट की प्रतिच्छवि 'एपिग्राफिका इंडिका' की आठवीं जिल्द में छपी है। चौहान राजा विग्रहराज का 'हरिकेलि नाटक' और सोमेश्वर कवि का 'ललित-विग्रहराज' नाटक शिलापट्टों पर खोदे पाए गए हैं।

एक सुंदर काव्य एक पत्थर पर खुदा ऐसा भी पाया गया है, जो किसी शौकीन जमींदार की मोरियों की शोभा बढ़ा रहा था। यद्यपि अभी भी भारतवर्ष के अनेक शिला-लेख पढ़े नहीं जा सके हैं, तथापि नाना दृष्टियों से इन लेखों ने भारतीय संस्कृति और सभ्यता के अध्ययन में महत्त्वपूर्ण सहायता पहुँचाई है।

इस बात का प्रमाण प्राप्त है कि बहुत-सी पुस्तकें सोने और चाँदी तथा अन्य धातु के पत्तरों पर लिखाकर दान कर दी गई थीं। मेरे मित्र प्रो. प्रह्लाद प्रधान ने लिखा है कि काल-क्रम से बौद्ध भिक्षुकों में यह विश्वास जम गया था कि पुरानी पोथियों को गाड़ देने से बहुत पुण्य होता है। ऐसी बहुत-सी गाड़ी हुई पोथियों का कुछ उद्धार इन दिनों हो सका है। हुएनत्सांग ने लिखा है महाराज कनिष्क ने 'त्रिपिटक' का नूतन संस्कार कराकर, ताम्रपत्रों पर उन्हें खुदवाकर किसी स्तूप में गड़वा दिया था। अभी तक पुरातत्त्ववेत्ता लोग इन गड़े ताम्रपत्रों का उद्धार नहीं कर सके हैं। लंका में कण्डि जिले में हंगुरनकेत विहार के चैत्य में हजारों रुपए की बहुमूल्य पुस्तकें और अन्य वस्तुएँ गड़वा दी गई थीं। रौप्य-पत्र पर 'विनय-पिटक' के दो प्रकरण, 'अभिधम्म' के सात प्रकरण और 'दीर्घनिकाय' तथा कुछ अन्य ग्रन्थों को खुदवाकर गड़वाने में एक लाख बानवे हजार रुपए लगे थे। सोने के पत्तरों पर लिखे गए स्तोत्र आदि की चर्चा भी आती है। तक्षशिला के गंगू नामक स्तूप से खरोष्ठी लिपि में लिखा हुआ एक सोने का पत्तर प्रसिद्ध खोजी विद्वान् जनरल कनिंघम को मिला था। बर्मा के द्रोम नामक स्थान से पाली में खुदे हुए दो सोने के पत्तर ऐसे मिले हैं जिनकी लिपि ईसवी सन् की चौथी या पाँचवीं शताब्दी की होगी। भट्टिप्रोलू के स्तूप से और तक्षशिला से भी चाँदी के पत्तर पाए गए हैं। सुना है, कुछ जैन-मंदिरों में भी चाँदी के पत्तर पर खुदे हुए पवित्र लेख मिलते हैं; ताँबे के पत्तरों पर तो बहुत लेख मिले हैं, परंतु उन पर खुदी कोई बड़ी पोथी नहीं मिली है।

जैसे-जैसे भारतवर्ष में नवीन जागरण उत्पन्न हुआ है, वैसे-वैसे पुरानी पोथियों के संग्रह करने और पढ़ने की ओर भी प्रवृत्ति बढ़ती गई है। कश्मीर, नेपाल, तिब्बत, केरल, तमिल आदि प्रदेशों से अनेक नूतन ग्रन्थरत्नों का उद्धार हुआ है। कौटिल्य का प्रसिद्ध 'अर्थशास्त्र' पाया जा सका है, टी. गणपति शास्त्री ने भास के नाटकों का उद्धार किया है, हरप्रसाद शास्त्री के परिश्रम से नेपाल दरबार लाइब्रेरी से अनेक ग्रंथरत्नों का पता चला है, मुकुन्दराम शास्त्री ने कश्मीर की ग्रंथराशि को प्रकाशित करने का प्रयत्न किया है, श्रेडर ने वैष्णव संहिताओं के अध्ययन की ओर विद्वन्मंडली का ध्यान आकृष्ट किया है, वुडरफ के प्रयत्नों से तन्त्र-ग्रंथों के अध्ययन को बल

मिला है और राहुल जी ने तिब्बत से अनेक बहुमूल्य बौद्ध ग्रंथों का उद्धार किया है। अनेक परिश्रमी पंडितों और संस्थाओं ने प्राकृत, अपभ्रंश और वर्तमान देशी भाषाओं के ग्रंथों की भी खोज की है, परंतु अब भी बहुत-सा कार्य बाकी है। अभी इस क्षेत्र में अनेक संभावनाएँ हैं। चीनी-तिब्बती और मंगोलियन भाषाओं में भारतीय साहित्य का अनुवाद अब भी प्राप्त है, उस पर से मूल ग्रंथों के खोजने का काम अभी शुरू ही हुआ है। बृहत्तर भारत से इस सम्बन्ध की बहुत थोड़ी सामग्री उपलब्ध हुई है।

पुरानी पोथियों ने भारतीय मनीषा की उज्ज्वलता संसार के सामने निर्विवाद रूप से प्रकट कर दी है। भारतीय साहित्य संसार का उत्तम और अत्यंत प्रेरणादायक साहित्य स्वीकार किया जा चुका है। इस साहित्य ने पिछले ज़मानों में लगभग सारे ज्ञात संसार को नाना भाव से प्रभावित किया है और आज भी सभी सभ्य देशों में कुछ-न-कुछ विद्वान् ऐसे अवश्य हैं, जो इस साहित्य के पठन-पाठन से मनुष्यता के कल्याण का स्वप्न देखते हैं। इस विशाल साहित्य का अध्ययन स्फूर्तिदायक, मनोरंजक और आशा का संदेशवाहक है।

[अशोक के फूल से]

दस : भारतीय मेले

कुछ वर्ष पहले भारत सरकार के जन-गणना विभाग ने पंजाब के मेलों का एक महत्त्वपूर्ण सर्वेक्षण प्रकाशित किया। विभाग के अधिकारियों ने कृपापूर्वक उस महान यज्ञ में मुझे भी योगदान के लिए आमंत्रित किया। मैंने पंजाब के मेलों के सांस्कृतिक महत्त्व पर एक लेख (अँग्रेजी में) लिखा जो उसमें प्रकाशित हो चुका है। वर्तमान लेख में हिन्दी पाठकों के लिए उसी विषय पर अपने कुछ विचार लिख रहा हूँ। प्रकाशित अँग्रेजी लेख की कुछ बातें इसमें ले ली गई हैं, कुछ और भी जोड़ दी गई हैं। मुझे ऐसा लगा है कि ये मेले हमारे सांस्कृतिक इतिहास के निर्देशक ही नहीं हैं, जाति-पाँति, संप्रदाय-धर्म आदि से विभाजित देश की मिलन भूमि भी हैं। किस प्रकार यह बहु-विस्रस्त देश अपनी समस्याओं का समाधान करता रहा है, विभेद के अन्तराल में अभेद को बनाए रखने में समर्थ हुआ है, इस रहस्य के समाधान में मेलों की परिकल्पना हमारी मदद कर सकती है।

सब जानते हैं कि भारतीय संस्कृति अनेक प्रकार के विश्वासों का समन्वित रूप है। न जाने कब से इस देश में बाहर से विभिन्न जातियों का आगमन होता रहा है। उनके आचार-विचार और विश्वासों के तह-पर-तह जमते जा रहे हैं। इस देश में जोर-जबर्दस्ती से विश्वास बदलने का प्रयास नहीं किया गया। जो जातियाँ या कबीले बाहर से आते रहे वे स्वतंत्र जाति के रूप में अपने विश्वासों और सामाजिक संघटनों के साथ बस जाते रहे और धीरे-धीरे वे इस विशाल महादेश के जीवंत अंग बन जाते रहे। वे यहाँ बसनेवाली जातियों के आचार-विचार और विश्वासों से प्रभावित होते रहे और उन्हें प्रभावित भी करते रहे। शताब्दियों तक यह प्रक्रिया चलती रही है और आज भी चल रही है। ऐसा संसार में प्रायः सर्वत्र ही होता रहता है, फिर भी भारतवर्ष की अपनी विशेषता तो है ही। ऐसी विशेषता, जो संसार में अन्यत्र दुर्लभ है। ये मानव मंडलियाँ अपने आचार-विचार और सामाजिक संघटनों को यथासंभव कायम रखते हुए भी धीरे-धीरे एक महाजाति का अंग बन जाती थीं। आज जो इतनी जातियाँ, इतनी विचित्र प्रथाएँ और इतने प्रकार के धार्मिक विश्वास दिखाई देते हैं, वे इसी प्रक्रिया की देन हैं। भारतीय समाज में व्यक्ति का धर्मान्तरीकरण (कन्वर्शन)

नहीं होता था, पूरा-का-पूरा कबीला या जाति ही इस समाज का अंग बन जाती थी। उनके संस्कारों और आचारों के तारतम्य के अनुसार शास्त्रकार उन्हें ब्राह्मण, क्षत्रिय, वैश्य, शूद्र या अन्त्यज श्रेणी में रख देते थे। एक श्रेणी के लोग अपनी विशेष मर्यादा की रखा के लिए अन्य श्रेणी के साथ खान-पान और शादी-ब्याह का सम्बन्ध नहीं करते थे। धीरे-धीरे यह बचाव का उपाय ही अधिकाधिक कठोर एवं अलंघ्य होता गया। अवनति काल में विजातीय संस्कृतियों के दबाव के कारण वह केवल कठोर ही नहीं बना, धर्म का विशिष्ट अंग भी बन गया। आज वह सामाजिक मिलन का अन्तराव हो गया है और विचारशील लोग उसको शिथिल करने के प्रयास करने लगे हैं। परंतु इस बहुधा विभाजित भारतीय जन-समूह में एक विचित्र प्रकार की एकता भी बनी हुई है। यह कैसे संभव हुआ? सैकड़ों स्तर में विभाजित जन-समूह कैसे एक दूसरे के निकट आ पाया, यह एक महत्त्वपूर्ण प्रश्न है। इस प्रश्न का उत्तर केवल हमारी संस्कृति के विशाल इतिहास को समझने की कुंजी ही नहीं देता, भविष्य में इस महाजाति के भीतर अविच्छेद्य बनाने के उपायों की ओर भी इंगित करता है।

जिन उपायों से यह एकता, जाति-भेद की कठोरताओं के बावजूद बनी हुई है, उनमें प्रमुख हैं तीर्थ, व्रत, त्यौहार और मेले। यद्यपि दीर्घकाल से इस देश में आती रहनेवाली और यहीं बसनेवाली जातियों में अपनी विशेषता बनाए रखने और मिश्रण से बचते रहने के प्रयासों ने धीरे-धीरे बहुत कठोर, और कभी-कभी उग्र, रूप धारण कर लिया। तथापि एक-दूसरे के विश्वासों के प्रति सदा आदरभाव रहा है और उन्हें सामूहिक रूप से अपनाने का प्रयास निरन्तर होता रहा है। आज के हिन्दू-तीर्थों, व्रतों, त्यौहारों और मेलों के अध्ययन से बहुत स्पष्ट हो जाता है कि इनमें विभिन्न जातियों के धार्मिक विश्वासों को अपनाने और सर्वात्मना ग्रहण करने की प्रवृत्ति है। हिन्दुओं के तैंतीस करोड़ देवता न जाने किन-किन जातियों से लिए गए हैं। बहुत से तीर्थ और व्रत ऐसी जातियों से लिए गए हैं जिन्हें बहुत ऊँची सामाजिक मर्यादा नहीं प्राप्त है। नागों, यक्षों, पीरों, भूत-भैरवों, काली-दुर्गा, यहाँ तक कि शिव-विष्णु की पूजा और तत्सम्बन्धी विश्वास भी विभिन्न जातियों, कबीलों और नस्लों के लोगों से ग्रहण किए गए हैं। इनका वर्तमान रूप और ऐतिहासिक विकास हमें उस अद्भुत प्रक्रिया को प्रत्यक्ष करता है जिसे इस महादेश ने 'एकं सद्विपा बहुधा वदंति' के महामंत्र को चरितार्थ करने के लिए अत्यंत सहजभाव से स्वीकार किया है। सांस्कृतिक सर्वेक्षण के द्वारा हमारी महिमामयी संस्कृति के विभिन्न स्तरों को समझने में भी मदद मिलेगी और उस महती साधना का रूप भी स्पष्ट होगा जिसने इस बहुधा विभाजित समाज में 'अनेक में एक' को प्रतिष्ठित किया था। पंजाब इस दृष्टि से बहुत ही महत्त्वपूर्ण प्रदेश है। यहाँ विभिन्न कबीलों के आने, बस जाने, आगे बढ़ने और मिल जाने की दीर्घ परम्परा का ऐतिहासिक पक्ष बहुत स्पष्ट रूप से दिखाई देता है। यहाँ के मेलों में मिलन-प्रक्रिया का जीवंत रूप अधिक स्पष्ट है। कितनी ही धर्म-साधनाएँ, जातीय

विश्वास और आचार-पद्धति अब नाम शेष रह गई हैं पर मेलों में उनकी स्मृति बनी हुई है। यहाँ हम देखते हैं कि किस प्रकार विभिन्न विश्वासों के तह-पर-तह जम करके एक मिलन-भूमि तैयार हुई है। जिस प्रकार डेल्टा की भूमि विभिन्न धाराओं से लाई हुई मिट्टी की परतों के एक-दूसरे पर बिछ जाने से बनती है, उसी प्रकार। कभी-कभी इन मेलों के साथ जुड़ी हुई कहानियाँ बड़े विचित्र रहस्यों का उद्घाटन करती हैं। जिन्हें हम बहुत परवर्ती बातें समझते हैं वे बहुत पुरानी स्मृतियों को ढोये आ रही हैं। उनके भीतर हमारे अतीत की मिलन-प्रक्रिया के कई तह एक-दूसरे पर जमे मिल जाते हैं। किस प्रकार हिन्दू-संस्कृति ने विभिन्न जातियों के विश्वासों को मान्यता दी है, उनके प्रति सम्मान प्रकट किया है, और अन्ततोगत्वा उन्हें अपने परम अद्वैत के मंत्र से अभिभूत किया है, यह बहुत ही मनोरंजक कहानी है।

सर्वत्र यह देखा गया है कि परम्परा से प्रतिष्ठित तीर्थ स्थानों पर होनेवाले मेले चलते रहते हैं, नए-नए धार्मिक विश्वास उनमें अपना-अपना रंग चढ़ाते रहते हैं। इस प्रकार एक मेला ऊपरी तौर पर एक खास मत, संप्रदाय आदि का जान पड़ सकता है। पर विचार करने पर उसके तह-के-तह खुलते जाते हैं और हम मानव विश्वासों के क्रमिक विश्वास के पद्चिह्न का आविष्कार करके चकित होते हैं। गूगा पीर, जिनका दूसरा नाम जाहर पीर भी है, पंजाब में बहुत प्रसिद्ध हैं। कहते हैं वे अंतिम वयस में मुलसमान हो गए थे। पंजाब में कई मेले उनके नाम के साथ संबद्ध हैं। छपार का प्रसिद्ध मेला गूगा भगत या गूगा पीर की प्रसन्नता प्राप्त करने के लिए लगता है। गूगा सर्पों के स्वामी हैं, उनके प्रभाव से सर्पविष दूर होता है, संतानार्थिनी स्त्रियों को संतान-प्राप्ति होती है। गूगा गुरु गोरखनाथ के शिष्य कहे जाते हैं।

पंजाब के उत्तरी हिस्से में हिमालय के पाददेश में किसी समय नागों, यक्षों और यक्षिणियों की पूजा हुआ करती थी। नाग लोग कभी बड़े शक्तिशाली थे। जनमेजय के नागयज्ञ के रूप में आर्यों और नागों के भयंकर संघर्ष का आभास मिलता है। धीरे-धीरे नाग जाति विशाल हिन्दू जाति में मिल गई। वासुकि, तक्षक, कर्कोटक आदि प्रसिद्ध नाम बाद के साहित्य में केवल साँप के रूप में ही याद किए गए। पर असल में नाग लोग बड़े शक्तिशाली थे। नाग उनका टोटम था। वे नागपूजक थे और शैव थे। उन नागों की स्मृति के रूप में अब भी अनेक तीर्थस्थल हैं। गुरु गोरखनाथ के आविर्भाव के बाद जिस प्रकार अन्य अनेक संप्रदाय बारहपंथी शाखा में संघटित हुए उसी प्रकार नाग-पूजकों के दल भी उसमें शामिल हो गए। आज के नाथ-संप्रदाय में नागपूजा का अवशेष बचा हुआ है। साधारणतः नागों के तीर्थ कुएँ या सरोवर को केंद्र मान करके हैं। काशी में कई नाग कूप हैं। कहीं-कहीं मिट्टी खोदकर नागों के लिए बिल बनाकर उनकी प्रसन्नता प्राप्त करने की प्रथा है। गूगा के साथ ऐसी बहुत-सी लोक-कथाएँ जुड़ी हुई हैं जिनसे जान पड़ता है कि गूगा की कहानी बहुत पुरानी है। उन्हें वासक नाग का जामाता और तातिग नाग का मित्र बताया गया

है। कहानियों में जनमेजय से भी उनकी शत्रुता की बात बताई गई है। वासक नाग वस्तुतः वासुकि नाग हैं और तातिग, तक्षक। मुझे ऐसा लगता है कि अष्टकुल नागों के प्रमुख नाग कर्कोटक ही गूगा है। गोरखनाथ के साथ उनका सम्बन्ध बाद में जोड़ा गया है। कहानियों में बताया गया है कि गूगा जमीन के नीचे जाना चाहते थे पर धरती ने कहा कि ये सिर्फ मुसलमानों को ही अपने नीचे ले जाती है, हिन्दू को नहीं। इसलिए गूगा को मुसलमान बनना पड़ा। स्पष्ट ही इस कथा में उस पहेली को सुलझाया गया है जिसे मध्यकालीन हिन्दू मस्तिष्क सुलझा नहीं पा रहा था। नागों में समाधि देने की जो प्रथा थी वह मुसलमानों के कब्रवाली प्रथा से तो मिलती थी पर मध्यकाल का हिन्दू उसे भूल चुका था। इसलिए पुरानी कहानियों में जहाँ कहीं ऐसा प्रसंग आता था वह उनके लिए कठिन होता था। केवल एक ही उपाय से यह पहेली सुलझाई जा सकती थी, चरितनायक को मुसलमान बनाकर। इसीलिए सर्प देवता गूगा को मुसलमान बनना पड़ा—जाहर पीर—विष देवता।

साधारणतः 'पीर' मुसलमान सिद्ध पुरुष के लिए प्रयुक्त होता है। यह प्रायः भुला दिया जाता है कि मुसलमान बनकर ऐसी बहुत-सी जातियाँ इस देश में आईं जिनका कोई पुराना दल मुसलमान बनने के पहले भी आ चुका था। कुछ ऐसी थीं जो काफी पहले आ चुकी थीं, कुछ बाद में आईं। उनके बहुत-से आचार-विचार अभी पूर्ण रूप से बदले नहीं थे और नवागत मुस्लिम सजातियों के बहुत-से आचार-विचारों से मिलते थे। इस प्रकार की एक ही कबीले की दो जातियों में समानता होने के कारण हिन्दू-मुस्लिम मिलन की भूमि आसानी से तैयार हो जाती थी। 'पीर' शब्द को संस्कृत 'वीर' का रूपान्तर मानने का सुझाव भी दिया गया है। डॉ. वासुदेवशरण अग्रवाल ने यह सुझाव दिया था और अब कई अन्य विद्वानों ने भी उसे मानने की प्रवृत्ति दिखाई है। हिमालय के दक्षिणी हिस्सों में यक्ष पूजा का खूब प्रचलन था और सुदूर मैदानों तक भी फैल चुका था। बौद्ध जातक कथाओं में यक्षों को बहुत भयानक रूप में चित्रित किया गया है। उनकी आँखें निश्चल होती थीं, परछाँही नहीं होती थी और वे क्रूर स्वभाव के माने जाते थे। शुंगकाल तक के पाए गए अवशेषों में अनेक यक्षों और यक्षिणियों की मूर्तियाँ मिली हैं। जैन साहित्य में भी इनका भूरिशः उल्लेख है। पुराणों में ये शिव के पार्षद बने दिखते हैं। कहीं-कहीं शिव को यक्षराज भी कहा गया है। पुराने साहित्य से इनमें किसी-किसी के दयालु और रक्षक होने की भी बात मिलती है। बाद में यक्ष भूत-पिशाच समानधर्मा हो गए। इन अच्छे और रक्षक स्वभाव के यक्षों को वीर कहा जाने लगा था। काशी जनपद में ब्राह्मण का भूत 'ब्रह्म' और अहीर आदि अन्य जातियों का भूत 'वीर' कहा जाता है। डॉ. मोतीचन्द्र ने बनारस के 'हरसू' ब्रह्म को हरिकेश यक्ष का आधुनिक रूप स्वीकार किया है। भारत के पश्चिमोत्तर प्रदेश की भाषा को पैशाची कहा जाता था। पैशाची भाषा में प्रायः 'ब', 'भ' अक्षरों का उच्चारण 'प' जैसा होता है। आधुनिक पंजाबी में भी

यह प्रवृत्ति थोड़ी-बहुत पाई जाती है। इसलिए 'वीर' का 'पीर' जैसा उच्चारण असंभव नहीं कहा जा सकता। यक्ष देवयोनि के जीव हैं। उनके लिए बाद में 'वीर' या 'पीर' शब्द का प्रयोग होने लगा हो तो कोई अचरज की बात नहीं है। बाद में यह शब्द मुस्लिम 'पीर' शब्द के साथ घुला दिया गया और चूँकि 'वीर' का 'पीर'-जैसा उच्चारण करने वाले पश्चिमोत्तर प्रदेशों से मुसलमान होकर आए थे, इसलिए यह शब्द मुस्लिम गुरु और देवयोनि का वाचक हो गया।

यक्षों और नागों के देवता कुबेर, सोम, अप्सरस् और अधिदेवता वरुण थे, यह पुराणों से भी सिद्ध होता है। कुबेर किसी समय वरुण के अधीन थे और वरुण देवता यक्षों के देवाधिदेव थे। यक्ष लोग वृक्षों के और नाग लोग जल के अधिष्ठाता माने जाते थे। महाभारत में ऐसी अनेक कथाएँ आती हैं जिनमें संतानार्थिनी स्त्रियाँ वृक्षों के अधिदेवता के पूजन के लिए वृक्षों के पास जाती थीं। वस्तुतः ये लोग उर्वरता के देवता थे। भरहुत, बोधगया, साँची, मथुरा आदि से इस प्रकार वृक्षों के पास सन्तानार्थिनी स्त्रियों के जाने की अनेक मूर्तियाँ मिली हैं। इन वृक्षों के पास अंकित स्त्रियाँ प्रायः नग्न उत्कीर्ण हैं, केवल कटिदेश में एक चौड़ी मेखला धारण किए हुए हैं। वृक्षों में अधिकतर बरगद, पीपल और गूलर के पेड़ हैं। प्रायः पेड़ों में कोटर हैं। यह विश्वास किया जाता था कि कोटरों में नाग और यक्ष का निवास होता था। बहुत से परवर्ती काल के इस प्रकार के यक्ष-पूजन भूमि 'कोटर' 'कोटल' 'कोटला' नाम से प्रसिद्ध हैं। 'कोटला' या कोटाला नामों से यह संकेत मिलता है कि किसी प्राचीन काल में किसी महावृक्ष के कोटर में किसी यक्ष या नागदेवता का निवास था जहाँ संतानार्थिनी स्त्रियों के मेले लगते थे। स्वात की घाटी में कभी यक्ष-पूजा का बड़ा जोर था। यहाँ के लोगों ने 'वरुण' को अपना पूजनीय देवता स्वीकार किया था और इसलिए ये लोग 'वरुण' कहलाते भी थे। सिकंदर के साथ इन लोगों ने घोर युद्ध किया था। यूनानी इतिहासकारों के 'अओरनस' कदाचित् 'वरुण' का ही रूपांतर हैं। इसी स्वात उपत्यका में आगे चलकर वज्रयानी बौद्ध धर्म का प्रचार हुआ। यहाँ की रानी लक्ष्मींकरा तिब्बत के बौद्ध साहित्य में 'आचार्या', 'भगवती', 'लक्ष्मी', 'भट्टारिका', 'महाचार्यश्री' आदि अनेक विशेषणों से विशिष्ट करके स्मरण की गई है। यक्षपूजा ने किस प्रकार बौद्ध-धर्म और शाक्त-मार्ग में 'श्रीसुंदरी' साधना को प्रवेश कराया यह एक मनोरंजक कहानी है। यहाँ प्रकृत प्रसंग यह कि पंजाब में भी किसी समय यक्ष-पूजा का बड़ा जोर था। आज भी ऐसे अनेक मेले हैं जहाँ संतानार्थिनी स्त्रियाँ पुत्रकामना से जाती हैं। जहाँ यक्ष का स्थान था वहाँ किसी-न-किसी 'पीर' (वीर) का स्थान है और लोकमुख से ऐसी कथाएँ प्रसारित हुई हैं कि ये पीर किसी मुसलमान संत से अभिन्न मान लिए गए हैं। 'कोटला' का मेला किसी प्राचीन कोटरशायी यक्ष या नाग की स्मृति दिलाता है। बाद में पुराना माहात्म्य-भरा स्थान मुसलमान संतों के हाथ में आ गया मगर माहात्म्य बना ही रहा। पुराने जमाने में

यक्षों की पूजा दीपदान से होती थी। रात-भर दीपमालिका जलाकर यक्ष को प्रसन्न किया जाता था। पुराने ग्रंथों में 'यक्षरात्रि' उत्सवों का उल्लेख आता है। आज की दीवाली को भी कितने ही विद्वान् यक्षरात्रि का ही रूप मानते हैं। जातक कथाओं से पता लगता है कि यक्षों के लिए बकरा, मुर्गा, सूअर आदि का बलिदान दिया जाता था (जा. 1/186-187)। जहाँ इन पूजा-स्थानों पर मुस्लिम प्रभाव पड़ा, वहाँ से 'सूअर' तो उठ गया पर अन्य बलिदान अब भी जारी हैं। जहाँ यह प्रभाव नहीं पड़ा वहाँ 'सूअर' की बलि भी चल रही है। समूचे भारत में यक्ष-पूजा आज भी नाना नामों से जी रही है। कहीं उसने हिन्दू रूप ग्रहण किया है, कहीं मुसलमान रूप। परंतु वे तीर्थ आज भी जी रहे हैं और आज भी वहाँ मेले लगते हैं। आज भी विविध कामनाओं को लेकर भक्त लोग वहाँ पहुँचा करते हैं। इस दृष्टि से देखा जाए तो ये मेले हमारी बहुधा विभक्त महाजाति के लिए प्रशस्त मिलनभूमि सिद्ध होते हैं। ऊपर झगड़े-फसाद होते रहते हैं, छीना-झपटी चलती रहती है और भीतर-भीतर ये उत्सव और मेले मिलन की प्रशस्त-भूमि तैयार करते रहते हैं। ये मेले सिद्ध करते हैं कि निराश होने की कोई जरूरत नहीं है। ऊपर चाहे सम्प्रदायों और गुटों का कितना भी विरोध क्यों न हो, मनुष्य का हृदय गहराई में एक और अविच्छेद्य है। वह एकता के लिए सदा तैयारी कराता रहता है। मेले उसके साधनों में एक हैं।

किसी जमाने में इन भागों में पाशुपत मत प्रबल था। 'लकुलीश' पाशुपतों में शिव के अवतार माने गए थे। लाकुलों की चर्चा पुराणों में पाई जाती है। इसी 'लाकुल' शब्द का परवर्ती रूप 'लावल' या 'रावल' है। बाप्पा रावल लाकुलीश मत के अनुयायी थे। बाद में रावल नाथयोगियों की एक शाखा बन गए। 'रावल पीर' में लकुलीश की स्मृति बनी हुई है। पंजाब, गुजरात और राजस्थान रावल पाशुपतों के स्थान हैं। रावलपिण्डी कभी रावल योगियों का प्रधान स्थान था। अनेक मुसलमान योगी अपने को 'रावल' कहते हैं। उनके एक अन्य संपद्राय 'गल' को मिलाकर 'रावलगल्ला' शब्द बन गया था। रावल पीर के अनेक मेले देश के विभिन्न स्थानों पर लगते हैं। बाद में पाशुपतों का संप्रदाय गोरखनाथी शाखा में शामिल हो गया था। और गोरखनाथ पशु-रक्षक देवता के रूप में स्वीकार किए गए। पशुपालक जातियाँ गोरखनाथ की शरण जाती हैं। 'गोरक्ष' (गाय की रक्षा करनेवाला) नाम में भी पशुरक्षण की स्मृति है। कोई आश्चर्य नहीं, पाशुपत गोरक्षनाथ के संप्रदाय के साथ एकमेव हो गए। पशुओं के लिए लगनेवाले मेलों में किसी-न-किसी रूप में गोरखनाथ को स्मरण किया ही जाता है।

हिमालय के पाददेश में कामरूप से हिंगलाज तक कभी शाक्त साधना का प्राबल्य था। हमने अन्यत्र दिखाया है कि किस प्रकार यह साधना भी बारहपन्थी योगियों में अन्तर्भुक्त हुई है। हमने ऊपर स्वात उपत्यका की चर्चा की है। इसी का पुराना नाम उड्डियान पीठ है। इसके दो भाग थे—एक संभलपुरी और दूसरा लंकापुरी।

परमभट्टारिका लक्ष्मीकारा संभलपुरी के राजा इन्द्रभूति की बहन थी। लंकापुरी के राजा ज्वालेन्द्र से इनका विवाह हुआ था। यद्यपि 'योगिसंप्रदायाविष्कृति'–जैसे नए ग्रंथों में यह अनुश्रुति पाई जाती है कि जालंधरनाथ का ही पुराना नाम ज्वालेन्द्रनाथ था परंतु लक्ष्मींकरा के साथ किसी सम्बन्ध की, अनुश्रुतियों में चर्चा नहीं है। जो हो, जालंधरनाथ की साधना भूमि आधुनिक जालंधर अवश्य था। हठयोग के ग्रंथों में जालंधर बंध और उड्डियान बंध नाम के दो बंधों का उल्लेख मिलता है। ये दोनों पंजाब के सिद्धों की देन जान पड़ते हैं। जालंधर पीठ में कापालिक साधना का केंद्र था। जालंधरनाथ मूलतः कापालिक सिद्ध थे। यह कापालिक मत शैव-शाक्त और वज्रयानी साधनाओं का समन्वित रूप था।

पुराणों के अनुसार सती के मृत शरीर को लेकर शिव ने जो उन्मन भाव से ताण्डव किया तो उनका शरीर कई टुकड़ों में विभक्त होकर समूचे भारत में बिखर गया। स्तनवाला भाग त्रिगर्त प्रदेश में गिरा जो हिमालय के निचले पाददेश का नाम है। कागड़ा उपत्यका इस त्रिगर्त देश में पड़ता है। जान पड़ता है, त्रिगर्त की सीमा और भी नीचे तक फैली थी। ऐसा विश्वास किया जाता है कि देवी के शरीर के विभिन्न अवयव जहाँ-जहाँ गिरे, वे स्थान सिद्ध-पीठ हो गए। जलंधर के 'स्तन-पीठ' की अधिष्ठात्री का नाम व्रजेश्वरी है। इन्हें 'विद्याराज्ञी' भी कहते हैं। इस स्तनपीठ में विद्याराज्ञी के चक्र तथा आद्या त्रिपुरा की पिण्डी की स्थापना है। त्रिगर्त की अधिष्ठात्री देवी त्रिशक्ति अर्थात त्रिपुरा काली और तारा हैं। इसमें कोई संदेह नहीं कि जलंधर किसी समय वज्रयानी साधना का प्रधान केंद्र था। व्रजेश्वरी वस्तुतः वज्रेश्वरी शब्द का परवर्ती रूप है। जलंधर माहात्म्य में व्रजेश्वरी नाम ही दिया हुआ है। इस प्रकार पंजाब के उत्तरी प्रदेश में अनेक शाक्त पीठ हैं जो किसी समय कापालिकों और व्रजयानियों की भी साधना-भूमि रहे होंगे। देवी के अनेक स्थानों पर जो मेले लगते हैं वे बौद्ध और शाक्त साधनाओं की याद दिलाते हैं। इस प्रसंग में एक मनोरंजक बात यह है कि अनेक देवी-स्थानों पर भी परवर्ती काल में मुस्लिम संतों का अधिकार हुआ और उनका रूप बहुत कुछ बदल गया। खोज करने पर कुछ महत्त्वपूर्ण बातों का पता लग सकता है। हिंगलाज की देवी का स्थान इक्यावन शाक्त-पीठों में एक है। यहाँ उनका ललाट या मुकुट गिरा था। मुसलमान साधकों में यह हिंगलाज या हिंगुद बीबी नानी के नाम से पूजी जाती हैं। बीबी नानी के सम्बन्ध में कहा जाता है कि गंगा से लेकर अफरात की घाटियों तक बड़े सम्मान से पूजी जाती हैं। यह खालिडया की नान और फारस तथा बैक्ट्रिया की ननइया (nanaia) से अभिन्न प्रतीत होती हैं। होल्डिक (holdich) ने अपनी पुस्तक 'द गैट ऑव इंडिया' में इस देवी की चर्चा की है। कहा जाता है कि इस देवी की पूजा अब्राहम से भी हजार वर्ष पहले प्रचलित थी। यह देवी पश्चिमी भारत के अनेक कबीलों की कुल-देवी मानी जाती हैं। उत्तर प्रदेश के मिर्जापुर जिले के खरवार लोग भी इसे पूजते हैं, ऐसा क्रुक ने लिखा है।

साधना माला में कृष्णाचार्य की कुरुकुल्ला-साधना का उल्लेख है। इस कुरुकुल्ला को ध्यानी बुद्ध की अभिव्यक्ति (शक्ति) से उद्भूत बताया गया है। डॉ. विनयतोष भट्टाचार्य का अनुमान है कि कुरुकुल्ला की उपासना के प्रथम प्रवर्तक शबरपाद नामक सिद्ध हैं, जिनका समय सप्तम शताब्दी सन् ईसवी का मध्य भाग है। ये नागार्जुन के शिष्य थे। नागार्जुन ने भी एक विशेष देवी 'एकजटा' की उपासना का प्रवर्तन किया था। साधन माला में बताया गया है कि इस एकजटा देवी का नागार्जुन पाद ने भौट देश (तिब्बत) से उद्धार किया था। इस देवी का नाम 'महाचीन तारा' भी है। तारा की उपासना ब्राह्मण तंत्रों में भी विहित है। साधनमाला में कुरुकुल्ला के भी अनेक रूपों का वर्णन है, जिनमें एक रूप है तारोद्भवा कुरुकुल्ला। इस प्रकार कुरुकुल्ला, एकजटा और तारा की उपासनाओं में स्पष्टतः कोई सम्बन्ध मालूम होता है। डॉ. विनयतोष भट्टाचार्य ने परानंद सूत्र की भूमिका (पृ. 10-11) में दिखाया है कि महाचीन तारा ने ही आगे चलकर हिन्दुओं की चतुर्भुजी तारा (जो दस महाविद्याओं में है) का रूप ग्रहण किया है। हिन्दू तत्त्वों की उग्रा, महोग्रा, बज्रकाली, सरस्वती, कामेश्वरी आदि देवियों को तारा की ही अभिव्यक्ति बताया गया है। दस महाविद्याओं की छिन्नमस्ता को बौद्ध-वज्रयोगिनी का समशील बताया गया है और कहा गया है कि इसकी उपासना के भी मूल प्रवर्तक शबरपाद ही थे। कृष्णाचार्य की शिष्या मेखला तिब्बत में छिन्नमस्ता के रूप में पूजी जाती हैं। इससे दो बातों का अनुमान होता है। प्रथम तो कृष्णाचार्य का समय निश्चित रूप से शबरपाद के बाद सिद्ध होता है और दूसरा यह कि परवर्ती शाक्त-मत के विकास में इनका बहुत बड़ा हाथ है।

इस प्रकार देवी के स्थानों में भी विभिन्न संस्कृतियों के मिलन की कहानी है। यह कह सकना कठिन है कि किस देवी के रूप में किन-किन विभिन्न सांस्कृतिक उपादानों के कौन-कौन से रूप हैं। परंतु इतना निश्चित है कि इन स्थानों में अनेक पुरानी संस्कृतियों का संगम हुआ है। ये मेले न जाने कब से भिन्न-भिन्न प्रकार के लोगों के विश्वासों के मिलित रूप हैं। भारतवर्ष के विभिन्न देवी पीठों में प्रतिवर्ष मेले लगते हैं। इनमें जो विश्वास और मान्यताएँ हैं, उनकी खोज-बीन करने से अनेक रहस्यों का पता चलेगा।

पुराणों के अनुसार तीर्थों की चार श्रेणियाँ हैं जो चारों पुरुषार्थों के नाम पर हैं, अर्थात धर्मतीर्थ, अर्थतीर्थ, कामतीर्थ और मोक्षतीर्थ। तीर्थ मूलतः घाट का समानार्थक है। नदी के तट पर या सरोवर के तीर पर परलोक बनाने के उद्देश्य से लोग स्नान-दान आदि के लिए जिन तीर्थों में जाते हैं वे धर्मतीर्थ हैं। पुराने जमाने से ऐसे तीर्थ-स्थल कथापुराण आदि के लिए आयोजित मेलों के रूप में चले आ रहे हैं। धर्मशास्त्र में पुण्य के लिए अनेक प्रकार के धार्मिक कृत्यों का इन तीर्थों में विधान है। प्रत्येक अवसर पर जन-समागम होता है और कुछ-न-कुछ खरीद-बिक्री भी चलती है। पर मुख्य उद्देश्य पुण्यार्जन होता है। फिर कुछ ऐसे भी तीर्थ या घाट होते थे जिनमें व्यापार

होता था। उनमें विशेष-विशेष अवसरों पर पशुओं और वस्तुओं की खरीद-बिक्री होती है। कुछ स्थानों पर लोग ऐहिक सुख की कामना से जाते हैं। नाच-गान, आमोद-प्रमोद उनका मुख्य लक्ष्य होता है। प्रायः ऋतुमंगल के मेले इसी श्रेणी में आते हैं। कामसूत्र आदि ग्रंथों में अनेक प्रकार के विनोदमूलक जमावों की चर्चा है। खेल-कूद, कुश्ती, लाव-तित्तिर तथा मेढ़े और बकरों की लड़ाई, कला-कौशल की प्रतियोगिता आदि के उद्देश्य से इनका आयोजन होता है। बहुत थोड़े तीर्थ ऐसे हैं जहाँ मोक्ष-कामी लोग तपस्या द्वारा मोक्ष-प्राप्ति के लिए जाते हैं। परंतु कालान्तर में हर मेले में कुछ-न-कुछ मनोविनोद और खेलकूद का आयोजन रहने लगा।

ये मेले हमारे सांस्कृतिक-जीवन के जीवंत प्रतीक हैं। दीर्घकाल से विभेदों के भीतर से मनुष्य की मिलन की भूमिका तैयार करने में इन्होंने अद्भुत योग दिया है।

वैभव-2

लालित्य की सृष्टि

(साहित्य दृष्टि और समीक्षा)

एक : यदि मैं लिखता

यदि मैं पं. रामचंद्र शुक्ल का इतिहास लिखता तो क्या करता? यह एक विचित्र-सा प्रश्न है। पं रामचंद्र शुक्ल ने हिन्दी साहित्य का जो इतिहास लिखा है, उसे पं. रामचंद्र शुक्ल ही लिख सकते थे। उन दिनों हिन्दी साहित्य का इतिहास लिखने के लिए जैसी सामग्री की आवश्यकता होती वैसी उपलब्ध नहीं थी। थोड़े से कवि-वृत्त संग्रह अवश्य विद्यमान थे, परंतु उन्हें इतिहास नहीं कहा जा सकता। विश्वविद्यालयों में हिन्दी की उच्च शिक्षा का विधान हुआ, तो इस प्रकार के इतिहास की आवश्यकता अनुभव की जाने लगी। आचार्य शुक्ल ने अपने इतिहास के प्रथम संस्करण के वक्तव्य में कहा था कि उन दिनों 'शिक्षित जनता की जिन-जिन प्रवृत्तियों के अनुसार जिन-जिन प्रभावों की प्रेरणा से काव्य धारा की भिन्न शाखाएँ फूटती रही हैं, उन सबके सम्यक् निरूपण तथा उनको दृष्टि से किए हुए सुसंगत काल विभाग के किए बिना, इतिहास का सच्चा अध्ययन कठिन दिखाई पड़ता था। सात-आठ सौ वर्षों की संचित ग्रंथ-राशि सामने लगी हुई थी, पर ऐसी निर्दिष्ट सरणियों की उद्‌भावना नहीं हुई थी, जिनके अनुसार सुगमता से इस प्रभूत सामग्री का वर्गीकरण होता। भिन्न शाखाओं के हजारों कवियों की केवल काल-क्रम से गुँथी वृत्तमालाएँ साहित्य के इतिहास में कहाँ तक सहायता पहुंचा सकती थीं? सारे रचना-काल को केवल आदि, मध्य, उत्तर, पूर्व इत्यादि खंडों में आँख मूँद कर बाँट देना, यह भी न देखना कि किस खंड के भीतर क्या आता है, क्या नहीं—किसी वृत्त संग्रह को इतिहास नहीं बना सकता।'

यही सब सोचकर शुक्ल जी ने अपने इतिहास का ऐसा ढाँचा तैयार किया था, जो 'शिक्षित जन-समूह की बदलती हुई प्रवृत्तियों को लक्ष्य करके हिन्दी साहित्य के इतिहास के काल विभाग और रचना की भिन्न-भिन्न शाखाओं के निरूपण' पर आधारित था। उनसे कम मेधावी और कम धैर्यशाली व्यक्ति के हाथ में पड़ता तो इतिहास का यह ढाँचा बहुत कमजोर हो जाता। सौभाग्यवश वह शुक्ल जी जैसे निपुण विचारक व्यक्ति के हाथों पड़ा, और हिन्दी साहित्य का इतिहास पक्की नींव पर खड़ा हो गया। फिर भी मैं यह नहीं कह सकता कि आज जो सामग्री उपलब्ध है, उसे देखते हुए मुझे यदि यह इतिहास लिखना होता, तो मैं इस ढाँचे को ज्यों-का-त्यों

स्वीकार कर लेता। इससे शुक्ल जी के प्रति मैं किसी प्रकार की अवज्ञा का भाव नहीं प्रकट कर रहा हूँ। वे स्वयं भी आज नवीन प्राप्त सामग्री के आधार पर अपने इतिहास का संशोधन करते, तो शायद अपने इतिहास को ज्यों-का-त्यों नहीं रखते। फिर भी मेरा विश्वास है कि यहाँ-वहाँ थोड़ा घटाव-बढ़ाव करने पर भी उनके मूल ढाँचे में बहुत बड़ा परिवर्तन न होता।

मेरा विश्वास है कि हिन्दी साहित्य व्यापकतर अर्थ में लोक-साहित्य ही रहा है। आज के लगभग एक सहस्र वर्ष पूर्व भारतवर्ष का पंडित समुदाय बड़ी तेजी से लोक-धर्म की ओर मुड़ गया था। इसके कारणों की विस्तृत विवेचना मैंने अपनी 'हिन्दी-साहित्य की भूमिका' नामक पुस्तक में की है। यहाँ उन सब युक्तियों को दोहराने की जरूरत नहीं, परंतु यह कह रखना आवश्यक है कि मेरे विचार इस मूल विश्वास से अवश्य प्रभावित हैं। मैंने 'हिन्दी-साहित्य की भूमिका' में स्पष्ट शब्दों में कहा था–

'भारतीय पांडित्य ईसा की एक सहस्राब्दी बाद आचार-विचार और भाषा के क्षेत्रों में स्वभावतः ही लोक की ओर झुक गया था। यदि अगली शताब्दियों में भारतीय इतिहास की अत्यधिक महत्त्वपूर्ण घटना अर्थात् इसलाम का प्रभुत्व-विस्तार न भी घटी होती तो भी वह इसी रास्ते जाता। उसके भीतर की शक्ति उसे इसी स्वाभाविक विकास की ओर ठेले लिए जा रही थी। उसका वक्तव्य विषय कथमपि विदेशी न था। प्रोफेसर हेवेल ने अपने 'हिस्ट्री ऑफ आर्यन रूल' में लिखा है कि मुसलमानी सत्ता के प्रतिष्ठित होते ही हिन्दू राजकाज से अलग कर दिए गए, इसलिए दुनिया की झंझटों से छुट्टी मिलते ही उनमें धर्म की ओर, जो उनके लिए एकमात्र आश्रय-स्थल रह गया था, स्वाभाविक आकर्षण पैदा हुआ। मैं प्रस्ताव करता हूँ कि हमारे पाठक आगे के सहस्राब्दक की साहित्यिक चेतना को जाति की स्वाभाविक चेतना के रूप में देखें, अस्वाभाविक अधोगति के रूप में नहीं। अवश्य उसमें जो अंश अस्वाभाविक, बाधाग्रस्त और विकृत है उसे मैं भूल जाने को नहीं कहता, पर हिन्दी साहित्य के अध्ययन से उन्हें विश्वास हो सकेगा कि इस सारे सहस्राब्दक का साहित्य भावी इतिहास में बौद्ध या अन्य किसी भी काल के इतिहास से कम महत्त्वपूर्ण नहीं है।'

इस वक्तव्य से स्पष्ट है कि मैं हिन्दी साहित्य के इतिहास को केवल शिक्षित जनता की प्रवृत्तियों का अध्ययनमात्र नहीं मानता, बल्कि संपूर्ण लोक-चेतना की नई अभिव्यक्ति समझता हूँ। हिन्दी साहित्य एकाएक धरती भेदकर नहीं निकला है और न सन् ईसवी के दूसरे सहस्राब्दक का भारतीय लोक-जीवन किसी आदिम मनोवृत्तिवाली जाति के साथ तुलनीय ही हो सकता है। हमारे सहस्रों वर्षों का इतिहास लोक-चित्त को प्रभावित करता रहा है और लोक द्वारा प्रभावित होता रहा है। इस देश में कभी भी साक्षरता और शिक्षा को एक नहीं माना गया। कविवर रवीन्द्रनाथ ठाकुर ने इंडियन फिलासफी काँग्रेस के सभापति पद से भाषण करते हुए बड़ी स्पष्ट भाषा में प्रतिपादित

किया था कि यहाँ के निरक्षर संतों ने, किस प्रकार ज्ञान का दीपक जलाया था और किस प्रकार सहज बुद्धि से उन महान सत्यों को अनायास पा लिया था, जिन्हें आधुनिक काल के शिक्षित समझे जाने वाले लोग भी कठिनाई से प्राप्त कर सकते हैं। हिन्दी साहित्य को इन शिक्षित, अर्द्धशिक्षित और अशिक्षित संतों का अमूल्य प्रसाद प्राप्त हुआ है। उन्होंने सहज बुद्धि से उन सत्यों का प्रचार किया है, जो आज भी मनुष्य की इस जटिल समाज-व्यवस्था में जड़ शक्ति की अहंकारपूर्ण उपासना के अंधकार में ज्ञान का आलोक दे सकते हैं। हिन्दी साहित्य इस महान् धार्मिक साहित्य की उपेक्षा नहीं कर सकता। परंतु दुर्भाग्यवश शुक्ल जी के मन में इस साहित्य के प्रति बहुत अधिक आस्था नहीं थी। वे साहित्य को केवल शिक्षित जनता की प्रवृत्तियों के निरूपण का शास्त्र ही मानते थे।

यद्यपि शुक्ल जी निरक्षर और अशिक्षित माने जानेवाले लोगों के प्रति बहुत सहृदय नहीं थे, तथापि वे इस प्रकार के साहित्य को हिन्दी साहित्य के इतिहास से हटा नहीं सकते थे, क्योंकि इस साहित्य को हटा दिया जाए तो हिन्दी में बहुत थोड़ा विवेच्य बचा रहता है। इसलिए न तो वे उसको एकदम छोड़ सकते थे और न खुलकर प्रशंसा कर सकते थे। उन्होंने इस श्रेणी के साहित्य को वह महत्त्व नहीं दिया, जो उसे दिया जाना चाहिए था। परिणाम यह हुआ है कि इस श्रेणी के साहित्य की जैसी विवेचना उनसे अपेक्षित थी, वैसी हो न सकी। उन्होंने अपने इतिहास के प्रथम संस्करण में आदि काल के अंदर अपभ्रंश रचनाओं की भी गणना की थी, क्योंकि वे मानते थे कि—'सदा से वे भाषा काव्य के अन्तर्गत मानी जाती रहीं।' परंतु उनके सामने अपभ्रंश साहित्य की वह सब सामग्री नहीं थी, जो इस समय उपलब्ध है। यह सारी सामग्री उपलब्ध होती तो उन्हें लौकिक साहित्य के अनेक काव्य रूपों का संधान पुरानी परम्परा में मिल गया होता।

अधुनालब्ध अपभ्रंश साहित्य के तीनों बंधों अर्थात् दोहाबंध, पद्धड़िया बंध और गेयपद बंधों में—परवर्ती हिन्दी साहित्य के अधिकांश काव्य रूपों का बीज मिल जाता है। अपभ्रंश का यह पूरा साहित्य यदि शुक्ल जी के सामने होता तो निस्संदेह उन्होंने उनके मंथन से हमें ऐसा आलोक दिया होता जिसकी कल्पना भी हम नहीं कर पा रहे हैं। किसी भी साहित्य के केंद्रीय विचार को पकड़ने की शक्ति उनमें हिन्दी के सभी ज्ञात आलोचकों की अपेक्षा कहीं अधिक थी।

उन्होंने आदिकाल की कई रचनाओं को प्रामाणिक मान लिया था। कई रचनाओं की अप्रामाणिकता उनकी दृष्टि में उपस्थित अवश्य हुई थी पर वे जम कर उनकी आलोचना नहीं कर पाए। करते तो उस काल का नाम वे शायद वीरगाथा काल नहीं देते। खुमान रासो, वीसलदेव रासो, विजयपाल रासो आदि की प्रामाणिकता अब केवल संदेह की वस्तु नहीं रह गई है। निश्चित आधारों पर ये रचनाएँ परवर्ती सिद्ध कर दी गई हैं। अभी तक ऐसा कोई विश्वसनीय प्रमाण नहीं मिला है जिससे शुक्ल

जी का यह अनुमान सत्य सिद्ध हो सके कि प्राकृत पैंगलम् में पाए जानेवाले हम्मीर विषयक छप्पय शार्ङ्गधर के हम्मीर रासो के ही हैं। इस काल की कही जानेवाली एकाध पुस्तकें केवल नोटिसमात्र हैं जिन्हें शुक्ल जी ने हिन्दी का आदिकाल कहा है। उस काल में मूल मध्यदेश से लोकभाषा में लिखी हुई कोई रचना प्राप्त ही नहीं होती। वह काल इस देश के इतिहास में भयंकर उथल-पुथल का काल रहा है। लोकभाषा के साहित्य के सुरक्षित होने के जितने साधन हैं उनमें से अधिकांश इन दिनों इस साहित्य को सुलभ नहीं रह गए थे। पुराने साहित्य का संरक्षण तीन प्रकार से हुआ है—(1) राजकीय संरक्षण से, (2) संगठित धर्म-संप्रदाय के प्रयत्न से और (3) लोक-परम्परा से। जिन दिनों लोक-भाषा का साहित्य परिविनिष्ठित साहित्यिक अपभ्रंश से आगे बढ़कर काव्य का वाहन बनने लगा था, उन दिनों हिन्दी-भाषी प्रदेशों की राजशक्ति ने लोकभाषा को कोई संरक्षण नहीं दिया और विधर्मियों के तीव्र आक्रमण के कारण संगठित धर्म-संप्रदाय मध्यप्रदेश के प्रान्त भाग में बसे हुए गुजरात, नेपाल, झारखंड आदि अपेक्षाकृत सुरक्षित प्रदेशों में हट गए। नतीजा यह हुआ कि उस काल के लोक-भाषा के साहित्य को न तो राजनीति का करावलंब ही प्राप्त हुआ और न जैन-बौद्ध आदि संगठित धर्म संप्रदायों का संरक्षण ही प्राप्त हो सका। कुछ अंतिम खेमे के राजाओं के साथ रहनेवाले कवियों की रचनाएँ लोकमुख का आश्रय पाकर जीती अवश्य रहीं, परंतु वे लोकरुचि और लोक-प्रयोजनों के अनुसार घटती-बढ़ती और बदलती रहीं। पृथ्वीराज रासो और आल्हा काव्य की यही कहानी है। यह निर्णय करना बड़ा कठिन है कि इनका मूल रूप क्या था। लोक-साहित्य के रूप में यदि इस साहित्य के विकास को दृष्टि में न रखा जाए तो इनका यथार्थ समझना कठिन होगा। शुक्ल जी ने इन ग्रंथों के इस रूप को निश्चय ही समझा था पर अपने विशिष्ट दृष्टिकोण के कारण वे इस बात को अपनी तर्कसम्मत परिणति तक नहीं ले जा सके। वस्तुतः आज निश्चित रूप से ही कहा जा सकता है कि उस काल का विवेचन अन्य आधार पर होना चाहिए।

शुक्ल जी के काल-विभाग में एक बड़ा भारी गुण यह है कि वह प्रवृत्तियों को स्पष्ट इंगित करते हैं पर कभी-कभी दूसरी प्रवृत्तियाँ जो थोड़ी ही कम शक्तिशाली होती हैं, गौण बन जाती हैं। शुक्ल जी ने काल सीमा को पक्की दीवारों से घेर दिया है और 'इस काल की फुटकल रचना' कहकर कवियों और रचनाओं की चर्चा करते हैं वह कवि वृत्त संग्रह की कोटि में आ जाती हैं। शुक्ल जी के इतिहास का पाठक उन फुटकर रचनाओं में प्रवाहमान साहित्यिक प्रवृत्ति की धारा को पहचान नहीं पाता। मुझे लगता है कि प्रवृत्तियों की पूर्णांग विवेचना होनी चाहिए। किसी काल सीमा के कठोर फ्रेम में अँटाने का प्रयास जीवंत विचार परम्परा के अध्ययन में सहायक नहीं होता। रीतिकाल में रीति मनोवृत्तियाँ भी कम महत्त्वपूर्ण नहीं रहीं। किसी का उत्थान एक काल में होता है, अवसान दूसरे काल में। साहित्य में इन प्रवृत्तियों का महत्त्व

है। उनको इस काल और उस काल की फुटकल रचनाओं में विभाजित करके देखने का ढंग मुझे बहुत अच्छा नहीं लगता। यदि मुझे लिखना होता तो मैं साहित्य की विभिन्न प्रवृत्तियों के उत्थान-विकास और पर्यवसान के रूप में ही उसकी चर्चा करता और देखता कि उस युग के मनुष्य को मथित, चालित और अग्रसर करने में जिन काव्य-प्रचेष्टाओं ने महत्त्वपूर्ण योग दिया है वह कहाँ से उत्पन्न होती हैं, किन दूसरी धाराओं से प्रभावित होती हैं, किन अन्य धाराओं को चालित और उत्पादित करती हैं और किस प्रकार रास्ता छोड़ कर हट जाती हैं। प्रेमकथानकों के साहित्य को लीजिए। सूफियों ने जिस शैली को अपनाया, वह कोई नई चीज नहीं थी। उनके द्वारा उन्होंने अपना उद्देश्य सिद्ध करना चाहा। कविता अच्छी लिखी गई, पर आधुनिक युग के पहले वह एक संकीर्ण सीमा में आबद्ध हो गई। वह किसी दूसरी साहित्यिक प्रवृत्ति को न तो प्रभावित कर सकी और न जन्म ही दे सकी। मैं इस साहित्यधारा को भक्ति के साहित्य से अलग रखकर विवेचनीय समझता। मूल भक्ति साहित्य ने हिन्दी साहित्य की मुख्यधारा ने वैसा नहीं किया। इसी प्रकार रीतिकाल में मैं कई प्रवृत्तियों को विचारणीय मानता। बिहारी को मैं रीति कवि कहकर ही संतुष्ट न हो जाता। सतसई परम्परा को मैं नायक-नायिका भेदवाली परम्परा से थोड़ा अलग मानता।

इस प्रकार मेरा लिखा इतिहास कुछ और तरह का होता। मैं समझता हूँ कि शुक्ल जी ने भी इस दृष्टि से साहित्य को देखा होता तो वह एक अपूर्व वस्तु होती। परंतु मैं यह स्पष्ट कहना चाहता हूँ कि इसका मतलब यह कदापि नहीं है कि शुक्ल जी के इतिहास का महत्त्व किसी प्रकार कम है। वस्तुतः वह इतिहास न लिखा गया होता तो हमारा साहित्य बहुत दरिद्र हो गया होता और हम इस विषय की आलोचना करते समय बिलकुल आरंभिक बातों में उलझे रहते। वह इतिहास एक अमर कृति है। कभी भी उसका महत्त्व भुलाया नहीं जा सकेगा।

('आजकल', जुलाई 1951) प्रस्तुति : विनेश शर्मा

दो : संस्कृत का साहित्य

संस्कृत-साहित्य से हम क्या सीख सकते हैं? इस प्रश्न का उत्तर देना बड़ा कठिन है। संस्कृत का साहित्य इतना विशाल है कि उसके समूचे रूप को ध्यान में रखकर कोई उत्तर देना आसान नहीं। लगभग छः हजार वर्षों से पंद्रह लाख वर्गमील में बसे हुए करोड़ों मनुष्यों ने कई पीढ़ियों तक इस साहित्य का सृजन किया है और आज भी यह क्रिया बंद नहीं हुई है। 'साहित्य' शब्द अपने व्यापक अर्थ में जिन विषयों का ज्ञान कराता है, वे सब-के-सब इस साहित्य में विद्यमान हैं। संसार में इतने दीर्घकाल तक बना रहनेवाला और इतने विशाल जनसमूह को आन्दोलित करनेवाला शायद दूसरा साहित्य नहीं है। इसीलिए इसकी विशेषताओं के सम्बन्ध में जल्दी में कुछ कह देना अनुचित है।

बहुत प्राचीनकाल से ही संस्कृत-साहित्य के दो मोटे विभाग कर लिए गए हैं : (1) वैदिक, और (2) लौकिक। ईसवी सन् के आरंभ में कुछ आगे और कुछ पीछे तक का काल भारतीय इतिहास में बड़ा उथल-पुथल का समय है। इन दिनों यवन, शक, ऋषिक, तुखार, हूण आदि विदेशी लुटेरे आक्रामक बार-बार उत्तरी सीमांत पर आक्रमण करते रहे और कुछ काल के लिए उत्तर भारत का जीवन-क्रम विक्षुब्ध और अस्त-व्यस्त होता रहा। ईसवी सन् के आरंभ के लगभग सवा दो सौ वर्ष बाद मगध का प्रसिद्ध नगर पाटलिपुत्र चार सौ वर्षों की गाढ़ निद्रा के बाद एकाएक जाग उठा। इन्हीं दिनों चन्द्रगुप्त नामधारी एक साधारण राजकुमार जिसका विवाह प्रसिद्ध लिच्छवि वंश की राजकुमारी से हुआ था, प्रबल पराक्रम के साथ आक्रमणकारियों की बाढ़ रोकने में समर्थ हुआ। उसके पुत्र समुद्रगुप्त और पौत्र चन्द्रगुप्त (द्वितीय) ने इस बाढ़ के मूल को ही दुर्बल बना दिया। चन्द्रगुप्त (द्वितीय) का साम्राज्य हिमालय से नर्मदा तक फैल गया। इस नूतन जागरण ने भारतीय जन-समूह में राष्ट्रीयता और विद्या-प्रेम का बीज बोया।

इस युग में राज-कार्य से लेकर समाज, धर्म और साहित्य तक में एक अद्‌भुत क्रांति का परिचय मिलता है। ब्राह्मण धर्म और संस्कृत भाषा एकदम नवीन प्राण लेकर जाग उठे। पुराने क्षत्रपों द्वारा व्यवहृत प्रत्येक शब्द को मानो उद्देश्य के साथ

बहिष्कृत कर दिया गया। कुषाणों के द्वारा समर्थित गांधार-शैली की कला एकाएक बंद हो गई और संपूर्णतः स्वदेशी मूर्ति-शिल्प और वास्तु-शिल्प की प्रतिष्ठा हुई। राजकीय पदों के नाम नए सिरे से एकदम बदल दिए गए, समाज और जाति की व्यवस्था में भी परिवर्तन किया गया, इस बात का भी सबूत मिलता है। सारा उत्तरी भारत जैसे एक नया जीवन लेकर नई उमंग के साथ अवतरित हुआ। इस काल से भारतीय चिंतनस्रोत एकदम नई दिशा की ओर मुड़ता है। साहित्य की चर्चा करनेवाला कोई भी व्यक्ति इस नए घुमाव की उपेक्षा नहीं कर सकता। जिन दो-तीन सौ वर्षों की ओर शुरू में इशारा किया गया है, उनमें भारतवर्ष में शायद विदेशी जातियों के एकाधिक आक्रमण हुए थे, प्रजा सन्त्रस्त थी, नगरियाँ विध्वस्त हो गई थीं, जनपद आग की लपटों के शिकार हुए थे। कालिदास ने अयोध्या की दारुण दीनावस्था दिखाने के बहाने ही गुप्त-सम्राटों के पूर्ववर्ती काल की समृद्ध नगरियों की जो दुर्दशा हुई थी, उसका अत्यंत हृदय-विदारक चित्र खींचा है। शक्तिशाली राजा के अभाव में नगरियों की असंख्य अट्टालिकाएँ भग्नजीर्ण और पतित हो चुकी थीं, उनके प्राचीर ढह गए थे और दिनान्तकालीन प्रचण्ड आँधी से विध्वस्त मेघपटल की भाँति वे श्रीहीन हो गए थे। उसी छिन्न-भिन्न नष्टप्राय भारतवर्ष में गुप्त-सम्राटों ने नए प्राण की प्रतिष्ठा की थी। इस युग का साहित्य उस नवीनता का प्रत्यक्ष साक्षी है। नाना उत्थान-पतनों के आवर्त में भारतवर्ष का बहुत-कुछ खो गया था, बहुत-कुछ नया प्राप्त हुआ था। उस समूचे का परिचायक साहित्य ही लौकिक संस्कृत का साहित्य है।

सन् 1882 ई. में सिविल सर्विस के अँग्रेज विद्यार्थियों के सामने व्याख्यान देते हुए प्रो. मैक्समूलर ने इसके पूर्ववर्ती वैदिक साहित्य का एक शब्द में बड़ा सुंदर परिचय दिया था। वह शब्द है अतीत, परे (transcendent, beyond)। "उससे उस सन्त जगत् की बात कहो, वह कहेगा, अनन्त के बिना सान्त जगत् निरर्थक है, असम्भव है। उससे मृत्यु की बात कहो, वह इसे जन्म कह देगा। उससे काल की बात कहो, वह इसे सनातन तत्त्व की छाया बता देगा। हमारे (यूरोपियनों) के निकट इन्द्रियाँ साधन हैं, शस्त्र हैं, ज्ञानप्राप्ति के शक्तिशाली इंजन हैं। किंतु उसके (वैदिक युग के कवि के) लिए ये अगर सचमुच धोखा देनेवाले नहीं, तो कम-से-कम सदा ही जबरदस्त बंधन हैं, आत्मा की स्वरूपोपलब्धि में बाधक हैं। हमारे लिए यह पृथ्वी, यह आकाश, यह जीवन, यह जो हम देख सकते हैं और हम छू सकते हैं और जो हम सुन सकते हैं, निश्चित है, ध्रुव है। हम समझते हैं कि यहीं हमारा घर है, यहीं हमें कर्तव्य करना है, यहीं हमें सुख-सुविधा प्राप्त है; लेकिन उसके लिए यह पृथ्वी एक ऐसी चीज है, जो किसी समय नहीं थी और ऐसा भी समय आएगा जब यह नहीं रहेगी। यह जीवन एक छोटा-सा सपना है, जिससे शीघ्र ही हमारा छुटकारा हो जाएगा, हम जाग जाएँगे। जो वस्तु औरों के निकट नितांत सत्य है, उससे अधिक असत्य उसके निकट और कुछ है ही नहीं और जहाँ तक उसके घर का सम्बन्ध

है, वह निश्चित जानता है कि वह चाहे और जहाँ कहीं भी हो, इस दुनिया में नहीं है।" संक्षेप में वैदिक साहित्य का यही परिचय है। लौकिक संस्कृत का साहित्य बनते समय ये विचार दृढ़ भाव से प्रतिष्ठा प्राप्त कर चुके थे। कर्मफल अवश्य मिलेगा, मनुष्य का जीवन यहीं तक समाप्त नहीं होता। उसकी आत्मा सनातन है। किए का फल भोगना पड़ता है; इस जन्म में नहीं तो उस जन्म में। उसमें भी नहीं तो और आगे, परंतु यह हिसाब यहीं चुक नहीं जाता।

आज के भारतीय धर्म-समाज, आचार-विचार, क्रिया-काण्ड आदि में सर्वत्र गुप्तकालीन साहित्य की अमिट छाप है। जो पुराण और स्मृतियाँ निस्संदिग्ध रूप से आज प्रमाण मानी जाती हैं, वे अंतिम तौर पर गुप्त-काल में ही संपादित हुई थीं। जो काव्य और नाटक गुप्त-काल में रचे गए थे, वे आज भी भारतवर्ष का चित्त-हरण किए हुए हैं। जो शास्त्र उन दिनों प्रतिष्ठित हुए थे, वे आज भी भारतीय चिंतनस्रोत को बहुत-कुछ गति प्रदान कर रहे हैं। आज गुप्त-काल के पूर्ववर्ती शास्त्र और साहित्य की भारतवर्ष केवल श्रद्धा और भक्ति से पूजा कर सकता है, व्यवहार के लिए उसने गुप्त-काल के निर्धारित ग्रंथों को ही स्वीकार किया है। गुप्त-युग के बाद भारतीय मनीषा की मौलिकता भोथरी हो गई। टीकाओं और निबंधों का युग शुरू हो गया। टीकाएँ भी छः-छः, आठ-आठ पुश्त तक चलती रहीं। आज जब हम किसी विषय की आलोचना करते समय अपने यहाँ के शास्त्रों की दुहाई देते हैं, तो अधिकतर इसी काल के बने ग्रंथों की ओर इशारा करते हैं। यद्यपि गुप्त-सम्राटों का प्रबल पराक्रम छठी शताब्दी में ढीला पड़ गया था, पर साहित्य के क्षेत्र में उस युग के स्थापित आदर्शों का प्रभाव किसी रूप में ईसा की नवीं शताब्दी तक चलता रहा।

संस्कृत-साहित्य को एक सरसरी निगाह से देखने पर हजारों वर्षों से निरंतर प्रवहमान मानव-चिंतन का विराट् स्रोत प्रत्यक्ष दिखाई दे जाता है। हम हजारों वर्ष के मनुष्य के साथ एक सूत्र में आबद्ध हो जाते हैं। कितने संघर्षों के बाद मनुष्य-समाज ने यह रूप ग्रहण किया है! विशाल शत्रुवाहिनी क्षुधित वृकराजि के समान इस महादेश में आई है, उसका प्रचण्ड प्रतापानल थोड़े ही दिनों में फेन-बुद्बुद के समान विलीन हो गया है। बड़े-बड़े धर्ममत शाश्वत शान्ति का सन्देश लेकर आए और मनुष्य की दुर्बलताओं के आवर्त्त में न जाने किधर बह गए हैं। दुर्दान्त राजशक्तियाँ मेघ-घटा की भाँति घुमड़कर आईं और अचानक आए हुए प्रचण्ड वायु के झोंके से न जाने कहाँ विलीन हो गई हैं! संस्कृत-साहित्य हमें इतिहास की कठोर वास्तविकताओं के सामने खड़ा कर देता है। मनुष्य अन्त तक अजेय है, उसकी प्रगति रुक नहीं सकती। उतावली बेकार है। सब-कुछ आज ही समाप्त नहीं हो जाता। चार दिन की शक्ति पर अभिमान करना व्यर्थ है—'सब ठाठ पड़ा रह जाएगा जब लाद चलेगा बनजारा!'

हम लोग आज अपने जल्दी से लिखे हुए उथले विचारों को छपा डालने के लिए हास्यास्पद ढंग से व्यग्र हो जाते हैं। कभी-कभी पत्रिकाओं के मुख पृष्ठ पर

कविता छपाने के लिए मजेदार लड़ाइयाँ भी हो जाती हैं! कवि लोग रुपए के बल पर काव्य-जगत् में यशस्वी होने का प्रयत्न करते भी देखे गए हैं। संस्कृत-साहित्य का इतिहास निर्मल वैरागी की भाँति सावधान कर देता है कि यह सब बालिश (बच्चों का-सा) प्रयत्न है, दुर्वार काल-स्रोत सबको बहा देगा। सुनहले अक्षरों में छपी हुई पोथियाँ उस स्रोत के थपेड़ों को बरदाश्त करने की शक्ति नहीं रखतीं। वही बचेगा, जिसे मनुष्य के हृदय में आश्रय प्राप्त होगा। कितने राज-कवि विलीन हो गए, कितने शौकीन नाटककार अन्तर्हित हो गए! बच रहे हैं कालिदास और भवभूति, व्यास और वाल्मीकि, बाण और जयदेव। मनुष्य को काल के विस्तीर्ण मैदान को पार करना है। वह व्यर्थ का जंजाल ढोता नहीं चलेगा। बहुत-कुछ फेंक देगा, बहुत-कुछ गिर जाएगा। बचेगा वही जो उसके हृदय में रक्त से मिला हुआ होगा। ये लेख, ये पत्रिकाएँ, ये सुनहरी पोथियाँ सब दिल बहलाने के बाल-प्रयत्न हैं। इनके लिए झगड़ना भी बाल-प्रयत्न ही है!

डाक्टर केर्न ने आश्चर्य के साथ लिखा है कि संस्कृत के ग्रंथकारों को अपना परिचय छिपाने की विचित्र आदत है। न जाने कितनों ने अपनी अत्यंत महत्त्वपूर्ण पुस्तकों को देवताओं और ऋषियों के नाम लिख दिया है! यूरोप में अपना नाम पुस्तक के साथ रखकर अमर होने ही प्रवृत्ति हास्यास्पदता तक पहुँच गई थी। संस्कृत का साहित्यकार इस माया को सहज ही काट सकता था। 'सूर्य-सिद्धांत' का लेखक ज्योतिष का अद्भुत पंडित था, परंतु उसका नाम हमें नहीं मालूम। आज के हिन्दी-लेखक इस बात से कुछ सीख सकते हों तो बहुत बुरा नहीं होगा। संस्कृत का लेखक वक्तव्य वस्तु के प्रति अद्भुत संयम और निष्ठा का परिचय देता है। जब वह पराशर और वशिष्ठ के नाम पर पुस्तक लिखता है तो उसका कर्तव्य अत्यंत पवित्र हो जाता है। वह किसी प्रकार इन नामों के साथ लघुता को नहीं जुड़ने देगा। इसलिए जान लड़ाकर वक्तव्य वस्तु को सर्वोत्तम रूप देने का प्रयत्न करेगा। यही कारण है कि संस्कृत के समूचे साहित्य में हल्के भाव से किसी बात की चर्चा नहीं मिलेगी। संस्कृत-कवि और ग्रंथकार के बंधन अनेक हैं। उन समस्त बंधनों के भीतर से स्वानुभूत सत्य को प्रकाशित करने के लिए कठोर संयम और मानसिक अनुशासन की आवश्यकता थी। संस्कृत के विशाल भण्डार में जितने ग्रंथ हैं, उनमें से प्रत्येक के लेखक ने इन गुणों का परिचय दिया है। अध्ययन को पुराना भारतीय पवित्र तप माना करता था। शायद समूचे जगत् के आधुनिक साहित्यकार इस विषय में संस्कृत-लेखक से कुछ-न-कुछ अवश्य सीख सकते हैं।

संस्कृत-ग्रंथकार ने अपने युग के समस्त ज्ञान-विज्ञान को अपनी भाषा में ले जाने का प्रयत्न किया था। 'म्लेच्छ' समझकर जिन्हें वह कोई भी सम्मान नहीं दिया करता था, उन लोगों के पास भी यदि कोई काम की चीज मिल गई तो वह लेने में नहीं हिचकता था। यवनों (ग्रीकों) को वह म्लेच्छ समझता था, पर चूँकि ज्योतिष-शास्त्र

का उन्हें अच्छा ज्ञान था, इसीलिए उन्हें ऋषिवत् पूज्य समझने में उसे कोई संकोच नहीं हुआ :

म्लेच्छा हि यदनास्तेषु
सम्यक् शास्त्रमिंद स्थितम्।
ऋषिवत्तेऽपि पूज्यन्ते
किं पुनर्देवविद्द्विजः।

अपने देश की प्राकृत-पाली आदि भाषाओं में जो कुछ श्रेष्ठ और रक्षणीय था, उसे उसने बड़ी निष्ठा के साथ अपने भंडार में सुरक्षित किया। कुछ लोगों को भ्रम है कि बौद्ध, जैन आदि धर्मों की उत्तम पोथियाँ संस्कृत में नहीं हैं। यह गलत धारणा है। संस्कृत-छाया, टीका, भाष्य आदि के रूप में और मौलिक रूप में भी, इन धर्मों के ग्रंथों को संस्कृत में सुरक्षित किया गया है। सुप्रसिद्ध चीनी यात्री हुएनत्सांग अपने साथ स्थविरवादी, महासांघिक, महीशास्त्रक आदि विभिन्न बौद्ध सम्प्रदायों के 593 ग्रंथ अपने साथ चीन ले गए थे, जिनमें अधिकांश संस्कृत में लिखे गए थे। संस्कृत का साहित्यकार ज्ञान को अत्यंत पवित्र वस्तु मानता है। उसे संयम और निष्ठा के साथ संकलन करने में उसे न संकोच है, न जल्दी है, न उतावली है, न दुविधा है। वह दृढ़ भाव से ज्ञान के अमृत का अन्वेषी है, क्योंकि उसके रोम-रोम में यह मंत्र रमा हुआ है :

'नहि ज्ञानेन सदृशं पवित्रमिह विद्यते।'
[ज्ञान के समान पवित्र वस्तु कुछ भी नहीं है।]

संस्कृत का साहित्य वह उच्च गिरिशृंग है, जिस पर चढ़कर मनुष्य काल के सुदीर्घ स्रोत को बड़ी दूर तक देख सकता है। इस महानद के तट पर मनुष्य के उत्थान और पतन के अनेक चिह्न दिखाई देते हैं। जैसे नदी की प्रत्येक बूँद दूसरी को ठेलकर अविराम प्रवाह पैदा करती है, वैसे ही मनुष्य-जाति के अनेक व्यक्ति और व्यक्तिपुंज इस मानव-प्रवाह को निरंतर आगे ठेलते गए हैं। संस्कृत का साहित्य हमें बताता है कि विपत्ति और कष्ट आते हैं और चले जाते हैं, समृद्धि और धनाढ्यता फेन-बुद्बुद के समान कालस्रोत में उत्पन्न होती हैं और विलीन हो जाती हैं, साम्राज्य और धर्मराज्य उठते हैं और गिर जाते हैं, परंतु 'मनुष्य' फिर भी बचा रहता है। शताब्दियों की यात्रा से वह क्लान्त नहीं होता। चलना और आगे बढ़ना उसका स्वाभाविक धर्म है। इतिहास-विधाता की अज्ञात योजना का ठीक-ठीक स्वरूप हम नहीं जानते, पर संस्कृत का साहित्य उच्च स्वर से पुकारकर कहता है कि वह योजना मंगल की ओर अग्रसर हो रही है। युद्ध और विग्रह केवल उस जययात्रा में क्षणिक विक्षोभ भले ही पैदा कर दें, परंतु उस मंगल-यात्रा को रोक नहीं सकते।

[अशोक के फूल से]

तीन : साहित्य में मौलिकता का प्रश्न

मौलिकता यद्यपि संस्कृत के 'मूल' शब्द से बनाए हुए विशेषण का भाववाचक रूप है, तथापि हिन्दी साहित्य में इसका प्रयोग नया ही है। वस्तुतः यह अंग्रेजी के 'ओरिजनेलिटी' शब्द के तौल पर गढ़ा हुआ नया शब्द है। अंग्रेजी के साहित्य में 'ओरिजनेलिटी' शब्द का प्रयोग दीर्घकाल से होता आ रहा है। लैटिन में 'औरिरि' धातु है जो उदय होने के अर्थ में प्रयुक्त होती है, उसी से 'ओरिगो' और 'ओरिजिन' शब्द बने हैं, 'ओरिएन्स' और 'औएन्स' शब्द भी उसी से आए हैं। लैटिन के 'ओरिगो' शब्द का अर्थ है आरम्भ। 'ओरिजनल' शब्द का अभिधेयार्थ आरम्भिक है और लक्ष्यार्थ वह रूप है जो पहले न रहा हो, नवीन हो। साहित्य में 'ओरिजनल' शब्द ऐसे साहित्य, रूप, शैली, भाव और विषय-वस्तु के अर्थ में प्रयुक्त होता है जो नवीन उद्भावित हों और पूर्ववर्ती लेखकों में पाए न जाते हों। अँग्रेजी के साहित्यिक ग्रंथों में इस बात को लेकर बड़ी चर्चा है कि मौलिकता है क्या वस्तु। कापीराइट एक्ट के सारे संसार में प्रचलित होने के कारण इस शब्द का व्यावसायिक क्षेत्र में भी प्रवेश हुआ है और इसे कानूनी पंडितों के विचार-विमर्श का भी विषय बनना पड़ा है।

आधुनिक युग में मौलिकता की इच्छा अर्थात् कुछ नया देने की लालसा बड़े प्रबल रूप में दृष्टिगोचर हुई है। परंतु आधुनिक हिन्दी साहित्य के आरंभ होने के पहले बात ऐसी नहीं थी। मध्यकाल में बहुत उच्चकोटि के ग्रंथ प्राचीन ऋषियों और देवताओं के नाम से लिखे गए हैं। उनमें संस्कार भी हुए हैं, परिवर्तन भी हुए हैं, लेकिन लेखक सदा अपने-आपको छिपा लेने का प्रयत्न करता रहा है। रोमन काल में लैटिन में लिखे हुए ग्रंथों में अनेक कौशलों के द्वारा लेखक इस बात का प्रयत्न करते थे कि उनका नाम प्रच्छन्न रूप में ग्रंथ में रहे और कोई दूसरा लेखक उसे चुरा न सके। ठीक उन्हीं दिनों भारतवर्ष में प्राचीन आचार्यों, महर्षियों और देवताओं के नाम पर ग्रंथ रचे जाते थे और लेखक का पूरा प्रयत्न होता था कि किसी को पता न लगने पाए कि वह पुराने ऋषि की रचना न होकर नए मनुष्य की बुद्धि का चमत्कार है। जब कोई लेखक किसी सर्वज्ञ या देवता के नाम पर ग्रंथ की रचना करता है तो उसमें दो बातें प्रधान रूप से काम करती हैं। प्रथम तो यह कि उसके

नस-नस में ऐसा विश्वास व्याप्त होता है कि उसने जो कुछ सोचा या समझा है वह नया नहीं है, बल्कि पुराकाल के पूर्वजों के ज्ञान का ही उसके चित्त में प्रतिफलित रूप है। दूसरे, वह अधिक-से-अधिक सावधानी बरतता है और पूर्ण समाहित होकर ज्ञान को पवित्र-से-पवित्र ज्योति के रूप में उपस्थित करने का प्रयत्न करता है। इन दो बातों के कारण उसके द्वारा लिखित साहित्य में हल्कापन नहीं आने पाता। डॉ. केर्न ने 'वृहद्संहिता' की भूमिका में भारतीय लेखकों की इस विचित्र वृत्ति और इससे उत्पन्न संयम पर आश्चर्य प्रकट किया है। उन्हीं दिनों के लैटिन ग्रंथकारों से तुलना करने पर यह तथ्य और भी उज्ज्वल रूप में प्रकट होता है। और भी आगे बढ़ने पर भारतवर्ष में ज्ञान के साधकों की टीका का युग आरंभ होता है। इस काल में पूर्ववर्त्ती ग्रंथों की टीकाएँ या भाष्य लिखे जाते रहे हैं। यद्यपि इन भाष्यों, टीकाओं आदि में प्रचुर मौलिक चिंतन और बौद्धिक सूक्ष्मता प्राप्त होती है तथापि टीका करनेवाला उसे पूर्ववर्ती ज्ञान का ही साधारण रूप मानता है। उसका अपना कृतित्व पूर्ववर्ती ज्ञान को ठीक-ठीक समझने और उसे अधिक-से-अधिक अर्थप्रसू भाषा में व्यक्त करने में होता है। साहित्य के क्षेत्र में भी प्रख्यात चरित्र और प्रसिद्ध घटनाओं का विन्यास नए सिरे से किया जाता है। मौलिकता विषय के विन्यास और उसकी सीमित परिधि में नवीन कल्पनाओं और नवीन अर्थ योजनाओं में निहित मानी जाती है। हिन्दी के रीतिकाल में तो संस्कृत के साहित्य-शास्त्र में गृहीत सिद्धांतों को मोटे-रूप में स्वीकार करके उन्हें लोकगम्य भाषा में प्रकट करना ही कवि का कृतित्व माना जाने लगा।

हमारे देश की नवीन शिक्षा-प्रणाली उन्नीसवीं शताब्दी के मानवतावादी उदारमना यूरोपीय आदर्शों के अनुकरण पर चलाई गई है। इंग्लैंड में व्यावसायिक क्रांति होने के बाद मनुष्य का मूल्यांकन पुरानी मर्यादाओं या शास्त्रविहित नियमों के आधार पर न होकर स्वतंत्र रूप में किया जाने लगा। पहले के धार्मिक वृत्ति के शास्त्रवादी विचारकों ने स्वर्ग या मुक्ति पाने के उद्देश्य से जो व्यवस्था प्रवर्तित की थी, उसे संदेह की दृष्टि से देखा जाने लगा, और मनुष्य को इसी मर्त्यकाया में सुख और सुविधा प्राप्त हो, उसका चित्त सुसंस्कृत हो, उसे आर्थिक और सामाजिक बंधनों से मुक्ति मिले, इन बातों पर ज्यादा जोर दिया जाने लगा। भारतवर्ष की नवीन शिक्षा-प्रणाली इसी आधार पर गठित हुई और नए शिक्षित लोगों में यही विचार जड़ जमाने लगा। यह माना जाने लगा कि प्रत्येक व्यक्ति अपना विकास अपने ढंग से कर सकता है और उसका अपना व्यक्तित्व है। साहित्य में इस विचार ने अपने को नाना रूपों में प्रकट दिया और नवीनता की माँग नित्य नवीन रूप में प्रकट होने लगी। प्रत्येक प्रकार के बंधन और रूढ़ियों से विद्रोह किया गया और बहुत दिनों तक इस विद्रोह को ही मौलिकता समझा जाता रहा। कभी-कभी तो छापने की प्रक्रिया में नवीनता लाने को भी मौलिकता का नाम दिया गया। छापे की मशीन ने साहित्य

को जहाँ सुलभ बनाया, वहीं साहित्यकारों के नए-नए प्रयोगों और नई-नई कलाबाजियों को भी मुखर बनाया।

परंतु साहित्य की मौलिकता केवल बाह्य आकारों की सजावट में नहीं है। नए युग में मनुष्य की वैयक्तिकता को बहुत महत्त्व दिया गया है और समझा जाने लगा है कि प्रत्येक मनुष्य का व्यक्तित्व अलग है और साहित्य में उसके व्यक्तित्व के विशिष्ट अंश का प्रतिबिम्बित होना उसकी मौलिकता है। इस बात को अस्वीकार नहीं किया जा सकता कि साहित्य की मौलिकता लेखक के व्यक्तित्व के साथ घनिष्ठ भाव से संबद्ध है, परंतु इसे भी नहीं अस्वीकार किया जा सकता कि अनियन्त्रित व्यक्तित्व जो सामाजिक और परम्परागत सामूहिक व्यक्तित्व से असंबद्ध और प्रतिकूलगामी होता है, वह दुनिया के किसी काम नहीं आ सकता (जिस प्रकार प्रत्येक व्यक्ति का एक व्यक्तित्व है, उसी प्रकार संपूर्ण समाज का भी एक व्यक्तित्व है)। जो व्यक्तित्व इस सामाजिक व्यक्तित्व के प्रतिकूल जाता है, वह असामाजिक है और हानिकर है। इसी भाव को व्यक्त करने के लिए अँग्रेजी में 'अनसोशल' शब्द चला। और समाज का व्यक्तित्व क्या है? वह कुछ परम्परागत विचारों का निरंतर विकसित होते रहनेवाला स्वरूप है। आधुनिक साहित्य के पूर्व उस सामाजिक व्यक्तित्व को जड़ और अचल मान लिया गया था। नवीन वैज्ञानिक युग के संचारकों ने उसे चेतन वस्तु स्वीकार किया, और इस विश्वास को बद्धमूल बनाया कि जिस प्रकार जीवंत प्राणी परिस्थितियों के अनुसार अपने को मोड़ता है, पसारता है, उन्हें अनुकूल बनाने का प्रयत्न करता है और धीरे-धीरे अपने भीतर स्वतंत्र व्यक्तित्व का विकास करता है, उसी प्रकार की प्रक्रिया संपूर्ण समाज में भी होती है। यह सामाजिक व्यक्तित्व नवीन परिस्थितियों के सामने झुकता है, पीछे हठता है, मुड़ता है और उस पर विजय पाने की चेष्टा करता है। इसीलिए वह निरंतर विकासमान है। जिस प्रकार व्यक्ति-मनुष्य के मन, बुध्दि, हृदय और अन्य इन्द्रिय उसके विकसित होने में सहायक होते हैं उसी प्रकार समाज के कारीगर, दार्शनिक, कवि और मजदूर इत्यादि उसके व्यक्तित्व को अग्रसर करने में सहायक होते हैं। जिस प्रकार व्यक्ति-मानव को पितृ-पितामहों से प्राप्त गुण-दोष उसे सबल या निर्बल बनाते हैं, उसी प्रकार सामाजिक व्यक्तित्व भी अपने पूर्ववर्ती आचार्यों, कवियों, दार्शनिकों और विचारकों से प्राप्त रीति के अनुसार सबल या निर्बल होता है। जिस प्रकार व्यक्ति-मानव बाह्य उपकरणों के सहारे अपने को आंशिक रूप में सबल या दुर्बल बना सकता है, उसी प्रकार समाज-मानव भी अन्य संस्कृतियों, साहित्य और धर्म-परम्पराओं को उचित मात्रा में ग्रहण करके अपनी दुर्बलताओं को दूर कर सकता है या अनुचित मात्रा में ग्रहण करके रोगी बन सकता है। इस प्रकार मनुष्य का व्यक्तित्व कई तत्त्वों से गठित है और वह समाज के परम्परा प्राप्त और निरंतर विकसित होते रहने वाले रूप का अविरोधी रहकर ही सामाजिक मंगल का विधान कर सकता है। पिछले खेवे के व्यक्तित्ववादी साहित्यकारों में कितने ही इस

तथ्य को ठीक-ठीक हृदयंगम नहीं कर सके हैं और व्यक्तित्व की अभिव्यक्ति के जोश में असामाजिक मौलिकता का प्रदर्शन करने लगे हैं। ऐसी ही दशा में मौलिकता घासलेटी साहित्य के नाम से कुख्याति प्राप्त करती है। वस्तुतः सच्ची मौलिकता सामाजिक मौलिकता की अविरोधिनी होती है, इसलिए सामाजिक मंगल के अनुकूल व्यक्तित्व की उज्ज्वल अभिव्यक्ति वास्तविक मौलिकता है।

ऊपर के विवेचन से स्पष्ट है कि परम्परा के प्रति या समाज के विकासमान व्यक्तित्व के प्रति विद्रोह ही मौलिकता नहीं है और परम्परागत विषय-वस्तु का विन्यास मौलिकता का विरोधी भी नहीं है। लेखक का वही व्यक्तित्व सच्ची मौलिकता का अधिकारी हो सकता है जो सामाजिक मंगल के प्रतिकूल न हो। अनेक प्राचीन और अर्वाचीन शास्त्रों के अनुशीलन से सामाजिक विकास की प्रक्रिया को समझनेवाला लेखक ही साहित्य में ऐसा कुछ दे सकता है जिसे मौलिक कहा जा सकता है। यह मौलिकता उसके व्यक्तिगत चिंतन का और उसकी अपनी समंजस दृष्टि का परिचय साहित्य के माध्यम से देती है। मौलिकता परम्परा-प्राप्त विचारों की इस प्रकार की सजावट में है जो साधारण पाठक के लिए सामाजिक मंगल के स्वरूप को अधिक स्पष्ट और ग्रहणीय बना सके। इन्हीं बातों को ध्यान में रखकर कविवर रवीन्द्रनाथ ठाकुर ने बँगला में 'ओरिजनेलिटी' के तौल पर चलनेवाले मौलिकता के लिए 'स्वकीयता' शब्द चलाया था। मौलिकता समंजसविधायिनी दृष्टि की स्वकीयता है। उसमें विद्रोह उन असामाजिक तत्त्वों के प्रति होता है जो मानव-समाज के विकास के प्रतिकूल जाते हैं। विद्रोह होना ही बड़ी बात नहीं है। विद्रोह का स्वरूप क्या है और वह सामाजिक अग्रगति में कितना सहायक है, यही बड़ी बात है। इसलिए सामाजिक मंगल के अनुकूल परम्परा-प्राप्त चिंतन और विचार-धारा से परिष्कृत तथा नवीन परिस्थिति पर विजय की आकांक्षा से समृद्ध व्यक्तित्व को रसमय और ग्राह्य बनाकर अभिव्यक्त करने में भी साहित्यिक मौलिकता या साहित्यिकता हो सकती है। यह प्राचीन लेखकों से इस अर्थ में भिन्न होती है कि यह नवीन परिस्थिति के ऊपर मनुष्य की अग्रगति से विजय पाने की लालसा से समन्वित और विशिष्ट होती है और प्राचीन शक्तिशाली लेखकों के साथ एक पंक्ति में इसलिए बैठाई जा सकती है कि यह उन्हीं लेखकों के समान मंगल-बुद्धि से प्रेरित होती है और उनके विचारों को आत्मसात् करने के कारण उनसे एकदम विच्छिन्न नहीं है।

मेरी दृष्टि में साहित्य की मौलिकता का प्रतिमान यही समाज की मंगल-दृष्टि से अनुप्राणित, परम्परा-प्राप्त शास्त्रदृष्टि से सुसंस्कृत और लोक-चित्त में सहज ही सुचिन्तित तत्त्वों को सरस रूप में प्रतिफलित करने में समर्थ व्यक्तित्व की अभियक्ति है। यह व्यक्तित्व जितना उज्ज्वल और शक्तिशाली होगा, साहित्य की मौलिकता उतनी उज्ज्वल और दृप्त होगी।

मौलिकता अन्य शास्त्रों में भी है, रहती ही है। साहित्य का मुख्य उद्देश्य सहज

भाषा में ऊँचे विचारों और श्रेष्ठ जीवनमूल्यों को अनायास ग्राह्य बनाना है। प्रेषण-धर्मिता उसका मुख्य गुण है। इसलिए जो व्यक्तित्व सहज होता है, अर्थात् जिसमें जटिल मानस-ग्रन्थियों और बाह्य आडंबरों का प्राधान्य न होकर स्वाभाविक मनोरमता होती है, वही ऊँचे जीवन-मूल्यों को लोक-चित्त में अनायास संचारित कर सकता है। इसीलिए साहित्य में सहज होना (मैं सरल नहीं कहता) भी मौलिकता का श्रेष्ठ प्रतिमान है।

[विचार-प्रवाह से]

चार : साहित्य की सम्प्रेषणीयता

आज हमारा राष्ट्र परिवर्तन के मोड़ पर है, हम सब प्रकार के सामाजिक, आर्थिक और वैज्ञानिक विकास के लिए कृतसंकल्प हैं। हम एक ऐसे समाज की रचना में संलग्न हैं जिसमें गरीबी और विषमताएँ नहीं रहेंगी और प्रत्येक व्यक्ति को अपनी योग्यता के अनुसार आगे बढ़ने के अवसर समान रूप से प्राप्त होंगे। यह एक महान् संकल्प है, इसके लिए बहुत बड़े पैमाने पर विचारगत क्रांति की आवश्यकता है। हमारे देश की समस्याएँ बहुत जटिल हैं और उनकी जड़ें दीर्घकाल से गहराई में पैठी हुई हैं, उनके व्यापक होने में हमारे इतिहास ने और हमारी सामाजिक व्यवस्थाओं ने अपना योगदान किया है।

इनके स्वरूप की ठीक-ठीक जानकारी साहित्य के माध्यम से ही हो सकती है। उत्तम साहित्य के द्वारा ही हम उन बाधाओं का यथार्थ स्वरूप समझ सकते हैं जो नए युग में हमारे लिए अवरोधक सिद्ध हो रही हैं। साहित्य उस मानसिक भूमिका को तैयार करता है, जो नए वैज्ञानिक युग के प्रकाश के ग्रहण करने में अत्यंत आवश्यक है।

परंतु हम साहित्य को ही इसके लिए अत्यधिक प्रभावशाली साधन क्यों स्वीकार करते हैं? क्या भाषा का ही उद्देश्य सम्प्रेषणीयता नहीं है? एक मन के भाव को दूसरे तक सम्प्रेषित करना ही वस्तुतः भाषा का उद्देश्य है। इसलिए भाषा में हम जो कुछ कहेंगे या लिखेंगे वह सभी किसी-न-किसी विचार के सम्प्रेषण के उद्देश्य से ही होगा। ऐसी स्थिति में साहित्य पर ही विशेष बल देने की क्या आवश्यकता है? आज सैकड़ों समाचारपत्र और सूचना देनेवाली पुस्तकें क्या संप्रेषण का कार्य नहीं कर रही हैं?

यह ठीक है कि भाषा का मुख्य काम विचारों का सम्प्रेषण ही है और ऐसे सूचनात्मक ग्रंथों को भी सामान्य रूप में साहित्य कह देने की प्रवृत्ति भी पाई जाती है; परंतु भाषा द्वारा दो प्रकार के सम्प्रेषण होते हैं : एक तो सूचनात्मक सम्प्रेषण है जिसमें हम श्रोता के चित्त में किसी बात की सूचना का संचार करते हैं और दूसरा रचनात्मक सम्प्रेषण होता है जो श्रोता के चित्त में गाढ़ अनुभूति द्वारा जगाई गई

संवेदनाओं को मूर्त और अनुभव योग्य बनाता है। वस्तुतः इस दूसरी श्रेणी के सम्प्रेषण को ही सही अर्थों में सम्प्रेषण कहा जा सकता है। इसी का नाम रचनात्मक सम्प्रेषण है। जब हम साहित्य की सम्प्रेषणीयता पर विचार करते हैं तब हम इस दूसरी श्रेणी के सम्प्रेषण पर ही बल देते हैं।

सूचनात्मक सम्प्रेषण उतना प्रभावशाली नहीं होता जितना रचनात्मक सम्प्रेषण। ऐसा क्यों होता है? ऐसा इसलिए होता है कि भाषा साधारणतः शब्दों के सामान्य अर्थ का ही कारबार करती है। प्रत्येक शब्द जिस अर्थ को अभिव्यक्त करता है, वह सामान्य अर्थ होता है। परंतु संवेदनशील रचनात्मक साहित्यकार, सामान्य अर्थों से संतुष्ट नहीं होता है। वह सामान्य अर्थों को व्यक्त करनेवाली भाषा के माध्यम से ही अपनी विशिष्ट अनुभूतियों को लोकचित्त में सम्प्रेषित करने के लिए व्याकुल रहता है। स्रष्टा और संवेदनशील साहित्यकार के मन में प्रत्येक युग में नई विशिष्ट चेतना उत्पन्न होती है, जिसे सामान्य भाषा व्यक्त नहीं कर पाती। इसके लिए साहित्यकार को नए शब्द और नई प्रकाशन-भंगिमा का सहारा लेना पड़ता है। नई प्रकाशन-भंगिमा में भाषा का स्वरूप बदल जाता है और पुराने शब्दों में भी नए अर्थ आरोपित होने लगते हैं। अपनी विशिष्ट अनुभूति को लोकचित्त की सामान्य अनुभूति बना देना ही वह कौशल है जिसे काव्यशास्त्र में 'साधारणीकरण' कहते हैं। रचनात्मक साहित्य लोकचित्त को नए संदर्भ में नई ग्राहिका शक्ति देता है, इसलिए वह सामान्य भाषा की अपेक्षा अधिक शक्तिशाली साधन होता है। वह नए संदर्भ में उपलब्ध विशिष्ट संवेदनशील चित्त की विशिष्ट अनुभूतियों को सर्वसाधारण के चित्त की अनुभूति बना सके—साहित्य के नाम पर चलनेवाली रचनाएँ यदि इस उद्देश्य को पूरा नहीं करतीं तो वे साहित्य कहलाने के योग्य ही नहीं हैं।

सच्चा साहित्य चित्तगत उन्मुक्तता को जन्म देता है। वह सहृदय के चित्त को रूढ़ और निर्जीव संस्कारों से मुक्त करके नए संदर्भ में नई ग्राहिका शक्ति से संपन्न करता है।

साहित्य में सम्प्रेषणीयता किसी-न-किसी मानवीय विश्वास के आधार पर होती है। आधुनिक साहित्यकार का मानवीय विश्वास अनेक ऐतिहासिक कारणों से प्राचीनतर विश्वासों से भिन्न कोटि का है। परंतु सच पूछिए तो किसी भी दो युगों के मानवीय विश्वास हू-ब-हू एक ही तरह के नहीं होते। नए संदर्भों में वे नया रूप धारण करते रहते हैं।

चित्तगत उन्मुक्तता का अर्थ यह नहीं होता कि मनुष्य अपने पूर्वजों की विशाल अनुभव-सम्पदा की उपेक्षा करे। यह बिलकुल गलत धारणा है। जिन दिनों यूरोप में मानवतावाद की नई लहर आई थी, उन दिनों देश-विदेश के शास्त्रों का जैसा गहरा और गम्भीर अध्ययन हुआ वैसा पहले कभी नहीं हुआ। उससे नुकसान तो हुआ ही नहीं, वरन् लाभ ही हुआ।

प्रकृत यह है कि नए संदर्भ में नए संकल्पों और आदर्शों को लोकचित्त में सम्प्रेषित करने के लिए नए साहित्यकार को पुरानी भाषा में बहुत-कुछ परिवर्तन करना पड़ रहा है। बहुत-से पुराने शब्द नए अर्थों में प्रयुक्त होने लगे हैं। नए शब्द भी गढ़े जा रहे हैं। पुराने-से-पुराने शब्द अब अपने पुराने अर्थों को छोड़ नया बाना धारण कर रहे हैं। यद्यपि राजा, सेठ, मंत्री आदि शब्द बहुत पुराने हैं, परंतु नई परिस्थिति में उनके अर्थों में और उनके प्रयोग में बहुत अन्तर आ गया है। इसी प्रकार जाति, कुल, संपत्ति, विद्वत्ता आदि शब्दों के अर्थों में सूक्ष्म अन्तर आ गया है। अनेक प्रकार की साहित्यिक रचनाओं के—जिनमें उपन्यास, कहानी, कविता, नाटक, व्यंग्य, हास्य आदि हैं—पुराने शब्दों को नए अर्थ में संस्कृत करने का कार्य निरंतर चल रहा है। आधुनिक हिन्दी साहित्य इस विषय में काफी जागरूक है। देखते-देखते सम्प्रेषण के मुख्य साधन—शब्द, छंद, अलंकरण, लय आदि—में भारी परिवर्तन हुआ है और आधुनिक युग की समस्याओं के विषय में साहित्यकारों की प्रतिक्रियाओं में भी जबर्दस्त अन्तर आ गया है।

इन दिनों देश नए परिवर्तन के दौर से गुजर रहा है। सरकारी तौर पर अनेक प्रकार के समाधान सोचे और सुझाए जा रहे हैं। आर्थिक-सामाजिक पक्षों पर अनेक प्रकार के नए विचार प्रस्तुत किए जा रहे हैं और ऐसा समझा जा रहा है कि इन विचारों को कार्य रूप में परिणत करने से देश में समृद्धि का नया युग उत्पन्न हो सकेगा। यह विशेष रूप से उल्लेख्य है कि हिन्दी का नया साहित्यकार इन सभी सुझावों का स्वागत नहीं करता। कई बार तो वह व्यंग्यों और कटाक्षों के द्वारा उनकी उपादेयता पर संदेह प्रकट करता है और कभी-कभी उनकी खिल्ली भी उड़ाता है। जो लोग सरकार के द्वारा प्रचारित समाधानों को ज्यों-का-त्यों स्वीकार कर उसे अपने साहित्य का विषय बनाते हैं, उन्हें सब समय अच्छा साहित्यकार भी नहीं माना जाता; क्योंकि हिन्दी के नए साहित्यिकों के मन में साहित्य को प्रोपेगैण्डा की मशीन बनाने के विचार के प्रति ही विद्रोह की भावना जड़ जमा चुकी है।

नई कहानी, कविता, अकविता, चुटकुले आदि को देखने से भी लगता है कि हिन्दी का नया साहित्यकार विद्रोही हो गया है, जो विद्रोही नहीं है उसके प्रति वह निष्ठुर भी है। इसीलिए स्वभावतः यह प्रश्न उठता है कि आज के युग में वैज्ञानिक या सामाजिक प्रगति के प्रति उत्साह और उल्लास का भाव सम्प्रेषित करने में हमारे साहित्यकार अपने उत्तरदायित्व का अनुभव कर रहे हैं या नहीं। मैं समझता हूँ कि नए साहित्यकार विशेष सामाजिक प्रगति और वैज्ञानिक उपलब्धियों के प्रति आस्थावान हैं। वे केवल उसे अमल करने के लिए जिम्मेदार व्यक्तियों और उनके तौर-तरीकों के प्रति आस्थावान नहीं हैं। सारे व्यंग्य और कटूक्तियों के मूल में उस जड़-निर्जीव यंत्र के प्रति क्षोभ का भाव है, जो नई प्रगतिमूलक नीतियाँ कुण्ठित मनोवृत्ति और जीर्ण-शीर्ण विधानों द्वारा लागू करने का प्रयास करता है।

आज भिन्न-भिन्न विचारोंवाले समाचारपत्र प्रतिदिन कुछ-न-कुछ विचारों का सम्प्रेषण अपने पाठकों के चित्त में अवश्य करते हैं। परंतु चूंकि वे ऐसी भाषा का सहारा लेते हैं जो सामान्य अर्थों को वहन करनेवाली भाषा है, इसलिए उनका सम्प्रेषण प्रभावशाली नहीं होता। हम गोष्ठियों में बैठे-बैठे, चाय पीते-पीते इस खबर पर चर्चा कर सकते हैं कि बांग्ला देश में 10 लाख आदमी मारे गए या 90 लाख आदमी शरणार्थी के रूप में हमारे देश में भाग आए हैं। यह सामान्य अर्थ देनेवाली भाषा द्वारा सम्प्रेषित सूचनामात्र है, जो हमारे चित्त के उपरले सतह को छूकर विगत हो जाती है। उसमें गाढ़ अनुभूति संचरित करने की क्षमता बहुत कम होती है। परंतु यदि इसको विशिष्ट बनाकर कहना है तो किसी एक विशिष्ट परिवार के कष्टों का; निर्वसन, निरन्न भागते हुए रुग्ण वृद्धों तथा बच्चों और अपमानित बहुओं के भारी कष्टों का मार्मिक चित्रण करना होगा। कष्ट भोगते समय उन्हें जो अनुभव हुआ उसको यदि कोई संवेदनशील कथाकार या कवि प्रत्यक्ष करके रख दे तो संवेदनशील मनुष्य का हृदय मथित हो जाएगा और उसके चित्त में इन अभागों का दुःख कहीं अधिक गाढ़ भाव से अनुभवगम्य हो सकेगा। भूखा बालक मरी हुई माँ का स्तनपान करने के लिए व्यर्थ प्रयास कर रहा है और चारों ओर स्यारों और गिद्धों की जमातें उसे घेरे हुए हैं—इस एक दृश्य से ही कोई कलाकार जिस भयंकर कष्ट और दुःख की अनुभूति दे सकता है वह लम्बी-चौड़ी संख्याओं से कदापि सम्प्रेषित नहीं हो सकता।

इस प्रसंग में यह प्रश्न उठता है कि सम्प्रेषणीयता की क्षमता किन लोगों में होती है। आज के महान् युग में प्रत्येक देश सैकड़ों पत्र-पत्रिकाएँ निकाल रहा है। उन्हें पढ़ पाने के लिए सैकड़ों लोग प्रतिदिन ही लिखा करते हैं। क्या ये सारी रचनाएँ सम्प्रेषणीयता की क्षमता रखती हैं? स्पष्ट ही है कि सबमें न तो समान रूप से संवेदनशीलता ही होती है, न ही समान रूप से सबसे यह आशा की जा सकती है कि वे किसी गाढ़ अनुभूति को सबके चित्त में प्रविष्ट करा सकेंगी। परंतु सभी किसी-न-किसी रूप में और किसी-न-किसी मात्रा में थोड़ी-बहुत नई संवेदना तो संप्रेषित करती ही रहती हैं। इसी प्रकार जितने लोग व्यंग्य और विद्रूपों का सहारा लेते हैं, वे सब सही अर्थ में ही आलोचना कर रहे हैं यह नहीं कहा जा सकता, परंतु ऐसी भाषा में वह तीक्ष्णता अवश्य वे ले आते हैं जो किसी समर्थ कलाकार का साधन बनकर अधिक तेजी से भोथे हृदयों में चुभ सकने की शक्ति रखती है। हिन्दी के आधुनिक साहित्य के नए कवियों और लेखकों के हृदयों में एक ऐसी धारणा बहुत अधिक बद्धमूल जान पड़ती है कि जो कुछ हो रहा है वह संतोषजनक नहीं। मानवीय धरातल पर मनुष्य के दुःख दर्द को सहलाने के लिए जैसी व्यवस्था होनी चाहिए वैसी व्यवस्था हो नहीं रही है। विज्ञान के साधनों के सदुपयोग को जिस संदर्भ की आवश्यकता है वैसा प्राप्त नहीं हो रहा है। सारा देश गरीबी, रोग, अशिक्षा और कुसंस्कार से मुक्त हो, इस बात के लिए जैसा प्रयत्न होना चाहिए, वैसा हो नहीं रहा है। इसलिए

हमारे नए साहित्य में बड़े जबर्दस्त व्यंग्य और भर्त्सना का आधिक्य है।

यह और भी शक्तिशाली होता यदि साहित्यकार इस विषय में भी सजग होते कि जो बाधाएँ हैं वे कितनी मनुष्य की शक्ति के वश में हैं और कितनी ऐसी हैं जो दीर्घकाल तक धैर्य और सतत प्रयत्न द्वारा साध्य हैं। मुझे कभी-कभी लगता है कि हमारे नए साहित्यकार के मन में देश की दुर्गतियों के बारे में तीव्र अनुभूति तो है, पर उनकी विशालता और व्यापकता का पूरा चित्र नहीं है। इसीलिए उनके व्यंग्य अधूरे और एकांगी हो जाते हैं। मुझे इस बात से खुशी होती है कि नए साहित्यकार मनुष्य के दुःख के प्रति जागरूक हैं और इस बात से व्याकुल हैं कि कहीं-न-कहीं ऐसी कोई गलती अवश्य है जो इसको दूर करने की हमारी सारी आकांक्षाओं के बावजूद सारे प्रयत्नों को विफल बना रही है। बाधा मुख्य रूप से हमारे सामाजिक संघटन में है, और जिस व्यवस्था के ऊपर इसको दूर करने की जिम्मेदारी है उस व्यवस्था के ढाँचे की संरचना में है। यह एकदम असंभव है कि सारी बातें रातों-रात जादू की छड़ी से ठीक कर दी जाएँ। हमारी गरीबी और हमारे कुसंस्कार कुछ एक दिन में तो पैदा नहीं हुए हैं। वे इतिहास की देन हैं और उनके समूल उत्पाटन के लिए प्रयत्न करना पड़ेगा। फिर भी यह संतोष की बात है कि नए साहित्यकार लक्ष्य के प्रति सचेत हैं, हालाँकि वे बाधक तत्त्वों के बारे में कुछ उदासीन भी लगते हैं। जो हो, साहित्यिक सम्प्रेषणीयता तभी जाकर पूर्ण रूप से सफल होगी, जब हम अपने लक्ष्य और उसके बाधक तत्त्वों की ठीक-ठीक जानकारी रखकर सर्वसाधारण के चित्त में वैज्ञानिक, सामाजिक और मानवीय आदर्श को सम्प्रेषित करने में समर्थ हों।

पाँच : अर्थार्षवाक्

बिहार-राष्ट्रभाषा-परिषद् के इस अधिवेशन का सभापति बनाकर जो सम्मान आपने दिया है, उसके लिए मुझे कृतज्ञता प्रकट करनी ही चाहिए। परंतु मैं सबसे पहले विद्या और तपस्या की खनिरूपा इस महिमामयी भूमि को प्रणाम करता हूँ, बाद में इस भूमि की वरेण्य संतान आप महानुभावों को प्रणाम करता हूँ। इस क्रम का कारण है। आपने मेरे जैसे अल्पज्ञ व्यक्ति को जान-बूझकर यह सम्मान क्यों दिया है, इस रहस्य को समझने का मैं प्रयत्न करता रहा हूँ और सच पूछिए तो जान-बूझकर ही मैंने भी जोखिम उठाया है। इस आसन पर बहुत उच्चकोटि के विद्वान् और मनीषी को बैठना चाहिए—यह आप भी जानते हैं और मैं भी जानता हूँ। फिर भी, आपने मुझे बैठा दिया और मैं भी बैठ गया। इतिहास में इस प्रदेश के विद्वानों के ऐसे परिहास की कथाएँ अनुलिखित हैं। किसी गाबदी को आचार्यासन पर बैठाकर उसकी बहकी बातों का रस लेना इस प्रदेश के विद्वानों की पुरानी आदत है। नालन्दा विश्वविद्यालय की ऐसी ही घटना बौद्ध ग्रंथों में बड़े आदर के साथ लिख ली गई हैं। एक बार नालंदा के भुवन-विश्रुत विश्वविद्यालय में एक गाबदीराम को पंडितों ने उसकी मूर्खता का रस लेने के लिए आचार्यासन पर बैठा दिया। उसका नाम 'भूसुक' था। नालंदा से कुछ ही दूर—कितनी दूर, यह नहीं बताया गया—भूमि में विवर या बिल बनाकर यह आदमी रहा करता था। भूमि के भीतर शयन करने के कारण ही वह 'भूसुक' कहलाता था। अपने गानों में तो वह अपने को 'भूसु' ही कह गया है, लेकिन 'भूसु' हो या 'भूसुक' इससे कोई अन्तर नहीं आता। भूमि के विवर में वह सोता अवश्य था। पूर्णिमा और अमावस्या को वह नियम से आचार्य का उपदेश सुनने आया करता था। जिस दिन की बात कह रहा हूँ, उस दिन भी आया था। मुश्किल यह है कि भूसुकों को—जिनकी संख्या आज भी विश्व में कम नहीं है—समय की कमी नहीं रहती, वे हर जगह समय से पहले पहुँच जाते हैं, जब कि आचार्यों को समय की कमी रहती है। वे प्रायः देर कर देते हैं। उस दिन भी ऐसा ही हुआ। भूसुक हाजिर थे, आचार्य नदारद। नियमानुसार आचार्य के आसन पर किसी को बैठना था। आप ही की भाँति उस दिन भी विद्वानों को चुहल सूझी। गाबदी भूसुक गद्दी पर बैठा

दिए गए। आशा की गई थी कि कुछ अटपटी बातें सुनने को मिलेंगी और पंडितों को थोड़ा हँसने का मौका मिल जाएगा। परंतु धन्य है विद्या की प्रसूभूमि, इसकी महिमा अपरंपार है। जिसे इस प्रदेश की भूमि ने आश्रय दिया हो, उसे कौन छका सकता है? गाबदी समझे जानेवाले भूसुक ने गादी पर विराजमान होकर पहले वाक्य से ही लोगों को चकित कर दिया। पूछा कि 'आर्ष ब्रवीमि उत अर्थार्ष ब्रवीमि!' क्या आर्ष वाक्यों की व्याख्या करूँ या अर्थार्ष तत्त्व को समझाऊँ! पंडितमंडली हैरान। आर्ष तो बहुत सुना है भाई, यह अर्थार्ष क्या बला! जमाने से हम जिन ऋषियों का नाम सुनते रहे हैं, उनका कहा हुआ 'आर्ष' है। उनके नाम में ही जादू है। वे जो कुछ कह गए हैं, सब ग्राह्य है, पर अर्थार्ष क्या? भूसुक ने मेघ-गंभीर स्वर में कहा :

यदर्थवद् धर्मपदोपसहितं त्रिधातुसंक्लेशनिवर्हणं वचः।
भवे भवेच्छान्त्यनुशंसदर्शकं तद्वत्-क्रमार्षं विपरीतमन्यथा।

जो बात अर्थवत् हो, धर्मयुक्त हो, त्रिधातु-दोष को नष्ट करनेवाला और रोज बनती-बिगड़ती रहनेवाली दुनिया के पचड़ों और उसमें रमने की इच्छा को समाप्त करके शान्ति पाने में साधक हो, वही सच्चे अर्थों में आर्ष है, बाकी सारी बातें अनार्ष। इसीलिए ऐसे अर्थवाले वचन दुर्लभ होते हैं। कहते हैं, भूसुकपाद ने अर्थार्ष तत्त्व की ऐसी सुंदर व्याख्या की कि पंडित लोग हैरान रह गए और तुषितलोक से विमान भेजकर देवताओं ने उन्हें बुला लिया। इस भूमि की ऐसी ही महिमा है, मैं इस धरती को प्रणाम करता हूँ। मुझे पूरी आशा है कि यह मेरी भी लाज बचा लेगी। इसीलिए जान-बूझकर मैंने जोखिम उठाया है।

इस जगद्धात्री भूमि की ऐसी ही महिमा है। उस ज्ञानपीठ के सहृदय विद्वान् लोग उस दिन चकित रह गए थे। पता नहीं, क्यों उस विवरभूमि के निवास की आधी ही कहानी बिहार में जीवित रह गई। आधी बौद्ध-धर्म के साथ ही लोप हो गई। कदाचित्, नाथ-सिद्धों के विलेशयनाथ (बिल में शयन करनेवाले प्रभु) भूसुकपाद का ही दूसरा नाम है। जो हो, पूर्वार्द्ध भी और उत्तरार्द्ध भी। मैंने उत्तरार्द्ध को दो हिस्सों में बाँटकर सोचा है। इस भूमि के स्पर्श के दो फल हैं, अर्थार्ष वाक्य कहला सकने की क्षमता और सीधे तुषित-लोक में पहुँचाने का सामर्थ्य। इस व्याख्यान को मैंने अन्यत्र लिखा है, केवल इस जगन्माता भूमि का स्मरण करके ही काम चला लिया है। यहीं बैठकर लिखता तो तुषित-लोक में पहुँचने का खतरा था। स्मरण-मात्र में मैंने आधा फल पाने की ही अभिलाषा की है। आशा है कि आप मेरे जोखिम उठाने के निश्चय में भी जो थोड़ी सावधानी बरती गई है, उसकी तारीफ ही करेंगे।

तो मैं अर्थार्ष ही कहना चाहता हूँ--अर्थवत् और धर्मपदोपसहितं। संकल्प ऐसा ही है। संकल्प ही बड़ी बात है; नैवेद्य कुछ भी हो, संकल्प की महिमा से बड़ा हो जाता है। मैं बिलकुल नहीं सोच रहा हूँ कि मेरा नैवेद्य-निवेदनीय वस्तु क्या है, मैं इस समय यही सोच रहा हूँ कि मेरा संकल्प शुभ हो। अर्थार्ष कहने की महत्त्वाकांक्षा

संकल्प से ही महान् बनती है। मैं फिर एक बार बिहार की जगज्जननी भूमि को प्रणाम करता हूँ, जिसके स्मरण से मुझे संकल्प की महिमा का ज्ञान हुआ है।

मैं जानता हूँ कि आपके मन में इस समय बहुत से प्रश्न समाधान के लिए व्याकुल हैं। हमारी यह परिषद् राष्ट्रभाषा की सेवा और समृद्धि-साधना के लिए स्थापित हुई है। पिछले कुछ वर्षों में इस परिषद् ने केवल महत्त्वपूर्ण साहित्य का प्रकाशन ही नहीं किया है, अपने अनुकरणीय कार्यों से दूसरे राज्यों को प्रेरणा भी दी है। यह परिषद् की बहुत बड़ी सफलता है। परंतु सफलता ही सब कुछ नहीं है। बड़ी बात है चरितार्थता, जिसे अँग्रेजी में 'फुलफिलमेंट' कहते हैं। आपके मन में इस समय सबसे बड़ा प्रश्न चरितार्थता का ही है। राष्ट्रभाषा-परिषद् की चरितार्थता इस बात में होगी कि देश की जनता देश की भाषा में छोटा-बड़ा सभी काम करनेवाले ऊँचे-से-ऊँचे विचार देशभाषा में व्यक्त होने लगें और समूचा देश विचारगत पर निर्भरता से मुक्त होकर स्वाधीन सहज मानवता की उपलब्धि करे। स्पष्ट ही इस संकल्प में बाधा पड़ती दीख रही है। हमारे देश के कई विचारशील मनीषी इधर कहने लगे हैं कि अँग्रेजी के राष्ट्रभाषा बने रहने में ही कल्याण है, इसमें कोई लाज शर्म की बात नहीं है। अँग्रेजी को हटाया गया तो देश टूटकर बिखर जाएगा। समूचे देश की एकता आज अँग्रेजी के मृणालकोमल तंतु से ही बँधी हुई है। देशी भाषाओं में—तत्रापि हिन्दी में—न कोई साहित्य है, न साहित्य पैदा करने की क्षमता ही है। हिन्दी के हिमायती इससे विचलित हैं, विक्षुब्ध हैं, और कुछ लोग तो कुछ त्रस्त भी हैं। आज तक जो किया कराया गया, वह क्या यों ही सनक मात्र था? क्या सब-कुछ बिखर ही जाएगा? क्या हिन्दी को राष्ट्रभाषा बनाने का आन्दोलन देश की एकता नष्ट करने में ही पर्यवसित हुआ है? यह भी सुना जा रहा है कि हिन्दी को महत्त्व देने से अन्यान्य देशी भाषाओं के विकास में बाधा पहुँचेगी। कुछ साहित्य-मनीषियों ने तो यह भी कहना शुरू किया है कि अँग्रेजी के बने रहने से ही तत्तद् प्रदेश की भाषाओं के विकास का भविष्य सुरक्षित रह सकेगा। हिन्दी के आने से उसे खतरा है। संविधान में संशोधन करने के आन्दोलन भी जन्म ले रहे हैं। इन बातों के पक्ष और विपक्ष में बहुत शास्त्रार्थ हो चुका है। युक्तियों, तर्कों और दलीलों से मामला सुधर जाने लायक होता तो बहुत पहले सुधर गया होता। मैं इस रास्ते न जाना चाहता हूँ, न आपको ही जाने की सलाह दे सकता हूँ। मैं इतना अवश्य कहना चाहता हूँ कि आप सदा इस बात को ध्यान में रखें कि इन बातों के कहनेवाले बाहर के लोग नहीं हैं, वे अपने ही आदमी हैं। उनकी बात ध्यान से सुनने योग्य है और बात से नहीं, काम से यह सिद्ध कर देना है कि उनकी आशंकाएँ निर्मूल हैं और दुश्चिंताएँ अतिरिक्त सावधानी की उपज हैं। यही काम अब करना है। कैसे किया जा सकता है, यही विचार्य है।

इन आशंकाओं को इस प्रकार रखा जा सकता है :

1. हिन्दी में साहित्य नहीं है।

2. हिन्दी-भाषा में विचारों की सूक्ष्म अभिव्यक्ति की शक्ति नहीं है।
3. हिन्दी भारतीय भाषाओं में से एक है, उसको राष्ट्रभाषा या राजभाषा मान लेने से दूसरी भाषाओं के प्रति उपेक्षा और अन्याय होगा, जो आगे चलकर उनके विकास में बाधा पहुँचाने को बाध्य हैं।
4. अँग्रेजी समृद्ध भाषा है, अन्तर्राष्ट्रीय भाषा है, उसे राजभाषा के रूप में स्वीकार करने में कोई शर्म की बात नहीं है।
5. अँग्रेजी के राजभाषा बनाने से सभी देशी भाषाओं को समान विकास का अवसर मिलेगा।
6. अँग्रेजी ही देश की एकता बनाए रख सकती है। उसके अभाव में देश बिखर जाएगा।

पहली बात एक अर्थ में सच है, एक अर्थ में सच नहीं। अँग्रेजी, रूसी, जर्मन और फ्रेंच भाषाओं से वह कम अवश्य है, पर भारत की अन्य देशी भाषाओं की तुलना में वह कम नहीं है। कई से तो बहुत अधिक है, कई के समकक्ष है। दूसरी बात भी ठीक नहीं है। अभिव्यक्ति की अपार शक्ति हमारे देश की सभी भाषाओं में है, हिन्दी में भी है। प्रयोग का अवसर न मिलने से वह शक्ति लुप्त पड़ी हुई है। इन विषयों में तर्क करना बेकार है। यदि इन बातों का उत्तर देना आवश्यक ही हो तो एक ही उत्तर है—काम कर दिखाना। मुझे पूर्ण विश्वास है कि देशी भाषाओं के लेखक इस चुनौती का समुचित उत्तर काम करके ही देंगे।

तीसरा प्रश्न यदि कुछ भी सारवान है तो उसका भी उत्तर काम करके ही दिया जा सकता है। हमें स्पष्ट रूप से स्वीकार करना चाहिए कि हिन्दी-प्रचार का काम सबके लिए है। अगर उसके बिना भी देश का काम आसानी से चल सकता हो तो हम कभी नहीं चाहेंगे कि किसी भी देशी भाषा के क्षेत्र में वह लादी जाए। अब तक ऐसा कुछ उपाय नहीं सुझाया गया है, जो एक भातरीय भाषा के बिना भी देश की एकता बनाए रखने में समर्थ हो। हम सब देशी भाषाओं को समृद्ध देखना चाहते हैं। साथ ही, हम देश को दृढ़ एकता में आबद्ध भी देखना चाहते हैं। लेकिन अंतिम तीन बातें निराधार ही हैं और स्वीकृत हुईं तो घातक भी। मुझे ऐसा लगता है कि कहीं हमसे बहुत बड़ी गलती हुई है। भारतवर्ष की सारी भूमि को हमने सबकी भूमि समझने की भावना को तो थोड़ा-बहुत अपना लिया है, परंतु भारतवर्ष की सभी भाषाओं को अपनी भाषा समझने की बुद्धि विकसित नहीं की है। भारतवर्ष की मिट्टी तो हमारी मृण्मय संपत्ति है—मिट्टी की संपदा। किंतु यहाँ की भाषाएँ और साहित्य हमारी चिन्मय संपत्ति है। वह सबकी है। सभी भाषाएँ सबकी हैं। जब तक यह बुद्धि नहीं आती तब तक आशंकाएँ दूर नहीं होंगी!

स्वतंत्रता-प्राप्ति के बाद के गत दस वर्षों में हिन्दी-साहित्य को समृद्ध बनाने की दिशा में अनेक महत्त्वपूर्ण कार्यों का आरंभ हुआ। बिहार राष्ट्रभाषा-परिषद् ने

साहित्य, दर्शन, इतिहास, राजनीति, धर्म और विज्ञान के महत्त्वपूर्ण ग्रंथों का प्रकाशन किया है। उत्तरप्रदेश में भी हिन्दुस्तानी अकादमी और हिन्दी-समिति ने साहित्य को नाना विषयों के ग्रंथों से समृद्ध बनाने का यत्न किया है। मध्यप्रदेश के शासन-साहित्य-परिषद् ने भी उल्लेख योग्य कार्य शुरू किया है और राजस्थान में भी एक इस प्रकार की परिषद् की स्थापना का उद्योग हुआ है। केंद्र में साहित्य अकादमी ने विभिन्न देशी भाषाओं के साहित्य के आदान-प्रदान का महत्त्वपूर्ण कार्य आरंभ किया है। केंद्रीय सरकार ने नेशनल बुक ट्रस्ट की भी स्थापना की है, जिसने उत्तम ग्रंथों के प्रचार और प्रसार का एक संगठित प्रयास करने का प्रयत्न किया है। शिक्षा-मन्त्रालय के उद्योग और सहायता से कई संस्थाओं ने महत्त्वपूर्ण कार्यों का प्रारंभ किया है। इनमें उल्लेख योग्य हैं—काशी-नागरी-प्रचारिणी सभा द्वारा आयोजित 'हिन्दी-शब्दसागर' का नया संशोधित संस्करण तथा 'विश्वकोश' का निर्माण और जामिया मिलिया द्वारा आयोजित प्रौढ़ शिक्षार्थियों के लिए लिखाया जानेवाला 'ज्ञान-सरोवर'। केंद्रीय सरकार के शिक्षा-मंत्रालय ने सारे देश में प्रचलित होने योग्य शास्त्रीय शब्दावली के निर्माण में भी उल्लेख योग्य कार्य कराया है। यद्यपि यह कार्य कुछ मंदगति से ही चल रहा है तथापि इसका महत्त्व बहुत अधिक है। यदि समस्त देशी भाषाएँ शास्त्रीय और वैज्ञानिक ग्रंथों के लिए इन शब्दों का प्रयोग करने लगें तो भाषागत व्यवधान बहुत कम हो जाएगा। कई हिन्दी-प्रदेशीय सरकारों और केंद्रीय सरकार के सहयोग से काशी नागरी-प्रचारिणी सभा ने सत्रह जिल्दों में एक वृहत् कोश की योजना प्रस्तुत की है, जिसका पहला भाग प्रकाशित भी हो चुका है। संपूर्ण प्रकाशित होने पर यह इतिहास. साहित्यिक विश्वकोश का कार्य करेगा। दो साहित्य-कोशों के निर्माण का भी प्रयत्न हो रहा है। एक तो उत्तर प्रदेश सरकार करा रही है, दूसरा काशी का ज्ञानमंडल। यह दोनों ही साहित्य-कोश बड़े उपयोगी सिद्ध होंगे, ऐसी आशा है। केंद्रीय सरकार की सहायता से हिन्दुस्तानी कल्चर सोसाइटी अंग्रेजी-हिन्दी का एक कोश तैयार कर रही है। इसमें अँग्रेजी शब्दों के लिए बोलचाल में प्रयोग करने योग्य प्रतिशब्द तैयार करने का प्रयत्न हो रहा है। यद्यपि हमारी सबसे महत्त्वपूर्ण संस्था हिन्दी-साहित्य-सम्मेलन आपसी झगड़ों के कारण यथोचित क्रियाशील नहीं है तथापि वह बिल्कुल निश्चेष्ट भी नहीं है। उसकी ओर से भी एक अँग्रेजी-हिन्दी कोश का निर्माण हो रहा है जो मंद गति से आगे बढ़ रहा है। विश्वविद्यालयों ने भी पिछले दस वर्षों में थोड़ी-बहुत क्रियाशीलता दिखाई है। कई शोध-निबंधों का प्रकाशन हुआ है जिनमें सबका तो नहीं, परंतु कुछ का स्थाई महत्त्व है। विश्वविद्यालयों को जिस तत्परता के साथ संघटित प्रयत्न करके देशी भाषाओं के साहित्य को समृद्ध बनाने में जुट जाना चाहिए था, उसका कोई खरा लक्षण नहीं दिखाई दे रहा है। अब भी हमारे विश्वविद्यालय अँग्रेजी की माया नहीं काट सके हैं और परीक्षाओं की योजना में ही अपनी सारी शक्ति लगाने का प्रयत्न करते जा रहे हैं। विश्वविद्यालयों ने विद्या की आँच जितनी पैदा

की है, उतना प्रकाश देने का प्रयत्न नहीं किया है। आँच आवश्यक है; क्योंकि उसके बिना किसी परिवार की खिचड़ी नहीं पक सकेगी, किंतु प्रकाश देना और भी आवश्यक है; क्योंकि उसके बिना जनता अपना रास्ता नहीं खोज सकेगी। दुर्भाग्यवश हमारे विश्वविद्यालयों ने प्रकाश देने का व्रत नहीं लिया है। इस प्रसंग में आगरा-विश्वविद्यालय के हिन्दी-विद्यापीठ की चर्चा आवश्यक है। इस विद्यापीठ ने अपने अल्पकालीन जीवन में महत्त्वपूर्ण कार्य करने के शुभ संकल्प का परिचय दिया है!

हिन्दी के प्राचीन ग्रंथों के अन्वेषण, संकलन और संपादन का कार्य भी कुछ प्रगति की ओर बढ़ा है। काशी-नागरी-प्रचारिणी सभा का खोज-विभाग राज्य और केंद्रीय सरकारों की सहायता से प्राचीन ग्रंथों के अन्वेषण का कार्य निष्ठापूर्वक करता जा रहा है। पिछले दस वर्षों में खोज-विवरणों के कई जिल्द प्रकाशित हुए हैं और आशा की जा रही है कि इस वर्ष के समाप्त होते-होते और भी कई जिल्द प्रकाशित हो जाएँगे। बिहार, राजस्थान और मध्यप्रदेश में भी इस प्रकार के अन्वेषण का महत्त्वपूर्ण कार्य आरंभ हो गया है और आशा की जानी चाहिए कि कुछ दिनों में हिन्दी का बहुत अज्ञात साहित्य प्रकाश में आ जाएगा! काशी की नागरी-प्रचारिणी-सभा, जयपुर का पुरातत्त्व-मंदिर और प्रयाग की हिन्दुस्तानी अकादमी ने प्राचीन ग्रंथों के संपादन और प्रकाशन का महत्त्वपूर्ण कार्य किया है। और भी कुछ संस्थाएँ इस ओर दत्तचित्त हैं। संस्कृत ग्रंथों के, विशेषकर साहित्यिक ग्रंथों के, अनुवाद का कार्य अच्छा हुआ। दिल्ली-विश्वविद्यालय के हिन्दी विभाग के अध्यक्ष डॉ. नगेन्द्र ने अनेक महत्त्वपूर्ण ग्रंथों का अनुवाद और संपादन कराया है।

भारतवर्ष की विभिन्न भाषाओं के साहित्य के अनुवाद का कार्य रुचि के साथ किया जाने लगा है। साहित्य अकादमी के प्रयत्नों के अतिरिक्त हिन्दी की प्रमुख पत्र-पत्रिकाओं ने भी इस दिशा में उल्लेख योग्य कार्य किया है। यह बड़ा ही शुभ लक्षण है। इससे देश की एकता की भावना को दृढ़ करने में बड़ी सहायता मिलेगी। साहित्य अकादमी ने प्रतिवर्ष देवनागरी में सभी भाषाओं की चुनी कविताओं का अनुलेखन हिन्दी भाषान्तर के साथ प्रकाशन करना आरंभ किया है। इसी प्रकार 'देवनागर' में भी विभिन्न साहित्यों की मूल रचनाएँ देवनागरी अक्षरों में प्रकाशित हो रही हैं। यह प्रयत्न अभी आरंभावस्था में ही है, परंतु आशा की जा सकती है कि आगे चलकर इनसे देश में एकलिपि-विस्तार की शुभेच्छा आकार ग्रहण कर सकेगी। इस विषय में तो दो मत नहीं हो सकते कि यदि सभी भारतीय भाषाएँ एक ही लिपि में लिखी और छापी जाने लगें तो देश का बड़ा कल्याण होगा। परंतु यह कार्य सबकी रजामंदी से ही हो सकता है। विभिन्न भाषाओं की लिपियाँ अपने-अपने प्रदेशों में बहुत परिचित और प्रिय हैं। उनमें अपना-अपना सौंदर्य भी है, इसीलिए केवल उपयोगिता की दृष्टि से उन्हें छोड़ने का आग्रह नहीं किया जा सकता। देश के बृहत्तर कल्याण की दृष्टि से ही यह वांछनीय है। उसी दृष्टि के सशक्त होने पर यह कार्य

हो सकेगा। पिछले दस वर्षों में ऐसा कोई लक्षण नहीं दिखा है कि सभी प्रादेशिक भाषाओं के लिए देवनागरी लिपि स्वीकृत हो ही जाएगी। परंतु सिन्धी, मैथिली, राजस्थानी, सन्थाली आदि कई भाषाएँ इस लिपि में बिना प्रयत्न के ही लिखी जाने लगी हैं। उर्दू का भी थोड़ा-बहुत साहित्य देवनागरी लिपि में प्रकाशित हुआ है और पाली, प्राकृत और अपभ्रंश की रचनाएँ भी इस लिपि में प्रकाशित होने लगी हैं। नेपाली भाषा का साहित्य भी इसी लिपि में प्रकाशित होने लगा है और कश्मीरी की कुछ पुस्तकें भी इस लिपि में छापी गई हैं। आशा की जानी चाहिए कि निकट भविष्य में और भी भाषाएँ इस लिपि में प्रकाशित होने लगेंगी।

उर्दू हमारे देशवासियों की महत्त्वपूर्ण भाषा है। यह हर्ष की बात है कि हिन्दी-उर्दू का जो विवाद स्वतन्त्रता-प्राप्ति के पहले बहुत विकट हो गया था, वह धीरे-धीरे शांत हो चला है। हिन्दी और उर्दू भाषाओं में केवल लिपि का भेद है। दोनों भाषाएँ जितना ही निकट आएँगी, उतना ही शुभ होगा। दुर्भाग्यवश स्वतंत्रता के पूर्व इस भाषा-विवाद ने साम्प्रदायिक रूप ग्रहण कर लिया था, जो अनुचित तो था ही, अनैतिहासिक भी था। ऐसा माना जाने लगा था कि हिन्दुओं की भाषा हिन्दी है और उर्दू मुसलमानों की। परंतु अब यह भ्रांति दूर होती जा रही है। देवनागरी लिपि में प्रकाशित साहित्य बड़े प्रेम के साथ पढ़ा जाने लगा है और कई मुसलमान विद्वान् उत्साह के साथ हिन्दी-साहित्य को समृद्ध करने के शुभ प्रयत्न में लग गए हैं। इनमें सबसे अधिक उल्लेख योग्य सैयद अतहर अब्बास रिजवी साहब के शुभ प्रयत्न हैं। इन्होंने फारसी भाषा में लिखित मूल ग्रंथों के प्रामाणिक हिन्दी-अनुवादों का कार्य आरंभ किया है। अब तक तुगलक और पठानकालीन साहित्यों के कई जिल्द प्रकाशित हो चुके हैं और पूर्ण आशा है कि उनके प्रयत्नों से शीघ्र ही फारसी के वे सभी आकर-ग्रंथ हिन्दी में आ जाएँगे, जो हमारे मध्यकालीन इतिहास के महत्त्वपूर्ण स्रोत हैं।

रचनात्मक साहित्य के क्षेत्र में भी पिछले दस वर्षों में अच्छी प्रगति हुई है। काव्य, उपन्यास, कहानी, निबंध और नाटकों के क्षेत्र में कई नवीन प्रतिभाशाली लेखकों का पदार्पण हुआ है। और पुरानी पीढ़ी के लेखकों ने भी अपना प्रयत्न जारी रखा है। कुछ दिन पूर्व तक साहित्यिक कुण्ठा और रचनात्मक अवसाद का जो अभियोग सुनाई देता था, वह क्षीण हो गया है। निस्संदेह हमारे प्रतिभाशाली लेखकों ने यह प्रमाणित कर दिया है कि पिछले दस वर्षों में साहित्यकार बिल्कुल निश्चेष्ट न था। उसने अनेक क्षेत्रों में नए प्रयोग किए हैं। सफलता भी प्राप्त की है। पिछले दिनों प्रगतिवाद और प्रयोगवाद का नाम देकर जिस अर्थहीन दलबंदी का सूत्रपात हुआ था, उसने प्रतिभाशाली तरुणों में भयंकर बुद्धि-भेद उत्पन्न कर दिया था। इस बात के लक्षण दिखाई देने लगे हैं कि हमारे लेखक इन निरर्थक वाद-विवादों का खोखलापन समझ गए हैं। मुझे पूर्ण विश्वास है कि आगामी कुछ वर्षों में यह दलबंदी समाप्त हो जाएगी, व्यक्तिगत आक्षेपों का वातावरण समाप्त हो जाएगा और प्रतिभाशाली

लेखक कुहासे के हट जाने से मुक्त आकाश में अपनी प्रतिभा की किरणें फैलाकर उत्सुक पाठकों को मुक्त वायु और स्निग्ध प्रकाश का दान करने लगेंगे। पाठकों के चित्त से भी दलगत बहस-मुबाहिसे का पर्दा हट जाएगा और वह लेखक के अपने ही तत्त्ववाद पर आधारित सामूहिक आनंद और मंगल के साहित्य का रसास्वादन करने में रस लेने लगेगा।

व्यक्तिगत और दलगत आरोप और प्रत्यारोप का वातावरण सच्चे साहित्य की उन्नति का सबसे भयंकर बाधक तत्त्व है। अगर हमें सचमुच हिन्दी-साहित्य को समृद्ध करना है, तो इस प्रकार के ओछेपन और गंदगी को दूर से ही नमस्कार कर लेना होगा। बड़ी बात कहने के लिए बड़ा दिल और बड़ा दिमाग होना चाहिए। संकीर्ण चित्त लेकर जो बात कही जाएगी, वह निश्चय ही मंगलजनक नहीं होगी। व्यक्तिगत या दलगत राग-द्वेष के आवरण से ढका हुआ प्रकाश मंद होने का बाध्य है। मुझे खेद के साथ कहना पड़ता है कि पिछले दस वर्षों में इस मनोवृत्ति ने साहित्य के मार्ग को कंटकाकीर्ण बना दिया है और बड़ी-बड़ी संस्थाओं को निष्क्रिय बना दिया है। साहित्यिक मतभेद और प्रतिद्वन्द्विता होना बुरा नहीं है, परंतु उसके कारण कटुता नहीं आनी चाहिए। साहित्य बहुत पवित्र वस्तु है। उसके निर्माता के चित्त में पूर्ण पवित्रता होनी चाहिए।

यह हर्ष की बात है कि हमारे साहित्य का सम्मान विदेशों में होने लगा है। यद्यपि पश्चिमी देशों में अपनी साहित्यिक श्रेष्ठता की ऐंठ के कारण इस साहित्य का प्रवेश उतना अधिक नहीं हुआ है, तथापि यूनेस्को की ओर से हमारे महत्त्वपूर्ण ग्रंथों का थोड़ा-बहुत अनुवाद हुआ है, लेकिन रूस में काफी अधिक मात्रा में हमारे साहित्य का अनुवाद किया गया है और वहाँ की उदार जनता ने इसका स्वागत भी किया है। चेकोस्लोवाकिया, चीन आदि देशों ने भी हमारे साहित्य की काफी कदर की है। अँग्रेजी पर अत्यधिक ध्यान देने के कारण भारतवर्ष पश्चिमी देशों की दृष्टि में अँग्रेजी-भाषी देश ही माना जाने लगा है। उन देशों में लोग यह समझते हैं कि भारतवर्ष का जो कुछ सर्वोत्तम है, वह अँग्रेजी के माध्यम से ही प्रकट हो रहा है। यह धारणा गलत है, परंतु दुर्भाग्यवश हमारी ओर से ही इस गलत धारणा को फैलाने का काम हो रहा है। पता नहीं, वह दिन कब आएगा जब हम यह विश्वास करने लगेंगे कि अपनी भाषा के माध्यम से ही हम अपना सर्वोत्तम संसार को दे सकते हैं। कमजोरी मानसिक है, अतः मानसिक स्तर पर ही इसका समाधान भी हो सकता है। जो लोग देशी भाषाओं पर दृढ़ आस्था रखते हैं, उनका कर्तव्य है कि अपनी भाषाओं में श्रेष्ठ साहित्य का तेजी से निर्माण करें; क्योंकि देशी भाषाओं का सशक्त साहित्य ही पढ़े-लिखे लोगों की आत्मविश्वास की हीनता को दूर कर सकता है।

अब तक मैंने जो कुछ कहा है, वह साहित्यिक प्रयत्नों की आशाजनक कहानी है, लेकिन संतोषजनक बिल्कुल नहीं। जरा सोचिए कि हमें अपनी भाषा को समर्थ

बनाने के लिए कितने दृढ़ और परिश्रमसाध्य कार्य करने हैं। हिन्दी को यदि अपने देश की कारबार सँभालनेवाली भाषा बनना है, तो उसमें ज्ञान-विज्ञान की सभी शाखाओं पर उत्तम और प्रामाणिक ग्रंथों की आवश्यकता होगी। इस भाषा के माध्यम से हमें उन्नत वैज्ञानिक इंजीनियर, कानूनदाँ, प्रशासक, दार्शनिक, अर्थशास्त्रज्ञ, वाणिज्य-विशेषज्ञ, सेना-संचालक और विचार-क्षेत्र के महान् नेताओं की आवश्यकता होगी। हमारे पास इन विषयों में प्रवेश कराने योग्य पुस्तकें भी नहीं हैं। यदि इस देश के सभी भागों में फैले हुए प्रचलित और अनिराकृत कानूनों को ही अपनी भाषा में ले आना हो तो, मुझे विश्वस्त सूत्र से मालूम हुआ है कि कम-से-कम दस हजार पृष्ठों की ठोस सामग्री का भाषान्तर करना होगा। वायु-सेना, नौ-सेना और स्थल-सेना की विविध क्रियाओं में प्रयुक्त होनेवाले लगभग एक लाख ऐसे निश्चित अर्थ देनेवाले शब्दों की आवश्यकता है, जिनका निर्भ्रान्त होना आवश्यक है, क्योंकि किसी शब्द के गलत समझ लिए जाने से लाखों की जान-माल का खतरा है। उच्च न्यायालयों और धारा-सभाओं में कानून बनाने के लिए और उनकी उचित व्याख्या के लिए ऐसी भाषा की आवश्यकता है, जो पूर्ण रूप से निर्भ्रान्त हो। विज्ञान और गहन विचार के शास्त्रों की सहस्रों उच्च कोटि की पुस्तकें आवश्यक होंगी। अच्छे प्रशासक होने के लिए अच्छा मनुष्य होना बहुत आवश्यक है। उसमें बौद्धिक सूक्ष्मता और आध्यात्मिक ऊँचाई होना ही आवश्यक गुण माने जाते हैं। जब तक हमारे विश्वविद्यालय अपनी भाषाओं के माध्यम से बुद्धि को शाणित करने वाले शास्त्रों और नैतिक-मानदंड को दृढ़ बनाने वाले तत्त्ववाद विषयक ग्रंथों को नहीं पढ़ाते तब तक देशी भाषा के माध्यम से काम करनेवाले उत्तम प्रशासक भी नहीं मिल सकते। इन सब कामों के लिए सैकड़ों उच्च कोटि के प्रामाणिक ग्रंथों की आवश्यकता है। जिस समय हमारे हाथ में शासन भार आया है, उस समय मनुष्य का ज्ञान बहुत आगे बढ़ चुका है। अन्य देशों ने जो कार्य वर्षों में सम्पन्न किया है, उसे हमें सप्ताहों ही में करना है। इतनी बड़ी आवश्यकता के लिए कितने कठोर प्रयास और अडिग विश्वास की आवश्यकता है, वह कहकर बताने की जरूरत नहीं है। इसके साथ अपने प्रयत्नों की तुलना कीजिए तो स्पष्ट मालूम होगा कि दिल्ली अभी बहुत दूर है। अभी हमने यात्रा पर चलने का संकल्प-भर किया है। वह पर्याप्त तो है ही नहीं, संतोषजनक होने की बात ही कहाँ उठती है?

हमारे देश में ऐसे विचारवान् लोग हैं जो सलाह देते हैं कि पहले सारा-का-सारा आवश्यक साहित्य तैयार हो जाए और तब हम अपनी देशी भाषाओं को अधिकार देने के बात सोचें। मैं अपनी सारी शक्ति से इस बात का प्रतिवाद करता हूँ। यह सोचने का गलत ढंग है और अपने प्रति अविश्वास के अभाव का द्योतक है। कविगुरु रवीन्द्रनाथ ने कहा है कि 'रास्ते पर निकल पड़ो। रास्ता ही तुम्हें रास्ता बताएगा।' हमें देशी भाषाओं का प्राप्य अधिकार उन्हें तुरंत दे देना चाहिए। काम करते-करते जो साहित्य-निर्माण होगा, वही सही और प्रामाणिक होगा। अपने ढंग से सोची हुई

बात ही काम आती है। अँग्रेजी से उल्था करके अगर पोथियाँ लिख दी भी गईं तो वे पुस्तकस्था विद्या से अधिक मर्यादा नहीं पा सकेंगी। पुस्तकस्था विद्या कितनी बेकार होती है, यह हमारे पूर्वजों ने जान लिया था। मौका पड़ने पर कार्यकाल में, वह विद्या बेकार ही सिद्ध होती है :

पुस्तकस्था तु या विद्या, परहस्ते गतं धनम्।
कार्यकाले समुत्पन्ने, न सा विद्या, न तत् धनम्।।

इसलिए आज झिझक और संकोच छोड़कर दृढ़ विश्वास के साथ अपनी भाषा में काम करने में प्रयत्नशील होना चाहिए। देश के बहुत से बुद्धिमान् माने जानेवाले जीव अपने आलस्य और विश्वासहीनता को अच्छी-अच्छी सलाहों के रूप में सजाकर देश को गुमराह बना रहे हैं। उनके चित्त पर अँग्रेजी का रंग इस बुरी तरह छा गया है कि अब दूसरा रंग चढ़ने की उम्मीद ही नहीं रह गई है। वे देश की कोटि-कोटि अशिक्षित और अल्पशिक्षित जनता की ओर बिल्कुल ही नहीं ध्यान देते। वे न जाने किस मोह-वश देश की बहुसंख्यक जनता की उपेक्षा करने की सलाह देते रहते हैं। इनमें बहुत-से लोग ऐसे हैं, जिन्हें स्वतन्त्रता की लड़ाई में भी विश्वास नहीं था। और बहुत-से तो ऐसे भी हैं जो भीतर-ही-भीतर विश्वास करने लगे थे कि अँग्रेजों के हट जाने पर भारतीय लोग अपने देश का शासन ठीक-ठीक नहीं सँभाल सकेंगे। पिछले दस वर्षों में यह सिद्ध हो गया है कि भारतीय अपने देश की कठिन समस्याओं को बहादुरी और दिलेरी से सँभाल सकते हैं और गई-गुजरी हालत में होने पर भी संसार को नया आलोक दे सकते हैं। बुद्धिमान् की तरह इन विचारशील लोगों ने भी अवस्था देखकर अपनी व्यवस्था बदली है। अब वे कहने लगे हैं कि अँग्रेज के हट जाने से तो किसी तरह चल गया, लेकिन अँग्रेजी के हट जाने से सर्वनाश हो जाएगा। अँग्रेजी हटी नहीं कि आफत आई नहीं। ऐसी कठिन आसक्ति के बारे में क्या कहा जाए? रीतिकालीन हिन्दी-कवि की नायिका ने, जिसकी आँखों में गोपाललाल ने एक मुट्ठी अबीर फेंक दी थी और बड़े परिश्रम से सखी ने उसकी आँखों मे अबीर के कण निकाले थे, पूछने पर कहा था :

एरी मेरी बीर जैसे तैसे इन आँखिन सौं,
कढ़ि गौ अबीर, पै अहीर को कढ़ै नहीं।

'ऐ मेरी प्यारी सखी, इन आँखों से अबीर तो जैसे-तैसे निकल गया, पर अहीर का छोकरा नहीं निकल पाया।' यही दशा इन बुद्धिमानों की है। अँग्रेज तो जैसे-तैसे निकल गया, पर अँग्रेजी का कोढ़ नहीं काढ़ा जाता। आसक्ति का यह चरम रूप है।

स्वतंत्रता-प्राप्ति के पूर्व हमारे देश के नेताओं ने एक भाषा की आवश्यकता पर जोर दिया। उस समय देश की पराधीनता ही सबसे बड़ी समस्या थी। उन दिनों अँग्रेजों को इस देश से हटाने की बात ही मुख्य थी। महात्मा जी के चतुर्दशसूत्री

कार्य में से सभी सबको स्वीकार नहीं था, फिर भी मुख्य उद्देश्य की प्राप्ति के लिए सबने उसे चुपचाप स्वीकार कर लिया। स्वतंत्रता-प्राप्ति के बाद जब मुख्य उद्देश्य की प्राप्ति हो गई तब उस कार्यक्रम के बारे में ब्योरेवार ढंग से सोचने की फुरसत मिली। जो लोग उत्साहपूर्वक एक ही झंडे के नीचे काम कर रहे थे, उनमें कई श्रेणी के लोग निकले और छोटी-छोटी पार्टियों का जन्म हुआ। यह स्वाभाविक ही था। देखा गया कि काँग्रेस के विशाल परिवार में अनेक विचारों के व्यक्ति थे। गांधीजी के कार्यक्रम में ऐसी बहुत-सी बातें थीं, जिन्हें स्वयं काँग्रेस ने ही बहुत महत्त्व नहीं दिया है। एक और बड़ा भारी समूह जो स्वतंत्रता-प्राप्ति तक नियोज्य रूप में काम कर रहा था, मौन ही बना हुआ था। इसमें देश के उच्च शिक्षा-प्राप्त अनुभवी प्रशासकों से लेकर छोटी-मोटी नौकरियों में लगे हुए हजारों व्यक्ति थे। अँग्रेजों का शासन-यन्त्र ज्यों-का-त्यों बना रहा। इस शासन-यंत्र में एकदम परिवर्तन करना कठिन था, और परिवर्तन करने से नई समस्याओं के खड़ा हो जाने का खतरा भी था। जन-नेताओं में प्रशासन-कार्य की क्षमता थी, पर अनुभव नहीं था। परिणाम यह हुआ कि इन नेताओं को ही कई बार अपने को शासन-यंत्र के अनुकूल बनाना पड़ा। इन सब बातों का रचनात्मक कार्यक्रम के प्रवर्तन पर प्रभाव पड़ा और विचारों में भी परिवर्तन की आवश्यकता अनुभव हुई। पुराना शासन-यंत्र अँग्रेजी-भाषा में काम करने की ही दृष्टि से ही संगठित हुआ था, ऊपर-से-नीचे तक अँग्रेजी का ही बोलबाला था। उच्च शिक्षित और अधिकार-प्राप्त प्रशासकों को अँग्रेजी में ही कार्य करने का अभ्यास था। यद्यपि गाँधीजी के नेतृत्व में हिन्दी-प्रचार पर बहुत ध्यान दिया था तथापि स्वतंत्रता-प्राप्ति के बाद जो शासन-यंत्र हमारे हाथ आया था, उसे चलाने के लिए अँग्रेजी का आश्रय लेना परम आवश्यक था। जब संविधान-सभा ने हिन्दी को राजभाषा घोषित किया, तब यह समझा गया था कि 15 वर्षों में धीरे-धीरे अँग्रेजी के स्थान पर हिन्दी को प्रतिष्ठित करने में कोई कठिनाई नहीं होगी। पर यह स्पष्ट होता जा रहा है कि कुछ लोगों ने इस रियायत का और ही अर्थ समझा था। उन्होंने समय चाहा था और वह उन्हें मिला। समय मिलने पर उनका प्रयास यही रहा कि यह प्रमाणित कर दिया जाए कि हिन्दी या कोई अन्य देशी भाषा राजकार्य के योग्य नहीं है। कहते हैं कि मनुष्य अपने विश्वासों और पूर्वाग्रहों को फिलासफी का रूप दिया करता है, धीरे-धीरे बुद्धिमत्तापूर्ण ढंग से और गुरु-गंभीर शब्दों के आवरण में अपनी अक्षमता को भी बुद्धिमान् लोग तत्त्वदर्शन के रूप दे दिया करते हैं। इधर देशी भाषाओं को उपेक्षणीय समझने और अँग्रेजी को ही एकमात्र काम्य भाषा समझने का तत्त्ववाद निश्चित रूप ग्रहण करने लगा है। इसके लिए युक्ति और तर्क का भी अच्छा वातावरण प्रस्तुत किया गया है। यह बड़े दुर्भाग्य की बात है कि ऐसे शब्द-जाल की रचना की गई है कि देखकर आश्चर्य होता है। अब तो यहाँ तक कहा जाने लगा है कि भारतवर्ष की राजभाषा अगर अँग्रेजी हो तो इसमें कोई शर्म या लज्जा की बात नहीं; क्योंकि

यह अपना है, यह पराया है–ऐसा सोचना तो हीन मनोवृत्ति का भावावेश मात्र है :

अयं निजः परोवेति गणना लघुचेतसाम्।

फिर, कहा जाने लगा कि हिन्दी को प्रधानता देने से अन्य भाषाओं के प्रति अन्याय होगा। यदि अपनी भाषाओं में साहित्य-रचना करने की छूट दी जाए, और अँग्रेजी को राष्ट्रभाषा माना जाए तो किसी भाषा के प्रति अन्याय नहीं होगा। मानो हिन्दी-भाषा का आन्दोलन अन्य देशी भाषाओं का विरोधी है। अँग्रेजी में कहावत है कि किसी को फाँसी देना हो तो उसे बदनाम करो, इस नीति से हिन्दी का गला घोंटने के लिए एक नए शब्द का आविष्कार किया गया है–'हिन्दी साम्राज्यवाद'। इस प्रकार अँग्रेजी की रक्षा के लिए नई पैंतरेबाजी शुरू हुई है। यह भी कहा जाता है कि इस भाषा पर अधिकार होने के कारण ही भारतवर्ष का आज अन्तर्राष्ट्रीय क्षेत्र में सम्मान है। अर्थात् नेहरू की उदार नीति और विशाल चरित्र-बल इस सम्मान का कारण नहीं है, बल्कि अँग्रेजी बोलना इसका मुख्य हेतु है। कभी-कभी मैं सोचता हूँ–अँग्रेजी बोलने से ही अगर देश का सम्मान बढ़ा होता तो साउथ अफ्रीका का क्यों नहीं बढ़ा, उसे तो राष्ट्रमंडल में सिर्फ अपना ही एक वोट मिला। वह अँग्रेजी हिन्दुस्तान से कम तो नहीं जानता। अँग्रेज का बच्चा तो है। लेकिन हमारे देश में तो इस समय, अँग्रेजी रक्षावाद नामक विशिष्ट फिलासफी को रूप देने का प्रयत्न चल रहा है। इससे अपने देश के चरित्र-बल, आत्मविश्वास और मान-मर्यादा की तौहीनी भी हो जाए, तो कोई हर्ज नहीं है। जहाँ बड़े सिद्धांत और उदार आदर्श की बात है, वहाँ इन छोटी-छोटी बातों पर पड़ने से असुविधा पैदा होती है। इन छोटी बातों में न पड़ने को ही आजकल श्रेयस्कर समझा जाता है, परंतु लोग यह भूल ही जाते हैं कि देश की करोड़-करोड़ जनता आज मालिक है, वही देश के भाग्य का फैसला करेगी। अपने घरौंदों को ही संसार समझनेवाले और मालिक समझनेवाली बातें शेखचिल्ली की ही बातें सिद्ध होंगी।

जनता ही लोकतन्त्र में वास्तविक प्रभु है। उसी की भाषा इस लोकतंत्र की भाषा हो सकती है। वे दिन बीत गए जब इंग्लैण्ड के राजराजेश्वर की ओर से शासन क्षरित होता हुआ वाइसराय से पटवारी तक पहुँचता था। आज वह शक्ति बदल गई है। आज शक्ति का स्रोत राजराजेश्वर नहीं है; बल्कि इस देश की कोटि-कोटि जनता है, वही वास्तविक शक्ति का केंद्र है, दीर्घ काल तक उसकी भाषा की उपेक्षा नहीं चलेगी। उसकी उपेक्षा पर पलनेवाली फिलासफी बालू की भीत की भाँति भहरा जाएगी। परंतु इस बात का ध्यान रखना होगा कि इस विशाल जनसंख्या में केवल हिन्दी बोलनेवाले ही लोग नहीं हैं, और भी शक्तिशाली भाषाओं के बोलनेवाले हैं, उनको उचित अधिकार देना ही होगा। हिन्दी-भाषा-आन्दोलन भारतीयकरण का आन्दोलन है, यह हमेशा से इसी अर्थ में प्रयुक्त होता रहा है। दुर्भाग्यवश कभी-कभी हिन्दी के हिमायती ऐसी बातें कह देते हैं, जिससे यह अर्थ निकलता है कि एकमात्र हिन्दी

ही देश की भाषा है और सब भाषाएँ मानो हैं ही नहीं। परंतु यह गलत बात है और असावधानी के कारण कही जाती है। अँग्रेजी को हटाने का मतलब है देशी भाषाओं को उसके स्थान पर बैठाना। हम जनता की भाषा को समृद्ध और उन्नत बनाने का प्रयत्न करते हैं। हिन्दी-साहित्य के रंगमंच से जब यह बात कही जाती है तो स्वभावतः हिन्दी-प्रदेशों की भाषा का ध्यान रखा जाता है, परंतु इसका सही अर्थ यह है कि हम देश की अन्य भाषाओं को भी समान रूप से उन्नत देखना चाहते हैं–सभी अपने-अपने क्षेत्र में नीचे से-ऊपर तक उस प्रदेश की जनभाषा को ही प्रतिष्ठित करना चाहते हैं। केंद्रीय व्यवहार के लिए हम एक भाषा की आवश्यकता अनुभव करते हैं और एक भाषा का अर्थ केवल इतना है कि हम देश को आपस में जोड़े रहने का एक ऐसा सूत्र खोज रहे हैं, जिसे ग्रहण करने में कम-से-कम कठिनाई और अधिक-से-अधिक सुविधा हो।

इस सीधी-सी बात को बेमतलब जटिल बनाने का प्रयत्न किया जा रहा है। हम स्पष्ट रूप से घोषणा करना चाहते हैं कि हमारा उद्देश्य प्रत्येक प्रदेश की भाषा को समृद्ध और उन्नत बनाना है। उनकी उन्नति से हिन्दी का साहित्य समृद्ध ही होगा। यह केवल बात-की-बात नहीं है, आधुनिक साहित्य का प्रथम सूत्रपात बँगला में हुआ। यह दावे के साथ कहा जा सकता है कि बँगला के नवोदित साहित्य ने हिन्दी साहित्य को समृद्ध करने में जितनी प्रेरणा और शक्ति दी थी, उतनी अँग्रेजी ने नहीं दी। पहले हिन्दी साहित्य में आधुनिकता का आरंभ बँगला साहित्य की प्रेरणा से ही हुआ, अँग्रेजी का प्रत्यक्ष प्रभाव तो बहुत बाद में आया। मराठी, गुजराती, उर्दू आदि भाषाओं में जो साहित्यिक उत्कर्ष हुआ, उसने भी हिन्दी साहित्य को समृद्ध किया। भारतीय भाषाओं में किसी एक भाषा की उन्नति से अन्य भाषाओं की उन्नति निश्चित है। अँग्रेजी के हटने पर कोई कारण नहीं कि यह पारस्परिक सहयोग से और अधिक न बढ़े।

अँग्रेजी के हटने का यह अर्थ नहीं है कि हम अँग्रेजी-साहित्य-जैसे अत्यंत समृद्ध साहित्य से अपना नाता ही तोड़ बैठेंगे, अँग्रेजी के हटने का अर्थ सिर्फ इतना ही है कि वह हमारे देश में पारस्परिक आदान-प्रदान का माध्यम नहीं रहेगी। उसका अध्ययन हम अत्यंत वांछनीय समझते हैं, केवल उसी का नहीं, अन्यान्य विदेशी समृद्ध भाषाओं के साहित्य का भी अध्ययन देश के लिए निश्चित रूप से मंगलजनक होगा। हम इन सभी भाषाओं से शक्ति और प्रेरणा प्राप्त करेंगे। हमारा विरोध अँग्रेजी को अनुचित रूप से महत्त्व देने से है, उसकी उपयोगिता को हम अस्वीकार नहीं करते। निस्संदेह उस भाषा में बहुत बड़े प्रतिभाशाली महामानवों की कृतियाँ सुरक्षित हैं और ऐसे पुण्यश्लोक मनीषियों की विचारधारा से अपरिचित रहना देश के लिए किसी प्रकार कल्याणकर नहीं होगा :

क उत्तमश्लोकगुणानुवादात्
पुमान् विरज्येत विना पशुघ्नात्।

परंतु देश की सारी जनता को उस भाषा को रटाने का प्रयत्न करना और हर चिट और चिथड़े पर उसी को छापना देश का अपमान है। मैं उस भविष्य को देख रहा हूँ जब अच्छी अँग्रेजी जाननेवाले आज के अच्छे अँग्रेजी जाननेवालों से कई गुना अधिक होंगे, परंतु वे अपने ज्ञान का उपयोग जनता के ज्ञान-स्तर को ऊपर उठाने में करेंगे। हमारे देश की विभिन्न भाषाओं का साहित्य अँग्रेजी के महान् साहित्यकारों की कृतियों से सम्पन्न होगा और देश-भाषा में हम अपना सारा कारबार करने की शक्ति संचारित कर सकेंगे। केवल अच्छी अँग्रेजी जाननेवाले ही नहीं, उस समय फ्रेंच, जर्मन, रसियन, चीनी, अरबी, फ़ारसी आदि भाषाओं के अच्छे ज्ञाता भी आज की तुलना में बहुत-बहुत अधिक होंगे। विश्व के समृद्ध साहित्य भंडार से ग्रहण करने में मुझे तनिक भी संकोच या झिझक नहीं। जिस समय अस्वाभाविक परभाषा की अधीनता का मोह कट जाएगा, उस समय इस देश के विभिन्न भाषाभाषी विद्वान् सहज भाव से संसार के समृद्ध साहित्य से प्रेरणा और शक्ति ग्रहण कर, अपनी-अपनी भाषाओं को समृद्ध करेंगे। वही दिन देश के लिए सच्चे कल्याण का दिन होगा। हम उत्सुकता और आग्रहपूर्वक उसी शुभ दिन को लाने का प्रयत्न करना चाहते हैं। यह तभी होगा जब हमारी देश-भाषाओं को अँग्रेजी के पत्थर के दबाव से मुक्त होने का अवसर मिलेगा और खुली हवा और खुले प्रकाश में सहज भाव से बढ़ने का सुयोग प्राप्त होगा, अपनी असमर्थता का रोना रोकर, हाथ-पर-हाथ धरे बैठना अत्यंत लज्जाजनक है। साहस के साथ अपनी समृद्ध परम्परा पर विश्वास रखकर हमें इस कार्य को तुरंत आरंभ कर देना चाहिए। यदि और कहीं यह काम नहीं होता तो भी हिन्दी-भाषाभाषी प्रदेशों को तो इस कार्य में सर्वस्व लगा देने का निश्चय कर ही लेना चाहिए।

भाषा की लिखने और छापने की शिथिलताएँ हैं, जिन्हें हमें तुरंत दूर करना चाहिए। इन शिथिलताओं के कारण यह भ्रम फैला हुआ है कि हिन्दी का कोई परिनिष्ठित रूप नहीं है। उदाहरण के लिए हिन्दी-वर्तनी के सम्बन्ध में थोड़ा विचार करना यहाँ असंगत नहीं होगा।

हिन्दी-वर्तनी के अनेक रूपों को लेकर काफी बहस हो चुकी है। बहस का काल बहुत पहले ही समाप्त हो गया है और इन दिनों हिन्दी-सेवा में लगी हुई संस्थाएँ अपना-अपना सिद्धांत भी निश्चित कर चुकी हैं। परंतु अलग-अलग सिद्धांतों के निर्णीत और व्यवहृत होने से नई समस्या भी पैदा हो गई है। सम्मेलन ने कुछ अलग नियम निश्चित किए हैं। नागरी प्रचारिणी ने कुछ और। ज्ञानमंडल ने जो नियम स्थिर किए हैं, उनके साथ बिहार राष्ट्रभाषा परिषद् के नियमों का कोई मेल नहीं है। बंबई में एक तरह के नियम चले हैं और उत्तर प्रदेश में दूसरे तरह के। वर्धा की राष्ट्र-भाषा-प्रचार-सभा

जिस रास्ते पर चल रही है, विश्व भारती का हिन्दी-भवन उससे बिल्कुल भिन्न रास्ते पर चलता है। विदेशी और विभाषी पाठक के लिए इन सभी स्थानों से छपी पुस्तकों में अन्तर दिखाई देता है, और कभी-कभी वह बिल्कुल ही नहीं समझ पाता कि ग्राह्य क्या है। विभिन्न विश्वविद्यालयों के प्रश्न-पत्रों में भी वर्तनी का द्वन्द्व देखा जाता है। कोई विभक्तियों को मिलाकर छापता है, तो कोई अलग करके। कोई सर्वनाम में तो विभक्ति को मिलाता है, किंतु संज्ञा शब्दों के साथ नहीं मिलाता। 'हुये' 'हुवे' 'हुए' सभी रूप प्रश्नपत्रों में खोजे जा सकते हैं। पाठ्य-पुस्तकों में 'गई' 'गयी' विशेषण भी भिन्न-भिन्न रूपों में मिल सकते हैं। विभिन्न रूपों में भी यह रूप-भेद कहीं-कहीं लक्षित हो जाता है। चतुर्थी विभक्ति में 'के लिये' 'के लिए' दोनों ही रूप मिल जा सकते हैं। संज्ञा शब्दों के बहुवचन-रूपों में भी कहीं-कहीं वैविध्य दिखाई दे जाता है। उच्चतर कक्षाओं में पढ़ाई जानेवाली पुस्तकों में भी 'विधियाँ' और 'विधिएँ' रूप मिल जाते हैं। शब्दों के रूप के बारे में भी बहुत-कुछ अस्थिरता बनी हुई है। केवल विदेशी भाषा से निकले हुए शब्दों की वर्तनी में ही अन्तर नहीं है, संस्कृत से बने हुए शब्दों में भी भेद दिखाई देता है। तद्भव रूपों में अन्तर का कारण प्रादेशिक उच्चारण है। 'अँगुली' और 'उँगली' दोनों का मूल संस्कृत 'अंगुलि' है। पछाँह में 'उँगली' बोला जाता है तो पूर्वी जिलों में 'अँगुली' या 'अँगुरी' दोनों ही रूप साहित्यिक हिन्दी में देखने को मिल सकते हैं। कुछ थोड़े शब्दों में इस प्रकार का रूप-भेद बना रहे तो कोई हर्ज नहीं है। स्वयं संस्कृत में प्रादेशिक उच्चारणभेद से 'वशिष्ठ' 'वसिष्ठ' 'उर्वशी' 'उर्वसी' आदि दो-दो रूपवाले शब्द वर्तमान हैं। एक जैन-प्रबन्ध में यह कहानी आती है कि किसी मुनि से राजसभा में यह प्रश्न कर दिया गया था कि 'उर्वशी' और 'उर्वसी' में से कौन-सा रूप शुद्ध है। संस्कृत व्याकरण की महिमा अपरंपार है। दोनों ही रूपों के अर्थ निकल सकते हैं। जिस पंडित से प्रश्न किया गया था, उसे परेशान होना पड़ा था। सौभाग्यवश जैनाचार्य हेमचन्द्र सभा में उपस्थित थे और उन्होंने अपने दोनों उरुओं की ओर इशारा करके परेशानी में पड़े पण्डित को समझा दिया कि 'उरौ शेते' वाला 'उर्वशी' शब्द अधिक ठीक है। उस पंडित की परेशानी तो दूर हुई; किंतु हमारी साहित्यिक हिन्दी में परेशानी में डालनेवाले बहुत-से शब्द पड़े हुए हैं और किसी हेमचन्द्राचार्य की प्रतीक्षा कर रहे हैं कि वे उनके वास्तविक स्वरूप को स्पष्ट करें।

बहुतेरे तद्धित प्रत्ययान्त रूप और 'कृत्' प्रत्ययान्त रूप साहित्यिक हिन्दी में अलग-अलग ढंग से छापे जाते हैं। लकड़हारा में तो 'हारा' प्रत्यय सर्वत्र मिलाकर छापा जाता है। पर 'टोपीवाला' के पक्ष में यह बात मान्य नहीं हुई। कोई मिलाकर लिखता है, कोई अलग-अलग। यही दशा 'कृत्' प्रत्ययों के अन्तर्गत आनेवाले 'वाला' की है। कोई 'लिखने वाला' लिखता है तो कोई 'लिखनेवाला'। इस प्रकार की अनेकों अव्यवस्थाएँ हमारी साहित्यिक भाषा में प्रचलित हैं। अभी जो मैंने 'अनेकों' शब्द

का बहुवचन में प्रयोग किया, इसके सम्बन्ध में भी काफी वाद-विवाद हो चुका है। हमें अब एक निश्चित नियम बना लेना चाहिए। मेरा विचार है कि नियम निश्चित करते समय हम थोड़ा-बहुत भाषा-शास्त्रीय नियमों और व्युत्पत्ति सम्बन्धी तर्कों का आश्रय अवश्य लें, परंतु इन बातों में इतना उलझ जाने की आवश्यकता नहीं है कि ये ही मुख्य हो उठें और वर्तनी को परिनिष्ठित रूप देना गौण। हमारी अनेक साहित्यिक संस्थाओं ने जो अनेक नियम स्वीकार किए हैं, उन सबके मूल में कुछ-न-कुछ युक्ति और तर्क है। उनको युक्ति और तर्क के बल पर समझाना व्यर्थ है। सबने गंभीर अध्ययन और मनन के बाद अपने सिद्धांत निश्चित किए हैं। सबकी सेवाएँ शिरोधार्य हैं, सब नमस्य हैं। आज हमें व्यवहार की सुविधा की ओर अधिक ध्यान रखना है, और जो रूप चल पड़े हैं, उनको स्वीकार कर लेना है, जो युक्ति के विरुद्ध भी नहीं है, और व्यवहार के अनुकूल भी है। ऐसा करते समय हमें किसी प्रकार के मोह का शिकार नहीं बनना चाहिए। यह समझना भी भूल है कि हम हू-ब-हू संस्कृत की परम्परा का पालन कर रहे हैं, और इससे भी बड़ा मोह यह है कि हिन्दी संस्कृत की परम्परा से विच्छिन्न हो करके एकदम स्वतंत्र भाषा बन गई है। न हिन्दी संस्कृत की परम्परा से पूर्ण रूप से विच्छिन्न हो गई है और न पूर्ण रूप से अनुगामिनी है। इन उभय कोटियों से अपने को बचाए रखकर हिन्दी भाषा की प्रकृति का ठीक-ठीक अध्ययन करना चाहिए। बहुत-सी बातों में संस्कृत की परम्परा हमारी सहायता कर सकती है और बहुत-सी बातों में वह हिन्दी की परम्परा से बिल्कुल भिन्न कोटि की हो सकती है। फिर राष्ट्र-भाषा की अपनी आवश्यकताएँ भी हैं। यथासंभव विकल्पों को कम करके और अपवादों को कम करके उस परिनिष्ठित रूप को प्राप्त कर सकते हैं जो राष्ट्रभाषा के लिए आवश्यक है। फिर हमें इस बात का भी ध्यान रखना होगा कि इस युग में साहित्य का मुख्य अंग छापे की मशीन है। इसी सवारी पर चढ़कर वह दिग्विजय के लिए निकलता है, इसलिए इस बात का भी ध्यान रखना होगा कि इस वाहन की गति कुण्ठित न हो जाए, और यथासंभव उसकी स्फूर्ति और क्षिप्रगति में भाषा का परिनिष्ठित रूप सहायता पहुँचाता रहे। मुझे सबसे अधिक चिंता हिन्दी में 'य' श्रुति की व्यवस्था पर है। लेकिन मुझे इसे ठीक अव्यवस्था भी नहीं कहना चाहिए। वस्तुतः हम लोगों के बोलने में 'य' श्रुति समान भाव से सब जगह नहीं होती। कभी हल्के रूप में आती है और कभी स्पष्ट रूप में। कभी-कभी वह बिल्कुल ही नहीं सुनाई देती। जान पड़ता है कि पुरानी भारोपीय भाषा में भी यह कभी हल्के और कभी पूर्ण रूप से सुनाई देती थी। लेकिन संस्कृत में दो स्वरों का एक साथ रहना बिल्कुल निषेध हो गया है। दो स्वर आए नहीं कि उसके भीतर 'य' 'व' श्रुति का प्रवेश हुआ।

पाणिनि ने सिर्फ दो स्थलों पर संस्कृत के दो स्वर वर्णों को एक साथ रहने की अनुमति दी है, सो भी 'शाकल्य' नाम के प्राचीन आचार्य के सम्मान की रक्षा

के लिए। उनके मत से तो इन दो स्थलों पर भी यकार का आगम हो ही जाता है। इन दोनों में एक तो यह है कि पदांत में अकार के बाद यदि विसर्ग आए, और उसके बाद अकार से भिन्न कोई और स्वर वर्ण आये तो पहले 'ए', 'अय्', और 'ओकार', 'अव्' बनता है। और बाद 'य' और 'व' लोप हो जाते हैं। पाणिनि मुनि ने बड़ी सावधानी से अपने व्याकरण में कह रखा है कि यह 'यकार' की लोप होने वाली बात शाकल्य मुनि की बताई हुई, अर्थात् शाकल्य-जैसे बड़े आचार्य ने यदि न कह दिया होता तो पाणिनि जी यह व्यवस्था न करते। लौकिक संस्कृत का सारा व्याकरण इसी नियम द्वारा चालित है। शब्दों और धातुओं के रूप में भी यह श्रुति स्वयमेव उपस्थित हो जाती है। तृतीया विभक्ति का रूप 'आ' है। यह 'ह्री' और 'श्री' के बाद यदि आए तो रूप होगा 'ह्रिया' और 'श्रिया'। अर्थात् 'इ' के बाद 'व' आया नहीं, कि 'य' आ उपस्थित हुआ। इसी प्रकार 'उकार' के बाद 'व' स्वयमेव आ जाता है। इन शब्दों में इकार या उकार जो ह्रस्व हो जाते हैं, उसका भाषाशास्त्रीय कारण है। पाणिनि भगवान् ने ह्रस्व होने का और 'य' या 'व' के आने का भी नियम बना रखा है; परंतु उन नियमों के अभाव में भी हिन्दी में ठीक उसी प्रकार 'लड़कियों' और 'आदमियों' में न ह्रस्व होने में बाधा पड़ी और न 'य' के आने में; क्योंकि ये दोनों कार्य व्यापक भाषाशास्त्रीय नियमों के आधार पर हुए हैं। वस्तुतः 'धिया' 'ह्रिया' और 'श्रिया' में अंतिम अकार पर स्वरपात होता है, और इसी प्रकार 'आदमियों' और 'लड़कियों' में भी अंतिम स्वर पर स्वरपात होता है और पूर्ववर्ती स्वर ह्रस्व हो जाता है। इसी तरह दोनों ही भाषाओं में 'यकार' और 'अकार' के बीच 'य' श्रुति स्वाभाविक रूप से आ जाती है। यह किसी प्रकार के सूत्र-निर्देश की अपेक्षा नहीं रखते। संस्कृत के व्याकरण-शास्त्रियों ने भाषा को परिनिष्ठित रूप देने के लिए 'य' और 'व' श्रुति-नियमों का पालन किया है। भाषा को परिनिष्ठित रूप देने के लिए इस प्रकार की कठोरता आवश्यक है। वर्तमान साहित्यिक हिन्दी में इन नियमों का पालन कठोरता से नहीं किया जाता। 'लड़कियों' के लिए जो नियम है, 'बहुओं' के लिए वैसा नहीं है। 'लड़कियों' में तो 'य' श्रुति का पालन किया गया है; पर बहुओं में 'व' का पालन नहीं किया है। इस देश में चिरकाल से 'बहुओं' की अपेक्षा 'लड़कियों' से पक्षपात किया जाता है, परंतु कम-से-कम व्याकरण की दुनिया में तो ऐसा पक्षपात नहीं होना चाहिए। अस्तु।

हिन्दी में 'य' श्रुति के प्रयोग के लिए दो प्रकार के विचार हैं। इन विचारों से चालित होकर ही दो प्रकार की लेखन-शैली प्रतिष्ठित हुई। एक पक्ष समझता है कि उच्चार्य में 'य' की श्रुति मात्रा स्पष्ट और अधिक मात्रा में है, इसलिए उसमें 'य' का लिखा जाना आवश्यक है। किंतु 'गए' या 'गई' में यह श्रुति अस्पष्ट और अल्प मात्रा में है या नहीं के बराबर है। इसलिए इन पदों में 'य' का लिखा जाना उचित नहीं है। दूसरा पक्ष कहता है कि 'गया' में से तो हम 'य' श्रुति को हटा

नहीं सकते, और बहुवचन या स्त्रीलिंग रूप आकार देखकर ही निर्धारित हुआ है। 'घड़ा' का बहुवचन 'घड़े' और स्त्रीलिंग रूप 'घड़ी'। इसी तरह 'बड़ा' का पुल्लिंग बहुवचन रूप 'बड़े' और स्त्रीलिंग 'बड़ी' तथा 'अपना' का पुल्लिंग बहुवचन रूप 'अपने' और स्त्रीलिंग रूप 'अपनी' है। इस प्रकार हिन्दी में संज्ञा, विशेषण और सर्वनाम में जहाँ कहीं तद्भव आकारांत शब्द मिलता है, वहीं बहुवचन 'आकार' के स्थान पर 'एकार' और स्त्रीलिंग में 'आकार' के स्थान पर 'इकार' हो जाता है। ऐसी स्थिति में 'गया' जैसे क्रिया-रूपों में भी और 'नया' जैसे विशेषण-रूपों में क्यों न इस सामान्य नियम का पालन किया जाए? इन नियमों के पालन से भाषा में एकरूपता बनी रहेगी। इस प्रकार एक दूसरे पक्ष के लोग 'गया' 'गये' 'गयी' लिखा करते हैं। वस्तुतः दोनों ही पक्षों में कुछ सचाई है। अपभ्रंश कविता में ही 'य' श्रुति के लिखने की शिथिलता दिखाई देने लगती है। दो स्वर वर्णों का एक साथ रहना अपभ्रंश में निषिद्ध नहीं है। ऐसा अपभ्रंश का दोहा शायद ही मिले जिसमें कहीं-न-कहीं दो स्वर वर्ण एक साथ न मिल जाते हों। हिन्दी में भी चाहे वह पुरानी हो या नई, दो स्वर वर्णों का एक साथ अवस्थान निषिद्ध नहीं है, केवल शब्द के मध्य में जब दो स्वर साथ-साथ आते हैं तब तो 'य' श्रुति या 'व' श्रुति का कुछ स्पष्ट रूप दिखाई देता है। 'मदन' से जो 'मअन' रूप बनता है, उसमें 'य' श्रुति आ जाती है और उसका स्पष्ट उल्लेख भी कर दिया जाता है। इस प्रकार यह शब्द 'मयन' और आगे चलकर और भी घिसकर 'मैन' बन जाता है। किंतु 'उपजइ', 'बिनसइ' में 'य' श्रुति का कोई चिह्न नहीं दिखाई देता। वस्तुतः इस विषय में अपभ्रंश और हिन्दी दोनों ही संस्कृत की परम्परा से अलग हो गई हैं। अपभ्रंश के पुराने लेखकों ने 'य' श्रुति के नियमों पर बहुत अधिक ध्यान नहीं दिया। कहीं 'लोअण' और कहीं 'लोयण' पाठ मिल जाया करता है। 'क्त' प्रत्ययान्त रूप अपभ्रंश में अकारांत हो जाता है। कहीं इनके लिखने में 'य' श्रुति का प्रयोग मिल जाता है और कहीं नहीं मिलता। हेमचन्द्र ने अपने व्याकरण के निम्नांकित दोहे में 'विहलिय' (विह्वलित) में तो 'य' श्रुति को स्थान दिया है :

> जइ पुच्छह घर बड्डाइं तो बड्डा घर होइ।
> विहलिय-जण-अबुद्धरणु कंतु कुडीरइ जोइ।।

किंतु निम्नांकित दोहे में 'पूरिअ' में 'य' श्रुति का कोई आभास नहीं है :

> पप्पीहा पिउ-पिउ भणवि कित्तिउ रुअहि हयास।
> तुह जलि महु पुणु बल्लहइ विंहुवि न पूरिअ आस।।

कहने का मतलब यह है कि 'य' श्रुति अपभ्रंश कविता में अस्पष्ट हो उठी थी। अपनी रुचि के अनुसार लेखक लोग कहीं 'य' बैठा देते थे, कहीं छोड़ देते थे। जैन लेखक प्रायः 'य' श्रुति के पक्षपाती नहीं हैं, इसलिए कुछ विद्वानों का मत है कि इन पुस्तकों में जो 'य' श्रुति आ गई है, वह अपवाद है। यह जैन लेखकों की

आदत का परिणाम है। वस्तुतः अपभ्रंश की प्रवृत्ति 'य' श्रुति को लिखित रूप देने के बहुत पक्ष में नहीं है। कभी-कभी तो एक ही पद्य में ऐसे शब्द मिल जाते हैं जिनमें एक में 'य' श्रुति का प्रयोग किया गया है और एक में नहीं। उदाहरणार्थ–

हिअइ खुडुक्कइ गोडी गयणि घुडुक्कइ मेहु।
बासा रति पवासुअं विसमा संकडु एहु।।

इसमें 'हिअइ' में 'य' श्रुति का पता नहीं है, लेकिन 'गयणि' में है। ऐसे प्रसंगों को लेखक के प्रमाद के सिवा और क्या कहा जा सकता है? हिन्दी की प्राचीन कविता के ग्रंथों के सुसंपादित संस्करणों को देखने से पता चलता है कि वहाँ भी 'य' श्रुति की अव्यवस्था बनी रही। बिहार-राष्ट्रभाषा-परिषद् क्या इस विषय में नेतृत्व नहीं करती? क्यों न सभी संस्थाएँ तर्क और बहस का मार्ग छोड़कर बहुप्रचलित नियमों से कुछ को सर्वसम्मति से स्वीकार कर लें। मेरी दृष्टि में यह बहुत आवश्यक कार्य है।

इस अवसर पर हिन्दी-भाषी राज्यों के कर्णधारों से मैं अत्यंत विनीत भाव से निवेदन करना चाहता हूँ कि इस समय देश-भाषाओं को उनका वास्तविक जन्म सिद्ध अधिकार दिलाने का पवित्र कर्तव्य उन्हीं के कन्धों पर आ पड़ा है। यदि हिन्दी-भाषी राज्यों में ही हम हिन्दी को उचित आसन पर प्रतिष्ठित नहीं कर सकेंगे तो दूसरे राज्यों से क्या आशा की जा सकती है? इस कठिन द्विविधा के समय में हिन्दी-भाषी राज्य ही दृढ़ता और आत्मविश्वास के साथ भाषागत और विचारगत पराधीनता को दूर करने का कार्य कर सकते हैं। कठिनाइयाँ अवश्य हैं। लेकिन कठिनाइयों से जूझने का जो अदम्य उत्साह होता है, वही सच्ची शूरता है। मुझे खेद के साथ कहना पड़ता है कि हिन्दी-भाषी राज्यों में भी द्विविधा और झिझक की मात्रा बनी हुई है और इसीलिए काम जितनी तेजी से होना चाहिए था, उतनी तेजी से हो नहीं रहा है। समय आ गया है कि ये राज्य सारी शक्ति लगाकर इस महत्त्वपूर्ण कार्य को सम्पन्न करें और देश में फैली हुई स्तब्धता और अनिश्चय के वातावरण को समाप्त करने में नेतृत्व ग्रहण करें।

विश्वास रखिए कि हिन्दी-भाषी राज्य यदि इस कार्य में दुविधा और संकोच छोड़कर आगे बढ़ते हैं तो अन्य भाषावाले राज्यों को भी आगे बढ़ने की प्रेरणा देंगे ही। यदि हम सचमुच यह विश्वास करते हैं कि एक भारतीय भाषा की उन्नति से अन्य भारतीय भाषाओं की उन्नति निश्चित है, तो इस कार्य में हमें एक क्षण का भी विलम्ब न करना चाहिए। मेरा तो दृढ़ विश्वास है कि हिन्दी-भाषी राज्य यदि हिन्दी को उचित मर्यादा देंगे और साहित्य-निर्माण के कार्य में तथा प्रशासकीय कार्य में उसका व्यवहार करने लगेंगे तो उसका व्यापक प्रभाव पड़ेगा और जिन राज्यों में दुविधा और संकोच के कारण देशी भाषाओं की उन्नति में शिथिलता आ रही है, उनमें भी आत्मविश्वास और क्रिया-शक्ति जाग्रत होगी। जो भी राज्य इस महान् पुनीत कार्य को करेगा, वह समूचे देश का नेतृत्व करेगा, इसलिए मैं आज इस मंच से अपने

क्षीण कण्ठ से समस्त देशवासियों को पुकार-पुकारकर कहना चाहता हूँ कि मित्रो, उठो, जागो, अपनी मातृभाषाओं को सच्चे गौरव और मर्यादा की अधिकारिणी बनाओ और देश को भाषा और विचारगत पराधीनता के पंक से उबारो, इसी में देश का कल्याण है। आधुनिक परिस्थिति में यही अर्थार्ष है। भगवान् सबको सुबुद्धि दे, हमारी देश की भाषाएँ समृद्ध होकर एक-दूसरे को संपन्न बनाएँ। तथास्तु!

[**कुटज** से—बिहार राष्ट्रभाषा-परिषद् के सप्तम् वार्षिकोत्सव समारोह (29 मार्च, 1958 ई.) के सभापति-पद से दिया गया अभिभाषण]

छह : सन्त-मत

अपभ्रंश साहित्य की आलोचना से यह बात स्पष्ट हो जाएगी कि चारण कवियों की वीर-गाथाएँ पुरानी परम्परा के अनुसार ही थीं। इस विषय में कोई मतभेद नहीं है। पर निर्गुणिया संतों की वाणी के विषय में काफी भ्रम फैला हुआ है। यह तो सभी स्वीकार करते हैं कि कबीरदास ही निर्गुण मत के आदि-प्रतिष्ठाता थे। उनका जन्म मुसलमान वंश में हुआ था, ऐसा प्रवाद है। कुछ लोगों का कहना है कि उनका जन्म तो हिन्दू घर में हुआ था, पर लालन-पालन मुसलमान घर में। जो हो, उनका मुसलमानी वातावरण में बड़ा होना निश्चित है। यही कारण है कि उनकी रचनाओं में मुसलमानी भाव की साधना की गंध मिल जाती है। सही बात यह है कि कुछ नामों, शब्दों और खण्डन करने के उद्देश्य से उल्लिखित कुछ सिद्धांतों के अतिरिक्त मुसलमानी प्रभाव कबीर में नहीं के ही बराबर है। यह स्मरण रखने की बात है कि योगियों का एक बहुत बड़ा संप्रदाय अवध, काशी, मगध और बंगाल में फैला हुआ था। ये लोग गृहस्थ थे और इनका पेशा जुलाहे और धुनिए का था। इनमें जो साधु हुआ करते, वे भिक्षावृत्ति पर निर्वाह करते थे। ब्राह्मण धर्म में उनका कोई स्थान न था। मुसलमानों के आने के बाद वे लोग धीरे-धीरे मुसलमान हो गए और आज भी हो रहे हैं। परंतु मुसलमान होने पर भी वे अपनी साधनाओं से विरत नहीं हुए। बारहवीं शताब्दी में अब्दुल रहमान नामक आरद्द या जुलाहे कवि ने 'संदेश-रासक' नामक अपभ्रंश काव्य लिखा था। यह पुस्तक हाल ही में मुनि जिनविजयजी द्वारा संपादित होकर बंबई से प्रकाशित हुई है। बंगाल में योगियों के बहुत-से धर्मग्रंथ और पुराण मुसलमानी नामधारी लोगों के लिखे हुए पाए गए हैं। वहाँ योगी नाम की अलग जाति है जो प्रायः समाप्त होने को आ चुकी थी, पर अब जबकि उसमें आत्म-चेतना का भाव उदय हुआ है, वह अपनी हस्ती बचाने का प्रयत्न कर रही है। कबीर, दादू और जायसी ऐसे ही नाम-मात्र के मुसलमान थे, जिनके परिवार में योगियों की साधना-पद्धति जीवित रूप से वर्तमान थी। सन् 1921 ई. की मनुष्य-गणना के अनुसार अकेले बंगाल में इन योगियों की संख्या 3,65,910 थी। ये सारे बंगाल में फैले हुए हैं और कपड़ा बुनने का काम करते हैं। हिन्दू समाज में उनका स्थान क्या है, यह

इस एक बात से अनुमान किया जा सकता है कि 1921 ई. की मनुष्य गणना के समय जब एक जोगी परिवार ने अपने को स्थानीय प्रचलन के अनुसार 'जुगी' न लिखाकर 'योगी' तथा अपनी स्त्रियों के नाम के सामने 'देवी' लगाना चाहा था, तो गणना-लेखक ब्राह्मण ने कहा था कि मैं अपना हाथ कटा देना अच्छा समझूँगा परंतु 'जुगी' को 'योगी' नहीं लिखूँगा और न इनकी स्त्रियों को 'देवी' लिख सकूँगा! अब इन जोगियों की दृढ़ संगठित सभा है, जो जोगियों के सम्बन्ध में अच्छी जानकारी संग्रह कर रही है। ये लोग अपने को योगी ब्राह्मण भी कहने लगे हैं। इसी प्रकार की जोगी जातियाँ बिहार में भी पाई जाती हैं और युक्तप्रान्त में भी किसी जमाने में थीं। कबीर और दादू का इन्हीं जातियों में से प्रादुर्भाव हुआ था। इस बात को ठीक-ठीक हृदयंगम न कर सकने वाले पंडित कहा करते हैं कि कबीर या दादू सुने-सुनाए ज्ञान की अटपटी वाणियाँ गाया करते थे।

यदि कबीर आदि निर्गुणमतवादी संतों की वाणियों की बाहरी रूपरेखा पर विचार किया जाए, तो मालूम होगा कि यह संपूर्णतः भारतीय है और बौद्धधर्म के अंतिम सिद्धों और नाथपंथी योगियों के पदादि से उसका सीधा सम्बन्ध है। वे ही पद, वे ही राग-रागिनियाँ, वे ही दोहे, वे ही चौपाइयाँ कबीर आदि ने व्यवहार की हैं जो उक्त मत के माननेवाले उनके पूर्ववर्ती संतों ने की थीं। क्या भाव, क्या भाषा, क्या अलंकार, क्या छंद, क्या पारिभाषिक शब्द, सर्वत्र वे ही कबीरदास के मार्गदर्शक हैं। कबीर की ही भाँति ये साधक नाना मतों का खंडन करते थे, सहज और शून्य में समाधि लगाने को कहते थे, दोहों में गुरु के ऊपर भक्ति करने का उपदेश देते थे। इन दोहों में गुरु को बुद्ध से भी बड़ा बताया गया है और ऐसे भाव कबीर में भी बड़ी आसानी से मिल सकते हैं, जहाँ गुरु को गोविंद के समान ही बताया गया है। 'सद्गुरु' शब्द सहजयानियों, वज्रयानियों, तांत्रिकों, नाथपंथियों में समान भाव से समादृत है।

कबीरदास के जाति-पाँति विरोधी विचारों को देखकर बहुत-से लोगों की यह धारणा होती है कि कम-से-कम यह बात कबीरदास में मुसलमानी प्रभाव के कारण आई है। किसी-किसी पंडित को तो यह शंका भी हुई है कि ये बातें मुसलमानी धर्म के प्रचार के हथकण्डे हैं और कुछ लोग मुसलमानी आदर्श के प्रति कबीरदास की गहरी निष्ठा का प्रमाण इन्हीं बातों में बताते हैं। ये युक्तियाँ कुछ जँचती-सी नहीं जान पड़तीं। जाति-वर्णन के भेद से जर्जरीभूत इस देश में जो कोई महासाधक आया है, उसे यह प्रथा खटकी है। ऐसे बहुत से प्राचीन ग्रंथ हैं जिनमें जाति-भेद को उड़ा देने पर जोर दिया गया है। पर संस्कृत की पुस्तकें साधारणतः ऊँची जातियों के लोगों द्वारा लिखी गई होती हैं, जिनमें लेखक केवल तटस्थ विचारक की भाँति रहता है। स्वयं नीच कहे जानेवाले वंश में उत्पन्न नहीं होने के कारण उनमें भुक्त-भोगी की उग्रता और तीव्रता नहीं होती। सहजयान और नाथपन्थ के अधिकांश साधक

तथाकथित नीच जातियों में उत्पन्न हुए थे, अतः उन्होंने इस अकारण नीच बनानेवाली प्रथा को दार्शनिक की तटस्थता के साथ नहीं देखा। कबीरदास आदि के विषय में भी यही बात ठीक है। फिर भी उच्च वर्ग के लोगों ने सदा तटस्थता का ही अवलम्बन नहीं किया। कभी-कभी उन्होंने भी उग्रतम आक्रमण किया है। अश्वघोष (कालिदास के भी पूर्ववर्ती कवि) की लिखी हुई वज्रसूची एक ऐसी ही पुस्तक है। तब से निरंतर महायान मत के साधक-गण इस प्रथा के विरुद्ध प्रचार करते रहे हैं। सरोरुहपाद (सरहपा) नामक सहजयानी सिद्ध जाति-व्यवस्था के भयंकर विरोधी थे। वे कहते हैं–''ब्राह्मण ब्रह्म के मुख्य से उत्पन्न हुए थे;–जब हुए थे तब हुए थे। इस समय तो वे भी दूसरे लोग जिस प्रकार पैदा होते हैं वैसे ही पैदा होते हैं। तो फिर ब्राह्मणत्व रहा कहाँ? यदि कहो कि संस्कार से ब्राह्मण होता है तो चाण्डाल को भी संस्कार दो, वह भी ब्राह्मण हो जाए; यदि कहो कि वेद पढ़ने से कोई ब्राह्मण होता है तो क्यों नहीं चाण्डालों को भी वेद पढ़ाकर ब्राह्मण हो जाने देते? सच पूछो तो शूद्र भी तो व्याकरणादि पढ़ते हैं और इन व्याकरणादि में भी तो वेद के शब्द हैं, फिर शूद्रों का भी तो वेद पढ़ना हो ही गया और यदि आग में घी देने से मुक्ति होती हो तो सबको क्यों नहीं देने देते ताकि सब मुक्त हो जाएँ? होम करने से मुक्ति होती हो या नहीं, धुआँ लगने से आँखों को कष्ट जरूर होता है। ब्राह्मण 'ब्रह्मज्ञान ब्रह्मज्ञान' चिल्लाया करते हैं। अव्वल तो उनके अथर्ववेद की सत्ता ही नहीं है, फिर और तीन वेदों के पाठ भी सिद्ध नहीं, इसलिए वेद का तो कोई प्रामाण्य ही नहीं है। वेद तो परमार्थ नहीं है; वह तो शून्य की शिक्षा नहीं देता, वह तो एक व्यर्थ की वकवास है।'' इसी प्रकार शिवोपासक योगियों के सम्बन्ध में सरोरुहवज्र कहते हैं–''ये शिव (ईश्वर) के भक्त शरीर में राख मलते हैं, सिर पर जटा धारण करते हैं, दीया जलाकर घर में बैठे रहते हैं और ईशान कोण में बैठकर घंटा बजाया करते हैं, आसन बाँधकर आँख गूँवा करते हैं और लोगों को नाहक धोखा देते हैं। अनेक रण्डी-मुण्डी और नाना वेषधारी इन गुरुओं के मत में चलते हैं। लेकिन जब कोई पदार्थ है ही नहीं, जब वस्तु-वस्तु ही नहीं है तो ईश्वर भी तो एक पदार्थ ही है, वही कैसे रह सकता है?'' इत्यादि।[1] इसी प्रकार ये साधक अन्यान्य मतों का भी खंडन करते और अपने मतों का स्थापन करते रहते थे। इन खंडनों का स्वर एकदम वही है जो कबीरदास का। अन्तर इतना ही है कि कबीर के युग में अवस्था और जटिल हो गई थी। उन्हें मुसलमानों, हिन्दुओं, योगियों और इन सिद्धांतों तथा इनके साधकों–सबसे एक-एक हाथ लड़ लेना था। कबीर के निर्गुणमतवादी साधकों की परम्परा में जो दादू, सुंदरदास आदि भक्त हो गए हैं उन्होंने स्पष्ट ही नाथपंथी योगियों–विशेषकर आदिनाथ, मत्स्येन्द्रनाथ, गोरखनाथ–तथा चौरासी सिद्धों–विशेषकर काणेरी, चौरङ्गी, हाडिफा आदि–को अपने मत का आचार्य माना है। सहजयानी सिद्धों और नाथपंथी योगियों का अक्खड़पन कबीर में पूरी मात्रा में है और उसके साथ ही उनका स्वाभाविक

फक्कड़पन मिल गया है। इस परम्परागत अक्खड़पन और व्यक्तिगत फक्कड़पन ने मिलकर कबीरदास को अत्यधिक प्रभावशाली और आकर्षक बना दिया है।

एक बात लक्ष्य करने की यह है कि हिन्दी साहित्य के आदिप्रवर्तक तीन महाकवियों—चंद, कबीर और सूरदास—में से सबके सब एक विचित्र प्रकार की पद-रचना करते रहे। इन्हें दृष्टकूट, उलटवाँसी व विपर्यय कहते हैं। सूरदास के ग्रंथों में इन्हें दृष्टकूट और कबीर की वाणी में उलटवाँसी कहा है। चंद के रासों में भी ऐसे दृष्टकूट मिल जाया करते हैं। जिन उलटवाँसियों के लिए कबीरदास बहुत बदनाम किए गए हैं और साहित्यिक 'महारथियों' के आक्षेप-बाणों के शिकार होते रहे हैं, उनमें कितनी उनकी अपनी रचना है और कितनी पूर्वतर साधकों से गृहीत और कितनी भक्तों द्वारा उनके मत्थे आरोपित है, यह निश्चय करना मुश्किल है। लेकिन इस बात में कोई संदेह नहीं कि इस प्रकार की उलटवाँसियाँ उस युग में नाथपंथी योगियों और सहजयानियों में खूब प्रचलित थीं। बंगाल में मुसलमान नामधारी योगियों की लिखी हुई पोथियों में ऐसी उलटवाँसियों की भरमार हुआ करती थी। तत्-तत् सम्प्रदायवाले इन उलटवाँसियों का अर्थ भी कर लिया करते थे। सहजयानियों में इस प्रकार की भाषा का नाम 'सन्ध्या भाषा' प्रचलित था।[2] म.म.पं. हरप्रसाद शास्त्री के मत से सन्ध्या भाषा का मतलब ऐसी भाषा से है जिसका कुछ अंश समझ में आए और कुछ अस्पष्ट दीखे, पर ज्ञान-दीपक से जिसका सब-कुछ स्पष्ट हो जाए। इस व्याख्या में सन्ध्या शब्द का अर्थ साँझ मान लिया गया है और यह भाषा अन्धकार और प्रकाश के बीच की सन्ध्या की भाँति ही कुछ स्पष्ट और कुछ अस्पष्ट बताई गई। परन्तु ऐसे बहुत-से विद्वान् हैं जो उक्त भाषा का यह अर्थ नहीं स्वीकार करना चाहते। एक पंडित ने अनुमान भिड़ाया है कि इस शब्द का अर्थ सन्धि-देश की भाषा है। सन्धि देश भी इस पंडित की अनुमिति के अनुसार, वह प्रदेश है जहाँ बिहार की पूर्वी सीमा और बंगाल की पश्चिमी सीमा मिलती है। यह अनुमान स्पष्ट ही बेबुनियाद है, क्योंकि इसमें मान लिया गया है कि बिहार और बंगाल के आधुनिक विभाग सदा से इसी भाँति चले आ रहे हैं। म.म.पं. विधुशेखर भट्टाचार्य महाशय का मत है कि यह शब्द मूलतः 'सन्धा' भाषा है और इसका अर्थ अभिसंधिसहित या अभिप्राययुक्त भाषा है। आप 'सन्धा' शब्द को संस्कृत सन्धाय (=अभिप्रेत्य) का अपभ्रंश रूप मानते हैं। बौद्धशास्त्र के किसी वचन-विशेष ने आगे चलकर सहजयान और वज्रयान में यह रूप ग्रहण किया है। असल में, जैसा कि भट्टाचार्य महाशय ने सिद्ध कर दिया है, वेदों और उपनिषदों में से भी ऐसे उदाहरण खोजकर निकाले जा सकते हैं जिनमें सन्धा-भाषा जैसी भाषा के प्रयोग मिल जाया करते हैं। परन्तु बौद्धधर्म की अन्तिम यात्रा के समय यह शब्द अत्यधिक प्रचलित हो गया था और जनसाधारण पर इसका प्रभाव भी बहुत अधिक था। यही कारण है कि उस युग के सभी कवि किसी-न-किसी रूप में इन विरोधाभासमूलक उलटवाँसियों की रचना

करते रहे। श्री राहुल सांकृत्यायन ने यह पहले ही कहा है कि सन्त कवियों की उलटवाँसियों पर सिद्धों का प्रभाव है। एक अन्य विद्वान् का कहना है कि सहजयानियों की सन्धा-भाषा और सन्तों की उलटबाँसियों में बड़ा अन्तर है। सन्तों का उद्देश्य विरोधाभास को अप्रकृत करके उसके अन्तर्निहित महान अर्थ को प्रकृत बनाना है, पर सिद्धों का ऐसा नहीं है। इसलिए सिद्धों की वाणियाँ, उक्त विद्वान् के मत से, बाद में चलकर विकृत अर्थ उत्पन्न करने का कारण हुईं। मुझे इस भेदारोप में कोई विशेषता नहीं दिखती। असल में सहजयान और वज्रयान में कुप्रवृत्तियों का प्रवेश इसलिए नहीं हुआ कि सन्धा-भाषा में उनकी वाणियाँ कही गई थीं। अद्वयवज्र की टीका से साफ जान पड़ता है कि इन सिद्धों का उद्देश्य भी वही था जो सन्तों का था। काल-भेद, व्यक्ति-भेद के कारण जो भेद स्वाभाविक हैं वही भेद इन दोनों में हैं। सूरदास के दृष्टकूटों के विषय में भी यही बात ठीक है। वह भी एक तरह के सन्धा-वचन या उलटवाँसी हैं। बहुत सम्भव है कि कबीरदास आदि की पुस्तकों में जो ऐसी रचनाएँ मिलती हैं वे पूर्ववर्ती साधकों और भक्तों की रचनाएँ ही हों और बाद में इन कवियों के नाम से चल पड़ी हों। वस्तुतः यह बात केवल अनुमान व अटकल नहीं है। कबीरदास के नाम पर यह उलटवाँसी बहुत अधिक प्रचलित है—'कबीरदास की उलटी वानी। बरसै कम्बल भीजै पानी।' स्व. डॉ. पीताम्बरदत्त बड़थ्वाल ने प्रयाग से 'गोरख-बानी' नामक जो संग्रह प्रकाशित कराया है, उसमें गोरखनाथ के नाम पर यही उलटवाँसी इस प्रकार मिलती है—'नाथ बोलै अमृत वाणी। बरिसैगी कंबली भीजैगा पाणी।।' (पृ. 141)। इस प्रकार अनेक उदाहरण दिखाए जा सकते हैं।

इसी प्रकार पंडित-मंडली जिन बातों के लिए कबीरदास को घमंडी समझती है, वे भी किसी-न-किसी रूप में प्राचीनतर आचार्यों से परम्परया प्राप्त हुई थीं और बहुत-सी बाद में शिष्यों ने कबीर आदि के नाम पर चला दी हैं। मध्ययुग के भक्तों के ऐसे अनेक पद मिलते हैं जो कई सन्तों के नाम से प्रचलित हैं। जो पद कबीर के नाम से चल रहा है वही दादू के नाम से, फिर वही रैदास या अन्य किसी साधक के नाम से भी। ऐसे पदों के विषय में समझना चाहिए कि ये पद पूर्ववर्ती साधकों के अनुभव हैं, जिन्हें परवर्ती साधक या साधकों ने भी स्वीकार कर लिया है। ये भक्त कविता करने के लिए पद नहीं लिखा करते थे, इसलिए इनमें उस प्रकार की सावधानी का अभाव है जो कवि अपनी रचना के अभिनव चमत्कार-प्रदर्शन के लिए अत्यावश्यक समझता है। कबीरदास की यह साखी सहजमत के आचार्य की याद दिला देती है :

> जिहि वन सीह न संचरै, पंखि उड़े नहिं जाय।
> रैनि दिवस का गम नहीं, तहँ कबीर रहा लौ जाइ।।

सरहपाद की साक्षी है :

जेहि मन पवन न संचरइ, रवि शशि नाइ पवेश।
तहि वट चित्त विशाम करु सरुहे कहिअ उवेश।।

असल में साखी (साक्षी) का मतलब ही है कि पूर्वतर साधकों की बात पर कबीरदास अपनी साक्षी या गवाही दे रहे हैं। अर्थात् इस सत्य का अनुभव ये भी कर चुके हैं। जो लोग कबीरदास को साधक न समझकर केवल कवि समझना चाहते हैं, वे प्रायः कुछ ऐसी उल्टी-सीधी बात कर जाते हैं जो उनके पाण्डित्य के लिए शोभाजनक नहीं होती। कभी-कभी हास्यास्पद भाव से कबीरदास को शास्त्रज्ञान-हीन, सुनी-सुनाई बातों का गढ़नेवाला आदि कह दिया जाता है, मानो उस युग में जुलाहे, मोची, धुनिए और अन्यान्य नीची कही जानेवाली जातियों के लिए शास्त्र और वेद का दरवाजा खुला था और कबीरदास आदि ने जान-बूझकर उनकी अवहेलना की थी! सच पूछा जाए तो शास्त्रज्ञान, तत्वज्ञान के मार्ग से सब समय सहायक ही नहीं होता और कभी-कभी तो उस युग की तथोक्त नीच जातियों में से आए हुए महापुरुषों का शास्त्रीय तर्क-जाल से मुक्त होना श्रेयस्कर जान पड़ता है। इन संस्कारों से वंचित रहने के कारण ही वे सब जगह से सहज सत्य को सहज ही ले सकते थे। वे रूढ़ियों और मिथ्या विश्वास के शिकार नहीं हुए। वे उस बेमतलब की निजत्व-बुद्धि के भी शिकार नहीं हुए, जो दूसरों की लिखी हुई बात को तोड़-मरोड़कर कहने में दूसरों से ग्रहण करने के महादोष से अपने को मुक्त समझती है। उनमें ग्रहण करने की भी शक्ति थी और कराने की भी भक्ति थी, इसीलिए वे महान् थे।

कबीरदास आदि साधकों ने नाथपन्थियों और सहजयानियों के बहुत-से शब्द, पद और दोहे ज्यों-के-त्यों स्वीकार कर लिए थे।[3] उनमें यत्र-तत्र नाममात्र के परिवर्तन भी हैं। इस प्रकार यह बात स्पष्ट है कि कबीर आदि ने अनेक बातें पूर्ववर्ती साधकों से ग्रहण की थीं, फिर भी कबीर की साधना वही नहीं थी जो इन योगियों या सहजयानियों की थी। कबीर आदि ने योगियों और सहजयानियों के पारिभाषिक शब्दों की अपने ढंग पर व्याख्या की। जिस प्रकार वैष्णव शास्त्रों से गृहीत होकर भी उनके राम 'दशरथ-सुत' नहीं थे, ठीक उसी प्रकार उनका सहज शून्य, षट्चक्र, समाधि, इडा, पिंगला आदि भी सहजयानियों और योगियों के इन्हीं शब्दों से भिन्न अर्थ रखते थे। इतना ही नहीं, सूफियों की साधना से गृहीत शब्दों की भी उन्होंने अपने ढंग पर व्याख्या की थी। क्योंकि वे किसी शास्त्र-विशेष या संप्रदाय-विशेष के संस्कारों से जकड़े हुए नहीं थे और जैसा कि दादू ने कहा है, कबीरदास ने निर्गुण ब्रह्म की समाधि के विषय में मुसलमानों का रास्ता छोड़ दिया था और हिंदुओं के कर्म कलाप से भी अलग हो गए थे।[4] वे सहज ही उस स्थान पर विश्राम कर सकते थे जो संप्रदायों से अतीत है, जहाँ अल्लाह और राम की गम नहीं।[5] वे साधना को सहज भाव से देखना चाहते थे। वे नहीं चाहते कि प्रतिदिन के जीवन के साथ चरम साधना का कहीं विरोध हो। दैनिक जीवन और शाश्वत साधन का यह जो अविरोध भाव

है, वही कबीर का 'सहज पन्थ' है। उनके युग में यह शब्द बहुत प्रचलित था। जैसे आजकल 'संस्कृति' शब्द बहुल प्रचार के कारण कुछ सस्ता हो गया है, वैसे ही उन दिनों 'सहज' शब्द भी सस्ता हो गया था। लोग गली-कूचे 'सहज-सहज' कहते फिरते थे। इस शब्द की व्याख्या भी निश्चय ही नाना भाँति से की जाती रही होगी। कबीरदास इससे चिढ़कर एक जगह कहते हैं कि 'सहज-सहज तो सभी कहते हैं, पर सहज को पहचाना किसी ने नहीं। सहज उसी को कह सकते हैं जो सहज ही विषय का त्याग कर सके।'[6] इसके लिए घर-बार छोड़ने की जरूरत नहीं। सम्प्रदाय-प्रथित बाह्याडम्बर की भी कोई आवश्यकता नहीं। और जैसा कि प्रसिद्ध साधक रज्जब ने कहा है, योग में भोग रह सकता है और भोग में योग हो सकता है।[7] वैरागी भी डूब सकते हैं और गृहस्थ भी तर सकते हैं। इस प्रकार यह सहज पन्थ 'सहजयान' नामक सम्प्रदाय-विशेष से एकदम भिन्न है। इसी तरह जब कबीर 'शून्य' शब्द का व्यवहार करते हैं तो 'कुछ नहीं' के अर्थ में कभी नहीं करते। भला जो कुछ नहीं है उसका नाम ही क्या हो सकता है? उस 'कुछ नहीं' का जो कुछ भी नाम दिया जाएगा वह, दादूदयाल ने ठीक ही कहा है कि, झूठ होने को बाध्य है।[8]

यह शून्य शब्द बहुत मनोरंजक है। बौद्ध महायान दार्शनिकों की दो शाखाएँ हैं। एक मानती है कि संसार में सब-कुछ शून्य है, किसी की भी सत्ता नहीं और दूसरी शाखावाले मानते हैं कि जगत् के सभी पदार्थ बाह्यतः असत् हैं, पर चित् के निकट सभी सत् हैं। एक को शून्य-वाद कहते हैं और दूसरी को विज्ञान-वाद। नागार्जुन ने शून्य की व्याख्या करते हुए कहा है कि इसे शून्य भी नहीं कह सकते, अशून्य भी नहीं कह सकते क्योंकि वह शून्य भी नहीं है और अशून्य भी नहीं है। इसी भाव की प्रज्ञप्ति के लिए शून्यता का व्यवहार होता है :

> शून्यमिति न वक्तव्यमशून्यमिति वा भवेत्।
> उभयं नोभयं चेति, प्रज्ञप्त्यर्थं तु कथ्यते।।

इस प्रकार यह सिद्धांत बहुत-कुछ अनिर्वचनीयता-वाद का रूप ग्रहण कर लेता है। महायान मत की प्रज्ञापारमिताओं की थका देनेवाली पुनरुक्तियों में बारम्बार यही दुहराया गया है कि वह यह भी नहीं है, वह भी नहीं है।[9] यह शून्य वाद इतना प्रचलित हुआ कि उस युग के सभी साधक इस शून्य का प्रयोग करने लगे। सबने अपने-अपने मतानुकूल अर्थ किए। योगियों के षट्चक्र के सबसे ऊपरी चक्र को शून्यचक्र या सहस्रदल-पद्म कहते हैं। इस प्रकार योगियों ने भी शून्य को ही परम लक्ष्य माना है, पर उसका अर्थ बदलकर। कबीरदास आदि निर्गुण मत के साधकों ने भी इस शब्द का व्यवहार अपने-अपने ढंग पर किया है। अध्यापक क्षितिमोहन सेन ने दादू की अनेकानेक वाणियों की जाँच करने के बाद देखा है कि दादू का शून्य 'कुछ नहीं' तो है ही नहीं, अधिकंतु, वह 'पूर्ण सरोवर', 'आत्म-सरोवर' और 'हरि-सरोवर' है। दादू के टीकाकारों ने कहीं शून्य शब्द का अर्थ शांत निर्वाण पद

किया है और कहीं लय-लीन समाधि की अवस्था।

इस विषय में तो कोई संदेह ही नहीं कि शास्त्रज्ञान से वंचित होने पर भी इस श्रेणी के साधक बहुश्रुत थे। इस बहुश्रुतता के कारण वे अनायास ही अनुभव सम्मत सत्य का संग्रह कर सकते थे। इसीलिए उनका मत न तो किसी आचार्य-विशेष के मत का हू-ब-हू उल्था है और न बेसिर-पैर की बातों की बेमेल खिचड़ी। सभी विषयों में उनका आत्मोपलब्ध मत है। वेदान्तियों के निर्गुण ब्रह्म उनके उपास्य नहीं हैं, क्योंकि उन्होंने एकाधिक बार उसमें गुण का आरोप किया है। प्रेम पर इन सन्तों ने इतना अधिक जोर दिया है कि भक्त के बिना भगवान् को भी अपूर्ण बताया है। यह भावना केवल ज्ञानगम्य ब्रह्म को आश्रय करके नहीं चल सकती। भक्तरूपी प्रिया के लिए भगवानरूपी प्रिय के सदा व्याकुल रहने की कल्पना निर्गुण और निरासक्त ब्रह्म को आश्रय करके नहीं चल सकती, प्रेम के इस रूप के लिए एक संसक्त और व्यक्तिगत भगवान् की पूर्वकल्पना नितान्त आवश्यक है। यदि उन्हें विशुद्ध ज्ञानमार्गी मान लिया जाएगा तो उक्त बात अबोध्य हो जाएगी। जिन पंडितों ने इन सन्तों को ज्ञानाश्रयी कहा है, वे सचमुच इस चक्कर में पड़ गए हैं। और तात्त्विक दृष्टि से विचार करने जाकर यह कहने को बाध्य हुए हैं कि "न तो हम इन्हें पूरे अद्वैतवादी कह सकते हैं और न एकेश्वरवादी।" (पं. रामचन्द्र शुक्ल)। परन्तु इसका यह अर्थ नहीं कि ये साधक अपने विचारों में स्पष्ट नहीं थे। इनकी प्रेम-साधना साधारणतः निम्नांकित आकारों में प्रकट हुई है :

(1) भगवान् को अन्तर में ही रखना चाहिए, बाहर प्रदर्शन करने पर वह दिखाने की चीज हो जाता है। (2) इस रस को जिसने पाया है वही जला है। (3) इस प्रेम-लीला में भक्त के समान ही भगवान् भी उत्सुक हैं। (4) जिसने प्रेम के क्षेत्र में भगवान् का योग पाया है वही वास्तव में योगी है। (5) इस प्रेम की ज्वाला में जलकर ही भगवान् ने अनाहत संगीत की तरह इस सुंदर सृष्टि की रचना की है। (6) पवन, जल, आकाश, धरती, सूर्य, चन्द्र, ये सभी भगवान् के प्रेम के रूप हैं, इत्यादि।

प्रेम के इस असीम आनंद को प्रकट करने के लिए इन साधकों में एक पारिभाषिक शब्द प्रचलित है—सबद या शब्द। यह शब्द भी बहुत पुराना है और नाना मतों में नाना रूप ग्रहण कर चुका है। निर्गुणिया संतों के मत से यह सारा विश्व 'सबद' में बँधा है। सबद के इस अनादि संगीत की तान को 'सुरति' और ताल और लय को 'निरति' करते हैं। सुरति और निरति मिलकर ही सबको पूर्ण करते हैं। सुर असीम है, ताल ससीम। ताल से बँधकर ही सुर रूपपरिग्रह करता है, नहीं तो हम उसे अनुभव नहीं कर सकते। असीम परमात्मा भी सुरति-निरति के सुर-ताल में बँधकर अपने को प्रकट करता है। जहाँ-कहीं आविर्भाव है, रूप की अभिव्यक्ति है, वहीं सीमा और असीम का योग है। गति असीम है, पर जब वह नृत्य आदि का रूप धारण करती है तब समझना चाहिए कि उसका योग पद-संचार आदि की

सीमा के साथ हुआ है। इसीलिए यह साररूपात्मक जगत् सीमा और असीम के योग से बना है। इसी योग के लिए यह विराट् आयोजन चल रहा है। कहना नहीं होगा कि 'शब्द' का यह अर्थ जो इन साधकों ने स्वीकार किया है, योगियों के 'नाद' से एकदम भिन्न न होते हुए भीं हू-ब-हू वही नहीं है।

सीमा और असीम के इस प्रेममय द्वन्द्व से ही इस श्रेणी के भक्तों का काव्य एक अभिनव माधुर्य और सौंदर्य से समृद्ध हो गया है। उसमें ठीक रूप की उपासना भी नहीं है और नीरस निर्गुण-निराकार का ध्यान भी नहीं है। भगवान् के साथ उनका एक भक्तिगत योग है, जो न तो कभी भगवान् की असीमता को खर्व करता है और न अपनी ससीमता का निरादर करता है। वह प्रेम संभव ही इसलिए हो सका है कि सीमा असीम को और असीम सीमा को पाने के लिए व्याकुल है। इस व्याकुलता की पीड़ा से इस साधना का साहित्य संसार का बेजोड़ और अद्वितीय साहित्य बन सका है। किसी सम्प्रदाय-विशेष के संस्कारों से समाच्छन्न न होने के कारण यह सहज ही सारे संसार की संपत्ति बन सकता है।

स्वभावतः ही यह प्रश्न होता है कि क्या फिर आत्मा असीम में मिलकर लीन हो जाएगा और सब-कुछ समाप्त हो जाएगा? ज्ञानमार्गियों का तो यही कहना है कि यह आत्मा ज्ञानप्राप्ति के बाद अविद्या के जाल से छुटकारा पाकर अद्वैत सत्ता में लीन हो जाएगा। पर ये साधक ठीक ऐसी ही बात नहीं करते, ज्ञान की अपेक्षा प्रेम की प्राप्ति पर अधिक जोर देते हैं। इन सन्तों में एक पारिभाषिक शब्द 'लौ' प्रचलित है, जो साधारणतः 'लय' शब्द से संबद्ध समझा जाता है। पर इनके द्वारा व्यवहृत किसी शब्द को शास्त्र से या दर्शन-विशेष के पारिभाषिक शब्द के साथ एक करके देखने में पद-पद पर गलतफहमी होने का अंदेशा रहता है। इनके शब्दों का अर्थ इनके प्रयोग से ही स्पष्ट होता है। ''लौ' असल में प्रेम का ही वाचक शब्द है। भगवान् के साथ भक्त का जब लौ लगता है तो वह उसके अखंडानंदसंदोह रूप में लीन नहीं हो जाता है बल्कि, जैसा कि कबीर कहते हैं, 'कँवल कुआँ में प्रेमरस पीवै बारंबार।' वहाँ उसकी सत्ता रहती है और प्रेम के योग में ही वह संसार का अभिनव आनंद प्राप्त करता है। वह प्रेम-योग से युक्त भगवान् के साथ अपनी सीमित सत्ता में रहते हुए भी, सहज ही विश्वरस का आनंद उपभोग कर सकता है। इस प्रकार सुरति तान या शाश्वत संगीत में पूर्ण होकर लौ लगाया हुआ भक्त फिर भी प्रेम का प्यासा होता है। और जैसा कि दादू के कहा है, यदि वह जगद्गुरु की अनंत सत्ता में लौ लगा सके तो सहज ही अभिनव लीला का रसास्वाद कर सके।[10] इस प्रकार 'लौ' का अर्थ है–चित्तवृत्तियों को अन्यत्र से हटाकर एक अनंत प्रेममय भगवत्सत्ता में युक्त करना, जहाँ से भक्त सदा अपना अभिलषित प्रेमरस पान करता रहे। यह वही अवस्था है, जिसे भागवतगण शम-बुद्धिमूलक समाधि कहते हैं और जिसकी चर्चा आगे की गई है।

इस प्रकार के प्रेम में छके हुए ये सन्त कभी प्रेम को शराब बताते हैं और उस मद से मस्त बने रहने की बात करते हैं। इस प्रकार के कथनों को भी सूफी साधना का प्रभाव सिद्ध करने की चेष्टा की गई है। कबीरदास आदि सत्संगी जीव थे और अनेक बड़े-बड़े सूफी साधकों से उनकी प्रत्यक्ष घनिष्ठता थी। ऐसी अवस्था में यह तो नहीं कहा जा सकता कि इस प्रकार की बातों में सूफी मत का प्रभाव नहीं ही है। ऐसा प्रभाव होना असंभव नहीं है। पर कबीरदास के पदों के साथ जब उनके पूर्ववर्ती सिद्धों के पदों की तुलना की जाती है तब इस जाति के पदों में आश्चर्यजनक साम्य दिखाई देता है। असल बात तो यह है कि सहजयान में 'मदिरा' का प्रचलन भी खूब हो चुका था। सिद्ध लोग भी एक प्रकार की मदिरा की चर्चा करते हैं जिसका स्वर हू-ब-हू कबीर-जैसा होता है। यह भी ध्यान देने की बात है कि ऐसे पदों में कबीरदास प्रायः अवधू या अवधूत को संबोधन करते हैं। कबीरदास का नियम-सा बँधा हुआ था कि जब वे जिस विषय की बात करते थे, तब उसके विशेष मान्य आचार्य को संबोधन करते थे। वेद की बात करते समय पंडित को, कुरान की बात करते समय मुल्ला को, भक्ति की बात करते समय साधु को वे प्रायः पुकार लेते थे। संबोधन करने के बाद प्रायः उनके पदों में संबोध्य की विद्या की नई व्याख्या बताई जाती है और उसकी रूढ़ियों पर आघात किया जाता है। ऐसी अवस्था में मदिरा के रूपकों में अवधूत को पुकारने का विशेष अर्थ है। वह अवधूत ही मदिरा की नई व्याख्या है। सूफी साधकों की चीज की व्याख्या नहीं। पर यह हो सकता है कि इस नई व्याख्या में सूफी साधना की बात भी अप्रत्यक्ष रूप से आ गई हो।

अब तक जो हम कबीर आदि साधकों, योगियों और सिद्धों की बात करते आ रहे हैं उसका यह अर्थ नहीं है कि मैं सिद्ध करना चाहता हूँ कि कबीर आदि ने वही कहा है जो इन योगियों और सिद्धों ने। मैं केवल इस बात पर जोर देता रहा हूँ कि जहाँ तक उनकी उपस्थापन-पद्धति, विषय, भाव, भाषा, अलंकार, छन्द, पद आदि का सम्बन्ध है, ये संत सौ फीसदी भारतीय परम्परा में पड़ते हैं। उनके पारिभाषिक शब्द, उनकी रूढ़ि-विरोधिता, उनकी खंडनात्मक वृत्ति और उनकी अक्खड़ता आदि उनके पूर्ववर्ती साधकों की देन है। परन्तु उनमें की आत्मा उनकी अपनी है। उसमें भक्ति का रस है और वेदांत का ज्ञान है। इस भक्तिरस की आलोचना हम आगे करेंगे। केवल एक सवाल और रह जाता है कि कबीर के पहले भी तो ये बातें वर्तमान थीं, फिर वे उतनी ही प्रभावशाली क्यों नहीं हो सकीं जितनी कबीर आदि की बातें हो सकीं? इस बात के कई तरह के जवाब दिए गए हैं। परन्तु इसका कारण निस्संदेह राजनीतिक सत्ता थी। किसी-किसी ने कहा है कि मुसलमानों के आगमन के पूर्व हिन्दू राजा इन तथाकथित नीच जातियों की आशा-आकांक्षा को पनपने नहीं देना चाहते थे और किसी दूसरे ने कहा है कि पहले तो ये छोटी समझी जानेवाली

जातियाँ अकेले हिन्दुओं से सताई जा रही थीं, अब मुसलमानों से सताई जाने लगीं; इस प्रकार उन्हें अपनी स्थिति को सुधारकर अधिकार प्राप्त करने के नए प्रयत्न करने पड़े। ये दोनों ही बातें युक्तियुक्त नहीं जँचतीं। मेरा विचार यह है कि ऐसी बातें समाज के किसी-न-किसी स्तर में वर्तमान तो जरूर थीं, पर अधिकांश में उन लोगों द्वारा प्रचारित होती थीं जो शास्त्र और वेद को नहीं मानते थे। फिर जनसाधारण में प्रचलित पौराणिक ठोस रूपों से उनका कोई सम्बन्ध नहीं था। कबीरदास ने गुरु रामानन्द से शिष्यत्व ग्रहण करके जनसाधारण में उनकी शास्त्र-सिद्धता का विश्वास पैदा किया और रामनाम को अपनाकर जनसाधारण के परिचित भगवान् से अपने भगवान् की एकात्मता साबित की। उन्होंने रूपकों-द्वारा योगमार्ग, वैष्णव मत आदि अत्यधिक प्रचलित जनमत की अपने ढंग पर व्याख्या करके जनसाधारण का विश्वास अर्जन कर लिया। इस प्रकार एक बार शास्त्र और लोक-विश्वास का जरा-सा नाम-मात्र का सहारा पाते ही यह मत देश के इस सिरे से उस सिरे तक फैल गया।

संदर्भ

1. परिशिष्ट का 'बौद्ध साहित्य' देखिए।
2. इस भाषा की एक उलटवाँसी का उदाहरण ढेंढणपाद की रचना से दिया जा रहा है :

टालत मोर धन ना हि पड़वेषीं। (टलत मोर घर नहीं पड़ोसी)
हाड़ीति भात नाहिं नित आवेशी। (हाड़ी में भात नाहिं नित आवेशी)
बेंग संसार बड़हिल जाअ। (बिना अंग संसार बढ़ा जाय)
दुहिंल दुधु कि वेण्टे पामाय। (दुहा दूध कि बाँट समाय)
बलद बिआएल गबिया बाँझे। (बैल बियाया गैया बाँझ)
पिटा दुहिए एतिना साँझे। (पीठ में दुहा इतनी साँझ)
जो सो बुधी सो धनि बुधी। (जो सो बुद्धि धन्या बुद्धि)
जो सो चोर सोई साधी। (जो सो चोर सोइ साधु)
निते निते षियाला सिंहे षम जूझय। (नित नित स्यार सिंह सों जूझे)
ढेंढर पाएर गीत बिरले बूझय। (ढेंढणपाद का गीत विरला बूझै)

3. अध्यापक क्षितिमोहन सेन महाशय ने नाथ-योगियों में प्रचलित तथा दादूदयाल के संग्रह में प्राप्त ऐसे कुछ पदों को संग्रह किया है। यथा,

नाथयोगियों के पद—उठ्या सारन् बैठ्या सारन् सारन् जागत सूता।
तिन भुवने बिछाइना जाल कोइ जाबि रे पूता।।
दादू का पद—उठ्या सारं बैठ विचारं संभारं जागता सूता।
तीन लोक तत जाल विडारन कहाँ जाइगा पूता।।

योगियों का पद (माया वाक्य)—उठ्या मारुम मारुम बैठ्या मारुम जागा सूता।
तीन धामे काम जाल बिछाइम कोइ जाबि रे पूता।।
दादू का पद (माया वाक्य)—उठ्या मारूँ बैठ्या मारूँ मारूँ जागत सूता।
तीन भवन भगजाल पसारूँ कहाँ जाएगा पूता।।
योगियों का पद (गोरखनाथ का उत्तर)—उठ्या खंडुम बैठ्या खंडुम खंडुम जागत सूता।
ती भुवने खेलुम आलग तयतो गोरख अवधूता।।
दादू का पद—ऊभा खड़ूँ बैठा खड़ूँ खड़ूँ जागत सूता।
तीन भुवनते भिन्न है खेलूँ तो गोरख अवधूता।।

4. निर्गुण ब्रह्म को कियो समाधू। तब ही चले कबीरा साधू।
तुर्क की राह खोज सब छाड़ी। हिन्दू के करनीते पुनि न्यारी।।—दादू

5. सुर नर मुनिजन औलिया, ए सब उरली तीर।
अलह राम की गम नहीं, तहँ घर किया कबीर।।—कबीर

6. सहज-सहज सब ही कहे, सहज न चीन्है कोइ।
जिन सहजे विषया तजी, सहज कहीजै सोइ।।—कबीर

7. एक जोग में भोग है, एक भोग में जोग।
इक बूड़हिं वैराग में, एक तरहिं सौ गृही लोग।।—रज्जब

8. कुछ नाहीं का नाँव क्या, जो धरिए सो झूठ।
और
कुछ नाहीं का नाँव धरि, भरमा सब संसार।
साँच झूठ समझे नहीं, ना कुछ किया विचार।।—दादू

9. देखिए, परिशिष्ट : 'बौद्ध साहित्य'।

10. जहाँ जगतगुरु रहते हैं, तहाँ जो सुरति समाइ।
तौ इन नैनेहु उलटि करि, कौतिक देखे आइ।।—दादू

सात : भारतीय धर्म-साधना में कबीर का स्थान

जिस युग में कबीर आविर्भूत हुए थे उसके कुछ ही पूर्व भारतवर्ष के इतिहास में एक अभूतपूर्व घटना घट चुकी थी। यह घटना इसलाम-जैसे एक सुसंगठित संप्रदाय का आगमन था। इस घटना ने भारतीय धर्म-मत और समाज-व्यवस्था को बुरी तरह से झकझोर दिया था। उसकी अपरिवर्तनीय समझी जानेवाली जाति-व्यवस्था को पहली बार जबर्दस्त ठोकर लगी थी। सारा भारतीय वातावरण संक्षुब्ध था। बहुत-से पंडितजन इस संक्षोभ का कारण खोजने में व्यस्त थे और अपने-अपने ढंग पर भारतीय समाज और धर्म-मत को सँभालने का प्रयत्न कर रहे थे।

सबसे पहले यह समझ लिया जाए कि यह घटना अभूतपूर्व क्यों थी और इसमें नवीनता क्या थी। भारतवर्ष कोई नया देश नहीं है। बड़े-बड़े साम्राज्य उसकी धूल में दबे हुए हैं, बड़ी-बड़ी धार्मिक घोषणाएँ उसके वायुमंडल में निनादित हो चुकी हैं, बड़ी-बड़ी सभ्यताएँ उसके प्रत्येक कोने में उत्पन्न और विलीन हो चुकी हैं, उनके स्मृति-चिह्न अब भी इस प्रकार निर्जीव होकर खड़े हैं मानों अट्टहास करती हुई विजयलक्ष्मी को बिजली मार गई हो! अनादिकाल से उसमें अनेक जातियों, कबीलों, नस्लों और घुमक्कड़ खानाबदोशों के झुण्ड इस देश में आते रहे हैं। कुछ देर के लिए इन्होंने देश के वातावरण को विक्षुब्ध भी बनाया है, पर अन्त तक वे पराए नहीं रह सके हैं। उनके देवता तैंतीस करोड़ सिंहासनों में से किसी एक को दखल करके बैठ जाते रहे हैं और पुराने देवताओं के समान ही श्रद्धाभाजन बन जाते रहे हैं। कभी-कभी अधिक सम्मान भी पा सके हैं। भारतीय संस्कृति की कुछ ऐसी विशेषता रही है कि उन कबीलों, नस्लों और जातियों की भीतरी समाज-व्यवस्था और धर्म-मत में किसी प्रकार का हस्तक्षेप नहीं किया गया है और फिर भी उनको संपूर्ण भारतीय बना लिया गया है। भागवत में ऐसी जातियों की एक पूरी सूची देकर बताया गया है कि एक बार भगवान् का आश्रय पाते ही ये शुद्ध हो गई हैं। इनमें किरात हैं, हूण हैं, आन्ध्र हैं, पुलिन्द हैं, पुक्कस हैं, आभीर हैं, शुंग हैं, यवन हैं, खस हैं, शक हैं और भी निश्चय ही ऐसी बहुत जातियाँ हैं, जिनका नाम भागवतकार नहीं गिना

गए।[1] भारतीय संस्कृति इतने अतिथियों को अपना सकी थी, इसका कारण यह है कि बहुत शुरू से ही उसकी धर्म-साधना वैयक्तिक रही है। प्रत्येक व्यक्ति को अलग से धर्मोपासना का अधिकार है। झुण्ड बाँधकर उत्सव हो सकते हैं, भजन नहीं। प्रत्येक व्यक्ति अपने किए का जिम्मेदार आप है। श्रेष्ठता की निशानी किसी धर्म-मत को मानना या देव-विशेष की पूजा करना नहीं बल्कि आचार-शुद्धि और चारित्र्य है। यदि एक आदमी अपने पूर्वजों के बताए धर्म पर दृढ़ है, चरित्र से शुद्ध है, दूसरी जाति या व्यक्ति के आचरण की नकल नहीं करता बल्कि स्वधर्म में मर जाने को ही श्रेयस्कर समझता है, ईमानदार है, सत्यवादी है, तो वह निश्चय ही श्रेष्ठ है, फिर वह चाहे आभीर-वंश का हो या पुक्कस श्रेणी का। कुलीनता पूर्वजन्म के कर्म का फल है, चारित्र्य इस जन्म के कर्म का प्रतीक है। देवता किसी एक जाति की संपत्ति नहीं हैं, वे सबके हैं और सबकी पूजा के अधिकारी हैं। पर यदि स्वयं देवता ही चाहते हों कि उनकी पूजा का माध्यम कोई विशेष जाति या व्यक्ति हो सकता है तो भारतीय समाज को इसमें भी कोई आपत्ति नहीं। ब्राह्मण मातंगी देवी की पूजा करेगा पर मातंग के जरिए। क्या हुआ जो मातंग चाण्डाल हैं! राहु यदि प्रसन्न होने के लिए डोमों को ही दान देना अपनी शर्त रखते हैं तो डोम ही सही। समस्त भारतीय समाज डोम को ही दान देकर ग्रहण के अनर्थ से चन्द्रमा की रक्षा करेगा! इस प्रकार भारतीय संस्कृति ने समस्त जातियों को उनकी सारी विशेषताओं समेत स्वीकार कर लिया। पर अब तक कोई ऐसा 'मज़हब' उसके द्वार पर नहीं आया था। वह उसको हज़म कर सकने की शक्ति नहीं रखता था।

'मज़हब' क्या है? मज़हब एक संघटित धर्म-मत है। बहुत-से लोग एक ही देवता को मानते हैं, एक ही आचार का पालन करते हैं, और किसी नस्ल, कबीले या जाति के किसी व्यक्ति को जब एक बार अपने संघटित समूह में मिला लेते हैं तो उसकी सारी विशेषताएँ दूर कर उसी विशेष मतवाद को स्वीकार कराते हैं। यहाँ धर्म-साधना व्यक्तिगत नहीं, समूहगत होती है। यहाँ धार्मिक और सामाजिक विधि-निषेध एक-दूसरे में गुँथे होते हैं। भारतीय समाज नाना जातियों का सम्मिश्रण था। एक जाति का एक व्यक्ति दूसरी जाति में बदल नहीं सकता, परंतु मज़हब इससे ठीक उल्टा है। वह व्यक्ति को समूह का अंग बना देता है। भारतीय समाज की जातियाँ कई व्यक्तियों का समूह हैं, परंतु किसी मज़हब के व्यक्ति बृहत् समूह के अंग हैं। एक का व्यक्ति अलग हस्ती रखता है पर अलग नहीं हो सकता, दूसरे का अलग हो सकता है पर अलग सत्ता नहीं रखता।

मुसलमानी धर्म एक 'मज़हब' है। भारतीय समाज-संगठन से बिल्कुल उल्टे तौर पर उसका संगठन हुआ था। भारतीय समाज जातिगत विशेषता रखकर व्यक्तिगत धर्म-साधना का पक्षपाती था, इसलाम जातिगत विशेषता को लोप करके समूह-गत धर्म-साधना का प्रचारक था। एक का केंद्र-बिंदु चारित्र्य था, दूसरे का धर्म-मत। भारतीय

समाज में यह स्वीकृत तथ्य था कि विश्वास चाहे जो भी हो चारित्र्य शुद्ध है तो व्यक्ति श्रेष्ठ हो जाता है, फिर चाहे वह किसी जाति का भी क्यों न हो। मुसलमानी समाज का विश्वास था कि इसलाम ने जो धर्म-मत प्रचार किया है उसको स्वीकार कर लेनेवाला ही अनंत स्वर्ग का अधिकारी है, जो इस धर्म-मत को नहीं मानता वह अनंत नरक में जाने को बाध्य है। भारतवर्ष को ऐसे मत से एकदम पाला नहीं पड़ा था। उसने कभी यह विश्वास ही नहीं किया कि उसके आचार और मत को न माननेवाली जाति का कुफ्र तोड़ना उसका परम कर्तव्य है। किसी और का परम कर्तव्य यह बात हो सकती है, यह भी उसे नहीं मालूम था। इसीलिए जब नवीन धर्म-मत ने सारे संसार के कुफ्र को मिटा देने की प्रतिज्ञा की और सभी पाए जानेवाले साधनों का उपयोग आरंभ किया तो भारतवर्ष इसे ठीक-ठीक समझ ही नहीं सका। इसीलिए कुछ दिनों तक उसकी समन्वयात्मिका बुद्धि कुण्ठित हो गई। वह विक्षुब्ध-सा हो उठा। परंतु विधाता को यह कुण्ठा और विक्षोभ पसंद नहीं था।

ऐसा जान पड़ता है कि पहली बार भारतीय मनीषियों को एक संघबद्ध धर्मा-चार के पालन की जरूरत महसूस हुई। इसलाम के आने के पहले इस विशाल जनसमूह का कोई एक नाम तक नहीं था। अब उसका नाम 'हिन्दू' पड़ा। हिन्दू अर्थात् भारतीय, अर्थात् गैर-इसलामी मत। स्पष्ट ही गैर-इसलामी मत में कई तरह के मत थे, कुछ ब्रह्मवादी थे, कुछ कर्मकाण्डी थे, कुछ शैव थे, कुछ वैष्णव थे, कुछ शाक्त थे, कुछ स्मार्त्त थे तथा और भी न जाने क्या-क्या थे। हजारों योजनों तक विस्तृत और हजारों वर्षों में परिव्याप्त इस जनसमूह के विचारों और परम्परा-प्राप्त मतों का एक विशाल जंगल खड़ा था। स्मृति, पुराण, लोकाचार और कुलाचार की विशाल वनस्थली में से रास्ता निकाल लेना बड़ा ही दुष्कर कार्य था। स्मार्त्त पंडितों ने इसी दुष्कर व्यापार को शिरोधार्य किया। सारे देश में शास्त्रीय वचनों की छानबीन होने लगी। उद्देश्य था कि इस प्रकार का सर्वसम्मत मत निकाल लिया जा सके, श्राद्ध-विवाह की एक ही रीति-नीति प्रचलित हो सके, उत्सव-समारोह का एक ही विधान तैयार हो सके। भारतीय मनीषा का शास्त्रों को आधार मानकर अपनी सबसे बड़ी समस्या के समाधान का यह सबसे बड़ा प्रयत्न था। हेमाद्रि से लेकर कमलाकर और रघुनंदन तक बहुतेरे पंडितों ने बहुत परिश्रम के बाद जो कुछ निर्णय किया वह यद्यपि सर्ववादिसम्मत नहीं हुआ, परंतु निस्संदेह स्तूपीभूत शास्त्र-वाक्यों की छानबीन से एक बहुत-कुछ मिलता-जुलता आचार-प्रवण धर्म-मत स्थिर किया जा सका। निबंध-ग्रंथों की यह बहुत बड़ी देन थी। जिस बात को आजकल 'हिन्दू-सोलिडेरिटी' कहते हैं उसका प्रथम भित्ति-स्थापन इन निबंध-ग्रंथों के द्वारा ही हुआ था। पर समस्या का समाधान इससे नहीं हुआ।

इस प्रयत्न की सबसे बड़ी कमजोरी इसकी आचार-प्रवणता ही थी। जो नया धर्म-मत भारतीय जन-समाज को संक्षुब्ध कर रहा था वह इस आचार को कोई महत्त्व

ही नहीं देता था। उसका संगठन बिल्कुल उल्टे किनारे से हुआ था। निबंध-ग्रंथों ने जिस आचार-प्रधान 'एकधर्म'-मत का प्रचार किया उसके मूल में ही सबको स्वीकार करने का सिद्धांत काम कर रहा था। समस्त शास्त्रीय वाक्यों को नतशिर से स्वीकार करके ही यह असाध्य साधन किया गया था। पर जिस प्रतिद्वन्द्वी से काम पड़ा था वह बहुत वर्जनाग्रही था, अर्थात् वह निर्दयतापूर्वक अन्यान्य मतों को तहस-नहस करने की दीक्षा ले चुका था और धार्मिक वर्जनशीलता ही उसका मुख्य अस्त्र था। यद्यपि वह समाज धार्मिक रूप में वर्जनशील था, पर सामाजिक रूप में ग्रहणशील था, जबकि हिन्दू-समाज धार्मिक रूप में ग्रहणशील होकर भी सामाजिक रूप में वर्जनशील था। हिन्दू-समाज धार्मिक साधना को स्वीकार कर सकता था, पर किसी व्यक्ति-विशेष को धर्म-मत में ग्रहण करने का पक्षपाती नहीं था। उधर मुसलमानी समाज व्यक्ति को अपने धर्म-मत में शामिल कर लेने को परम कर्तव्य समझता था; परंतु किसी विशेष धर्म-साधना को अपने किसी व्यक्ति के लिए एकदम वर्जनीय मानता था। निबंध-ग्रंथों ने हिन्दू को और भी अधिक हिन्दू बना दिया, पर मुसलमानों को आत्मसात् करने का कोई रास्ता नहीं बताया।

इस प्रकार मुसलमानों के आगमन के साथ ही साथ हिन्दू-धर्म प्रधानतः आचार-प्रवण हो गया। तीर्थ, व्रत, उपवास और होमाचार की परम्परा ही उसका केंद्र बिंदु हो गई। इस समय पूर्व और उत्तर में सबसे प्रबल सम्प्रदाय नाथपंथी योगियों का था। हमने पहले ही देखा है कि ये लोग शास्त्रीय स्मार्त्त-मत को भी नहीं मानते थे और प्रस्थानत्रयी (अर्थात् उपनिषद्, ब्रह्मसूत्र और गीता) पर आधारित किसी दार्शनिक मतवाद के भी कायल नहीं थे। पर जनता का ध्यान ये आकृष्ट कर सके थे। विविध सिद्धियों के द्वारा वे काफी सम्मान और सम्भ्रम के पात्र बन गए थे। ये गुणातीत शिव या निर्गुण-तत्त्व के उपासक थे। पर इनकी उपासना ध्यान और समाधि के द्वारा होती थी। विविध भाँति की शारीरिक साधनाओं के द्वारा, जिन्हें काया-साधन कहते थे, लोग परम-तत्त्व को पाने के प्रयासी थे। इनमें जो सिद्ध, साधक और अवधूत थे वे घरबारी नहीं होते थे, पर इनके शिष्यों में बहुत-से आश्रमभ्रष्ट गृहस्थ थे जो योगी जाति का रूप धारण कर चुके थे। हिन्दूधर्म इन आश्रमभ्रष्ट गृहस्थों का सम्मान तो करता ही न था, उल्टे उन्हें तिरस्कार की दृष्टि से ही देखता था। ये आश्रमभ्रष्ट गृहस्थ न तो हिन्दू थे—क्योंकि वे हिन्दुओं के किसी मत या आचार के कायल न थे—और न मुसलमान—क्योंकि इन्होंने इसलामी धर्म-मत को स्वीकार नहीं कर लिया था। कुछ काल के इसलामी संसर्ग के बाद ये लोग धीरे-धीरे मुसलमानी धर्म-मत की ओर झुकने लगे, पर इनके संस्कार बहुत दिनों तक बने रहे। जब वे इसी प्रक्रिया में से गुजर रहे थे उसी समय कबीर का आविर्भाव हुआ था।

यहाँ दो और प्रधान धार्मिक आन्दोलनों की चर्चा कर लेनी चाहिए। पहली धारा पश्चिम से आई। यह सूफी लोगों की साधना थी। मज़हबी मुसलमान हिन्दू

धर्म के मर्मस्थान पर चोट नहीं कर पाए थे, वे केवल उसके बाहरी शरीर को विक्षुब्ध कर सकते थे। पर सूफी लोग भारतीय साधना के अविरोधी थे। उनके उदारतापूर्ण प्रेम-मार्ग ने भारतीय जनता का चित्त जीतना आरंभ किया था। फिर भी ये लोग आचार-प्रधान भारतीय समाज को आकृष्ट नहीं कर सके। उसका सामंजस्य आचार-प्रधान हिन्दू धर्म के साथ नहीं हो सका। यहाँ यह बात स्मरण रखने की है कि न तो सूफी मतवाद और न योगमार्गीय निर्गुण परम-तत्त्व की साधना ही उस विपुल वैराग्य के भार को वहन कर सकी जो बौद्ध संघ के अनुकरण पर प्रतिष्ठित था। देश में पहली बार वर्णाश्रम-व्यवस्था को एक अननुभूतपूर्व विकट परिस्थिति का सामना करना पड़ रहा था। अब तक वर्णाश्रम-व्यवस्था का कोई प्रतिद्वन्द्वी नहीं था। आचार-भ्रष्ट व्यक्ति समाज से अलग कर दिए जाते थे और वे एक नई जाति की रचना कर लेते थे। इस प्रकार सैकड़ों जातियाँ और उपजातियाँ सृष्ट होते रहने पर भी वर्णाश्रम-व्यवस्था एक प्रकार से चलती ही जा रही थी। अब सामने एक जबर्दस्त प्रतिद्वन्द्वी समाज था जो प्रत्येक व्यक्ति और प्रत्येक जाति को अंगीकार करने को बद्धपरिकर था। उसकी एकमात्र शर्त यह थी कि वह उसके विशेष प्रकार के धर्म-मत को स्वीकार कर ले। समाज से दण्ड पानेवाला बहिष्कृत व्यक्ति अब असहाय नहीं था। इच्छा करते ही वह एक सुसंघटित समाज का सहारा पा सकता था। ऐसे समय में दक्षिण से वेदांत-भावित भक्ति का आगमन हुआ, जो इस विशाल भारतीय महाद्वीप के इस छोर से उस छोर तक फैल गया। डॉ. ग्रियर्सन ने कहा था, "बिजली की चमक के समान अचानक इस समस्त (धार्मिक मतों के) अंधकार के ऊपर एक नई बात दिखाई दी। यह भक्ति का आन्दोलन है।" इसने दो रूपों में आत्म-प्रकाश किया। पौराणिक अवतारों को केंद्र करके सगुण उपासना के रूप में और निर्गुण-परब्रह्म जो योगियों का ध्येय था, उसे केंद्र करके निर्गुण प्रेम-भक्ति की साधना के रूप में। पहली साधना ने हिन्दू-जाति की बाह्याचार की शुष्कता को आंतरिक प्रेम से सींचकर रसमय बनाया और दूसरी साधना ने बाह्याचार की शुष्कता को ही दूर करने का प्रयत्न किया। एक ने समझौते का रास्ता लिया, दूसरी ने विद्रोह का; एक ने शास्त्र का सहारा लिया, दूसरी ने अनुभव का; एक ने श्रद्धा को पथ-प्रदर्शक माना, दूसरी ने ज्ञान को; एक ने सगुण भगवान् को अपनाया, दूसरी ने निर्गुण भगवान् को। पर प्रेम दोनों का ही मार्ग था; सूखा ज्ञान दोनों को अप्रिय था; केवल बाह्याचार दोनों को सम्मत नहीं थे; आंतरिक प्रेम-निवेदन दोनों को अभीष्ट था; अहैतुक भक्ति दोनों की काम्य थी; बिना शर्त के भगवान् के प्रति आत्म-समर्पण दोनों के प्रिय साधन थे। इन बातों में दोनों एक थे। सबसे बड़ा अन्तर इनके लीला-सम्बन्धी विचारों में था। दोनों ही भगवान् की प्रेम लीला में विश्वास करते थे। दोनों का ही अनुभव था कि भगवान् लीला के लिए इस जागतिक प्रपंच को सम्हाले हुए हैं। पर प्रधान भेद यह था कि सगुण-भाव से भजन करनेवाले भक्त भगवान् को दूर से देखने में रस पाते रहे, जब

कि निर्गुण-भाव से भजन करनेवाले भक्त अपने-आप में रमे हुए भगवान् को ही परम काम्य मानते थे।

लीला क्या है? भारतीय भक्तों की सबसे ऊँची कल्पना है। हम जानते हैं कि भगवान् अगम्य हैं, अगोचर हैं, निरंजन हैं, अकल हैं, अनीह हैं। हम यह भी जानते हैं कि वे अनुभवैकगम्य हैं, केवल अपने स्वरूप से ही उनको साधक अनुभव कर सकता है, वे गूँगे के गुड़ हैं, अनिर्वचनीय हैं। पर यह सब ज्ञान की बातें हैं। भक्त लोग भगवान् को ज्ञान के द्वारा अगम्य मानते हैं, क्योंकि मनुष्य की शक्ति सीमित है, उसकी बुद्धि की दौड़ बहुत मामूली है। परंतु वे प्रेम से गम्य हैं 'ज्ञान के अगम्य तुम प्रेम के भिखारी हो।' क्योंकि ज्ञान सब मिलाकर हमें हमारी अल्पज्ञता को ही दिखा देता है। पर प्रेम संपूर्ण त्रुटियों को भर देता है। पुत्र में कितनी ही त्रुटियाँ क्यों न हों, माता उसे अपनी छाती से लगा लेती है; क्योंकि मातृ-स्नेह सभी कमियों को भर देता है। प्रेमी संपूर्ण अभावों को अपने प्रेम से भर देता है, 'जो मिलिए संग सजन तौ धरक नरक हूँ की न।' क्योंकि नरक आखिर कुछ अभावों का ही तो नाम है; दुःख तो सुख का अभाव-मात्र है और अभाव को दूर करने का एकमात्र ब्रह्मास्त्र प्रेम है। दरिद्रता, पीड़ा और अभाव, सब एक ही शब्द के पर्याय हैं और युग-युगान्तर के कवि और मनीषी अनुभव करके कह गए हैं कि संपूर्ण अभावों को दूर करने की एकमात्र शक्ति प्रेम है—'टूट खाट घर टपकत खटियौ टूट। पिय की बाँह उसिसवाँ सुख की लूट!!' कोई पूछे कि ऐसा क्यों होता है तो इसका भी कोई जवाब नहीं है। यह भगवान् की माया है। भगवान् के समान ही रहस्यपूर्ण, वैसी ही अनिर्वचनीय। और फिर दुबारा यह प्रश्न हो सकता है, माया क्यों? क्यों पूर्ण परमात्मा को अपनी सृष्टि के अभाव को दूर करने के लिए इसी विचित्र वस्तु—माया की जरूरत पड़ी?

इस प्रश्न का उत्तर कठिन है। ज्ञानी इसे भी माया कहता है। विज्ञानी शायद 'इन्स्टिंक्ट' कह दे; पर एक नाम दे देने से समस्या हल नहीं हो जाती। माया है, यह ठीक है। क्योंकि विश्व-जगत् में हम ऐसे-ऐसे रहस्यों को पाते हैं जो बुद्धि के परे हैं। हृदय के परे हैं। वे रहस्य हैं, माया हैं। पर 'क्यों हैं' का कोई उत्तर नहीं। भक्त इसका उत्तर देता है कि भगवान् परम प्रेममय हैं और यह सब उनकी लीला है। जो कुछ भी दिखाई दे रहा है, जो कुछ भी घट रहा है और जो कुछ भी घटना संभव है, वह सब-कुछ उस परम प्रेममय की लीला है, उसे खेलने में आनंद मिलता है। वह भक्त की सारी अपूर्णताओं को पूर्ण करता है, इसीलिए वह परम-प्रेम-स्वरूप है। परंतु भक्त क्यों प्रेम करता है? क्योंकि वह अपने को परिपूर्ण करता है। भगवान् को क्या कमी है जो प्रेम का भिखारी बना रहता है? भक्त का कहना है कि इसका और कोई कारण नहीं; यह प्रेम-व्यापार भी एक लीला ही है। लीला क्यों?—लीला के लिए। लीला के लिए कौन-सी वस्तु?—लीला ही।—लीला का फल क्या है?—लीला ही। 'नहि लीलायाः किंचित्प्रयोजनमस्ति, लीला एव प्रयोजनत्वात्।' जो इस लीला को

नहीं समझता वही भ्रम में है। लीला भगवान् के आनंद-स्वरूप का प्रकाश है। उपनिषदों ने बताया है कि आनंद से भूत-मात्र की उत्पत्ति हुई है। जो कुछ दीख रहा है, जो कुछ घटित और घटमान है वह आनंद से ही है। अगर यह आनंद न होता तो उत्पन्न होने पर भी प्राणिगण जीवित नहीं रह सकते। आनंद ही जीवन का आधार है (तैत्तिरीय. 3-6)। यदि आकाश के कोने-कोने में यह आनंद भरा न होता तो कोई प्राण धारण नहीं कर सकता था; क्योंकि भगवान् आनंदमय है, रस-स्वरूप है। और फिर भी विशेषता यह कि रस पाकर ही वह आनंदी होता है। स्वयं रसरूप होकर भी वह रस का चाहक है, और स्वयं आनंद-रूप होकर भी वह तब तक आनंदवान् नहीं होता जब तक उसे रस न मिल जाए। यह विरोधाभास है, पर भक्तों का दावा है कि उन्होंने अनुभव-रूप में साक्षात्कार किया है :

रसो वै सः। रसं ह्येवायं लब्ध्वानन्दी भवति। को ह्येवान्यात् कः प्राण्यात् यदेव आकाश आनन्दो न स्यात्। (तैत्तिरीय. 2-7)

जो तर्क से इसका अनुसंधान करना चाहेगा उसके लिए यह बात रहस्य-सी दीखेगी, पर जो प्रेम की दृष्टि से देखेगा उसके लिए इसमें कोई रहस्य नहीं है, कोई असंगति नहीं है और न कोई विरोध ही है। उसके लिए यह भगवान् की लीला है। वह स्वयं इस लीला का जाल पसारे हुए है, इसलिए स्पष्ट ही उसे प्रेम की भूख है। यह पूछना बेकार है कि उसे क्या कमी है जो यह भूख लगी? क्योंकि यह सब उसकी लीला है। सही इतना ही है कि वह रस पाए बिना आनंदी नहीं होता–'रसं ह्येवायं लब्ध्वानन्दी भवति।' इसी लीला के लिए प्रेम-भिखारी साईं राह चलते भक्त पर रंग डाल देता है। जो दुनियादार हैं और जिनकी वृत्तियाँ बहिर्मुखी हैं वे उस रंग की लीला को अनुभव ही नहीं करते, अपने रास्ते चले जाते हैं। पर जो अनुभवी हैं वे व्याकुल हो उठते हैं। उन्हें एक व्याकुल पुकार सुनाई देती है। जैसे प्रियतम ने छेड़खानी करके एक ऐसी पुकार फेंकी है जिसकी चोट सँभालना मुश्किल है। यह पुकार सारे शरीर को बेध डालती है। इसकी कोई औषध नहीं, मंत्र नहीं, जड़ी नहीं, बूटी नहीं,–बेचारा वैद्य क्या कर सकता है? इस प्रकार की चोट जिसे लगी वही अभिभूत हो गया। देवता हो या मनुष्य, मुनि हो या राह चलता आदमी, पीर हो या औलिया, एक बार चोट लगने पर अपने को सँभाल रखना कठिन हो जाता है। कबीरदास गवाह हैं कि साईं के इस रंग का चोट खाया मनुष्य सब रंगों से रँग जाता है और फिर भी इसका रंग सब रंगों से न्यारा होता है। स्वयं कबीरदास रँग चुके थे। वे इस अकारण प्रेम-पुकार से घायल हो चुके थे। व्याकुल भाव से सतगुरु के पास इसका उपाय पूछने गए थे :

सतगुरु हो महाराज, मोपै साईं रंग डारा।
सब्द की चोट लगी मेरे मन में, बेध गया तन सारा।
औषध-मूल कछू नहीं लागै, का करै बैद बेचारा।।

सुर-नर-मुनिजन पीर-औलिया, कोई न पावे पारा।
साहब कबीर सर्व रँग-रँगिया, सब रँग से रँग न्यारा।।

—शब्दा. 5, पृ. 9

फागुन की ऋतु नजदीक आ जाती है, प्रियतम के रंग डालने से अपने-आपको भूल गया हुआ भक्त व्याकुल भाव से सोचने लगता है—हाय, वह सुख फिर क्या मिल सकेगा? क्या वह अलबेला साईं फिर मिलेगा? फिर उसके रंग की चोट खाने का सौभाग्य भाग्य में बदा है? कौन है जो पिया के पास तक पहुँचा सके? धन्य हैं वे जो प्रिय के साथ एकमेक होकर फाग खेलती हैं, धन्य हैं वे जो उसकी मनभावती हैं और अभागिन है वह सखी जो ऐंचातानी में ही रह गई। प्रिय का रूप क्या वर्णन किया जा सकता है? प्रेम-दीवानी प्रेमिका उसे अलग से कैसे समझाए? वह तो उसी में समा गई है,—तन्मय हो गई है। कबीरदास इस फाग-लीला का आनंद अनुभव कर चुके थे। उनकी गवाही पर हम विश्वास कर सकते हैं कि वह फाग साधारण फाग नहीं है। इस पृथ्वी पर उसकी तुलना में कोई फाग खड़ा ही नहीं हो सकता है। वह कहने की चीज नहीं है, अनुभव करने की चीज है—'अकथ कहानी' है—बिरलों के नसीब में इस परम सुख का अनुभव बदा है :

ऋतु फागुन नियरानी हो,
कोइ पिया से मिलावे।।
सोई सुंदर जाकों पिया को ध्यान है,
सोइ पिया की मनमानी,
खेलत फाग अंग नहिं मोड़े,
सतगुरु से लिपटानी।
इक इक सखियाँ खेल घर पहुँचीं,
इक इक कुल अरुझानी।
इक इक नाम बिना बहकानी,
हो रही ऐंचातानी।।
पिय को रूप कहाँ लगि बरनौं,
रूपहिं माहिं समानी।
जो रँग रँगे सकल छवि छाके,
तन-मन सबहि भुलानी।
यों मत जाने यहि रे फाग है,
यह कछु अकथ-कहानी।
कहैं कबीर सुनो भाई साधो,
यह गति बिरलै जानी।।

—शब्दा. 22, पृ. 15

यह है लीला। इसका रहस्य समझना कठिन है, क्योंकि यह रहस्य का समाधान है। समाधान का समाधान कैसा? भक्त का दावा है कि यह अनुभव से पाई जाती है। लीला ही लीला का मार्ग है। लीला ही साधन है, लीला ही साध्य है। जो साधक एक बार इसकी मस्ती से वाकिफ हो गया वह आठों पहर मतवाला बना रहता है—नहीं, वह आठों पहर को, संपूर्ण काल को निचोड़कर उसका रस पीता है। वह आठों पहर मस्ती से मत्त रहता है, ब्रह्म की छौल में वह जीवन धारण करता है। छौल अर्थात् आनन्द। वह भगवदानन्द की लीला में ही वास करता है। उसके लिए सत्य को पकड़ना आसान हो जाता है, क्योंकि वह साँच और काँच के ऊपर उठ जाता है। उसका जन्म और मरण का भ्रम भाग जाता है। उसे कोई भय नहीं होता, दुःख नहीं होता, वह निर्भय हो जाता है :

आठहूँ पहर मलवाल लागी रहै,
आठहूँ पहर की छाक पीवै।
आठहूँ पहर मस्तान माता रहै,
ब्रह्म की छौल में साध जीवै।
साँच ही कहतु औ साँच ही गहतु है,
काँच को त्याग करि साँच लागा।
कहैं कब्बीर यों साध निर्भय हुआ,
जनम और मरन का भ्रम भागा।

—शब्दा, पृ. 103-4

भक्त की भगवान् के साथ यह जो आनंद-केलि या प्रेम-लीला है, वही मध्ययुग के समस्त भक्तों की साधना का केंद्र-बिंदु है। भगवान् के साथ यह रसमय लीला ही भक्त का परम काम्य है—लीला, जिसका कोई प्रयोजन नहीं, फल नहीं, कारण नहीं, आदि नहीं, अन्त नहीं। इसी बात को मध्य युग के अन्यतम वैष्णव भक्त विश्वनाथ चक्रवर्ती ने कहा था, 'प्रेम ही परम पुरुषार्थ है—प्रेमाः पुमर्था महान्।' साधारणतः जिनको पुरुषार्थ कहा जाता है वे धर्म-अर्थ-काम-मोक्ष भक्त के लिए कोई आकर्षण नहीं रखते। और कबीरदास ने इसी बात को और शक्तिशाली ढंग से कहा था :

राता-माता नाम का, पीया प्रेम अघाय।
मतवाला दीदार का, माँगे मुक्ति बलाय।। —क.वच., पृ. 13

और भक्ति के आदर्श की घोषणा करते हुए द्विधाहीन भाषा में कहा :

भाग बिना नहिं पाइए, प्रेम-प्रीति की भक्त।
बिना प्रेम नहीं भक्ति कछु भक्ति-भर्‌यो सब जक्त।।
प्रेम बिना जो भक्ति है, सो निज दम्भ-विचार।
उदर भरन के कारने, जनम गँवायौ सार।।

—स.क.सा., पृ. 41

परंतु कबीरदास अपने युग के सगुण-साधना-परायण भक्तों से कुछ भिन्न थे। यद्यपि दोनों की साधना का केंद्र-बिंदु यह प्रेम-भक्ति है,—इसे आनंदकेलि प्रीति, भक्ति, प्रेमलीला आदि जो भी नाम दे दिया जाए,—तथापि एक बात में वे सबसे अलग हो जाते हैं। हमने ऊपर लक्ष्य किया है कि भारतीय मनीषी उन दिनों स्मृति और पुराणग्रंथों की छानबीन में जुटे हुए थे। उन्होंने प्राचीन भारतीय परम्परा को शिरोधार्य कर लिया था—अर्थात् सब-कुछ मानकर, सबके प्रति आदर का भाव बनाए रहकर अपने चलने का मार्ग तय करना। सगुणोपासक भक्तगण भी संपूर्ण रूप से इस पुरानी परम्परा से प्राप्त मनोभाव के पोषक रहे। समस्त शास्त्रों और मुनिजनों को अकुण्ठ चित्त से अपना नेता मानकर उनके वाक्यों की संगति प्रेम-पक्ष में लगाने लगे। इसके लिए उन्हें मामूली परिश्रम नहीं करना पड़ा। समस्त शास्त्रों का प्रेम-भक्ति-मूलक अर्थ करने में उन्हें नाना अधिकारियों और नाना भजन-शैलियों की आवश्यकता स्वीकार करनी पड़ी, नाना अवस्थाओं और अवसरों की कल्पना करनी पड़ी, शास्त्र-ग्रंथों के तारतम्य की भी कल्पना करनी पड़ी। सात्त्विक, राजसिक और तामसिक प्रकृति के प्रस्तार से अनंत प्रकृति के भक्तों और अनन्त प्रणाली के भजनों की कल्पना करनी पड़ी। सबको उन्होंने उचित मर्यादा दी। यद्यपि अन्त तक चलकर उन्हें भागवत महापुराण को ही सर्वप्रधान प्रमाण-ग्रंथ मानना पड़ा था, पर उन्होंने किसी भी शास्त्र की उपेक्षा या अवहेलना न की। उनकी दृष्टि बराबर भगवान् के परम-प्रेममय रूप और उनकी मनोहारिणी लीला पर निबद्ध रही, पर उन्होंने बड़े धैर्य के साथ अन्यान्य शास्त्रों की संगति लगाई और एक अभूतपूर्व निष्ठा और मर्यादा-प्रेम को समाज में प्रतिष्ठित कराया।

कबीरदास का रास्ता उल्टा था। उन्हें सौभाग्यवश सुयोग भी अच्छा मिला था। जितने प्रकार के संस्कार पड़ने के रास्ते हैं वे प्रायः सभी उनके लिए बंद थे। वे मुसलमान होकर भी असल में मुसलमान नहीं थे, हिन्दू होकर भी हिन्दू नहीं थे, वे साधु होकर भी साधु (=अगृहस्थ) नहीं थे, वे वैष्णव होकर भी वैष्णव नहीं थे, योगी होकर भी योगी नहीं थे। वे कुछ भगवान् की ओर से ही सबसे न्यारे बनाकर भेजे गए थे। वे भगवान् की नृसिंहावतार की मानव-प्रतिमूर्ति थे। नृसिंह की भाँति वे नाना असंभव समझी जानेवाली परिस्थितियों के मिलन-बिंदु पर अवतीर्ण हुए थे। हिरण्यकशिपु ने वर माँग लिया था कि उसको मार सकनेवाला न मनुष्य हो न पशु; मारे जाने का समय न दिन हो न रात; मारे जाने का स्थान न पृथ्वी हो न आकाश; मार सकनेवाले का हथियार न धातु का हो न पाषाण का—इत्यादि। इसीलिए उसे मार सकना एक असंभव और आश्चर्यजनक व्यापार था। नृसिंह ने इसीलिए नाना कोटियों के मिलन-बिंदु को चुना था। असंभव व्यापार के लिए शायद ऐसी ही परस्पर-विरोधी कोटियों का मिलन-बिंदु भगवान् को अभीष्ट होता है, कबीरदास ऐसे ही मिलन-बिंदु पर खड़े थे।

जहाँ से एक ओर हिन्दुत्व निकल जाता है और दूसरी ओर मुसलमानत्व, जहाँ एक ओर ज्ञान निकल जाता है, दूसरी ओर अशिक्षा; जहाँ पर एक ओर योगमार्ग निकल जाता है, दूसरी ओर भक्तिमार्ग; जहाँ से एक तरफ निर्गुण भावना निकल जाती है, दूसरी ओर सगुण साधना,–उसी प्रशस्त चौरास्ते पर वे खड़े थे। वे दोनों ओर देख सकते थे और परस्पर-विरुद्ध दिशा में गए हुए मार्गों के दोष-गुण उन्हें स्पष्ट दिखाई दे जाते थे। यह कबीरदास का भगवद्दत्त सौभाग्य था। उन्होंने इसका खूब उपयोग भी किया।

जैसा कि शुरू में ही बताया गया है, कबीरदास ने अपनी प्रेम-भक्तिमूला साधना का अभ्यास एकदम दूसरे किनारे से किया था। यह किनारा सगुण साधकों के किनारे से ठीक उल्टे पड़ता है। सगुण साधकों ने सब-कुछ मान लिया था, कबीर ने सब-कुछ छोड़ दिया था। प्रथम श्रेणी के भक्तों की महिमा उनके अथक परिश्रम और अव्यय धैर्य में है और कबीर की महिमा उसके उत्कट साहस में। उन्होंने सफेद कागज पर लिखना शुरू किया था। वे उस पाण्डित्य को बेकार समझते थे जो केवल ज्ञान का बोझ ढोना सिखाता है, जो मनुष्य को जड़ बना देता है और भगवान् के प्रेम से वंचित करता है। भगवत्-प्रेम पर उनकी दृष्टि इतनी दृढ़-निबद्ध थी कि इस ढाई अक्षर (प्रेम) को ही वे प्रधान मानते थे :

> पढ़ि पढ़ि के पत्थर भया, लिखि-लिखि भया जु ईंट।
> कहै कबीरा प्रेम की, लगी न एकौ छींट।।
> पोथी पढ़ि पढ़ि जग मुआ, पंडित भया न कोइ।
> ढाई अक्षर प्रेम का, पढ़ै सो पंडित होइ।।

यह प्रेम ही सब-कुछ है, वेद नहीं, शास्त्र नहीं, कुरान नहीं, जप नहीं, माला नहीं, तस्वीह नहीं, मंदिर नहीं, मस्जिद नहीं, अवतार नहीं, नबी नहीं, पीर नहीं, पैगम्बर नहीं। यह प्रेम समस्त बाह्याचारों की पहुँच के बहुत ऊपर है। समस्त संस्कारों के प्रतिपाद्य से कहीं श्रेष्ठ है। जो कुछ भी इसके रास्ते में खड़ा होता है वह हेय है।

उन्होंने समस्त व्रतों, उपवासों और तीर्थों को एक साथ अस्वीकार कर दिया। इनकी संगति लगाकर और अधिकार-भेद की कल्पना करके इनके लिए भी दुनिया के मान-सम्मान की व्यवस्था कर जाने को उन्होंने बेकार परिश्रम समझा। उन्होंने एक अल्लाह निरंजन निर्लेप के प्रति लगन को ही अपना लक्ष्य घोषित किया। इस लगन या प्रेम का साधन यह प्रेम ही है; और कोई भी मध्यवर्ती साधन उन्होंने स्वीकार नहीं किया। प्रेम ही साध्य है, प्रेम ही साधन–व्रत भी नहीं, मुहर्रम भी नहीं; पूजा भी नहीं, नमाज भी नहीं; हज भी नहीं, तीर्थ भी नहीं :

एक निरंजन अलह मेरा, हिन्दू तुरुक दुहूँ नहिं मेरा।
राखूँ व्रत न महरम जांनां, तिस ही सुमिरूँ जो रहै निदांनां।
पूजा करूँ न निमाज गुजारूँ, एक निराकार हिरदै नमसकारूँ।
नां हज जाऊँ न तीरथ-पूजा, एक पिछाण्यां-तौ क्या दूजा।
कहे कबीर भरम सब भागा, एक निरंजन-सूँ मन लागा।

—क.ग्रं., पद 338

जो ये पीर-पैगम्बर, काजी-मुल्ला, रोजा-नमाज और पश्चिम की भक्ति हैं, ये सभी गलत हैं और वे जो देव और द्विज, एकादशी और दीवाली पूरब की दिशा की भक्ति हैं, वे भी गलत हैं। भला हिन्दुओं के भगवान् तो मंदिर में रहते हैं और मुसलमानों के खुदा मस्जिद में, पर जहाँ मंदिर भी नहीं है और मस्जिद भी नहीं है वहाँ किसकी ठकुराई काम कर रही है? कबीरदास ने इन सबको अस्वीकार कर दिया और उन लोगों को भी अस्वीकार कर दिया जो आँख मूँदकर चलना ही पसंद करते हैं। अपने आत्माराम को ही संगी बनाकर वे निकल पड़े। बोले, 'ओ फकीर, तू अपनी राह चल। मंदिर में भी मत जा और मस्जिद की ओर भी रुख न कर। काहे को टंटे में पड़ता है। तेरे राम-रहीमा केसौ-करीमा में तो कोई भेद नहीं है, तेरे लिए तो दोनों एक ही हैं, एकमेवाद्वितीयम्' :

हमारे रांम-रहीम-करीमा, केसौ-अलह-रांम सति सोई।
बिसमिल मेटि बिसंभर एकै, और न दूजा कोई।।
इनके काजी-मुलां पीर-पैगम्बर, रोजा-पछिम-निवाजा।
इनके पूरब-दिसा देव-दिज-पूजा, ग्यारसि-गंग-दिवाजा।।
तुरुक मसीति देहुरै हिन्दू, दुहूंठा रांम खुदाई।
जहाँ मसीति-देहुरा नाहीं, तहाँ काकी ठकुराई।।
हिन्दू-तुरुक दोऊ रह तूटी, फूटी अरु कनराई।
अरध उरध दसहूँ दिस जित तित पूरि रह्या रांम राई।।
कहै कबीरा दास फकीरा, अपनी रहि चलि भाई।
हिन्दू तुरुक का करता एकै, ता गति लखी ना जाई।।

—क.ग्रं., पद 58

परंतु कबीर यहीं नहीं रुके। अगर 'अल्लाह' शब्द मुस्लिम धर्म का प्रतिनिधित्व करता है और 'राम' शब्द हिन्दू संस्कृति का, तो वे इन दोनों को सलाम कर देने को तैयार हैं। आखिर कोई-न-कोई शब्द तो व्यवहार करना ही पड़ेगा। पर अगर अरबी-फारसी के शब्द मुस्लिम संस्कृति की और संस्कृत-हिन्दी के शब्द हिन्दू संस्कृति की अवश्य याद दिला देते हैं, तो कबीरदास इस बुद्धि-भेद को भी पनपने नहीं देते। ये वेद और कुरान के भी आगे बढ़कर कहते हैं :

गगन गरजै तहाँ सदा पावस झरै, होत झनकार नित वजत तूरा।
वेद-कत्तेव की गम्म नाहीं तहाँ, कहै कब्बीर कोई रमै सूरा।।

—शब्दा., पृ. 104

इस प्रकार सब बाहरी धर्माचारों को अस्वीकार करने का अपार साहस लेकर कबीरदास साधना के क्षेत्र में अवतीर्ण हुए। केवल अस्वीकार करना कोई महत्त्व की बात नहीं है। हर कोई हर किसी को अस्वीकार कर सकता है। पर किसी बड़े लक्ष्य के लिए बाधाओं को अस्वीकार करना सचमुच साहस का क़ाम है। बिना उद्देश्य क़ा विद्रोह विनाशक है, पर साधु उद्देश्य से प्रणोदित विद्रोह शूर का धर्म है। उन्होंने अटल विश्वास के साथ अपने प्रेम-मार्ग का प्रतिपादन किया। रूढ़ियों और कुसंस्कारों की विशाल वाहिनी से वह आजीवन जूझते रहे, प्रलोभन और आघात, काम और क्रोध भी उनके मार्ग में जरूर खड़े हुए होंगे, उन्होंने उनको असीम साहस के साथ जीता। ज्ञान की तलवार उनका एकमात्र साधन था, इस अद्भुत शमशेर को उन्होंने क्षर-भर के लिए भी रुकने नहीं दिया। वह निरंतर इकसार बजती रही, पर शील के स्नेह को भी उन्होंने नहीं छोड़ा,—यही उनका कवच था। इन कुसंस्कारों, रूढ़ियों और बाह्याचार के जंजालों को उन्होंने बेदर्दी के साथ काटा। वे सिर हथेली पर लेकर ही अपने भाग्य का सामना करने निकले थे। क्षण-भर के लिए भी उनकी भवें कुंचित नहीं हुईं, माथे पर बल नहीं पड़ा। वे सच्चे शूर की भाँति जूझते ही रहे :

एक समसेर इकसार बजती रहै
खेल कोइ सूरमा संत झेलै।
काम-दल जीति करि क्रोध पैमाल करि
परम सुख धाम तहँ सुरति मेलै।।
सील से नेह करि ज्ञान कौ खंग ले
आय चौगान में खेल खेलै।
कहैं कब्बीर सोइ संत जन सूरमा
सीस को सौंप करि करम ठेलै।।

—शब्दा., पृ. 106

जो लोग कबीरदास को हिन्दू-मुस्लिम धर्मों का सर्व-धर्म-समन्वयकारी सुधारक मानते हैं वे क्या चाहते हैं, ठीक समझ में नहीं आता। कबीर का रास्ता बहुत साफ था। वे दोनों को शिरसा स्वीकार कर समन्वय करनेवाले नहीं थे। समस्त बाह्याचारों के जंजालों और संस्कारों को विध्वंस करनेवाले क्रांतिकारी थे। समझौता उनका रास्ता नहीं था। इतने बड़े जंजाल को नाहीं कर सकने की क्षमता मामूली आदमी में नहीं हो सकती। कमजोर स्नायु का आदमी इतना भार बर्दाश्त नहीं कर सकता। जिसे अपने मिशन पर अखण्ड विश्वास नहीं है वह इतना असम साहसी हो ही नहीं सकता।

कबीर ने जो समस्त बाह्याचारों को अस्वीकार करके मनुष्य को साधारण मनुष्य के आसन पर और भगवान् को 'निरपख' भगवान् के आसन पर बैठाने की साधना की थी, उसका परिणाम क्या हुआ और भविष्य में वह उपयोगी होगा या नहीं, यह प्रश्न उतना महत्त्वपूर्ण नहीं। सफलता महिमा की एकमात्र कसौटी नहीं है। आज शायद यह सत्य निबिड़ भाव से अनुभव किया जानेवाला है कि सबकी विशेषताओं को रखकर मानव-मिलन की साधारण भूमिका नहीं तैयार की जा सकती। जातिगत, कुलगत, धर्मगत, संस्कारगत, विश्वासगत, शास्त्रगत, संप्रदायगत बहुतेरी विशेषताओं के जाल को छिन्न करके ही वह आसन तैयार किया जा सकता है जहाँ एक मनुष्य दूसरे से मनुष्य की हैसियत से ही मिले। जब तक यह नहीं होता तब तक अशान्ति रहेगी, मारामारी रहेगी, हिंसा-प्रतिस्पर्द्धा रहेगी। कबीरदास ने इस महती साधना का बीज बोया था। फल क्या हुआ, यह प्रश्न महत्त्वपूर्ण नहीं है। आधुनिककाल के श्रेष्ठ कवि रवीन्द्रनाथ ने विश्वासपूर्वक गाया है कि 'जीवन में जो पूजाएँ पूरी नहीं हो सकी हैं, मैं ठीक जानता हूँ कि वे भी खो नहीं गई हैं। जो फूल खिलने से पहले ही पृथ्वी पर झड़ गया है, जो नदी मरुभूमि के मार्ग में ही अपनी धारा खो बैठी है, मैं ठीक जानता हूँ कि वे भी खो नहीं गई हैं। जीवन में आज भी जो कुछ पीछे छूट गया है, जो कुछ अधूरा रह गया है, मैं ठीक जानता हूँ वह भी व्यर्थ नहीं हो गया है। मेरा जो भविष्य है, जो अब भी अछूता है, वे सब तुम्हारी वाणी के तार में बज रहे हैं, मैं ठीक जानता हूँ, ये भी खो नहीं गए हैं' :

जीवने यत पूजा हलो न सारा,
जानि हे जानि ताओ हय नि हारा!
ये फुल न फुटिते झरेछे धरणीते
ये नदी मरुपथे हारालो धारा।
जानि हे जानि ताओ हय नि हारा।
जीवने आजो याहा रयेछे पिछे,
जानि हे जानि ताओ हय नि मिछे,
आमार अनागत आमार अनाहत
तोमार वीणा तारे बाजिछे ता'रा।
जानि हे जानि ताओ हय नि हारा।—'गीतांजलि'

कबीरदास की साधना भी न तो लोप हो गई है, न खो गई है। उनका पक्का विश्वास था कि जिसके साथ भगवान् हैं और जिसे अपने इष्ट पर अखण्ड विश्वास है उसकी साधना को करोड़-करोड़ काल भी झकझोरकर विचलित नहीं कर सकते :

जाके मन विश्वास है, सदा गुरु है संग।
कोटि काल झकझोरहीं, तऊ न हो चित भंग।।

—स.क.सा., पृ. 184

संदर्भ

1. किरात हूणान्ध-पुलिन्द-पुक्कसाः
   आभीर-शुंगाः यवनाः खसादयः
   येऽन्ये च पापास्तदपाश्रयाश्रयः–
   शुध्यन्ति तस्मै प्रभविष्णवे नमः।–भागवत, 2 4-18

आठ : यह अन्ध गायक कौन था?

यह अन्धा मनुष्य जो महाप्रभु वल्लभाचार्य की शरण में गया था, जो अपने को 'सब पतितन कौ टीको', 'जनमत ही कौ पातकी' बताकर व्याकुल वेदना से 'घिघिया' उठा था (स्वयं महाप्रभु ने ही इस शब्द का प्रयोग किया था) और अपने को भगवत्-लीला के विषय में अनजान बताया था, वह कौन था? वह किन अवस्थाओं में अन्धा हुआ था; कहाँ-कहाँ भटकता हुआ गऊघाट पहुँचा था; कितना अपमान, कितनी अवहेलना, कितना तिरस्कार पा चुका था, इसका कुछ भी पता नहीं है। किस बड़भागी माता-पिता ने उसे जन्म दिया था, किन निदारुण परिस्थितियों में उनका यह लाला दर-दर भटकने को मजबूर हुआ था, कोई नहीं जानता। किसी ने जानने की परवा भी नहीं की। जिसका दृढ़ विश्वास हो गया था कि मैं 'जनमत ही कौ पतित' हूँ, 'सब पतितन कौ नायक' हूँ, वह कितना उपेक्षित हो चुका होगा; कितना अपमानित जीवन बिता चुका होगा, किन असहनीय परिस्थितियों में जीने की दुर्वार लालसा ने उस भरमते-भटकते को विवश किया होगा—हमें बिल्कुल नहीं मालूम। अलौकिक चमत्कारों के विश्वासी हमारे इस देश के लोगों ने मान लिया कि वह तो जन्मांध होकर दिव्यदृष्टि-सम्पन्न था, या फिर उसने अपनी आँखों को कुमार्ग में प्रवृत्त होते देख स्वयं फोड़ लिया था, या पूर्वजन्म के अभिशाप और वरदान की आँखमिचौनी के कारण इस जन्म में अंधा होकर भी दिव्यदृष्यि पाकर नित्य-लीलाविहार का साक्षी बना रहा, इत्यादि-इत्यादि। उसे कभी कोई कष्ट नहीं हुआ, दुःख नहीं हुआ, जलती रेत में पटकी हुई मछली की भाँति कभी छटपटाया नहीं, हाहाकार की झंझा उसके हृदय को कभी भी विकल वेदना से झटका नहीं दे गई—सब प्रकार से संतुष्ट, सब प्रकार से विगतशंक, दिव्यदृष्टि-संपन्न लोकोत्तर पुरुष! परंतु भरमा वह अवश्य था। सारे कष्टों की कहानी अब मालूम नहीं, पर उसे भटकना अवश्य पड़ा था :

माधौ जू, मन माया बस कीन्हौ।
लाभ-हानि कछु समुझत नाहीं, ज्यौं पतंग तन दीन्हौ।
गृह दीपक, धन तेल, तूल तिय, सुत ज्वाला अति घोर।
मैं मति-हीन मरम नहिं जान्यौ, पर्‌यौ अधिक करि दौर।

विवस भयौ नलिनी के सुक ज्यौं, बिन गुन मोहिं गह्यौ।
मैं अज्ञान कछू नहिं समुझ्यौ, परि दुख-पुंझ सह्यौ।
बहुतक दिवस भये या जग में, भ्रमत फिर्‌यौ मति-हीन।
सूर स्यामसुंदर जो सेवै क्यों होवै गनि दीन।

—सू. सा., पद 46

'सूरसागर' को सरसरी निगाह से देख जानेवाला भी यह अनुभव करता है कि इसका लेखक असामान्य संवेदनशील और व्युत्पन्न कवि था। प्रेम का वह निपुण चितेरा था, भाषा का वह बादशाह था, अलंकार उसकी उक्तियों के पीछे-पीछे दौड़ते थे, रूप को, वर्ण को, प्रभा को, आभिजात्य को, विलासिता और विदग्धता को अनायास रूपायित करनेवाला वह महान् सौंदर्यशिल्पी था। प्रेम के सारे चुहल उसके परिचित थे—फिर वह माता का हो, प्रिया का हो, सुहृद् जनों का हो—और जमकर उन्हें अभिव्यक्ति देने की अपार शक्ति से वह सम्पन्न था। उन्मत्त यौवन की विलासकला का भी चितेरा था और अवसन्न विरहावस्था का भी निपुण गायक था। निस्संदेह उसने सब-कुछ लीलाधाम भगवान् श्रीकृष्ण को समर्पित कर दिया था, पर यह अद्‌भुत समर्पण जानकार का सुचिन्तित समर्पण था, किसी अनजान भोलेनाथ का अटपटा आत्मार्पण नहीं था। प्रेम उसके हृदय में हिलोरें ले रहा था, विरह की व्याकुलता से वह बेचैन हो उठा था, पर यह सब सावधानी से उसने अपने आराध्य को समर्पित कर दिया था। उसकी प्रत्येक शिरा से यह गुरु-प्रदत्त मंत्र निरंतर मुखर होता रहा कि 'त्वदीयं वस्तु गोविंद तुभ्यमेव समर्पये'। वह जन्मान्ध नहीं था। वह ऐसा था जिसे कालिदास 'सचेता' कह गए हैं, जिसका मन प्रत्येक व्यक्ति का सुख देखकर सुखी और दुख देखकर तदाकार हो जाता है। वह यशोदा के साथ, प्रेमपरवशा और विरहिणी गोपियों के साथ, नन्दबाबा के साथ, ग्वालबालों के साथ, ज्ञानव्रती उद्धव के साथ—सबके साथ तद्‌भावभाविता हो जाता था।

वह सही अर्थों में सहृदय था; सहृदय जो सबकी अनुभूतियों के समय की हृदयगत अवस्था के साथ अपना हृदय एकमेक कर देता है—'समाना हृदयानिवः'। उसने पारिवारिक जीवन को संपूर्णता में देखा था, पुत्र-जन्म के समय की आनंदाभिव्यक्ति का वह प्रत्यक्ष साक्षी था, गोपवधुओं का, दूर्वा, दधि, रोचना, अक्षत आदि के साथ बधावा का उल्लास वह अपनी प्रत्येक शिरा से अनुभव कर सकता था; बच्चे का तेल, उबटन, काजल लगाना, अँगूठा चूसना, तोतली बोली बोलना उसे बहुत प्रिय था; बच्चे के मणिमाला और चौतनी धारणकर डिठौना, आँजन लगाकर किलकने पर वह भाव-विह्वल हो जाता था। यह उन प्रवीण गोपवधुओं के उल्लास के साथ स्वयं थिरक उठता था जो गाँव के नाते चाची, दादी, बुआ, भाभी की समशीला थीं। उसे कर्णवेध-संस्कार का पता था, यज्ञोपवीत-संस्कार की बहुत अच्छी जानकारी थी और विवाह के उल्लास का तो कहना ही क्या? उसे वधू के गौरी-पूजन के साथ चुपके-से

अभिलषित वर माँग लेने की गोपनीय मानसिक अवस्था का, दुलहिन का दुलहे को नजर-भर देख लेने की दबी हुई पर उत्कट अभिलाषा का रहस्य मालूम था, उसे वर-वधू का जुआ खेलना, वधू की सहेलियों का गाली गाना, दहेज और लेनदेन के रिवाज का बहुत अच्छा ज्ञान था। वह लड़के और लड़कियों की बाल-क्रीड़ाएँ—आँखमुदौवल, लुका-चोरी, गुल्ली-डण्डा, भौंराचक-डोरी, चौगान सब जानता था और जानता था इनके अन्तराल में पनपनेवाली अविज्ञात प्रेम-लीला को।

पहला केवल खेल ही था :

खेलन हरि निकसे ब्रज खोरी।
कटि कछनी पीतांवर ओढ़े, हाथ लिए भौंरा चक-डोरी।
मोर-मुकुट कुंडल स्रवनन बर दसन दमक दामिनि छबि धोरी।
गए स्याम रवि तनया के तट अंग लसति चंदन की खोरी।
औचक ही देखी तहँ राधा नयन विशाल भाल दिए रोरी।
नील बसन फरिया कटि पहिरे बेनी पीठ रुलति झकझोरी।
संग लरिकनी चलि इत आवति दिन थोरी अति छबि तन गोरी।
सूर स्याम देखत ही रीझे नैन-नैन मिलि परी ठगोरी।

—सूर-साहित्य, पृ. 111

वह पनघट और नदीतीर की छेड़खानी का बहुत अच्छा जानकार था, उसे गोचारण और वंशी-वादन के समय रहस्यमय प्रेम के घातप्रतिघातों का भी पता था। वह प्रिया की आँखों की अपार उत्सुकता देख सकता था, क्षणभर भी न मिलने से उत्पन्न व्याकुल छटपटाहट की तो उसे जरूरत से कुछ ज्यादा ही जानकारी थी। वह सचमुच ही महान् रसिक था। उसमें सब-कुछ लीला-निकेतन को न्यौछावर कर देने की अपार शक्ति भी थी। वह कभी यशोदा के माध्यम से अपनी व्याकुल वेदना प्रकट कर दिया करता है :

लाला हौं वारी तेरे मुख पर।
कुटिल अलक मोहन मन बिहँसनि भृकुटी विकट ललित नैननि पर।
दमकति दूध दँतुलिया विहँसति मनौ सीप घर कियौ बारिज पर।
लघु-लघु सिर लट घूँघरवारी लटकनि लटक रह्यौ माथिन पर।
यह उपमा कापै कहि आवै, कछुक कहौं सकुचति हौं जिय पर।
नवतनचंद्ररेखिपधि राजत, सुरगुरु सुक्र उदोत परसपर।
लोचन लोल कपोल ललित अति नासिक को मुकता रद छद पर।
सूर कहा न्यौछावर करिये अपने लाल ललित लर ऊपर।

—सूर-साहित्य, पृ. 128

या फिर,

मेरे कान्ह कमल-दल-लोचन।
अबकि बेर बहुरि फिर आवहु कहा लगे जिय सोचन।
यह लालसा होति जिय मेरे बैठी सोचत रैहौं।
गाइ चरावन कान्ह कुँवर सों कबहूँ भूलि न कैहौं।
करत अन्याव न बरजौं कबहू अरु माखन की चोरी।
अपने जियत नैन भरि देखौं हरि हलधर की जोरी।
दिवस चारि मिलि जाहु साँवरे कहियौ यहै सँदेसौ,
अबकी बेर आनि सुख दीजै, सूर मिटाय अँदेसौ।

—सूर-साहित्य, पृ. 126

और कभी राधिका के हृदय में पैठकर अपनी व्याकुल वेदना व्यक्त कर दिया करता था :

आजु रैनि नहिं नींद परी।
जागत गनत गगन के तारे रसना रटत गोबिंद हरी।
वह चितवन वह रथ की बैठन जब अक्रूर की बाँह गही।
चितवत रही ठगी-सी ठाढ़ी कहि न सकत कछु काम-दही।
इतनो मन व्याकुल भयौ सजनी आरज पंथहु ते बिडरी।
सूरदास प्रभु जहाँ सिधारे कितिक दूर मथुरा नगरी।

—सूर-साहित्य, पृ. 118

इतना विशाल लोकाचार का ज्ञान, इतनी मर्मभेदी प्रेम-कथाएँ, इतनी मोहक चितवनों का द्वन्द्व, इतना अद्भुत आत्म-निवेदन क्या सुनी-सुनाई बात है? कविवर रवीन्द्रनाथ ने बंगाल के किसी पुराने वैष्णव कवि से जो बात पूछी थी, वह पूछने का लोभ क्या सूरदास के पाठकों को नहीं होता?

"सच बताओ हे वैष्णव कवि, तुमने यह प्रेमचित्र कहाँ पाया था? यह विरह तप्त मन तुमने...जिनकी आँखें देखकर राधिका की आँखें याद आ गई थीं? निर्जन वसंत-रात्रि की मिलन-शैया पर किसने तुम्हें भुज-पाशों से बाँध रखा था; और अपने हृदय के अगाध समुद्र में मग्न रखा था? इतनी प्रेम कथा, राधिका का चित्त विदीर्ण कर देनेवाली तीव्र व्याकुलता तुमने किसके मुँह और किसकी आँखों से चुरा ली थी? आज क्या इस संगीत पर उसका (कभी कुछ भी) अधिकार नहीं है? क्या तुम उसी के नारी-हृदय की संचित भाषा से उसी को सदा के लिए वंचित कर दोगे?"

—सूर-साहित्य, पृ. 79

पर किसी ने यह प्रश्न नहीं पूछा। सबने यह मानकर संतोष कर लिया कि सूरदास तो बस दिव्यदृष्टि-संपन्न लोकोत्तर प्रतिभा के धनी थे। उन्हें अपनी असहायावस्था का कभी अहसास ही नहीं हुआ। इतना रूप, इतना रंग, इतने हाव-भाव, इतने कटाक्ष,

इतने गतिशील अनुभाव, इतनी मोहक भाषा, ऐसा तन्मय भाव, इतनी चुहल, इतनी व्याजोक्तियाँ क्या बात-की-बात हैं? अन्तरतर की निजी वेदना, आँखों का अभावजन्य दुःख, देखने की अपार लालसा और न देख सकने के क्षोभ का विकट द्वन्द्व क्या कभी इस अनोखे भक्त कवि के भावुक चित्त में टीस नहीं उत्पन्न करता? मेरा मन कहता है कि अवश्य यह हृदयद्रावी विडम्बना सूरदास को व्याकुल कर जाती होगी। निरुपाय वे नहीं बने। सारी पीड़ा को हँसते-हँसते झेल गए। यह क्या समर्पित चित्त के लिए कम संतोष का विषय था कि आँखों को भगवान् ने अपने चरणों के नीचे डाल दिया! दूसरे रूप को देखने का मार्ग ही बंद कर दिया। लाज-संकोच तो आँखों के कारण ही पैदा होता है। वह रास्ता भगवान् ने बंद कर दिया और अब हालत यह है कि कुछ भी माँगने में संकोच नहीं। ढीठ तो उन्होंने ही बना दिया :

तुमहीं मौकौं ढीठ कियौ।
नैन सदा चरननि तर राखे मुख देखत न बियौ।
प्रभु मेरी तुम सकुच मिटाई, जोइ सोइ माँगत पेलि।
माँगौं चरन सरन वृंदावन, जहाँ करत नित केलि।

—सूर-साहित्य, पृ. 79

श्याम और श्यामा का अद्भुत रास-वर्णन करना है। रूप का, रंग का, ताल का, लय का, शोभा और चारुता का, गतिशील चांचल्य का, नयनाभिराम चित्रण! क्या यह सब आँखों के बिना हो सकता है? शोभा के समुद्र में ज्वार आया हुआ है :

नृत्यत स्याम नाना रंग।
मुकुटलटकनि, भृकुटि-मटकनि, धरे नटवर अंग।
चलत गति कटि कुनित किंकनि, घुँघरु झनकार।
मनौ हंस रसाल बानी, अरस-परस बिहार।।
लसति कर पहुँची उपाजे, मुद्रिका अति जोति।
भाव सौं भुज फिरत जबहीं, तबहिं सोभा होति।।
कबहुँ नृत्यत नारि-गति पर कबहुँ नृत्यत आपु।
सूर के प्रभु रसिक के मनि, रच्यौ रास प्रतापु।।

—सूरसागर, 1074

गति सुधंग नृत्यति ब्रज-नारि।
हाव भाव नैननि सैननि दे, रिझवति गिरिवर धारि।
पग-पग पटकि भुजनि लटकावति, फूँदा करनि अनूप।
चंचल चलत झूमका अंचल, अद्भुत है वह रूप।।
दुरि निरखत अंग, रूप परसपर दोउ मनहीं-मन रीझत।
हँसि-हँसि वदन बचन रस बरषत, अंग स्वेद जल भीजत।।

बेनी छूटि लटैं बगरानी, मुकुट लटकि लटकानौ।
फूल खसत सिर ते भये न्यारे, सुभग स्वाति-सुत मानौ।।
गान करति नागरि, रीझे पिय, लीन्हीं अंकम लाइ।
रस-बस ह्वै लपटाइ रहे दोउ, सूर सखी बलि जाइ।।

—सूरसागर, 1675

सूरदास यह सोचकर एक क्षण के लिए शिथिल हो जाते हैं। 'हाय प्रभु, कैसे वर्णन करूँ? कर भी दूँ तो कौन मानेगा? जिसे आँख ही नहीं उसके वर्णन का क्या विश्वास? दयानिधान, वर्णन तो करूँगा ही; पर यह बार-बार माँगना चाहता हूँ कि फिर नरदेह दो, फिर मनुष्य के रूप में जन्म दो—ऐसे मनुष्य के रूप में जिसके दो नयन बने रहें!'

नयन-वंचित सूर की यह बड़ी ही कातर प्रार्थना है। मनुष्य का जन्म पाकर भी आँखों का अभाव! इस विकट विडम्बना से उबार देना प्रभु!

रास-रस रीति नहिं बरनि आवै।
कहाँ वैसी बुद्धि, कहाँ वह मन लहौं, कहाँ यह चित्त जिय भ्रम भुलावै।
जौ कहौं, कौन मानै, जो निगम-अगम-कृपा बिनु नहीं या रसहिं पावै।
भाव सौं भजै, बिनु भाव में यह नहीं भाव ही माहिं ध्यानहिं बसावै।
यहै निज मंत्र, यह ज्ञान यह ध्यान है, दरस-दंपति भजन-सार गाऊँ।
यहै माँगौं बार-बार प्रभु सूर के, नैन दोउ रहें, नर-देह पाऊँ।

—सूरसागर, 1624

चकितकारी रूप का, चटकीली वर्णच्छटा का, जगमगाते आभूषणों का, रंग-बिरंगे रत्नजटित लहँगों का, लहराती किनारीवाली साड़ियों का और उनके भीतर झाँकने-वाली कसी चटकदार अंगियों का बखान करना है और आँखें नदारद! हाय रे विडम्बना!

सूरदास यहीं थोड़ा रुककर तुरंत सम्हल जाते हैं और फिर रूप और शोभा के गतिमान संचरण में अपने को निमग्न कर देते हैं। कसक रह-रहकर उठती अवश्य है। कभी-कभी किसी गोपी के माध्यम से क्षण-भर को हृदय के भीतर छिपी दारुण वेदना ऊपर आ ही जाती है!

सुन री सखी बचन इक मोसौं।
रोम-रोम प्रति लोचन चाहति द्वै साबित हैं तो सौं।
मैं विधना सों कहौं कछू नहि, नित प्रति निमि कौं कोसौं।
येऊ जे नीके द्वै रहते निरखति रहती हौं सौं।

—सूरसागर, 2447

इस पद में भी सूरदास की अपनी क्षीण दृष्टि की व्यथा ही सुनाई देती है।

कई पदों में सूर की यह व्याकूलता फूट पड़ी है। ऐसा जान पड़ता है कि सूरदास के दैन्य-भाववाले पद ही सुरक्षित रह पाए। एक पद ऐसा मिलता है जिससे लगता

है कि उनकी आँखें धीरे-धीरे खराब हुई थीं। इस पद में उन्होंने बताया है कि उनकी एक ही आँख बची है और उसमें भी पूरी ज्योति नहीं है :

अब हौं माया हाथ बिकानौ।
परबस भयौं पसू ज्यौं रजु-बस भज्यौ न श्रीपति रानौ।
हिंसा-मद-ममता-रस भूल्यौ, आसा ही लपटानौ।।
याही करत अधीन भयौ हौं, निद्रा अति न अघानौ।
अपने ही अज्ञान तिमिर मैं, बिसर्‌यौ परम ठिकानौ।
सूरदास की एक आँखि है, ताहू मैं कछु कानौ।

—सूरसागर, 47

ऐसा लगता है कि यह पद महाप्रभु वल्लभाचार्य से मिलने के पहले का लिखा हुआ है। इसमें वर्तमान काल की क्रिया का प्रयोग है। महाप्रभु ने उन्हें 'आँधरा' ही देखा था, उसके पूर्व उनकी आँखें किसी कारणवश नष्ट हो रही थीं, पूरी तरह नहीं गई थीं और तब भी उनका नाम 'सूरदास' ही था। जल्दी ही उनकी यह दूसरी आँख भी नहीं रही। शायद उसी समय उन्होंने यह पद लिखा हो कि प्रिय तो निस्संदेह महादानी है, पर कृपा उन्हीं पर करते हो जिनसे पहले की कुछ पहचान हो, बिचारे सूरदास का कौन निहोरा है, उसके तो आँख भी नहीं है :

कहावत ऐसे त्यागी दानि।
चारि पदारथ दिए सुदामहिं अरु गुरु के सुत आनि।
रावन के दस मस्तक छेदे, सर गहि सारंग-पानि।
लंका दई विभीषण जन कौं, पूरबली पहिचानि।
बिप्र सुदामा कियौ अजाची, प्रीति पुरातन जानि।
सूरदास सौं कहा निहोरौ नैननि हूँ की हानि।

—सूरसागर, 135

पता नहीं यह नाम माता-पिता का दिया हुआ था या लोक-प्रदत्त था। लेकिन जिस बहादुरी से कवि ने अपनी समूची दुर्बलता और साधनहीनता को दबाया और पूरे वाक्-काय और मन को बलपूर्वक भगवद्भक्ति की ओर मोड़ दिया था वह उन्हें 'सूर' (शूर) नाम का सच्चा अधिकारी सिद्ध करता है। उनके पूर्ववर्ती भक्त कवियों ने भक्त का एक आदर्श 'सूर' या शूर को माना था। कबीर ने तो 'सूरातन' (शूरत्व) की महिमा का नाना भाव से बखान किया है। वही सच्चा सूर है जो इन्द्रियों से जूझता हुआ मन को काबू में करके परमप्रेमिक भगवान् को सर्वस्व उलीचकर दे देता है :

षूणै षड़्या न छूटियो सुणि रे जीव अबूझ।
कबीर मरि मैदान में करि इंद्रयाँ सूँ झूझ।।
कबीर सोई सूरिवाँ मन सूँ मोड़ै झूझ।

पंच पयादा पाड़िले दूरि करै सब दूज।।
कबीर मेटे संसा को नहीं, हरि रँग लाता हेत।
काम क्रोध सूँ झूझणा, चौड़े मार्‌या खेत।।
कायर बहुत पसावहीं, वहकि न बोले सूर।
काम परा ही जाणियै, किसके मुख पै नूर।।

सूरदास निस्संदेह ऐसे ही 'सूर' थे। अपने अन्तर्जगत् के द्वन्द्वों से जूझकर ही वे विजयी हुए थे। अपने परम आराध्य को उन्होंने सच्चे सूर (शूर) की ही भाँति वरण किया था। कबीर ने भक्त के लिए जिस प्रकार के सूर को आदर्श माना था वे वैसे ही थे :

अब तो जुझना ही वरौं, मुड़ि चाल्याँ घर दूर।
सिर साहिब को सौंपता सोच न कीजै सूर।।

अनुमान किया जा सकता है कि कबीर आदि महान् संतों के प्रभाव से जन-साधारण में उत्कृष्ट और जितेन्द्रिय भक्त के लिए उसी प्रकार 'सूर' शब्द प्रचलित हो गया होगा जिस प्रकार परवर्तीकाल में वशी और ज्ञानी व्यक्ति को 'स्वामी' कहना रूढ़ हो गया। 'सूर' कदाचित् लोक-प्रदत्त नाम ही हो। दास वैष्णव भाव का सूचक है।

ऐसा लगता है कि विरक्त होने से पहले वे समृद्ध गृहस्थ-जीवन बिना चुके थे। उस जीवन के अनुभव वे भूले नहीं थे। 'सूरसागर' के आरंभिक पदों से भी ध्वनित होता है कि कुछ समय तो वे सुखी गृहस्थी थे। उनके भी 'सुत-संतान स्वजन वनिता रति धन समान उनई' थी (पद 50)। तुलसीदास की तरह 'कूकर टूकर लागि ललाई' वाली स्थिति नहीं थी। पर न जाने क्या ऐसा घटित हुआ, बीच में कौन-सी ऐसी दुर्भाग्य की आँधी आई कि वे विरक्त हो गए। वे आँख रहते ही—कम-से-कम एक आँख रहते ही—सब-कुछ छोड़-छाड़कर निकल पड़े। वे कभी-कभी इस सोच में पड़ अवश्य जाते रहे होंगे कि क्या-का-क्या हो गया; क्या योजना बनाई और क्या बन गया।

द्वै मैं एकौ तौ न भई
ना हरि भज्यौ, न गृह सुख पायौ, बृथा बिहाइ गई।
ठानी हुती और कछु मन मैं, औरै आनि ठई।
अबिगत-गति कछु समुझ परत नहिं, जो कछु करत दई।
सुत-सनेह-तिय सकल कुटँब मिलि, निसि-दिन होत खई।
पद-नख-चंद चकोर बिमुख मन, खात अँगार मई।
बिषय-बिकार-दवानल उपजी, मोह-बयारि लई।
भ्रमत-भ्रमत बहुतै दुख पायौ, अजहूँ-न टैंव गई।
होत कहा अबके पछिताएँ, बहुत बेर बितई।
सूरदास सेये•न कृपानिधि, जो सुख सकल मई।

लगता है किसी महामारी से सारा परिवार नष्ट हो गया। आँखों पर उसी ने अपना दुष्प्रभाव छोड़ा होगा। बहुत बड़ा आघात लगा होगा इस महान् भावुक कवि को। सारा खेल बिगड़ गया था। सिवा भगवान् की शरण के कोई रास्ता नहीं था। वही शरण उन्होंने गही :

कौन सुनै यह बात हमारी?
समरथ और न देखौं तुम बिनु, कासौं बिथा कहौं बनवारी?
तुम अबिगत, अनाथ के स्वामी, दीन-दयाल, निकुंज-बिहारी।
सदा सहाइ करी दासनि की, जो उर धरी सोइ प्रतिपारी।
अब किहिं सरन जाउँ जादौपति, राखु लेहु बलि, त्रास निवारी।
सूरदास चरननि की बलि-बलि, कौन खता तैं कृपा बिसारी।

—सूरसागर, 160

जैसैं राखौं तैसैं रहौं।
जानत हौ दुख-सुख सब जन कै, मुख करि कहा कहौं?
कबहुँक भोजन लहौं कृपानिधि, कबहुँक भूख सहौं।
कबहुँक चढ़ौं तुरंग, महा गज, कबहुँक भार बहौं।
कमल-नयन घनस्याम मनोहर, अनुचर भयो रहौं।
सूरदास-प्रभु भक्त कृपानिधि, तुम्हरे चरन गहौं।

—सूरसागर, 161

परंतु पूर्वजीवन के समृद्ध अनुभव बने रहे। लोक-जीवन को उन्होंने सरस जीवंत रूप में देखा था। नाना प्रकार के व्यंजन, अनेक प्रकार के आभूषण, अनेक प्रकार के व्रत-उपवास, तीज-त्यौहार, खेल-कूद, मेला-बाजार, होली-दीवाली, चारण भाट, पण्डा-पुरोहित, बिसातिन-पनिहारिन, शादी-ब्याह सब उनके देखे और जाने हुए थे। लोक-जीवन को गोपी-गोपाल लीला के बहाने उन्होंने अत्यंत जीवंत रूप में उजागर किया। संगीत की बारीकियों के वे समझदार थे, नृत्य की चटुल भंगिमाओं का प्रत्यक्ष-दृष्ट चित्र-सा आँक सकते थे। हास-परिहास और बोली-ठिठोली के भी वे उस्ताद लगते हैं। अनेक प्रकार के उन अंधविश्वासों को, जो उन दिनों लोक-जीवन का नियमन करते थे, वे सरस-मनोहर बनाकर प्रस्तुत करने की असाधारण क्षमता रखते थे। मध्यकालीन ब्रज के लोक-जीवन को, उसके सारे गुण-दोषों के साथ, उन्होंने प्राणवंत बना दिया है। यह निपुण निरीक्षण का ही नहीं, स्वयं भोगे हुए सत्य का प्रत्यक्ष रूप है। समूचा लोक-जीवन गोपियों और ग्वालों के साथ सरस रूप में प्रत्यक्ष हो उठा है। सूरदास विरक्त होकर भी अपनी समृद्ध अनुभूतियों को भूले नहीं थे। उन्होंने उसे भगवान् श्रीकृष्ण को समर्पित कर दिया, प्राण ढालकर, समूचा आपा निचोड़कर, उन्होंने परमाराध्य को सौंप दिया। सूर के श्रीकृष्ण लोक-जीवन में घुलमिलकर तद्रूप बन गए।

सूरदास ने सारी व्याकुलता, अशेष उल्लास और समूची अनुभूति ब्रजराज श्रीकृष्ण को समर्पित कर दी। लोक-जीवन का जो कुछ सुंदर है, जो कुछ उदात्त है, जो कुछ महनीय है, वह श्रीकृष्ण को समर्पित होकर धन्य हो उठा। परंतु यह क्षेत्र सीमित था। 'सूरसागर' में जहाँ पशुपालक समाज का सादा जीवन जीवंत हो उठा है, वहीं कृषक-जीवन की गतिविधियों का बहुत कम—नहीं के बराबर—चित्रण है। युद्ध की तो थोड़ी चर्चा आ आती है। किसी-किसी रूपक में उस समय के सरकारी कारिन्दों की—पटवारी, लिखहार, मुसाहिब, अमीन, मुहर्रिर आदि की—चर्चा है जो अवश्य ही कृषि-जीवन से सम्बद्ध थे, परंतु खेती के बारे में विशेष कुछ नहीं है। वैसे उन्हें वस्त्रों की असाधारण जानकारी थी—तिपार का लहँगा, पचरंग साड़ी, कटावदार और जड़ाऊ अँगिया, कुसुम्भी सारी, झूमक सारी, सेतपीत चूनरी, पाटाम्बर, नीलाम्बर और पाग, अँगरखा आदि विविध वस्त्रों का केवल उल्लेख ही नहीं है, वरन् इस प्रकार काव्य में उन्हें गूँथा गया है कि विविध रंगों का अद्‌भुत सामंजस्य पारखी को चकित कर देता है। फिर तेल, उबटन, बिंदी, महावर, गहने आदि, जो प्रधानतः कृषि-जीवी समाज में बहुत समादृत थे, खूब मनोरम होकर उभरे हैं। लेकिन प्रधान रूप से गोपालक समाज के जीवन को ही उजागर किया गया है; हल, बैल, कुदालवाली जीवनचर्या छूट ही गई है। यही स्वाभाविक था।

सचमुच अद्‌भुत शक्ति-सम्पन्न था वह अन्ध गायक जिसने अपने-आपको ही उलीचकर ब्रजराज को दे दिया था। कुछ भी उसने बचाकर रख नहीं लिया—महादानी। (भारतीय भाषा केंद्र, जवाहरलाल नेहरू विश्वविद्यालय, दिल्ली में पठित भाषण, 29 मार्च, 1978)

नौ : मुंशी प्रेमचन्द

प्रेमचन्द का जन्म बनारस के पास ही लमही नामक एक गाँव में एक निर्धन परिवार में हुआ था। उन्होंने आधुनिक शिक्षा पाई नहीं थी, बटोरकर संग्रह की थी। मैट्रिक पास करते-करते उनकी आर्थिक स्थिति यहाँ तक पहुँच चुकी थी कि अपना निर्वाह वे पुरानी पुस्तकें बेचकर भी नहीं कर सकते थे। उन्होंने स्कूल में मास्टरी कर ली थी और स्कूलों के डिप्टी इंस्पेक्टर होने तक की अवस्था तक पहुँच चुके थे। महात्मा गांधी की पुकार पर उन्होंने सरकारी नौकरी छोड़ दी और जीवन की अंतिम घड़ियों तक कशमकश और संघर्ष का जीवन बिताया। वे दरिद्रता में जनमे, दरिद्रता में पले और दरिद्रता से ही जूझते-जूझते समाप्त हो गए। फिर भी वे अपन जीवनकाल में समस्त उत्तरी भारत के सर्वश्रेष्ठ कथाकार बन गए थे।

उन्होंने अपने को सदा मजदूर समझा। बीमारी की हालत में भी, मृत्यु के कुछ दिन पहले तक भी, वे अपने कमजोर शरीर को लिखने के लिए मजबूर करते रहे। मना करने पर कहते, "मैं मजदूर हूँ, मजदूरी किए बिना मुझे भोजन करने का अधिकार नहीं है।" उनके इस वाक्य में अभिमान का भाव भी था और अपने नाकद्रदान समाज के प्रति एक व्यंग्य भी। लेकिन असल में वे इसलिए नहीं लिखते थे कि उन्हें मजदूरी करना लाजिमी था, बल्कि इसलिए कि उनके दिमाग में कहने लायक इतनी बातें आपस में धक्का-मुक्की करके निकलना चाहती थीं कि वे उन्हें प्रकट किए बिना रह नहीं सकते थे। उनके हृदय में इतनी वेदनाएँ, इतने विद्रोह-भाव और इतनी चिनगारियाँ भरी थीं कि वे उन्हें सम्हाल नहीं सकते थे। उनका हृदय अगर इन्हें प्रकट न कर देता तो वे शायद पहले ही बंधन तोड़ देते। विनय की वे साक्षात् मूर्ति थे, परंतु यह विनय उनके आत्माभिमान का कवच था। वे बड़े ही सरल थे, परंतु दुनिया की धूर्तता और मक्कारी से अनभिज्ञ नहीं थे। उनके ग्रंथ इस बात के प्रमाण हैं। ऊपर-ऊपर से देखने पर, अर्थात् राजा-महाराजा, सेठ-साहूकारों के साथ तुलना करने पर, वे बहुत निर्धन थे। लोग उनकी इस निर्धनता पर तरस खाते थे, परंतु वे स्वयं नीचे की ओर देखनेवाले थे। लाखों और करोड़ों की तादाद में फैले हुए भुक्खड़ों, दाने-दाने को और चिथड़े-चिथड़े को मुहताज लोगों की वे जबान थे। उन्हें भी देखते

थे, इसलिए अपने को निर्धन समझकर 'हाय-हाय' नहीं करते थे। इसको वे वरदान समझते थे। दुनिया की सारी जटिलताओं को समझ सकने के कारण ही वे निरीह थे, सरल थे। धार्मिक ढकोसलों को वे ढोंग समझते थे, पर मनुष्यता को वे सबसे बड़ी वस्तु मानते थे।

प्रेमचन्द शताब्दियों से पददलित, अपमानित और निष्पेषित कृषकों की आवाज थे; पर्दे में कैद, पद-पद पर लांछित और असहाय नारी-जाति की महिमा के जबरदस्त वकील थे; गरीबों और बेकसों के महत्त्व के प्रचारक थे। अगर आप उत्तर भारत की समस्त जनता के आचार-विचार, भाषा-भाव, रहन-सहन, आशा-आकांक्षाओं, दुःख-सुख, और सूझबूझ जानना चाहते हैं तो प्रेमचंद से उत्तम परिचायक आपको नहीं मिल सकता। झोंपड़ियों से लेकर महलों तक, खोमचेवालों से लेकर बैंकों तक, गाँव से लेकर धारासभाओं तक, आपको इतने कौशलपूर्वक और प्रामाणिक भाव से कोई नहीं ले जा सकता। आप बेखटके प्रेमचन्द का हाथ पकड़कर मेंड़ों पर गाते हुए किसान को, अन्तःपुर में मान किए प्रियतमा को, कोठे पर बैठी हुई वारवनिता को, रोटियों के लिए ललकते हुए भिखमंगों को, कूट परामर्श में लीन गोयेन्दों को, ईर्ष्या-परायण प्रोफेसरों को, दुर्बल-हृदय बैंकरों को, साहस-परायण चमारिन को, ढोंगी पंडितों को, फरेबी पटवारी को, नीचाशय अमीर को देख सकते हैं और निश्चिंत होकर विश्वास कर सकते हैं कि जो कुछ आपने देखा वह गलत नहीं है। उससे अधिक सचाई से दिखा सकनेवाले परिदर्शक को अभी हिन्दी-उर्दू की दुनिया नहीं जानती। परंतु सर्वत्र ही आप एक बात लक्ष्य करेंगे। जो संस्कृतियों और संपदाओं से लद नहीं गए हैं, जो अशिक्षित और निर्धन हैं, जो गँवार और जाहिल हैं, वे उन लोगों की अपेक्षा अधिक आत्मबल रखते हैं और अधिक न्याय के प्रति सम्मान दिखाते हैं जो शिक्षित हैं, जो सुसंस्कृत हैं, जो संपन्न हैं, जो चतुर हैं, जो दुनियादार हैं, जो शहरी हैं। यही प्रेमचन्द का अपना जीवन दर्शन है।

प्रेमचन्द ने अतीत गौरव का पुराना राग नहीं गाया और न भविष्य की हैरत अंगेज कल्पना ही की। वे ईमानदारी के साथ वर्तमानकाल की अपनी वर्तमान अवस्था का विश्लेषण करते रहे। उन्होंने देखा कि बंधन भीतर का है, बाहर का नहीं। एक बार अगर ये किसान, ये गरीब, यह अनुभव कर सकें कि संसार की कोई भी शक्ति उनको नहीं दबा सकती तो वे निश्चय ही अजेय हो जाएँगे। बाहरी बंधन उन्हें दो प्रकार के दिखाई दिए—भूतकाल की संचित स्मृतियों का जाल और भविष्य की चिंता से बचने के लिए संगृहीत धनराशि। एक का नाम है संस्कृति और दूसरे का संपत्ति। एक का रथ-वाहक है धर्म और दूसरे का राजनीति। प्रेमचन्द इन दोनों को मनुष्यता का बाधक मानते हैं। एक जगह अपने मौजी पात्र (मेहता) से कहलाते हैं—मैं भूत की चिंता नहीं करता, भविष्य की परवा नहीं करता। भविष्य की चिंता हमें कायर बना देती है। भूत का भार हमारी कमर तोड़ देती है। हममें जीवनी शक्ति इतनी

कम है कि भूत और भविष्य में फैला देने से वह क्षीण हो जाती है। हम व्यर्थ का भार अपने ऊपर लादकर रूढ़ियों और विश्वासों तथा इतिहासों के मलबे के नीचे दबे पड़े हैं। उठने के नाम नहीं लेते। वह सामर्थ्य ही नहीं रही। जो शक्ति, जो स्फूर्ति मानवधर्म को पूरा करने में लगनी चाहिए थी, वह सहयोग में, भाईचारे में, पुरानी अदावतों का बदला लेने और बाप-दादों का ऋण चुकाने में भेंट हो जाती है।

प्रेमचन्द के मत से प्रेम एक पावन वस्तु है। वह मानसिक गंदगी को दूर करता है, मिथ्याचार को हटा देता है और नई ज्योति से तामसिकता का ध्वंस करता है। यह बात उनकी किसी भी कहानी और किसी भी उपन्यास में देखी जा सकती है। यह प्रेम ही मनुष्य को सेवा और त्याग की ओर अग्रसर करता है। जहाँ सेवा और त्याग नहीं, वहाँ प्रेम भी नहीं, वहाँ वासना का प्राबल्य है। सच्चा प्रेम सेवा और त्याग में ही अभिव्यक्ति पाता है। प्रेमचन्द का पात्र जब प्रेम करने लगता है तो सेवा की ओर अग्रसर होता है और अपना सर्वस्व परित्याग कर देता है।

दस : सुमित्रानन्दन पन्त

कविवर सुमित्रानन्दन पन्त का जन्म 20 मई, 1900 ई. को हुआ था। यद्यपि इनकी प्रथम रचना (उच्छ्वास) 1922 में प्रकाशित हुई—उसके बाद की लिखी एक और रचना (ग्रंथि) बाद में प्रकाशित हुई थी किंतु उनका दूसरा प्रकाशन और तीसरी रचना 'पल्लव' ने ही सहृदयों का ध्यान विशेष रूप से आकर्षित किया। इस पुस्तक का प्रकाशन आधुनिक हिन्दी साहित्य की एक बहुत ही महत्त्वपूर्ण घटना है। इस पुस्तक की भूमिका में पहली बार खड़ी बोली की प्रकृति को पहचाने का प्रयत्न किया गया। इसके पहले खड़ी बोली को काव्य-भाषा के रूप में स्वीकार करने का आन्दोलन शुरू हो चुका था। यह एक विचित्र संयोग है कि खड़ी बोली को काव्य-भाषा के रूप में ग्रहण करने का आन्दोलन करीब-करीब पन्तजी के जन्म के साथ ही शुरू होता है। महावीरप्रसाद द्विवेदी के नेतृत्व में इस आन्दोलन ने हिन्दी साहित्य में एक नए युग का प्रवर्त्तन किया था। अनेक कृती कवियों ने इस बोली को अपने काव्य का वाहन बनाया। इसके पहले काव्य की भाषा ब्रजभाषा थी। अनेक महान् कवियों के हाथों मँजी हुई ब्रजभाषा, सुकुमार भावों की अभिव्यक्ति के साथ-साथ शब्द-कौतुक के लिए भी अच्छा साधन बन गई थी। उन दिनों के अनेक सहृदय विश्वास ही नहीं कर पाते थे कि खड़ी बोली भी काव्य-भाषा हो सकती है। उसे कोमल अभिव्यंजना के लिए असमर्थ भाषा माना जाता था। एक विचित्र भाषा-सांकर्य का दौर चल रहा था। गद्य की भाषा खड़ी बोली और पद्य की भाषा ब्रजभाषा। उस समय देश में नई चेतना का उदय हुआ था। महावीरप्रसाद द्विवेदी के नेतृत्व में नवीन चेतना से उद्बुद्ध साहित्यकारों ने इस विसंगति को दूर करने का प्रयत्न किया। वे कहते थे कि नई चेतना को खड़ी बोली ही अभिव्यक्त कर सकती है। मैथिलीशरण गुप्त, अयोध्यासिंह उपाध्याय, नाथूराम शंकर शर्मा, रामनरेश त्रिपाठी, गोपालशरण सिंह आदि कवियों ने सफलता के साथ इस बोली का काव्यभाषा के रूप में प्रयोग किया। परंतु इसमें गद्यात्मकता बनी हुई थी। परम्परा प्राप्त छंदोयोजना, शास्त्र-सम्मत अलंकार-विधान, परिपाटी-विहित रस-दृष्टि और पुरानी नैतिक भावना से ये प्रयोग बँधे हुए थे। यह माना जाता था कि किसी भी बात को किसी भी छंद में कहा जा सकता है। यद्यपि

विशेष-विशेष कवि अपनी रुचि के छंदों का चयन कर रहे थे परंतु कथ्य और छंद के अन्तर्ग्रथित सम्बन्ध की ओर कम ही ध्यान दिया गया था। संस्कृत के वर्णवृत्तों का खुलकर प्रयोग किया जा रहा था। इस परिप्रेक्ष्य में सुमित्रानन्दन पन्त की देन का महत्त्व समझ में आ सकता है। पहली बार उन्होंने खड़ी बोली की प्रकृति को पहचानने का फलप्रद प्रयास किया। पहली बार उन्होंने उसके शब्दों की अन्तर्निहित शक्ति को पहचानने पर बल दिया। पहली बार उन्होंने मात्रावृतों को खड़ी बोली का सहज छंद स्वीकार किया। अपनी बातें उन्होंने अपनी रचना द्वारा प्रमाणित कीं और नवीन भाव-बोध के लिए बहुत ही उपयुक्त भावभूमि बनाई।

'पल्लव' बिल्कुल नए काव्यगुणों को लेकर हिन्दी साहित्य-जगत् में आया। इस पुस्तक में प्रकृति और मानव के सौंदर्य के प्रति आदिम मनोभाव के-से औत्सुक्य, आश्चर्य और कुतूहल के भाव हैं। सौंदर्य के प्रति अत्यन्त कोमल मनोभाव ने कवि को कहीं भी बहकने नहीं दिया है। इसकी भूमिका से पन्त की उस महत्त्वपूर्ण बौद्धिक प्रक्रिया का पता लगता है जिसके द्वारा उन्होंने शब्दों की प्रकृति, उनकी अर्थबोधन-क्षमता, उनके अर्थों में भेदक पहलुओं की विशिष्टता, छन्दों की प्रकृति, तुक और ताल का महत्त्व आदि को समझा था और समझने के बाद काव्य में प्रयोग किया था। शब्दों और अर्थों की इस विवेचना ने नवशिक्षित सहृदय के चित्त में इस नई कविता के प्रति श्रद्धा का भाव उत्पन्न किया और संवेदनशील तरुण साहित्यिकों को नए सिरे से सोचने की शक्ति दी। इस भूमिका ने संस्कृत के वर्ण-वृत्तों को हिन्दी से हटा दिया, छंदों की यति के सम्बन्ध में नई दृष्टि दी और छंद परिवर्तन के प्रति नया मनोभाव पैदा किया। पन्त में कल्पना शब्दों के चुनाव से ही शुरू होती है। छंदों के निर्वाचन और परिवर्तन में भी वह व्यक्त होती है। उसका प्रवाह अत्यंत शक्तिशाली है। इसके साथ जब प्रकृति और मानव-सौंदर्य के प्रति कवि के बालकोचित औत्सुक्य और कुतूहलभावों का सम्मिलन होता है तो ऐसे सौंदर्य की सृष्टि होती है जो पुराने काव्य के रसिकों के निकट परिचित नहीं होता। कम संवेदनशील पुराने सहृदय इस नई कविता से बिदक उठे थे और अधिक संवेदनशील सहृदय प्रसन्न हुए थे। 'पल्लव' के भावों की अभिव्यक्ति में अद्भुत सरलता और ईमानदारी थी। कवि बँधी रूढ़ियों के प्रति कठोर नहीं है, उसने उनके प्रति व्यंग्य और उपहास का प्रहार नहीं किया, पर वह उनकी बाहरी बातों की उपेक्षा करके अन्तराल-स्थित सहज सौंदर्य की ओर पाठक का ध्यान आकृष्ट करता है। मनुष्य के कोमल स्वभाव, बालिका के अकृत्रिम प्रतिस्निग्ध हृदय और प्रकृति के विराट् और विपुल रूपों में अन्तर्निहित शोभा का ऐसा हृदयहारी चित्रण उन दिनों अन्यत्र नहीं देखा गया।

'पल्लव' के 'प्रवेश' में कवि ने लिखा था—"हम खड़ी बोली से अपरिचित हैं। उसमें हमने अपने प्राणों का संगीत अभी नहीं भरा। उसके शब्द हमारे हृदय के मधु से सिक्त होकर अभी सरस नहीं हुए। वे केवल नाम-मात्र हैं। उनमें हमें

रूप, रस, गंध भरना होगा। उनकी आत्मा से अभी हमारी आत्मा का साक्षात्कार नहीं हुआ। उनके हृत्-स्पन्दन से हमारा हृत्-स्पन्दन नहीं मिला। वे अभी हमारे मनोवेगों के चिरालिंगनपाश में नहीं बँधे। इसलिए उनका स्पर्श अभी हमें रोमांचित नहीं करता। वे हमें रसहीन, गन्धहीन लगते हैं। जिस प्रकार बड़ी चुवाने के पहले उड़द की पीठी को मथकर हल्का तथा कोमल कर लेना पड़ता है, उसी प्रकार कविता के स्वरूप में भावों के ढाँचे में ढालने के पूर्व भाषा को भी हृदय के ताप में गलाकर कोमल, करुण, सरस, प्रांजल कर लेना पड़ता है।" उन्होंने यही किया। खड़ी बोली जो आज सुकुमार भावों को अभिव्यक्ति देने में इतनी सशक्त हुई है, उसमें पन्त के इस साधु-संकल्प का बड़ा महत्त्वपूर्ण योगदान है।

'वीणा' से 'पल्लव' तक और किसी हद तक 'गुंजन' तक पन्तजी के काव्य का क्रमिक विकास देखा जा सकता है। इन काव्य-कृतियों में प्रकृति और मानव-सौंदर्य के अनेक मनोरम तथा रंगमय चित्र मिलते हैं। हिमालय के रंग-बिरंगे शिखर उसके पाददेश में फैले हुए झील, ताल, कोमल-कण्ठ, वन-पाखी आदि उनके बाल्य सहचर रहे हैं। इसलिए प्रकृति के प्रति उनका सहज महत्त्व जगह-जगह मुखर हो उठा है। पन्त के प्रकृति-वर्णन में जो तन्मयता और प्राकृत उल्लास दिखाई पड़ता है, वह अन्य किसी छायावादी कवि की रचना में नहीं आ पाया है। बीच-बीच में रहस्यमय संकेतों के कारण इन चित्रों में जिस अभूतपूर्व विराटता का सन्निवेश हुआ है, वह इन चित्रों को महनीय बनाने के साथ-साथ इन्हें अलग श्रेणी भी प्रदान करती है। पन्तजी का नारी-सौंदर्य-चित्रण भी व्यक्ति-निष्ठ, ऐन्द्रिय तथा विराट् है जो रीतिकालीन टिपिकल नारी-सौंदर्य के चित्रों की मांसलता और स्थूल ऐन्द्रिय-बोधात्मकता से एकदम अलग हो जाता है।

सुमित्रानन्दन पन्त का संपूर्ण व्यक्तित्व गीतिमय है। वे मूलतः गीतिकाव्य के कवि हैं। उनके 'ज्योत्स्ना' आदि नाटकों के सभी पात्र वस्तुतः गीतिकाव्यात्मक (लिरिकल) हैं। शुरू में 'ग्रंथि' में जो प्रबन्ध-योजना का प्रयत्न है, वह भी मूलतः गीतिकाव्यात्मक और रोमाण्टिक है। किंतु इसका यह अर्थ नहीं कि उनके व्यक्तित्व में गतिशीलता नहीं है। उनका दृष्टिकोण बराबर सांस्कृतिक सामूहिक उत्थान का रहा है। उनके विकास के तीन उत्थान हैं। प्रथम में वे छायावादी कवि हैं, दूसरे में वे समाजवादी आदर्शों से चालित हैं और तीसरे में आध्यात्मिक। दूसरे उत्थान की कविताओं में वे समाजवादी सिद्धांतों से चालित हुए थे। ग्राम्या और युगवाणी में उन्हीं आदर्शों द्वारा चालित किंतु बौद्धिक चिंतन से आयतीकृत भावों का सन्निवेश है। समाजवाद पन्त की दृष्टि में कोई राजनीतिक मत नहीं था, यह सांस्कृतिक अभ्युत्थान का साधनमात्र था। उन्होंने कहा है—

राजनीति का प्रश्न नहीं रे आज जगत के सम्मुख।
एक बृहत् सांस्कृतिक समस्या जग के निकट उपस्थित।।

पन्तजी शिल्पी कवि थे। भावानुरूप शब्दों का चयन, संवेगात्मक सम्मूर्तन और सशक्त प्रतीकों की योजना में वे अप्रतिम हैं। पर युगान्त तक उनका शिल्प उनके संवेगों और संवेदनाओं का वाहक बनकर आया है तो परवर्ती रचनाओं में वे दार्शनिक भावों के चित्रण के समय अनासक्त दिखते हैं। इसीलिए परवर्ती शिल्प एक निखार और प्रौढ़ता के बावजूद भी संवेग का वेग शिथिल प्रतीत होता है।

पन्त निरन्तर गतिशील कवि रहे हैं। प्रारंभिक रचनाओं में प्रकृति के प्रति उनकी बाल-सुलभ जिज्ञासा और कुतूहल इतने आकर्षक सिद्ध हुए कि लोगों ने पन्त को प्रकृति का कवि ही कहना शुरू किया पर पन्त मानवीय सौंदर्य और अन्तश्चेतना के भी उतने ही निपुण कवि हैं। धीरे-धीरे वे मनुष्य के सामूहिक उत्थान के विश्वासी हुए हैं। निस्संदेह वे समाजवादी मान्यताओं से प्रभावित हुए थे। परंतु वे विशुद्ध मार्क्सवादी नहीं कहे जा सकते। उनके चेतना के तृतीय विकास में वे आध्यात्मिक साधना के कवि लगते हैं। उन्होंने अपने युग के महान् भारतीय मनीषियों—महात्मा गांधी, कविवर रवीन्द्रनाथ ठाकुर, स्वामी विवेकानंद, स्वामी रामतीर्थ और श्री अरविंद से प्रेरणा पाते रहे हैं पर वे हू-ब-हू किसी के प्रतिरूप नहीं हैं। ये सारे महापुरुष उनकी अन्तश्चेतना को जाग्रत करते हैं।

शब्द और अर्थ, शैली और कथ्य तथा छन्द और आवेग की अविच्छेद्य आत्मीयता उनकी रचना की महत्त्वपूर्ण उपलब्धि है। उनकी सौंदर्याभिव्यक्ति में एक इस प्रकार की निस्संगता है कि उसमें आवेश और रागलिप्तता आयासपूर्वक ढूँढ़नी पड़ती है। इसका कारण छंद और भाव की अन्योन्याश्रित तादात्म्य है। उनकी कविता सहज होने के कारण संयत, स्निग्ध और सरस बनी।

'युगान्त' तक आते-आते पन्त के मन में नवीन चेतना प्रबल हो जाती है। 'द्रुत झरो जगत के जीर्ण पत्र' जैसी कविताओं में पुरातन-समाप्ति-कामना के साथ-साथ नूतन के स्वागत का स्वर बहुत प्रभावशाली होकर प्रकट हुआ है। उन्होंने स्वयं कहा है कि "नवीन भावबोध के सम्मुख मेरा पल्लव-युग का रूपमोह पीछे हटने लगा।" इसी समय वे 'युग के आन्दोलन', भावों तथा विचारों से प्रभावित होते हैं और 'ग्राम्या' और 'युगवाणी' की कविताओं में मनुष्य के सामूहिक उत्थान के प्रयत्नों की महिमा गाने में मगन हो जाते हैं। यहीं आकर उनके बारे में ऐसी धारणा हो जाती है कि वे मार्क्सवाद के गायक बन गए हैं।

परंतु, सही बात यह है कि यह परिवर्तन उनकी गतिशीलता का परिचायक है। कवि निरंतर आगे बढ़ता जाता है। वह प्रभावित होता है और प्रभावित करता है। उसकी यात्रा में क्लान्ति नहीं आती और यात्रा के बीच विविध रूपों पर मुग्ध होता हुआ रुक-रुककर आगे बढ़ता है और कबीर की भाँति फक्कड़ाना मस्ती के साथ अन्त में यह कहता हुआ आगे बढ़ जाता है कि 'तुम सम मीत बहुत हम कीना, संग न लीना कोय।' उसकी निर्लिप्तता निरंतर बनी रहती है। उन्होंने कुछ सूत्र दिए

हैं जो इस ग्रहण की कहानी स्पष्ट कर देते हैं—"(1) मुझमें यह दृष्टिकोण (यथार्थ का आग्रह)—परिवर्तन प्रेम के कारण नहीं, किंतु भावनात्मक आवश्यकता के कारण ही संभव हो सका। (2) मेरी प्रेरणा के स्रोत निस्संदेह मेरे भीतर रहे, जिन्हें मैंने युग की आवश्यकता से सींचकर समृद्ध बनाया है और (3) मुझे ऐसा नहीं लगता कि मनुष्य दर्शन के माध्यम से सत्य की प्राप्ति कर सकता है। ये विचार केवल मेरे कवि-मन के प्रकाश-स्फुरण अथवा भाव-प्ररोह हैं जिन्हें मैंने अपनी रचनाओं में शब्द द्वारा मूर्त करने का प्रयत्न किया है।"

इससे स्पष्ट है कि कवि ने जो कुछ ग्रहण किया है, उससे अन्तर्मन के भावप्ररोह को ही समृद्ध किया है। 'युगांत' में जहाँ एक ओर जीर्णता का प्रत्याख्यान है, वहाँ नवनिर्माण का स्वप्न भी है। आगे चलकर 'ग्राम्या' और 'युगवाणी' की रचनाओं में यही नवनिर्माण की कामना बाह्य यथार्थ की भूमि पर खड़ी होती है। परंतु यहाँ भी चैतन्य के प्रति कवि की रुझान लुप्त नहीं हुई। उन्होंने लिखा है—"मेरा काव्य प्रथमतः इस युग के महान् संघर्ष का काव्य है। जो लोग युग-संघर्ष तक ही सीमित कर उसे केवल बाहरी राजनीतिक, आर्थिक स्तरों पर ही देख सकते हैं, उनकी बात मैं नहीं करता...। आज के विराट् मानवीय संघर्ष को, वर्ग-संघर्ष तक ही सीमित करना विगत युगों की खर्व चेतना तथा ऐतिहासिक अंधकार की एक हिंस्र प्रतिक्रिया मात्र है...। उन अर्थों में मार्क्सवादी मैं कभी नहीं रहा।"

इसी भौतिकतावादी मनोभाव की धूल से परवर्ती अध्यात्मधर्मी कविताओं का गुलाब खिला है। कवि बाह्य यथार्थ को मानव-जीवन का सर्वस्व नहीं मान सका। झटका खाकर वह अन्तरतर के उद्बोधन की ओर मुड़ जाता है। यही उसका 'स्व-भाव' है। निरंतर गतिशील रूप मोही, मंगलकामी कवि की इस अन्तर्मुखी यात्रा में 'स्वर्णकिरण', 'स्वर्णधूलि', 'अतिमा' और 'वाणी' के बहुमूल्य रत्न मिले हैं, जो नाम से ही अपनी उज्ज्वलता और बहुमूल्यता का संकेत देते हैं। यह समझना भूल होगी कि यह आध्यात्मिकता कोई पुराने संतों की रूढ़ अर्थोंवाली आध्यात्मिकता है। यह आध्यात्मिकता आधुनिककाल के विचारों के मंथन से निर्मल बनी हुई मानस-गंगा में स्नान करके अनेक कलुषों को धोकर निकली हुई नई कांति से समृद्ध होकर आई है। कवि ने स्वयं कहा है—"मेरी काव्यचेतना मुख्यतः नवीन संस्कृति की चेतना है, जिसमें आध्यात्मिकता तथा भौतिकता का नवीन मनुष्यत्व के धरातल पर संयोजन है। मेरा काव्य प्रथमतः इस युग के महान् संघर्ष का काव्य है। जो लोग युगसंघर्ष को वर्गसंघर्ष तक ही सीमित रखकर उसे केवल बाहरी आर्थिक राजनीतिक स्तरों पर ही देख सकते हैं, उनकी बात मैं नहीं करता, अन्यथा 'युगवाणी' से 'वाणी' तक मेरा समस्त काव्य युगमानव एवं नवमानव के अन्तरतम संघर्ष का काव्य है। मेरी काव्यचेतना केवल मध्ययुगीन नैतिक बौद्धिक अंधकार तथा जीवन के प्रति तज्जनित सीमित दृष्टिकोण से ही नहीं संघर्ष करती रही, वह भावी मानवता के पथ के बहिरन्तर के दुर्गम अवरोधों

से भी निरंतर जूझती रही है।''

पन्तजी इस काल की रचनाओं को अपने द्वितीय उत्थान की कविता कहते हैं। 'चिदम्बरा' में इन्हीं रचनाओं का संग्रह है। इसमें 'युगवाणी' से लेकर 'अतिमा' तक की रचनाओं का संग्रह है। उन्होंने लिखा है—'' 'चिदम्बरा' मेरी काव्य-चेतना के द्वितीय उत्थान की परिचायिका है, उसमें 'युगवाणी' से लेकर 'अतिमा' तक की रचनाओं का संचयन है, जिसमें 'युगवाणी', 'ग्राम्या' तथा 'स्वर्णकिरण', 'स्वर्णधूलि', 'युगपथ' के अन्तर्गत 'युगांतर', 'उत्तरा', 'रजत शिखर', 'शिल्पी', 'सौवर्ण', 'अतिमा' की चुनी हुई कृतियों के साथ 'वाणी' की अंतिम रचना 'आत्मिका' भी सम्मिलित है। 'पल्लविनी' में सन् '18 से लेकर '36 तक, मेरे उन्नीस वर्षों के कृतित्व के पद्चिह्न हैं, और 'चिदम्बरा' में सन् '37 से '58' तक, प्रायः बीस वर्षों की विकासश्रेणी का विस्तार।'' इन कविताओं में मनुष्य के अन्तर के शक्तिमय अमृतत्व के प्रति कवि की अडिग आस्था व्यक्त हुई है। निपुण शब्दशिल्पी की परिपक्व लेखनी ने इस आस्था को प्रभावशाली रूप दिया है। कवि ने स्वयं कहा है—वर्तमान के संघर्ष और संहार की विभीषिका से भी अधिक महत् तथा शक्तिमय जो अमृतत्व का सागर आज संवेदनशील हृदयों के भीतर नवीन चेतनाज्वारों में उठकर मानव-अन्तर के नवजीवन-बोध के स्तरों को स्पर्श कर रहा है, उसका मंगल संदेश कैसे भुलाया जा सकता है? आज के भू-व्यापी संघर्ष, विरोध, अनास्था, निराशा, विषाद तथा संहार की यही वास्तविकता है कि वह मानव-समाज को नवीन मान्यताओं के क्षितिजों, नवीन जीवन-बोध के धरातलों तथा महत्तर सामंजस्य की भूमिकाओं की ओर अग्रसर कर रहा है। निस्संदेह, अकल्पनीय सिद्धियों तथा महान् विनिमयों का है हमारा युग। आज के विज्ञान, दर्शन और सृजनप्रेरणा का श्रेय उसी को है।

''इस युग के विक्षोभ का मुख्य कारण है मानव-जीवन के ऊर्ध्व तथा समतल संचरणों में सामंजस्य अथवा संतुलन का अभाव। आज हमें भूत-अध्यात्म, यथार्थ-आदर्श-सम्बन्धी अपनी पिछली धारणाओं को अधिक व्यापक बनाकर उन्हें एक-दूसरे के निकट लाना है। यथार्थ अथवा आदर्श के व्यापक सत्य के बारे में या तो हम मध्ययुगीन अभावों एवं निषेधों के कुहासों के पार न देख पाने के कारण उदासीन हैं, या पश्चिम के अन्ध अनुकरण के कारण बाह्य युग-जीवन के अंधकार में भटक गए हैं। आज के बड़े राष्ट्रों को, जो भू-जीवन के विकास तथा उन्नयन को अवरुद्ध किए हुए हैं, वैज्ञानिक चेतना या मानवीय जीवन-यथार्थ का प्रतिभू मानना हमारा भ्रम है। वे अभी धरती की प्राचीन ऐतिहासिक बर्बरता ही का प्रतिनिधित्व कर रहे हैं और विज्ञान को जीवन-निर्माण तथा मनोविकास का माध्यम बनाने के बदले, उसके पंखों के ताप में आणविक डिम्बों एवं विनाशक विस्फोटकों को लेकर, अपनी अणुसामर्थ्य का नग्न प्रदर्शन कर रहे हैं। जिस प्रकार कभी भारतवर्ष अपनी आध्यात्मिक शक्ति के सम्मोहन से दिग्भ्रान्त हो गया था, उसी प्रकार आज के शिखर-राष्ट्र भौतिक

क्षमता से मदोन्मत्त हो विश्वजीवन एवं मानवता को विनाश की ओर ले जाने की स्पर्धा कर रहे हैं। मुझे मानव-चेतना पर विश्वास है, वह इस अणुसंहार के नृशंस हिंस्र नाटक को अवश्य ही नवीन निर्माण तथा रचना-मंगल की दिशा एवं भूमिका देकर मानवता की प्रगति का द्वार उन्मुक्त कर सकेगी।''

सुमित्रानन्दन पन्त आधुनिक हिन्दी के युग प्रवर्तक कवि हैं। उन्होंने भाषा के परिमार्जन, उसकी आंतरिक-शक्ति की खोज और उसे ललित मनोहर रूप देने के साथ-ही-साथ उसे ऐसे महान् भावों की सम्पदा दी है जो कोई क्रांतदर्शी कवि ही दे सकता है। पिछली आधी शताब्दी से उन्होंने निरंतर गतिशील और क्रियाशील रहकर काव्य-जगत् को अमूल्य रत्नों से जगमगा दिया है। उन्होंने हिन्दी भाषा को और उसके माध्यम से संपूर्ण काव्य चेतना को अपूर्व महिमा से मंडित किया है। उनका परवर्ती काल का महाकाव्य 'लोकायतन' भाषा की शक्ति, भावसम्पदा, चरित्रों की योजना और युगजीवन की अन्तश्चेतना को विशाल पटभूमि पर चित्रित करता है। इसमें पन्त की विश्वमानव की आंतरिक और बाह्य विकास की परिकल्पना अपूर्व लालित्य और गरिमा के साथ प्रकट हुई है। पन्त केवल शब्द-शिल्पी ही नहीं, महान् भावशिल्पी हैं और सौंदर्य के निरंतर निखरते सूक्ष्म रूप को वाणी देनेवाले एक संपूर्ण युग को प्रेरणा देनेवाले प्रभावशिल्पी भी।

ग्यारह : गुरुदेव के संस्मरण*

आठ मई गुरुदेव का जन्मदिन है। मुझे बार-बार गुरुदेव के जन्मोत्सव की ही याद आ रही है। इस थोड़े समय की बातचीत में इन उत्सवों के सम्बन्ध में ही कुछ कहने की प्रबल इच्छा होती है। जब तक गुरुदेव इस संसार में रहे, इस दिन को उनके शिष्य उनको अपने बीच बिठाकर जन्मोत्सव मनाया करते थे। उनके जीवन के अंतिम ग्यारह उत्सवों में सम्मिलित होने का सौभाग्य मुझे भी प्राप्त होता रहा है। शान्तिनिकेतन के आश्रमवासियों के लिए यह उत्सव विशेष उत्साह और उल्लास का कारण रहा करता था। जब मैं शान्तिनिकेतन गया था तब 8 मई को उत्सव मनाने के बाद ग्रीष्मावकाश हुआ करता था, पर इसमें कई कठिनाइयाँ आने लगीं। शान्तिनिकेतन में पानी का कष्ट बराबर बना रहता था। ग्रीष्मावकाश बहुत-कुछ कुओं के पानी पर निर्भर करता था। यदि कुओं का पानी समाप्त हो गया तो छुट्टी अपने-आप हो जाया करती थी। लेकिन शान्तिनिकेतन का प्रत्येक बच्चा गुरुदेव का जन्मोत्सव अवश्य मनाना चाहता था। इसलिए यह आवश्यक हो गया कि कोई ऐसा उपाय निकाला जाए जिसमें अप्रैल महीने में ही गुरुदेव का जन्मोत्सव मना लिया जाए। बँगला पंचांग सौर वर्ष के हिसाब से बनता है। संक्रांति के दूसरे दिन से वहाँ महीना आरंभ होता है। इस प्रकार बंगाल का प्रथम मास वैशाख होता है जो मेष संक्रांति के दूसरे दिन से शुरू होता है। आजकल प्रायः 14 अप्रैल को वैशाख की पहली तारीख पड़ती है। गुरुदेव की जन्मतिथि वैशाख मास की 25वीं तारीख थी। सो, आश्रम में गुरुदेव का जन्मोत्सव वैशाख की पहली तारीख को मनाने का निश्चय किया गया। वही तिथि बंगाल के नववर्ष की प्रथम तिथि भी होती है। यों भी उस दिन हम लोग गुरुदेव को प्रणाम करने जाया करते थे और वे भी उस दिन कुछ-न-कुछ उपदेश अवश्य देते थे। अब दोनों उत्सव एक ही दिन मनाए जाने लगे। आश्रम में वही परम्परा आज तक चली आ रही है। वस्तुतः यह जन्मदिन का उत्सव न होकर जन्ममास का उत्सव है। 14 अप्रैल को गुरुदेव का उत्सव मनाना अब शान्तिनिकेतन में रूढ़

---

* 'रवीन्द्र दर्शन' से

हो गया है। परंतु यह नहीं समझना चाहिए कि आश्रमवासियों ने 8 मई या 25 वैशाख को एकदम भुला दिया है। ग्रीष्मावकाश के बाद भी जो लोग आश्रम में रह जाया करते हैं, वे उस दिन भी उत्सव मना लेते हैं। मैं प्रायः सभी ऐसे उत्सवों में उपस्थित रहता आया हूँ। कभी-कभी तो इस दूसरे उत्सव का पौरोहित्य भी मुझे ही करना पड़ता था। आज सोचता हूँ तो आँखों में बरबस आँसू आ जाते हैं। कितना बड़ा सौभाग्य था! रवीन्द्रनाथ के जन्मोत्सव का पौरोहित्य! उस दिन गुरुदेव शुभ्र कौशेय वस्त्र की धोती पहनते थे। कौशेय वस्त्र का लम्बा कुर्ता और उसी की सुंदर चादर। उस देव-मनोहर शरीर पर यह वस्त्र इतने सुंदर लगते थे कि क्या बताऊँ! उन बड़ी-बड़ी प्रेमपूर्ण आँखों की जब याद आती है तो हूक-सी उठती है। आज हम उनका चित्र रखकर उनका जन्मोत्सव मनाते हैं, उनके विषय में व्याख्यान सुना करते हैं। कितना बड़ा भाग्य-विपर्यय है :

"आँखिन में जो सदा रहते तिनकी यह कान कहानी सुन्यो करें।"

मुझे यह छवि बिल्कुल प्रत्यक्ष-सी दिखाई देती है। गुरुदेव उत्सव-स्थल पर पधारते थे। शंखध्वनि से वायुमण्डल मुखरित हो उठता था। मैं वेदमन्त्रों से गुरुदेव का स्वागत करता था, आचार्य नन्दलाल बोस और उनके शिष्यों द्वारा रचित मनोहर आलिम्पन से सजा हुआ सभास्थल मांगल्यगान से गूँज उठता था और गुरुदेव स्मित हास्य के साथ आसन ग्रहण करते। उनकी उपस्थिति में अपूर्व परिपूर्णता थी। जहाँ वे उपस्थित होते वहाँ सब-कुछ भरा-भरा लगता। जब 'शतकाण्डोदुश्च्यवनो' मंत्र के पाठ के बाद उनके दूर्वादल बाँधता तो वे बड़े स्नेह से हाथ बढ़ा देते—मेरा यह परम सौभाग्य आज विलुप्त हो गया है। जैसे एक मधुर स्वप्न हो। जन्मोत्सवों में अब भी उपस्थित होता हूँ, पर अब वे हाथ नहीं मिलते जिनमें दूर्वादल बाँधकर उनके शतायु होने की प्रार्थना कर सकूँ।

आश्रम में जितने उत्सव होते थे, उनमें गान और वेदमन्त्रों का प्राधान्य रहता था। गान गुरुदेव के रचे हुए होते थे, सुर भी उन्हीं के दिए रहते थे, सिर्फ गानेवाले आश्रम के वे लोग होते थे जिनमें गा सकने की क्षमता होती थी। आचार्य क्षितिमोहन सेन वेदमन्त्रों का चुनाव करते थे। मैं 1930 ई. के नवम्बर में शान्तिनिकेतन प्रथम बार गया था। 1931 ई. के वैशाख में (8 मई को) मैं गुरुदेव के जन्मोत्सव में प्रथम बार सम्मिलित हुआ। इस बार उनका 70वाँ जन्मदिन था, इसीलिए धूम भी बहुत थी। आचार्य सेन ने उसी बार मुझसे और अन्य कई अध्यापकों और विद्यार्थियों से वेदमंत्रों का पाठ कराया था। और लोग तो नाना स्थानों में चले गए, पर मैं तभी से आचार्य जी के सहकारी के तौर पर उत्सवों में वेदमंत्रों का पाठ करने लगा। उनकी अनुपस्थिति में मुझे प्रधान पुरोहित का भी काम करना पड़ता। गुरुदेव उत्सव के अनुरूप वेदमंत्रों के चुनाव में बहुत रस लेते थे। वे प्रत्येक मंत्र और गान को स्वयं देख लेते थे। आवश्यकता पड़ने पर मंत्रों के अनुवाद की भाषा का सुधार भी करते

थे। प्रत्येक छोटे-से-छोटे काम को वे बहुत गंभीरतापूर्वक देखते थे। परंतु उस संपूर्ण गंभीरता में एक प्रकार का सहजभाव बना रहता था। यह सहज गंभीर-भाव उनकी अपनी विशेषता थी। इसी ने शान्तिनिकेतन के प्रत्येक कार्य को इतना सुरुचिपूर्ण बना दिया है।

एक बार गुरुदेव ने एक विशेष उत्सव के लिए मंत्र चुनने का भार भी मुझे दिया था। उन दिनों आचार्य सेन आश्रम में उपस्थित नहीं थे। उत्सव की बात गुरुदेव के मन में आई और तुरंत उनका आदमी मेरे पास पहुँचा। उत्सव के अवसर पर वे बालकों की तरह प्रसन्न हो उठते थे। मेरे पास जब उनका आदमी पहुँचा तो मुश्किल से उस समय सूर्योदय हुआ होगा। मैं कुछ नहीं समझ पाया कि गुरुदेव ने क्यों बुला भेजा है। दौड़ा-दौड़ा गया। गुरुदेव बड़े प्रसन्न थे। उन्होंने बताया कि 'अमुक दिन को मेरे मन में अमुक उत्सव की बात आई है। इस बार मंत्र तुम्हें ही चुनने पड़ेंगे, तुम्हें ही पढ़ने पड़ेंगे।' फिर जरा विनोद के स्वर में बोले, 'तुम मेरे प्रतिद्वन्द्वी बनना चाहते हो, यह नहीं हो सकेगा।' एक क्षण के लिए मैं समझ नहीं सका कि उनका आशय क्या है, परंतु उनका चेहरा तब तक स्मितदीप्त हो चुका था। उन दिनों मैंने भी दाढ़ी बढ़ा ली थी। शायद वह अच्छी नहीं दीखती थी। कम-से-कम कवि की आँखों में स्थान पाने योग्य तो वह नहीं ही थी। गुरुदेव का इशारा उसी ओर था। बोले, 'वेद पढ़वाता हूँ तो चेहरा भी वेद पढ़नेवाले का चाहता हूँ।' और फिर हँसते हुए बोले, 'आजकल यह बड़ा खतरनाक है। बचके रहा करो।'

मैंने वेदमंत्र चुने। उनका बँगला अनुवाद भी लिखा और गुरुदेव के पास ले गया। थोड़े में रीझना गुरुदेव को ही आता था। एकदम भोलानाथ! मेरे मंत्रों की उन्होंने खूब प्रशंसा की। अनुवाद ही भाषा की भी प्रशंसा की। यद्यपि प्रेस में जाते-जाते वह भाषा एकदम बदल गई थी। छपी प्रति मुझे देते हुए बोले, 'बँगला अनुवाद थोड़ा बदल दिया है। देख लो।' उनका मूल शब्द था 'एकटू'। उस 'एकटू' के पीछे कितना स्नेह था! गुरुदेव से सोचा होगा कि कहीं इसे ऐसा न लगे कि बँगला मुझसे बहुत गलत लिख गई थी। इसीलिए उन्हें ऐसा कह देना आवश्यक जान पड़ा। मैं कृतकृत्य हो गया। जरा-जरा-सी गलतियों पर विद्यार्थियों को झिड़क देनेवाले अध्यापक क्या जानते हैं कि वे मनुष्य के भावी निर्माण में कितनी बाधा पहुँचा रहे हैं!

मैंने गुरुदेव से परिचय होने के कुछ समय बाद से ही हिन्दी में उनकी कविताओं के विषय में लिखना शुरू किया। मैं ही जानता हूँ कि इन लेखों में कितनी त्रुटियाँ थीं। मेरे इन लेखों की कटिंग्स को एक बार आचार्य सेन ने गुरुदेव को दिया। उन्होंने उसे रख लिया। अपने अत्यंत व्यस्त कार्यक्रम के भीतर भी उन्होंने उन बाल-प्रयत्नों को देखने का समय निकाल लिया और जब मैं कई दिनों बाद उनसे मिला तो बहुत-ही उत्साहवर्धक शब्दों में उन्होंने कहा, 'बहुत अच्छा लिखा है तुमने! मुझे यह प्रसन्नता है कि तुम पढ़कर लिखते हो।' फिर जरा विनोद के साथ बोले, 'मुझे ऐसे समालोचक

मिलते हैं जो बिना पढ़े ही लिख मारते हैं।' फिर थोड़ा रुककर किसी पुरानी बात की याद करते हुए बोले, 'बिना पढ़े जो आलोचना लिखी जाती है वह होती खूब है।' और हँस पड़े। मैंने निस्संदेह समझा कि यह उत्साह देने के उद्देश्य से कहे हुए वाक्य हैं। अपनी त्रुटियों का मुझे बराबर ज्ञान बना रहता है, उस समय भी था। परंतु वे दो-चार वाक्य मेरे लिए कितने महत्त्वपूर्ण थे, यह कोई भी सहृदय आसानी से समझ सकता है। एक दिन एक साहित्यिक ने अपने विषय में बड़े दर्प के साथ कहा कि 'मैं लड़कों को बढ़ावा नहीं देता, अपने को सस्ता बनाना बहुत अच्छी बात नहीं है।' तो मुझे रवीन्द्रनाथ की वह बात याद आ गई। वर्द्धिष्णु युवकों को प्यारपूर्वक उत्साहित कर देना सस्ता बनना है? और यदि सस्ता ही है तो महँगा बनना क्या बहुत बड़ी बात है?

उनके पास जाने से बराबर यह अनुभव होता था कि मैं छिन्न-वृन्त तूलखण्ड की भाँति व्यर्थ ही इधर-उधर मारे-मारे फिरने के लिए नहीं बना हूँ। छोटे-से-छोटे जीवन की भी अपनी चरितार्थता है। एक भी ऐसा अवसर स्मरण नहीं जब उनके पास से हताश होकर लौटा होऊँ। कभी-कभी तो बढ़ावा देने के लिए अपने स्तर पर खींच ले जाते थे। कहते, 'देखो, मैं भी पहले तुम्हारी ही तरह इन बातों से घबराता था।' मानो वे और मैं एक ही स्तर के मनुष्य हों, मानो उनमें और मुझमें केवल इतना ही अन्तर था कि वे कुछ पहले दुनिया में आ गए थे और मैं कुछ बाद।

साधारण-से-साधारण बातचीत में भी वे कभी नीचे नहीं उतरते थे। उनके प्रत्येक वाक्य में उनके महिमामय व्यक्तित्व की छाप रहती थी। पर साधारण-से-साधारण विद्यार्थी को भी वह महिमा बोझ नहीं मालूम होती थी। मनुष्य की महिमा के वे प्रचारक थे और प्रत्येक मनुष्य में उसके महिमामय रूप को वे पहचान लेते थे। साधारण औरतों, बालकों, नौकरों तक में उस महिमा का साक्षात्कार उन्हें मिल जाता था और यही कारण है कि वे सबके अविसंवादी स्वजन थे। प्रत्येक बालक उन्हें उतना ही निकट का समझता था जितना कोई उनके घर परिवार का आदमी। वे हृदय उँडेलकर स्नेह दे सकते थे और दूसरों का सर्वोत्तम पा भी सकते थे। उनका व्यक्तित्व अपूर्व था--सब प्रकार से अपूर्व।

इस समय मेरे मन में सौ-सौ बातें आ रही हैं। समझ में नहीं आता किसे सुनाऊँ। जो बात सबसे अधिक मन में आती है, वह यही कि महान् गुरु का शिष्य होना बड़े सौभाग्य की बात है। शान्तिनिकेतन से जो लोग कीर्तिमान होकर निकले हैं उनके निर्माण में इस अपूर्व स्नेह का बहुत बड़ा हाथ है, यह बात वे सभी स्वीकार करेंगे। रवीन्द्रनाथ पारस थे। जो भी उनके सम्पर्क में आया, वह धन्य हो गया। उन्होंने अपनी कई कविताओं में कहा है कि जब वे इस दुनिया में न रहें तो शोक नहीं मनाना; इस दुनिया के लता-फल-पेड़-पौधे—सबके भीतर वे बने रहेंगे। मृत्यु के कुछ दिन पूर्व उन्होंने एक कविता लिखी थी—'जब मैं इस मर्त्यकाया में न रहूँ'।

मूल कविता बँगला में है। उसके आरंभ की दो-तीन पंक्तियों का हिन्दी रूपान्तर सुना देता हूँ—आज इन पंक्तियों की स्मृति और भी हृदय में कचोट उत्पन्न कर रही है। कविता की आरंभिक पंक्तियाँ इस प्रकार हैं :

"जब मैं इस मर्त्यकाया में न रहूँ—इस क्षणभंगुर देह को छोड़ जाऊँ, उस समय मुझे याद करने की यदि तुम्हारी इच्छा हो तो तुम इस निभृत शांत छाया में आ जाना, जहाँ यह चैत्र का शालवन खिला हुआ है।"

इस कविता की अंतिम पंक्तियाँ इस प्रकार हैं :

"तुम्हें यदि कभी मुझे स्मरण करने की इच्छा हो तो देखो, सभा न बुलाना, हुजूम न करना, आ जाना इस छाया में, जहाँ यह चैत्र का शालवन खिला हुआ है।"

रवीन्द्रनाथ चले गए—इस मर्त्यकाया को छोड़कर निकल गए; पर चैत्र का शालवन अब भी है—उसी मस्ती के साथ खिला हुआ!

बारह : एक कुत्ता और एक मैना

आज से कई वर्ष पहले गुरुदेव के मन में आया कि शान्तिनिकेतन को छोड़कर कहीं अन्यत्र जाएँ। स्वास्थ्य बहुत अच्छा नहीं था। शायद इसलिए, या पता नहीं क्यों, तै पाया कि वे श्रीनिकेतन के पुराने तिमंजिले मकान में कुछ दिन रहें। शायद मौज में आकर ही उन्होंने यह निर्णय किया हो। वे सबसे ऊपर के तल्ले में रहने लगे। उन दिनों ऊपर तक पहुँचने के लिए लोहे की चक्करदार सीढ़ियाँ थीं, और वृद्ध और क्षीणवपु रवीन्द्रनाथ के लिए उस पर चढ़ सकना असंभव था। फिर भी बड़ी कठिनाई से उन्हें वहाँ ले जाया जा सका।

उन दिनों छुट्टियाँ थीं। आश्रम के अधिकांश लोग बाहर चले गए थे। एक दिन हमने सपरिवार उनके 'दर्शन' की ठानी। 'दर्शन' को मैं जो यहाँ विशेष रूप से दर्शनीय बनाकर लिख रहा हूँ, उसका कारण यह है कि गुरुदेव के पास जब कभी मैं जाता था तो प्रायः वे यह कहकर मुस्करा देते थे कि 'दर्शनार्थी हैं क्या?' शुरू-शुरू में मैं उनसे ऐसी बँगला में बात करता था, जो वस्तुतः हिन्दी-मुहावरों का अनुवाद हुआ करती थी। किसी बाहर के अतिथि को जब मैं उनके पास ले जाता था तो कहा करता था, 'एक भद्र लोक आपनार दर्शनेर जन्य ऐसे छेन।' यह बात हिन्दी में जितनी प्रचलित है, उतनी बँगला में नहीं। इसलिए गुरुदेव जरा मुस्करा देते थे। बाद में मुझे मालूम हुआ कि मेरी यह भाषा बहुत अधिक पुस्तकीय है और गुरुदेव ने उस 'दर्शन' शब्द को पकड़ लिया था। इसलिए जब कभी मैं असमय में पहुँच जाता था तो वे हँसकर पूछते थे–'दर्शनार्थी लेकर आए हो क्या?' यहाँ यह दुख के साथ कह देना चाहता हूँ कि अपने देश के दर्शनार्थियों में कितने ही इतने प्रगल्भ होते थे कि समय-असमय, स्थान-अस्थान, अवस्था-अनवस्था की एकदम परवा नहीं करते थे और रोकते रहने पर भी आ ही जाते थे। ऐसे 'दर्शनार्थियों' से गुरुदेव कुछ भीत-भीत से रहते थे। अस्तु, मैं मय बाल-बच्चों के एक दिन श्रीनिकेतन जा पहुँचा। कई दिनों से उन्हें देखा नहीं था।

गुरुदेव वहाँ बड़े आनंद में थे। अकेले रहते थे। भीड़-भाड़ उतनी नहीं होती थी, जितनी शान्तिनिकेतन में। जब हम लोग ऊपर गए तो गुरुदेव बाहर एक कुर्सी

पर चुपचाप बैठे अस्तगामी सूर्य की ओर ध्यान-स्तिमित नयनों से देख रहे थे। हम लोगों को देखकर मुस्कराए, बच्चों से जरा छेड़-छाड़ की, कुशल-प्रश्न पूछे और फिर चुप हो रहे। ठीक उसी समय उनका कुत्ता धीरे-धीरे ऊपर आया और उनके पैरों के पास खड़ा होकर पूँछ हिलाने लगा। गुरुदेव ने उसकी पीठ पर हाथ फेरा। आँखें मूँदकर अपने रोम-रोम से उस स्नेह-रस का अनुभव करने लगा। गुरुदेव ने हम लोगों की ओर देखकर कहा, ''देखा तुमने, ये आ गए। कैसे इन्हें मालूम हुआ कि मैं यहाँ हूँ, आश्चर्य है! और देखो, कितनी परितृप्ति इनके चेहरे पर दिखाई दे रही है।''

हम लोग उस कुत्ते के आनंद को देखने लगे। किसी ने उसे राह नहीं दिखाई थी, न उसे यह बताया था कि उसके स्नेह-दाता यहाँ से दो मील दूर हैं और फिर भी वह पहुँच गया। इसी कुत्ते को लक्ष्य करके उन्होंने 'आरोग्य' में इस भाव की एक कविता लिखी थी—''प्रतिदिन प्रातःकाल यह भक्त कुत्ता स्तब्ध होकर आसन के पास तब तक बैठा रहता है, जब तक अपने हाथों के स्पर्श से मैं इसका संग नहीं स्वीकार करता। इतनी-सी स्वीकृति पाकर ही उसके अंग-अंग में आनंद का प्रवाह बह उठता है। इस वाक्यहीन प्राणिलोक में सिर्फ यही एक जीव अच्छा-बुरा सबको भेदकर संपूर्ण मनुष्य को देख सका है, उस आनंद को देख सका है, जिसे प्राण दिया जा सकता है, जिसमें अहैतुक प्रेम ढाल दिया जा सकता है, जिसकी चेतना असीम चैतन्य लोक में राह दिखा सकती है। जब मैं इस मूक हृदय का प्राणपण आत्मनिवेदन देखता हूँ, जिसमें वह अपनी दीनता बताता रहता है, तब मैं यह सोच ही नहीं पाता कि उसने अपने सहज बोध से मानव स्वरूप में कौन-सा मूल्य आविष्कार किया है, इसकी भाषाहीन दृष्टि की करुण व्याकुलता जो कुछ समझती है, उसे समझा नहीं पाती और मुझे इस सृष्टि में मनुष्य का सच्चा परिचय समझा देती है।'' इस प्रकार कवि की मर्मभेदी दृष्टि ने इस भाषाहीन प्राणी की करुण दृष्टि के भीतर उस विशाल मानव-सत्य को देखा है, जो मनुष्य मनुष्य के अंदर भी नहीं देख पाता।

मैं जब यह कविता पढ़ता हूँ तब मेरे सामने श्रीनिकेतन के तितल्ले पर की वह घटना प्रत्यक्ष-सी हो जाती है। वह आँख मूँदकर अपरिसीम आनंद, वह 'मूक हृदय का प्राणपण आत्मनिवेदन' मूर्तिमान हो जाता है। उस दिन मेरे लिए वह एक छोटी-सी घटना थी, आज वह विश्व की अनेक महिमाशाली घटनाओं की श्रेणी में बैठ गई है। एक आश्चर्य की बात और इस प्रसंग में उल्लेख की जा सकती है। जब गुरुदेव का चिताभस्म कलकत्ते से आश्रम में लाया गया, उस समय भी न जाने किस सहज बोध के बल पर वह कुत्ता आश्रम के द्वार तक आया और चिताभस्म के साथ अन्यान्य आश्रमवासियों के साथ शांत गंभीर भाव से उत्तरायण तक गया। आचार्य क्षितिमोहन सेन सबके आगे थे। उन्होंने मुझे बताया कि वह चिताभस्म के कलश के पास थोड़ी देर चुपचाप बैठा भी रहा।

कुछ और पहले की घटना याद आ रही है। उन दिनों मैं शान्तिनिकेतन में नया ही आया था। गुरुदेव से अभी उतना धृष्ठ नहीं हो पाया था। गुरुदेव उन दिनों सुबह अपने बगीचे में टहलने के लिए निकला करते थे। मैं एक दिन उनके साथ हो गया था। मेरे साथ एक और पुराने अध्यापक थे और सही बात तो यह है कि उन्होंने ही मुझे भी अपने साथ ले लिया था। गुरुदेव एक-एक फूल-पत्ते को ध्यान से देखते हुए अपने बगीचे में टहल रहे थे और उक्त अध्यापक महाशय से बातें करते जा रहे थे। मैं चुपचाप सुनता जा रहा था। गुरुदेव ने बातचीत के सिलसिले में एक बार कहा, "अच्छा साहब, आश्रम के कौए क्या हो गए? उनकी आवाज सुनाई ही नहीं देती?" न तो मेरे साथी उन अध्यापक महाशय को यह खबर थी और न मुझे ही। बाद में मैंने लक्ष्य किया कि सचमुच कई दिनों तक आश्रम में कौए नहीं दीख रहे हैं। मैंने तब तक कौओं को सर्वव्यापक पक्षी ही समझ रखा था। अचानक उस दिन मालूम हुआ कि ये भले आदमी भी कभी-कभी प्रवास को चले जाते हैं या चले जाने को बाध्य होते हैं। एक लेखक ने कौओं की आधुनिक साहित्यिकों से उपमा दी है, क्योंकि इनका मोटो है–'मिसचीफ फार मिसचीफ्स सेक' (शरारत के लिए ही शरारत)। तो क्या कौओं का प्रवास भी किसी शरारत के उद्देश्य से ही था? प्रायः एक सप्ताह के बाद बहुत कौए दिखाई दिए।

एक दूसरी बार मैं सवेरे गुरुदेव के पास उपस्थित था। उस समय एक लँगड़ी मैना फुदक रही थी। गुरुदेव ने कहा, "देखते हो, यह यूथभ्रष्ट है। रोज फुदकती है, ठीक यहीं आकर। मुझे इसकी चाल में एक करुण भाव दिखाई देता है।" गुरुदेव ने अगर कह न दिया होता तो मुझे उसका करुणभाव एकदम नहीं दीखता। मेरा अनुमान था कि मैना करुण भाव दिखानेवाला पक्षी है ही नहीं। वह दूसरों पर अनुकम्पा ही दिखाया करती है। तीन-चार वर्ष से मैं एक नए मकान में रहने लगा हूँ। मकान के निर्माताओं ने दीवारों में चारों ओर एक-एक सूराख छोड़ रखी है। यह कोई आधुनिक वैज्ञानिक खतरे का समाधान होगा। सो, एक मैना-दम्पति नियमित भाव से प्रतिवर्ष यहाँ गृहस्थी जमाया करते हैं, तिनके और चीथड़ों का अम्बार लगा देते हैं। भलेमानस गोबर के टुकड़े तक ले आना नहीं भूलते। हैरान होकर हम सूराखों में ईंटें भर देते हैं, परंतु वे खाली बची जगह का भी उपयोग कर लेते हैं। पति-पत्नी जब कोई एक तिनका लेकर सूराख में रखते हैं तो उनके भाव देखने लायक होते हैं। पत्नी देवी का तो क्या कहना! एक तिनका ले आईं तो फिर एक पैर पर खड़ी होकर ज़रा पंखों को फटकार दिया, चोंच को अपने ही परों से साफ कर लिया और नाना प्रकार की मधुर और विजयोद्घोषी वाणी में गान शुरू कर दिया। हम लोगों की तो उन्हें कोई परवा ही नहीं रहती। अचानक इसी समय अगर पति देवता भी कोई कागज का या गोबर का टुकड़ा लेकर उपस्थित हुए तब तो क्या कहना! दोनों के नाच-गान और आनंद-नृत्य से सारा मकान मुखरित हो उठता है। इसके बाद ही पत्नी देवी

ज़रा हम लोगों की ओर मुखातिब होकर लापरवाही-भरी अदा से कुछ बोल देती हैं। पति देवता भी मानो मुस्कराकर हमारी ओर देखते, कुछ रिमार्क करते और मुँह फेर लेते हैं। पक्षियों की भाषा तो मैं नहीं जानता; पर मेरा निश्चित विश्वास है कि उनमें कुछ इस तरह की बातें हो जाया करती हैं :

पत्नी—ये लोग यहाँ कैसे आ गए जी?

पति—उँह बेचारे आ गए हैं, तो रह जाने दो। क्या कर लेंगे!

पत्नी—लेकिन फिर भी इनको इतना तो ख्याल होना चाहिए कि यह हमारा प्राइवेट घर है।

पति—आदमी जो हैं, इतनी अकल कहाँ?

पत्नी—जाने भी दो।

पति—और क्या?

सो, इस प्रकार की मैना कभी करुण हो सकती है, यह मेरा विश्वास ही नहीं था। गुरुदेव की बात पर मैंने ध्यान से देखा तो मालूम हुआ कि सचमुच ही उसके मुख पर एक करुण भाव है। शायद यह विधुर पति था, जो पिछली स्वयंवर-सभा के युद्ध में आहत और परास्त हो गया था। या विधवा पत्नी है, जो पिछले बिड़ाल के आक्रमण के समय पति को खोकर युद्ध में ईषत् चोट खाकर एकान्त विहार कर रही है। हाय, क्यों इसकी ऐसी दशा है! शायद इसी मैना को लक्ष्य करके गुरुदेव ने बाद में एक कविता लिखी थी, जिसके कुछ अंश का सार इस प्रकार है :

"उस मैना को क्या हो गया है, यही सोचता हूँ। क्यों वह दल से अलग होकर अकेली रहती है? पहले दिन देखा था सेमर के पेड़ के नीचे मेरे बगीचे में। जान पड़ा जैसे एक पैर से लँगड़ा रही हो। इसके बाद उसे रोज़ सवेरे देखता हूँ—संगीहीन होकर कीड़ों का शिकार करती फिरती है। चढ़ जाती है बरामदे में। नाच-नाचकर चहलकदमी किया करती है, मुझसे जरा भी नहीं डरती। क्यों है ऐसी दशा इसकी? समाज के किस दण्ड पर उसे निर्वासन मिला है, दल के किस अविचार पर उसने मान किया है? कुछ ही दूरी पर और मैनाएँ बक-झक कर रही हैं, घास पर उछल-कूद रही हैं, उड़ती फिरती हैं शिरीषवृक्ष की शाखाओं पर। इस बेचारी को ऐसा कुछ भी शौक़ नहीं है। इसके जीवन में कहाँ गाँठ पड़ी है, यही सोच रहा हूँ। सवेरे की धूप में मानो सहज मन से आहार चुगती हुई झड़े हुए पतों पर कूदती फिरती है सारा दिन। किसी के ऊपर इसका कुछ अभियोग है, यह बात बिल्कुल नहीं जान पड़ती। इसकी चाल में वैराग्य का गर्व भी तो नहीं है, दो आग-सी जलती आँखें भी तो नहीं दिखतीं।" इत्यादि।

जब मैं इस कविता को पढ़ता हूँ तो उस मैना की करुण मूर्ति अत्यंत साफ होकर सामने आ जाती है। कैसे मैंने उसे देखकर भी नहीं देखा और किस प्रकार

कवि की आँखें उस बिचारी के मर्मस्थल तक पहुँच गईं, सोचता हूँ तो हैरान हो रहता हूँ। एक दिन वह मैना उड़ गई। सायंकाल कवि ने उसे नहीं देखा। जब वह अकेले जाया करती है उस डाल के कोने में, जब झींगुर अंधकार में झनकारता रहता है, जब हवा में बाँस के पत्ते झरझराते रहते हैं, पेड़ों की फाँक से पुकारा करता है नींद तोड़नेवाला सन्ध्यातारा! कितना करुण है उसका गायब हो जाना!

तेरह : रवीन्द्र-दर्शन-1

रवीन्द्रनाथ हमारे युग के क्रांतदर्शी कवि थे। उन्होंने अपने देशवासियों को और समूचे जगत् को ऐसा महान् जीवनदर्शन दिया है जो आधुनिक परिस्थितियों के लिए अत्यधिक हितकर और ग्राह्य है। आज की दुनिया जिस प्रकार के अनास्था-व्याकुल वातावरण में चल रही है, वैसा कदाचित् इससे पहले कभी दिखाई नहीं दिया था। डॉ. राधाकृष्णन ने कहा है कि "मानव इतिहास के किसी भी समय में इतने लोगों के सिर पर इतना बड़ा बोझ नहीं पड़ा है, या वे इतनी बड़ी यन्त्रणाओं और अन्तर्वेदनाओं के कष्ट के शिकार नहीं हुए। हम ऐसे संसार में जी रहे हैं जिसमें विषमता सर्वव्यापी है। परम्पराएँ, संयम, स्थापित कानून और यथास्थित आदर्श शिथिल हो गए हैं। जो विचार कल तक सामाजिक भद्रता और न्याय से अविच्छेद्य समझे जाते थे और जो शताब्दियों से लोगों के आचरण का निर्देशन और अनुशासन करने में समर्थ समझे जाते थे, वे आज बह गए हैं। संसार गलतफहमियों, कटुताओं और संघर्षों से विदीर्ण हो गया है।" यह समय एक ओर जहाँ पुरानी मान्यताओं के प्रति संशय की भावना से जर्जर है वहाँ दूसरी ओर नई मान्यताओं की स्थापना के अभाव में अस्थिर-चित्तता और अनास्था को उत्तेजन दे रहा है। मनुष्य का चित्त परम्पराओं से न तो मुक्त ही हुआ है न वह नई आस्था ही खोज पा रहा है। संसार के मनीषी चिंतित हो उठे हैं, जनता अवश्यम्भावी सत्यानाशी युद्धों की विभीषिकाओं और संभावनाओं से त्राहि-त्राहि कर उठी है। सर्वत्र कुछ ऐसे की खोज हो रही है जो आस्था ले आ सके, भयंकर संभावनाओं की रोकथाम का उपाय बता सके। संसार के भयत्रस्त, अनास्था जर्जर जनसमूह को शांत और आश्वस्त करनेवाला जीवनदर्शन चाहिए। रवीन्द्रनाथ इसी सभ्यता के संकटकाल के मनीषी हैं। उन्होंने अपनी कविताओं और अन्य साहित्यिक रचनाओं के द्वारा गुमराह मनुष्य के चित्त में आस्था उत्पन्न की है, संशय और भय के मूल में आघात किया है, लोभ और मोह के नवीन रूपों का पर्दाफाश किया है और मनुष्य के पुराने बहुमानित जीवन-मूल्यों में जो उपयोगी है, जो सनातन है, उसे खोज निकाला है और अनास्था जर्जर मानवता को आशा और विश्वास का मन्त्र दिया है।

आधुनिक जीवन-दर्शन के बारे में संसार के मनीषियों ने अनेक प्रकार से लिखा

है। आज का शिक्षित मनुष्य स्वर्ग और नरक की पुरानी मान्यताओं पर आस्था खो चुका है। जीवन को सुचारु रूप से चलाने के लिए मध्ययुगीन मनुष्य के चित्त में जो विश्वास शताब्दियों से प्रतिष्ठित हो चुके थे, वे एकाएक ढहकर भहरा गए हैं। मनुष्य की बुद्धि ने प्रकृति के रहस्यों की जो जानकारी प्राप्त की है उसने उसे आत्मकेन्द्रित बना दिया है। अपनी बुद्धि पर उसकी आस्था निरंतर बढ़ती जा रही है, परंतु यह बुद्धि स्वयं ही अपनी समस्या बनती जा रही है। क्या जीवन यों ही जड़ तत्त्वों के आकस्मिक घटन-अवघटन से उत्पन्न हुआ आकस्मिक संयोग-संचित या किसी अदृश्य शक्ति की सुनियोजित व्यवस्था का अंग है? भारतवर्ष के पुराने तत्त्वदर्शियों ने जो उत्तर दिए हैं वे बहुत सटीक हैं, पर आधुनिक शिक्षित मनुष्य को वे ग्राह्य नहीं हो पाते। उसे वर्तमान के संदर्भ में उत्तर मिलना चाहिए।

बहुत तरुण वयस में रवीन्द्रनाथ ने एक कविता लिखी थी–'जीवनदेवता'। इस कविता में उन्होंने पुराने भारतीय मनीषियों की सोची हुई चीज को नई भाषा में प्रकट किया था–अत्यन्त मधुर और हृदय-ग्राह्य बनाकर! इस कविता में उन्होंने अपने जीवन देवता को संबोधन करके पूछा था–"हे मेरे जीवनदेवता, मेरे अन्तर में वास करके तुम्हारी क्या सारी प्यास बुझ सकी है?" इस कविता में कवि ने एक सनातन प्रेमपिपासु देवता की कल्पना की है। वह देवता है जो जीवन के विविध रंगों-रूपों-वर्णों में निरंतर वास करके अपनी प्रेमतृष्णा शांत करना चाहता है। यह लीलावाली पुरानी वैष्णव कल्पना का नया रूप है। यह जीवन हमारा अपना नहीं है, किसी चिरपुरातन प्रेमी की लीला का साधन है। मनुष्य की समस्त वासनाएँ, सारी त्रुटियाँ, अशेष स्खलन उस चिरपुरातन प्रेमी की ओर उन्मुख होकर धन्य हो जाता है। यह जीवन उस चिरंतन गायक की वीणा है, जो भी राग उसके मन के अनुकूल बजते हैं वे धन्य हैं।

जिस सुर में तुमने बाँधे थे इस वीणा के तार सखे,
बार-बार वे उतर गए हैं, बिखरे बारंबार सखे,
कवि तुमने जो राग बजाना चाहा वह क्या मेरे बस का?

इस कविता में कवि रवीन्द्रनाथ ने एक सनातन प्रेमी की बात कही थी। जिसे आत्मसमर्पण करके ही जीवन धन्य होता है, जिसके चरणों में अपने-आपको दलित द्राक्षा की तरह निचोड़कर निःशेष भाव से उँड़ेल देने में ही मनुष्य जीवन चरितार्थ होता है। जीवन के प्रथम उन्मेषक्षण में रवीन्द्रनाथ ने यह सत्य देखा था और बाद में अपनी अनेक रचनाओं में इस मूल बात को नाना भाँति से हृदयग्राह्य बनाया। घनघोर वर्षा के विषय में लिखते समय एक बार उन्होंने जो लिखा था उसे हिन्दी में इस प्रकार रूपान्तरित किया जा सकता है :

इस उत्ताल तुमुल निनाद मन्द्रिल छन्द से
घनघनित मोहन घुमड़ते पदबन्ध से

तुम राग जो चाहो बजाना आज मेरी प्राणवीणा पर
बजा लो खींच
इस घनघोर वर्षा बीच।

चटकती कलियों में, मर्मरित पत्तों में, हरहराती नदियों में, घुमड़ते मेघों में, पत्थरतोड़ परिश्रम में, उल्लास-चंचल अपांगों में, छलकते आँसुओं में उन्होंने इस जीवनदेवता का लीला-विलास पाया। यह जीवनदेवता अनेक में एक होकर विराजमान है। इसकी उपेक्षा मनुष्य को विकृतियों का शिकार बना देती है। जीवन के हर उल्लास और अवसाद में, हर गति और हर मोड़ में उल्लसित होनेवाला यह जीवनदेवता ही उपनिषदों का 'नानात्व में एक' रूप में विद्यमान परमतत्त्व है। जो कुछ इसके लिए किया जाता है, जो कुछ उसकी प्रीति के लिए उत्सर्गीकृत है वही धन्य है। जीवन के सभी कार्य तभी चरितार्थ होंगे जब मनुष्य अविचलित निष्ठा के साथ विश्वास करे कि वह परमप्रेमिक प्रभु निरंतर हृदय में विराजमान है। एक गान में उन्होंने कहा है :

क्या लोग कहा करते हैं इस पर ध्यान न दे
शत आकर्षण में खिंचा-खिंचा तू जान न दे,
केवल इतना तू भूल नहीं
तेरे राजा हैं तेरे ही हिय में वर्तमान।

जीवन को चालित करनेवाले महान् प्रेमिक को कवि ने राजा, नाथ, प्रिय, सखा आदि विभिन्न रूपों में देखा है। इसे प्राप्त करने के लिए मध्य-युग में वैराग्य-मूलक साधना प्रचलित हुई थी, या विह्वल भक्तिमार्ग का आविष्कार हुआ था। रवीन्द्रनाथ इन बातों को ज्यों-का-त्यों नहीं स्वीकार करते। अपनी कविता में उन्होंने यह स्पष्ट शब्दों में कहा है, जिसका हिन्दी रूपांतर इस प्रकार होगा :

भक्ति, जो तुमको ग्रहण कर भुला देती धैर्य
क्षणभर में कि जो कर डालती विह्वल तरलतर नृत्य से, संगीत से
अज्ञात भावोन्माद की उन्मत्तता से,
भक्ति की यह उद्भ्रमित फेनोच्छला मदधार
है बिल्कुल न मेरी काम्य, मेरे नाथ
मुझे दो शान्तरस वह भक्ति जिसके स्निग्धतर पीयूष से
परिपूर्ण मंगलकलश
इस संसार भवन-द्वार पर शोभे।
कि जिसकी अमृतधारा फैल जाए सकल जीवन में
निगूढ़ गंभीर सारे कार्य को बल दे,
विफल शुभ यत्न को भी करे फल से युक्त,
परमानन्द से, कल्याण से, सब प्रेम में दे तृप्ति

सारे दुःख में दे क्षेम, सब सुख में समुज्ज्वल दीप्ति दाहविहीन
ऐसी भक्ति जो नित संवरण कर भावविह्वल अश्रु को
कर दे हृदय परिपूर्ण,
जो हो अप्रमत्त गम्भीर

इस भक्ति में उस प्रकार का वैराग्यभाव नहीं है जो मध्यकाल में बहुत धार्मिक भाव से दिखाई दिया था। यह भक्ति संसार की कठिनाइयों और जिम्मेवारियों से भागने की नहीं होती। अपनी एक कविता में उन्होंने इस भागनेवाली प्रवृत्ति को लक्ष्य करके ही कहा था :

हूँ खड़ा आकर यहाँ रणभूमि के आघात-प्रत्याघात से जर्जर,
उतार-उतार फेंक दिया वलय-कुण्डल गले का हार,
अंगद प्रभृति भूषण-भार,
दो इस हाथ में निज हाथ से अपनी अमोघ शरावली,
अपना विकट तूणीर अक्षय,
अस्त्रदीक्षा दो मुझे रणगुरो,
ऐसा हो कि होवे ध्वनित प्रभु का प्रबलतर पितृस्नेह
आज कठोरतर आदेश में।
मुझको करो सामान्य नूतन वीर सज्जा में
कठिन कर्तव्य का दे भार,
दुःसह और दारुण वेदना देकर
सुसज्जित करो पहनाकर निदारुण चोट के, क्षतचिह्न के,
आभरण मेरे अंग में।
हे नाथ, धन्य करो अभांजन दास को
सब सफल चेष्टा में विफल आयास में।
रखो न ढककर इसे कोमल भाव के मोहन-ललित उत्संग में, हे प्रभु
कठिनतर कर्म के भी क्षेत्र में कर दो इसे सक्षम तथा स्वाधीन।

इस प्रकार रवीन्द्रनाथ का जीवनदेवता आधुनिक युग के संघर्ष जटिल वातावरण में प्रेरणा और शक्ति का स्रोत है। यह जीवनदेवता हमारे अस्तित्व के साथ एकमेक होकर विराज रहा है।

चौदह : रवीन्द्र-दर्शन-2

सत्य क्या है? सौंदर्य क्या है? यह जो परिदृश्यमान विश्वब्रह्माण्ड है, वह क्या सत्य है या प्रतीतिमात्र है? प्रतीति किसे होती है? इन मूल प्रश्नों पर ही मनुष्य के विविध आचारों का मूल्यांकन हो सकता है। रवीन्द्रनाथ एक समष्टिमानव (युनिवर्सल मैन) में विश्वास रखते थे। यह समष्टिमानव सब मनुष्यों का आश्रय है, सबको मिलाकर विराजमान होने के कारण ही वह 'एकमेवाद्धितीयम्' है। इस समष्टिमानव को हम अपनी भावनाओं और कार्यों के द्वारा अनुभव करते हैं या अनुभवगम्य बनाते हैं। ऊपर-ऊपर से व्यक्तिमानव अलग-अलग दिखते हैं। वैज्ञानिक बताता है कि जिसे हम ठोस पिण्ड समझते हैं, वह छोटे-छोटे असंख्य परमाणुओं से बनता है। ये परमाणु एक-दूसरे से सटे नहीं हैं, उनमें व्यवधान है फिर भी हमें पूरा पिण्ड एक और अभिन्न दिखाई देता है। इसी प्रकार मनुष्य की इकाइयों के व्यवधान और अन्तर के होते हुए भी समष्टिमानव एक और अभेद्य है। यह समष्टिमानव व्यक्तियों से परे है, परंतु है वह मानवविराट् ही। सत्य वही है जिसे यह विराट् मानवचित्त धारण करता है। मानव-निरपेक्ष कोई सत्य हो भी तो उसे हम जान नहीं सकते। व्यक्तिमानव सीमाओं में बँधा है, परंतु यह समष्टिमानव सीमाहीन है। व्यक्तिमानव जो कुछ अनुभव करता है, विचार करता है, विवेक से ग्रहण करता है वह सत्य तभी होता है जब इस समष्टिमानव की धारणाओं के अनुकूल हो। इसी विराट् सत्ता में जो परिपूर्ण सामंजस्य (आइडिया आव कम्पलीट हारमनी) है उसे हम 'सुंदर' कहते हैं, और जो परिपूर्ण बोध या कम्पलीट एप्रीहेंशन है वही सत्य है। व्यक्तिमानव अपनी विविध चेष्टाओं, त्रुटियों और भावनाओं को लेकर ही उसके सम्मुखीन होता है। सत्य और कुछ नहीं, उस विराट् मानव की सत्ता ही है, उससे अभिन्न है। ऐसा न होता तो व्यक्तिमानव सत्य को सत्यरूप में स्वीकार ही नहीं कर पाता। विज्ञान या तर्कशास्त्र सत्य का जो कुछ भी रूप हमारे सामने उपस्थित करता है वह मानवीय है; क्योंकि वह मानवीय चित्त या बुद्धि का ही विषय है। रवीन्द्रनाथ ने बताया है कि व्यक्तिमानव जब अपनी व्यक्तिगत सीमाओं को इस विराट् मानवीय सत्ता में निमज्जित कर देता है, अपने राग-विराग, मान-अभिमान के ऊपर उठकर इस सीमातीत सत्ता के साथ एकमेक

अनुभव करने लगता है तभी वह सत्य का साक्षात्कार करता है।

बात बहुत साफ नहीं हुई। रवीन्द्रनाथ मानते हैं कि जो कुछ हम जानते हैं, जान सकते हैं, अनुभव करते हैं और अनुभव कर सकते हैं वह मानव-दृष्टि से देखा हुआ ही सत्य है। मानव के दो रूप हैं : एक तो उसका व्यक्तिरूप, दूसरा समष्टि-रूप। देश और काल में बहुधा अभिव्यक्त व्यक्तिमानव को 'एक' के रूप में उपलब्ध करना समष्टिमानव की दृष्टि है। इसी समष्टिमानव के मस्तिष्क में—विराट् समष्टिचित्र में संसार-जैसा कुछ दिख रहा है वही मानवीय है। इससे भिन्न कोई सत्य हो तो हम उसे जान नहीं सकते। जानने का कोई उपाय नहीं है।

इसका मतलब यह हुआ कि हम जो कुछ सत्य या सुंदर रूप में देख या अनुभव कर रहे हैं, वह सब मानव-सत्य है। मनुष्य निरपेक्ष कुछ भी नहीं। सन् 1930 ई. में जब रवीन्द्रनाथ यूरोप गए थे तो महान् वैज्ञानिक अलबर्ट आइंस्टीन से मिले थे। दोनों में जो बातचीत हुई थी उसका विवरण 'रेलिजन आफ मेन' व्याख्यानमाला में परिशिष्ट रूप में छपा है। आइंस्टीन इस मत से सहमत नहीं हो पाए। उन्होंने पूछा, 'क्या सत्य और सौंदर्य मनुष्य से स्वतंत्र नहीं हैं?' रवीन्द्रनाथ ने उत्तर दिया—'नहीं।' आइंस्टीन ने कहा, 'मान लीजिए मनुष्य एकदम दुनिया से लोप हो जाए तो क्या बेलवेडियर का अपोलो सुंदर नहीं रह जाएगा?' रवीन्द्रनाथ का संक्षिप्त और स्पष्ट उत्तर था—'नहीं।' इस पर आइंस्टीन ने उत्तर दिया कि 'जहाँ तक सौंदर्य की धारणा का प्रश्न है मैं आपसे सहमत हूँ, पर जहाँ तक सत्य का प्रश्न है, मैं इस मत को स्वीकार नहीं कर सकता।' रवीन्द्रनाथ ने कहा, 'क्यों नहीं स्वीकार कर सकते? आखिर सत्य की उपलब्धि मनुष्य के द्वारा ही तो होती है?' आइंस्टीन ने कहा, ''मैं यह साबित तो नहीं कर सकता कि मेरी धारणा सही है, पर यह बात अर्थात् सत्य को मानवनिरपेक्ष स्वतः सिद्ध समझना मेरा धर्म है।' इस बात को और भी स्पष्ट करने के लिए महान् वैज्ञानिक आइंस्टीन ने कहा था कि 'मैं यह बात निश्चित रूप से सिद्ध तो नहीं कर सकता कि सत्य मानवता से स्वाधीन और निरपेक्ष रूप में स्वीकार्य है, पर मेरा दृढ़ विश्वास है कि वह ऐसा ही है। उदाहरण के लिए कहा जा सकता है कि ज्योमेट्री का पाइथोगोरियन सिद्धांत (कि समकोण त्रिभुज के लम्ब और आधार का वर्गयोग कर्ण के वर्गयोग के समान होता है) प्रायः सत्य है, मनुष्य दुनिया में रहे या न रहे। जो भी हो, अगर दुनिया में मनुष्य से स्वतंत्र कोई वास्तविकता है तो उस वास्तविकता से संबद्ध कोई सत्य भी अवश्य है और इसी प्रकार पहले को (मनुष्यनिरपेक्ष वास्तविकता को) अस्वीकार करने से दूसरे का सत्य भी स्वीकार योग्य नहीं रहता।' लेकिन रवीन्द्रनाथ मानते थे कि सत्य विश्वात्मा (युनिवर्सल बीइंग) के साथ एकमेक और अभिन्न है और वास्तविक रूप से मानवीय है। ऐसा नहीं होता तो व्यक्ति-मानव जिस किसी वस्तु को सत्य कहता है, वह सत्य कहा ही नहीं जा सकता। विशेष रूप से वैज्ञानिक सत्य के बारे में यही बात है; क्योंकि जिसे हम वैज्ञानिक या तर्कसम्मत सत्य मानते

हैं वह मानवीय बौद्धिक उपकरणों से ही उपलब्ध होता है। भारतीय दर्शन ब्रह्म को परमसत्य के रूप में स्वीकार करता है। परमसत्य अर्थात् एब्सोल्यूट ट्रुथ। इस परमसत्य को व्यक्ति-मानव की विभिन्नता से या पृथकत्व से नहीं उपलब्ध किया जा सकता, शब्दों से नहीं समझाया जा सकता, बल्कि व्यक्ति को--विभेद को उसकी निस्सीमता में विलीन करके ही उपलब्ध किया जा सकता है। यह उपलब्ध परमसत्य वैज्ञानिकों द्वारा बताया गया सत्य नहीं है। विज्ञान में जिस सत्य की चर्चा की जाती है वह केवल वास्तविक सत्य की अभिव्यक्तिमात्र होने से प्रतीतिमात्र है–एक प्रकार की भ्रान्ति है, माया है। मतलब यह कि विज्ञान द्वारा प्राप्त सत्य मानव-मस्तिष्क को सत्यवत् प्रतिभात होता है, सत्य वह नहीं है। पूर्ण सत्य जो है वह मनुष्य के दोनों प्रकार से गृहीत सत्यों का मिलित रूप है। एक तो मनुष्य ऐसे सत्य को जानता है जो तर्क और विज्ञान द्वारा प्राप्त होता है। यह व्यक्तिनिरपेक्ष होता है। दूसरा वह है जो उसके भावों के अनुरूप होता है। पहले को हम चलती भाषा में वस्तुनिष्ठ सत्य कहते हैं, दूसरे को सुंदर कहते हैं। पर परमसत्य के ये दोनों पक्ष हैं। न तो हम पहले को ही अस्वीकार कर सकते हैं। न दूसरे को ही; परंतु यह सब मनुष्यदृष्ट सत्य है।

रवीन्द्रनाथ की बात ऊपर-ऊपर से पहेली-जैसी जान पड़ती है। पर वह पहेली नहीं है। मनुष्य के रूप में अभिव्यक्त विश्वात्मा को वे सर्जनात्मक प्रक्रिया के भीतर से गुजरता देखते हैं। इस बात को अगर इस प्रकार समझा जाए तो बात बहुत स्पष्ट हो जाएगी–मान लीजिए कोई ऐसी वास्तविकता है जो मानव-निरपेक्ष है। आइंस्टीन को अगर प्रतिनिधि वैज्ञानिक माना जाए तो कह सकते हैं कि वैज्ञानिकों का यह विश्वास है कि कोई ऐसी वास्तविकता है अवश्य, जो मानव-निरपेक्ष है। मनुष्य रहे या न रहे, वह वास्तविकता रहेगी। साधारणतः वैज्ञानिक परीक्षणों और प्रयोगों से सिद्ध बात तक आकर रुक जाता है। परंतु आइंस्टीन ने खुद कहा था कि यह उनका विश्वास है–धर्म है। उसके लिए वे कोई सबूत नहीं दे सकते। रवीन्द्रनाथ इसको इस प्रकार व्यक्त करते हैं–'वास्तविक सत्ता या विश्वात्मा अपने को बहुधा विचित्र सुस्पष्ट प्रक्रिया के द्वारा अभिव्यक्त करता हुआ मनुष्य रूप में अभिव्यक्त हुआ है। उसका एक रूप व्यक्तिगत विभेद के द्वारा व्यक्त हुआ है, पर विभेद केवल ऊपर-ऊपर की अभिव्यक्तिमात्र है, मूलतः वह स्रष्टा-विश्वात्मा विभेदों की लहरों के नीचे शान्त-स्तब्ध पड़ा हुआ है। परमसत्य को हम जितना और जैसा कुछ उपलब्ध करते हैं, वह असल में उसके उस रूप के माध्यम से ही करते हैं जिसे उसने अभिव्यक्त किया है।' रवीन्द्रनाथ ने अपने अन्य लेखों में मनुष्य के दो 'मैं'-रूपों का उल्लेख किया है, छोटा 'मैं' और बड़ा 'मैं'। छोटा 'मैं' विभेद में अभिव्यक्त व्यक्तिमानव है और बड़ा 'मैं' समस्त विभेदों और नानात्वों के भीतर एकरस होकर वर्तमान विश्वात्मा है। वस्तुतः यह समझना कि मुझसे भिन्न कोई सत्ता है, भ्रान्ति है। सत्य बात यह है कि मैं-रूप में अभिव्यक्त सत्ता ही चरम और परम सत्ता है। मानव-निरपेक्ष कोई अलग वास्तविकता है, यह

कहना उतना ठीक नहीं है। उसे पाने के लिए अपने 'अहं' का विसर्जन करना पड़ता है। अपने समंजस-रूप में अनुभूत होने पर वही सुंदर कहा जाता है और अपने सर्जनात्मक स्वभाव के अनुकूल नियोजित और आधारित होकर वही धर्म कहा जाता है। अनुभूति सौंदर्य है, जागरण धर्म। इस परमसत्य को, जो निरंतर अभिव्यक्त हो रहा है, स्वीकार करने में ही मनुष्य का कल्याण है। इस बात को प्रकट करने के लिए रवीन्द्रनाथ अपने परमप्रिय इस औपनिषद् मन्त्र को उद्धृत करते हैं :

य एकोऽवर्णो बहुधा शक्तियोगात्
वर्णाननेकान् निहितार्थे दधाति
विचैति चान्ते विश्वमादौ स देवो
स नो बुद्ध्या शुभया संयुनक्तु

पन्द्रह : रवीन्द्र-दर्शन-3

अपने 'ततः किम्' नामक निबन्ध में रवीन्द्रनाथ ने इस प्रश्न का उत्तर दिया है कि आत्मा क्या है। इस सवाल का ठीक उत्तर पाने के लिए यह जरूरी है कि जान लिया जाए कि जीवन क्या है। क्या वह शरीर के क्रिया-कलापों का–जैसे साँस लेना, भोजन पचा लेना आदि का, या इन क्रिया-कलापों में अन्विति ले आनेवाली सामंजस्य-विरोधी शक्ति का नाम है? रवीन्द्रनाथ कहते हैं कि जीवन इन दोनों में नहीं अँटता। जीवन उस शक्ति का नाम है जो वर्तमान के आवरण से नित्य-निरंतर भविष्य को खोलती जाती है। गुलाब के अंकुर में कली भी है, फूल भी है। कोई नहीं बता सकता है कि वह शक्ति किस अज्ञात में बैठी हुई वर्तमान के इस अंकुर में से भविष्य की कली और फूल को किस प्रकार उभारती जाती है। जड़ निर्जीव वस्तु से यदि यह पराभूत होता है तो निश्चय ही अनन्त भविष्य की संभावनाओं को खो देता है, उस समय वह उस वंचक व्यक्ति के समान होता है जो अपने न्यास का ही वारान्यारा कर देता है। इस रहस्यमयी प्राणशक्ति के दो रूप हैं–वर्तमान की सीमा और अनागत अनन्त भविष्य की सम्भावना। आत्मा उस अनन्त सम्भावनाओंवाले रूप का नाम है। सीमा में वह नहीं अँटती। सीमा के बंधन को तोड़कर वह असीम में पहुँच जाने को व्याकुल है। वह मानो रवीन्द्रनाथ के ही शब्दों में निरंतर पुकारती जा रही है–'आमि चंचल हे, आमि सुदूरेर पियासी' अर्थात् 'अजी, मैं चंचल हूँ, मैं सुदूर की प्यासीबाला हूँ।' जिस प्रकार धरती में पड़ा हुआ बीज अपनी सीमा के बंधन को तोड़कर प्रकाश की दुनिया में आने को व्याकुल रहता है, अनुकूल परिस्थितियों के पाते ही अंधकार के कारागार की दीवारों को तोड़कर ज्योतिर्लोक में आकर खड़ा होता है, उसी प्रकार मानवदेह की कारा में बद्ध 'सुदूर की प्यासीबाला' असीम के ज्योतिर्मय लोक में आ जाती है। बीज का अंकुर-रूप में फूटकर प्रकाश में आ जाना क्या कोई पुरस्कार है? कोई सोल है? नहीं, यह उसकी सहजवेदना, सहजप्रवृत्ति है। मनुष्य के भीतर विराजमान आध्यात्मिक चेतना का भी असीम में आ जाना उसका सहज धर्म है। वही उसकी चरितार्थता है। जो लोग मुक्ति को पुरस्कार मानते हैं, सालवेशन आर्मी या मुक्ति फौज का संगठन करते हैं, उनकी पंक्ति में रवीन्द्रनाथ नहीं खड़े हो सकते।

आत्मा की असीम के लिए व्याकुलता उनका सहज धर्म है। उनकी वास्तविक चरितार्थता है।

सीमा जड़ का बंधन है। जो लोग जड़ संभार का संचय करते हैं, वे आत्मा के विकास का पथ अवरुद्ध करते हैं। निरंतर गति के लिए निरंतर आत्मदान की जरूरत है। अपने-आपको महा-अज्ञात के चरणों में निःशेष भाव से उलीच देने का नाम ही पूर्णता है। जिस समय नदी पूर्ण होती है, उस समय निखिल जगत् की हो जाती है। नदी अगर तालाब की भाँति संचय करने लगे, तो गति खो देती है। यह गति ही है, जिससे वर्तमान भविष्य बनता है। जो अपने-आपको निश्शेष भाव से नहीं दान कर सकता, वह संचय के जड़ विकार का शिकार हो जाता है। जहाँ आत्मदान नहीं है, वहाँ गति भी नहीं है; वहीं सड़ाँध है, गँदलापन है, शुष्कता है।

जो इस तत्त्ववाद में विश्वास करता है, वह मृत्यु को जीवन का शत्रु नहीं मान सकता। रवीन्द्रनाथ ने लिखा है कि आजकल लोग मृत्यु को अनिवार्य स्वाभाविक परिणति के रूप में नहीं स्वीकार करके, दैन्य के साथ स्वीकार करते हैं। मृत्यु असीम के साथ एकमेक होने के लिए निरंतर व्याकुल आत्मतत्त्व की नहीं होती। होती है, जड़ आवरण की।

सीमा के बंधन में उलझे असीम के पिपासु आत्मा की इच्छा कैसे पूरी हो? वैराग्य से नहीं;—'वैराग्य साधने मुक्ति से आमार नय।' जो मुक्ति वैराग्य की साधना से सिद्ध होती है, वह मेरी नहीं है। फिर? रवीन्द्रनाथ कहते हैं, 'मैं असंख्य बंधनों में रहकर मुक्ति का स्वाद पाना चाहता हूँ।' उपनिषद् के ऋषि ने कहा है कि जो दुनियावी सुख-संपत्ति की वासना करते हैं, वे ठीक नहीं करते, पर जो दुनिया के सुख को छोड़कर परम सत्य को पाना चाहते हैं, वे और भी गलती करते हैं। रवीन्द्रनाथ वैराग्य साधनवाली मुक्ति को जीवन की अस्वीकृति समझते हैं। "हे प्रभु, दृश्य में, गन्ध में, गान में जो आनंद है, उसी में तुम्हारा आनंद ओतप्रोत रहेगा। मैं उसी को पाकर धन्य हूँगा। उसी अन्तर्निगूढ़ आनंद से मेरा मोह भस्म होगा और मेरा प्रेम, भक्ति के रूप में चरितार्थ होगा।" इस संसार के विविध बंधनों में आनंदरूप परमात्म-ज्योति प्राप्त होती है। इसे छोड़कर जो भगवदानन्द की तलाश करते हैं, उनके साथ चलने को रवीन्द्रनाथ तैयार नहीं हैं, वे लोग भगवान् को कहीं बाहर खोजते हैं, वे भावोन्माद से अधीर होते हैं। रवीन्द्रनाथ कहते हैं, "ऐसी भक्ति मेरी काम्य नहीं है। मुझे तो वह भक्ति मिलनी चाहिए जो मेरे दुख को कल्याण बना दे, मोह को प्रेम में रूपान्तरित कर दे, बंधन को असीम में उड़ने का पंख बना दे।"

यह अमृतोमय अप्रमत्ताभक्ति ही जीवन की चरितार्थता है। कठिन कर्तव्यों के संघर्ष में, जीवन के उत्थान-पतन में यह समरसता ले आती है। रवीन्द्रनाथ कर्म की उपेक्षा, संघर्ष से पलायन और सब-कुछ छोड़कर भाग जाने को त्याग मानने की प्रवृत्ति को जीवन की परिपूर्णता नें बाधक मानते हैं। कर्मक्षेत्र में अनेक दुख-सुखों को सरस

करनेवाली भक्ति ही उनका लक्ष्य है—वही परिपूर्णता है, वही मुक्ति है।

सो, विश्वात्मा के प्रति सरस प्रेममय सम्बन्ध के भीतर से मानवात्मा की परमसार्थकता उपलब्ध हो सकती है। मानव के अन्तरतर में विद्यमान निगूढ़ आत्म-शक्ति संयत, कर्मबहुल, सुख-दुखमय जीवन के भीतर से आनंद का सहज रस प्राप्त करती असीम में एकमेक हो जाए, यही उसकी सार्थकता है। यही चरितार्थता है, यही चरम और परम उपलब्धि है।

सोलह : हिन्दी के समीक्षक पं. रामचन्द्र शुक्ल

स्वर्गीय पं रामचन्द्र शुक्ल हिन्दी के गंभीर समीक्षक रूप में परिचित हैं। परंतु इतना ही परिचय उनका यथार्थ परिचय नहीं है। वे कवि थे। निबंधकार थे और उन साहित्यकारों की अगली पंक्ति में थे जिन्होंने पुराने भारतीय साहित्य को नवीन आलोक में देखा था। उन्होंने देशी और विदेशी भाषाओं की चुनी हुई पुस्तकों का हिन्दी में अनुवाद किया था और हिन्दी के सर्वश्रेष्ठ कोश के अन्यतम संपादक रूप में कार्य किया था। उनका हिन्दी साहित्य का इतिहास उनकी व्यापक दृष्टि का ज्वलंत निदर्शन है। कितने इतस्ततो निक्षिप्त सूत्रों की उलझनें उसमें सुलझाई गई हैं! कितने बेबुनियाद मूल्यांकन को अस्वीकार कर नया और मानने योग्य मूल्य-निर्धारण का कार्य किया है, वह उसके पूर्ववर्ती ग्रंथों से तुलना करने से ही स्पष्ट हो जाता है। उनके निबंध केवल हिन्दी भाषा की अमूल्य निधि नहीं हैं, समूचे भारतीय साहित्य में महत्त्वपूर्ण स्थान के अधिकारी हैं।

आचार्य शुक्ल नवीन और प्राचीन ज्ञान के वास्तविक सव्यसाची थे। प्राचीन साहित्य का इस प्रकार मंथन करनेवाले कम साहित्य समालोचक होंगे। संस्कृत के साहित्य शास्त्र पर उनका पूर्ण अधिकार था। उसका परिणाम यह हुआ है कि उनकी भाषा उन प्राचीन साहित्यशास्त्रीय परिभाषाओं से गुम्फित हो गई है। बहुत से लोग उस प्राचीनता-शिलष्ट भाषा को देखकर ही आतंकित हो जाते हैं और समझ लेते हैं कि वे प्राचीन विचारों की व्याख्या मात्र कर रहे हैं। पर यह बड़ी भारी गलती है। इस प्राचीनता-शिलष्ट भाषा के अन्तस्तल में अनेक नए और कभी-कभी तो प्राचीनों के विरुद्ध जाननेवाले भी विचार ढँके रहते हैं। वस्तुतः प्राचीन भाषा उनके नवीन विचारों का चर्म है। जो उसको भेद सकता है वही नए विचारों का रस ले सकता है। आचार्य रामचन्द्र शुक्ल हिन्दी के गौरव थे। समीक्षा के क्षेत्र में उनका कोई प्रतिद्वन्द्वी न उनके जीवन-काल में था न अब (उनके स्वर्गवास के अनंतर) कोई उनका समकक्ष आलोचक है।

यह कहा जा सकना बड़ा कठिन है कि आचार्य शुक्ल के ऊपर प्राचीन विचारों का प्रभाव अधिक है या नवीन विचारों का। उनके आरंभिक लेखों में बहुत ही प्राजंल

रूप उनके ऐसे विचार प्रकट हुए हैं जो निश्चित रूप से केवल उनके ही हैं। धीरे-धीरे उनके साहित्यिक अध्ययन के साथ-साथ इन विचारों पर शास्त्रीय रंग चढ़ता गया है। उनकी प्रौढ़ावस्था में शास्त्रीय विचार अवश्य ही परिष्कृत रूप में उनके मानस में पूर्ण रूप से रम गए। परंतु कभी भी उन्होंने अपनी बुद्धि पर अविश्वास नहीं किया। शास्त्रकारों की विचार पद्धति पर शास्त्रकार की हैसियत से ही विचार करने में वे कभी कुंठित नहीं हुए। कुछ लोगों को भ्रम है कि वे नए-नए प्रयोग करनेवाले तरुण साहित्यिकों के प्रति सहानुभूतिमयी दृष्टि नहीं रखते थे। ऐसी बात नहीं है। वे कुछ खास प्रकार के काव्य-विचारों के पोषक थे। उसके बाहर जानेवाले को वे पसंद नहीं करते थे, फिर चाहे वह नवीन हो या प्राचीन। कल्पना और भावुकता को वे कवि का वास्तविक गुण मानते थे। पर उन्होंने स्पष्ट ही लिखा है (और अस्पष्ट वे बहुत कम लिखा करते थे) कि सच्चा कवि वही है जिसे लोक-हृदय की पहचान हो, जो अनेक विशेषताओं और विचित्रताओं के बीच मनुष्य-जाति के सामान्य हृदय को देख सके। इसी लोक-हृदय में हृदय के लीन होने की दशा का नाम रस दशा है।'' चिंतामणि।

यह जो मनुष्य-जाति के सामान्य हृदय को अनेक विशेषताओं और विचित्रताओं के भीतर से देखने के प्रति उनका सहज झुकाव है उसी ने उन्हें प्रबन्ध काव्यों का प्रेमी बनाया है। वे उन कवियों के प्रति कभी आकृष्ट नहीं हो सके जो केवल विचित्र अवस्थाओं में मनुष्य-हृदय की एक साधारण-सी झलक दे जाते हैं, फिर चाहे वे रीतिकाल के कवि हों या सन्त-जन हों या असीम की ओर आँख बिछाए हुए तरुण कवि हों। प्रबन्ध-काव्य उनका प्रिय विषय रहा है। उनकी तुलसीदास और जायसी की विवेचना बड़ी ही विद्वत्तापूर्ण है; क्योंकि इन कवियों में मनुष्य जाति के सामान्य हृदय को अनेक विचित्रताओं और विशेषताओं के भीतर से देखने का अवसर मिलता है और उस हृदय के कोमल और कर्कश रूप का प्रत्यक्ष दर्शन होता है।

मनुष्य की मनुष्यता अपने भावों को समेटकर शेष जगत से विच्छिन्न ही रहने में नहीं प्रकट होती। शुक्ल जी ने लिखा है कि यदि अपने भावों को समेटकर मनुष्य अपने हृदय को शेष सृष्टि से किनारे कर ले या स्वार्थ की पशुवृत्ति में ही लिप्त रखे तो उसकी मनुष्यता कहाँ रहेगी? यदि वह लहलहाते हुए खेतों और जंगलों, हरी घास के बीच घूमकर बहते हुए नालों, काली चट्टानों पर चाँदी की तरह ढलती हुई झाड़ियों को देख क्षणभर लीन न हुआ, यदि कलरव करते हुए पक्षियों के आनंदोत्सव में उसने योग न दिया, यदि खिले हुए फूलों को देख वह न खिला, यदि सुंदर रूप सामने पाकर अपनी भीतरी कुरूपता का उसने विसर्जन न किया, यदि दीन-दुखी का आर्तनाद सुन वह न पसीजा, यदि अनाथों और अबलाओं पर अत्याचार होते देख क्रोध से न तिलमिलाया, यदि किसी बेढब और विनोदपूर्ण दृश्य या उक्ति पर न हँसा तो उसके जीवन में रह क्या गया? इस विश्व-कवि की रसधारा में जो थोड़ी देर के लिए निमग्न न हुआ उसके जीवन को मरुस्थल की यात्रा ही समझना चाहिए।

शुक्ल जी के मत से काव्य के तीन क्षेत्र हैं, नरक्षेत्र अर्थात् मनुष्यों का बाह्य और अंतःप्रकृति के नाना सम्बन्धों और पारस्परिक विधानों का संकलन या उद्भावना पर आधारित काव्य मनुष्येतर बाह्य प्रकृति का क्षेत्र और समस्त चराचर का क्षेत्र। नरक्षेत्र के काव्यों ने अधिक आकृष्ट किया था और मनुष्येतर बाह्य प्रकृति के प्रसंग के उठने पर तो शुक्ल जी स्वयं कवि हो जाते हैं। प्रकृति के सम्बन्ध में कहने का कुछ अवसर मिलते ही वे भावमत्त होकर झूम उठते हैं। वे कहते हैं : मैंने पहाड़ों पर जंगलों में घूमते समय बहुत से ऐसे साधु देखे हैं जो लहराते हुए हरे-भरे जंगलों, स्वच्छ शिलाओं पर चाँदी से ढलते हुए झरनों, चौकड़ी भरते हुए हिरनों और जल की झुककर चूमती हुई डालियों पर कलरव कर रहे विहगों को देख-मुग्ध हो गए हैं। काले मेघ जब अपनी छाया डालकर चित्रकूट के पर्वतों को नील वर्ण कर देते हैं, तब नाचते हुए नीलकंठों (मोरों) को देखकर सभ्यताभिमान के कारण शरीर चाहे न नाचे पर मन अवश्य नाचने लगता है। इसमें कोई संदेह नहीं कि ऐसे दृश्यों के प्रतीक हैं काव्य में प्राकृतिक दृश्य। जो लोग प्रकृति के अनंत रूपों को देखकर मुग्ध नहीं होते, केवल लाल-पीले फूल-पत्रों को देखकर ही गद्गद होते हैं उनको आचार्य शुक्ल सहृदय नहीं मानते। उन्होंने रोषपूर्वक ऐसे लोगों को तमाशबीन और भोगलिप्स स्मरण किया है। एक स्थान पर वे कहते हैं : "अनंत रूपों में प्रकृति हमारे सामने आप्त है कहीं मधुर सुसज्जित या सुंदर रूप में, कहीं रूखे बेडौल या कर्कश रूप में। कहीं भव्य विशाल या विछिन्न रूप में, कहीं उग्र कराल या भयंकर रूप में। सच्चे कवि का हृदय उसके इन सब रूपों में लीन होता है, क्योंकि उसके अनुराग का कारण उसका अपना खास सुख भोग नहीं बल्कि चिर साहचर्य द्वारा प्रतिष्ठित वासना है। जो केवल प्रफुल्ल प्रसून प्रसार के सौरभ-संचार, मकरंद-लोलुप मधुगुंजार, कोकिल कूजित निकुञ्ज और शीतल सुख स्पर्श समीर इत्यादि की ही चर्चा किया करते हैं वे विषयी या भोगलिप्सु हैं। इसी प्रकार जो केवल मुक्ताभास, हिमबिंदु-मंडित मरकताभ, शादूल जाल, अत्यंत विशाल गिरिप्रपात से गिरते हुए जलप्रपात के गंभीर गर्त से उठी सीकर नीहारिकारिका के बीच विविध वर्ण स्फुरण की विशालता, भव्यता और विचित्रता में ही अपने हृदय के लिए कुछ पाते हैं, वे तमाशबीन हैं—सच्चे भावुक या सहृदय नहीं।" चिंतामणि प्र. 203-4।

यह बात कुछ दृढ़ता के साथ ही कही जा सकती है कि शुक्ल जी के समान प्रकृति-प्रेमी साहित्यिक बहुत कम ही हुए हैं। वे उन कवियों को एकदम पसंद नहीं करते जो प्रकृति का शुद्ध रूप तो देख नहीं सकते केवल झूठे-झूठे भावों का आरोप करके उसके रूप माधुर्य को आच्छन्न करके हाय-हाय करते रहते हैं। 'हृदय का मधुर भार' नामक कविता में उन्होंने ऐसे कवियों को फटकार लगाई है—

प्रकृति के शुद्ध रूप देखने को आँख नहीं
जिन्हें वे ही भीतर रहस्य समझाते हैं

झूठे-झूठे भावों के आरोप से आच्छन्न उसे
करके पाखण्ड कला अपनी दिखाते हैं
अपने कलेवर की मैली और कुचैली वृत्ति
छोप के निराली छटा उसकी छिपाते हैं।
अश्रु, श्वास, ज्वर, नीरव रुदन, नृत्य
देख अपनी ही तन्त्री का तार वे बजाते हैं।।

यह ध्यान देने की बात है कि शुक्ल जी ने अधिक काव्य की ही आलोचना की है। नाटक, उपन्यास, निबंध, कहानियाँ—ये सब साहित्यांग उनकी विशाल दृष्टि के लक्ष्य बहुत कम बने। अपने इतिहास में यथाप्रसंग उन्हें ऐसे विषयों की चर्चा कर देनी पड़ी है लेकिन चित्त उनका रमता काव्य में ही था—काव्य में। इसका एक कारण उनका प्राचीन साहित्य का अनुराग और तज्जन्य प्रभाव हो सकता है। अवस्था के बढ़ने के साथ-साथ उनकी दृष्टि अधिकाधिक इन शास्त्रीय आलोचनाओं की ओर निबद्ध होती गई है। प्राचीन साहित्य-शास्त्रियों की विवेचना का प्रधान विषय काव्य ही रहा और शुक्ल जी ने भी अपनी आलोचनात्मक प्रतिभा का उपयोग अधिकांश में काव्य की आलोचनाओं में ही किया। उनका साहित्यिक मत बहुत स्पष्ट था। वे मानों तनकर कहते हैं कि मैं ऐसा मानता हूँ। तुम ऐसा मानते हो या नहीं, इसकी मुझे परवा नहीं। अपने सुनिश्चित मत पर वे चट्टान की तरह दृढ़ थे। यदि संसार के श्रेष्ठ-से-श्रेष्ठ माने जानेवाले कवि भी उस सिद्धांत के अनुकूल नहीं पड़ते तो शुक्लजी को कोई चिंता नहीं थी। उनके सभी निबंधों में उनकी यह दृढ़ता स्पष्ट हुई है। उसमें एक अडिग आत्मविश्वास की स्पष्ट आभा है। इस अडिग आत्मविश्वास ने ही सारे हिन्दी जगत में उनका सिक्का जमा दिया है। आप उस कठोर आत्मविश्वास की उपेक्षा नहीं कर सकेंगे। मानने पर आप अनुयायी हो जाएँगे और न मानने पर अशांत हो जाएँगे। हिन्दी संसार में शुक्ल जी अपने ढंग का एक अद्वितीय व्यक्तित्व लेकर अवतीर्ण हुए थे। वे काव्य के क्षेत्र में अव्यक्त और अज्ञात की अनुभूति से सदा व्यथित व्याकुल रहनेवाले कवियों को काव्य-क्षेत्र से हटाकर किसी धर्म साधना या दर्शन के क्षेत्र में जाने की सलाह देते थे। क्योंकि उनके मत से काव्य का क्षेत्र मनुष्य या मनुष्येतर बाह्य प्रकृति के पारस्परिक सम्बन्धों का क्षेत्र है, अज्ञात और अव्यक्त रहस्यों का लोक नहीं। शुक्ल जी का यह मत उनकी व्यापक दृष्टि के अनुकूल नहीं था। एक जगह लिखते हैं—'जो कोई यह कहे कि अज्ञात और अव्यक्त की अनुभूति से हम मतवाले हो रहे हैं, उसे काव्य क्षेत्र से निकलकर मतवालों (साम्प्रदायिकों) के क्षेत्र में अपना हावभाव और नृत्य दिखाना चाहिए।' स्पष्ट ही इस कथन में एक प्रकार की झुँझलाहट और खीझ है जो उनकी विवेकी बुद्धि के अनुरूप नहीं है। वस्तुतः इस मत के प्रति उनका आग्रह इतना अधिक था कि ऐसे बड़े-बड़े संतों और भक्त कवियों का महत्त्व भी वे स्वीकार नहीं कर सके जिन्होंने सब प्रकार के साम्प्रदायिक

मनोभावों पर कसके आघात किया था और अपने परम उपास्य को उन्हीं मनोरागों के भीतर से देखने का प्रयत्न किया था जिन मनोरागों के भीतर से शुक्ल जी ने प्रकृति के मोहक रहस्यों को देखा था।

जैसा कि पहले कहा गया है कि शुक्ल जी अपनी अमिट छाप हमारे साहित्य पर छोड़ गए हैं। उनकी शैली का अनुसरण अनेक कृति आलोचकों ने किया है, अनेक इतिहास लेखकों ने उनके ऐतिहासिक काल विभाजन और साहित्यिक मूल्यांकन को बिना किसी प्रकार का मतविरोध दिखाए स्वीकार कर लिया है। उनके निबंधों ने हिन्दी को अभिभूत किया है। जिस लेखक का प्रभाव इतना व्यापक हो उसकी असाधारण प्रतिभा के लिए प्रमाण खोजने की आवश्यकता नहीं है। आचार्य शुक्ल उन महिमाशाली लेखकों में हैं जिनकी प्रत्येक पंक्ति आदर के साथ पढ़ी जाती है और भविष्य को प्रभावित करती रहती है। आचार्य शब्द ऐसे ही कृति साहित्यकारों के योग्य है। पं. रामचन्द्र शुक्ल सच्चे अर्थ में आचार्य थे।

('जनवाणी', मासिक, वाराणसी, वर्ष-4, भाग-8, अंक-5, नवंबर 1950)
प्रस्तुति : दिनेश शर्मा

वैभव-3

ललित अष्टपदी

(उपन्यासों से चुने हुए अंश)

एक : देवमन्दिर और महावराह[1]

मैं तेजी से बढ़ा जा रहा था। भावी जीवन की रंगीन कल्पनाओं में डूबते-उतराते मनुष्य को आसपास देखने की फुरसत कहाँ होती है। मैं एक प्रकार से आँख मूँदकर चल रहा था। इसी समय एक क्षीण-कोमल कंठ ने पुकारा—"भट्ट, ओ भट्ट, इधर देखो, मुझे पहचानते हो?" इस आवाज ने मुझे चौंका दिया। इस सुदूर स्थाण्वीश्वर में मुझे पहचाननेवाला यह कौन है? भागते हुए घोड़े को वल्गा जिस प्रकार रोक देती है, उसी प्रकार मेरी दौड़ती हुई विचारधारा को इस आवाज ने रोक दिया। मैंने पीछे मुड़कर देखा। एक नातिकमनीय मूर्ति रमणी मुझे आवाज दे रही थी। उसके मुखमंडल पर तारुण्य था, परंतु उसकी दीप्ति धुँधली हो गई थी, जैसे धुआँ उगलती हुई दीपशिखा हो। उसकी आँखें संध्या के धुँधले प्रकाश में चमक रही थीं। उनके किनारों पर साफ ही दिख जानेवाली काली रेखाएँ उस चमक को अभिभूत नहीं कर पाती थीं। वह एक पान की दुकान पर बैठी थी। ऐसा लगता था कि वह पान कम बेच रही थी, मुस्कान ज्यादा। मुझे पहचानने की शक्ति का गर्व था। मैं हँसीवाली रुलाई और रुलाईवाली हँसी पहचानने में अपने को सिद्धहस्त समझता था, पर यह हँसी एक विचित्र प्रकार की थी। उसमें आकर्षण था, पर आसक्ति नहीं थी; ममता थी, पर मोह नहीं था। मैं उसकी दुकान की ओर अनायास ही खिंच गया और उसे पहचानने की कोशिश करने लगा। वह बोल उठी, "भट्ट तुम भी नहीं पहचानते!" अरे, यह तो निपुणिका है। मैं एक क्षण तक उन्मथित-सा, भ्रांत-सा, निःसंज्ञ-सा खड़ा रहा। फिर एकाएक चिल्ला पड़ा, "अरे, निउनिया!" 'निउनिया' निपुणिका का प्राकृत नाम है। मैं उसके प्राकृत रूप से ही ज्यादा हिला हुआ था। निपुणिका ने अपनी बड़ी-बड़ी आँखों से मुझे डाँटा—"हल्ला क्यों करते हो, धीरे-धीरे बोलो।" और फिर उसने एक आसन सरकाते हुए कहा, "बैठो, पान तो खा लो।" मैं बैठ गया।

निपुणिका का संक्षिप्त परिचय यहाँ दे देना चाहिए। निपुणिका आजकल की उन जातियों में से एक की संतान है, जो किसी समय अस्पृश्य समझी जाती थीं; परंतु जिनके पूर्व-पुरुषों को सौभाग्यवश गुप्त-सम्राटों की नौकरी मिल गई थी। नौकरी मिलते उनकी सामाजिक मर्यादा कुछ ऊपर उठ गई। वे आजकल अपने को पवित्र

वैश्य में गिनने लगी हैं और ब्राह्मण-क्षत्रियों में प्रचलित प्रथाओं का अनुकरण करने लगी हैं। उनमें विधवा-विवाह की चलन हाल ही में बंद हुई है। निपुणिका का विवाह किस कांदविक वैश्य के साथ हुआ जो भड़भूजे से उठकर सेठ बना था। विवाह के बाद एक वर्ष भी नहीं बीतने पाया था कि निपुणिका विधवा हो गई। मुझे यह नहीं मालूम था कि विधवा होने के बाद निपुणिका को क्या दुःख या सुख झेलने पड़े थे, परंतु वह घर से भाग निकली थी। मुझसे अपने पूर्व-जीवन के विषय में उसने इससे अधिक कुछ भी नहीं बताया, परंतु उसके बाद की कहानी मेरी बहुत-कुछ जानी हुई है। निपुणिका जब पहले-पहल मेरे पास आई थी, उस समय मैं उज्जयिनी में था। वहाँ मैं एक नाटक-मंडली का सूत्रधार था। निपुणिका ने मंडली में भर्ती होने की इच्छा प्रकट की और मैं राजी हो गया था। निपुणिका बहुत अधिक सुंदरी नहीं थी। उसका रंग अवश्य शेफालिका के कुसुमनाल के रंग से मिलता था; परंतु उसकी सबसे बड़ी चारुता-संपत्ति उसकी आँखें और अँगुलियाँ ही थीं। अँगुलियों को मैं बहुत महत्त्वपूर्ण सौंदर्योपादान समझता हूँ। नटी की प्रणामांजलि और पताक-मुद्राओं को सफल बनाने में पतली-छरहरी अँगुलियाँ अद्भुत प्रभाव डालती हैं। सो, मैंने निपुणिका को मंडली में आ जाने की अनुमति दे दी। मेरी मंडली की स्त्रियाँ पुरुषों की अपेक्षा अधिक सुखी थीं। बहुत छुटपन से ही मैं स्त्री का सम्मान करना जानता हूँ। साधारणतः जिन स्त्रियों को चंचल और कुलभ्रष्टा माना जाता है उनमें एक देवी शक्ति भी होती है, यह बात लोग भूल जाते हैं। मैं नहीं भूलता। मैं स्त्री-शरीर को देव-मंदिर के समान पवित्र मानता हूँ। उस पर की गई अननुकूल टीकाओं को मैं सहन नहीं कर सकता। इसीलिए मैंने मंडली में ऐसे कठोर नियम बना रखे थे कि स्त्रियों की इच्छा के विरुद्ध उनसे कोई बोल तक नहीं सकता था। जनता में यह प्रसिद्ध था कि बाणभट्ट की नर्तकियाँ अवरोध में रहती हैं। पर इसका फल बहुत अच्छा हुआ था। जनता मेरी मंडली को प्यार करने लगी थी। निपुणिका को मैं धीरे-धीरे रंगभूमि पर उतारने लगा, पर उनकी अनुज्ञा लिए बिना नहीं।

एक दिन उज्जयिनी में मेरा ही लिखा हुआ एक प्रकरण अभिनीत होनेवाला था। उस दिन परमभट्टारक[2] के उपस्थिति होने की संभावना थी। मैंने शक्तिभर आयोजन किया था। मैंने उस दिन अपने प्रधान अभिनेताओं को अपनी उत्तम कला दिखाने के लिए खूब उत्तेजित किया था। मन-ही-मन मेरी इच्छा थी कि पूर्ण आडंबर के साथ अभिनय हो। हुआ ऐसा ही। महाकालनाथ की सांध्य-आरात्रिका के बाद प्रेक्षागृह में लोग जमा होने लगे। नगरी के सभी संभ्रांत नागरिक यथास्थान बैठ गए। नगाड़ा बज उठा और मैंने आडंबर के साथ पूर्वरंग[3] की विधि का अनुष्ठान किया। गायक और वादक यथास्थान बैठ गए और नर्तकियों के नूपुर-झंकार के साथ ही वीणा, वेणु, मुरज और मृदंग मुखरित हो उठे। मैं जब भृंगारधर और जर्जरधर[4] के साथ जर्जर स्थापना के लिए रंगभूमि में आया, तो सामाजिकों में अपार औत्सुक्य देखकर गद्गद

हो गया। मेरा अभिनय बहुत सफल रहा। जर्जर उत्तोलन करने के बाद मैं अत्यंत संतुष्ट होकर नेपथ्यशाला में लौट गया। निपुणिका पहले से ही पुष्पोपहार लेकर वहाँ मौजूद थी। मेरे इशारे पर एक बार फिर नगाड़े पर चोट पड़ी और निपुणिका पुष्पोपहार की प्रणामांजलि लेकर रंगभूमि में अवतीर्ण हुई। यवनिका (पर्दे) के पीछे से मैं उसके अपूर्व नृत्य को देख रहा था। वीणा, वेणु और मुरज के साथ कांस्यताल झनझना रहे थे और निपुणिका के नूपुर-क्वणन को और भी गंभीर तथा और भी मनोहारी बना रहे थे। एकाएक बाजों का बजना रुक गया और उनकी मधुर ध्वनि के अनुरणन की पृष्ठभूमि में निपुणिका का कोमल कंठ सुनाई पड़ा। मैं आज निपुणिका का कौशल देखकर विस्मय-मुग्ध हो गया था। गान समाप्त होते ही बाजों के साथ नूपुर के क्वणन की ध्वनि सुनाई पड़ी। बहुत ही सुकुमार भंगी से निपुणिका ने अपना उपहार देवताओं को समर्पित किया और अभिराम-संचार के साथ धीरे-धीरे नेपथ्य-भूमि की ओर लौट आई।

क्षण-भर में मेरे मानस-समुद्र में विक्षोभ का तूफान उठा और शांत हो गया। मैं सदा अपने को सँभाल सकने में समर्थ रहा हूँ। इस बात का मुझे अभिमान है। मैंने एक बार आग्रह-भरी आवाज में पुकारा—"निउनिया!" निपुणिका ठिठककर खड़ी हो गई—उसका बायाँ हाथ कटिदेश पर न्यस्त था, कंकण कलाई पर सरक आया था, दाहिना हाथ शिथिल श्यामा लता के समान झूल पड़ा था, उसकी कमनीय देह-लता नृत्यभंग से जरा झुक गई थी, मुखमंडल श्रमबिंदुओं से परिपूर्ण था। मुझे 'मालविकाग्निमित्र' की मालविका याद आ गई। मैंने हँसते हुए कालिदास का वह श्लोक पढ़ दिया।[5] निपुणिका संस्कृत नहीं जानती थी, उसने क्या जाने क्या समझा। उसके अधरों पर जरा-सी स्मित-रेखा प्रकट हो आई और कुछ देर के लिए उसकी आँखें झुक गईं। उसी समय उसके शिथिल कवरीबंध से एक मल्लिका-पुष्प गिर गया और इस अपराध का दंड उसे तुरत मिल गया। निपुणिका अपने पादांगुष्ठों से उसे इधर-उधर रगड़ने लगी। कालिदास की मालविका का जो रूप निपुणिका में अभी तक नहीं आ पाया था, वह भी आ गया और मैं खिलखिलाकर हँस पड़ा। मेरा हँसना देखकर निपुणिका ने सिर उठाया। अबकी बार उसकी आँखें गीली थीं। वह धीरे-धीरे वहाँ से हट गई। मुझे लगा कि मेरा हँसना वह बर्दाश्त नहीं कर सकी। मैं और कामों में उलझ गया। नाटक शुरू हुआ और पाँच घटी तक समारोह के साथ होता रहा। मैं उस दिन बहुत प्रसन्न था। परमभट्टारक के आनंद-गद्गद मुख से स्पष्ट ही प्रकट हो रहा था कि मैं कल प्रचुर पुरस्कार पाऊँगा। उन्होंने दूसरे दिन राजसभा में दर्शन देने का प्रतिवचन दिया। सामाजिकों के भूयोभूयः साधुवाद के बीच अभिनय समाप्त हुआ। उस दिन का कार्य समाप्त करके मैं आवास की ओर लौटा। निपुणिका को एक अच्छा पुरस्कार देने की बात सोच रहा था कि किसी ने आकर समाचार दिया कि निपुणिका नहीं है। मैं जैसे अनभ्र गर्जन सुनकर चौंक उठा। रातभर निपुणिका की खोज करता रहा,

पर उसे न पा सका। दूसरे दिन, तीसरे दिन, चौथे दिन—निपुणिका फिर नहीं मिली। मैं राजसभा में नहीं जा सका। रह-रहकर निपुणिका की गीली आँखें मेरा हृदय कुरेदने लगीं। मैं अपनी उस अशुभ हँसी से अकालकुसुम की भाँति भय पाने लगा। नाटक-मंडली को मैंने पाँचवें दिन तोड़ दिया और अपने लिखे हुए प्रकरण को शिप्रा की चटुल तरंगों को भेंट कर दिया। तब से आज छः वर्ष बीत गए हैं, मैंने वह पेशा ही छोड़ दिया है। आज जब फिर एक पुरस्कार की आशा से राजसभा की ओर चला हूँ, तो सामने वही निपुणिका। उस दिन जिसके अदर्शन ने विघ्न उपस्थित किया था, उसका दर्शन भी क्या आज विघ्न उपस्थित करेगा? अदृष्ट को कौन रोक सकता है?

मैं बड़ी देर तक कुछ बोल न सका। केवल निर्निमेष नयनों से निपुणिका की ओर देखता रहा। वह पान लगा रही थी, पर यह अनाड़ी आदमी भी समझ सकता था कि उसके चित्त में कोई भयंकर उथल-पुथल चल रही थी। बहुत दिनों के बाद पान पर फिरती हुई निपुणिका की शिथिल अँगुलियों को देखकर मुझे एक अभूतपूर्व आह्लाद हो रहा था। निपुणिका के अधरों पर मुस्कान थी और आँखों में पानी। वह भी चुप थी। पान का एक बीड़ा एक घटी में लग सका। तब उसने मेरी ओर ताका। आँसू रुक नहीं सके। वे झरते रहे, झरते रहे, झरते रहे। मैं निर्वाक्-निश्चल देखता रहा। अश्रु फिर भी झरते रहे। अन्त में मैं ही चिल्ला उठा—"निउनिया, रो मत।" मेरी वाणी जरूर कातर रही होगी। निउनिया अब सिसकने लगी। मैं धड़फड़ाकर उठा कि उसके आँसू पोंछ दूँ। फिर तो वह सावधान हो गई। जरा भर्त्सना-सी करती हुई बोली, "छी, छी, क्या कर रहे हो? बाजार में बैठे हैं, नहीं देखते!" मैंने दृढ़ता के साथ कहा, "मैं बिल्कुल नहीं परवा करता कि हम कहाँ बैठे हैं। मैं तुझे इस तरह रोने नहीं दूँगा। अभागी, तू भाग क्यों आई?" निपुणिका ने एक बार फिर कनखियों से डाँटा। बोली, "पान खाओ।" अब उसका गला स्वाभाविक हो गया था। मैंने पान ले लिया।

जहाँ जा रहा था, वहाँ जाना नहीं हुआ। मैं इस अभागिनी के दुःख-सुख को अच्छी तरह समझे बिना अब उठ नहीं सकता था। बहुत दिनों के बाद अपनी असावधान हँसी के कारण उत्पन्न हुई परिस्थिति को सुधारने-सँभालने का अवसर मिला था। न जाने मेरी प्रमत्त किलकार ने इस दुःखिनी के किस सुकुमार घाव को ताजा कर दिया था, निरंतर छः वर्षों से न जाने वह कहाँ-कहाँ मारी-मारी फिरी है और इन दिनों न जाने किस अभाग्य के नाले में छटपटा रही है, बाणभट्ट यह सब जाने बिना नहीं टल सकता। इसी सहानुभूतिमय हृदय ने तो इसे आवारा बना दिया है। जो प्रमत्त हँसी छः वर्षों से मेरा हृदय कुरेद रही है, उसका प्रायश्चित्त आज आँसुओं से करना होगा। मुझे इस विषय में कोई संदेह नहीं कि निपुणिका का चरित्र यहाँ के सदाचारियों की दृष्टि में अत्यंत निकृष्ट है। इस दुकान पर बैठे हुए निश्चय ही मैंने

अपने को काजल की कोठरी में बंद कर दिया है। सब है, पर निपुणिका मुझसे बड़ी है, मूल्यवान है। सारे जीवन मैंने स्त्री-शरीर को किसी अज्ञात देवता का मन्दिर समझा है। आज लोगों की आलोचना के डर से उस मन्दिर को कीचड़ में धँसा हुआ छोड़ जाना मेरे वश की बात नहीं है। मैंने फिर पूछा, "निउनिया तू क्यों चली आई, अब तक कहाँ रही, अब क्या कर रही है? मैं तुझे दुखी देख रहा हूँ। तुझे इसी अवस्था में छोड़कर मैं यहाँ से टल नहीं सकता। बता, किस बात पर तू भाग आई थी? आज निरंतर छः वर्षों से मेरा चित्त मुझे धिक्कार रहा है, मुझे ऐसा लगता है कि मैं ही तेरे समस्त दुखों का मूल हूँ। एक बार तू अपने मुख से कह दे कि यह बात गलत है। मैं क्या निर्दोष हूँ?"

निपुणिका ने दीर्घ निःश्वास लेते हुए कहा, "हाँ भट्ट, मेरे भाग आने के कारण तुम्हीं हो; परंतु दोष तुम्हारा नहीं है। दोष मेरा ही है। तुम्हारे ऊपर मुझे मोह था। उस अभिनय की रात को मुझे एक क्षण के लिए ऐसा लगा था कि मेरी जीत होने वाली है : परंतु दूसरे ही क्षण तुमने मेरी आशा को चूर कर दिया। निर्दय, तुमने बहुत बार बताया था कि तुम नारी-देह को देव-मन्दिर के समान पवित्र मानते हो, पर एक बार भी तुमने समझा होता कि वह मन्दिर हाड़-मांस का है, ईंट-चूने का नहीं! जिस क्षण मैं अपना सर्वस्व लेकर इस आशा से तुम्हारी ओर बढ़ी थी कि तुम उसे स्वीकार कर लोगे, उसी समय तुमने मेरी आशा को धूलिसात् कर दिया। उस दिन मेरा निश्चित विश्वास हो गया कि तुम जड़ पाषाण-पिंड हो; तुम्हारे भीतर न देवता है, न पशु; है एक अडिग जड़ता। मैं इसीलिए वहाँ ठहर नहीं सकी। जीवन में मैंने उसके बाद बहुत दुःख झेले हैं; पर उस क्षणभर के प्रत्याख्यान के समान कष्ट मुझे कभी नहीं हुआ। छः वर्षों तक इस कुटिल दुनिया में असहाय मारी-मारी फिरी और अब मेरा मोह भक्ति के रूप में बदल गया है। भट्ट, तुम मेरे गुरु हो, तुमने मुझे स्त्री-धर्म सिखाया है। छः वर्ष के कठोर अनुभवों के बल पर मैं कह सकती हूँ कि तुम्हारी जड़ता ही अच्छी थी—मैं अभागिन थी, जो तुम्हारा आश्रय छोड़कर चली आई। मेरे जीवन में जो कुछ घटा है, उसे जानने की क्या जरूरत है? आजकल मैं पान बेचती हूँ और छोटे राजकुल के अन्तःपुर में पान पहुँचाया करती हूँ। सब मिलाकर मैं दुःखी नहीं हूँ। तुम मेरी चिंता छोड़ो। जहाँ जा रहे हो वहाँ जाओ। यदि इस नगर में रहो, तो कभी-कभी दर्शन पाने की आशा मैं अवश्य रखूँगी। पर तुम इस दुकान पर अधिक देर तक मत ठहरो। यहाँ आनेवाले लोग स्त्री-शरीर को देव-मंदिर नहीं मानते।" इतना कहने के बाद उसने एक बार हँसकर मेरी ओर देखा। उस दृष्टि में अपने ऊपर एक प्रकार की वितृष्णा का भाव था; पर किसी प्रकार का पश्चात्ताप या अनुशोचना का लेश भी नहीं था। जरा रुककर वह फिर कहने लगी, "भट्ट, मुझे किसी बात का पछतावा नहीं है। मैं जो हूँ, उसके सिवा और कुछ हो ही नहीं सकती थी। परंतु तुम जो कुछ हो, उससे कहीं श्रेष्ठ हो सकते हो। इसलिए कहती हूँ, तुम

यहाँ मत रुको। मैं पश्चात्ताप करूँ, तो जिस नरक में पड़ी हूँ, वहाँ भी स्थान नहीं मिलेगा। तुम सँभल जाओ, तो जिस स्वर्ग में स्थान पाओगे, उसकी कोई कल्पना मेरे मन में भी नहीं है, तुम्हारे मन में भी नहीं है। मैंने दुनिया कम नहीं देखी है, इस दुनिया में तुम्हारे जैसे पुरुषरत्न दुर्लभ हैं।'' निपुणिका की आँखें नीची हो गईं। जैसे कुछ ऐसी बात कह गई हो, जिसे कहना नहीं चाहिए था और उसकी अँगुलियाँ तेजी से तांबूल-पत्र को खदिर[6]-राग से रँगने में जुट गईं।

निपुणिका की अंतिम बात मेरे मर्म में चुभ गई। वह अगर पश्चात्ताप करती है तो जिस नरक में पड़ी है, वहाँ भी स्थान नहीं मिलेगा। वह कुलभ्रष्टा स्त्री है, उसके सद्गुणों का समाज में क्या मूल्य है? दुर्गुणों की तो फिर भी कुछ-न-कुछ पूछ है ही। मैंने उसकी कोटरशायिनी आँखों को एक बार फिर देखा। उनमें आँसू भरे हुए थे। मैं बोला, ''निउनिया, तू झूठ बोलती है। तू पछता रही है, तू कष्ट में है, तू आश्रय चाहती है, तू मुझे यहाँ से हटने नहीं देना चाहती। मैं जो पहले था, वह आज भी हूँ; सारी दुनिया भी तुझे मेरे आश्रय से अलग नहीं कर सकती। यह दुकान अभी बंद कर दे। जहाँ लोग तेरी कोई बात नहीं जानते, ऐसे किसी स्थान पर शान्तिपूर्वक रह। मैं तुझे कीचड़ में छोड़कर नहीं जा सकता। मेरे प्रति तेरा मोह कट गया है, यह अच्छी बात है। तू इस कालिमा-भरी नगरी के राजमार्ग को छोड़ दे। तेरी आँखें कैसी धँस गई हैं! हाँ अभागी, तू मुझसे भी छिपा रही है!'' निपुणिका इस बार घायल हो गई। वह फूट-फूटकर रो पड़ी। दो-एक ग्राहक इसी समय दुकान पर आते दिखाई पड़े। उन्हें दूर से देखकर ही निपुणिका सँभल गई। एक क्षण का भी विलंब किए बिना उसने दुकान का दरवाजा बंद कर दिया और मुझे भीतर चलने का इशारा किया। दुकान के पीछे एक छोटा-सा आँगन था, उसके बीचोंबीच एक तुलसी का वृक्ष था। पास में एक छोटी वेदी थी और उस पर महावराह की एक अत्यंत भव्य मूर्ति रखी थी। मूर्ति छोटी ही थी; पर जिस मूर्तिकार ने उसे बनाया था, वह बहुत ही पका हुआ शिल्पी जान पड़ता था। महावराह के दाँतों पर उठी हुई धरित्री के मुखमंडल पर जो उल्लास और दीप्ति का भाव था, वह देखते ही बनता था। महावराह के दोनों हाथ कटि-देश पर इस प्रगल्भता के साथ टिके हुए थे, और बाहुमूल की पेशियाँ इस दृढ़ता के साथ निकाली गई थीं कि देखकर मन में एक अपूर्व विश्वास उद्रिक्त हो उठता था। मुझे समझने में एक मुहूर्त्त का भी विलंब नहीं हुआ कि ये निपुणिका के उपास्य देव हैं और निपुणिका अपने उद्धार की ऐसी ही आशा लगाए हुए है। निपुणिका ने एक बार मूर्ति को सतृष्ण नयनों से देखा, उसका गला तब भी रुँधा हुआ था, और इशारे से मुझे एक छोटे घर में बैठने का निर्देश किया। मैं बैठ गया। वह फिर बाहर चली गई और बहुत शीघ्र ही स्नान करके फिर लौट आई। मेरी ओर देखकर वह बोली, ''थोड़ा रुको, मैं अभी आ रही हूँ।'' फिर वह कुशासन पर बैठ गई और महावराह के सामने रुँधे गले से एक स्तोत्र पाठ करने लगी। उसकी आँखों

से निरंतर आँसू झरते रहे। वक्षःस्थल पर का वासंती उत्तरीय इस अश्रुधारा से भीग गया। मैं यह दृश्य एकटक देखता रहा। निपुणिका धन्य है, महावराह धन्य हैं, तुलसी धन्य है, और मैं अभागा बाण इन तीनों को देख रहा हूँ, सो धन्य ही हूँ। मुझे एक बार अपने गर्व की तुच्छता पर पश्चात्ताप हुआ। किसे आश्रय देने की बात मैं कह रहा था? निपुणिका को जो आश्रय मिला है, उसकी तुलना में मेरा आश्रय कितना तुच्छ, कितना नगण्य और कितना अकिंचन है! मेरे पुरुषत्व का गर्व, कौलीन्य का गर्व और पांडित्य का गर्व क्षण-भर में भरभरा के गिर गए। निपुणिका को पहचानने में मैंने कितनी भूल की थी! वह भक्ति-गद्गद स्वर में स्तोत्रपाठ कर रही थी, और मैं निर्निमेष नयनों से उसे देख रहा था—उस समय उसकी अंगप्रभा अलौकिक दिख रही थी; कोटरगत आँखें मानो उद्वेल वारिधारा से परिपूर्ण होकर प्रफुल्ल पुंडरीक के समान विकसित हो गई थीं; कुंतल-जाल रह-रहकर इस प्रकार विलुलित हो उठते थे, मानो महावराह के चरण-प्रांत में गिर पड़ने को व्याकुल हो उठे हों। मैं क्षण-भर के लिए भूल गया कि निपुणिका हमारी नाटक-मंडली की परिचित निउनिया है। ऐसा लगता था कि वह कोई देवांगना है और कब इस कलुष धरित्री को छोड़ ऊपर उड़ जाएगी, यह कहा नहीं जा सकता। मैंने इस रमणी के हृदयांतःस्थित परम प्रेममूर्ति महावराह को मन-ही-मन प्रणाम किया। प्रथम दर्शन में जिसे मैंने रुलाई की हँसी समझकर अपनी सहृदयता पर गर्व किया था, वह एक भद्दी भूल थी। मैंने मन-ही-मन अपनी अकिंचनता को धिक्कारा। इसी समय निपुणिका उठी, और उसके साथ ही शान्ति की एक भारी श्री भी उठ खड़ी हुई। उसके गमन में एक प्रकार की भाव-विह्वल मंथरता अब भी वर्तमान थी। मानो भावमत्ता भक्ति ही देह धारण किए चली आ रही हो। उसके चेहरे पर अब फिर मुस्कान थी। इस बार मैंने समझा कि मैंने प्रथम दर्शन में इस रमणी को कितना गलत समझा था। करुणादीप्त मुखमंडल को अनुशोचना मानना मेरा प्रमाद था। निपुणिका आई और थोड़ी देर तक चुप बैठी रही। मेरे मुँह से भी कोई बात निकल नहीं रही थी। कुछ देर की चुप्पी के बाद उसने ही शुरू किया—"भट्ट, तुम सचमुच मेरी सहायता कर सकते हो?"

"तुम्हें संदेह क्यों हो रहा है, निपुणिका? मैंने क्या कभी ऐसी बात कही है, जिसका पालन करने में आनाकानी की हो?"

"लेकिन अगर मेरी सहायता करने में कोई अनुचित कार्य करना पड़े?"

"देख निउनिया मैंने अभी प्रत्यक्ष देखा है कि तू जिसके यहाँ आश्रय पाए हुई है, उसे छोड़कर तुझे किसी और की सहायता आवश्यक नहीं है, फिर भी तू परीक्षा लेने के लिए यह बात कह रही है। मेरा उत्तर स्पष्ट है। साधारणतः लोग जिस उचित-अनुचित के बँधे रास्ते से सोचते हैं, उससे मैं नहीं सोचता। मैं अपनी बुद्धि से अनुचित-उचित की विवेचना करता हूँ। मैं मोह और लोभवश किए गए समस्त कार्यों को अनुचित मानता हूँ; परंतु हमेशा मैं अपने को इन दो रिपुओं से बचा नहीं

सका हूँ। आज ही मैंने एक महान् संकल्प किया है। मैं नहीं जानता कि इसमें मैं कहाँ तक सफल हूँगा। अनुचित कार्यों से मैं अपने को सदा बचा नहीं पाया हूँ; पर उचित कार्यों को अवसर आने पर करने के लिए मैंने अपने प्राणों तक की परवा नहीं की है। तू मुझे वह कार्य बता, जिसमें मुझे तेरी सहायता करनी होगी। तू मुझे जानती है, मैं आशा करता हूँ कि मुझे अनुचित कार्य में कभी प्रवृत्त नहीं होने देगी।"

निपुणिका हँसी। बोली, "अब तुम बचने का रास्ता खोज रहे हो। मेरी-जैसी स्त्री से तुम उचित कार्य में सहायक बनाने की आशा रखते हो? तुम बहुत भोले हो।"

इस बार मैं सचमुच विचलित हुआ; पर फिर भी जरा दृढ़ता के साथ बोला, "तो बता न, मुझे क्या करना होगा?"

निपुणिका इस बार और जोर से हँस पड़ी। बोली, "देव-मन्दिर का उद्धार करना है।"

मैं समझ गया, देव-मन्दिर अर्थात् नारी। यह तो कोई अनुचित कार्य नहीं है। जरा हँसके मैंने कहा, "तेरा उद्धार तो महावराह ने कर दिया है, तेरी परवा मुझे नहीं है। अब और कौन रमणी विपत्ति में फँसी हुई है, जिसका उद्धार मुझे करना होगा।"

निपुणिका ने कहा, "भट्ट, अब तक तुमने नारी में जो देव-मन्दिर का आभास पाया है, वह तुम्हारे भोले मन की कल्पना थी। आज मैं तुम्हें सचमुच का देव-मन्दिर दिखाऊँगी। परंतु उसके लिए तुम्हें छोटे राजकुल में मेरी सखी बनकर प्रवेश करना होगा और कीचड़ में धँसे हुए उस मन्दिर का उद्धार करना होगा। आज ही उत्तम अवसर है। महावराह ही मेरे वास्तविक सहायक हैं। उन्होंने ही तुम्हें यहाँ भेजा है। तुम न आते तो भी मुझे तो यह करना ही था। बोलो भट्ट, तुम यह काम कर सकोगे? तुम असुर-गृह में आबद्ध लक्ष्मी का उद्धार करने का साहस रखते हो? मदिरा के पंक में डूबी हुई कामधेनु को उबारना चाहते हो? बोलो, अभी मुझे जाना है! महावराह ने आज ही अनुमति दी है। इस सीता का उद्धार करते समय तुम्हें जटायु की भाँति शायद प्राण दे देना पड़ेगा। है साहस?"

मैं हँसा। यह काम मैं जरूर कर सकता हूँ। केवल एक बार मैंने अपने स्वर्गीय पिता को मन-ही-मन प्रणाम किया–'पिता, आज आत्मोद्धार-कर्म से विरत रहना पड़ा। समय और सुयोग मिला, तो फिर कभी होता रहेगा। न जाने किस दुःखिनी के दुःखमोचन-यज्ञ में अपने-आपको होम देने की पुकार आई है। आज इसी का ऋत्विज् बनने दो।' निपुणिका की ओर देखकर मैंने कहा। "निउनिया, मैं प्रस्तुत हूँ, नेपथ्य (वेश बदलने का वस्त्र आदि) ला।"

संदर्भ

1. बाणभट्ट की आत्मकथा का द्वितीय उच्छ्वास (अध्याय)। इसमें बाणभट्ट की अचानक निपुणिका से हुई भेंट के द्वारा पूरे उपन्यास की आधारभूमि बनाई गई है।
2. राजा हर्ष।
3. नाट्य प्रयोग के पूर्व सूत्रधार व उसके सहायकों द्वारा किया जानेवाला नाटकीय अनुष्ठान'।
4. यहाँ नाट्यशास्त्र की इस पंक्ति का प्रभाव है "भृङ्गार जर्जरधरौ भवेतां पारियार्श्विकौ।"
5. निम्नलिखित से तात्पर्य जान पड़ता है :

   वामं संधिस्तिमितवलयं न्यस्तहस्तं नितम्बे
   कृत्वा श्यामा-विटपि-सदृशं स्रस्तमुक्तं द्वितीयम्।
   पादांगुष्ठालुलितकुसुमे कुट्टिमे पातिताक्षं
   नृत्यादस्याः स्थितमतितरां कांतमृज्वायताक्षम्।
6. खदिर=कत्था।

दो : अवधूतदर्शन[1]

शिविकाओं के निकलते-निकलते गोधूलि-काल हो गया। विलंब का कारण मैं ही था। नदी-तट की नौका-व्यवस्था देखे बिना भट्टिनी को वहाँ भेजना मुझे ठीक नहीं जँचा। नदी-तीर से जब मैं लौटा, तो दिवस क्षीण हो आया था। सूर्यमंडल परिणत प्रियंगुमंजरी के केसर के समान पिंजरिमा से रँगा हुआ पश्चिम समुद्र की ओर लटक चुका था। अस्तकालीन धूप दिग्वधुओं के मुख पर पड़ी हुई एक ऐसी महीन चादर के समान दिख रही थी, जो कुसुंभ-रस की अविरल वर्षा से लाल और कोमल हो गई हो। आकाश की नीलिमा बहुत-कुछ दूर हो गई थी और वह चकोर की नयन-तारिका के समान पिंगल-वर्ण की कांति से विलिप्त हो चुका था। कोकिल के विलोचनों के समान बभ्रु-वर्ण किरणें समस्त भुवन-मंडल को अरुणायित कर रही थीं। अधिक प्रकाशयुक्त एकाध नक्षत्र पूर्व-गगन में उन्मषित होते-से दिख रहे थे और सारी संध्या मोहन-वेशा गैरिकधारिणी किसी भैरवी के समान चंडी-मंडप में उतर रही थी। शिविकाएँ पहले से ही उपस्थित थीं। भट्टिनी और निपुणिका तैयार बैठी थीं। मेरे आते ही वे शिविकाओं पर बैठ गईं और नदी-तीर के लिए प्रस्थित हो गईं।

प्रांगण-गृह से बाहर निकलकर मैंने एक बार चारों ओर देखा। आकाश की अरुणिमा धुल गई थी। वह गाढ़े नील पट्ट के समान सिर पर फैला हुआ दिख रहा था। मध्याह्न की नीलिमा अब अधिक सांद्र हो गई थी। आस-पास की वृक्षावलियों की हरीतिमा कालिमा में बदल चुकी थी। वनराजियाँ वन्य महिष के मलीमस शरीर की भाँति काली हो चली थीं। उन पर होनेवाला पक्षि-विराव[2] अब शांत हो गया था। सामने की टूटी दीर्घिका अपने शांत वक्षःस्थल में आकाश की समस्त संपत्ति लिए हँस रही थी। सब-कुछ शांत, निस्तब्ध और महिमापूर्ण था। मैंने एक क्षण के लिए सोचा कि पुजारी इस समय आ जाता, तो जरा हृदय खोलकर ठठोली कर लेता। पर पुजारी न जाने इस समय कहाँ था। जाने के पहले मैं एक बार फिर प्रांगण-गृह में गया, मानो कोई भूली हुई वस्तु खोजनी थी। मोह भी कैसी विचित्र वस्तु है। इस टूटे प्रांगण-गृह के प्रति मेरा आकर्षण इस समय कुछ बढ़-सा गया था। सूना तो वह सदा से था; लेकिन भट्टिनी के निकल जाने के बाद वह विकट सूना हो गया

था। उसकी दीवारें मानो बार-बार चिल्लाकर कह रही थीं कि आज हम यथार्थ में सूनी हैं। कुछ देर तक मैं अकारण वहाँ ठिठका खड़ा रहा। भट्टिनी की एक दिन की पूजावेदी अब भी गीली थी। उस पर के महावराह चले गए थे; पर अपनी उद्धार-महिमा का चिह्न उस पर छोड़ गए थे, थोड़ी देर तक मैं उस वेदी की ओर मुग्धभाव से देखता रहा और फिर एक बार उन तांत्रिक चिह्नों की ओर भी स्थिर नयनों से देखा। मुझे भैरवी-चक्र के चिह्नों की पृष्ठभूमि में महावराह की वेदी ऐसी अद्भुत दिखाई पड़ी कि एक क्षण के लिए मैं उसे भविष्य का निमित्त-निर्देशक समझे बिना न रह सका। यह एक दिन के लिए जो परस्पर विरोधी प्रतीकों का समन्वय हुआ है, वह आकस्मिक हो सकता है; पर अकारण निश्चय ही नहीं है। इसमें किसी भावी विरोधाभास की सूचना है। हठात् मेरे मुँह से मेरी बनाई हुई एक पुरानी आर्या निकल पड़ी।

उन दिनों मैं वाराणसी के पास जनपद में पुराण-पाठ का अभिनय कर रहा था। मेरे हृदय में कहीं भी भक्ति का लेश भी नहीं था; पर स्वेद, अश्रु और रोमांच का मैंने इतना उत्तम आयोजन किया था कि सरल-हृदया जनपदवधुएँ और ग्राम-वृद्ध मेरी कथा पर मुग्ध बने हुए थे। एक संध्या को मैं व्यासासन से उठा ही था कि एक अति कमनीय-मूर्ति वृद्ध महिला ने आकर मेरे चरण स्पर्श किए। मैंने उसकी ओर देखा—उसका मुख-मंडल मुरझाए हुए कमल-पुष्प के समान खिन्न था। कुंडलित केश अस्त-व्यस्त हो रहे थे। आँखों में एक प्रलयपूर्व का दृश्य था। अहा, कितनी भक्तिमती थी वह, कितनी विश्वास-परायण और कैसी सरल-हृदया! मैंने पूछा, "क्यों अंब, इतनी व्याकुल क्यों हैं? क्या हुआ? कल्याण हो मातः; अपनी व्यथा मुझसे बता। मैं क्या सहायता कर सकता हूँ?" वृद्धा ने रुद्ध कंठ से कहा, "तुम ब्राह्मण हो आर्य, पृथ्वी के देवता हो आर्य, तुम्हारे आशीर्वाद से मेरा कल्याण होगा। मेरा एकमात्र पुत्र घर-द्वार छोड़कर न जाने कहाँ चला गया है; कोई विधि बताओ कि मैं अपनी खोई हुई निधि पा सकूँ। कोई अनुष्ठान, कोई मांगल्यव्रत कोई जप-होम बता दो कि मैं अपने लाल को पा सकूँ। हाय, उसकी बालिका-वधू को क्या कहकर सांत्वना दूँ?" उस वृद्धा की बात से मैं क्षण-भर के लिए विचलित हुआ। मैं भी तो घर-द्वार छोड़कर भाग आया हूँ। पर दूसरे ही क्षण मैं सम्हल गया; चलो मेरी कोई माता नहीं है, जो बिलख-बिलखकर धार्मिकता का ढोंग रचनेवालों से अनुष्ठान की विधि पूछती फिरेगी। फिर कोई बालिका या प्रौढ़ा वधू भी नहीं है, जिसे सांत्वना देने के लिए किसी को माथापच्ची करनी पड़ेगी। पर यह हतभाग्य कौन है, जो ऐसी माता और बहू को छोड़कर भाग गया है? वह कहाँ गया होगा? वृद्धा को धीरज बँधाते हुए मैंने कहा, "व्याकुल मत हो अंब, तेरी निधि तुझे मिलेगी।" और फिर कुछ व्रत और उपवास की विधियाँ बताकर अपना पिंड छुड़ाया। वृद्धा ने अपनी पुत्र-वधू का हाथ भी दिखाया था। अहा, कैसा अदनार मुख था उसका! मैंने चकित होकर उस बालिका की ओर

देखा था। वह निराश जान पड़ती थी। वृद्धा चली गई; पर मेरे मानसपट में एक विशाल छेद करती गई। मेरा कोई नहीं है—न बिलखनेवाला, न सांत्वना की आशा लगाए रहनेवाला। मैं अकेला हूँ, संगहीन हूँ, हतभाग्य हूँ, रह-रहकर मेरा मन मुझे अवश करने लगा। मुझे यह दुर्निमित्त-सा लगा। अब तक जिसके हृदय पर संसार की हँसी और रुलाई पद्म-पत्र पर के सलिल-बिंदु के समान आई और गई, वह व्यक्ति आज व्याकुल क्यों है? क्या अरुण को देखकर सूर्योदय की संभावना नहीं होती? क्या पवन को देखकर जलागम का अनुमान संगत नहीं है? सो क्या मेरे चित्त का यह विकार किसी पूर्व-निदर्शन के उदय के समान है? मैंने सोच्छ्वास कहा :

अरुण इव पुरः सरो रविं पवन इवातिजवो जलागमम्।
शुभमशुभमथापि वा नृणां कथयति पूर्वनिदर्शनोदयः।[3]

तबसे मैं उस घटना को भूल गया था। आज हठात् मेरे मुँह से यही आर्या निकल पड़ी। तो दुर्निमित्त अभी कटा नहीं? कल संध्या से लेकर आज की संध्या तक घटनाओं के एक वात्याचक्र में बुरी तरह उलझ गया हूँ। क्या कोई अदृष्ट शक्ति किसी अचिंतनीय विरोध-परिस्थान में मुझे घसीट रही है? क्या आज से बाणभट्ट का हृदय पद्म-पत्र की तरह अनासक्त नहीं रह सकेगा? कौन जाने!

इसी समय गृह के द्वार पर वन-कुक्कुटों के उड़ने के कारण भरभराहट की आवाज हुई। गृह-द्वार के एक पार्श्व में कुछ अयत्नवर्द्धित करवीर के झाड़ थे। संध्या होते ही उन पर वन-कुक्कुटों की बस्ती बस जाती थी। उनके अचानक उड़ने से मुझे संदेह हुआ कि कोई आ गया है। निश्चय ही पुजारी होगा। मैं जल्दी-जल्दी घर से बाहर निकला। द्वार पर मैंने जो कुछ देखा, वह अप्रत्याशित ही नहीं, अदृष्टपूर्व भी था। मैं इस प्रकार हतचेष्ट हो गया, जैसे बिजली मार गई हो। सामने एक गाढ़ गैरिक वस्त्रधारिणी स्त्री थी। उसके एक हाथ में त्रिशूल था और दूसरे में काला-सा कोई पात्र। खुले हुए पिंगल-वर्ण के केश गुल्फों तक लटके ऐसे लग रहे थे मानो सायंकालीन अरुण मेघ-मंडल में विद्युत की शिखाएँ अचंचल होकर रुक गई हों। उसका सुनहरा मुखमंडल गैरिक वस्त्रों से इस प्रकार कुंडलित था, मानो धातुमयी अधित्यका में आरग्वध के झाड़ फूले हुए हों।[4] उसकी आँखें विकच कांचनार-कुसुम के समान लाल-लाल और फटी हुई थीं और उनसे एक मंद-मंद रश्मि-सी निकल रही थी। उसकी मूर्ति मनोहर नहीं थी; पर वह भयंकर भी नहीं थी। यदि कड़ककर उसने पहले ही मुझे डाँट न दिया होता, तो निस्संदेह मैं उसे साक्षाद्विग्रहधारिणी चंडिका ही समझता। उसने भी मुझे वहाँ देखकर आश्चर्य का ही भाव दिखाया। फिर एक क्षण में ही उसके अधरोष्ठ काँपने लगे। छितराई हुई आँखें और भी छितरा गईं। नासाग्र में एक प्रकार की हलचल हुई और भ्रूलताएँ विकुंचित हो उठीं। उसके ललाट की वलियाँ स्पष्ट ही दिख पड़ीं। उसने कड़ककर पूछा, "इस साधना-गृह में चोर की भाँति घुसनेवाला तू कौन है?"

मैंने अभी तक अपने को सँभाला नहीं था। क्या कहना चाहिए, क्या नहीं कहना चाहिए, कुछ स्थिर न कर पाया था। केवल पथराई आँखों से उसे देखता रहा। वेश देखकर मैंने अनुमान किया कि यह कोई भैरवी होगी। फिर मुझे इस प्रांगण-गृह के भीतर के विचित्र चिह्नों की बात याद आई। मुझे ऐसा लगा कि क्षण-भर पूर्व मेरा मन जिस दुर्निमित्त की आशंका कर रहा था, वह सिर पर सवार है। इस समय भट्टिनी यहाँ से चली गई है, यह सोचकर मेरे मन में अपार संतोष हुआ। मैं अपने को सँभालने में समर्थ हो गया। हाथ जोड़कर बोला, ''परदेशी हूँ मातः, अपराध क्षमा हो।''

भैरवी ने एक बार मुझे नीचे से ऊपर तक ध्यान से देखा। बोलीं, ''तू ब्राह्मण है?''

''मेरा जन्म ब्राह्मण-वंश में ही हुआ है, मातः!''

''वैदिक क्रिया का अभ्यास है?''

''बहुत थोड़ा।''

''इस साधना-गृह में तूने क्या किया है?''

मैं ठीक समझ नहीं सका कि भैरवी मुझसे क्या जानना चाहती हैं। कोई वैदिक क्रिया मैंने यहाँ नहीं की है; पर प्रांगण-गृह में एक गीली मिट्टी की वेदी अब भी है, मुझे उसकी सफाई तो देनी ही होगी। फिर प्रसंगवश भट्टिनी की बात भी चल सकती है। इस समय तक वाममार्गी साधकों के सम्बन्ध में मेरे मन में श्रद्धा का भाव नहीं था। विशेषकर इन भैरवियों के सम्बन्ध में मैंने ऐसी बातें सुन रखी थीं, जिनसे उनके विषय में श्रद्धा नहीं बढ़ सकती। इसलिए मैंने अपने को दबाया। बोला, ''इस गृह में मैं बहुत थोड़ी देर ही रहा हूँ। देवि! यहाँ मैंने कोई वैदिक या अवैदिक अनुष्ठान नहीं किया।''

भैरवी भी मेरे मुख को देखकर समझ गईं कि मैं कुछ छिपा रहा हूँ। बोलीं, ''ठीक-ठीक बता, नहीं तो अमंगल होगा।''

इस बार मैं डरा। इन भैरवियों से मंगल चाहे न हो, अमंगल अवश्य होता है। मेरा ऐसा विश्वास था। हाथ जोड़कर बोला, ''अज्ञ जन के ऊपर दया होनी चाहिए, मातः!'' भैरवी ने स्मित हास्य किया। यह हँसी नारी-जनोचित बिल्कुल नहीं थी। उसमें किसी प्रकार के शील, विनय, लज्जा या माधुर्य का एकदम अभाव था। वह रूखी नहीं थी, रहस्यपूर्ण थी। उल्का के क्षण भंगुर प्रकाश की भाँति वह हँसी मेरे मन में आशंका को दीप्त कर गई। मैंने फिर भीत-भीत भाव से कहा, ''अपराध क्षमा हो, मातः!''

भैरवी ने कहा, ''इधर आओ'' और फिर जरा जोर से पुकारकर कहा, ''आर्य, यह देखो कौन है?''

भैरवी मुझे टूटी दीर्घिका (तालाब) के घाट पर ले गईं। यहाँ पहले से ही तीन

व्यक्ति उपस्थित थे। दो तो कोई साधक भैरव और भैरवी थे, पर एक महात्मा उनमें विशेष थे। वे व्याघ्र-चर्म पर अर्द्धशायित अवस्था में लेटे हुए थे। उनके शरीर से एक प्रकार का तेज निकल रहा था। सिर पर केश नहीं के समान थे; पर कान की शष्कुलियाँ श्वेत केशों से आच्छादित थीं। ललाट-मंडल की सहज वलियाँ कूर्चप्रदेश तक व्याप्त हो गई थीं। आँखों के ऊपर की दोनों भ्रूलताएँ मिल गई थीं और सारा मुख-मंडल छोटे-छोटे श्मश्रु-लोमों से परिव्याप्त था। उनकी आँखें बहुत ही आकर्षक थीं। उन्हें देखकर बड़ी-बड़ी समुद्री कौड़ियों का भ्रम होता था। ऐसा जान पड़ता था कि वे आँखें पूरी-पूरी कभी खुली ही नहीं थीं। सदा आधी ही खुलती रहने के कारण उनके नीचे मांस-खंड फूल उठे थे और कोनों में एक प्रकार की स्थाई सिकुड़न आ गई थी। उनके वेश में कोई विशेष सांप्रदायिक चिह्न नहीं था; केवल दाहिनी ओर रखा हुआ पान-पात्र देखकर अनुमान होता था कि वे कोई वाममार्गी अवधूत होंगे। उनके पहनावे में एक छोटा-सा वस्त्र-खंड था, जो लाल नहीं था और तन ढकने के लिए पर्याप्त तो किसी प्रकार नहीं था। उनकी तोंद कुछ ज्यादा निकली दिखती थी, यद्यपि वह उतनी अधिक निकली हुई थी नहीं। भैरवी ने उनके पास आकर कहा, "बाबा, यह देखो, यह व्यक्ति साधना-गृह को भ्रष्ट कर आया है।" बाबा की आँखें मुँदी हुई थीं। भैरवी की वाणी सुनकर वे जरा सचेत हुए और उन्होंने अपनी आधी खुली आँखों से क्षण-भर के लिए मेरी ओर ताका। वह दृष्टि बहुत ही पवित्र जान पड़ी। बाबा ने फिर आँखें बंद कर लीं। थोड़ी देर तक उसी अवस्था में रहने के बाद वाले, "मायाविनी! मायाविनी! मायाविनी!!" मुझे ऐसा लगा, मानो वे प्रत्यक्ष सब कुछ देख रहे हैं, जैसे त्रिकाल उनके हाथ में आमलक फल के समान सुदर्श है। भैरवी ने फिर एक बार मेरे विरुद्ध अभियोग किया। बाबा ने बच्चे की भाँति हँसते हुए कहा, "क्यों रे, वहाँ क्यों गया था? पगले, वह मायाविनी है, उसके जाल में फँस गया।" यह कहकर उन्होंने चंडी मंडप की मूर्ति की ओर इशारा किया। फिर बोले, "अकेला था?" मुझे ऐसा लगा कि बाबा जान गए हैं, उनसे कुछ छिपाना व्यर्थ है। परंतु बाबा का अभिप्राय कुछ और ही था। मैं समझ नहीं सका और गिड़गिड़ाकर बोल उठा, "कल रात को दो दुःखिनी स्त्रियों को लेकर इस गृह में आश्रय लिया था, बाबा! इस गृह में हमने खाया-पिया है और जूठन से इसे अपवित्र किया है। मैं जिस दुःखिनी कन्या को आश्रय देने के लिए यहाँ ले आया था, उसने महावराह की पूजा भी की है—पर सब-कुछ अनजान में हुआ है। अपराध क्षमा हो, आर्य!" यह कहकर मैंने भयपूर्वक प्रणिपात किया। बाबा बोले, "डरता है रे!" मैंने संक्षेप में उत्तर दिया—"हाँ बाबा!"

बाबा कुछ इस प्रकार सजग हो गए, जैसे किसी बच्चे को कोई तामाश देखने को मिल गया हो। उठकर सीधे बैठ गए और कौतूहल के साथ बोले, "इधर आ!" मैं जब उनके पास गया, तो उन्होंने मेरा ललाट छू दिया। मेरे दोनों भ्रुओं के मध्य

भाग को उन्होंने अपने अंगुष्ठ से दबाया और फिर हटा लिया। मेरा सिर चकरा गया। क्षण-भर में मेरे सामने एक भयंकर दृश्य उपस्थित हो गया। मैंने देखा कि भट्टिनी और निपुणिका नाव में बैठी पूरब की ओर जा रही हैं। उधर पूर्वी आकाश काले बादलों से छा गया है। बादलों के आगे-आगे पिंगल वर्ण की धूलि दौड़ रही है और उसके भी आगे छोटे-छोटे तालचंचु पक्षियों का एक दल धूल और बादलों के साथ खेलता हुआ भागा जा रहा है। मैं किनारे पर खड़ा हूँ। बादल और घने हो गए। वायुमंडल में थोड़ी सर्दी का आभास मिला। फिर भयंकर प्रभंजन के साथ-ही-साथ आकाश-मंडल में विकट विद्युत-स्फोट हुआ। गंगा की लहरें एक-दूसरे से क्रुद्ध भाव से भिड़ गईं। आकाश धूलि से, दिङ्मंडल अंधकार से और गंगा का प्रवाह फेन-पुंज से आच्छादित हो गया। देखते-देखते भट्टिनी की नौका अंधकार में अदृश्य हो गई। मेरे हृदय और मस्तिष्क निष्क्रिय-निश्चेष्ट हो गए। मुँह से आवाज नहीं निकली। पैरों के नीचे पृथ्वी कुंभकार के चक्र की भाँति घूमने लगी। इसी समय बिजली चमकी। नाव धारा में बैठ गई। निपुणिका और भट्टिनी पानी में कूद पड़ीं। फिर अंधकार, गर्जन, फूत्कार! मेरा मस्तक झनझना उठा। शिराएँ इस प्रकार स्फीत हो उठीं, जैसे वे रक्त के दबाव को अधिक नहीं सह सकेंगी। बादल फैलते गए, आँधी का वेग बढ़ता गया, गर्जन का शब्द ऊँचा होता गया, फूत्कार का विकट विराव दिङ्मंडल में व्याप्त होता गया। मैं चिल्ला उठा—"त्राहि आर्य, त्राहि!" इस समय मेरे ललाट में फिर एक बार अंगुलि-स्पर्श का अनुभव हुआ। गंगा की धारा शांत हो गई, आकाश स्वच्छ हो गया और भुवन-मंडल प्रसन्न जान पड़ा। मैंने देखा, भट्टिनी नौका में आराम कर रही हैं। निपुणिका उनके पैरों के पास बैठी हुई कुछ कह रही है। भट्टिनी का मुख प्रसन्न है, आँखें उत्सुकता से भरी हैं और कपोलपालि विकसित है। फिर मैंने बाबा की ओर देखा, उनकी अधखुली आँखों में मीठी-मीठी हँसी है। मैंने भीत-भीत भाव से कहा, "बाबा, यह क्या देखा मैंने? ऐसा ही होने वाला है क्या?" बाबा बच्चों के समान विनोद करते हुए बोले, "मैं क्या जानूँ?" फिर उनकी आँखें मुँद गईं। कुछ भावावेश की-सी अवस्था में बोले, "कितनी माया जानती है, पगली!" फिर मुझे लक्ष्य करके बोले, "क्यों रे, डरता है क्या?"

"मेरा अपराध क्षमा करें, आर्य!"

"तूने कोई अपराध किया है रे?"

"मैं साधारण मनुष्य हूँ, आर्य! अपराध करता ही रहता हूँ; किंतु जान-बूझकर कभी किसी का अनिष्ट नहीं किया है। मैं अमंगल से डरता हूँ।"

"ब्राह्मण है?"

"हाँ, आर्य!"

"तेरी जाति ही डरपोक है। क्यों रे महावराह पर तेरा विश्वास नहीं है?"

"है, आर्य!"

"झूठा! तेरी जाति ही झूठी है! क्यों रे, तू आत्मा को नित्य मानता है?"

"मानता हूँ, आर्य!"

"पाखंडी! तेरे सब शास्त्र पाखंड सिखाते हैं! क्यों रे, कर्मफल मानता है?"

बाबा के इस प्रश्न का उत्तर अब सहज ही मैं नहीं दे सका। फिर न जाने मेरी जाति पर कौन-सा विशेषण बैठा दिया जाए। जरा-सा वक्रभंगी से कतरा जाने की चेष्टा करते हुए मैंने कहा, "कैसे कहूँ बाबा!"

बाबा हँसे। बोले, "बता न, तू कर्मफल मानता है या नहीं?"

"मानता हूँ, आर्य!"

"तो अमंगल से क्यों डरता है? मिथ्याचारी है तू!"

"हाँ आर्य, सो तो हूँ।"

"तो कुछ सच्ची बात सीख न!"

"क्या आर्य?"

"यही कि डरना नहीं चाहिए। जिस पर विश्वास करना चाहिए, उस पर पूरा विश्वास करना चाहिए, चाहे परिणाम जो हो। जिसे मानना चाहिए, उसे अन्त तक मानना चाहिए।"

"माया-पंक में डूबा हुआ संसार-कीट हूँ, आर्य! बहुत-कुछ समझता हूँ; पर कर नहीं पाता।"

"प्रपंची! तेरी जाति ही प्रपंची है। सौ बात क्यों समझता फिरता है? एक को समझ और उसी को कर। क्यों रे, उस लड़की पर तेरी ममता है न?"

यह अजीब प्रश्न है। क्या जवाब दूँ? चुप रहना ही ठीक समझा। बाबा ने इसी समय उस भैरवी से कहा, "महामाया! सब ठीक है न?"

भैरवी ने कहा, "अभी ठीक हो जाता है।" यह कहकर वे और दोनों अन्य साधक भी उठ पड़े। मैं अकेला रह गया। बाबा ने मुझसे फिर पूछा, "क्यों रे बताता क्यों नहीं?"

मैंने हाथ जोड़कर कहा, "उस कन्या का सेवक होना गौरव का विषय है, आर्य! मैं उसके मंगल के लिए प्राण तक दे सकता हूँ।"

बाबा हँसते रहे। बोले, "ना रे पागल, प्राण मैं नहीं माँगता। मैं जानना चाहता हूँ कि उस कन्या पर तेरी ममता है या नहीं। सीधा क्यों नहीं कहता कि है। तेरी जाति ही टेढ़ी है। हाँ रे, और महावराह पर तेरी ममता है?"

"है आर्य!"

"मान ले कि एक निशाचर अचानक आकर तुझे धर दबाए और अपने बाएँ हाथ में तेरी स्वामिनी को और दाहिने हाथ में महावराह की मूर्ति को लेकर बोले कि तू अपना प्राण देकर किसी एक को बचा सकता है, तो तू किसे बचाने के लिए प्राण देना पसंद करेगा?"

बाबा बेढब जीव है। ऐसा भी प्रश्न किया जाता है! मैं चुप हो रहा। थोड़ी देर तक सोचकर बोला, "मैं दोनों को बचाना चाहूँगा।"

बाबा क्रोध से काँप उठे—"फिर झूठ बोलता है, जन्म का पातकी, कर्म का अभागा, मिथ्यावादी, पाषंड!! महावराह को बचाएगा तू, दंभी!"

मैं हतचेष्ट, निर्वाक् स्तब्ध! बाबा का क्रोध वास्तविक नहीं था। मेरी परीक्षा लेने के लिए ही उन्होंने यह रूप धारण किया था। मैं विचलित हो गया। मेरी इच्छा के विरुद्ध जैसे किसी ने मुझसे कहलवा लिया—"प्राण देकर मैं भट्टिनी को बचाऊँगा।"

बाबा हँसने लगे। उनकी अर्द्धमुद्रित आँखें चमक उठीं। बोले, "अभागा, सारी जिंदगी में तूने यही एक बात सच कही है। क्यों रे, लजाता है? दुत् पगले, उस मायाविनी के जाल में फँस रहा है? क्या बुरा है रे, त्रिपुर-सुंदरी ने जिस रूप में तेरे मन को लुभाया है, उसे साहसपूर्वक स्वीकार क्यों नहीं करता? तू अभागा ही बना रहेगा, भोले! तेरे मन में महावराह से अधिक पूज्य भावना उस लड़की के प्रति है। है न रे? फिर झूठ बोलेगा भाग्यहीन?"

"ना बाबा, झूठ क्या मैं समझ-बूझकर बोल रहा हूँ, कोई बुलवा रहा है। भट्टिनी के प्रति मेरी पूज्य भावना है, यह ठीक बात है।"

"हाँ, तू अब ठीक कह रहा है। भुवनमोहिनी का साक्षात्कार पाकर भी तू भटकता फिर रहा है पागल! देख रे, तेरे शास्त्र तुझे धोखा देते हैं। जो तेरे भीतर सत्य है, उसे दबाने को कहते हैं; जो तेरे भीतर मोहन है, उसे भुलाने को कहते हैं; जिसे तू पूजता है, उसे छोड़ने को कहते हैं। मायाविनी है यह मायाविनी, तू इसके जाल में न फँस। समस्त पुरुषों को भरमा रही है, स्त्रियों को सता रही है, माया का दर्पण पसारे है। तू उसे नहीं देखता, मैं देख रहा हूँ। तुझे देखकर वह हँस रही है।"

मैं मुग्ध-सा बना बाबा की ओर देख रहा था। उनका प्रत्येक वाक्य मेरे अन्तस्तल में उथल-पुथल मचा देता था जैसे वर्षों की गंदगी साफ हो रही हो।

बाबा की बातें जितनी विचित्र थीं, उतनी ही भेदक भी। थोड़ी दे तक अभिभूत-सा बना रहने के बाद मैंने हाथ जोड़कर पूछा, "क्यों बाबा, मैंने जो कुछ देखा है, वही घटनेवाला है क्या?"

बाबा ने निर्ममता के साथ कहा, "तो बुरा क्या है रे? इसके झाँसे में क्यों आता है? घटने न दे, कितना आनंद आ जाएगा! तू भूलता है, पागल! इसे लीला में रस मिलता है न! अच्छा ठीक बता, तू उस लड़की को क्या समझता है?"

"मैं...मैं...मैं..."

"धिक् मूर्ख, कुछ बता न! जो बात तेरे मन में पहले आवे, वही कह जा।"

"वह पवित्रता की मूर्ति है, आर्य!"

"तू पशु[5] नहीं है!"

मैं कुछ भी समझ न सका। इसी समय महामाया नामक भैरवी आई। बाबा

ने उनसे कहा, ''महामाया, यह पशु नहीं जान पड़ता; किंतु वीर भी नहीं है। अमंगल से डरा हुआ है। इसे आज का प्रसाद देना। अमंगल से इसका चित्त विक्षिप्त हो रहा है।''

महामाया क्षण-भर ठिठककर खड़ी रहीं। फिर विनीत भाव से बोलीं, ''अधिकारी है, आर्य?''

बाबा फिर हँसे—''तुम भी अभी उसके जाल से नहीं निकलीं, महामाया! कह तो दिया, पशु नहीं है। अधिकारी नहीं होगा, तो क्या कर लेगा? तुम्हें बदनाम करता फिरेगा, यही न? डरती हो। दुत् पगली, तू भी डरती है?''

महामाया ने कहा, ''जो आज्ञा, आर्य!''

बाबा ने कहा, ''ठहरो महामाया, तुम्हें प्रत्यय दिला दूँ।''—यह कहकर उन्होंने मुझे पास बुलाया। न जाने क्या फिर देखने को मिले, यह सोचकर मैं डरता-डरता उनके पास गया। उन्होंने मेरा उत्तरीय हटा दिया और मेरु-दंड की धीरे-धीरे परीक्षा की। आधी पीठ तक आकर उन्होंने हाथ हटा लिया। बोले, ''मैं ठीक कह रहा हूँ, महामाया! यह देखो, इसकी कुंडलिनी जाग्रत है।''

महामाया भैरवी ने भी हाथ से उस स्थान को छूकर देखा। आश्वस्त होकर बोलीं, ''तो जैसी आज्ञा हो, बाबा!''

''इसे कुएँ के पास बैठा लेना!'' फिर मेरी ओर देखकर बोले, ''अमंगल दूर हो जाएगा, पर तू अमंगल को मंगल क्यों नहीं मान लेता? आज पूर्णिमा लगते ही इन लोगों की गोपन साधना होगी। महामाया तुझे प्रसाद देंगी। उसे तू निष्ठा के साथ ग्रहण कर और देख बाबा, भटकता न फिर। इस ब्रह्मांड का प्रत्येक अणु देवता है। देवता ने जिस रूप में तुझे सबसे अधिक मोहित किया है, उसी की पूजा कर। आ, तुझे मंत्र बता दूँ।'' मैं बाबा के पास इस प्रकार खिंच गया, जैसे लोहा चुंबक से खिंच जाता है। उन्होंने मुझे एक मंत्र बताया और कहा, ''जब तेरे चित्त में भय, लोभ और मोह का संचार हो, तो तू इसे ही जपा कर।''

मैंने भक्तिपूर्वक बाबा की बात स्वीकार की। थोड़ी देर तक बाबा निश्चल-से बैठे रहे। फिर किसी के पैरों की आहट सुनकर उन्होंने आँखें खोलीं। बोले, ''कौन है?''

''विरतिवज्र हूँ, आर्य!''

''आओ।''

विरतिवज्र की अवस्था पच्चीस के नीचे ही जान पड़ती थी। उनका मुख-मंडल स्वच्छ, मोहनीय और आकर्षक था। उन्होंने बौद्ध भिक्षुओं के समान चीवर धारण किया था; पर चीवर का रंग पीला न होकर लाल था। चाँदनी में वह रंग और भी खिल उठा था। उनका कंठ-स्वर भी कोमल और बालकोचित था। बाबा को भूमिष्ठ होकर प्रणाम करके वे एक स्थान पर शांत-भाव से बैठे रहे। बाबा उसी प्रकार झीमते-से

रहे। फिर थोड़ी देर बाद उन्होंने पूछा, "क्या निश्चय किया है, विरति?"

"कुछ समझ नहीं सका, आर्य! मेरे आदिगुरु अमोघवज्र ने मुझे ऐसा कुछ करने को नहीं कहा था। उन्होंने केवल नैरात्म्य की भावना में स्थिर रहने का उपदेश दिया था। एक बार मेरा चित्त जब बहुत उत्क्षिप्त हो गया था तब गुरु भी चिंतित हुए। अपने मानसिक उत्क्षेप का कारण तो आपसे निवेदन कर ही चुका हूँ। एक दिन अचानक उन्होंने मुझे बुलाकर कहा, 'आयुष्मान, मैं अब अधिक दिन नहीं रह सकूँगा। तू कौलाचार्य अघोर भैरव के पास जा। वे ही तेरी व्यवस्था कर देंगे।' उसी दिन से मैं आर्य की खोज में था। पर मैं अपने आदिगुरु की बात ठीक नहीं समझ सका कि क्यों उन्होंने मुझे आपके पास भेजा!"

"नैरात्म्य-भावना तुम्हारी समझ में आई है?"

"नहीं, आर्य!"

"तुम्हारे ऊपर कोई विश्वास करे, तो उसे छोड़ सकने का साहस है तुममें?"

"नहीं, आर्य!"

"तुम और मैं का भेद भूलने में तुम्हें रस मिलता है?"

"हाँ, आर्य!"

"पुरुष और स्त्री का भेद तुम भूल सकते हो?"

"नहीं, आर्य!"

"बुद्ध और बद्ध का भेद तुम्हें अच्छा लगता है या बुरा?"

"अच्छा, आर्य!"

"साधु आयुष्मान्, तुम सत्यवादी हो। अमोघवज्र ने समझ-बूझकर ही तुम्हें मेरे पास भेजा है। तुम सौयत-तंत्र के अधिकारी नहीं हो, तुम कौल-मार्ग में विचर सकते हो। पर आयुष्मान्, बिना शक्ति के साधना तो इस मार्ग में नहीं चल सकती। इस बात का एक निश्चय तो तुम्हें करना ही पड़ेगा।"

"यही मैं नहीं समझ सकता, आर्य!"

"जब तक तुम पुरुष और स्त्री का भेद नहीं भूल जाते, तब तक तुम अधूरे हो, अपूर्ण हो, आसक्त हो। तुम और मैं का भेद तब तक तुमसे निरंतर चिपटा रहेगा। अगर तुममें नैरात्म्य-भावना की प्रवृत्ति होती, तो शक्ति के बिना भी साधना चल सकती। तुममें वह प्रवृत्ति नहीं है। पर मैं अपनी ओर से यह साधना तुम्हारे सिर लादना नहीं चाहता। तुम्हारी रुचि हो तो स्वीकार करो। 'देखो, न तो प्रवृत्तियों को छिपाना उचित है, न उनसे डरना कर्तव्य है और न लज्जित होना युक्तियुक्त है।' इतनी बात गाँठ बाँध लो, फिर गुरु के उपदेश पर चलते रहो। आज तुम चक्र में एकत्र बैठ सकते हो।"

विरतिवज्र ने साष्टांग प्रणति के साथ आदेश अंगीकार किया। उनके चेहरे से स्पष्ट ही लक्षित हो रहा था कि उनके भीतर अशान्ति है। वे उसे अपनी शक्ति-भर

दबा रहे हैं। गुरु को प्रणाम करने के बाद वे मेरी ओर फिरे। अबकी बार चाँदनी ठीक उनके मुख पर पड़ी। अहा, कैसा कमनीय मुख है! क्षण-भर के लिए लाल चीवर से लिपटे विरतिवज्र को देखकर मेरे मन में धूर्जटि की नयनाग्निशिखा में वलयित मदन देवता का स्मरण हो आया। अस्थान में वैराग्य का उदय हुआ है। विद्युल्लता में चंद्रमंडल उलझ गया है। सांध्य-किरणों में पुंडरीक पुष्प फँस गया है। उषःकालीन आकाश-मंडल में शुक्रग्रह स्थिर हो गया है। मदन-शोक से व्याकुल वसंत ने वैराग्य ग्रहण किया है। अहा, ऐसा भी क्या संभव है? विरतिवज्र ने जिज्ञासा-भरी दृष्टि से मुझे देखा। उन्हें मेरा वेश इस समाज का विरोधी जान पड़ा और मुझे उनका रूप। बाबा ने ही मध्यस्थता की—"परदेशी ब्राह्मण हैं, विरति! साधना-गृह में आश्रय लिया था। महामाया इनसे अप्रसन्न हैं। अभी वे जाल से निकल नहीं सकी हैं। विकट है उस मायाविनी का जाल, दुरतिक्रम्य है उसका विधान। महामाया अभी उलझी हुई हैं। ये अमंगल से डरते हैं; मोह है अभी, शीघ्र ही कट जाएगा। जन्म-जन्मांतर का संस्कार है, मिटते-मिटते वर्षों लग जाएँगे। पशु नहीं हैं, निकल चलेंगे। महामाया प्रसाद देंगी इन्हें। वे भी प्रसन्न होंगी, ये भी अभीत होंगे।" इतना कहने के बाद बाबा ने आकाश की ओर देखा। बोले, "समय हो आया है, विरति, सुधापात्र देना जरा!" विरति ने पात्र बढ़ा दिया। बाबा ने ऊपर मुँह करके पुकारा—"मायाविनी, मायाविनी।" और फिर गट-गट करके पी गए। थोड़ी देर तक एक अद्भुत मस्ती की दशा में झूमते रहे और फिर उठ खड़े हुए। हम दोनों भी उठ गए। विरति के साथ वे साधना-गृह में चले गए और मुझे थोड़ी देर बाद आने का आदेश दिया। चलते-चलते कहते गए—"किसी से न डरना, गुरु से भी नहीं, मंत्र से भी नहीं, लोक से भी नहीं, वेद से भी नहीं। मंत्र याद है न?"

"हाँ, आर्य!"

"थोड़ी देर बाद बिना किसी के बुलाए निडर होकर आ जाना, भला!"

"हाँ, आर्य!"

बाबा के चले जाने के बाद मैंने सोचने का अवसर पाया। यह कहाँ आ फँसा हूँ। बाबा की बातों का मतलब क्या है? महामाया यदि स्वयं उलझी हुई हैं तो उनके प्रसाद को निष्ठापूर्वक क्यों ग्रहण करूँ? पर बाबा ने तो ऐसा ही आदेश दिया है। बाबा के प्रभाव से मैंने जो कुछ देखा, वह क्या सत्य है? भट्टिनी इस समय निरापद हैं न? निपुणिका की क्या अवस्था है? क्या मैं भट्टिनी की ही पूजा का अधिकारी हूँ? कैसा आश्चर्य है! इतनी सीधी बात मेरे मन में इतनी हलचल क्यों पैदा कर रही है? मुझे फिर एक बार ऐसा लगा कि चक्कर आ जाएगा। बाबा का मंत्र थोड़ी देर तक जपते रहने में ही कल्याण था। मैं निष्ठापूर्वक जपने लगा। एक मुहूर्त के बाद मुझे अकारण ऐसा प्रतीत हुआ कि बाबा बुला रहे हैं। मैं साधना-गृह की ओर अभिभूत की भाँति चल पड़ा। प्रांगण-गृह के द्वार पर से ही मैंने अत्यंत शांत और

मृदु कंठ से यह श्लोक उच्चरित होते सुना :

आदाय दक्षिणकरेण सुवर्णदर्वीं
दुग्धान्नपूर्णमितरेण च रत्नपात्रम्।
भिक्षान्नदाननिरतां नवहेमवर्णा-
मम्बां भजे सकल भूषण भूषितांगीम्।

कंठ महामाया का था। मैंने अनुमान से समझा कि जब अन्नपूर्णा का ध्यान-मंत्र पढ़ा जा रहा है, तो निश्चय ही कुछ भोजन का व्यापार चल रहा है। परंतु भीतर जाने पर जो कुछ देखा, उसका भोजन से केवल दूर का ही सम्बन्ध था। एक चक्राकार मंडल में पाँच व्यक्ति बैठे हुए थे। कौलाचार्य अघोरभैरव के पास महामाया भैरवी प्रायः सटकर बैठी थीं। साधक भैरवों की दूसरी जोड़ी भी जरा दूर हटकर उसी प्रकार बैठी हुई थी। विरतिवज्र अकेले ही एक सिरे पर पद्मासन बाँधे विराजमान थे। कुएँ के पास अपने निर्दिष्ट स्थान पर मैं बैठ गया। वहाँ से बाबा और महामाया बिल्कुल सामने पड़ते थे। सभी साधकों के पास एक-एक पान-पात्र था और सभी साधक लाल वस्त्र से ढँके हुए थे। किंतु शरीर पर कोई वस्त्र नहीं था। पहले जो छोटा-सा चिथड़ा था, वह भी न जाने कब खिसक पड़ा था। केंद्रस्थल में लाल कपड़े से ढँका हुआ कारण (मदिरा) से भरा पात्र था और उसके ऊपर अष्टदल कमल के आकार का कोई पात्र रखा हुआ था। साधक लोग जप में व्यस्त थे। बाबा कुछ भी नहीं कर रहे थे। एक अद्भुत आत्मविस्मृति की-सी अवस्था में दिखाई दे रहे थे। उनका सारा शरीर निर्वातनिष्कंप दीपशिखा की भाँति स्थिर और प्रशांत था। उनके मुख-मंडल पर ज्योत्स्ना बरस रही थी। ऐसा जान पड़ता था कि समाधिस्थ शिव के उत्तमांग पर गंगा की धवल धारा सहस्र-धार होकर झर रही है। मैंने इस बार महामाया को अच्छी तरह देखा। उनका मुख-मंडल कमल-कोरक के समान लंबा-सा था। उस पर ललाटपट्ट अष्टमी के चंद्र के समान आयत और स्वच्छ विराज रहा था। ज्योत्स्ना के प्रतिफलन से उस मुख-मंडल की स्निग्धता बढ़ गई थी। प्रथम बार मैंने उन्हें ठीक नहीं समझा था। उनकी छितराई और तनी भृकुटियों ने मेरे मन में अश्रद्धा का भाव ला दिया था। इस बार मैंने पार्वती-प्रतिमा के समान निश्चल गौर मुख-मंडल को देखकर अपनी गलती समझी। अघोरभैरव के पार्श्वदेश में शांत भाव से बैठी हुई महामाया भगवान शंकर की पार्श्ववर्तिनी उमा के समान शांत-मनोरम दिख रही थीं। अनुष्ठान की विधियों के संपादन का भार उन्हीं पर था। बाबा शांत निःस्पंद बैठे थे। महामाया कारण-घट से पात्र पूर्ण कर रही थीं और अस्फुट ध्वनि में कुछ मंत्र पढ़ती जा रही थीं। सभी साधकों के पात्र भरे गए। महामाया ने पहले बाबा अघोरभैरव के हाथ में पात्र दिया। देने के पूर्व उन्होंने कुछ मंत्र पढ़े। संभवतः वह सुधा देवी का ध्यान-मंत्र था। फिर कई बार दोनों हाथों के सहयोग से कुछ विशेष मुद्राओं से पात्र को मुद्रायित किया। फिर एक बार अपने चारों ओर चुटकी बजाकर न जाने

कौन-सा अनुष्ठान किया। शायद वह दिग्बंधन की विधि थी। बाबा ने ज्यों ही हाथ में पात्र लिया, त्यों ही साधकों ने भी अपने-अपने पात्र उठा लिए। अत्यंत मृदुमंद कंठ से विरतिवज्र ने प्रथम पात्र की वंदना-स्तुति पढ़ी :

श्रीमद्भैरवशेखर प्रविचलच्चन्द्रामृताप्लावितम्
क्षेत्राधीश्वरयोगिनीगण-महासिद्धैः समासेवितम्
आनंदार्णवकं महात्मकमिदं साक्षात्त्रिखण्डामृतम्
वन्दे श्री प्रथमं कराम्बुजगतं पात्रं विशुद्धिप्रदम्।[6]

मंत्र समाप्त होते ही बाबा ने महामाया के अधरोष्ठों से पात्र स्पर्श कराया और फिर धीरे-धीरे बिना किसी प्रकार का शब्द किए पी गए। साधकों ने भी वैसा ही किया। थोड़ी देर तक करवीर-पुष्पों के सौरभ और गुग्गुल-धूम के साथ मिलकर कारण-सौरभ ने मेरे मन और प्राण दोनों को व्याकुल कर दिया। साधकों में कोई भी विचलित नहीं हुआ। जप चलता रहा। अन्यान्य साधकों ने पान के समय दाहिने हाथ से कुछ विशेष प्रकार की मुद्राएँ धारण कीं; पर बाबा यथापूर्व रहे। उन्होंने न मंत्र पढ़ा, न मुद्रा धारण की और न कोई अनुष्ठान ही किया। वे कैलास-शिखर पर समाधिस्थ भगवान् त्रिनयन के समान शांतनिश्चल बैठे रहे। साधकों ने क्रमशः द्वितीय, तृतीय पात्रों का आवाहन किया। सात बार यों ही हुआ। पान-मुद्रा-जप, पान-मुद्रा-जप, पान-मुद्रा-जप! दूसरे भैरव-युगल कुछ चंचल दिखाई दिए। महामाया और विरतिवज्र यथापूर्वक अनुष्ठान में लगे रहे। मेरा सिर भन्नाने लगा। इस बार बाबा ने आँखें खोलीं। उनके मानस में कोई चांचल्य नहीं था, सिर्फ एक बार ताककर उन्होंने फिर समाधि ली। भैरव-युगल कुछ अधिक चंचल हुए। बाबा अघोरभैरव ने प्रथम बार शांत-स्फुट स्वर में आदेश दिया—"शान्तिमंत्र पाठ करो।" महामाया और विरतिवज्र ने बड़े मनोहर कंठ से शान्ति-पाठ किया। मुझे सभी मंत्र याद नहीं हैं; पर भाव उनके बड़े ही मनोरम थे। प्रत्येक मंत्र के बाद विरतिवज्र अकेले ही एक श्लोक पढ़ते थे। बार-बार सुनने के कारण वह मुझे अब भी स्मरण है :

शिवमस्तु सर्वजगतः परहितनिरता भवन्तु भूतगणाः।
दोषाः प्रयान्तु शान्ति सर्वो लोकः सुखी भवतु।।
सर्वो लोकः सुखी भवतु।।[7]

भैरव-युगल प्रकृतिस्थ हुए। अनुष्ठान फिर आगे बढ़ा। ग्यारहवें पात्र की समाप्ति के बाद साधकों के हाथों में विशेष प्रकार की आकृतियाँ दिखाई देने लगीं। चंद्रमा की ज्योत्स्ना हट चुकी थी। आँगन का कुट्टिम अंधकार से, वायुमंडल मदिर-गंध से और नभोमंडल गुग्गुल-धूम से परिपूर्ण था। मेरा मस्तिष्क यह सब सहने का एकदम अभ्यस्त नहीं था। मुझे ऐसा लगा कि आकाश से विकटाकार भूत-वैताल उतर रहे हैं और घट के चारों ओर खड़े हो रहे हैं। साधकों की चक्राकार मंडली कुछ छाया-चित्रों-सी दिखने लगी। रह-रहकर उन छाया-चित्रों में विक्षोभ और आन्दोलन

होते रहे। मैं अपने को अधिक नहीं सँभाल सका। सिर घूम गया और मैं निःसंज्ञ होकर कब लुढ़क गया, इसका मुझे कुछ भी पता नहीं चला।

थोड़ी देर बाद मेरी चेतना लौट आई। मुझे मस्तक की ओर से कुछ शीतलता का अनुभव हुआ। यद्यपि मेरी आँखें उस समय भी बंद थीं, तो भी मैंने प्रत्यक्ष देखा कि नभोमंडल के मध्य-भाग से आनंद भैरव उतर रहे हैं। उनके शरीर में कोटि-कोटि सूर्यों की प्रभा है और फिर भी वे कोटि-कोटि चंद्रमा से अधिक शीतल लग रहे हैं। अमृत-समुद्र में उद्भूत ब्रह्मा के कमल पर से उठकर वे सुधा-धवल वृषभ पर आरूढ़ हुए। उनके कंठ की नीलिमा इस समस्त श्वेत पृष्ठभूमि में ऐसी लग रही थी, मानो कर्पूरगिरि पर नीलमणि का छोटा अंकुर निकल आया हो। वे अपने अठारह हाथों में घंटा, डमरू, पाश, अंकुश, खट्वा आदि विविध शस्त्रों को और एक हाथ में अभय मुद्रा को धारण किए हुए थे। आनंदभैरव के साथ ही आनंदभैरवी सुरादेवी का पदार्पण हुआ। आनंदभैरव के समान इनके भी पाँच मुख, तीन नेत्र और अठारह भुजाएँ थीं। उनका रंग हिम, कुंद और चंद्र की भाँति धवल था। आँखें चंचल खंजरीट की भाँति लीला-परायण थीं। प्रवाल के समान आरक्त ओष्ठपुटों में मंद-मंद स्मित सदा विराजमान था। वे आनंद की मूर्ति, मस्ती की प्रभव-भूमि, सौंदर्य का विश्रांति स्थल, आभा का आवास-गृह और यौवन का मूर्त विग्रह दिखाई दे रही थीं। आनंद भैरव के इशारे पर उन्होंने मेरा मस्तक स्पर्श किया। मुझे ऐसा लगा, मानो अमृत-तूलिका से किसी ने मेरे सारे शरीर को विलिप्त कर दिया हो। आनंदभैरवी ने मेरा सिर धीरे-धीरे अपने उत्संग में ले लिया। मेरी सारी जड़िमा क्षण-भर में विलुप्त हो गई। आनंदभैरवी ने मंद स्मितपूर्वक मेरे नयनों और कपोल-प्रांतों को अपने अमृतार्द्र हाथों से पोंछ दिया। मेरी आँखें खुल गईं। तब भी मेरा मस्तक भैरवी की गोद में था। मैंने अभिभूत की भाँति कहा, "अपराध क्षमा हो, अंब! आज मैं कृतार्थ हूँ।" भैरवी के मुख पर आनंद की धारा बह गई। उन्होंने फिर एक बार भैरव और सुरादेवी का ध्यान-मंत्र पढ़ा। अब मैंने समझा कि मेरा मस्तक महामाया की गोद में है। उनका कंठ-स्वर स्पष्ट, मधुर और करुण था। उनकी आँखों में मातृ-स्नेह झलक रहा था। उनके मुखमंडल से एक प्रकार की स्निग्ध प्रभा निकल रही थी। वे कुछ परिवर्तित हो गई थीं। मैंने कृतज्ञ भाव से कहा, "मातः, आज मैं कृतार्थ हुआ। अत्यंत बाल्य वयस में मैंने अपनी माता खो दी थी। पिता का सुख भी मैं बहुत दिनों तक नहीं देख सका। मातृ-पितृहीन अभागा बाणभट्ट वात्स्यायन-वंश का कलंक ही सिद्ध हुआ है। आज मेरा जन्म सफल है, जो मैं आनंद भैरवी का अमृतायमान स्नेहस्पर्श पा रहा हूँ। मातः, मेरा अपराध क्षमा हो, अमंगल अपगत हो, कल्याण प्राप्त हो।" भैरवी ने स्नेहपूर्वक कहा, "कल्याण हो, वत्स! महामाया का प्रसाद ग्रहण करो।" इस बार मैंने अच्छी तरह से आँखें खोलीं। महामाया ही तो हैं। धारासार वर्षा के बाद शिथिल-वृंत अशोक-पुष्प के समान उनके नयन रक्त होने पर भी आर्द्र थे, शेफालिका-कुसुमनाल के समान उनका नासावंश

पिंगल होकर भी मनोरम था, विद्युत्-शिखा-संवलित मेघ-मंडल से आच्छादित चंद्र-मंडल की भाँति उनका कपिशवर्ण मुखमंडल अस्त-व्यस्त चिकुर राशि से आच्छन्न होकर भी अभिराम था। आँधी-पानी से उद्धूत फूले हुए कोविदार-वृक्षों के समान उनका परिधेय वस्त्र श्लथ-कुंचित होकर भी सुंदर था और कारण-घट पर स्थापित जपा-पुष्प के समान उनका सिंदूर-तिलक छिन्न-भिन्न होकर भी पवित्र था। उनकी आज्ञा से मैं उठ बैठा। बड़े स्नेह और आदर के साथ उन्होंने प्रसाद दिया। प्रसाद में मधु, अदरख, भुना हुआ कंद तथा अपराजिता-पुष्प के कुछ दल थे। मैंने भक्तिपूर्वक उस प्रसाद को ग्रहण किया। महामाया भैरवी मेरी ओर उत्सुकताभरी दृष्टि से देखती रहीं। मैंने अपने चारों ओर एक बार ध्यान से देखा। महामाया के अतिरिक्त वहाँ और कोई नहीं था, यहाँ तक कि कारण-पात्र और करवीर-पुष्प का एक छोटा दल भी वहाँ नहीं था। मैंने विनीत भाव से पूछा, "मातः, आर्य अघोरभैरव कहाँ गए? और वे दोनों साधक कहाँ चले गए?"

महामाया ने संक्षेप में उत्तर दिया—"सब लोग अपने-अपने आश्रमों में चले गए। मैं भी जाऊँगी। बाबा की आज्ञा थी कि तुम्हें प्रसाद दे लूँ, इसीलिए अब तक रुकी हुई थी।"

"वे लोग अब इधर नहीं आएँगे क्या?"

"वैशाख की अमावस्या से पहले नहीं।"

"बाबा भी नहीं?"

"बाबा सिद्ध अवधूत हैं, उनका कुछ ठीक-ठिकाना नहीं है। आ भी सकते हैं, नहीं भी आ सकते हैं। उनका पाना तुम्हारे परम पुण्यों का परिणाम है।"

"एक बात पूछूँ, माता?"

"पूछो।"

"बाबा ने कल मुझसे जो कुछ कहा, उसका क्या अभिप्राय है?"

"बाबा से अधिक मैं क्या बता सकती हूँ।"

"प्रवृत्तियों की पूजा करने का क्या तात्पर्य हो सकता है?"

"बाबा ने क्या कहा है?"

"बाबा ने कहा है कि प्रवृत्तियों से डरना भी गलत है, उन्हें छिपाना भी ठीक नहीं और उनसे लज्जित होना बालिशता है। फिर उन्होंने कहा है कि त्रिभुवन-मोहिनी ने जिस रूप में तुझे मोह लिया है, उसी रूप की पूजा कर, वही तेरा देवता है। फिर विरतिवज्र से उन्होंने कहा—इस मार्ग में शक्ति के बिना साधना नहीं चल सकती। ऐसी बहुत-सी बातें उन्होंने बताईं जो अश्रुतपूर्व थीं। क्यों अंब, शक्ति क्या स्त्री को कहते हैं? और स्त्री में क्या सचमुच त्रिभुवन-मोहिनी का वास होता है?"

"देख बाबा, तू व्यर्थ की बहस करने जा रहा है। बाबा ने जो कुछ कहा है वह पुरुष का सत्य है। स्त्री का सत्य ठीक वैसा ही नहीं है।"

''उसका विरोधी है, मातः?''

''पूरक है रे! पूरक अविरोधी हुआ करता है!''

''मैं समझ नहीं सका।''

''समझ जाएगा, तेरे गुरु प्रसन्न हैं, तेरी कुंडलिनी जाग्रत है, तुझे कौल-अवधूत का प्रसाद प्राप्त है, उतावला न हो। इतना याद रख कि पुरुष वस्तु-विच्छिन्न भावरूप सत्य में आनंद का साक्षात्कार करता है, स्त्री वस्तु-परिगृहीत रूप में रस पाती है। पुरुष निःसंग है, स्त्री आसक्त; पुरुष निर्द्वंद्व है, स्त्री द्वंद्वोन्मुखी; पुरुष मुक्त है, स्त्री बद्ध। पुरुष स्त्री को शक्ति समझकर ही पूर्ण हो सकता है; पर स्त्री, स्त्री को शक्ति समझकर अधूरी रह जाती है।''

''तो स्त्री की पूर्णता के लिए पुरुष को शक्तिमान मानने की आवश्यकता है न, अंब?''

''ना। उससे स्त्री अपना कोई उपकार नहीं कर सकती, पुरुष का अपकार कर सकती है। स्त्री प्रकृति है। वत्स, उसकी सफलता पुरुष को बाँधने में है, किंतु सार्थकता पुरुष की मुक्ति में है।'' मैं कुछ भी नहीं समझ सका। केवल आँखें फाड़-फाड़कर महामाया की ओर देखता रहा। वे समझ गईं कि मैंने कहीं मूल में ही प्रमाद किया है। बोलीं, ''नहीं समझ सका न? मूल में ही प्रमाद कर रहा है, भोले! तू क्या अपने को पुरुष समझ रहा है और मुझे स्त्री? यही प्रमाद है। मुझमें पुरुष की अपेक्षा प्रकृति की अभिव्यक्ति की मात्रा अधिक है, इसलिए मैं स्त्री हूँ। तुझमें प्रकृति की अपेक्षा पुरुष की अभिव्यक्ति अधिक है, इसलिए तू पुरुष है। यह लोक की प्रज्ञप्तिप्रज्ञा है, वास्तव सत्य नहीं। ऐसी स्त्री प्रकृति नहीं है, प्रकृति का अपेक्षाकृत निकटस्थ प्रतिनिधि है और ऐसा पुरुष प्रकृति का दूरस्थ प्रतिनिधि है। यद्यपि तुझमें तेरे ही भीतर के प्रकृति-तत्त्व की अपेक्षा पुरुष-तत्त्व अधिक है; पर वह पुरुष-तत्त्व मेरे भीतर के पुरुष-तत्त्व की अपेक्षा अधिक नहीं है। मैं तुझसे अधिक निःसंग, अधिक निर्द्वंद्व और अधिक मुक्त हूँ। मैं अपने भीतर की अधिक मात्रावाली प्रकृति को अपने ही भीतरवाले पुरुष-तत्त्व से अभिभूत नहीं कर सकती। इसलिए मुझे अघोर भैरव की आवश्यकता है। जो कोई भी 'पुरुष' प्रज्ञप्तिवाला मनुष्य मेरे विकास का साधन नहीं हो सकता।''

''और अघोरभैरव को आपकी क्या आवश्यकता है?''

''मुझे मेरी ही अंतःस्थिता प्रकृति रूप में सार्थकता देना। वे गुरु हैं, वे महान हैं, वे मुक्त हैं, वे सिद्ध हैं। उनकी बात अलग है।''

''किंतु यह कारण-द्रव्य इस तत्त्व में क्या सहायता पहुँचाता है?''

''तू नहीं समझ सकेगा। मदिरा प्रकृति की सुव्यक्ति का कारण है। वह उसे छिपी नहीं रहने देती। यह गोपन रहस्य है!''

''होगा।'' मैंने मन-ही-मन महामाया भैरवी की अपूर्व चिंतन-शक्ति पर आश्चर्य

किया। वे थोड़ी देर तक खड़ी रहीं, जैसे कुछ याद कर रही हों। उनके रक्तिम नयन-कोरकों में अश्रुकण दिखाए दिए। वे कुछ व्याकुल-सी लगीं। फिर बोलीं, "जा, जहाँ जाना था, वहाँ जा। मुझे दूर जाना है।" और फिर बिना प्रतीक्षा किए चलने को प्रस्तुत हो गईं। मैंने हड़बड़ाकर प्रणाम किया और आग्रहपूर्वक पूछा, "मातः, ये विरतिवज्र कौन हैं?"

"उनका आश्रम कहीं हिमालय के पाददेश में है। वे सौगत अवधूत अमोघवज्र के शिष्य हैं; पर सौगत-तंत्र में अनधिकारी समझकर गुरु ने उन्हें हमारे संप्रदाय में भेज दिया है।"

"अनधिकारी क्यों हैं, मातः?"

"त्रिभुवनमोहिनी की माया है। वे शक्ति-हीन हैं। उनकी शक्ति उनकी प्रतीक्षा कर रही है। वाराणसी के जनपद में उनका जन्म है, उनकी वह शक्ति भी वहीं कहीं होगी।"

महामाया भैरवी की बात सुनते ही मुझे वाराणसी-जनपद की वह वृद्धा याद आ गई। विरतिवज्र का मुख उससे मिलता-जुलता था। अहा, यही क्या उस बुढ़िया का लाल था? फिर क्या इस साधक से साक्षात्कार नहीं होगा? मैं चिंतामग्न थोड़ी देर तक खड़ा रहा। महामाया तब तक दूर निकल गई थीं। मैं भी तेजी से बाहर निकल आया। उस समय आकाश वृद्धकपोत के पक्ष के समान धूम्र हो गया था। चंद्रमा कटी हुई पतंग की भाँति अस्तशिखर पर ढल चुका था। तरुण अरुण की पीताभ रश्मियाँ स्वर्ण-शलाका की बनी झाड़ू के समान पूर्व-गगन के नक्षत्रों को झाड़ रही थीं। महारुद्र के पिनाक की भाँति धनुराशि आकाश के पश्चिम-मंडलार्द्ध में प्रत्यंचित हो चुकी थी और क्षीण भूयिष्ठा रजनी संन्यास लेने के लिए एक-एक करके अपने नक्षत्रालंकारों को खोल रही थी।[8] चंडी-मंडप तुहिनसिक्त हो गया था और सामने के मैदान की दूर्वावलियाँ अलसशिथिल भाव से पड़ी दिख रही थीं। मैं नदी-तट की ओर चल पड़ा।

संदर्भ

1. बाणभट्ट की आत्मकथा के षष्ठ उच्छ्वास से।
2. विराव=कूजन।
3. हर्षचरित, चतुर्थ उच्छ्वास।
4. तुल.—"अधित्यकायामिव धातुमय्यां लोध्रद्रुमं सानुमतः प्रफुल्लम्।"—कालिदास रघुवंश सर्ग-21
5. पशु-शैव दर्शन का पारिभाषिक शब्द। प्रत्येक जीवात्मा पशु है।
6. तु. 'कौलावलिनिर्णय', अष्टम उल्लास।
7. नागानंद का अंतिम श्लोक भी प्रायः ज्यों का त्यों ऐसा ही है।
8. इन पंक्तियों में कादम्बरी के प्रभात वर्णन की छाया है।

तीन : महाकाल का अकुण्ठ इंगित[1]

प्रातःकाल जब उठा तो दिन चढ़ आया था। प्रथम दर्शन निपुणिका का ही हुआ। वह सद्यः स्नान से निवृत्त होकर आई थी—उसके केश तब भी आर्द्र थे। वे आपांडु-दुबले मुख के ऊपर इस प्रकार सुशोभित हो रहे थे, मानो प्रभातकालीन चंद्रमंडल के पीछे सजल जलधर लटके हों। श्वेत साड़ी से आवेष्टित उसकी तन्वी अंगलता प्रफुल्ल कामिनी-गुल्म के समान अभिराम दिखाई दे रही थी। यद्यपि उसका मुख पीला पड़ गया था, तथापि उसकी खंजनचटुल आँखें बड़ी मनोहर लग रही थीं। आज उसके अधरों पर स्वाभाविक हँसी खेल रही थी। मुझे उठते देख उसने बड़े आदर के साथ प्रणाम किया। मुझे कुछ भी बोलने का अवसर न देकर वह स्वयं ही बोल उठी—"तुमने मुझे क्षमा कर दिया है न भट्ट? तुम महान् हो, मैं तुच्छ हूँ, तुमने अवश्य क्षमा कर दिया होगा। पर मैंने तुम्हें अब भी क्षमा नहीं किया। तुमने मौखरियों की रानी का निमंत्रण ढोकर अपने को भी हीन किया है और भट्टिनी को भी। मुझसे एक का भी अपमान नहीं सहा जाएगा। परंतु मुझे बड़ी ग्लानि इसलिए हो रही है कि मैंने तुम्हें आते ही कठोर वाक्य कहे। मैं होश में नहीं थी, आर्य! मेरा हृदय कमजोर हो गया है, मैं कुछ भी सह नहीं सकती। परंतु मैंने कल जो बातें कही थीं वह ठीक हैं।" निपुणिका की आँखों से आज अग्नि-स्फुलिंग के स्थान पर स्मितधारा झड़ रही थी, उसके चेहरे पर तेज के स्थान पर चपलता का वास था, वह प्रसन्न और अम्लान दिखाई दे रही थी। मैंने स्नेहपूर्वक कहा, "मुझसे प्रमाद हो गया है निउनिया, मैं रास्ता नहीं पा रहा हूँ। तू मुझे कर्तव्य बता। अब मेरी गलतियों के हिसाब से क्या लाभ है?" निपुणिका के मुख पर स्वाभाविक मधुरिमा फिर खेलने लगी। उसने मंदस्मित के साथ कहा, "भूल तुम करो, रास्ता मैं बताऊँ?" मैंने रस लेते हुए कहा, "कोई नई बात तो नहीं है निउनिया।" निपुणिका की आँखों में उल्लास का भाव दिखाई दिया, उसने हँसते हुए कहा, "जटिल वटु की याद है न!" और आँचल से मुँह ढँककर देर तक रुद्ध हँसी से लोट-पोट होती रही। उसके आँचल पर वे मनोहर छरहरी अँगुलियाँ देर तक काँपती रहीं, जिनकी उपयोगिता देखकर ही मैंने निपुणिका को मंडली में लिया था।

क्षणभर में मुझे विदिशा के जटिल वटु की याद आ गई। वह नित्य मुझे तंग किया करता कि मैं उसे अपनी नाटक-मंडली में ले लूँ। उसका ललाट प्रशस्त और मोटा था, आँखें दाड़िम फल-सी फटी हुई और लाल-लाल थीं, कंठ-स्वर कर्कश और तीव्र था। मुझे कोई भी चरित्र ऐसा नहीं मिल रहा था, जिसका अभिनय उससे कराऊँ। वह डटा ही रहा। मंडली के सभी लोग उससे ऊब गए थे, केवल मेरे संकोच के कारण ही वे उसको सहते जा रहे थे। एक निपुणिका ही थी जो उसे चिढ़ाती नहीं थी। केवल मेरी ओर देखकर ही वह अपना लोभ संवरण कर लेती। जटिल इस उदासीनता को अनुराग समझता। उसकी दाढ़ी सम्मार्जनी-शलाका के गुच्छ-सी लगती थी, मुख पर मूँछें इस प्रकार अस्त-व्यस्त होकर उगी थीं, मानो किसी चट्टान पर शर-गुल्म निकल आए हों। वह सदा रंगमंच पर उतरने के लिए कातर प्रार्थना ज़ताया करता। एक दिन मेरी मंडली अभिज्ञानशाकुंतल का अभिनय करनेवाली थी। उस दिन नगरी के सभी प्रतिष्ठित नगरवासी आनेवाले थे। स्वयं युवराज भट्टारक के भी पधारने की बात थी। उस दिन मारीच की भूमिका में उतरनेवाला देवरात एकाएक बीमार पड़ गया। मैंने सोचा कि जटिल वटु को इस भूमिका में उतार दूँ। विशेष कुछ करना नहीं था, उसे दिनभर आँख मूँदकर चुपचाप बैठने का अभ्यास कराया। सायं संध्या के बाद अभिनय आरंभ हुआ। युवराज भट्टारक आ चुके थे। अभिनय बहुत सुंदर हो रहा था। निपुणिका सानुमती की भूमिका में उतरी थी। उसकी मनोहर अंग-लता उस दिन मालती-कुसुम की अभिराम माला से बड़ी कमनीय लग रही थी। उसकी कवरी में लंबित अशोक-पल्लव और कानों में झूलनेवाला आगंड-विलंबित-केशर शिरीष-पुष्प उसकी शोभा को सौ-गुना बढ़ा रहे थे। वह उसी वेश में मत्तवारणी[2] के ठीक पीछे खड़ी होकर अभिनय देख रही थी। अंतिम अंक का अभिनय शुरू हुआ। मैं भी संयोगवश निपुणिका के पास ही खड़ा होकर अभिनय देखने लगा। जटिल वटु मारीच की भूमिका में मंच पर आया। उसने अद्भुत चेष्टाएँ शुरू कीं। रह-रहकर वह दर्शकों की ओर ताक लेता था, वह जान लेना चाहता था कि लोग उसका अभिनय पसंद कर रहे हैं या नहीं। फिर वह पीछे फिरकर नेपथ्य की ओर भी ताक लेता। एक मुहूर्त्त भी वह स्थिर नहीं बैठ सका। मेरा सारा किया-कराया चौपट हुआ जा रहा था। सामाजिकों के चेहरों पर विनोद की हँसी मँडराने लगी! मैंने व्याकुल भाव से कहा, "सब चौपट हुआ निउनिया!" निपुणिका ने मुझे देखा तो एक क्षण के लिए चिंतित हो गई, फिर बोली, "कुछ नहीं बिगड़ा है, भट्ट, तुम मारीच की भूमिका में उतरने की तैयारी करो। मैं इसे सँभालती हूँ।" इतना कहकर वह तितली की तरह नाचती हुई रंगमंच पर पहुँच गई। उसने अपना बायाँ हाथ कटि-देश पर रखा और चंचल चारी के साथ उद्धर्त-नर्तन से रंगमंच को झंकृत कर दिया। मूर्ख जटिल उठकर खड़ा हो गया। निउनिया ने दाहिने हाथ से उसकी दाढ़ी पकड़ी और सप्रश्रय कंठ से कहा, "नागर मेरे नाचोगे नहीं?" क्षणभर में सारा वातावरण हास्यमय हो गया।

जटिल टु ने उचकना शुरू किया; पर निउनिया ने उसकी दाढ़ी छोड़ी नहीं। प्रत्येक उछल-कूद के साथ वह रहस्य-भरे भाव के वाक्य कहती और मनोहर भंगिमा से ताल देती। यह विचित्र प्रहसन देर तक चलता रहा। नाना कौशल से निपुणिका ने जटिल वटु को अपने पैरों पर गिराया, कटि पकड़कर नचाया, सिर के केशों को मंच पर रगड़वाया और इस प्रकार बिगड़े हुए दृश्य को मनोरम प्रहसन का रूप देकर जटिल को खींचती हुई रंगभूमि से निकल गई। शत-शत नागरिक कंठ के उच्च अट्टहास्य और दीर्घ-दीर्घायित साधुवाद से रंगभूमि हिलने लगी। युवराज भट्टारक सहृदय थे। उन्हें सारी परिस्थिति समझ में आ गई थी। उन्होंने अपने बहुमूल्य उत्तरीय के प्रसाद से निपुणिका को सम्मानित किया। बाद में इस अट्टहास्य की पृष्ठभूमि में मारीचाश्रम का शांत सुखद दृश्य और भी चमक उठा। उस दिन निपुणिका ने मेरी लाज बचाई थी। उसी मनोरम दृश्य को याद करके आज निपुणिका की हँसी बाँध तोड़ देना चाहती थी। मुझसे भी हँसी रुकी नहीं। हँसी से लोट-पोट होता हुआ बोला, "हाँ निउनिया, भूल करता हूँ मैं और रास्ता निकालती है तू!" देर तक वह अपने ही विचारों के तरंगावर्त में डोलती रही। फिर एकाएक गंभीर होकर बोली, "हँसी नहीं कर रही हूँ भट्ट, मैं सचमुच रास्ता निकालने आई हूँ। सुनो, मेरी बात मानो।"

निपुणिका यद्यपि गंभीर हो गई थी, पर अब भी उसकी कपोलपालि विकच पुंडरीक की शोभा धारण किए हुई थी, अब भी उसके चंचल नयनों में सरसता छलक रही थी, अब भी उसका आँचल मुख पर छाया हुआ था, अब भी उसके उत्तरोष्ठ थोड़ा-थोड़ा काँप रहे थे। उसकी मधुर मूर्ति बड़ी मोहक जान पड़ती थी, मानो शरच्चंद्रिका का जमा हुआ रूप हो, दुग्ध-समुद्र की सिमटी हुई आभा हो, सुधाभांड का संयमित वैशद्य हो! उसने आँखें झुका लीं और इस प्रकार धीरे-धीरे बोलने लगी मानो अपने प्रत्येक शब्द को तौल-तौलकर देख लेती जा रही हो। मेरी ओर उसने देर तक नहीं देखा। बोली, "भट्टिनी स्थाण्वीश्वर जाएँगी; परंतु वे वहाँ किसी की अतिथि नहीं होंगी। उनका अपना स्वाधीन राज्य उनके साथ-साथ रहेगा। लोरिकदेव[3] को तुम इस बात पर राजी कर लो कि उनकी कम-से-कम एक सहस्र मल्ल-सेना भट्टिनी की सेवा में नियुक्त रहे। स्थाण्वीश्वर में भट्टिनी उसी प्रकार रहेंगी जिस प्रकार स्वतंत्र देश की रानी अपने राज्य में रहती है। यह भाग्यहीना भी साथ रहेगी। स्थाण्वीश्वर के महाराजाधिराज को भी यह अधिकार नहीं होगा कि भट्टिनी की सेविका की छाया भी छू सकें। अगर निउनिया को स्थाण्वीश्वर के व्यवहार में घसीटा गया तो वहाँ रक्त की नदी बह जाएगी। पहली बलि कान्यकुब्जेश्वर के सभापंडित बाणभट्ट की ही होगी। तुम तैयार हो भट्ट, एक सामान्य दासी के लिए अपने प्राणों की बाजी लगा देने का साहस तुममें है?" इस बार उसने मेरी ओर आँख उठाई। स्वर कुछ और ऊँचा करके बोली, "भट्ट, किस अपराध पर कान्यकुब्ज का लंपट-शरण्य राजा[4] मुझे फाँसी देना चाहता है? मेरे उसी अपराध के बल पर वह देवपुत्र तुवरमिलिंद

से मित्रता करना चाहता है? मेरी-जैसी असहाय अबलाओं को दंड देनेवाला उसका कठोर भुजदंड क्या म्लेच्छवाहिनी से अपनी प्रजाओं को नहीं बचा सकता? सचमुच तुम विश्वास करते हो, आर्य, कि इस निर्वीर्य शासन-तंत्र से देवपुत्र की सेना का मिलाप होते ही आर्यावर्त रक्त-स्नान से बच जाएगा? आर्यावर्त के समाज के मूल में घुन लग गया है, उसे महानाश से कोई नहीं बचा सकता। मैं पूछती हूँ, आर्य, क्या छोटा सत्य बड़े सत्य का विरोधी होता है?" निपुणिका ने उत्तर पाने की आशा से मेरी ओर देखा। मैं इस प्रश्न का कोई प्रयोजन नहीं समझ सका, सहज भाव से उत्तर दिया—"सत्य अविरोधी होता है, ऐसा ही तो सुना है।" निपुणिका ने आश्वस्त होकर कहा, "आर्य, तुम्हीं मेरे देवता हो, तुम्हीं मेरे सत्य हो। तुम्हारे साथ दीर्घ काल तक रहने का सौभाग्य मुझे मिला है, मेरी ही शपथ करके तुम सत्य-सत्य कहो, मेरा कौन-सा ऐसा पापचरित्र है जिसके कारण मैं निदारुण दुःख की भट्ठी में आजीवन जलती रही? क्या स्त्री होना ही मेरे सारे अनर्थों की जड़ नहीं है? तुम इस छोटे-से सत्य के साथ राष्ट्र-जीवन के बड़े सत्य को अविरोधी पा रहे हो? क्या बृहत्तर सत्य के नाम पर मिथ्या का तांडव नहीं चल रहा है? कैसे आशा करते हो, आर्य, कि देवपुत्र का प्रबल भुज-दंड इस समाज को नाश के गर्त से बचा लेगा? महाकालिका खुलकर इस देवभूमि पर नृत्य करेंगी, और करेंगी; महानाश के बवंडर में यह सबकुछ तूलखंड की भाँति उड़ जाएगा। विच्छिन्न अदृश्य खंड-पापों का प्रायश्चित्त असंभव है। निपुणिका सामान्य अपमानिता नारी है। समाज की कुत्सित रुचि पर तिल-तिल करके उसने अपने को होमा है, उसकी यह वाणी हृदयाग्नि के अतल गह्वर से निकल रही है। तुम लोग आँधी को रोकने का व्यर्थ प्रयत्न कर रहे हो। पर आर्य, मेरी इच्छा है कि एक बार तुम सम्राटों की भृकुटियों की उपेक्षा करके इस महासत्य को ऊँचे सिंहासनों तक पहुँचा दो। यदि थोड़ा भी वह स्वर वहाँ तक पहुँच जाएगा तो संभव है महाकाल की क्रोधाग्नि प्रशमित हो जाए। बड़ा दुःख है आर्य, इसी विराट् दैन्य के अन्तः स्पंदनहीन ढूह पर यह साम्राज्य की नयनहारी रथयात्रा चली जा रही है। मैं इस ढूह की एक नगण्य कणिका मात्र हूँ। मुझे इस योग्य बना दो कि आप अपनी अग्नि से धधककर समूचे जंजाल को भस्म कर दूँ। मैं तुम्हारा करावलंब चाहती हूँ। नारी का जन्म पाकर केवल लांछना पाना ही सार नहीं है। तुमने ही मुझे आनंद की ज्योतिष्कणिका दी थी। तुम्हीं मुझे तेज की चिनगारी दो, आर्य!"

मैं आश्चर्य से स्तब्ध होकर यह व्याख्यान सुन रहा था। यह क्या प्रलाप है? क्या फिर यह हतभागी स्नायु-दुर्बलतावश बकवास करने लगी है? अगर यह प्रलाप है तो ऐसा सत्यपूर्ण प्रलाप पहली बार सुन रहा हूँ। मेरे मर्मस्थल को बेधकर एक प्रश्न अन्तस्तल के असीम गांभीर्य में गूँजता रहा—क्या छोटा सत्य बड़े सत्य का विरोधी होता है? ऐसा ही तो देख रहा हूँ। सामान्य मनुष्य जिस कार्य के लिए लांछित होता है, उसी कार्य के लिए बड़े लोग सम्मानित होते हैं! कैसा घोर परिवर्तन हुआ है निपुणिका

में! वह आज परिताप की ज्वलंत उल्का बनी हुई है। क्या करेगी यह? अकेला चना क्या भाड़ फोड़ सकता है? समाज की अग्निशिखा तो नित्य ही व्यक्तियों की आहुति ले रही है; पर रास्ता क्या है? नारी से बढ़कर अनमोल रत्न और क्या हो सकता है; पर उससे अधिक दुर्दशा किसकी हो रही है? मुझसे निपुणिका क्या आशा रखती है? अवधूतपाद की साधना इसलिए अधूरी है कि उन्हें विशुद्ध नारी का सहयोग नहीं मिला और निपुणिका की बलिदानाकांक्षा इसलिए अपूर्ण है कि उसे पुरुष का करावलंब नहीं मिला! सत्य क्या है? मैंने स्पष्ट ही देखा कि निपुणिका की आँखों से अग्निस्फुलिंग झड़ने लगे हैं। क्या यह फिर मूर्च्छित होने जा रही है? मैं क्या उत्तर दूँ, यह सोच ही रहा था कि निपुणिका पर-कटे पक्षी की भाँति मेरे चरणों पर लोट गई। मैं हाहाकार कर उठा। आवाज सुनकर भट्टिनी दौड़ आईं। पूजा-वेदी से वह सीधे उठकर आई थीं।

निपुणिका अपनी संज्ञाहीन अवस्था में भी कसकर मेरा पैर पकड़े रही। बड़ा कठोर बंधन था वह। मैं भट्टिनी को देखकर साध्वसवश उठने लगा; पर उस बंधन ने मेरी चेष्टा में बाधा दी। भट्टिनी ने करुण स्वर में कहा, ''मत छुड़ाओ, भट्ट, उसे शान्ति मिल रही होगी!'' मैं अर्द्धोत्थित अवस्था में ही रुक गया। भट्टिनी नीचे बैठ गईं और उसके भीगे केशों में अपनी अँगुलियाँ डाल दीं। बड़े आयास से मैं भी नीचे बैठा। निउनिया के हाथ मेरे पैरों से उसी प्रकार कसे रहे। मैंने संक्षेप में भट्टिनी को निपुणिका के उत्तेजित वाक्यों का सार मर्म बताया। वे कुछ बोलीं नहीं। उसके अधोलंबित ललाट को अपने किसलय-कोमल करतलों से दबाने लगीं। उनकी बड़ी-बड़ी आँखों में अश्रु-बिंदु ढरक आए! भट्टिनी के नयनाबु से मेरा हृदय गलने लगा। क्या करूँ कि इन आँखों में कभी अश्रु दिखाई ही न दे। कैसे क्या कहूँ कि भट्टिनी का कोमल हृदय व्यथा-व्याकुल न हो सके। भट्टिनी ने अपने आँचल से औषधि निकाली और बड़े सुकुमार भाव से उसकी आँखों और ललाट में प्रलेप करने लगीं। थोड़े उपचार के बाद निपुणिका की आँखें खुलीं। भट्टिनी को देखकर उसने धीरे-धीरे कातर भाव से कहा, ''मुझे छोड़ तो नहीं दोगी, भट्टिनी? मैं कान्यकुब्ज के लंपट-शरण्य राजा से नहीं डरती।'' भट्टिनी ने स्नेहपूर्वक डाँटा—''छिः बहन, तुझे छोड़कर मैं जी सकती हूँ?'' निपुणिका का पांडुर गंड-मंडल दरविगलित अश्रुधारा से प्लावित हो गया।

निपुणिका फिर उठकर बैठ गई। वह फिर बोलना चाहती थी; पर भट्टिनी ने बोलने नहीं दिया। देर तक वह सिर झुकाए भट्टिनी के पार्श्व में बैठी रही, देर तक उसके आर्द्र केशों में भट्टिनी की अँगुलियाँ उलझी रहीं, देर तक मैं अपने ही विचारों के ताने-बाने में जकड़ा रहा, देर तक वह स्तब्ध नीरवता उस घर में व्याप्त रही।

फिर निपुणिका ने ही भट्टिनी से कहा, ''भीतर से बाहर तक जल रहा है, आर्ये! मुझे एक बात भट्ट से और कह लेने दो, मेरा अन्तस्तल धधक रहा है, मैं जल जाना चाहती हूँ, मेरा धूमायित समाप्त हो आया है।'' भट्टिनी ने उसके मुख पर अंगुलि

रखकर चुप कराते हुए कहा, ''केवल एक वाक्य में तुम्हें अपना वक्तव्य समाप्त करना होगा।'' निपुणिका ने निराश होकर कहा, ''तो अभी नहीं कहूँगी।'' भट्टिनी ने कहा, ''यही ठीक है।'' और उसे खींचकर भीतर ले गईं। मैं चिंताकातर होकर वहीं बैठा रह गया।

एक वृद्धा दासी ने आकर संवाद दिया कि भट्टिनी ने स्नान करने का निदेश दिया है, क्योंकि शीघ्र ही आभीरराज लोरिकदेव ने मुझसे मिलने की इच्छा प्रकट की है। मैं तुरंत उठ खड़ा हुआ। उस पूर्वमध्याह्नकाल में ही धरित्री पर अंशुमाली की तीक्ष्ण किरणें उत्तप्त रजतशलाकाओं की भाँति बिछ गई थीं, महासरयू के तट-प्रदेश को घेरकर दूर तक फैले हुए सैकत-पुलिन में दारुण ताप संचरित हो गया था, दूरस्थित अश्वत्थ वृक्ष पर सुनाई देनेवाले वन्य पारावतों के घूत्कार के सिवा कहीं से भी कोई शब्द नहीं आ रहा था, तृषार्त कृकलास (गिरगिट) शरमूल छोड़कर जल के संधान में व्यर्थ ही झुलस रहे थे, अत्यंत क्षीण धारा महासरयू[5] पारद-रेखा की भाँति दिखाई दे रही थी, धूसर आकाश-मंडल तांडव-क्लांत धूर्जटि की भस्माच्छादित जटा की भाँति दिगंत तक फैला हुआ था और वायुमंडल के प्रत्येक स्तर में झंझा का पूर्वाभास स्तब्ध रहकर विचित्र आशंका उत्पन्न कर रहा था। स्नानादि से निवृत्त होकर जब मैं लोरिकदेव की सभा में पहुँचा तो मध्याह्न का शंख बज चुका था। मुझे बताया गया कि लोरिकदेव ने भोजनोपरांत अपराह्नकाल में अपने विश्राम-कक्ष में ही मुझसे मिलने का प्रसाद प्रकट किया है।

अपराह्नकाल में जब लोरिकदेव के विश्राम-कक्ष में पहुँचा तो मुझे बड़ा आश्चर्य हुआ। मैंने मन-ही-मन सोचा—लोरिकदेव के प्रासाद के विशाल बहिःप्रकोष्ठ में शुक-सारिका, लाव-तित्तिर, कुक्कुट-मयूर आदि पक्षियों का कलरव गूँज रहा होगा, गोमयोपलिप्त अजिरभूमि के सामनेवाले द्वार पर मालती-माला लटक रही होगी, पार्श्ववर्ती बलिवेदिकाओं के ऊपर अभिराम शालभंजिकाएँ न्यस्त या उत्कीर्ण होंगी, शयनकक्ष में स्यंदन, देवदारु या हरिचन्दन की शय्या और असित की प्रतिशय्यिका होंगी जिनमें मांगलिक दंतपत्र सुशोभित होंगे, शय्या के सिरहाने कूर्चस्थान पर उनके इष्टदेव की मनोहर मूर्ति सजी होगी, पास ही किसी वेदिका पर माल्यचन्दन और उपलेपन रखे होंगे, यदि वे कुछ अधिक शिल्पविनोदी होंगे तो गजदंत पर वीणा जरूर रखी होगी और उसे वलयाकार घेरकर कुरंटक पुष्पों की माला भी लटक रही होगी। शय्या से जरा दूर हटकर कोई गन्धार देश का आस्तरण बिछा होगा और सहृदय बिट-विदूषकों के मनोरंजन के लिए तांबूल और सौगंधिक पुटिका (इत्रदान), मातुलुगत्वक्[6] और सिक्थ-करंडक (मोम की पिटारी) भी होंगे।[7] वात्स्यायन ने सैकड़ों वर्ष पहले पाटलिपुत्र के नागरिकों की जीवन-चर्या को देखकर जो व्यवस्था सुझाई थी, वह आज समूचे भरतखंड के अभिजात-जनों का आदर्श बन गई है। आर्यावर्त के रईसों की रुचि इसी आदर्श पर ढलती है। परन्तु लोरिकदेव का विश्राम-कक्ष एकदम भिन्न था। प्रस्तर-भित्तियों

में गजदंत के नाम पर कुछ लौह-कीलक थे जिन पर धनुष्कांस्य और मुद्गर रखे हुए थे। वीणा का तो वहाँ नाम-गन्ध भी नहीं था। लोरिकदेव की काष्ठशय्या पर ऊर्णास्तरण (कंबल) बिछे हुए थे; न कहीं तांबूल था, न सौगंधिक पुटिका और द्यूत-फलक। समूचा कक्ष उनकी विशाल बलिष्ठ देह के छंद के साथ पूर्ण सामंजस्यमय था। चारों कोनों में धूपवर्तिकाएँ जल रही थीं और कूर्च-स्थान पर बाल-वासुदेव की गोवर्धनधारी मूर्ति के पाद-देश में कर्पूर दीपक दीप्त हो रहा था। सुरुचि उस घर में पूर्ण मात्रा में थी; पर सुकुमारता को जान-बूझकर दूर रखा गया था। मुझे देखकर लोरिकदेव बड़े प्रेम से उठे, आसन देकर सम्मानित किया और दुर्लभ गंधराज पुष्पों का सुन्दर स्तवक उपहार में दिया। फिर स्वयं अपनी काष्ठ-शय्या पर आसीन हुए।

बिना किसी भूमिका के ही उन्होंने पूछा, "भट्ट, तुमने देवपुत्रनंदिनी का परिचय मुझे न देकर कान्यकुब्जेश्वर को क्यों दिया?" मैंने भी बिना भूमिका के ही उत्तर दिया—"मैं भट्टिनी का विनीत सेवक हूँ। उनकी आज्ञा थी कि मैं किसी को उनका यथार्थ परिचय न बताऊँ। मैंने कान्यकुब्ज-नरेश को भी उनका कोई परिचय नहीं दिया। उन्हें कुमार कृष्णवर्द्धन से मालूम हुआ। कुमार को भट्टिनी का परिचय मालूम था। क्यों और कैसे उन्हें मालूम हुआ, यह मैं अभी नहीं बता सकता।"

लोरिकदेव की कुंचित भृकुटियों में सहज भाव आया, ललाट-देश की धनुषायित वलियाँ सरल हो आईं, आकृष्ट गंड-कुंचिकाएँ तिरोहित को गईं। उनकी आँखों में सहज विश्वास का भाव लौट आया। थोड़ा रुक करके धीर-संयत भाषा में बोले, "देखो भट्ट, मेरी शिराओं में गुप्तों के अन्न से बना हुआ रक्त है, मैं अट्ठारह वर्ष की अवस्था से गुप्त-सेना का सैनिक रहा हूँ। मैंने सिन्धु और कुभा के उस पार तक समुद्रगुप्त के गरुड़ध्वज को फहराया है! मेरी अवस्था इस समय साठ से ऊपर हो गई है। तुम क्या आशा रखते हो कि इस प्रौढ़ अवस्था में अपने अन्नदाताओं को दुर्बल देखकर कल के बनियों को राजाधिराज मान लूँ? यह असम्भव है। अगर मुझे अधीनता माननी है तो वह गुप्तों की ही मान्य होगी। कान्यकुब्ज के राजा को मैं चरणाद्रि दुर्ग के पूर्व किसी प्रकार नहीं आने दूँगा।" उनकी आँखों में रोष का भाव प्रकट हुआ; किन्तु उन्होंने फिर अपने को सँभालकर कहना शुरू किया—"बड़ा विकट संवाद गिरिवर्त्म के उस पार से आया है। भट्ट, कान्यकुब्ज का नपुंसक शासन उस संकट को दूर नहीं कर सकता। देवपुत्र तुवरमिलिंद से मित्रता स्थापित करने मात्र से यह धर्माचारहीन शासन बलवान् नहीं हो जाएगा। हाय, इस समय गुप्तकुल में कोई शक्तिशाली बच्चा भी नहीं बच रहा। स्कंदगुप्त के साथ ही गुप्तों का प्रतापानल शान्त हो गया है। योग्य से ही योग्य के मिलन से शक्ति उत्पन्न हो सकती है; भट्ट, तुम स्वप्न में भी यह विश्वास मन में न जमने दो कि अयोग्य राजा से मित्रता होने पर देवपुत्र तुवरमिलिंद शक्तिशाली हो जाएँगे। देखो, मैं कूटनीति नहीं जानता, तुम लोगों ने नाना शास्त्रों के अभ्यास से जिस प्रकार अपनी बुद्धि शाणित की है वैसा

करने का अवसर मुझे कभी मिला ही नहीं। मैंने घोड़े की पीठ पर ही विश्राम पाया है और जुझाऊ बाजों की गड़गड़ाहट में रात्रि-यापन किया है, मुझे नीतिपटु होने का गर्व एकदम नहीं है। मैं सहज बात को सहज ढंग से ही समझ पाता हूँ। सत्य और असत्य का मेल नहीं हो सकता। आर्यावर्त के समाज में अनेक स्तर हो गए हैं। यह भगवान् का बनाया विधान नहीं है। यह असत्य है। गिरिवर्त्म के उस पार से जो मलेच्छवाहिनी आ रही है, उसने इस मिथ्या को कभी प्रश्रय नहीं दिया है। मैं अपनी आँखों देखी बात ही तुमसे कह रहा हूँ। प्रबल प्रतापी गुप्त-नरपतियों ने इस मिथ्या समाज-भेद के साथ उदात्त भावनाओं का समन्वय करना चाहा था। यह गलती थी। गोविन्दगुप्त ने इस रहस्य को समझा था, तुवरमिलिंद ने भी समझा है; पर गुप्त सम्राट्गण इसे नहीं समझ सके। वे उच्छिन्न हो गए। यही होना था। आर्य गोविन्दगुप्त के परामर्श से ही मैंने अपनी इस आभीर-वाहिनी में स्तर-भेद नहीं होने दिया। मेरे दस सहस्र मल्ल भीतर से बाहर तक एक हैं। जब कभी गुप्त नरपतियों को मलेच्छसेना से भिड़ना पड़ा है तभी यह आभीर-सेना उनके काम आई है। मैं दीर्घ अनुभव के बाद कह रहा हूँ, भट्ट, देवपुत्र की सेना के साथ यदि किसी की मित्रता हो सकती है तो गुप्तों की इस आभीरसेना की ही हो सकती है। कान्यकुब्ज की सेना देवपुत्र के लिए बोझ ही सिद्ध होगी। तुम मेरी बात समझ रहे हो न, भट्ट?"

मैंने विनीत भाव से सिर हिलाया। लोरिकदेव ने फिर कहा, "समूचा आर्यावर्त्त रक्तकर्दम से पिच्छिल होने जा रहा है, कान्यकुब्ज की कुटिल नीति इस समय इस देवभूमि को महानाश से नहीं बचा सकती। मैं किसी अभिमानवश कुछ नहीं कह रहा हूँ, समूचे देश के कल्याण के लिए तुम्हें सावधान कर देता हूँ। भट्टिनी को कान्यकुब्ज-नरेश के हाथों कभी मत पड़ने देना।" इतना कहकर उन्होंने मेरी ओर प्रश्न भरी दृष्टि से देखा। मैंने नम्रतापूर्वक किन्तु दृढ़ता से उत्तर दिया—"आभीरराज, आपके स्पष्ट और उदार परामर्श के लिए अत्यंत कृतज्ञ हूँ। मैंने सारा जीवन उच्छृंखल अनड्वान्[8] की भाँति मस्ती में ही बिताया है। मुझे न कूटनीति से ही कोई परिचय है, न युद्ध-विग्रह से ही। मैं प्रमाद और परिस्थितिवश राजनीतिक दाँव-पेंच में फँस गया हूँ। परन्तु इतना आप विश्वास मानें कि मेरे हाथों से अब भट्टिनी को काल भी नहीं खींच सकता। भट्टिनी जहाँ भी रहेंगी, रानी होकर रहेंगी। आप अगर अपराध मन में न लावें तो आपके अन्तःपुर में भी मैं उन्हें स्वतन्त्र रानी ही मानता हूँ।" लोरिकदेव हँसे। उस हँसी का स्पष्ट तात्पर्य था कि तुम बहुत भोले हो। पर कुछ बोले नहीं। थोड़ी देर बाद मौन रहकर उन्होंने कहा, "मैंने अपने दस सहस्र मल्ल भट्टिनी की सेवा के लिए दे दिए हैं। वे उन्हें चाहे जिस प्रकार सेवा में नियुक्त कर सकती हैं। मैं चाहता हूँ कि वे ही पुरुषपुर तक देवपुत्रनंदिनी को साथ लेकर जाएँ। इस प्रस्ताव में मेरा कोई निजी स्वार्थ नहीं है। अगर है तो सिर्फ इतना ही कि मैं गुप्तों के शत्रुओं के कन्धे पर इस पवित्र भूमि की रक्षा का भार नहीं देना चाहता।

मैं उनके और किसी भी कार्य में हस्तक्षेप नहीं करना चाहता। गुप्त सम्राट् उनसे वचन हार चुके हैं। सोचकर देखो, भट्ट, सारे देश का कल्याण इसी में है या नहीं!"

मैं सचमुच सोच में पड़ गया। कुमारकृष्ण को मैं क्या उत्तर दूँगा? क्या यह संभव है कि कान्यकुब्ज की छाती चीरती हुई इतनी बड़ी सेना निकल जाए और संघर्ष न हो? और संघर्ष से क्या महानाश का मार्ग और भी प्रशस्त नहीं हो जाता? भट्टिनी का भविष्य भी क्या अनिश्चित नहीं हो जाता? लोरिकदेव सरल हैं; पर महाराजाधिराज के विषय में उन्हें बहुत भ्रांत बातें बताई गई हैं। फिर साठ वर्षों का बद्ध वैर आसानी से शिथिल भी तो नहीं हो सकता। क्या उपाय है?

मैंने विनीत भाव से उत्तर दिया कि मुझे भट्टिनी की आज्ञा लेने का अवसर दिया जाए। लोरिकदेव ने प्रसन्नतापूर्वक अनुमति दे दी।

लोरिकदेव के विश्राम-कक्ष से जब बाहर निकला तो मेरा मस्तिष्क नाना चिन्ताओं से व्याकुल हो रहा था। मुझे स्पष्ट ही दिख रहा था कि आर्यावर्त की पवित्र देव-भूमि नर-कंकालों से भरकर श्मशान होने जा रही है। इस महानाश को रोकने का जो अस्त्र विधाता ने संयोग और सौभाग्यवश मेरे हाथ में दे दिया है उसकी उपयोग-विधि से मैं एकदम अनभिज्ञ सिद्ध हो रहा हूँ। मुझे एक-एक करके बीती हुई घटनाएँ याद आने लगीं, निपुणिका का अचानक मिल जाना, छोटे महाराज के अन्तःपुर में स्त्री-वेश में भट्टिनी का उद्धार, भदंत और अवधूत का संयोगवश मिलन और कुमार कृष्णवर्द्धन से परिचय। यह क्या सब पूर्वचिंतित विधि-विधान है? इतने संयोग कैसे एकत्र हो गए? कितनी विचित्र बात है यह? ऐसा जान पड़ता है कि यह किसी निपुण कवि की निबद्ध आख्यायिका हो। अवधूतपाद ने पहले ही दिन मेरे समूचे अस्तित्व को झकझोरकर कहा था कि भट्टिनी ही मेरी देवता हैं। आज घटना-चक्र ने मेरी सिद्धि को ही साधन बना दिया है। मुझे कहीं से कोई प्रकाश-रेखा नहीं दिखाई दे रही; पर सिद्धि को साधन समझना कच्चे चित्त की कच्ची कल्पना है। इसे रूप ग्रहण करने देना प्रमाद होगा। इससे चाहे सारे संसार का कल्याण हो जाए, मेरा सत्यानाश निश्चित है। एक ओर आर्यावर्त्त का कल्याण है, दूसरी ओर मेरा सत्यानाश। कौन-सा चुनूँ? मुझे अवधूत अघोरभैरव के वाक्य याद आए, उन्होंने विरतिवज्र से कहा था—"देखो विरति, सत्य अविभाज्य है। तुम्हारे बौद्ध दार्शनिकों ने संवृति-सत्य (व्यावहारिक सत्य) और परमार्श-सत्य कहकर उसे विभक्त करने का दंभ फैलाया है। मानो ये दोनों परस्पर विरुद्ध हों। जो मेरा सत्य है वह यदि वस्तुतः सत्य है तो वह सारे जगत् का सत्य है, व्यवहार का सत्य है, परमार्थ का सत्य है, त्रिकाल का सत्य है!" अवधूतपाद के इस कथन का क्या तात्पर्य हो सकता है? एक बात मुझे हस्तामलक की भाँति स्पष्ट दिखाई दे रही है। मैं अपने सत्य को ही आचरण में उतार सकता हूँ, सारे जगत् के कल्याण को मैं चाहूँ भी तो अपने भीतर उतार नहीं सकता। भट्टिनी को मैं राजनीति का खिलौना नहीं बनने दूँगा। भट्टिनी मेरी राजराजेश्वरी हैं, उनके सामने महाराजाधिराज

श्रीहर्ष ही क्या और आभीरराज लोरिकदेव ही क्या। मेरा कर्तव्य बस एक है। राजराजेश्वरी की अकुंठ सेवा। प्राण रहते मैं किसी को इस कर्तव्य में बाधक नहीं होने दूँगा। आज आभीरराज ने जो कहा है उससे मेरे कर्तव्य का क्या कहीं विरोध है? ऐसा तो नहीं दिखता। और कुमार कृष्णवर्द्धन ने जो कुछ कहा था उससे क्या मेरे कर्तव्य से कोई विरोध है? ऐसा भी तो नहीं दिखता। कुमार ने कहा था–"चाहे जैसे हो, भट्टिनी को यहाँ ले आओ।" मैं भट्टिनी को राजराजेश्वरी बनाकर ले चलूँगा, एक सहस्र आभीर-मल्ल उनकी सेवा में नियुक्त होंगे, जो उनके इंगित पर अपने प्राणों की आहुति दे देंगे–इसमें विरोध कहाँ है? भट्टिनी की सेना कान्यकुब्ज की छाती चीरती हुई निकल जाएगी, इसमें बाधा देने वाला या तो मुझे मार डालेगा या मैं उसे मार डालूँगा। मेरे मर जाने पर भट्टिनी का क्या होगा? धिक् भंड बाण! फिर तू अपने को भट्टिनी का रक्षक समझने लगा! भट्टिनी तेरी सिद्धि हैं, तुझे उनकी सेवा के लिए प्राण उत्सर्ग करने का ही अधिकार है। मैं इसी प्रकार शत-शत चिन्ताओं में उलझा चला जा रहा था कि पीछे से गम्भीर कंठ से किसी ने संबोधन किया–"आर्य, हमें भूल ही गए!"

पीछे मुड़कर देखता हूँ तो मौखरि-वीर विग्रहवर्मा है। श्रद्धातिरेकवश उसने झुककर भूमि में मस्तक टिकाकर प्रणाम किया। मैंने आशीर्वाद देकर उसका और उसके सैनिकों का कुशल-संवाद पूछा–उसने यथोचित उत्तर देने के बाद कहा, "आर्य, आभीर-सेना के दस सहस्र मल्लों की ओर देखकर मौखरियों के दस सैनिकों की उपेक्षा नहीं होनी चाहिए। हम महारानी राज्यश्री के किंचन सेवक हैं; पर यदि किसी ने आँख दिखाई तो हम उसका उचित उपचार जानते हैं। बड़ी कठिनता से हमारे सैनिक आपके निर्देश की प्रतीक्षा में अपने को रोके हुए हैं, नहीं तो जिस समय हमें यह समाचार मिला कि आभीरराज ने कान्यकुब्जेश्वर को अपशब्द कहे हैं, उसी समय यहाँ रक्त की नदी बह जाती। आर्य, हम मन्त्र और औषध से रुद्धवीर्य काल-सर्प[9] की भाँति समय बिता रहे हैं। आदेश मिले और इन सर्पों की दस लोल जिह्वाएँ भद्रेश्वर के मदगर्वित सैन्यों को चाट जाएँ।" इतना कहकर विग्रहवर्मा ने कोश से अपनी विशाल तलवार खींच ली।

और बना! मेरे मस्तक पर श्रम-बिन्दु झलक आए। मैंने विग्रहवर्मा को शान्त करने के उद्देश्य से कहा, "हे नरव्याघ्र! इस समय छोटी-छोटी बातों में शक्ति अपचय करना उचित नहीं है। तुमने मौखरिगुरु आचार्य भर्वुपाद[10] का शपथशप्त पत्र पढ़ा है न? दुरंत म्लेच्छवाहिनी गिरिसंकट के उस पार एकत्र हो रही है, मौखरियों के वीर्य की परीक्षा वहीं होगी। तुम इस समय कान्यकुब्जेश्वर के निदेश से निखिल राजराजेश्वरी देवपुत्र-नंदिनी की सेवा में नियुक्त हो। जब तक तुम्हें फिर से अन्यत्र नियुक्त नहीं किया जाता तब तक तुम्हारा उनकी रक्षा के अतिरिक्त और कोई कर्तव्य नहीं है। आभीर-सेना इस कार्य में तुम्हारी सहायता ही तो करेगी। देखो नरवीर, आर्यावर्त को

महानाश से बचाना है। बड़े उद्देश्य के लिए अपने को बलि दो; बलि देने का ऐसा अवसर नहीं मिलेगा।" विग्रहवर्मा ने झुककर प्रणाम किया। अपनी तलवार को कोश-बद्ध करते वह कहने लगे—"सबसे बड़ा उद्देश्य अन्नदाता की मान रक्षा है, आर्य! परन्तु तुम्हारा आदेश ही हमारा कर्तव्य है। केवल इतना भूल न जाना कि भट्टिनी की रक्षा का मुख्य भार हमारे ऊपर है।" विग्रहवर्मा प्रणाम करके चला गया।

उस समय आकाश का पश्चिमी दिगंत लाल हो आया था, एकाध विच्छिन्न मेघ-पटल उस गाढ़ लालिमा से सर्वांग-लिप्त हो गए थे मानो महाकाल ने अपने अकुंठ इंगित से यह बताना चाहा हो कि आर्यावर्त के विच्छिन्न प्रयत्न इसी प्रकार रक्त-धारा में आमस्तक डूब जाएँगे। मज्जमान जरठ भास्कर की दो-चार किरणें दिगंत के छोर तक फैल गई थीं जो रक्तस्नान से सद्योविनिर्गता महाकालिका की नृत्यविकीर्ण पिंगल जटाओं का भ्रम उत्पन्न कर रही थीं; सारा आकाश उद्धूम अग्नि-कुंड की भाँति जल रहा था, वृक्षों की उच्च शिखाओं पर चिपकी हुई लाल आभा भयंकर आशंका उत्पन्न कर रही थी मानो ज्वाला के भय से भागनेवाली वनदेवियों के चरणालक्तक की ही लालिमा हो। धरती से आकाश तक फैली हुई यह लाल शोभा न जाने किस विकट भविष्य की सूचना दे रही है, त्रिपुरभैरवी की इस वाम लीला का साक्षी क्या मैं ही होने जा रहा हूँ? क्या होनेवाला है!

संदर्भ

1. बाणभट्ट की आत्मकथा के सोलहवें उच्छ्वास से।
2. नाट्यशास्त्र (भरतमुनि) के अनुसार रंगमंच पर दोनों पार्श्वों में बने डेढ़ डेढ़ हाथ ऊँचे चबूतरे, जो चार-चार खम्भों से युक्त हों।
3. लोरिकदेव का उल्लेख पुनर्नवा' में भी है। भूमिका में द्रष्टव्य औपन्यासिक सृष्टि के अन्तर्गत 'समकालिकता'।
4. हर्षवर्द्धन।
5. द्र. भूमिका में औपन्यासिक सृष्टि के अन्तर्गत 'समकालिकता' शीर्षक।
6. मातुलुगत्वक् = बिजौरानीबू।
7. कामसूत्र में नागरकवृत्त पर आधारित।
8. साँड़।
9. भोगीव मन्त्रौबधि रुद्ध वीर्यः। —कालिदास : रघुवंश, सर्ग-2 की छाया।
10. भर्वु की बाणभट्ट ने कादम्बरी के प्रास्ताविक श्लोकों में अपने गुरु के रूप में वन्दना की है।

चार : सीदी मौला[1]

एक दिन मैं सीदी मौला को ढूँढ़ लेने में समर्थ हो ही गया।

सीदी मौला सचमुच विचित्र मनुष्य था। उसने दुनिया देखी थी। कई भाषाओं का वह जानकार था। साधारण जनता में यह विश्वास था कि उसकी अवस्था सौ से ऊपर हो चुकी है, परन्तु देखने में वह साठ-सत्तर के बीच का मालूम पड़ता था। उसका न तो किसी जाति या धर्म पर पक्षपात था, न देश पर। उसकी बोली में मिठास भी थी और दूरदर्शिता भी झलकती थी। जब कुछ कहने लगता तो उसकी वाग्धारा वेगवती नदी की भाँति रुकना नहीं जानती थी। वह साधुओं के बीच रह चुका था, सैनिकों के साथ लड़ाई के मैदान में जा चुका था, शत्रु द्वारा कैद किए बन्दियों के साथ रह चुका था, तिब्बत के वाम-मार्गियों के साथ साधना कर चुका था और मंगोलों के पुरोहित उइगुर नामक बौद्ध जाति में उनका अंग होकर विचर चुका था। साधु नाममात्र का ही था। उसके चेहरे पर केशों की दो लटें, कौड़ी-सी दो छोटी-छोटी आँखें और ज़रा-सी चपटी नाक के नीचे मूँछ के दस-पन्द्रह बाल थे। मुँह पर वह भस्म पोतता था, लेकिन लाल रेशम के सुन्दर चोगे से भी उसे परहेज नहीं था। उसके एक हाथ में एक टेढ़ी लकड़ी थी जो खुरासान के किसी फकीर की दी बताई जाती थी और दूसरे हाथ में एक लम्बा चिमटा रहता था, जिससे वह अनेक प्रकार का काम लेता था। वह भाँग भी पीता था और गाँजा भी। लेकिन दोनों में अभिमन्त्रित सौंफ के दाने अवश्य डाल लेता था। लोगों में उसकी सिद्धियों के बारे में अनेक प्रकार के विश्वास प्रचलित थे। ऐसा सुना जाता था कि वह आग और पानी पर अनायास चल सकता है और आवश्यकता पड़ने पर एकाएक अदृश्य हो जाता है। शत्रु की बन्दीशाला से उसके इसी प्रकार भाग निकलने की कहानियाँ प्रचलित थीं।

मैं जब उससे मिला तो उसने बड़ी प्रसन्नता प्रकट की। बातों-बातों में वह मंगोलों के विषय में मनोरंजक बातें कहने लगा। उसने बिल्कुल परवा नहीं की कि सुननेवाले को इसमें रस मिलता है कि नहीं। वह अनर्गल कहता ही गया, "मंगोलों का देश भी कोई देश है! नगर भी नहीं कस्बा भी नहीं, गाँव भी नहीं। दूर तक

वृक्षों की हरियाली से सूना रेगिस्तान केवल खाँय-खाँय करता रहता है। चूल्हा जलाने के लिए वहाँ लकड़ी भी नहीं मिलती। बादशाह हो या गरीब, सभी घोड़े की लीद और चँवरी गाय के कण्डों से रसोई बनाते हैं। गरमी आयी तो ऐसा तूफान आया कि अनजान बटोही के ऊपर गरम बालू के ढूह छा जाते हैं और वे जीवित समाधि ग्रहण कर जाते हैं। सरदी आई तो ऐसी बर्फ गिरती है कि जो जहाँ होता है वहीं जम जाता है। ओले पड़ने लगते हैं तो दो-दो दिन तक पड़ते ही रहते हैं।

"मंगोलों का चेहरा बीभत्स और घृणोत्पादक होता है—दाढ़ी नहीं, मूँछ नहीं, गोल-गोल सफाचट चेहरे। हर किस्म के पशुओं का वे मांस खाते हैं और घोड़े का मांस मिल जाए तब तो उनके लिए महोत्सव हो जाता है। नमक की वहाँ बड़ी कमी है। बड़े-बड़े उत्सवों के अवसर पर ही नमक का व्यवहार किया जाता है। उस समय नमकीन पानी खौलाया जाता है और हर आदमी अपना मांस का टुकड़ा उसमें डुबो लेता है। बैठकर खाना तो ये भले आदमी जानते ही नहीं। खाने के बाद राजा-रंक सभी मिलकर एक प्रकार की शराब पीते हैं, जो घोड़ी के दूध से बनती है। हर सरदार अपने प्याले में इस 'कूमीस' नामक विचित्र मद्य को डालता है और आसमान की ओर तथा चारों दिशाओं में थोड़ा-थोड़ा फेंक देता है। फिर वह अपने नौकरों के होंठ से उसे सटाता है और गटगट करके पी जाता है। शादी चाहे जितनी करो, पर परस्त्री की ओर नहीं ताकना। कुदृष्टि डालनेवालों की आँखें फोड़ दी जाती हैं और व्यभिचारी को तुरन्त मृत्यु का दण्ड दिया जाता है। सीदी मौला के किसी साथी साधु को स्त्रियों पर कुदृष्टि डालते देखा गया तो तुरन्त उसकी आँखें फोड़ दी गईं और जीवित दफ़ना दिया गया। परन्तु सीदी मौला पर किसी ने सन्देह नहीं किया। वह ऊर्ध्वरेता ब्रह्मचारी है और विषम परिस्थितियों में भी अपने को सँभाल सकता है। वहाँ मरने के बाद कई दिन तक लाश रखने के बाद उसे जला दिया जाता है। अगर वह सरदार हुआ तो उसके घोड़े के साथ धरती में गाड़ देते हैं और उसके प्रिय दास-दासियों को भी जीवित समाधि लेनी पड़ती है।"

मेरे चेहरे पर आश्चर्य का भाव देखकर सीदी मौला ने कहा, "तुम नहीं समझ सकोगे। इन दास-दासियों को मैंने कभी रोते-चीखते नहीं सुना। उनका विश्वास है कि वे स्वर्ग में अनन्त काल तक अक्षय सुख के अधिकारी होंगे। इस जीवन में उनकी जो अभिलाषाएँ और आकांक्षाएँ अतृप्त रह गई हैं उनकी तृप्ति अनन्त काल तक होती रहेगी। अपनी आँखों से मैंने उन्हें हँसते-हँसते समाधि लेते देखा है।"

एक क्षण के लिए मैंने टोका, "बाबा, उइगुर तो बौद्ध होते हैं, वे इस घोर हिंसा में कैसे सहयोग देते हैं?"

सीदी मौला ने रुककर कहा, "हाँ, बौद्ध भी होते हैं और ईसाई भी होते हैं। उनको यह अच्छा भी नहीं लगता। परन्तु उन्हें पूछता ही कौन है? मंगोल लोग ऐसे पवित्र अवसरों पर किसी की सलाह नहीं लेते। बेचारे पढ़े-लिखे नहीं हैं, इसलिए उइगुरों

से पढ़ने-लिखने का काम लेते हैं, कुछ से वे बख्शी का काम लेते हैं और कुछ से पुरोहितों का। 'बख्शी' असल में बौद्धों के भिक्षु शब्द का मंगोल रूपान्तर है। 'उइगुर' भी सम्भवतः भारतीय 'गुरु' का रूपान्तर है। ये लोग गृहस्थ होते हैं, पढ़े-लिखे और अच्छे विचारक होते हैं, पर डरपोक होते हैं। कहने को तो वे पुरोहित हैं, लेकिन शायद ईश्वर पर भी विश्वास नहीं रखते। लेकिन राजन्, मंगोलों की इस प्रथा को क्रूर मत समझना। उत्तर चीन से तुर्किस्तान और ग़ोर तक की भूमि को मंगोलों ने एकछत्र शासन के नीचे संघटित किया है। वह इन्हीं समाधि-प्राप्त पुरुषों के बल पर। सुनोगे? मैं उनकी कहानी सुनाता हूँ :

''चंगिस् (चंगेज़) का नाम तो तुमने सुना होगा। तुमने यह भी सुना होगा कि जिन तुर्कों ने इस समय समूचे उत्तर भारत को ग्रास बना लिया है उनकी विशाल सेना को चंगिस् खाँ ने लोहे के चने चबवा दिए थे। जब उसने तुर्किस्तान पर धावा बोला था, तो उसके पास सिर्फ़ एक लाख घुड़सवार थे, जिसमें मंगोल तो सिर्फ़ पाँच हज़ार ही थे। बाकी सब रास्ते में पकड़े हुए खुरासानी, तातारी तथा और-और जातियों के लोग थे। मैं भी था। बातें तो मैंने बहुत सुनी हैं परन्तु एक घटना मेरी आँखों-देखी है, उसे सुनाता हूँ।

''उसी समय मैं पकड़ा भी गया। मैंने सुना था कि मंगोलों के राज्य में तिब्बत के उत्तरी हिस्से में जहाँ से रेगिस्तान शुरू होता है वहाँ ज्वालादेवी का मन्दिर है। वहाँ दिन-रात एक ज्वाला जलती रहती है, जिसकी ऊँचाई मनुष्य के बराबर होती है। वह ज्वाला कभी-कभी सचमुच मनुष्य की आकृति धारण करती है और तब माना जाता है कि देवी प्रसन्न हुई हैं। उस समय वहाँ जप करने का बड़ा माहात्म्य है। देवी के दर्शन करने के लिए मुझे बड़े बीहड़ मार्गों से यात्रा करनी पड़ी। तीन-तीन दिन तक ऐसे भयंकर रेगिस्तान से गुज़रा कि वहाँ मनुष्य तो क्या पशु-पक्षी भी मुश्किल से मिलते थे। पीने के लिए पानी मिलना भी दुर्लभ था। कन्दाहार में ही मैंने चमड़े की एक छोटी मशक ले ली थी और उसी में पानी भरकर रेगिस्तान की यात्रा करता रहा। ज्वालामुखी के पास पहुँचा तो एक अजीब-सी गन्ध से मेरा मस्तिष्क चक्कर खाने लगा। मैंने सुना था कि जो लोग ज्वालामुखी के दर्शन के अधिकारी नहीं होते वे इस गन्ध से अभिभूत होकर बेहोश हो जाते हैं; आगे नहीं बढ़ पाते। पर मेरा मनोबल अविचलित था।

''मेरा यह दृढ़ संकल्प था कि चाहे जो हो, दर्शन करके ही लौटूँगा। मैं उस विकट गन्ध की उपेक्षा करके आगे बढ़ा। रास्ते में मुझे कुछ बेहोश साधुओं को देखने का मौका मिला। उनका उपचार करना आवश्यक कर्तव्य था, लेकिन मैंने उनकी ओर दृष्टि ही नहीं दी; सीधा अपने लक्ष्य की ओर बढ़ता गया। कुछ और आगे जाने पर वह गन्ध समाप्त हो गई और मुझे भीनी सुगन्धियों से भरी ठण्डी हवा के झोंके मिले।

''जिस समय मैं ज्वालामुखी के मन्दिर के पास पहुँचा, उस समय सूर्य प्रायः अस्त हो चुका था। वह अद्भुत ज्वाला दूर तक प्रकाश बिखेर रही थी। मुझे मन्दिर तक पहुँचने में कोई कठिनाई नहीं हुई। मन्दिर वह नाम-मात्र का ही था। ज्वालामुखी के पास कुछ भक्तों ने पत्थर का चबूतरा बना दिया था ओर बहुत ऊँचे पर पतले काले पत्थरों की एक छत बना दी थी। चबूतरा चारों ओर से खुला हुआ था। चबूतरे के किनारे लकड़ी के बड़े-बड़े खम्भे थे और छत उन्हीं के सहारे टिकी हुई थी। जिस समय मैं पहुँचा उस समय ज्वाला की ऊँचाई डेढ़ हाथ से अधिक नहीं थी, लेकिन रह-रहकर भभक पड़ती थी और तीन-साढ़े तीन हाथ की ऊँचाई तक उठ जाया करती थी। जब-जब ज्वाला भभकती थी तब-तब अनेक देश के आए हुए अनेक भाषाएँ बोलनेवाले भक्त अपनी-अपनी भाषा में जय-जयकार करते थे और मन्त्रोच्चार करते थे। ये लोग चबूतरे के नीचे चारों ओर बैठे हुए थे और अपने-अपने ढंग से मन्त्रों का जाप किया करते थे।

''एक तिब्बती लामा थे जो भभक के समय मनुष्य की हड्डी से बनी हुई एक वंशी जैसे यन्त्र को जोर से फूँकते थे और खड़े-खड़े वहीं प्रदक्षिणा करके 'ओं मणि पद्मे हुँ' मन्त्र का ज़ोर-ज़ोर से उच्चारण करते थे। उनके मन्त्रोच्चार के समय अन्य साधु हाथ जोड़कर देवी को प्रणाम करते थे। वह एक विचित्र साधु-सम्मेलन था। यथासम्भव लोग आपस में बातचीत नहीं करते थे; कभी-कभी कुछ इंगित से कह लेते थे।

''मुझे नया आया देखकर एक मंगोल साधु ने इशारे से पूछा, 'कहाँ से आ रहे हो?' मैंने हाथ से दक्षिण दिशा दिखाकर इंगित से कहा, 'बहुत दूर से आ रहा हूँ।' उन्होंने मुझसे पूछा, 'हिन्द से?' मैंने सिर हिलाकर समर्थन किया। इशारे से उन्होंने फिर पूछा, 'कुछ खाया-पिया है?' मैंने तीन उँगलियाँ उठाकर अपने चमड़े की मशक को दिखाया और इशारे से उन्हें बतलाना चाहा कि तीन दिन से केवल पानी पर निर्वाह कर रहा हूँ। उन्होंने इशारे से कहा, 'प्रदक्षिणा कर लो और यहाँ आ जाओ।' मैंने प्रदक्षिणा की और उनके पास आ गया। हम दोनों ने देवी को प्रणाम किया और मैं उनके इशारे से उनके पीछे हो लिया। लगभग एक कोस जाने पर उनकी कुटिया मिली। कुटिया तो क्या, वह एक बिल-जैसी चीज़ थी। मुझे द्वार पर बैठाकर वे भीतर गए और चीनी-मिट्टी के बर्तन में कुछ लेकर निकले। वह कुछ खाद्य पदार्थ था। उन्होंने इंगित से कहा, 'खाओ।' मुझे बड़ी तेज भूख लगी थी, चुपचाप खा गया।

''उनके साथ रहते-रहते मैं थोड़ी मंगोल भाषा सीख गया। एक दिन मंगोल साधुओं में से एक ने कहा कि यहाँ से लगभग दस कोस की दूरी पर रेगिस्तान में मंगोलों के पुरखे इल्मिश ख़ान की समाधि है। वहाँ आज बड़ा भारी उत्सव होनेवाला है। मंगोलों के प्रतापी सरदार चिल्मिश ख़ान वहाँ स्वयं उपस्थित होनेवाले हैं। वहाँ अनेक मंगोल सिद्ध आज उपस्थित होंगे। चिल्मिश ख़ान शक्तिशाली तुर्कों पर आक्रमण

करनेवाले हैं; उसके पूर्व अपने पूर्व-पुरुष महान् सिद्धि-दाता इल्मिश ख़ान का आशीर्वाद प्राप्त करना चाहते हैं। अब तक उन्होंने जितने राज्य जीते हैं सब उन्हीं के आशीर्वाद से जीते हैं। इस बार उनका संकल्प सुप्रसिद्ध खारेज़ियों को जीतने का है। अब तक जो खारेज़ी बचे हुए हैं, इसका कारण यह है कि चिल्मिश ख़ान उनकी प्रचण्ड शक्ति से डरे हुए थे। परन्तु अब जान पड़ता है कि उन्होंने खारेज़ियों को जीतने का दृढ़ संकल्प कर लिया है। यह लड़ाई भारी भयंकर होगी। सुना है कि दोनों ओर से कठिन संघर्ष की तैयारियाँ हो रही हैं। तुम जानते ही हो कि मंगोल पहले तो संकल्प नहीं करता और यदि संकल्प कर लेता है तो उसके सामने दो ही रास्ते रह जाते हैं—लड़ते-लड़ते मर जाना या विजय प्राप्त कर लेना। चिल्मिश ख़ान की भृकुटियाँ जब तन गई हैं तो संसार में एक बार प्रलय का दृश्य अवश्य आ जाएगा। परन्तु मैं यह भी जानता हूँ कि जब तक कुलगुरु इल्मिश ख़ान का आशीर्वाद नहीं प्राप्त होता, तब तक चिल्मिश ख़ान इस महान् संकल्प को कार्यान्वित नहीं करेंगे। मैंने कुतूहलवश पूछा कि क्या इल्मिश ख़ान साक्षात् दर्शन देकर आशीर्वाद देंगे। उन्होंने कहा, 'हाँ, परन्तु चलकर देखो।' उस साधु ने मुझे यह भी बताया कि उत्सव देखने की इच्छा हो तो मंगोल साधु का वेश धारण करना होगा और मेरा शिष्यत्व स्वीकार करना पड़ेगा। कुतूहलवश मैंने सारी बातें स्वीकार कर लीं। साधु अपनी गुफा के भीतर ले गए, मुझे मकई के दाने की एक माला दी और उत्तराभिमुख बैठाकर कान में एक मन्त्र दिया। मन्त्र और कुछ नहीं था, 'ओं मणि पद्मे हुँ'। मैंने गुरु के सम्मुख बैठकर उस अट्ठाईस मनकोंवाली माला पर उसका जप किया और मेरी दीक्षा सम्पन्न हो गई। गुरु ने मुझे बताया, 'गुरु के सामने उत्तराभिमुख होकर जप करने से एक मन्त्रोच्चार का फल, दस लक्ष मन्त्र जपने के तुल्य होता है और ज्वालामुखी के सामने जपने से एक मन्त्र, कोटि के बराबर होता है। अब तुम साधु-वेश धारण करो और उत्सव देखने के लिए चलो।' गुरु की आज्ञा मैंने शिरोधार्य की और उत्सव देखने के लिए उनके पीछे हो लिया। जिस समय हम लोग पहुँचे उस समय सूर्यास्त हो चुका था, और वहाँ सैकड़ों सैनिक और साधु एकत्र हो चुके थे। मेरे गुरु को देखकर साधुओं ने विचित्र प्रकार की जय-जयकार की। उसके बाद मैंने अनुभव किया कि मेरे गुरु मंगोल देश के बहुत ही प्रभावशाली सिद्ध थे। ज्यों-ज्यों अन्धकार घना होता गया त्यों-त्यों साधुओं का मन्त्रोच्चार भी तेज़ होता गया। अर्धरात्रि के कुछ पूर्व हड्डियों की बनी तुरही अत्यन्त प्रबल वेग से बज उठी। मेरे गुरु ने तथा अन्य साधुओं ने भी अपनी-अपनी वंशियाँ बजाईं। गुरु ने इंगित से कहा, 'महाप्रतापी मंगोल देशाधिपति चिल्मिश ख़ान पधार रहे हैं।'

"थोड़ी देर में उइगुरों से घिरे हुए मंगोल देशाधिपति पधारे। मुझे यह देखकर आश्चर्य हुआ कि वे बिल्कुल साधारण मंगोल वेश में थे। उनकी चिपटी नाक के नीचे मूँछ के बहुत थोड़े बाल अस्त-व्यस्त झूल रहे थे और ऊपर दो गोल कौड़ी जैसी

आँखें चमक रही थीं। उन आँखों में एक विचित्र प्रकार की मर्मोद्घाटिनी दृष्टि थी; चेहरे पर क्रूरता का कोई चिह्न नहीं था, बल्कि आस्था और भक्ति की रेखाएँ स्पष्ट दृष्टिगोचर हो रही थीं। वह किसी सवारी पर भी नहीं थे, यद्यपि उनके पीछे घोड़ों की पूरी कतार चल रही थी। वह चुपचाप आगे बढ़ रहे थे। साधु-मण्डली ने सिर झुकाकर हाथों को घुटनों पर लगाकर उन्हें आशीर्वाद दिया। जब वह आगे निकल गए तो अत्यन्त संयत भाव से भीड़ उनके पीछे-पीछे चली।

''ठीक अर्धरात्रि को हम लोग मंगोल कुलगुरु इल्मिश ख़ान की समाधि पर पहुँचे। मुझे बताया गया कि इल्मिश ख़ान किसी युद्ध में यहीं मारे गए थे, परन्तु उनका घोड़ा जीवित रहा था। उसी घोड़े पर बैठाकर उन्हें समाधि दी गई और आसपास के अत्यन्त प्रिय सामन्तों और रानियों को भी जीवन्त समाधि दी गई। वे लोग आज भी जीवित हैं और प्रति चतुर्दशी को उनका दरबार लगता है। उस दिन यदि कोई जीवित मनुष्य वहाँ पहुँच जाए तो उसे भी जीवन्त समाधि लेनी पड़ती है। सारी भीड़ समाधि के पास पहुँची और सब लोगों ने इल्मिश ख़ान मंगोल कुलगुरु की जय-जयकार की। चिल्मिश ख़ान ने दोनों हाथ घुटनों पर रखकर धरती में सिर रगड़कर उनको प्रणाम किया। समस्त जनता ने वैसा ही किया। उइगुर लोगों ने प्रणाम का मन्त्रोच्चार किया और पूजा की विधि आरम्भ हुई। समाधि को एक विशेष प्रकार के लाल-लाल मोम से बनी हुई मशालों से आलोकित किया गया और कुछ साधु जोर-जोर से मन्त्र पढ़ते हुए उसकी प्रदक्षिणा करने लगे। थोड़ी देर बाद एक प्रकार के मंगोल सेवक नंगे होकर विकट नृत्य करने लगे और हाथ में फावड़ा लेकर धरती फोड़ने लगे। मैं इसका कुछ रहस्य नहीं समझ सका। वहाँ कुछ बोलने का साहस भी नहीं हो रहा था। मेरे गुरु बिल्कुल ध्यानावस्थ थे, इसलिए उस समय उनसे भी पूछने का कोई उपाय नहीं था। मगर मुझे वह भूतों का अद्भुत नाच-सा लग रहा था। मेरी उत्सुकता बढ़ती ही जा रही थी।

''एकाएक गुरु का ध्यान भंग हुआ और उन्होंने मेरी ओर देखा। बोले, 'मैं जिस तरह ध्यान कर रहा हूँ उसी तरह ध्यान करो।' मैंने विनयपूर्वक पूछा, 'किस बात का ध्यान करूँ?' उन्होंने संक्षेप में उत्तर दिया, 'जिस समय महाप्रतापी कुलगुरु को समाधि दी जा रही थी उस समय एकाएक धरती से विकराल ज्वालाएँ निकली थीं। उस समय मिट्टी डालकर उन ज्वालाओं को बुझाया गया था। उसी समय आकाशवाणी हुई कि घबराओ नहीं, ये ज्वालाएँ तुम्हारी रक्षा करेंगी। तब से उत्सव की तिथि को उन ज्वालाओं की खोज की जाती है। जब इल्मिश ख़ान प्रसन्न होते हैं तो ज्वालाएँ प्रकट हो जाती हैं। और यदि प्रसन्न नहीं होते तो ज्वालाएँ भी नहीं निकलतीं। केवल उनके साक्षात् वंशधर ही उन ज्वालाओं को प्रकट कर सकते हैं। जो लोग इस समय फावड़ा चला रहे हैं वे इल्मिश ख़ान के निकट सम्बन्धी हैं। यदि चिल्मिश ख़ान के संकल्प की सिद्धि होना है तो ज्वालाएँ आज अवश्य प्रकट होंगी।

हम उन्हीं ज्वालाओं का ध्यान कर रहे हैं। ध्यान में बड़ी शक्ति है।' इतना कहकर गुरु चुप हो गए और फिर ध्यान में मग्न हो गए। प्रयत्न करने पर भी मैं आँखें मूँदकर ध्यान नहीं कर सका। रह-रहकर आँखें खुली जा रही थीं। रह-रहकर अस्थि-वंशियों की अनवरत ध्वनि की पृष्ठभूमि में फावड़ों का विकट नृत्य चलता रहा।

''थोड़ी देर बाद लगभग सौ मल्ल मशाल लेकर खोदी हुई भूमि में विकट चीत्कार करते हुए नाचने लगे। वे कोई हुडुत्कार जैसा शब्द करके मशालों को भूमि से स्पर्श कराते थे और सारी खोदी हुई भूमि में बार-बार नृत्य कर रहे थे। जान पड़ता था कि उन्हें इस नृत्य का अभ्यास दीर्घकाल से कराया गया था। कितनी ही बार ऐसा लगता था कि फावड़ा चलानेवाले मशाल की लपटों में जल जाएँगे, परन्तु ऐसा हुआ कुछ नहीं। एक ही साथ सौ मल्ल अलग-अलग स्थानों पर ज्वाला-नृत्य करते हुए भूमि-स्पर्श का अभिनय करते थे और नाचते-नाचते आगे बढ़ जाते थे। नियमित रूप से वे एक ही साथ हुडुत्कार करते थे और उसी समय एक ही साथ भूमि-स्पर्श भी। अब मुझे फावड़ेवालों के नग्न रहने का रहस्य समझ में आया। जरा भी असावधानी से कपड़ों में आग लग सकती थी। परन्तु यह नृत्य विकटतर उद्दाम गति से चलता रहा और कहीं किसी के शरीर में आँच नहीं आई। एकाएक सभी उल्काएँ ऊपर उठ गईं; फावड़ेवालों ने फावड़े छोड़ दिए। एक क्षण तक ऐसा मालूम हुआ कि कुछ अघटित घट गया हो; और सब लोग उत्सुकतापूर्वक उसकी प्रतीक्षा करने लगे। फिर एक क्षण के मौन के बाद विकट जय-जयकार की ध्वनि हुई। नगाड़े बज उठे। मशालें समाधि के निकट चारों ओर सजा दी गईं और एक विचित्र-सी गन्ध फैल गई। एक अपेक्षाकृत निचले स्थान के गड्ढे में सचमुच ही ज्वाला धधकने लगी और मंगोल कुलगुरु इल्मिश की जय-ध्वनि से आसमान काँपने लगा। मेरे गुरु ने फुसफुसाकर कहा, 'सावधान, ज्वाला प्रकट हो गई।' मैंने आश्चर्य के साथ देखा, ज्वाला सचमुच प्रकट हुई। पहले तो वह क्षीण-सी थी, परन्तु बाद में काफी भयंकर और उग्र हो उठी।

''चिल्मिश ख़ान ज्वाला की ओर मुँह करके खड़े हो गए। श्रद्धा और भक्ति के अतिरेक से उनकी आँखों से आँसू निकल आए। वे घुटने टेककर खड़े हो गए और दोनों हाथ पीठ पर रखकर धरती पर नाक रगड़कर उन्होंने अभिवादन किया। उनके साथी सहस्रों सैनिकों, उइगुरों और साधुओं का दल पीठ-पीछे हाथ बाँधकर नाक रगड़ने लगा। मैंने भी वैसा ही किया। दो-तीन बार नाक रगड़ने के बाद सिर उठाया, लेकिन मैंने अनुभव किया कि यह मेरी गलती थी, क्योंकि तब तक किसी ने सिर नहीं उठाया था। यह एक विचित्र भावावेश की अवस्था थी, जिसमें सहस्रों व्यक्ति तेजी से धरती पर नाक रगड़ रहे थे। मैं फिर वैसा ही करने लगा, लेकिन रह-रहकर मैं देख लिया करता था। मैं नाक रगड़ते समय कभी ज्वाला की ओर तो कभी चिल्मिश ख़ान् की ओर देख लेता था।

"कोई आधी घड़ी तक ऐसा ही होता रहा। एकाएक अस्थि-वंशियों की ध्वनि सुनाई पड़ी, और सब लोग धीरे-धीरे सिर उठाने लगे। ऐसा जान पड़ता था कि उन्हें सिर उठाने में काफी प्रयास करना पड़ रहा है। मेरे गुरु ने कहा कि ज्वाला के पास खड़े हुए सज्जन महापण्डित बख्शी उइगुर हैं। वे ज्वाला को ढक देने का आदेश दे रहे हैं। ज्वाला ढकने का आरम्भ स्वयं चिल्मिश ख़ान ने मिट्टी डालकर किया। उइगुर पुरोहित द्वारा अभिमन्त्रित मिट्टी के बड़े ढोंके को ज्वाला में फेंक दिया गया। फेंकते ही एक विचित्र घटना हुई। चिल्मिश ख़ान के सामने सटासट अग्नि-बाण निकलने लगे, जो आसमान में दूर तक फैलते हुए लगभग दो-तीन कोस की दूरी पर जाकर जलते हुए गिरते थे। स्वयं चिल्मिश ख़ान की आँखें भी चौंधिया रही थीं। एक दूसरा अभिमन्त्रित ढोंका फेंका गया। उससे भी आग के गोले सामने की ओर छटकने लगे। उइगुर पुरोहितों ने चिल्लाकर कहा, 'मिल गया, मिल गया।' मैंने अपने गुरु से पूछा, 'क्या मिल गया?' उन्होंने कहा, 'चुप, देखते रहो।' इसके बाद, पुरोहितों ने स्वयं एक ढेला फेंका। इस बार ठीक उनके सामने की ओर फिर अग्नि-बाण छूटे। सहस्र-सहस्र कण्ठों ने फिर मंगोल-कुलगुरु इल्मिश का जय-निनाद किया और हाथ उठाकर तुमुल-ध्वनि की—'मिल गया।' फिर उस स्थान पर मिट्टी किसी ने नहीं छोड़ी। दूसरे स्थान से मिट्टी लाकर ज्वाला को शान्त किया गया। अब समाधि के पास आकर चिल्मिश ख़ान ने पहले की भाँति ही कुलगुरु को प्रणाम किया और धीरे-धीरे उस स्थान से हटने लगे।

"रास्ते में मेरे गुरु ने बताया, 'मंगोल कुलगुरु इल्मिश ने तुर्कों को जीतने का अस्त्र दे दिया। बहुत दिनों से इस अग्नि-बाण की खोज हो रही थी। आज वह मिट्टी मिल गई, जिससे आग के गोले तैयार होते हैं। अब चिल्मिश ख़ान अवश्य विजयी होंगे, क्योंकि कुल-देवता ने प्रसन्न होकर उन्हें अभिलषित शस्त्र दे दिया।' सावधानी से सुनो महाराज, मैंने स्वयं चिल्मिश ख़ान की सेना में रहकर इन अग्नि-बाणों की लीला देखी है। इन्हीं अग्नि-बाणों की कृपा थी कि केवल पचास हजार सैनिक लेकर चिल्मिश ख़ान ने अन्तर्वेद से लेकर कुस्तुन्तुनियाँ तक अखण्ड राज्य स्थापित किया। इन मंगोलों के पास तीन बड़ी शक्तियाँ हैं—प्राणदान के लिए सदा तत्पर मंगोल-सैनिक, तीर से भी अधिक तेज दौड़नेवाले घोड़े और यह भयंकर अग्नि-बाण। इन तीन शक्तियों के बल पर ही चिल्मिश ख़ान ने खारेजियों के विशाल साम्राज्य को खाक में मिला दिया।

"वाह्लीक (वलख) से लौटते समय मैं फिर एक बार ज्वालामुखी के दर्शन करने गया। वहाँ मेरे गुरु ने मुझे एक रहस्य की बात बताई। चिल्मिश ख़ान ने अपने विजयावेश में स्त्रियों और निरपराध व्यक्तियों की हत्या की; देवमन्दिर और साधुओं के पवित्र स्थानों को ध्वस्त किया। इसीलिए इल्मिश ख़ान असन्तुष्ट हो गए। बहुत प्रयत्न करने पर ही इस बार अग्नि-ज्वाला नहीं जली। अब मंगोल-लक्ष्मी का भविष्य

अनिश्चित हो गया। मैं नहीं जानता कि उनकी निराशा में कितनी सचाई है। परन्तु जो-कुछ मैंने अपनी आँखों से देखा, वह अद्भुत है और तुम्हें सावधान करता हूँ कि शत्रु को छोटा मत समझो।"

थोड़ा रुककर सीदी मौला ने फिर कहना शुरू किया, "ज्वालामुखी से लौटते समय मैं मंगोल साधु के वेश में मंगोल सैनिकों द्वारा पकड़ा गया। गलती मेरी ही थी। यद्यपि मेरा वेश मंगोल साधुओं का-सा था तथापि मैं मंगोल भाषा बोल नहीं पाता था। सैनिकों को मेरे ऊपर सन्देह हो गया और मैं पकड़ लिया गया। उन्हें सन्देह हो गया कि मैं शत्रु का गुप्तचर हूँ। वे मेरा सिर भी उतार सकते थे। किन्तु मंगोल राजनीति के अनुसार शत्रु के चर को मारना वर्जित है। अनुभव से उन्होंने जाना है कि गुप्तचर युद्ध और शान्ति के समय कभी-कभी बहुमूल्य सहायता पहुँचाता है, इसलिए उन्होंने मुझे मारा नहीं। केवल हाथ-पैर बाँधकर अपने सेनापति के पास पहुँचा दिया। सेनापति के पास तक पहुँचने में मुझे तीन दिन लगे। जैसे मरे ढोर को चमार ले जाते हैं उसी प्रकार वे लोग मुझे एक स्थान से दूसरे स्थान तक ले जाते रहे।"

मैंने टोककर पूछा, "बाबा, तुम्हें तो बड़ा कष्ट हुआ होगा!"

बाबा ने कहा, "कष्ट! कष्ट मुझे क्या होगा भला! मैंने तो प्राणायाम के द्वारा अपना शरीर साध लिया है। मुझे जिस भी स्थिति में रख दो, मेरे शरीर को कष्ट नहीं पहुँचेगा। मुझे जीवित गाड़कर देख लो, वर्षों तक जैसा-का-तैसा बना रह सकता हूँ। मुझे ढोते-ढोते मंगोल सैनिक तो कभी-कभी मुर्दा ही समझ लेते थे और जहाँ-तहाँ पटक दिया करते थे। उन्हें इस बात की चिन्ता थी कि सेनापति के पास पहुँचने पर मैं जीवित पाया जाऊँ। गुप्तचर को मारनेवाला सिपाही मंगोल राजनीति में कठोर दण्ड का भागी होता है। यही कारण है कि जब-तब वे मुझे खोलकर देख लिया करते थे, सीधा कर लेते थे, नाड़ी की परीक्षा करते थे, श्वास की गति देख लेते थे और जब उनको विश्वास हो जाता था कि यह अभी जीवित है तभी आगे बढ़ते थे। जब मैं सेनापति के पास ले जाया गया तो एक प्रकार की समाधि की अवस्था में ही था। उस समय मेरी नाड़ियों में रक्त का चलाचल तो था, पर ऊपरी स्तर पर कोई संवेदन नहीं था। मैं बेहोश भी नहीं था, क्योंकि उनकी बातें सुन रहा था और जब कभी परिचित शब्द आ जाते थे तो उनका भाव भी समझ जाता था। मुझे धरती पर लिटा दिया गया और बन्धन खोल दिए गए। सेनापति को यह बताया गया कि यह शत्रु का गुप्तचर जान पड़ता है।

"कुछ देर तक सिपाहियों ने मेरे हाथ-पैरों को रगड़ा लेकिन उसकी जरूरत नहीं थी। धीरे-धीरे मैं प्राण-वायु को अंग-प्रत्यंग में संचारित करने लगा। थोड़ी देर बाद मैं उठकर बैठ गया। मुझमें क्लान्ति का भाव नहीं था, जड़िमा भी नहीं थी। बिल्कुल स्वस्थ भाव से मैं खड़ा हो गया। सेनापति को आश्चर्य हुआ। उसने कड़ककर

पूछा, 'तुम गुप्तचर हो?' मैंने स्वीकार किया। उसने पूछा 'किसके चर?' निर्भीक भाव से मैंने सिर ऊपर उठाया और बताना चाहा कि मैं परमात्मा का चर हूँ। सेनापति ने कहा, 'तुम बातें बना रहे हो। जानते हो मैं तुम्हारी सब चमड़ी उधेड़ दूँगा।' मुझे जितनी मंगोल भाषा आती थी उतने का सहारा लेकर कहा, 'जानता हूँ।' सेनापति ने कहा, 'तुम्हें भय नहीं है?' मैंने सहज भाव से कहा, 'नहीं।' सेनापति ने पूछा, 'कहाँ के रहनेवाले हो?' मैंने संक्षेप में उत्तर दिया, 'हिन्द का।' उसने फिर पूछा, 'हिन्द की कुछ बातें बता सकते हो?' मैंने इशारे से प्राणायाम और समाधि की बात बताकर कहा, 'तुम्हें यह सिखा सकता हूँ।' सेनापति ने समझा कि मैं झूठ-मूठ अपने को साधु सिद्ध करना चाह रहा हूँ। सेनापति ने कहा, 'इसे बाँधकर कैदखाने में डाल दो।'

"सेनापति के पड़ाव में सैकड़ों बन्दी थे। उनसे बड़ी कड़ी मेहनत ली जाती थी और जरूरत पड़ने पर लड़ाई के मैदान में भेज दिया जाता था। सभी के हाथ-पैर बँधे नहीं थे। जिनके विषय में कुछ जान लिया गया था, उनको कड़े पहरे में छोड़ दिया जाता था। लेकिन जो नए थे या जिन पर सन्देह था, उन्हें बाँध दिया गया था। मुझे बाँधकर ढोया नहीं गया, घसीटकर ले जाया गया। लेकिन बन्दीगृह का अनुभव बड़ा विचित्र हुआ। सुना था..."

सीदी मौला थोड़ी देर तक मौन रहे, मानो कुछ याद कर रहे हों। फिर बोले, "लेकिन आज देर हो गई। तुम थोड़ा विश्राम कर लो, फिर बात करेंगे।" और मेरे उत्तर की प्रतीक्षा किए बिना ही उठकर खड़े हो गए।

मुझे इस आदमी के प्रति उत्सुकता बढ़ गई थी और उसकी मनोरंजक बातों में जानने योग्य तथ्यों के मिलने से रस भी आ रहा था। लेकिन उसने एक ही झटके से सब तोड़ दिया। लगता है इसमें कहीं माया, मोह या आसक्ति है ही नहीं। बोलने लगता है तो ऐसा लगता है कि चुप ही नहीं होगा। चुप होता है तो ऐसा लगता है, अब बोलेगा ही नहीं। लेकिन है बड़ा मस्तगौला। बाध्य होकर मुझे विश्राम के लिए उठना पड़ा।

संदर्भ

1. 'चारुचन्द्रलेख' का तीसरा अध्याय।

पाँच : देवरात[1]

देवरात साधु पुरुष थे। कोई नहीं जानता था कि वे कहाँ से आकर हलद्वीप में बस गए थे। लोगों में उनके विषय में अनेक प्रकार की किंवदन्तियाँ थीं। कोई कहता था, वे कुलूत देश के राजकुमार थे और विमाता से अनेक प्रकार के दुर्व्यवहार प्राप्त करने के बाद संसार से विरक्त होकर इधर चले आए थे। कुछ लोग बताते थे कि बाल्यावस्था में ही उन्हें मंखलि नामक किसी सिद्ध पुरुष से परिचय हो गया और उनके उपदेशों से वे संसार त्यागकर रमता राम बन गए। उनके गौर शरीर, प्रशस्त ललाट, दीर्घ नेत्र, कपाट के समान वक्षःस्थल, आजानुविलम्बित बाहुओं को देखकर इसमें कोई सन्देह नहीं रह जाता था कि वे किसी बड़े कुल में उत्पन्न हुए हैं। उनके शरीर में पुरुषोचित तेज और शौर्य दमकता रहता था और मन में अद्‍भुत औदार्य और करुणा की भावना थी। वे संस्कृत और प्राकृत के अच्छे कवि भी थे और वीणा, वेणु, मुरज और मृदंग-जैसे विभिन्न श्रेणी के वाद्य-यन्त्रों के कुशल वादक भी थे। चित्र-कर्म में भी वे कुशल माने जाते थे। यह प्रसिद्ध था कि क्षिप्तेश्वरनाथ महादेव के मन्दिर के भीतरी भाग में जो भित्ति-चित्र बने थे, वे देवरात की ही चमत्कारी लेखनी के फल थे। शील, सौजन्य, औदार्य और मृदुता के वे यद्यपि आश्रय माने जाते थे, परन्तु फिर भी उन्होंने वैराग्य ग्रहण किया था। हलद्वीप के राज-परिवार में उनका बड़ा सम्मान था। जब कभी राजा के यहाँ कोई उत्सव होता था, वे ससम्मान बुलाए जाते थे। वे यज्ञ-याग में उसी उत्साह के साथ सम्मिलित होते थे जिस उत्साह के साथ मल्ल-समाह्वय में। वे पण्डितों की वाद-सभा में भी रस लेते थे और नृत्यगीत के आयोजनों में भी। लोगों का विश्वास था कि उन्हें संसार के किसी विषय से आसक्ति नहीं थी। उनका एकमात्र व्यसन था दीन-दुखियों की सेवा, बालकों को पढ़ाना और उन्हीं के साथ खेलना। यद्यपि वे अनेक शस्त्रों के ज्ञाता थे और भगवद्-भक्त भी माने जाते थे, परन्तु वे नियमों और आचारों के बन्धनों में कभी नहीं पड़े। साधारण जनता में उनकी रहस्यमयी शक्तियों पर बड़ी आस्था थी, परन्तु किसी ने उन्हें कभी पूजापाठ करते भी नहीं देखा।

देवरात का आश्रम हलद्वीप से सटा हुआ, थोड़ा पश्चिम की ओर, महा सरयू

के तट पर अवस्थित था। च्यवनभूमि के चौधरी वृद्धगोप उन पर बड़ी श्रद्धा रखते थे। वृद्धगोप का इस क्षेत्र में बड़ा सम्मान था। उनके पूर्व-पुरुष मथुरा से शुंग राजाओं की सेना के साथ आकर यहीं बस गए थे। नन्दगोप के वंशधर होने के कारण उनका कुल जनता की श्रद्धा और विश्वास का पात्र था। वृद्धगोप के दो पुत्र थे जिनमें एक तो वस्तुतः ब्राह्मण-कुमार था जिसे उन्होंने यत्न और स्नेह से पाला था। कुछ साँवला होने के कारण उन्होंने इसका नाम दिया था श्यामरूप। दूसरा आर्यक उनका अपना लड़का था। श्यामरूप को उन्होंने देवरात के आश्रम में पढ़ने के लिए भेजने का निश्चय किया। उस समय उसकी अवस्था आठ या नौ वर्ष की थी। जब श्यामरूप आश्रम में जाने लगा तो चार-पाँच वर्ष की अवस्था का आर्यक भी पाठशाला जाने के लिए मचल उठा। वृद्धगोप आर्यक को अपनी वंश-परम्परा के अनुकूल मल्ल-विद्या की शिक्षा देना चाहते थे, परन्तु उसके हठ को देखते हुए उन्होंने उसे भी पाठशाला जाने की आज्ञा दे दी। देवरात इन दोनों शिष्यों को पाकर बहुत अधिक प्रसन्न हुए। उन्होंने वृद्धगोप से आग्रह किया कि दोनों बच्चों को उनके आश्रम में पढ़ने दिया जाए। उन्होंने गद्‌गद-भाव से वृद्धगोप से कहा था कि उन्हें ऐसा लग रहा है, जैसे स्वयं बलराम और कृष्ण ही इन दो बच्चों के रूप में उनके सामने आ गए हैं। भाव-गद्‌गद होकर दोनों बच्चों को गोद में लेकर वे देर तक बैठे रहे और फिर आकाश की ओर देखकर बोले, "प्रभो! यह कैसी अपूर्व लीला है! आज तुमने गौर रूप धारण किया है और बड़े भैया को श्यामरूप दे दिया है।" वृद्धगोप ने सुना तो उन्हें रोमांच हो आया। उन्हें लगा कि सचमुच ही जिस प्रकार नन्दगोप की गोदी में बलराम और कृष्ण आ गए थे, वैसे ही उनकी गोदी में श्यामरूप और आर्यक आ गए हैं। महात्मा देवरात के चरणों में साष्टांग दण्डवत् करते हुए उन्होंने कहा, "आर्य, आज मेरा जन्म-जन्मान्तर कृतार्थ जान पड़ता है। आपने ही इन दोनों बच्चों में बलराम और कृष्ण का रूप देखा है और आप ही इन्हें बलराम और कृष्ण बना सकते हैं। मेरी हार्दिक अभिलाषा है कि श्यामरूप अपनी वंश-परम्परा के अनुसार पण्डित बने और आर्यक अपनी वंश-परम्परा के अनुसार अजेय मल्ल बने, परन्तु आपके चरणों में इन्हें सौंपकर मैं निश्चिन्त हुआ हूँ। आप इन्हें यथोचित् शिक्षा दें।" देवरात देर तक दोनों बच्चों के शारीरिक लक्षणों की परीक्षा करते रहे और उल्लसित स्वर में बोले, "चिन्ता न करें भद्र, ये दोनों ही बच्चे पण्डित भी बनेंगे और अजेय मल्ल भी। आर्यक में चक्रवर्ती के सब लक्षण दिखाई दे रहे हैं। यदि सामुद्रिक-शास्त्र सत्य है तो आर्यक दिग्विजयी होकर रहेगा और श्यामरूप उसका महामात्य बनेगा।" फिर आर्यक की ओर ध्यान से देखते हुए बोले, "मेरा मन कहता है कि यह बालक वृद्धगोप के घर में गाय चराने के लिए पैदा नहीं हुआ है। यह बहुत बड़ा होगा, बहुत बड़ा!" वृद्धगोप सन्तुष्ट होकर घर लौट आए। दोनों बच्चे देवरात की देख-रेख में पढ़ने और बढ़ने लगे। देवरात ने त्रिलिंग देश के मल्ल राजुल को उन्हें व्यायाम और मल्ल-विद्या सिखाने

के लिए नियुक्त किया।

देवरात दीन-दुखियों की सेवा में सदा तत्पर रहा करते थे। उन्हें किसी से कुछ लेना-देना नहीं था। परन्तु उनकी कला-मर्मज्ञता का राज-भवन में भी सम्मान था। हलद्वीप की जनता का विश्वास था कि देवरात जो हलद्वीप में टिक गए हैं, उसका मुख्य कारण राजा का आग्रह और सम्मान है। अन्तःपुर में भी उनका अबाध प्रवेश था। वस्तुतः वे राजा और प्रजा दोनों के ही सम्मानभाजन थे।

देवरात के शील, सौजन्य, कला-प्रेम और विद्वत्ता ने हलद्वीप की जनता का मन मोह लिया था। लोग कानाफूसी किया करते थे कि उनका विरोध सिर्फ एक ही व्यक्ति की ओर से है। वह थी हलद्वीप के छोटे नगर की नगरश्री मंजुला। सारे नगर में उसके रूप, शील, औदार्य और कला-पटुता की धूम थी। बड़े-बड़े श्रेष्ठि-कुमार उसके कृपा-कटाक्ष के लिए लालायित रहा करते थे। उसके नृत्य में मादकता थी और कण्ठ में अमृत का रस। हलद्वीप में वह अत्यन्त अभिमानिनी गणिका के रूप में विख्यात थी और अपने विशाल सतखण्ड हर्म्य के बाहर बहुत कम जाती थी। केवल विशेष-विशेष अवसरों पर आयोजित राजकीय उत्सवों में ही वह अपना नृत्य-कौशल दिखाया करती थी। अन्य अवसरों पर नृत्य और गीत के प्रेमियों को उसके द्वारस्थ होकर ही अपना मनोरथ पूरा करना पड़ता था। उसके अभिमान और आत्म-गौरव के सम्बन्ध में लोगों में अनेक प्रकार की किंवदन्तियाँ प्रचलित थीं। कहा तो यहाँ तक जाता था कि कला-चातुरी के बारे में राजा भी उसकी आलोचना करने में हिचकते थे।

हलद्वीप के पश्चिमी किनारे पर, जहाँ बोधसागर की सीमा समाप्त होती थी, एक ऊँचा-सा बड़ा टीला था। बरसात में जब बोधसागर में पानी भर जाता था और महासरयू में भी उफान आता था, तो यह टीला चारों ओर पानी से घिर जाता था। इसीलिए वह हलद्वीप में एक दूसरे द्वीप की तरह दिखाई देता था। उसका नाम 'द्वीपखण्ड' सर्वथा उचित ही था। इसी द्वीपखण्ड के दक्षिण-पूर्वी छोर पर हलद्वीप का 'सरस्वती-बिहार'[2] था। वसंतारम्भ के दिन इस सरस्वती-विहार में काव्य, नृत्य, संगीत आदि का बहुत बड़ा आयोजन हुआ करता था। उस दिन राजा स्वयं इन उत्सवों का नेतृत्व करते थे। कई दिन तक नृत्य-गीत के साथ-साथ अक्षरच्युतक, बिन्दुमती, प्रहेलिका आदि की प्रतियोगिताएँ चलती थीं, न्याय और व्याकरण के शास्त्रार्थ हुआ करते थे, कवियों की समस्यापूर्ति की प्रतिद्वन्द्विता भी चला करती थी, और देश-विदेश से आए हुए प्रख्यात मल्लों की कुश्तियाँ भी।

राजा के सभापतित्व में ही एक बार मंजुला का नृत्य इसी सरस्वती-विहार में हुआ। देवरात भी सदा की भाँति आमन्त्रित थे। मंजुला ने उस दिन बड़ा ही मनोहर नृत्य किया था। स्वयं राजा ने उसे उस नृत्य के लिए साधुवाद दिया था। देवरात भाव-गद्गद होकर देर तक उस मादक नृत्य का आनन्द लेते रहे। मंजुला

ने उस दिन पूरी तैयारी की थी। उस दिन उसकी सम्पूर्ण देह-लता किसी निपुण कवि द्वारा निबद्ध छन्दोधारा की भाँति लहरा रही थी, द्रुत-मन्थर गति अनायास विविध भावों को इस प्रकार अभिव्यक्त कर रही थी मानो किसी कुशल चित्रकार द्वारा चित्रित कल्पवल्ली ही सजीव होकर थिरक उठी हो। उसकी बड़ी-बड़ी काली आँखें कटाक्ष-विक्षेप की घूर्णमान परम्पराओं का इस प्रकार निर्माण कर रही थीं जैसे नीलकमलों का चक्रवाल ही चंचल हो उठा हो, शरत्कालीन चन्द्रमा के समान उसका मुखमण्डल चारियों के वेग से इस प्रकार घूम रहा था कि जान पड़ता था, शत-शत चन्द्रमण्डल ही आरात्रिक प्रदीपों की अराल-माला में गुँथकर जगर-मगर दीप्ति उत्पन्न कर रहे हों। उसकी नृत्य-भंगिमा से नाना स्थिति की भाव-मुद्राएँ अनायास निखर उठी थीं। उसके कन्धे के नीचे मृणाल-कोमल भुज-युगल सुकुमार-संग्रथित द्विपदी-खण्ड के समान भाव-परम्परा में वलयित हो उठते थे। वस्तुतः पूर्वानिल के झोंकों से झूमती हुई शतावरी लता के समान उसकी सम्पूर्ण देह-वल्लरी ही भावोल्लास की तरंग से लीलायित हो उठी थी। ऐसा लगता था, वह छन्दों से ही बनी है, रागों से ही पल्लवित हुई है, तानों से सँवारी गई है और तालों से ही कसी गयी है। सभा एकाग्र की भाँति, चित्रलिखित की भाँति, मन्त्र-मुग्ध की भाँति, साँस रोककर उस अपूर्व तालानुग उत्ताल नर्तन का आनन्द ले रही थी। नृत्य की समाप्ति के बाद भी एक प्रकार की मादक विह्वलता छाई हुई थी। महाराज के साथ सम्पूर्ण राज-सभा ने उल्लसित स्वर में "साधु-साधु" की हर्षध्वनि की। देवरात निर्वात-निष्कम्प दीप-शिखा की भाँति, निस्तरंग जलाशय की भाँति, वृष्टिपूर्व घनघुम्मर मेघमाला की भाँति स्थिर बने रहे।[3] मंजुला ने गर्वपूर्वक उनकी ओर देखा। वे शान्त बने रहे। ऐसा लगता था कि वे अब भी भाव-विह्वल अवस्था में थे। महाराज ने उन्हें सचेत किया, "आर्य देवरात, नृत्य कैसा लगा आपको?" ऐसा लगा कि देवराज आयासपूर्वक अपनी संज्ञा के खोये हुए तन्तुओं को समेटने लगे। बोले, "क्या कहना है महाराज, मंजुला देवी ने आज नृत्य-कला को धन्य कर दिया है। शास्त्रकारों ने जो नृत्य को देवताओं का चाक्षुष यज्ञ कहा है वह बात आज प्रत्यक्ष देख सका हूँ।" फिर मंजुला को सम्बोधन करते हुए बोले, "धन्य हो देवि, ताल तुम्हारे चरणों का दास है, भाव तुम्हारे मुखमण्डल का मुँह जोहता रहता है..." कहते-कहते वे बीच ही में रुक गए। स्पष्ट जान पड़ा कि वे कुछ और कहना चाहते थे पर कह नहीं सके हैं। महाराज ने जान-बूझकर छेड़ा, "कुछ त्रुटि भी रह गई है क्या, आर्य?" मंजुला मन-ही-मन जल उठी। उसे लगा कि देवरात कुछ दोषोद्गार करने के लिए ही यह मीठी भूमिका बाँध रहे हैं। इसके पहले भी कई बार मंजुला देवरात की आलोचना सुन चुकी थी। यद्यपि देवरात ने कभी भी ऐसी कोई बात नहीं कही जिसमें रंच-मात्र भी अश्रद्धा प्रकट हुई हो, पर मंजुला ने सदा उनकी आलोचनाओं में द्वेष-भाव ही देखा था। आज भी उसे लगा कि देवरात कुछ ऐसा ही करने जा रहे हैं।

परन्तु देवरात कभी विद्वेष-बुद्धि से किसी को कुछ नहीं कहते थे। उन्हें सचमुच मंजुला का नृत्य अच्छा लगा था, यद्यपि वे उससे कुछ अधिक की आशा रखते थे। मंजुला को ही सम्बोधन करते हुए बोले, "बड़ा ही रमणीय साधन तुम्हें मिला है, देवि! अपने को खोकर ही अपने को पाया जा सकता है। तुम्हारा नृत्य इसी महासाधना की ओर अग्रसर हो रहा है। इस महाविद्या के बल पर ही एक दिन तुम स्वयं को दलित द्राक्षा की तरह निचोड़कर महा अज्ञात के चरणों में दे सकोगी।" फिर यह सोचकर कि कहीं मंजुला के चित्त को ठेस न पहुँच जाए, वे फिर उसी को सम्बोधन करके बोले, "अज्ञ जन दया का पात्र होता है, देवि! अवश्य ही तुमने कुछ समझकर ही भावानुप्रवेश की उपेक्षा की होगी। मैं तो अज्ञ श्रद्धालु के रूप में ही यह सब कह रहा हूँ। इसे अन्यथा न समझना।" मंजुला का मुख क्षण-भर के लिए म्लान हो गया। वह कुछ उत्तर न दे सकी। राजा ने ही बीच में उसे सम्हाला, "आर्य, किस प्रकार का भावानुप्रवेश आप चाहते हैं?" देवरात मंजुला का म्लान मुख देखकर अनुतप्त हुए। परन्तु बात उनके मुँह से निकल चुकी थी और राजा के प्रश्न का उत्तर देना आवश्यक था। बड़ी संयत वाणी में उन्होंने कहा, "देव, मंजुला का नृत्य निस्सन्देह बहुत उत्तम कोटि का है। जो बात मेरी समझ में नहीं आई, वह यह है कि 'छलित' नृत्य में नर्तक या नर्तकी को उन भावों का स्वयं अनुभव-सा करना चाहिए जो अभिनीत हो रहे हैं।[4] इसी को भावानुप्रवेश कहते हैं। दूसरों के द्वारा प्रकट किए हुए भाव में स्वयं अपने को प्रवेश कराने का कौशल! निस्सन्देह मंजुला देवी इसमें निपुण हैं। परन्तु ऐसा जान पड़ता है कि वे आज अपने को भूल नहीं सकी हैं। नृत्य का उद्देश्य मानो कुछ और था—सहज आनन्द से भिन्न, कुछ और बात!" देवरात को संकोच अनुभव हो रहा था। बात कुछ अवांछित दिशा की ओर बढ़ती जा रही थी। उसे किसी दूसरी ओर मोड़ देने के उद्देश्य से उन्होंने कहा, "भावानुप्रवेश तो पहली सीढ़ी है, महाराज! अन्तिम लक्ष्य तो महाभाव की अनुभूति ही है।" मंजुला ने सुना तो उसे बड़ी चोट लगी। नृत्य-कला में वह और किसी की विदग्धता स्वीकार नहीं करती थी। परन्तु आज सचमुच ही उसके मन में चोर था। वह देवरात को दिखा देना चाहती थी कि उसके समान नर्तकी संसार में और कोई नहीं। हलद्वीप में एकमात्र देवरात ही उसकी दृष्टि में ऐसे थे, जो उसके रूप और गुण से अभिभूत नहीं हुए थे। आज सचमुच ही उसके मन में देवरात पर विजय पाने की लालसा थी। फीकी हँसी हँसकर उसने कृत्रिम विनय के स्वर में कहा, "आप तो नृत्य के आचार्य जान पड़ते हैं।" परन्तु मतलब यह था कि तुम्हारे आचार्यत्व का अभिमान तुच्छ है।

सभा भंग होने के बाद मंजुला अपने घर लौट आई, लेकिन एक शब्द उसके कानों के पास बराबर मँडराता रहा—'भावानुप्रवेश' क्रोधावेश में उसने सोचा, देवरात कहता है कि उसमें भावानुप्रवेश के कौशल की कमी है। यह देवरात दम्भी है, क्लीव है, कुत्सा-प्रिय है। उसने मंजुला का अपमान किया है। परन्तु जैसे-जैसे आवेश ठंडा

पड़ता गया, वैसे-वैसे मंजुला के मन में और तरह के विचार आते गए। देवरात एकमात्र समझदार सहृदय है। उसने मंजुला के मन का चोर पकड़ा है। उसे उसकी सीमा में प्रवेश करके परास्त करना होगा। उसका गर्व चूर्ण करना होगा। उस रात मंजुला को नींद नहीं आई। देवरात का अक्षोभ्य मुख उसके मानस-पटल पर बार-बार आ जाता था। यह आदमी कभी उसके रूप से अभिभूत नहीं हुआ और कभी उसके प्रति इसने अश्रद्धा या लोलुप दृष्टि से नहीं देखा। कला का मर्मज्ञ है, बाह्य रूप का चाटुकार नहीं। मगर मंजुला यह नहीं समझ सकी कि वह उससे जलता क्यों रहता है! जब देखो, मीठी छुरी चला देता है। कहता है, भावानुप्रवेश की कमी है। भण्ड है, मायावी है, निन्दक है। मगर सारी दुनिया तो मंजुला पर मुग्ध है, एक देवरात नहीं मुग्ध होता तो उससे उसका क्या बिगड़ जाता है। मंजुला के पास इसका कोई उत्तर नहीं था। क्यों उसका मन बराबर देवरात पर विजय पाने को तरसता है? क्या वह नहीं जानती की हजार विडम्बक रसिकों की चाटुकारी, सच्चे सहृदय के एक बार सिर हिलाने की बराबरी नहीं कर सकती? नहीं, देवरात को वश में करने का उपाय कुछ और है। रूप की माया उसे नहीं आकृष्ट कर सकती, हेला और विव्वोक[5] उसे नहीं अभिभूत कर सकते, उसे वश में करने का कुछ और ढंग होना चाहिए। मिट्टी के शरीर पर आकृष्ट होनेवाले रसिक जानते ही नहीं कि रस क्या चीज है। सहृदय भाव चाहता है, देवरात और भी आगे बढ़कर महाभाव चाहता है। महाभाव क्या होता होगा भला! मंजुला फिर उलझ गई। देवरात किस महाभाव में रहते हैं? सदा प्रसन्न, सदा श्रद्धापरायण, सदा निर्लोभ। मंजुला सोचने लगी, उसने देवरात को क्या गलत समझा था? पूरी राज-सभा में वही तो एक सहृदय है जो रस का मर्मज्ञ है, बाकी तो भांड हैं। ना, देवरात ही सच्चा पुरुष है। बाकी तो मांस के भुक्खड़ भेड़िए हैं। देवरात को परास्त करना होगा, मगर उसी के स्तर पर। उसे पसीना आ गया। अँगुलियों में भी स्वेद की आर्द्रता अनुभूत हुई। यह चिन्ता उसे कई दिनों तक व्याकुल किए रही।

कुछ दिन बाद एक दूसरे आयोजन के समय मंजुला को देवरात पर विजय पाने का अवसर मिला। उस दिन उसका चित्त निरन्तर मथित होने के बाद शान्त हो आया था। वैसे बिलोए हुए दधि में मक्खन उतर आता है, वैसे ही मंजुला में अब सात्त्विक भाव उमड़ आया था। उसने विशुद्ध कलाकार की ऊँचाई से सहृदय को वश में करने का निश्चय किया था। देवरात उस दिन प्राकृत में एक कविता सुना रहे थे। कविता शृंगार रस की जान पड़ती थी। बहुत-से लोग, जो देवरात को वैरागी समझते थे, इस कविता को सुनकर विस्मित हुए थे। कविता इस प्रकार थी–

अज्जं पिताव एक्कं मा मं वारेहि पियमहि रुअन्तीं।
कल्लिं उण तम्मि गए जइ ण मुआ ता ण रोदिस्सम्।।
(रोवन दै सखि आजि तू, मति बरजै, रहि मौन।
ललन चलन लखि काल्हि जौ, प्राण बचैं, रोऔ न।।)

देवरात ने इसको बड़े व्याकुल स्वर में पढ़ा। उनका स्वर काँप रहा था। ऐसा जान पड़ता था कि नाभि-कुहर से निकले हुए शब्द हैं जो समस्त चक्रों को अनायास ही बेधकर निकल रहे हैं। देवरात का नाद-यन्त्र केवल निमित्त-मात्र जान पड़ता था। ऐसा लगता था कि कोई विश्वव्यापिनी मर्म-वेदना अनायास ही उनके नाद-यन्त्र के माध्यम से हिल्लोलित हो उठी हो। छिछले रस-मर्मज्ञों को इसमें सन्देह नहीं रहा कि इसका कवि स्वयं अनुभव करने के बाद ही ऐसी बात कह रहा है। लोगों ने तो यह भी कहना शुरू किया कि इस कविता का सम्बन्ध देवरात की किसी आप-बीती कहानी से अवश्य है। लेकिन मंजुला विचलित हो गई। वह मन-ही-मन देवरात के वैदग्ध्य से मुग्ध हो रही। उसे लगा कि व्यर्थ में उद्धत अभिमान के कारण वह अब तक इस एकमात्र सहृदय पुरुष की उपेक्षा करती रही है। उसका अन्तर इस प्रकार द्रवित हो उठा जैसे दीर्घकाल से जमा हुआ हिम एकाएक उष्ण वायु के स्पर्श से पिघल गया हो। हाय, किस गहराई में उस असामान्य पुरुष के अन्तर-देश में मर्मन्तुद पीड़ा घर किए बैठी है! ऊपर से वह गम्भीर बनी रही। पर उसका अन्तर द्रवित हो चुका था। राजा ने उससे प्रश्न किया, "कहो मंजुला, आर्य देवरात की कविता कैसी लगी?" मंजुला ने कृत्रिम गर्व का भाव धारण किया। विब्वोक-चटुल मुद्रा में 'नासा मोरि नचाइ दृग' बोली, "बासी है!" और मन्द-मन्द मुसकराती हुई देवरात की ओर इस प्रकार देखने लगी, मानो कह रही हो कि मेरे शब्दों पर न जाना, कविता अच्छी है। देवरात ने उस दृष्टि का अर्थ समझा और बोले, "देवि! अनुग्रह हो तो कुछ प्रत्यग्र-मनोहर[6] सुनने की इच्छा है।" लेकिन इस बीच मंजुला का यह उत्तर सुनकर राजा हँस पड़े थे और उनके पीछे बैठी हुई चाटुकारों, भाटों, विदूषकों और विटों की मण्डली भी हँसी से इस प्रकार लहालोट हो गई थी, मानो अन्नदाता ने अभूतपूर्व परिहास किया हो। मंजुला के मन पर चोट लगी। वह नहीं चाहती थी कि देवरात उसे गलत समझें। अपनी बड़ी-बड़ी आँखों से उसने कातर अपांग से देवरात की ओर देखा, भाव था, 'इन भोंडे रसिकों की हँसी की उपेक्षा करें। मैं परवश हूँ।' देवरात ने आँखों की भाषा में ही उत्तर दिया, 'कुछ परवाह न करो, ये नासमझ हैं।' फिर एक-दो बार आँखों-ही-आँखों बातें हुईं। राज-सभा में किसी ने इस दृष्टि-विनिमय को समझने का प्रयत्न नहीं किया। राजा ने मंजुला से कहा, "हाँ सुन्दरि, कुछ प्रत्यग्र-मनोहर सुनाओ।" प्रत्यग्र-मनोहर, अर्थात् जो अपनी ताज़गी से ही मन हर लेता हो। मंजुला ने एक बार फिर देवरात की ओर ईषत् कटाक्ष-निक्षेप किया। भाव यह था कि 'शुरू करूँ, अनुमति है?' देवरात ने हँसते हुए कहा, "अवश्य सुनाओ देवि, मगर सौन्दर्य तो वही है जो बासी नहीं होता।" मंजुला ने जीभ काट ली—क्या देवरात को उसकी आलोचना बुरी लग गई है? राजा की ओर देखते हुए, किंतु वस्तुतः देवरात को लक्ष्य करके उसने कहा, "मैं बासी को भी ताजा बना सकती हूँ, महाराज!" राजा एक बार फिर हँसे और साथ ही विटों और विदूषकों की मण्डली लहालोट हो

गई। देवरात ने कहा, ''अवश्य कर सकती हो देवि, विलम्ब का क्या प्रयोजन है?'' पीछे से किसी ने टिटकारी दी, ''हाय, हाय, सूखी डाल में कोंपलें फूट रही हैं रे!'' मंजुला को बुरा लगा। देवरात के चेहरे पर कोई भाव नहीं दिखाई दिया। मंजुला ने सोचा कि देर करने से इन विडम्ब-रसिकों से न जाने क्या-क्या सुनने को मिले। इसलिए हाथ जोड़कर उसने राजा से कहा, ''महाराज, पहले प्रत्यग्र-मनोहर सुनाने की अनुमति दें और बाद में बासी को ताजा करने की।'' महाराज ने उल्लासपूर्वक साधुवाद दिया और मंजुला रंगभूमि में उतरी। उस दिन वह सचमुच 'भावानुप्रवेश' की मुद्रा में थी। बड़ी ही करुण-मधुर वाणी में उसने अपनी रचना पढ़ी। लेकिन कविता का पाठ आरम्भ करने के साथ ही वह भाव-विह्वल मुद्रा में दिखाई पड़ी। कसा हुआ धम्मिल-पाश (जूड़ा) न जाने कब बिखरकर पीठ पर फैल गया। वह करुण रस की मूर्ति या शरीरधारिणी विरह-व्यथा[7] की भाँति कूक उठी। क्या सोचकर उसने यह कविता लिखी थी, यह तो उसके अन्तर्यामी ही जानते होंगे, परन्तु उसके पढ़ने में अजीब मादकता थी। ऐसा जान पड़ता था कि उसने हृदय का समूचा रस उँड़ेलकर उसके एक-एक अक्षर को भिगोया था। प्रत्येक अक्षर स्फुट रूप से उच्चरित था, यथास्थान 'काकु' का उचित सन्निवेश था और छन्द की लहरी भाव के साथ विचित्र भंगिमा में हिल्लोलित हो उठी थी। उस दिन वह वास्तविक 'भावानुप्रवेश' की अवस्था में थी। उसने संस्कृत का श्लोक नहीं पढ़ा, प्राकृत की आर्या नहीं सुनाई, सुनाया ग्राम्य भाषा में प्रयुक्त होनेवाला विरह-गीत (बिरहा) का अत्यन्त मनोहर दोहा छन्द। व्याकुल वाणी में उसने सुनाया–

दुल्लह जण अणुराउ गरु लज्ज परब्बसु प्राणु।
सहि मणु विसम सिणेह बसु मरणु सरणु णहु आणु।।
(दुर्लभ जन अनुराग बड़ि लज्जा परबस प्रान।
सखि मन विषम सनेह-बस, मरन सरन, नहिं आन।।)

उसने व्याकुल कम्पित स्वर में 'प्राणु' शब्द को खींचा। ऐसा जान पड़ा, आकाश रो उठा है, वायु-मण्डल काँप उठा है। अन्तिम चरण तक आते-आते उसका स्वर शिथिल होने लगा। वह अर्धमूर्च्छित-सी होकर रंगभूमि में शिथिल भाव से पड़ रही। सभासदों ने आशंकित होकर सोचा, यह क्या अभिनय है, या सच्ची वेदना है? धीरे-धीरे मंजुला की संज्ञा लौट आई। उसने देवरात की पढ़ी हुई आर्या को भी पढ़ा। करुण-विकम्पित स्वर से वायु-मण्डल विद्ध हो उठा। ऐसा जान पड़ा, वह आविष्ट है। जो मंजुला नित्य दिखाई देती है उससे मानो यह भिन्न हो। काव्य, संगीत और अभिनय के उत्तम पक्षों का यह बहुत ही रमणीय सामंजस्य था। जब कविता-पाठ के बाद वह उठी, तब भी आविष्ट अवस्था में थी। चलने लगी तो चरणों के अलस संचार में भी विरह-व्यथा तरंगित हो रही थी, विलुलित केश-पाश से अनुभव लहरा उठे थे और शिथिल नयनों से व्याकुल उच्छ्वास चंचल हो उठा था। स्वयं देवरात के सिवा सभी सभासदों ने

यही समझा कि यह देवरात को परास्त करने का आयोजन है। वे यह भी सोच रहे थे कि देवरात अवश्य कुछ-न-कुछ दोषोद्गार करेंगे। परन्तु आश्चर्य के साथ देखा गया कि देवरात की आँखों से अविरल अश्रु-धारा झर रही है। उनके होंठ सूख गए हैं और कपोल-प्रान्त मुरझाए हुए कमल के समान पाण्डुर हो उठे हैं। मंजुला ने यह कल्पना भी नहीं की थी कि देवरात की ऐसी दशा हो जाएगी। देवरात कुछ प्रकृतिस्थ होकर बोले, "धन्य हूँ देवि, जो वाग्देवता को प्रत्यक्ष देख रहा हूँ।" उनकी इस प्रशंसा को सुनकर मंजुला के सहज-प्रगल्भ मुख पर पहली बार लज्जा की लालिमा दिखाई पड़ी। निस्सन्देह उस दिन वह देवरात पर विजय प्राप्त करने की कामना से आई थी। उसे अभूतपूर्व सफलता भी मिली, पर विधाता के मन में कुछ और ही था। वह अपने को पा गई, अपने को ही खोकर। जिसे वह सदा अपना प्रतिद्वन्द्वी समझती रही, उसी देवरात को हराकर वह स्वयं हार गई। उसने पहली बार अनुभव किया कि हारकर भी मनुष्य चरितार्थ हो सकता है।

देवरात उस दिन अधीर और व्याकुल देखे गए। राजा ने समझा कि उन्होंने अपने को अपमानित अनुभव किया है। सुनने में आया कि राजा ने मंजुला पर अपना क्रोध भी प्रकट किया। यद्यपि उन्होंने उसके मुँह पर कुछ नहीं कहा, तथापि सारे नगर में उनके रोष की कहानी फैल गई। मंजुला ने सुना तो उसका हृदय व्यथा से तड़प उठा। क्या सचमुच देवरात को उस दिन उसने चोट पहुँचाई? अभिमानिनी गणिका को अपने औद्धत्य के लिए पहली बार पश्चात्ताप हुआ–हाय अभागी, तूने कैसा अनर्थ कर दिया! परन्तु उसके अन्तर्यामी कहते थे कि यह बात झूठ है। देवरात ऐसे छोटे नहीं हैं। उन्होंने मंजुला को गलत नहीं समझा है। राज-सभा भोंडी रसिकता की शिकार है। विडम्ब-रसिक अपने मन से दूसरों के मन को मापा करते हैं। देवरात इनसे ऊपर हैं, बहुत ऊपर।

लेकिन देवरात अपने आश्रम में दीन-दुखियों की सेवा और बालकों को पढ़ाने-लिखने का काम यथानियम करते रहे। उस दिन की क्षणिक अधीरता के बाद कभी भी उन्हें कातर या अभिभूत नहीं देखा गया। वे राजा की सभा में आयोजित नृत्य-गीतों में भी उसी उत्साह के साथ सम्मिलित होते रहे, जिस उत्साह के साथ मल्लशाला में आयोजित मल्ल-समाह्वयों में। वे पण्डितों की वाद-सभा में भी उतना ही रस लेते थे। राज-सभा के सभासदों ने सिर हिला-हिलाकर जो आशंका प्रकट की थी कि किसी-न-किसी दिन यह कला प्रेमी वैरागी मंजुला के कटाक्ष-बाणों से घायल होगा, वह कभी सत्य नहीं हुई। देवरात यथापूर्व निर्विकार और निर्लिप्त बने रहे। केवल एक परिवर्तन हुआ जिसे देवरात के अन्तर्यामी के सिवा और कोई नहीं देख सका। जब कभी देवरात एकान्त में होते, वे उदास स्वर में गुनगुना उठते–

दुल्लह जण अणुराउ गरु लज्ज परब्बसु प्राणु।
सहि मणु विसम सिणह बसु मरणु सरणु णहु आणु।।[8]

संदर्भ

1. 'पुनर्नवा' का प्रथम अध्याय।
2. कामसूत्र में राजा को नगर में नृत्य, काव्य-गोष्ठी आदि का आयोजन (समाज) के लिए 'सरस्वती भवन' बनाने का निर्देश दिया गया है।
3. कुमारसम्भव सर्ग 3 में समाधिस्थ शिव के वर्णन छाया।
4. कालिदास के 'मालविकाग्निमित्रम्' में मालविका द्वारा 'छलित' नाट्य किया जाता है।
5. हेला और विव्वोक नाट्यशास्त्र में स्त्री के सत्त्वज अलंकारों में बताए गए हैं।
6. प्रत्यग्र = ताज़ा।
7. करुणस्य मूर्तिरथवा शरीरिणी विरहत्यथेव
8. यह विरह-गीत ह.प्र. द्विवेदी जी के द्वारा रत्नावली नाटिका (श्रीहर्ष) की प्राकृत गाथा को अपभ्रंश में रूपान्तरित करके बनाया हुआ लगता है।

छह : मंजुला[1]

एक दिन देखा गया कि रूपगर्विता नगरश्री मंजुला अपने सारे अभिमान को ताक पर रखकर उदास-भाव से देवरात के आश्रम की ओर नंगे-पाँव चली जा रही है। हलद्वीप के लोगों के लिए इससे बड़ा आश्चर्य और कुछ नहीं था। आत्म-गौरव की प्रतिमा, अभिमान की मूर्ति, शोभा की अविजित रानी, नगर-रसिकों की आकांक्षा-भूमि मंजुला अकेली चल पड़ी है। साथ में कोई दास-दासी नहीं है, रथ नहीं है, पालकी नहीं है, हाथी-घोड़े नहीं हैं, वह सब प्रकार से अकेली है।

हलद्वीप के नगरवासियों ने कभी इस प्रकार की बात की कल्पना भी नहीं की थी। मंजुला परम अभिमानिनी के रूप में ही परिचित थी। उसके बारे में सैकड़ों किंवदन्तियाँ प्रचलित थीं। कहा तो यहाँ तक जाता था कि वह नित्य एक घड़े दूध से स्नान करती है। इधर सरस्वती-विहार वाली नोंक-झोंक ने नगर में अनेक प्रकार की किंवदन्तियों को उकसावा दिया था। लोगों ने आश्चर्य के साथ सुना था कि मंजुला में अनेक परिवर्तन हुए हैं। वह अपना अधिकांश समय अब पूजा-पाठ में बिताती है, व्रत-उपवासों का विधिवत् उद्यापन करती है, उसकी वीणा से अब केवल विरह के स्वर झंकृत होते हैं। परन्तु इन बातों की सच्चाई में बहुत थोड़े लोगों को विश्वास था। बुद्धिमान् व्यक्तियों ने सिर हिलाकर कहा था—"देखते रहो, जनम की विलासिनी, करम की मायाविनी गणिका अगर पूजा-पाठ करने लगे, तो मानना होगा कि बबूल में भी कमल के फूल खिलते हैं, पनाले में भी सुगन्धि फूटती है, सर्पिणी भी पुजारिनी बन सकती है!" लेकिन किंवदन्तियाँ अमूलक नहीं थीं। मंजुला में सचमुच परिवर्तन हुआ था। वह नृत्य को महाभाव का साधन मानने लगी थी, अपने को खोकर अपने को पाने की ओर अग्रसर होने लगी थी। निस्सन्देह उसमें व्याकुलता थी। वह महाभाव का रहस्य समझना चाहती थी। किससे पूछे, कौन बताएगा कि महाभाव क्या है? एकमात्र देवरात ही बता सकते थे, पर वे मंजुला के लिए दुरभिगम्य थे। आजीवन जिन ब्रह्मास्त्रों का उसने वशीकरण का उपाय मानकर अभ्यास किया था, वे देवरात से टकराकर चूर्ण-विचूर्ण हो गए थे। उसने उपेक्षा की थी। गणिकाशास्त्र में इन अस्त्रों से घायल न होनेवाला नपुंसक माना जाता है। मंजुला ने भी बराबर

देवरात को ऐसा ही माना था, पर अब उसे दूसरा ही अनुभव हुआ था। गणिकाशास्त्र से ऊपर भी कुछ है। घायल होने के रूप भी अलग-अलग होते हैं। देवरात नहीं, मंजुला घायल हुई है। कहाँ? किस गहराई में? और क्या सचमुच देवरात किसी अतल में घायल नहीं हुए हैं? मंजुला उत्तर पाना चाहती है, पा नहीं रही है।

इस बीच एक अनर्थ हो गया था। राज-सभा में उसकी पुकार हुई थी। उसे सुधि ही नहीं रही। यथासमय वह अनुपस्थित पाई गई। राजकोप अयाचित, अप्रत्याशित रूप से उस पर आ गिरा। देवरात ही उसकी रक्षा कर सकते थे। वे ही राजा को प्रभावित करने में समर्थ थे। मंजुला को अच्छा बहाना मिल गया। दुःख के आवेदन की देवरात कभी उपेक्षा नहीं करते। मंजुला आज निकल पड़ी है। अकेली।

नगर-भर में खलबल मच गई। लोगों के आश्चर्य और कौतूहल का ठिकाना नहीं रहा। यह भी क्या सम्भव है कि अभिमानिनी नगरश्री इस प्रकार नगर की गलियों में अकेली चले? उसके पहिनावे में सिर्फ़ एक स्वच्छ साड़ी थी, आभूषण के नाम पर केवल एक हाथ में एक सोने की चूड़ी थी और गले में केवल एक सूत्र का हेमहार था। उसके पैरों में उपानह भी नहीं थे। ऐसा जान पड़ता था कि शोभा ने ही वैराग्य धारण किंया है, कान्ति ने ही व्रतोद्यापन किया है, चन्द्रमा की स्निग्ध ज्योत्स्ना ही धरती पर उतर आई है, पद्मवन की चारुता ने ही धूल पर चलने का संकल्प किया है और रति ने ही उदास-भाव ग्रहण करके धरती को धन्य किया है। निस्सन्देह वह इस वेश में भी मनोहर लग रही थी। शैवाल-जाल से अनुविद्ध होकर भी कमल-पुष्प की शोभा कमनीय होती है, मेघों से आवृत चन्द्र-मण्डल की शोभा भी रमणीय जान पड़ती है, मधुर आकृतियों के लिए सब-कुछ मण्डन-द्रव्य ही बन जाता है।[2] नगर के गवाक्ष खुल गए, पौर-वधुओं के चकित नयनों ने नगर की शोभा को धूल पर चलते देखा, बच्चों का दल पीछे-पीछे दौड़ पड़ा, ग्राम-वृद्धों ने एक-दूसरे की ओर कौतूहल-भरी दृष्टि से देखकर कहा, 'बात क्या है?' लेकिन मंजुला ने किसी ओर दृष्टिपात नहीं किया। वह निरन्तर आगे बढ़ती गई। ऐसा जान पड़ता था कि इस अवस्था में भी उसका अभिमान उसे प्रच्छन्न भाव से अवगुण्ठित किए हुए है।

देवरात के आश्रम के बहिर्द्वार पर आकर वह ठिठक गई, जैसे स्रोतस्विनी के सामने अचानक शिला-खण्ड आ गया हो। उसने चकित मृग-शावक की भाँति भीत नयनों से चारों ओर देखा, ऐसा लगा जैसे वह किसी ऐसे स्थान पर आ गई हो जहाँ उसके प्रवेश का अधिकार न हो। क्या करे, क्या न करे? वह सोच नहीं पा रही थी। आश्रम उसे जलते अंगार-जैसा दिखाई दे रहा था, जिसको छूने से सम्पूर्ण रूप से जल जाने की आशंका थी। अभिमानिनी गणिका को पहली बार यहाँ अनुभव हुआ कि वह वह नहीं है जो अब तक अपने को समझती आई थी। एक बार थके निराश नेत्रों से उसने आश्रम के भीतर देखा। उसकी दृष्टि दो बड़े ही सुन्दर बालकों की ओर गई। ये बालक श्याम-रूप और आर्यक थे। उसने इंगित से उन्हें अपनी

ओर बुलाया। दोनों बालक दौड़ते हुए उसके पास आ गए और बड़े शिष्ट भाव से बोले, "आर्ये, आप क्या हमारे गुरुजी को खोज रही हैं? क्या आप भी पढ़ने आती हैं? हमारे गुरुजी आपको बहुत अच्छी तरह पढ़ाएँगे। आइए, आइए, स्वागत है।" मंजुला को सन्देह नहीं रहा कि इन बच्चों को गुरु ने ही ऐसी शिष्ट भाषा बोलना सिखाया होगा। उसके मन में वात्सल्य भाव उदित हुआ। उसने दोनों बच्चों के सिर पर हाथ फेरा और प्यार से कहा, "हाँ वत्स, मैं गुरुजी के दर्शन के लिए ही आई हूँ। उनसे निवेदन करो कि मंजुला दर्शन का प्रसाद पाना चाहती है।" दोनों बच्चे दौड़कर गुरु के पास गए और थोड़ी देर में उनके साथ लौट आए। देवरात ने कभी कल्पना भी नहीं की थी कि मंजुला इस रूप में उनके द्वार पर उपस्थित होगी। उन्होंने अत्यन्त मधुर वाणी में मंजुला का स्वागत करते हुए कहा, "देवि, इस आश्रम को धन्य करने का कारण क्या हुआ? मैं किस सेवा के योग्य हूँ? शुभे, तुम्हारा चेहरा उदास देख रहा हूँ कल्याण तो है?" मंजुला फूट-फूटकर रो पड़ी और अनायास उनके चरणों पर सिर रख दिया। उसने अपने विथुरे अलकों से ही उनका चरण पोंछ दिया और बताया कि अकारण ही उसे राजकोप का शिकार होना पड़ा है। एकमात्र वे ही हैं जो राजकोप का निवारण कर सकते हैं।

देवरात ने उसे आश्वासन दिया, "चिन्तित न हों देवि, मैं शक्ति-भर प्रयत्न करूँगा कि तुम्हें कोई कष्ट न हो और राजा का कोप शान्त हो।" मंजुला आश्वस्त हुई। फिर आँखें नीची किए कुछ असमंजस की मुद्रा में खड़ी रही जैसे कुछ कहना चाहती हो, कह न पा रही हो। देवरात ने उत्सुकतापूर्वक पूछा, "क्या कहना चाहती हो, देवि!" और मधुर-भाव से आश्वस्त करते हुए बोले, "कह जाओ, संकोच की क्या बात है?"

मंजुला ने धीमे स्वर में पूछा, "आर्य, उस दिन मेरे कविता-पाठ से आपको चोट लगी। अपराधिनी को क्षमा करना, मैं बहुत लज्जित हूँ।"

देवरात हँसे, "तुम्हारी उस कविता से मुझे चोट लगी? किसने कहा, देवि।" फिर उत्तर की प्रतीक्षा किए बिना बोलते गए, "बासी घाव हरा हो गया था, देवि! उसके बारे में न पूछ बैठना, पर उस दिन तुम्हारे भीतर सुप्त देवता का सन्धान मुझे मिला था, सुप्त देवता, जो जाग उठा था।"

मंजुला की आँखों से अश्रुधारा फूट पड़ी। फफककर बोली, "हाय आर्य, मेरे भीतर देवता भी है, यह बात तो केवल तुमने ही देखी है। लोग तो इसमें मिट्टी का ढेला ही खोजते हैं। मैं अपने पाप-जीवन से ऊब गई हूँ आर्य! हाय, इस नरक से मेरा कभी उद्धार भी होगा!" उसने दीर्घ निःश्वास लिया।

देवरात ने कहा, "मैं भुजा उठाकर कह सकता हूँ देवि, तुम्हारे भीतर देवता का निवास है। तुम जिस पाप-जीवन की बात कह रही हो वह मनुष्य की बनाई हुई विकृत सामाजिक व्यवस्था की देन है। चिन्ता न करो देवि, इससे उद्धार हो सकता

है। तुम्हारा देवता तुम्हारे भीतर बैठा हुआ अवसर की प्रतीक्षा कर रहा है। कोई बाहरी शक्ति किसी का उद्धार नहीं करती। यह अन्तर्यामी देवता ही उद्धार कर सकता है। चिन्ता की क्या बात है, देवि!''

मंजुला आँखें फाड़कर देवरात की ओर देखती रह गई। उसे इन बातों का अर्थ स्पष्ट नहीं हो रहा था। पर बिना अर्थ समझे भी जैसे साम-गान चित्त को अभिभूत कर लेता है, कुछ उसी प्रकार का भाव उसे अनुभव हुआ।

देवरात ने उसे और भी उत्साहित किया, ''देवता न बड़ा होता. है, न छोटा; न शक्तिशाली होता है, न अशक्त। वह उतना ही बड़ा होता है जितना बड़ा उसे उपासक बनाना चाहता है। तुम्हारा देवता भी तुम्हारे मन की विशालता और उज्ज्वलता के अनुपात में विशाल और उज्ज्वल होगा। लोग क्या कहते हैं इसकी चिन्ता छोड़ो। अपने अन्तर्यामी को प्रमाण मानो। वे सब ठीक कर देंगे, देवि!''

मंजुला को जैसे नया सुनने को मिला। नवीन बाल मृगी जैसे बरसते मेघ के रिमझिम संगीत को आश्चर्य से सुनती है, उसी प्रकार वह सुनती रही—चकित, उल्लसित, उत्सुक!

देवरात ने उपसंहार किया, ''अपने देवता की उपेक्षा न करना, देवि! जाओ, मंगल हो!''

मंजुला भहरा गई। वह इतनी जल्द उपसंहार के लिए प्रस्तुत नहीं थी। वह बहुत सुनना चाहती थी, उसे थोड़े में सन्तोष नहीं हो रहा था। हाय, उसके भीतर भी देवता है—चिर-उपेक्षित, चिर-पिपासित, चिर-अपूजित! उसकी बड़ी-बड़ी आँखें धरती की ओर जो झुकीं सो मानो चिपक ही गईं। वह दाहिने पैर के नाखून से धरती कुरेदती खड़ी रही। नाना भाव-तरंगों के आघात-प्रत्याघात से वह जड़ प्रतिमा की भाँति निश्चेष्ट हो गई। देवरात मुग्ध-भाव से उसकी मनोहारिणी शोभा को देखते रहे। वे भी चित्रलिखित-से खड़े-के-खड़े रह गए। श्यामरूप और आर्यक चकित होकर दोनों को देखते रहे। उनकी समझ में नहीं आ रहा था कि इन्हें हो क्या गया है! थोड़ी देर तक यही अवस्था रही। फिर देवरात का ही ध्यान भंग हुआ। बोले, ''चारुशीले, मैंने जो कहा, उससे तुम्हारे चित्त को आश्वासन नहीं मिला क्या?'' मंजुला ने आँखें ऊपर उठाईं, बोली, ''अपराधिनी हूँ, आर्य! आपको सदा गलत समझा है। मैं बिल्कुल नहीं जानती थी कि कोई मेरे भीतर देवता का भी सन्धान पा सकता है। मुझे अब लगता है कि केवल आज नहीं, पहले भी तुमने मेरे भीतर सुप्त देवता को देखा था। मैं आजीवन पाप-पंक में डूबी हुई, तुम्हारी भावनाओं को क्या जानूँ। मैं तो सिर्फ यह जानती रही कि लोग मेरे भीतर जाग्रत पशु को ही देखते हैं, उसी का सम्मान करते हैं। जो इस पशु को नहीं देख पाता, उसे दृष्टि ही नहीं है। हाय आर्य, मेरे अन्तरतर का देवता सुप्त रहकर भी तुम्हें जितना प्रभावित कर सका, उसका शतांश भी तुम्हारे जाग्रत देवता से यह पापिनी प्रभावित हो पाती!'' देवरात ने बीच में ही टोका, ''सुनो

देवि, तुम इतनी व्यथित क्यों हो रही हो? अपने पर तुम्हारी यह अनास्था उचित नहीं है। तुम बार-बार अपने को पापिनी और अपराधिनी कहती हो, तो मेरा अन्तरतर काँप उठता है। यहाँ शुद्ध सुवर्ण कहीं नहीं है, सब जगह खाद मिला हुआ है। सब-कुछ शुद्ध सुवर्ण और खाद से बना हुआ हेमालंकार है। किसने यह आभूषण पहन रखा है? उसी को खोजो। पाप और पुण्य जब उसी को समर्पित हो जाते हैं तो समान रूप से धन्य हो जाते हैं। मन में खोट न आने दो देवि, तुम नारायण की स्मित-रेखा के समान पवित्र हो, आह्लादक हो, आनन्ददायिनी हो। देवि, जिस दिन देवरात ने तुम्हें देखा था, उस दिन उसे लगा था कि वह कुछ अपूर्व देख रहा है, कुछ नवीन अनुभव कर रहा है। तुम विश्वास मानो देवि, तुम्हारे दर्शन-मात्र से देवरात का सम्पूर्ण अस्तित्व उमड़ आता है। निस्सन्देह तुम्हारे भीतर कोई महा-आकर्षक देवता बसता है। लोग उसको ठीक नहीं पहचानते। वे मन्दिर को ही आकर्षण का हेतु मान लेते हैं। बिचारे कृपण हैं, उनका देवता भी सुप्त है। जागेगा, मगर कब, कहना कठिन है!"

मंजुला का अंग-अंग द्रवित हो उठा। नस-नस में आनन्द की अननुभूत लहरी सिहरन पैदा कर गई। वह क्या सुन रही है? उसे देखकर देवरात का सम्पूर्ण अस्तित्व उमड़ आता है! उसे वे नारायण की स्मित-रेखा के समान पवित्र और आह्लादवर्धिनी समझते हैं, यह भी क्या चाटूक्ति है? हाय, कितनी बेधक चाटूक्ति है यह! मंजुला के अन्तरतर को वह वेध रही है। अब तक सुनी हुई चाटूक्तियाँ उसे ढँक देती रही हैं। आज की उक्ति उसे उधेड़ रही है। नारायण की आह्लादिनी स्मित रेखा! पहले उस स्मित-रेखा ने मोहिनीरूप में ही संसार को वशीभूत किया था। आज उसका पवित्र आह्लादक रूप प्रकट हो रहा है। मंजुला अपने को पा रही है।

देवरात ने पुनः कहा, "देवि, तुम्हारे नृत्य में तुम्हारा देवता अभिव्यक्त होता है। देवरात उसे पहचानता है।"

मंजुला अपने को सम्हाल नहीं सकी। उसने आवेशपूर्वक देवरात के चरणों पर सिर रख दिया। देवरात पीछे हट गए। मंजुला बोली, "इतने से वंचित न रहने दो, आर्य! मैं फटी जा रही हूँ। ऐसा जान पड़ता है कि इस सारे आवरण को छिन्न करके एक नई मंजुला निकलना चाहती है। इस कलुषित मंजुला के भीतर से शुद्धसत्त्वा अकलुष मंजुला! वह अकलुष मंजुला ही तुम्हें समर्पित है, आर्य! उसे अपने पवित्र ममत्व से वंचित न करो। हाय आर्य, बड़ी देर हो गई!"

देवरात भाव-विह्वल, अचंचल!

क्षणभर में क्या-का-क्या हो गया। देवरात का सारा सत्त्व मथित होकर ढरक जाना चाहता है।

मंजुला प्रकृतिस्थ हो गई। बोली, "इससे अधिक लोभ नहीं करूँगी, आर्य! इस नवीन मंजुला को मत भूलना। पुरानी को क्षमा कर देना!"

देवरात ठगे-से, खोए-से, हारे-से, स्तब्ध!

मंजुला ने उनके चरणों की धूल आँखों में लगायी और चलने को प्रस्तुत हुई। देवरात निश्चल, अकम्प!

मंजुला अन्तिम प्रणाम निवेदन करके जाने को हुई। घूमकर पहला ही पग उठा पाई थी कि देवरात ने झपटकर उसका कन्धा पकड़ लिया, "रुको देवि, थोड़ा और रुको!"

मंजुला ने घूमकर देवरात की ओर देखा। उनका चेहरा लाल था। आँखें न जाने कैसी-कैसी हो गई थीं। बोले, "देवि, बासी को ताजा करने के लिए इस दिन का साधुवाद ग्रहण करो!"

मंजुला इसका ठीक-ठीक अर्थ नहीं समझ सकी। उसे उस दिन का राज-सभा का परिहास तो याद था, पर इस अवसर पर उसका क्या तुक था? हाथ जोड़कर बोली, "समझ नहीं सकी, आर्य!" देवरात के चेहरे पर सहज दीप्ति आ गई। हँसकर बोले, "सब प्रसाद समझकर ही नहीं लिए जाते। पर प्रसाद प्रसाद ही है।" मंजुला देवरात के मुख पर एकटक दृष्टि लगाए ताकती रही। मन-ही-मन उसने कहा—यह सहज-प्रसन्न मुख-मण्डल अक्षोभ्य नहीं है! साहस बटोरकर उसने कहा, "यदि अनुचित न समझें तो दासी किसी दिन अपने घर पर चरणों की धूलि पाने की मनोकामना रखती है।" देवरात पुलकित होकर बोले, "अवसर आने पर तुम्हारी यह मनोकामना भी पूर्ण होगी।" गणिका को जैसे राज्य मिल गया हो। अत्यन्त कृतज्ञता-भरी दृष्टि से देवरात की ओर देखते हुए वह सन्तुष्ट चित्त से घर लौट आई।

पूरे हलद्वीप में यह बात आँधी की तरह फैल गई। बुद्धिमानों ने सिर हिलाकर कहा, "इसमें कुछ रहस्य है। यह गणिका मायाविनी है। वह देवरात को फँसाना चाहती है।" कुछ दूसरे लोग यह कहते सुने गए कि यह राजा का षड्यन्त्र है। वह देवरात की लोकप्रियता से चिन्तित है और उसे बदनाम करना चाहता है। तरुण नागरिकों में कुछ और ही तरह की कानाफूसी चलने लगी। उनके मन में गणिका के प्रेमासक्त होने की ही सम्भावना अधिक थी। जितने मुख, उतनी बातें सुनाई देने लगीं। बातें धीरे-धीरे वृद्धगोप तक भी पहुँचीं। उन्होंने देवरात को सावधान करने की बात भी सोची। परन्तु स्वयं देवरात के चित्त में कोई विकार नहीं देखा गया। उनका सदा-प्रसन्न चेहरा जैसा-का-तैसा बना रहा। कोई पूछता तो कहते, "मंजुला देवी ने निमन्त्रण दिया है, अवसर आने पर उस निमन्त्रण का सम्मान तो करना ही होगा। अवसर आ भी सकता है, नहीं भी आ सकता है।" और हँस देते। उस हँसी में एक प्रकार का विषाद-भाव भी मिला होता था। ऐसा जान पड़ता था कि उनकी हार्दिक कामना यही थी कि अवसर न आए। लेकिन नगर के विडम्ब-रसिकों ने उनकी हँसी की भी नाना प्रकार से व्याख्या की। नित्य-नई कहानियाँ गढ़ी जातीं और फैलायी जातीं। यहाँ तक भी सुना गया कि नगर श्री मंजुला स्वयं अभिसार-यात्रा की तैयारी कर रही है। परन्तु

देवरात यथानियम अपने काम में लगे रहते। उन्होंने इन बातों की ओर ध्यान देने की आवश्यकता नहीं समझी।

इस बीच देवरात राजा से कई बार मिल भी आए। यह भी सुना गया कि राजा ने उनकी बात मान ली है और गणिका को क्षमा प्रदान कर दी है। अटकलों के बवण्डर उड़ते रहे। इतना अवश्य देखा गया कि गणिका ने राजकोप के शमन के बाद धूमधाम से क्षिप्तेश्वर महादेव की पूजा करवाई और सहस्रों नागरिकों को अपना नृत्य दिखाकर मुग्ध भी किया। नगर के लोग इस परिणति से सन्तुष्ट हो गए और कानाफूसी धीरे-धीरे दब गई। लोग धीरे-धीरे इस घटना को भूल गए।

कुछ दिनों बाद देवरात को सचमुच ही गणिका का आतिथ्य स्वीकार करना पड़ा। एकाएक नगर में भयंकर महामारी का प्रकोप हुआ। शीतला देवी को प्रसन्न करने के अनेक उपचार किए गए, परन्तु उनका कोप घटने के स्थान पर बढ़ता ही चला गया। नगर में हाहाकार मच गया। जिधर देखो, उधर ही कराहने की ध्वनि सुनाई देने लगी। लोगों में भगदड़ मच गई। राज-परिवार ने भी नगर से दूर बने हुए प्रासाद में आश्रय लिया। वृद्धगोप के दोनों बच्चों को उनके घर भेजकर देवरात सेवा-कार्य में जुट गए। कोई किसी को पूछनेवाला नहीं था। किसी-किसी मुहल्ले में प्रत्येक व्यक्ति महामारी का शिकार बना था और कोई-कोई मुहल्ला एकदम जनशून्य हो गया था। अपने सगे-सम्बन्धी भी दूर भागने लगे। लेकिन देवरात प्रत्यूष से लेकर आधी रात तक घूम-घूमकर लोगों की शुश्रूषा करते, दवा पहुँचाते, पथ्य की व्यवस्था करते। एक दिन उन्हें समाचार मिला कि मंजुला भी रोगग्रस्त हो गई है और उसके दास-दासी घर छोड़कर भाग गए हैं। कोई पानी देनेवाला भी नहीं रह गया है। देवरात ने मंजुला के आतिथ्य-ग्रहण का अवसर आज देखा। वे मंजुला के विशाल प्रासाद की ओर बढ़े। चारों ओर भयंकर सुनसान था। घर का द्वार खुला हुआ था, परन्तु कहीं कोई दिखाई नहीं पड़ा। मंजुला के घोड़े, बैल और अन्य पशु या तो छोड़ दिए गए थे या फिर किसी और की सम्पत्ति बन चुके थे। पूरा प्रासाद खाँय-खाँय कर रहा था। घर में एक बत्ती तक नहीं जल रही थी। देवरात को लगा कि कदाचित् मंजुला भी कहीं अन्यत्र चली गई है। क्षण-भर के लिए वे ठिठके। मन में आया, कदाचित् उन्हें गलत खबर मिली है। वे सोचने लगे कि लौट जाना ही उचित है। उसी समय ऊपरी तल्ले से अत्यन्त क्षीण कण्ठ के कराहने की ध्वनि उनके कानों में पड़ी। उस शब्द का अनुसरण करते हुए वे सीढ़ियों पर चढ़ गए और गणिका के शयन-कक्ष में उपस्थिति हुए। अन्धकार में उन्हें कुछ भी दिखाई नहीं दिया। फिर उन्होंने निश्चित सूचना पाने के उद्देश्य से आवाज़ दी, "कोई है?" उत्तर में अत्यन्त क्षीण-कातर ध्वनि सुनाई पड़ी—"पानी!" देवरात की आँखें भर आईं। निस्सन्देह यह मंजुला का ही कण्ठ था। हाय, समृद्धि की रानी, रूप की लक्ष्मी, शोभा की स्रोतस्विनी, अनुराग की तरंगिणी मंजुला की आज यह दशा है! उनका गला भर आया। भर्रायी

हुई वाणी में बोले, "मैं देवरात हूँ, देवि! तुम्हारा निमन्त्रण स्वीकार करके आ गया हूँ। चिन्ता न करो, अभी सब ठीक हुआ जाता है।" अँधेरे में उन्हें कहीं भी कोई बरतन नहीं दिखाई दिया। न मंजुला का वह मुख ही दिखाई दिया, जिसे पानी से तर करना था। आँगन में नक्षत्रों के हल्के प्रकाश में एक मिट्टी का घड़ा दिखाई दिया। संयोग से उसमें थोड़ा पानी भी मिल गया। उन्होंने अपना उत्तरीय पानी में भिगोया। घर में आकर पुकारा, "किधर हो, देवि! देवरात आया है।" क्षीण कण्ठ से फिर कराहने की ध्वनि हुई। देवरात धीरे-धीरे पैर रखते हुए जिधर से आवाज आई थी, उधर गए। हाथ से स्पर्श करके उन्होंने मंजुला के मुख का पता लगाया और फिर उसके अधरों के पास एक हाथ रखकर दूसरे हाथ से उत्तरीय के पानी की कुछ बूँदें गिरा दीं। ऐसा जान पड़ा, मानो मंजुला की चेतना कुछ अधिक सजग हुई। कदाचित् उसकी आँखें भी खुलीं। क्षीण कण्ठ से पूछा, "कौन है?" उत्तर मिला, "देवरात हूँ, देवि।" मंजुला को जैसे विश्वास ही न हुआ हो, बोली, "कौन, आर्य देवरात?"

"हाँ देवि, आज मैंने तुम्हारा निमन्त्रण स्वीकार किया। साहस न छोड़ो। सब ठीक हुआ जाता है।" अँधेरे में कुछ दिखाई तो नहीं दिया परन्तु देवरात को समझने में देर न लगी कि उसकी आँखों से अजस्र अश्रुधारा बह रही है। वह सुबक-सुबककर रो रही है। बड़े आयास से उसने कहा, "पापिनी से दूर रहो देव! यदि इस अधमा के ऊपर दया है तो अपना हाथ हटा लो और उस बच्ची को देखो।" इतना कहकर मंजुला एकदम मौन हो गई, मानो यही अन्तिम बात कहने के लिए अब तक उसके प्राण बचे थे। देवरात ने आश्चर्य और कौतूहल के साथ पूछा, "कौन-सी बच्ची, देवि? कहाँ है वह?" क्षीण कण्ठ से उत्तर मिला—"मृणालमंजरी!" जरा रुककर उसने आयासपूर्वक कहा, "इस नरक-कुण्ड से उसे ले जाओ।" और फिर सब-कुछ शान्त हो गया। देवरात जानना चाहते थे कि मृणालमंजरी कौन है? कहाँ है? पर देर तक प्रतीक्षा करने के बाद भी कुछ उत्तर नहीं मिला। उन्होंने मंजुला का ललाट स्पर्श किया, बर्फ की तरह ठण्डा मालूम पड़ा। अँधेरे में उन्हें कुछ नहीं दिखाई दिया, परन्तु मंजुला के वाक्य उनके कर्ण-पटल पर बार-बार आघात करते रहे, 'उस बच्ची को देखो!' कहाँ है वह बच्ची? यहीं कहीं होगी। इसी घर में। जीवित भी है या नहीं, कौन जाने! अन्धकार बड़ा भयावना लग रहा था। ऐसा जान पड़ता था कि यमराज का काला भैंसा आक्रमण के लिए तत्पर अवस्था में खड़ा है। कब रगेद देगा, कुछ ठिकाना नहीं। दीपक की कोई व्यवस्था करनी होगी। परन्तु दीपक कहाँ है? दूर तक कहीं आग या धुएँ का चिह्न नहीं दिखाई दे रहा था। उन्होंने टो-टोकर सारे घर को समझने का प्रयत्न किया। बड़ी भयंकर अवस्था थी। कुछ भी समझ में नहीं आ रहा था कि सचमुच यहाँ कोई बच्ची है भी या नहीं। कई बार वे टकराकर गिरते-गिरते बचे। अन्त में मंजुला की शय्या के पास ही एक और शय्या का सन्धान मिला उन्हें। आशा हुई कि इस पर ही कोई छोटी बच्ची सो रही होगी। हौले-हौले उन्होंने पूरी शय्या

की परीक्षा की। शय्या सूनी थी। निराश होकर उन्होंने मन-ही-मन निश्चय किया कि चाहे जितनी दूर भी जाना पड़े, वे आग लाकर कुछ प्रकाश की व्यवस्था करेंगे। जब वे घर के द्वार की ओर बढ़ने लगे तो एकाएक फिर टकराए। यह कोई पालना था। उन्होंने पालने के भीतर टोकर देखा। सचमुच ही एक छोटी-सी बच्ची बेहोश पड़ी थी। उसका ललाट जल रहा था। जान पड़ता था, उसे तीव्र ज्वर है। धीरे-धीरे बच्ची को उन्होंने उठाया और द्वार से निकालकर खुले आसमान के नीचे ले आए। उन्हें लगा कि बालिका के वस्त्रों में एक प्रतोलिका (छोटी-सी पेटी) जैसी कोई चीज बँधी हुई है। वह क्या है, यह समझने का समय नहीं था। प्रतोलिका-समेत उस नन्ही बालिका को बाहर लाकर ताराओं के क्षीण प्रकाश में देखा। दो-तीन वर्ष की इस फूल-सी बालिका को देखकर उनका हृदय दुःख से कराह उठा। हाय विधाता, इस भोली दुधमुँही बालिका की क्या दशा है! वह बेहोश थी—परिम्लान कमल-कलिका के समान मुरझाई हुई।

ऊपर आकाश और नीचे धरती। दूर तक जन-शून्य राजमार्ग अजगर की तरह लेटा हुआ दिखाई दे रहा है, परन्तु आग कहाँ मिले? प्रदीप कहाँ से जले? बच्ची को गोदी में लिए हुए देवरात तेजी से आगे बढ़ने लगे। बड़े-बड़े प्रासाद इस प्रकार निस्तब्ध खड़े थे, मानो महामारी से ग्रस्त होकर मूर्छित हो गए हों। वे चलते ही गए, पर आग का दर्शन कहीं नहीं हुआ। अन्त में उन्होंने यही निश्चय किया कि अपने आश्रम में ही बच्ची को सुलाकर, प्रदीप लेकर फिर इधर आएँगे। लम्बा रास्ता तय करके वे आश्रम में पहुँचे। वहाँ उन्होंने देखा कि वृद्धगोप और उनकी पत्नी देर से उनकी प्रतीक्षा कर रहे हैं, वृद्धगोप ने अनुयोग के स्वर में कहा, "प्रभो ! इतनी देर तक महामारी-ग्रस्त पुरी में न रहा करें।" देवरात ने थके हुए स्वर में कहा, "भद्र, बड़ा दुःख देखकर आया हूँ और साथ में एक रुग्ण शिशु को भी लेकर। यह देखो!" दीपक के प्रकाश में तीनों ने उस सुकुमार बालिका का मुँह देखा। ऐसा लगा, मानो पूनम के चाँद को राहु ने ग्रस लिया हो। "हे भगवान्! इस नन्ही बालिका की रक्षा करो।"

वृद्धगोप की पत्नी का मातृ-स्नेह उमड़ आया। उन्होंने बच्ची को गोद में लेकर उसका सिर सहलाया, फिर वृद्धगोप से बोलीं, "तनिक पानी तो ले आओ।" थोड़ा-सा पानी देने के बाद बच्ची की आँखें खुल गईं, परन्तु दृष्टि में एक विचित्र प्रकार की अवसन्नता थी। देवरात ने बच्ची की नाड़ी की परीक्षा की और आश्वस्त होकर बोले, "भगवान् का अनुग्रह होगा तो यह बच जाएगी।"

वृद्धगोप-दम्पती पर बच्ची की शुश्रूषा का भार देकर, आग और प्रदीप लेकर वे फिर मंजुला के घर लौट आए। प्रदीप जलाकर जो देखा तो मंजुला का कहीं पता नहीं। कहाँ चली गई? उन्हें लगा कि वह तड़पती हुई बाहर निकली होगी और फिर सदा के लिए सो गई। दूर-दूर तक खोजा, पर मंजुला नहीं मिली। सौ-सौ निर्जीव शवों के भीतर उसे खोजना असम्भव ही लगा।

देवरात का हृदय टूट गया। नगर की शोभा, अनुराग की दीपशिखा, कला की प्रतिमा, छन्दों की रानी, तालों की नर्म-संगिनी, शृंगार की रंगस्थली, सम्मोहन की सूत्रधारिणी मंजुला चली गई। बासी को ताजा बनाने की कुशल कलावती सदा के लिए सो गई। कोई पानी देने भी नहीं आया। हा विधाता! देवरात ने दीर्घ निःश्वास लिया। कहीं कोई दिखाई भी नहीं दिया।

उन्हें सारा संसार कुलाल-चक्र की भाँति घूमता हुआ दिखाई दिया। मंजुला कहाँ चली गई? क्या वह अपने देवता को पहचान सकी थी? क्या वह महाभाव का अर्थ समझ सकी थी? हाय देवि, देवता ने तुम्हें पहचान लिया, तुम्हारे देवता को पहचानने का दम्भ करनेवाला पीछे छूट गया।

देवरात अभिभूत की भाँति देर तक खोजते रहे। दिन बीत गया, भगवान! भास्कर का जरठ रथचक्र पश्चिमी पयोनिधि में डूब गया। सन्ध्याकालीन शीतल वायु ने उनका ध्यान भंग किया। उनके अंग-अंग शिथिल हो गए थे। उठने को हुए तो लगा, बासी घाव उभर आया है। अनायास गुनगुना उठे--

दुल्लह जण अणुराउ गरु लज्ज परब्बसु प्राणु।
सहि मणु विसम सिणेह बसु मरणु सरणु णहु आणु।।

संदर्भ

1. 'पुनर्नवा' का दूसरा अध्याय।
2. अभिज्ञान शाकुन्तल में शकुन्तला के वर्णन से प्रभावित--सरसिजमनुविद्धं शैवलेनापि रम्यम्', इत्यादि प्रथम अंक से।

सात : रैक्व[1]

उन दिनों देश का अधिकांश भाग जंगलों से घिरा हुआ था। इन जंगलों में जहाँ अनेक हिंसक जन्तु फैले हुए थे, वहाँ ज्ञान के साथ कुछ तपस्वी भी यत्र-तत्र अपनी कुटिया बनाकर रहा करते थे। कुछ तपस्वी तो केवल तपश्चर्या में ही सारा समय लगा देते थे लेकिन कुछ ऐसे भी थे जो अध्ययन-अध्यापन किया करते थे। उनके यहाँ जिज्ञासु विद्यार्थियों की उपस्थिति बराबर बनी रहती थी। ये ऋषि कहलाते थे। वे गृहस्थ-रूप में रहते थे, उनके अपने बाल-बच्चों के अतिरिक्त गाएँ भी हुआ करती थीं और किसी-किसी के यहाँ बकरियाँ भी रहती थीं। बकरियों को 'अजा' कहा जाता था। उनके दूध से जो घी बनता था उसे 'आज्य' कहा जाता था। ऋषियों के यहाँ यज्ञ आदि हमेशा हुआ करते थे और आज्य का हवन आवश्यक माना जाता था। बाद में गाय के घी को भी 'आज्य' ही कहा जाने लगा। दोनों प्रकार के घी हवन के काम आते थे और पौष्टिक भोजन के लिए भी आवश्यक माने जाते थे। रिक्व ऋषि बड़े मेधाबी तपस्वी थे, उनके यहाँ अध्ययन-अध्यापन भी होता था, यज्ञ-याग के अनुष्ठान भी होते थे और दार्शनिक और आध्यात्मिक चिन्तन भी हुआ करता था। उनका पुत्र छोटी उम्र से ही इन सब क्रियाओं में बड़े उत्साह से योग देता था और बड़े ध्यान से पिता की बातें सुना करता था। रिक्व ऋषि जब अपने विद्यार्थियों को समझाते थे कि संसार में जो नानात्व दिखाई दे रहा है वह वस्तुतः किसी एक ही मूल से विकसित हुआ है और फिर वे एक मूल में विलीन हो जाएँगे तो उनका बालक पुत्र आश्चर्य से चकित होता रहता था। उसमें सोचने-विचारने की प्रवृत्ति तीव्र रूप से विद्यमान थी और पिता की बातों को समझने के लिए वह विभिन्न मूलों की कल्पना करता था। बालक का कुछ ऐसा दुर्भाग्य था कि बहुत जल्दी ही उसके पिता स्वर्गवासी हो गए, माता तो उसके जन्म के साथ ही प्रस्थान कर गई थी। कोई भाई भी नहीं था, बहिन भी नहीं थी। आश्रम उजड़ गया। बालक अनाथ हो गया। परन्तु उसमें सोचने की प्रवृत्ति बराबर बनी रही। कभी-कभी वह अन्य ऋषियों के आश्रमों में जाता, लोगों की बातें सुनता और स्वयं सोचने का प्रयत्न करता। जंगल में जो कुछ मिल जाए उससे वह पेट भर लेता था। किसी के द्वार भिक्षा माँगने नहीं

गया। उसका अधिकांश समय चिन्तन-मनन में ही व्यतीत होता था।

उसने किसी पुराने ऋषि का मन्तव्य सुना था कि सृष्टि के आदि में केवल जल की ही सत्ता थी। जल से ही सत्य का उदय हुआ। सत्य ही ब्रह्म है। ब्रह्म से प्रजापति की उत्पत्ति हुई और प्रजापति से देवताओं की सृष्टि हुई। ये देवतागण केवल सत्य की ही उपासना करते हैं। यह सिद्धान्त उसे बड़ा विचित्र मालूम हुआ। क्या संसार का मूल जल है? क्या सत्य जल से आया है? इस वचन का तात्पर्य क्या हो सकता है? जल से उत्पन्न हुए सत्य की क्या कोई मौलिक सत्ता है? ऋषि ने बताया था कि सत्य में तीन अक्षर हैं। एक 'स' है, एक 'ति' है और एक 'अ' है। पहला और तीसरा अक्षर सत्य है और बीचवाला मिथ्या है। इसका मतलब बालक की समझ में नहीं आया, लेकिन उसने अपने मन में यह निष्कर्ष निकाला कि आदि सत्य है और अन्त सत्य है, बीच का प्रपंच सब मिथ्या है। इसका मतलब यह हुआ कि जो कुछ दिखलाई दे रहा है वह बीच का है और सब असत्य है। उसके पिता ने बताया था कि सभी वस्तुएँ एक ही तत्त्व से निकली हैं और उसी तत्त्व में विलीन हो जाएँगी। अब ऋषि के वाक्य में उसने इतना और जोड़ लिया कि वह मूल तत्त्व जिससे सब निकला है वह सही है और जिसमें सब विलीन हो जाएगा, वह भी सही है—केवल बीच का प्रपंच मिथ्या है। परन्तु उसका मन यह मानने को किसी प्रकार तैयार नहीं था कि वह मूल तत्त्व जल ही है।

लड़का चिन्तन-मनन में इतना खो गया कि उसे संसार की किसी और बात का ध्यान ही नहीं रहा। केवल ध्यान करता था और समझने का प्रयत्न करता था कि वह मूल तत्त्व क्या है जिससे सब-कुछ उत्पन्न होता है और जिसमें सब विलीन हो जाता है। अपनी इस सोचने की आदत के कारण वह लोक-सम्पर्क में बहुत कम आता था। अनाथ तो था ही, वह पूर्ण रूप से अनिकेत भी हो गया, अर्थात् उसके पास अपना कहा जाने लायक कोई घर भी नहीं था। वह एकान्तसेवी हो गया था। प्रातःकाल नदी में स्नान करने के बाद वह ध्यान में बैठ जाता और सोचने लगता। तन-मन की सुधि न रहती, भूख लगती तो आस-पास का कन्द-मूल लेकर पेट भर लेता। उसे पता ही नहीं था कि दुनिया में और क्या होता है, अन्न कैसे उत्पन्न होता है, सामाजिक जीवन क्या चीज है, पुरुष और स्त्री का क्या भेद है, इन सब बातों से वह एकदम अपरिचित ही बना रहा, लेकिन उसकी सोचने की प्रक्रिया निरन्तर बढ़ती ही जाती थी।

देखते-देखते बालक किशोरावस्था में आ गया। कभी कोई परिचित ऋषि या जिज्ञासु उससे मिल जाता तो उसे रिक्व का बेटा कहकर पुकारता। रिक्व का बेटा अर्थात् रैक्व। किशोरावस्था में प्रवेश करने पर उसे सिर्फ इतना ही मालूम था कि उसका नाम रैक्व है अर्थात् किसी रिक्व ऋषि का बेटा। इससे अधिक न उसने जाना और न किसी ने बताया। लेकिन जिज्ञासु जनों में उसके प्रति आदर का भाव अवश्य

बढ़ गया था। उसमें चिन्तन-मनन की प्रवृत्ति, निरन्तर ध्यान करने की शक्ति और हर बात में मूल तक पहुँचने का प्रयास प्रशंसा की दृष्टि से देखा जाता था। धीरे-धीरे लोग उसे देखने के लिए भी आने लगे। ऐसा विश्वास किया जाने लगा कि यह निष्क्रिय, निष्काम तरुण तापस समस्त सिद्धियों को प्राप्त कर रहा है क्योंकि उसकी प्रवृत्तियाँ बहिर्मुख नहीं हैं, अन्तरतर में लीन हो गई हैं। लोगों के आते-जाते रहने पर भी वह उनकी ओर विशेष ध्यान नहीं देता था, अपनी समाधि में उसी प्रकार बैठा रहता था। लेकिन उसका यश जैसे-जैसे फैलता गया वैसे-वैसे उसके पास खाने-पीने की चीजें आने लगीं। लोग कुछ-न-कुछ उसके पास रख जाया करते थे। इससे जंगल में जाकर कन्द-मूल खोजने की कठिनाई से वह बच गया। उसकी ध्यान-धारणा और भी निर्विघ्न-भाव से चलने लगी। इस बीच एक घटना और हुई।

तरुण तापस रैक्व जब अपने आसन से उठा तो तीसरा पहर हो गया था। उस दिन उसने अपनी समाधि में इस बात का अनुभव किया था कि समस्त चैतन्य जगत् को जो चीज सचमुच प्राणवन्त बनाए हुए है, वह वायु है। वस्तुतः प्राण भी वायु ही है। तो इस प्राण को ही, क्या मूल तत्त्व माना जा सकता है? कुछ दिन पहले उसने किसी ऋषि से सुना था कि समस्त पदार्थों का परम तत्त्व प्राण ही है। प्राण में ही समस्त तत्त्व विलीन हो जाते हैं। प्राण ही सबको जीवन्त बनाए हुए है। यह प्राण ही वायु के रूप में बाह्य जगत् में व्याप्त है। परन्तु वायु क्या चरम और परम है या इससे भी परे कोई चीज है? तरुण तपस्वी ने देर तक इस विषय पर मनन किया। उन्हें पता ही नहीं चला कि कब सूर्योदय हुआ, कब मध्याह्न हुआ और कब सूर्य पश्चिम की ओर ढरक पड़ा। जब वे उठे तो उनका मन बहुत प्रसन्न था। वे अब प्राण-तत्त्व का रहस्य समझना चाहते थे। उन्हें ऐसा लग रहा था कि उन्होंने कोई बहुत बड़ी उपलब्धि पा ली है। उठकर वे नदी में स्नान करने के लिए चले गए। आज उनका चित्त बहुत ही उत्फुल्ल था; लेकिन जब वे नदी में उतरे तभी उन्होंने देखा कि आसमान के पश्चिमी किनारे पर काले मेघ-खण्ड दिखाई दे रहे हैं। सरल तपस्वी को यह समझ में नहीं आया कि आँधी आनेवाली है। जिस वायु की महिमा को उन्होंने अपनी समाधि में अनुभव किया था, वही प्रचण्ड वेग धारण करके सिर पर आनेवाला है, इसका उन्हें लेश-मात्र भी ध्यान नहीं था। अचानक बड़े जोर की आँधी आई। नदी उस प्रचण्ड वेग से उफन उठी। विचार-मग्न ऋषि कुछ तरंगों के एक ही आघात में उलट गए और आँधी के साथ भयंकर वर्षा भी शुरू हो गई। जब तक वे सँभलें तब तक नदी की गरजती हुई धारा ने उन्हें बहा लिया। यद्यपि वे बुरी तरह से आँधी-पानी में फँस गए थे फिर भी उनका मन प्रसन्न था, क्योंकि वे वायु की प्रचण्ड शक्ति का प्रत्यक्ष अनुभव कर रहे थे। ऋषिकुमार नदी की गरजती हुई तरंगों से काफी दूर तक धकेले जाते रहे और अन्त में ऊँचे शिला-खण्ड से टकरा गए। किसी प्रकार से शिला-खण्ड के ऊपर जा बैठे। आँधी तब भी तेज चल रही

थी और नदी की धारा तब भी तेज गरज रही थी। ऋषिकुमार भी बहुत थक गए थे और शिला-खण्ड पर बैठते ही वे मूर्च्छित हो गए। कितनी देर तक वे बेहोशी की हालत में रहे यह उन्हें भी नहीं मालूम, लेकिन स्वप्न में भी वे यही सोचते रहे कि वायु सबसे प्रचण्ड शक्ति है, जल से भी और धरती से भी। यह वायु का ही वेग था जो जल को खींच लाया, पानी बरसने लगा। नदी के जल को उछाल दिया, वह फुफकारने लगी और उन-जैसे चेतन प्राणी को उसने ऐसा धक्का मारा कि वे न जाने कितनी दूर इस अज्ञात जगह पर आ बैठे। वायु की महिमा सचमुच प्रचण्ड है। वे अब भी जो सपना देख रहे हैं या सोच रहे हैं वह सिर्फ इसलिए है कि उनकी साँस चल रही है, यह साँस भी वायु ही है। अचेतावस्था में भी उन्हें बार-बार अपनी इस नई उपलब्धि का आभास मिलता रहा। वे आनन्दित और उल्लसित होते रहे।

धीरे-धीरे आँधी का वेग कम हुआ। नदी का भयंकर फूत्कार शान्त हुआ, आसमान में तारे दिखाई देने लगे। ऋषि की मूर्च्छा भंग हुई। वे चकित भाव से आकाश की ओर देखने लगे। इतने असंख्य तारे अब तक दिखाई क्यों नहीं देते थे! वायु के प्रचण्ड वेग से सारा आसमान मेघों से भर गया और तारे तक उसमें लुप्त हो गए! वायु की महिमा सचमुच विस्मयकारी है!

रैक्व के पिता सामवेद के प्रख्यात विद्वान् थे। नाना देशों से आए हुए धुरन्धर विद्वान् उनसे सामगान के बारे में चर्चा करते थे। बालक रैक्व को सब समझ में नहीं आता था। कभी-कभी ऋषियों के साथ उनके पुत्र भी आ जाया करते थे। खुले और चमकते हुए तारों से भरे हुए आकाश को देखकर रैक्व को पुरानी बात याद आ गई। उस समय रैक्व की अवस्था बहुत थोड़ी थी, सब चीजें उसकी समझ में नहीं आती थीं। वृद्धों के पास जाने में तो उसे संकोच भी होता था लेकिन नौजवान ऋषि-पुत्रों की चर्चा में वह खुलकर हिस्सा लेता था। तारों-भरे आकाश को देखकर उसे याद आया कि तीन तरुण ऋषि-कुमार उसके आश्रम में साम-गान की चर्चा में लगे हुए थे। उनमें दो तो ब्राह्मण थे और तीसरे क्षत्रिय थे। ब्राह्मण ऋषियों में प्रथम थे शालवान् के पुत्र शिलक और दूसरे थे चिकितायन के पुत्र दाल्भ्य। क्षत्रिय ऋषि जीवल के पुत्र प्रवाहण थे। तीनों उद्गीथ-विद्या के मर्मज्ञ थे। एक बार इन लोगों में इस तत्त्व के आश्रय के सम्बन्ध में विचार हुआ। शिलक के प्रश्नों का उत्तर देते हुए दाल्भ्य ने बताया था कि साम का आश्रय स्वर है, स्वर का आश्रय प्राण है, प्राण का आश्रय जल है और जल का आश्रय स्वर्ग-लोक है। इसके आगे प्रश्न नहीं करना चाहिए, क्योंकि साम को 'स्वर्ग-लोक' कहकर ही स्तुति की गई है—'स्वर्गो वै लोकः सामवेदः।'

किन्तु शालवान् के पुत्र शिलक, चिकितायन के पुत्र दाल्भ्य के इस कथन से सहमत नहीं हो सके। यह कैसे हो सकता है कि स्वर्गलोक ही अन्तिम सत्य है? उन्होंने शिलक के प्रश्न के उत्तर में कहा था—स्वर्ग-लोक का आश्रय मनुष्यलोक है—यह

मिट्टी की धरित्री है। शिलक के बाद में दाल्भ्य के ढंग पर ही स्वीकार किया कि इसके आगे प्रश्न अनुचित है। सबकी प्रतिष्ठारूप इस मनुष्यलोक की प्रतिष्ठा और क्या हो सकती है? साम को, पृथ्वी कहकर ही स्तुति की गई है—'इयं वै रथन्तरम्!' सो साम का चरम आश्रय यह मनुष्यलोक ही है।

जीवल के पुत्र प्रवाहण को यह भी चरम आश्रम नहीं जान पड़ा। बोले—मनुष्यलोक ही अन्तिम सत्य नहीं है। मनुष्यलोक की भी कोई गति होनी चाहिए। यह कैसे मान लिया जाए कि इसके आगे कुछ है ही नहीं? वस्तुतः इसका भी आश्रय आकाश है। भूतमात्र आकाश में ही उत्पन्न होते हैं, आकाश में ही विलीन होते हैं। आकाश सबसे बड़ा है। आकाश ही परम आश्रय है।

आज रैक्व शुभ्र आकाश को देख रहे हैं तो क्या यह आकाश ही सब-कुछ है। इसी में सब-कुछ विलीन हो जाता है, इसी से सब उत्पन्न होता है, इसी में सब-कुछ चक्कर मार रहा है किन्तु इसमें प्राण कहाँ है? प्राण के बिना तो कुछ भी चंचल नहीं होता। जीवधारियों में जो प्राण है वही आकाश मण्डल में व्याप्त वायु है। वायु ही पृथ्वी और स्वर्ग के अन्तराल को भरता है। आकाश पर इसका प्रभुत्व नहीं है? पृथ्वी उसकी क्षमता से परे है? रैक्व मुग्ध-भाव से आकाश की ओर देखते रहे। उन्हें ठीक उत्तर नहीं सूझ पड़ा। सोचते हुए वे अपने स्थान से उठे और जिधर पानी का प्रवाह नहीं फैला था उस ओर धीरे-धीरे बढ़ने लगे। उनके मन में तीन तत्त्व मुख्य रूप से चक्कर काट रहे थे : वायु, जल और आकाश। अन्धकार चारों ओर व्याप्त हो गया था। रास्ता पाना कठिन मालूम हो रहा था। वे ठीक नहीं समझ पा रहे थे कि आखिर वे हैं कहाँ। अपनी कुटिया से कितनी दूर हैं। जब-जब वे कुटिया की बात सोचते थे तब-तब उनके मन में वायु की शक्तिशालिता उजागर हो उठती थी। यह वायु ही है जिसने उन्हें अचानक यहाँ तक ठेल दिया। यह वायु ही है जिसने जल को ऐसा प्रलयंकर बना दिया। यह वायु ही है जिसने आकाश को काली मसृण स्याही से पोत दिया था और अब निर्मल तारे-खचित शुभ्र रूप में प्रकट करा रहा है। लेकिन वायु क्या चरम है? वायु का भी कुछ कारण होना चाहिए। वायु क्या स्वयं शक्तिशाली है या किसी और से शक्ति पाता है।

मगर तरुण तापस अँधेरे में रास्ता टटोलते हुए आगे बढ़ रहे थे। रास्ता तो कहीं था नहीं। दूर तक कँटीली झाड़ियों का विस्तार था। थोड़ी ही देर में चन्द्रमा का उदय हुआ। सारी वनस्थली में किसी ने दूध की चादर बिछा दी। तरुण तापस और आगे बढ़ा। उसे कुछ खेत दिखाई पड़े। निश्चय ही वे किसी गाँव के निकट पहुँच गए थे। उन्होंने सावधानी से चारों ओर देखा एक पगडण्डी-सी दिखाई पड़ी। गाड़ियों के चलने से चिह्न बन गए थे। एक गाड़ी तो लगता है तूफान में फँस गई थी क्योंकि उसके पहिए दूर-दूर तक धँसे हुए दिखाई देते थे। उन निशानों पर आगे बढ़ते हुए एक जगह आकर रैक्व एकदम रुक गए। यह क्या? सामने एक बैलगाड़ी,

जिसे उन दिनों 'रथ' कहा करते थे, बुरी तरह कीचड़ में धँसी पड़ी है। बैल उसमें अवश्य जुते हुए थे लेकिन जान पड़ता है कि आँधी के भयंकर वेग से भाग खड़े हुए थे और गाड़ी धँसी पड़ी हुई थी। गाड़ीवान पास ही में मरा पड़ा था। रैक्व के मन में करुणा का उदय हुआ। हाय! बेचारा आँधी-तूफान में मर ही गया, लेकिन गाड़ी से कोई दस-पन्द्रह हाथ पर एक और जीव उसी तरह आँधी-पानी से जूझता हुआ शिथिल-मूर्च्छित पड़ा हुआ था। रैक्व ने पहले तो उसे भी मरा समझा, परन्तु एकाएक अपने चिन्तन से प्राप्त उपलब्धि की याद आ गई—वायु के बिना कोई जीवित नहीं रहता। देखना चाहिए कि यह जीवित है कि मर गया है। अगर जीवित होगा तो नाक से साँस निकल रही होगी। गाड़ीवान की नाक पर हाथ रखकर देखा, कोई हलचल नहीं थी। दूसरे प्राणी की नाक पर हाथ रखकर देखा तो साँस चल रही थी।

ऋषिकुमार ने सोचा कि अगर इसकी कुछ सहायता की जाए तो शायद जी जाए। कठिनाई यह थी कि यह दूसरा प्राणी इतने कपड़ों से और मणिमोतियों से जड़ा हुआ था कि उनकी समझ में नहीं आया कि ये सब कपड़े क्या हैं। ये मोती-मानिक जैसी चीजें इस प्राणी ने पहले से ही धारण की थीं या बाद में उसके शरीर पर डाली गई हैं। यह प्राणी निस्सन्देह मनुष्य ही था। हाथ, पैर, नाक, मुँह, देह सब-कुछ मनुष्य-जैसे थे परन्तु था कुछ विचित्र। इस प्रकार की मानवमूर्ति उन्होंने अपने जीवन में कहीं देखी नहीं थी। उनके समझ में नहीं आया कि आँधी और तूफान से जो कपड़े इधर-उधर बिखर गए हैं। उनका क्या उपयोग किया जाए। फिर भी कुछ तो करना ही चाहिए।

उन्होंने अपने सिद्धान्त की परीक्षा की। अगर वायु सब-कुछ का कारण है और समस्त वायु में ही विलीन हो जाता है तो वायु के उपचार से इस प्राणी को कुछ राहत मिल सकती है। उन्होंने उसके शरीर पर उलझे हुए कपड़ों का एक सिरा उठाया और हवा करने लगे। थोड़ी देर में उन्होंने देखा कि उस प्राणी में कुछ हलचल हुई। ऐसा लगा कि उसकी मूर्च्छा दूर हो रही है और वह धीरे-धीरे स्वस्थ हो रहा है। एक और आश्चर्य मुनि को यह हुआ कि जिस कपड़े से वे हवा कर रहे थे वह सूख गया। रैक्व के आश्चर्य का ठिकाना नहीं रहा। उन्होंने धीरे-धीरे उसके सब कपड़े उतारकर सुखाने का निश्चय किया। उन्होंने उसका सिर उठाकर कपड़ा हटाना चाहा। एकाएक उनका ध्यान उसकी आँखों की ओर गया। ऋषिकुमार विस्मित होकर देखने लगे। ऐसी आँखें तो मनुष्य की नहीं होतीं। ये तो बिल्कुल मृग की आँखें हैं। अवश्य ही इस प्राणी ने कहीं से मृग की आँखें लेकर अपने चेहरे पर बैठा ली हैं। वे धीरे-धीरे आँखों के चारों ओर उँगली फिराकर देखने लगे कि कहीं जोड़ के चिह्न हैं या नहीं। नहीं थे। ऋषिकुमार एकदम उसके चेहरे पर झुक गए। अवश्य ही कोई रहस्य है! उसी समय उस प्राणी की आँखें खुल गईं। वह अचकचाकर उठ बैठा। क्रोध-भरे स्वर में उसने कहा, "कौन है तू? क्या कर रहा है?" रैक्व ने इतनी मधुर

वाणी कभी नहीं सुनी थी। उन्होंने समझा, निश्चय ही यह कोई देवलोक का मनुष्य है। हाथ जोड़कर बोले, "मैं बहुत प्रसन्न हूँ देवलोक के मनुष्य! तुम्हारी संज्ञा लौट आई, तुम उठकर बैठ गए, मैं तुम्हारे कपड़े सुखाने का प्रयत्न कर रहा था।" देवलोक के प्राणी को रैक्व की यह वाणी सुनकर कुछ कुतूहल हुआ। बोला, "तुम कौन हो?"

रैक्व ने गद्गद-भाव से प्रगति की और कहा, "धन्य हो देवता! मुझे लोग रिक्व श्रषि का पुत्र रैक्व कहते हैं। मैं भी आँधी-तूफान में फँस गया था और इधर आते समय देखा कि यह रथ भी फँस गया है। इसका चलानेवाला मर गया है, इसका एक प्राणी जीवित है। तुम धन्य हो। अब बताओ, तुम कौन हो?"

रैक्व की सरल निष्कपट स्तुति से देवता को प्रसन्नता हुई। उसने उठकर अपने कपड़े ठीक किए और चुपचाप एक ओर जरा ऊँची जमीन देखकर आसन ग्रहण किया। रैक्व उसके पीछे-पीछे उसी तरह खिंचते चले गए जैसे चुम्बक से लोहा खिंचता है। ऐसा लगता था कि रैक्व, जिसे देवलोक का मनुष्य समझ रहे थे उसे थोड़ी-बहुत चोट भी आई थी। उसकी पीठ में, हाथ में कुछ चोट के निशान भी थे। रैक्व को लगा कि अकारण ही उसके अन्तरतर में एक भयंकर आँधी चल रही है। ऐसा दिव्य रूप उन्होंने कभी नहीं देखा था, इतनी मीठी बोली उन्होंने कभी नहीं सुनी थी। यह कौन है? क्या स्वर्ग के देवता ऐसे ही होते हैं? कातर-भाव से बोले, "अगर मैं कुछ सेवा करने योग्य माना जाऊँ तो आज्ञा पाकर कृतार्थ होऊँगा।" देवलोक का मनुष्य उनकी ओर एकदम देखता ही रहा। उसके मुख पर सीधे चन्द्रमा की शुभ्र किरणें बरस रही थीं। रैक्व ने कातर-विनीत वाणी में कहा, "हे देवलोक के मनुष्य! तुम्हें देखकर मेरा सारा अस्तित्व तुम्हारी सेवा के लिए ढरक जाना चाहता है। मैंने बचपन में मधुर साम-वाणी सुनी है परन्तु ऐसी मीठी वाणी आज तक नहीं सुनी। मुझे आज ऐसा जान पड़ता है कि मेरा जन्म कृतार्थ है, मेरा जप-तप सफल है, मेरा सारा अस्तित्व परिपूर्ण हो गया है। अहा हा, कैसा सुन्दर रूप है! सत्य कहता हूँ देवता, मैंने ऐसी सुन्दर आँखें पहले कभी नहीं देखीं। तुम जब हँसते हो तो मुझे लगता है कि फूल बरस रहा है, तुम जब बोलते हो, मुझे लगता है कि अमृत की वर्षा हो रही है। कैसा अद्‌भुत है ! अब तक मैंने तुम्हारी अवस्था के जितने ऋषि-पुत्र देखे हैं, सबके केश रूक्ष और जटिल होते हैं परन्तु तुम्हारे केश कितने मुलायम और मनोहर हैं। तुम्हारे अधरों में कैसी दिव्य प्रभा है। मुझे ठीक-ठीक बताओ, तुम किस स्वर्गलोक के निवासी हो और यहाँ कैसे आ गए?" आनन्द-गद्गद होकर रैक्व ने उसके मुलायम बालों को हाथों से अनुभव करने का प्रयत्न किया। फिर अत्यन्त सरल सहज भाव से उन्होंने देवता के गालों पर भी हाथ फेर दिया और आनन्द-कातर भाव से बोले, "अहा हा, तुम्हारी अवस्था के ऋषि-पुत्रों के तो रूखे-रूखे बाल जम आते हैं, कैसा दिव्य तुम्हारा मुख-मण्डल है, कितने लाल-लाल अधर हैं।" स्वर्गीय प्राणी ने जरा झिड़ककर कहा, "ऋषि-कुमार, जरा दूर हटकर रहो। तुम क्या पहली बार किसी स्त्री

को देख रहे हो?" ऋषिकुमार कुछ समझ नहीं सका, केवल आँखें फाड़कर उसकी ओर देखता ही रहा। अब उस स्वर्गीय प्राणी ने ही कहा, "देखो ऋषिकुमार! मैं महाराज जानश्रुति की कन्या हूँ, तुम्हें इतनी तो जानकारी होनी ही चाहिए कि इस तरह से स्त्रियों का स्पर्श करना अनुचित है, पाप है, परन्तु मैं तुम्हारी सरलता पर मुग्ध हूँ। मुझे ऐसा लगता है कि तुमने जीवन में मेरी ऐसी कोई लड़की देखी ही नहीं। तभी तुम्हें आश्चर्य हो रहा है। मैं राजा की कन्या हूँ, कुछ समझ रहे हो?"

ऋषिकुमार भौचक्के खड़े थे। असमंजस में पड़े हुए बोले, " 'कन्या' शब्द से मैं परिचित हूँ लेकिन वह होता क्या है, यह मैं नहीं जानता।" अब राजकुमारी को कुतूहल हुआ। "अच्छा ऋषिकुमार, तुमने व्याकरण पढ़ा है?" ऋषिकुमार ने गर्व से कहा, "अवश्य पढ़ा है।" "तो फिर जानते हो, व्याकरण में पुल्लिग और स्त्रीलिंग होता है?"

"जानता हूँ।"

"तुम पुल्लिग हो, मैं स्त्रीलिंग हूँ। आगे मुझे सम्बोधित करना तो वह व्याकरण-सम्मत स्त्रीलिंग के अनुसार होना चाहिए। मुझे क्या सम्बोधन करोगे, बोलो तो?"

ऋषिकुमार अभिभूत हतप्रभ की भाँति उसकी ओर देखते रहे। बोले, "मैं नहीं जानता। इतना अवश्य जानता हूँ कि स्त्रीलिंग शब्द भाषा में व्यवहार किए जाते हैं। पद का मुझे ज्ञान है, पदार्थ का मुझे ठीक ज्ञान नहीं है। मैं जानता हूँ कि कन्या शब्द स्त्रीलिंग है, इसलिए मैं आपको कन्या शब्द से सम्बोधित कर सकता हूँ। मुझे यह भी मालूम है कि आर्ये, भवति, शुभे, इत्यादि शब्द स्त्रीलिंग के सम्बोधन हैं। परन्तु मुझे ठीक नहीं मालूम कि इन पदों के अर्थ—पदार्थ—क्या हैं।"[2]

जाबाला ने हँसकर कहा, "अच्छी बात है। तुम मुझे 'शुभे' कहकर पुकारा करो। मैं देवलोक से नहीं आई हूँ, इसी पृथ्वीलोक पर महाराज जानश्रुति की कन्या हूँ। मैं तुम्हारे प्रति कृतज्ञ हूँ। तुमने मेरे प्राण बचाए। मैं इस रथ पर बैठकर अपने एक सम्बन्धी के यहाँ जा रही थी, बीच में जोर की आँधी आई और पानी बरसने लगा। आँधी का वेग इतना तेज़ था कि बैल रास्ता छोड़कर इधर भाग पड़े। फिर वे किसी तरह जुआ उतारकर न जाने किधर चले गए। जान पड़ता है कि भागते हुए बैलों ने उसे अपने खुरों से रौंद डाला, वह बेचारा समाप्त हो गया है। मुझे भी बचने की आशा नहीं थी। तुम एक काम कर सकते हो! मुझे मेरे पिता के घर पहुँचा दो।"

ऋषिकुमार अत्यन्त विनीत भाव से बोले, "शुभे, तुम जैसा भी आदेश करोगी उसका पालन करना मेरे लिए मेरे हर्ष और गौरव की बात होगी। परन्तु तुम्हारे पिता के घर का रास्ता मुझे मालूम नहीं है। तुम्हें अपनी पीठ पर बैठा कर जिधर कहो, उधर पहुँचा दूँ।"

राजकुमारी हँसने लगी। बोली, "देखो ऋषिकुमार, तुम्हारा यह प्रस्ताव अनुचित

है। इससे लोक-निन्दा होगी। कोई भी युवक किसी कुमारी को पीठ पर ले जाने की बात नहीं करता। सोचता भी नहीं। मुझे सिर्फ उस रास्ते तक पहुँचा दो जहाँ से बैलगाड़ी इधर आई है। मेरे पिता के आदमी अवश्य ही उधर खोजने के लिए आए होंगे। मेरे पैरों में यदि कष्ट न होता तो उतनी दूर जा सकती थी।''

ऋषिकुमार हैरान थे। उनकी समझ में नहीं आया कि इसमें लोक-निन्दा की क्या बात है। कुछ हारे हुए-से बोले, ''शुभे, मैंने वृद्ध लोगों से सुना है कि आर्त और विपन्न लोगों की सेवा करना धर्म है, मैं तो धर्म की ही बात कर रहा हूँ। क्या मैं कुछ अनुचित कह रहा हूँ?''

राजकुमारी मुग्ध दृष्टि से ऋषिकुमार की ओर देखती रही। कैसा सरल भाव है। कैसा सहज-कमनीय मुख! हँसकर बोली, ''हाँ कुमार, तुम जानते ही नहीं कि कितनी अनुचित बात कह रहे हो!''

ऋषिकुमार सोच में पड़ गए। ''मैं जानता कैसे नहीं। यह धर्म-संगत प्रस्ताव है। इसमें अनुचित क्या हो सकता है! नहीं शुभे, इसमें कुछ भी अनुचित नहीं है। आ जाओ मेरी पीठ पर। अनुचित क्या है भला।'' और अपनी पीठ राजकुमारी के सामने कर दी। उन्हें आशा थी कि वह उनकी पीठ पर आ जाएगी। पीठ में एक अजीब-सी सनसनाहट हो रही थी। वह शान्त नहीं हुई। राजकुमारी दो पग पीछे सिखक गई। बोली, ''तुम बहुत भोले हो ऋषिकुमार, उठो, मेरी ओर देखो!''

पीठ की सनसनाहट ज्यों-की-त्यों बनी रही। बाध्य होकर उन्हें उठना पड़ा। हताश होकर चकित दृष्टि से उन्होंने राजकुमारी को देखा। राजकुमारी हँस रही थी। निराश ऋषिकुमार उस मोहक हँसी से अभिभूत हो गए। ''हँसती हो शुभे, मैंने कोई हास्यास्पद आचरण किया है?''

राजकुमारी का मुख म्लान हो गया। बोली, ''नहीं ऋषिकुमार, तुम स्वर्गीय ज्योति हो। मेरी हँसी तो अधम जन के कलुषित चित्त का विनोद है। हाय, तुम्हारे-जैसा पवित्र मन कहाँ मिलता है? अच्छा कुमार, मुझे देखकर तुम्हें कैसा अनुभव होता है?''

''अनुभव? जानती हो शुभे, सब-कुछ वायु से उत्पन्न होता है, वायु में विलीन हो जाता है। मेरे भीतर, तुम्हारे भीतर और समस्त विश्व-ब्रह्माण्ड में वायु ही सब-कुछ करा रहा है। मेरे भीतर जो प्राण वायु है, वह तुम्हें देखकर बहुत चंचल हो गया है। तुम्हें दिखाई नहीं देता, पर मेरे भीतर भयंकर आँधी बह रही है। मैं नहीं जानता कि वह मुझे उड़ाकर कहाँ ले जाएगी। पर वह उड़ा रही है। मैं उड़ रहा हूँ। वह मेरे अन्तर्वर्ती प्राणवायु को तुम्हारे भीतर ठेलकर घुसा देना चाहती है। मेरा प्राण चंचल हो उठा है। वायु की इस अद्‌भुत शक्ति का परिचय मुझे पहले नहीं था। तुम्हें देखकर मुझे नया प्रकाश मिल रहा है। प्रकाश का कारण वायु ही है।''

''थोड़ा रुको ऋषिकुमार! तुमने बहुत बड़ी बात कही है। पर तुम जिसे वायु कहते हो वह क्या सचमुच वायु है? वह वस्तुतः एक प्रत्यय है, प्रतीति है। जानते

हो ऋषिकुमार, प्रत्यय आत्मा का धर्म है। पद और पदार्थ को यह प्रत्यय ही जोड़ता है।''

''नहीं शुभे, यह बात मेरी समझ में नहीं आ रही है। वायु तो सबका कारण है, उसका कोई कारण कैसे हो सकता है? तुम जिसे प्रत्यय कहती हो, उस पर मैंने विचार नहीं किया है। क्या ही अच्छा होता कि तुम्हारे साथ बैठकर इस पर विचार करता।''

''ऋषिकुमार, मैं तुम्हारे साथ बैठकर विचार कर सकती तो कितना अच्छा होता। पर तुम नहीं जानते कि ऐसा सम्भव नहीं है।''

''क्यों, इसमें क्या दोष है?''

राजकुमारी ने हँस दिया। ऋषिकुमार फिर सोचने लगे। राजकुमारी ने ही मौन तोड़ा।

''जानते हो ऋषिकुमार, मेरे पिता के पास एक बड़े विद्वान् आए थे। वे बता रहे थे कि कोई राजा जनक थे जिनके पास याज्ञवल्क्य ज्ञानचर्चा के लिए गए थे। याज्ञवल्क्य से राजा जनक ने पूछा कि मनुष्य की ज्योति क्या है? याज्ञवल्क्य ने पहले उत्तर दिया कि 'मनुष्य की ज्योति सूर्य है। यह सूर्य के ही कारण है कि मनुष्य बैठने, विचारने, कार्य करने और लौटने की शक्ति रखता है।' राजा जनक ने कहा, 'जब सूर्य छिप जाता है, तब मनुष्य की ज्योति क्या है?' याज्ञवल्क्य ने उत्तर दिया कि 'तब मनुष्य की ज्योति चन्द्रमा है; क्योंकि चन्द्रमा की ज्योति के कारण ही मनुष्य बैठ सकता है, विचार सकता है तथा लौट सकता है।' राजा जनक ने कहा कि 'जब सूर्य और चन्द्रमा दोनों अस्त हो जाते हैं, तब मनुष्य की ज्योति क्या है?' याज्ञवल्क्य ने कहा कि 'निश्चय ही तब मनुष्य की ज्योति अग्नि है क्योंकि अग्नि के प्रकाश के कारण ही मनुष्य बैठ सकता है, विचार कर सकता है और लौट सकता है।' जनक ने कहा कि 'जब सूर्य अस्त हो जाता है, चन्द्रमा अस्त हो जाता है और अग्नि बुझ जाती है, तब मनुष्य की ज्योति क्या है?' याज्ञवल्क्य ने कहा कि 'अब आप मुझे गहनतम प्रश्न की ओर ले जा रहे हैं। जब सूर्य अस्त हो जाता है, चन्द्रमा अस्त हो जाता है, जब अग्नि बुझ जाती है, तब आत्मा ही एकमात्र ज्योति है!' ''

''विचित्र है। इस चर्चा में वायु का कोई स्थान ही नहीं है!''

''हाँ, इसीलिए मैं सोचती हूँ कि जिसे तुम वायु कहते हो वह वही चीज तो नहीं है जिसे जनक 'आत्मा' कहते हैं! सोचो, सोचने में दोष क्या है!''

''सोचूँगा शुभे, तुम्हारे इस सुन्दर मुख से निकली वाणी सामगान की तरह पवित्र लगती है। इस सुन्दर मुख ने मुझे सोचने को बाध्य कर दिया है।''

राजकुमारी हँसती रही, ऋषिकुमार मुग्धभाव के उसकी ओर देखते रहे। इसी समय कुछ लोग उधर आते दिखाई पड़े। राजकुमारी ने ऋषि कुमार से कहा—''जान पड़ता है, मेरे आदमी आ रहे हैं। तुम कहीं दूर जाकर छिप जाओ। ये लोग जानने

न पाएँ कि हम लोग यहाँ एकान्त में बात कर रहे थे।" ऋषि-कुमार हैरान! "क्यों, क्या इसमें भी दोष है?" राजकुमारी ने बल देकर कहा—"हाँ, है, जल्दी करो।"

ऋषिकुमार ने अनमने भाव से आज्ञापालन किया। राजकुमारी को लेकर सब लोग चले गए। ऋषिकुमार का मन उदास हो गया। रथ के पास जाकर देखा तो गाड़ीवान का शव भी नहीं था। शायद उसे भी उठा ले गए। रथ को जरूर खींचकर कीचड़ से निकाल दिया गया था, पर शायद वह बेकार हो गया था। किसी ने उसे ले जाने की आवश्यकता नहीं समझी। तीन दिन, तीन रात ऋषिकुमार उस रथ के पास बैठे रहे। उन्हें आशा थी कि कोई-न-कोई उसे लेने आएगा। राजकुमारी के कुछ समाचार मिलेंगे। कोई नहीं आया। उन्होंने रथ को खींचकर उस स्थान पर रखा जहाँ राजकुमारी बैठी थी। उसी की छाया में बैठकर चिन्तन करने लगे। पर पीठ की सनसनाहट बनी रही। वे प्रायः उसे खुजला लेते।

संदर्भ

1. 'अनामदास का पोथा' का प्रथम अध्याय।
2. रैक्व के चरित्र निरूपण में यहाँ रामायण व पुराणों में वर्णित ऋष्यशृङ्ग के मिथक का उपयोग किया गया है। ऋष्यशृङ्ग की कथा भारत तथा अनेक अन्य देशों के प्राचीन आख्यानों में रूपान्तरित है।

आठ : जाबाला[1]

जाबाला राजा जानश्रुति की इकलौती दुलारी कन्या थी। बड़े लाड़-प्यार में उसका लालन-पालन हुआ था। लड़की बहुत बुद्धिमती थी। राजा जानश्रुति ने उपयुक्त अध्यापकों को लगाकर उसे पढ़ने-लिखने में चतुर बनाया था। यद्यपि राजा का वैभव बहुत अधिक था, वह सौ बैलों की खेती करता था, अनेक दास-दासी उसके यहाँ नियुक्त थे। जाबाला को कुछ करने की आवश्यकता नहीं थी, परन्तु फिर भी वह खेतों में जाती, कर्मकरों के साथ खेती-बारी का काम देखती और अपने हाथों से गाय-बैलों की सेवा भी करती थी। राजा जानश्रुति आस-पास के गाँवों में सबसे सम्पन्न व्यक्ति थे। उनकी रूपवती और गुणवती कन्या को प्राप्त करने के लिए अड़ोस-पड़ोस के अनेक राजकुमार प्रयत्नशील थे परन्तु जाबाला कुछ विचित्र स्वभाव की लड़की थी। उसे अपनी विद्या और ज्ञान पर गर्व था। वह ऐसे किसी से विवाह नहीं करना चाहती थी, जो ज्ञान और विद्या में उसके समकक्ष न हो। राजा जानश्रुति लाड़-प्यार में पली अपनी बेटी के योग्य वर नहीं खोज पा रहे थे क्योंकि उनकी जाति के लोगों में पढ़ने-लिखने का विशेष चलन नहीं था। अच्छे पढ़े-लिखे युवक ब्राह्मण और क्षत्रियों में ही प्राप्त हो सकते थे। जाबाला की प्रखर बुद्धि की समकक्षता उनमें भी बहुत थोड़े ही कर सकते थे। इस प्रकार माँ-बाप की लाड़ली जाबाला का विवाह कार्य रुका हुआ था। उसे उसकी बहुत चिन्ता भी नहीं थी। वह पठन-पाठन और शास्त्र-चिन्तन में ही आनन्द अनुभव करती थी।

उस दिन जाबाला अपनी मौसी के घर जा रही थी। मौसी के यहाँ कोई उत्सव था। वह गाँव बहुत दूर नहीं था इसलिए पिता-माता की अनुमति लेकर दिन रहते ही जाबाला केवल गाड़ीवान को साथ लेकर अपनी मौसी के घर जा रही थी। अचानक आसमान धूल से भर गया। गाड़ीवान को आँधी और वर्षा का आभास मिल गया। उसने जाबाला को सावधान किया। अपना घर अभी बहुत दूर नहीं छूटा था। मौसी का घर अधिक दूर था। गाड़ीवान ने जाबाला की अनुमति से गाड़ी को घर की ओर लौटाया भी, लेकिन आँधी का वेग इतना प्रचण्ड था कि वे बीच में ही फँस गए। आँधी के साथ-साथ पानी भी बड़ी तेजी से बरसने लगा। चारों ओर अँधेरा-ही-अँधेरा

हो गया। बैल गाड़ीवान के नियन्त्रण से बाहर हो गए। वे रास्ता छोड़कर झाड़ियों के भीतर घुस गए और बुरी तरह विद्रोह कर बैठे। इधर गाड़ी का चक्का भी धँस गया। गाड़ीवान ने उतरकर उसे ठीक करने का प्रयत्न किया और इसी बीच बैल अपने कन्धे से जुआ उतारकर रथ को लिए ऊधम मचाने लगे। कुछ भी दिखाई नहीं देता था। ऐसा लगा कि गाड़ीवान नीचे गिर गया है और बैल उसे बुरी तरह से रौंद रहे हैं। जाबाला साँस रोक यह दृश्य देखती रही। एकाएक वह गाड़ी से कूद पड़ी लेकिन आँधी के वेग से वह कुछ थोड़ी दूर तक ठेली जाती रही। उसके बाल अस्त-व्यस्त हो गए थे। उसने चिल्ला-चिल्लाकर गाड़ीवान को बुलाया लेकिन कहीं कोई नहीं आया। बैल भाग चुके थे। वह स्वयं एक झाड़ी से उलझकर गिर गई। आँधी की तीव्र गति बढ़ती ही जाती थी, देर तक वह बेहोश पड़ी रही।

जाबाला को चोट उतनी नहीं लगी थी जितना उसके मन में भय समा गया था। बेहोश वह भय के आघात से हुई थी। वह कितनी देर बेहोश रही, उसे पता ही नहीं चला। उसी अवस्था में उसे जान पड़ा कि कोई उसकी आँखों के चारों ओर उँगलियों से दबा रहा है। उसकी आँखें खुलीं। सामने उसके चेहरे पर आँखें गड़ाए कोई ताक रहा था। उसे भय हुआ। वह एक झटके में बैठ गई। देखा, रूक्ष जटिल चेहरेवाला कोई तापस आश्चर्य से उसे देखे जा रहा है। क्रोध से उसने डाँटा। तापस डरकर पीछे हट गया। जाबाला के वस्त्र अस्त-व्यस्त थे। आँधी और वर्षा से वे बुरी तरह बिखर गए थे। तापस का भयभ्रान्त मुख उसे अच्छा लगा। वह हाथ जोड़कर गिड़गिड़ा रहा था। पहले तो उसने उसे मूर्ख ही समझा। पर उसकी बातों से उसे लगा कि यह ऋषिकुमार बुद्धिमान भी है और भोला भी। जीवन में उसने शायद कभी किसी स्त्री को नहीं देखा। ज़ाबाला को वह स्वर्गलोक का प्राणी समझ रहा है। उसे कुतूहल हुआ। भोले ऋषिकुमार की बातें उसे मीठी लगीं। थोड़ी देर तक की बातचीत से ही उसे ऐसा लगने लगा कि ऋषिकुमार प्यारे-प्यारे भोले शिशु के समान है। उसे लोक-व्यवहार का कुछ भी ज्ञान नहीं है। अगर वह देर तक उससे बात कर सकती तो अच्छा होता, पर विघ्न आ गया। ऋषिकुमार तो नितान्त भोला है पर वह तो लोक-व्यवहार जानती है। उसे कहीं छिपने को कहकर वह घर लौट आई। पर लौट आने पर भी मन चंचल ही बना रहा। कहाँ गया होगा वह! क्या सोचता होगा? दिव्य लोक के प्राणी के बिछुड़ने पर क्या मानसिक अवस्था उसकी हुई होगी। कचट जाती नहीं, हृदय मसोस उठता है। हाय, बिचारा बड़ा ही भोला है। कहता है, सब-कुछ वायु से ही निकला है, उसी में विलीन हो जाएगा। हृदय में न जाने कैसी उथल-पुथल महसूस करता है पर मानता है कि यह भी वायु से ही उत्पन्न हुआ है! भोले-राम को और कुछ का पता ही नहीं है। हृदय में उनके आँधी बह रही है, वायु ही तो है!

मगर जाबाला स्वयं कुछ हलचल महसूस कर रही है। छाती में कहीं बुरी तरह

हलचल है। यह भी क्या वायु का ही प्रताप है! पहले उसे कुतूहल हुआ था, अब उससे अलग कोई भाव है। भोलेराम कहते हैं कि उनके बाल रूक्ष हैं, जटिल हैं और स्वर्गीय प्राणी के मुलायम हैं! हाय रे भोला, तू तो जानता ही नहीं कि केशों को मुलायम बनाने के लिए कितनी दासियाँ लगी रहती हैं, कितना तेल-उबटन खर्च होता है, कहीं तेरे बालों की भी ऐसी ही सेवा हुई होती तो क्या कम सुन्दर या कमनीय होते। जाबाला के मन में एक विचित्र प्रकार की गुदगुदी अनुभूत हुई। अगर उसे अवसर मिलता तो वह उसकी ऐसी सेवा करती कि तीन दिनों में ही उसका रूप निखर आता। एक सप्ताह भी अगर वह उसे धौरी गाय का दूध पिला सकती तो उसका शरीर तप्त कांचन की भाँति लहक उठता। नाई बुलाकर उसके सुन्दर मुख को चाँद की तरह चमका देती। तीन दिन के तेल-उबटन से वह दिव्य पुरुष की भाँति खिल उठता। मगर है हठी। नाई से ही झगड़ पड़ेगा। तेल-उबटन लगानेवालों से तो लड़ ही पड़ेगा। सब तो वायु का खेल है, तुम कौन होते हो दखल देनेवाले! मगर जब वह गुस्सा होगा तो उसका भोला मुँह और भी कमनीय हो जाएगा। जाबाला उसे आँखों से ही डाँट देगी—नहीं, ऊधम मत करो, चुपचाप जो कहती हूँ करा लो। मान जाएगा या नहीं? मान जाएगा। कहेगा, इस सुन्दर मुख की वाणी के कारण मैं बाध्य हो रहा हूँ! मजा आ जाएगा। भोलेराम को पता ही नहीं कि सुन्दर मुख की वाणी कितनी गहराई में चोट करती है!

मगर जाबाला यह सब क्या सोच रही है। असम्भव दिवास्वप्न हैं ये सब। जंगल का जानवर पगहा तुड़ाकर भागा सो भागा, अब क्या वह पकड़ाई देगा! अगर पकड़ में आ भी गया तो जाबाला को उसकी सेवा के लिए कौन अवसर देगा। छिः वह राजकुमारी है, उसे ऐसा सोचना क्या शोभा देता है! जाबाला कुछ बेचैनी महसूस कर रही है। वह भागा कहाँ, मैंने ही तो भगा दिया! यही तो उसके हृदय को कुरेद रहा है। वह बिचारा तो पीठ सामने करके उस पर जाबाला को बैठाकर उसके घर तक पहुँचाने को गिड़गिड़ा रहा था। कह रहा था, इसमें दोष ही क्या है। एक बार जाबाला के जी में आया था कि उसकी पीठ पर सवार हो ही जाए। पर रुक गई थी। दोष तो था ही। ऐसा भी कहीं होता है। उस जंगली मृगछौने को इसमें दोष नहीं दिखता तो क्या राजकुमारी जाबाला भी वैसी ही बन जाए? नहीं, उस समय उसने अपने मन पर काबू पा लिया, यह अच्छा ही हुआ। उसने अपने पिता से सुना था कि पुरा काल में भी कोई जाबाला थी। उसका बेटा सत्यकाम बड़ा ज्ञानी हुआ था। परमज्ञानी होने के बाद वे अपने को सत्यकाम जाबाल कहते थे। एक बार उन्होंने याज्ञवल्क्य को बताया था कि मन ही सत्य है। पर राजा जनक ने कहा था कि यह आंशिक सत्य है। आंशिक सत्य क्या पूर्ण सत्य का विरोधी होता है? मन ने उसे चंचल बनाया था, उसने उस पर काबू पा लिया था। पर आंशिक रूप में ही सही, सत्य की एक झलक तो मिल ही गई थी। भोलेराम बता रहे थे उनके प्राणों में वायु

आन्दोलित हो रही थी। उदंक ऋषि ने याज्ञवल्क्य को कहा था कि प्राण ही परम सत्य है। जनक ने इसे भी आंशिक सत्य ही बताया था। तो उधर भी आंशिक सत्य का ही साक्षात्कार हो रहा था! पूर्ण सत्य क्या होता होगा! न भोले ऋषिकुमार को उसका साक्षात्कार हुआ, न सुशिक्षित राजकुमारी को ही।

जाबाला के पिता ने बताया था कि महाराज जनक ने कहा था कि 'जिसे वाणी व्यक्त नहीं कर सकती, किन्तु जो वाणी को अभिव्यक्ति प्रदान करती है, उसी को परम सत्य समझो, उसे नहीं जिसकी लोग व्यर्थ उपासना करते हैं। जिसकी कल्पना करने में मन असमर्थ है, किन्तु जो मन की कल्पना करती है, उसी को परम सत्य समझो। जिसे देखने में नेत्र असमर्थ हैं किन्तु जिसके द्वारा हम नेत्रों को देखते हैं, वही परम सत्य है। जिसे श्रवण सुन नहीं सकते किन्तु जो श्रवण-ज्ञान की शक्ति प्रदान करती है, वही परम सत्य है। जिसे प्राण श्वसित अथवा उच्छ्वसित करने की शक्ति नहीं रखते, किन्तु जो प्राणों को श्वासोच्छ्वास की शक्ति प्रदान करती है, उसी को परम सत्य समझो!'

भोलेराम को यह बताया जाता तो उसकी क्या प्रतिक्रिया होती उन पर? वे तो वायु को ही परम और चरम माने बैठे हैं। जाबाला ने जब उनसे पूछा कि क्या वायु वही चीज तो नहीं है जिसे जनक आत्मा कहते हैं तो सोचने पर राजी हो गए थे। क्या सोचा होगा? सोचता वह जरूर होगा। पर कैसे सोचेगा? दुधमुँहे बच्चे का-सा तो स्वभाव है। किसी से मिलता-जुलता भी नहीं। बहुत-सी बातें तो सत्संग से ही जानी जाती हैं। आँखें मूँदकर चुपचाप ध्यान करने से ही सब बातों का पता कहाँ लग पाता है। उस भोले के समान मुझ में विचारों की दृढ़ता तो नहीं है पर जानती मैं उससे अधिक हूँ। जाबाला के मन में आया कि अवसर मिलता तो वह उसे अधिक सोचने को बाध्य कर सकती थी। इस 'सुन्दर मुख' की वाणी की वह उपेक्षा नहीं कर सकेगा। पर अवसर क्या मिल सकेगा? जाबाला उद्विग्न हो उठी।

इसी समय उसका ध्यान भंग हुआ। वृद्ध आचार्य उदुम्बरायण उसके भी गुरु थे और उसके पिता के भी। जाबाला को तो उन्होंने गोद में खिलाया था। लड़की के प्रति उनका स्नेह और ममत्व बहुत अधिक था। जाबाला की माँ जब नहीं रहीं तो उसकी माता के समान ही उसे स्नेह और दुलार दिया। जाबाला उनसे पढ़ती भी थी और अनेक प्रकार के बालहठ भी पूरा कराती थी। उनके स्नेह के कारण वह ढीठ भी हो गई थी। पढ़ते समय वह उनसे खुलकर बहस करती। आचार्य उसके गुरु और माता दोनों का काम करते थे। यद्यपि जाबाला अब सोलह पार कर चुकी थी पर वृद्ध आचार्य उसे नन्ही बिटिया के समान ही समझते थे। राजा जानश्रुति ने जाबाला के लिए उपयुक्त वर ढूँढ़ने का भार भी उन्हें ही दिया था। आचार्य जैसा वर चाहते थे, वैसा मिल नहीं रहा था। राजा जब उनसे अधिक आग्रह करते तो वह सहज भाव से उत्तर देते, अभी जल्दी ही क्या है। उनकी बिटिया की उमर ही

क्या है, अभी तो दूध के दाँत भी नहीं टूटे। जाबाला भी समझती थी कि आचार्य का कहना ठीक है। कई दिनों से वे आए नहीं थे। कहीं गए हुए थे। आज आकर सीधे बिटिया के पास पहुँचे। "क्या कर रही है बिट्टो रानी? सुना, उस दिन तुझे चोट आ गई। अब कैसा लग रहा है?"

जाबाला का ध्यान भंग हुआ। वृद्ध आचार्य को देखकर उसे प्रसन्नता भी हुई और उसके मन में कुछ अमनख का भाव भी आया। ठुनककर बोली, "ठीक तो हूँ, पर आप मुझे छोड़कर चले कहाँ गए थे?"

आचार्य ने हँसते हुए कहा, "अरे, क्या बताऊँ बिट्टो रानी, मैं भी तेरी ही तरह आँधी-तूफान में फँस गया था। तुझे छोड़कर कहाँ जाऊँगा? मैं तो समझता था तू मौसी के घर आराम से होगी और इस बूढ़े को भूल ही गई होगी।"

जाबाला ने आशंकित होकर पूछा, "आप कैसे तूफान में फँस गए तात?"

आचार्य असल में उस दिन जाबाला के योग्य वर की तलाश में ही गए थे। इस बात को उन्होंने छिपा लिया। बोले, "मेरे एक सहपाठी थे। बहुत दिनों से उन्हें देखा नहीं था। सोचा, जब तक तू मौसी के यहाँ रहेगी तब तक मेरा मन तो यहाँ लगेगा नहीं, इस बीच उन्हें देख आऊँ। उनका पुत्र बड़ा तत्त्वज्ञानी है। वे लोग अश्वल गोत्र के हैं, आश्वलायन कहे जाते हैं। बड़े आश्वलायन जो मेरे सहपाठी थे, वे अब नहीं रहे। उनके सुपुत्र को देखकर ही लौट आया। अपने पिता की कीर्ति को यह लड़का बढ़ा रहा है। बड़े-बड़े तत्त्ववेत्ता उससे ज्ञान-चर्चा करने आते हैं। पिछली बार तो एक यज्ञ में जितने विचारक आए थे सबने एक स्वर से स्वीकार किया कि तरुण आश्वलायन बहुत बड़ा तत्त्वज्ञानी है। मगर मैं तो रास्ते में ही फँस गया। उनके घर तो दूसरे दिन पहुँचा।"

"क्या हुआ तात, बताइए न!" उतावले भाव से जाबाला ने पूछा।

"हुआ क्या बिटिया, सन्ध्या समय सूर्यास्त से कुछ पूर्व ही जब मैं चन्द्रधुनी नाले के किनारे-किनारे जा रहा था, अप्रत्याशित रूप से आसमान काला हो गया। भयंकर वेग से आँधी आई। ऐसा जान पड़ा कि मुझे उड़ा ही ले जाएगी। नाले का पानी भी बुरी तरह उफन रहा था। मुझे आसपास कोई आश्रय नहीं मिला। ऐसा लगा कि यह भयंकर वात्या मुझे नाले में ही फेंक देगी। संयोग से एक ठूँठा शिंशपा वृक्ष दिख गया। आँधी की ओर पीठ करके मैंने कसके उस ठूँठ को पकड़ लिया। आँधी गरजती रही, पानी बरसता रहा और मैं उस ठूँठ को दोनों हाथों से कसकर बाँधे बैठा रहा। पानी क्या था, लगता था, कोई लोहे की रस्सियों से पीट रहा है। मैं सविता देवता की मन-ही-मन स्तुति करता भीजता रहा। नाले में दोनों किनारे पर हंसों के दल चिल्लाते रहे। इधर से एक दल चिल्लाता था, 'रयि क्व।' उधर से दूसरा दल उतने ही जोर से चिल्लाता, 'रयि क्वे!' जैसे आँधी का वेग बढ़ता वैसे चिल्लाहट भी बढ़ती जाती। एकाएक मेरे मन में आया, ये तो शुद्ध संस्कृत में

जवाब-सवाल चला रहे हैं। तू समझती है बेटा, इसका क्या अर्थ है?''

''अर्थ? अर्थ कैसा? यह तो उनकी बोली है। आपको जैसा सुनाई पड़ा, वही ध्वनि यह है।''

''नहीं रे, 'रयि' सम्पत्ति को कहते हैं। तुझे बताया तो था, याद नहीं है? वेदों की ऋचाओं में भी यह शब्द आता है। मुझे लगा कि एक दल पूछ रहा है कि सम्पत्ति कहाँ जाती है? दूसरा दल जवाब दे रहा था, रैक्व के पास!''

''तात, आप भी क्या बात करते हैं। हंस संस्कृत बोलते थे?''

''नहीं-नहीं, वे तो अपनी बोली में ही कुछ पूछ रहे होंगे। मैंने जो सुना उसका संस्कृत में यही अर्थ होता है। मैं क्या यों ही मान लेता! दूसरे दिन मुझे तरुण आश्वलायन ने भी यही बात बताई और मजेदार तो यह है बिटिया, कि सचमुच ही रिक्व मुनि का एक पुत्र महा तपस्वी रैक्व है। लोग तो उसकी अलौकिक शक्तियों को देखकर उसे दिव्य पुरुष ही मानने लगे हैं। तरुण आश्वलायन तो उस महान् तापस के दर्शन भी कर आए हैं। कहते थे कि यह किशोर किसी से कुछ भी नहीं बोलता। वह किसी को भी ज्ञानी नहीं मानता। कभी बोलता भी है तो बहुत कम। उसे अपने ऊपर जितना विश्वास है उतनी ही दूसरों पर अनास्था। बेकार की बात करनेवालों को वह तिरस्कार योग्य समझता है। प्रायः 'शूद्र' कहकर लोगों का तिरस्कार करता है। लोग बुरा नहीं मानते क्योंकि उसकी सिद्धियाँ सत्य हैं। महा फक्कड़ है। पंडित और सिद्ध अवश्य है। वह वायु को सब वस्तुओं का कारण मानता है। मनुष्य-शरीर में प्राण-रूप से जो वायु निबद्ध है उसे वश में करके सब-कुछ पाया जा सकता है। आश्वलायन से उसकी थोड़ी बात-चीत हुई थी। वह अपने प्राणों को इस प्रकार निरुद्ध कर सकता है कि हवा में उड़ सकता है, उनका ऐसा संक्रमण दूसरों में कर सकता है कि लोग रोग-मुक्त हो सकते हैं। हजारों की संख्या में लोग उसकी सिद्धियों से लाभान्वित हुए हैं। पर वह ऐसा भोला है कि कुछ जानता ही नहीं। आश्वलायन से उसने कहा था कि यदि किसी दिन बाहरी वायु पर नियन्त्रण पाने की सिद्धि उसे मिल जाए तो वह काल की गति को भी रोक सकता है। आश्वलायन ने उससे थोड़ी देर बात करके ही उसकी विद्वत्ता और तपश्चर्या की गहराई जान ली है। पर वह भोला अपनी ही शक्ति को भी नहीं जानता। बातें करता है तो ऐसा लगता है कि दुधमुँहा बच्चा बोल रहा है। दृढ़ता इतनी है कि अपने अनुभव के सामने श्रुति-वाक्यों को भी प्रमाण नहीं मानता। आश्वलायन का दृढ़ विश्वास है कि हंसों में उसी के गुण का बखान हो रहा है।''

जाबाला को कैसी जाने टीस अनुभव हुई। आश्चर्य से उसकी आँखें टँग गईं—''विचित्र है तात!''

''विचित्र तो है ही। तेरे पिताजी से जाकर मैंने सारी बातें बताईं तो तुरन्त नाले के पास जाकर उन्होंने भी हंसों की कहनी सुनी। आश्वलायन से भी मिल आए।

अब तो उन्होंने आश्वलायन से अनुरोध किया है कि उन्हें उस किशोर तापस के पास ले चलें। लेकिन आश्वलायन ने आकर समाचार दिया कि तरुण तापस कुटिया में नहीं है, शायद आँधी-तूफान में कहीं उड़ ही गया! राजा ने और भी चर भेजे हैं। मुझे भी खोजने का काम मिला है। कैसे खोजूँ, कहाँ खोजूँ? कौन जाने, जीवित है भी या नहीं!"

जाबाला के प्राण उत्कण्ठ हो गए। वह जानती है, उस सिद्ध तापस को। उसने देखा ही नहीं, पाया है। भोला तो वह अवश्य है पर क्या प्राणों के संक्रमण द्वारा वह सचमुच रोग-शोक, चिन्ता से मुक्त कर सकता है! तातपाद तो उच्छ्वसित हैं, बिना देखे ही। देखते तो इनकी क्या दशा होती। उसके मन में कई बार आया कि वह तातपाद को बता दे कि उसकी भेंट उससे हो चुकी है पर हर बार कोई लज्जा उसकी वाणी रुद्ध कर गई। हाय-हाय, उसने कैसी निधि पाई थी। पर किसी दुर्भाग्य ने उसे पाई हुई निधि से दूर कर दिया। हृदय विदीर्ण होकर टुकड़े-टुकड़े हो जाना चाहता है। वाणी रुद्ध हो गई है। चेतना गहराई में विलीन हो गई है। आचार्य बहुत-कुछ कहते रहे, जाबाला ने कुछ नहीं सुना। फिर वे चले गए।

देर तक जाबाला सोचती रही। तरुण तापस वायु को जानता है, उसके कहने का अर्थ शायद कुछ और है। वह क्रियामार्गी है, जाबाला अब तक उसे ज्ञानमार्गी समझती रही।

जाबाला कह नहीं पा रही है मगर उसके हृदय में भारी उथल-पुथल है। उस ऋषिकुमार ने अपना नाम रैक्व ही तो बताया था। वह तो जीवित अवश्य है पर कहाँ है? हाय, उसने उसे दूर जाकर छिप जाने को कह दिया और स्वयं चली आई। आकर क्या उसने उसे खोजा नहीं होगा! क्या वह विक्षिप्त की भाँति 'शुभे-शुभे' कहकर चिल्लाया नहीं होगा! क्या बीती होगी उस भोले तापसकुमार पर! वह अपनी व्यथा किसी से कह नहीं रही थी। भीतर-ही-भीतर वह अपने ताप से आप ही जलने लगी।

राजा ने पुत्री की अवस्था देखी तो व्याकुल हो गए। वैद्य बुलाए गए पर रोग का कुछ पता नहीं चला। आचार्य की तो दशा और चिन्तनीय थी। क्या हो गया उनकी प्यारी बिट्टो रानी को! चेहरा सूखता जा रहा है, शरीर काला पड़ता जा रहा है। आश्वलायन ने बताया था कि रैक्व ने सैकड़ों को अपने अन्तर्निहित वायु को संक्रमित करके नीरोग बना दिया था। उन्होंने राजा से प्रस्ताव किया कि रैक्व को खोजने के लिए और अधिक प्रयत्न किया जाए। वही जाबाला को रोग-मुक्त कर सकता है। पता लगाने का अभियान और तेज कर दिया गया। चरों ने आकर सूचना दी कि कोई तापसकुमार उस टूटे रथ की छाया में समाधि लगाता है जिससे बिटिया मौसी के घर जा रही थी और जो तूफान में फँस जाने के बाद बुरी तरह टूट गया था। वह समाधि लगाता है तो एक हाथ धरती के ऊपर उठ जाता है। जब समाधि टूटती है तो फिर धरती पर आ जाता है। बोलता बहुत कम है। रथ को थोड़ी देर

के लिए ही छोड़ता है। प्रातःकाल नित्य-क्रिया और स्नानादि के लिए जाता है। कहीं कन्दमूल खोजकर खा लेता है फिर समाधि पर बैठ जाता है। कुछ रोगी दिन-भर बैठे रहते हैं। सन्ध्या-समय उनसे थोड़ी बात कर लेता है। खोया-खोया-सा ही रहता है। किसी की ओर ताकता भी नहीं। पीठ अवश्य खुजलाता रहता है। कभी-कभी तो समाधि की अवस्था में भी खुजला लेता है। राजा ने आचार्य से कहा कि वे स्वयं जाकर पता लगाएँ कि यही व्यक्ति रैक्व है या नहीं। जाबाला को जब यह समाचार मिला तो उससे नहीं रहा गया। आचार्य को बुलाकर उसने जोर देकर कहा कि "तात, निस्संदेह यही व्यक्ति रैक्व है।" आचार्य ने जब पूछा कि "तू कैसे कह सकती है कि यही तापस रैक्व है?" तो उसने बिना किसी झिझक के कहा, "मैं जानती हूँ" और उठकर अन्यत्र चली गई। आचार्य को कुछ अप्रत्याशित लगा। वे देर तक उसकी प्रतीक्षा में खड़े रहे पर वह लौटी नहीं।

संदर्भ

1. 'अनामदास का पोथा' का दूसरा अध्याय।

वैभव-4

लालित्य-दृष्टि

(नए कलाशास्त्र का उद्यम)

एक : भारतीय कलादृष्टि*

समूचे भारतीय काव्य में—नितान्त आधुनिककाल को छोड़कर—कवि ने अपने को सदा निर्लिप्त द्रष्टा बनाए रखा है। वह चीज जिसे वैयक्तिक स्वाधीनता कहते हैं, जिसमें कवि हर द्रष्टव्य को अपने अनुराग-विराग में डुबोकर देखता है, आधुनिक युग के संघर्ष की उपज है। यह बात इस देश में नई है। भारतीय कवि को समझना हो तो भारतीय संस्कारों को समझ लेना चाहिए, नहीं तो गलती हो सकती है। प्रसिद्ध संस्कृत विद्वान श्री ए.वी. कीथ ने भारतीय नाटकों की आलोचना के सिलसिले में एक जगह लिखा है, "मानव जीवन के गम्भीरतर प्रश्नों के लिए कालिदास ने हमारे लिए कोई सन्देश नहीं रख छोड़ा है और जहाँ तक हम देख सकते हैं ऐसे गम्भीरतर प्रश्नों ने उनके भी मस्तिष्क में कोई सवाल नहीं पैदा किया। ऐसा जान पड़ता है कि गुप्त-सम्राटों ने जिस ब्राह्मण-धर्मानुमोदित समाज-व्यवस्था की स्थापना की थी, उसमें वे (कालिदास) पूर्णतया सन्तुष्ट थे और विश्व की समस्याओं ने कभी उन्हें उद्विग्न नहीं किया। 'शकुन्तला' नाटक यद्यपि मोहक और उत्कृष्ट है तथापि वह एक ऐसी संकीर्ण दुनिया में चलता-फिरता है जो वास्तविक जीवन की क्रूरताओं से बहुत दूर है। वह न तो जीवन की समस्याओं का उत्तर देने का प्रयत्न करता है और न उसका समाधान ही खोज निकालने की चेष्टा करता है। यह सत्य है कि भवभूति ने दो कर्तव्यों के विरोध के अस्तित्व की जटिलता और कठिनता के भाव दिखाए हैं और उस विरोध से उत्पन्न दुःख को भी दिखाया है, पर उनके ग्रन्थों से भी इसी नियम का प्राबल्य दिखाई देता है कि सब-कुछ का अन्त सामंजस्य में ही होना चाहिए। ब्राह्मण-धर्मानुमोदित जीवन-सम्बन्धी सिद्धान्तों ने नाटकीय दृष्टिकोण में कितनी संकीर्णता ला दी है, इस बात को संस्कृत नाटकों का समूचा इतिहास प्रमाणित करता है। यही नहीं, ब्राह्मण-धर्मानुमोदित परम्परा को स्वीकार करने के कारण ही 'चण्ड कौशिक' जैसे नाटक लिखे जा सके हैं जहाँ एक अभागे राजा की दानशीलता से उत्पन्न ऋषि विश्वामित्र की विक्षिप्तजनोचित प्रतिहिंसा से तर्क और मनुष्यता के प्रति

---

* 'साहित्य का मर्म' पुस्तक से।

बेहद विद्रोहाचरण हुआ है।"[1]

यह उद्धरण किसी उत्साही ईसाई धर्म प्रचारक की पुस्तक से नहीं लिया है। श्री कीथ विचारशील पण्डित हैं, भावावेग से वे चलित नहीं होते। कई बार उन्हें भारतीय सभ्यता के उत्साहपरायण विरोधियों से लोहा लेना पड़ा है। उन्हें यूरोपीय पण्डितों के चित्त से अनेक भ्रान्त धारणाओं को दूर करने का श्रेय प्राप्त है। इसलिए यह उद्धरण यों ही टाल देने लायक नहीं है। इसमें जिन बातों को छोटा दिखाने का प्रयत्न किया गया है, उसे छोटा दिखाने के लिए वृहत्तर नैतिक पटभूमिका पर रखना उचित था। यदि उस वृहत्तर पटभूमि पर कालिदास या वाल्मीकि सचमुच छोटे दिखें तो छोटे ही हैं, पर इस प्रसंग में लेखक ने अपने संस्कारों के चश्मे से देखने की गलती की है। यह नहीं कहा जा सकता कि इन्होंने जो बातें कही हैं वे गलत हैं। गलत है उनकी दृष्टिभंगी। सचाई गलत ढंग से देखी जाने पर अवहेलनीय हो जाती है। जो मनुष्य मानता है कि यह संसार क्षणभंगुर है, इस परिवर्तमान क्षणभंगुरता के बाह्य आवरण के भीतर एक चिरन्तन सत्ता है जो सब सत्यों का सत्य है, और जिसे आश्रय करके ही बाह्य जगत् की सत्ता प्रतिभात हो रही है, वह जीवन के गम्भीरतर प्रश्नों की बात मानता ही कहाँ है कि उसका उत्तर देता फिरे? उसके मन से तो जीवन के गम्भीरतर प्रश्नों का समाधान हो गया रहता है। बाकी प्रश्न केवल ऊपरी और भ्रमजन्य हैं। जिसे जीवन कहा जाता है, वह भारतीय कवि की दृष्टि से कर्मबन्ध के भोग के लिए एक क्षणिक पड़ाव है। मनुष्य का शाश्वत निवास यह कर्म प्रपंचमूलक जगत् नहीं है। धन और यौवन की समस्याएँ जीवन के गम्भीरतर प्रश्न तो हैं ही नहीं, उनका मूल्य स्वप्न में देखे हुए सुखस्वप्न के समान नितान्त क्षणभंगुर है। मनोविनोद के लिए इस चिन्ता को थोड़ी देर के लिए मान लिया जा सकता है, पर सम्पूर्ण भारतीय साहित्य इसे इतने से अधिक महत्त्व नहीं देता। वास्तविक और गहन प्रश्न है इस लोक से बाहर का। भारतवर्ष का कवि उस पर ही दृष्टि जमाता है। जो लोग इसी में उलझे हुए हैं, उन्हें देखकर उसे आश्चर्य होता है। भला,

चला विभूतिः क्षणभंगि यौवनं
कृतान्तदन्तान्तरवर्ति जीवतम्
तथाप्यवज्ञा परलोकसाधने
नृणां न कि विस्मयकारि चेष्टितम्।

वस्तुतः यदि कोई सचमुच भारतीय साहित्य का रस अनुभव करना चाहे तो उसे भारतवर्ष के इन चिरसंचित संस्कारों का अध्ययन अवश्य कर लेना चाहिए। जब हम देश और काल के इन विश्वासों को ठीक-ठीक समझ लेंगे, तभी उनके आधार पर रचित साहित्य के अनाविल रसरूप का परिचय पा सकेंगे। श्री कीथ-जैसे विद्वान को भी जब हम विचलित होते देखते हैं तो लगता है कि अभी बहुत प्रयत्न की आवश्यकता है। एक क्षण के लिए सोचिए कि यदि आप भी ग्रीक ट्रेजैडी को उसी

प्रकार भारतीय संस्कारों के चश्मे से देखें तो आलोचना कैसी होगी। मैं समझता हूँ, वह कुछ इस प्रकार की होगी :

"ग्रीक साहित्य के श्रेष्ठ नाटककार भी मायाजन्य भ्रममूलक बातों को ही जीवन का गम्भीरतर प्रश्न समझते रहे। इस निरन्तर परिवर्तमान जगत् के भीतर भी एक शाश्वत सत्ता है, एक चिन्मय 'सत्' है जो प्रकृति के भासमान विकारों से एकदम निर्लिप्त है, यह सहज-सी बात कभी उनके मस्तिष्क में आई ही नहीं। ट्रेजोन की पौराणिक कल्पनाओं के आधार पर जो नाटक लिखे गए वे कभी भी जीवन के वास्तविक गाम्भीर्य तक पहुँचे ही नहीं। वे और उन्हीं के आदर्श पर लिखे गए उत्तरकालीन अँग्रेजी नाटक, एक ऐसे उद्देश्यहीन मायाजाल में उलझे हुए छटपटाते रहे जहाँ पर पद-पद पर परस्पर-विरुद्ध जानेवाले कर्तव्यद्वन्द्व उन्हें सताते रहे और अन्त तक वे किसी सामंजस्यमूलक जागतिक व्यवस्था का पता न लगा सके। ग्रीक विचारधारा ने नाटकीय दृष्टि को कितना विशृंखल बना दिया है, इस बात को यूरोपीय नाटकों का सचूना इतिहास बड़े स्पष्ट रूप में दिखा देता है।" इत्यादि-इत्यादि।

कहना बेकार है कि इस प्रकार आलोचना से हम ग्रीक साहित्य के सौन्दर्य को खो देंगे और फिर कोई भी यह नहीं कह सकेगा कि हम अपने विश्वासों के प्रति पूर्ण ईमानदार नहीं हैं। सचाई भी गलत ढंग से प्रकट करने पर झूठ हो जाती है।

जीवन के गम्भीरतर समझे जानेवाले प्रश्नों का साहित्य में समाधान खोजना आधुनिक प्रवृत्ति है, अत्यन्त हाल में जड़ विज्ञान की उन्नति के साथ-साथ मनुष्य की दुनिया छोटी हो गई है। यन्त्रों के आविष्कार ने जहाँ जीवन की ऊपरी आवश्यकताओं की पूर्ति के लिए प्रचुर उत्पादन की व्यवस्था की है, वहाँ वितरण और उपयोग की उतनी ही अच्छी व्यवस्था नहीं हो सकी है; क्योंकि उत्पादन के साधन कुछ थोड़े-से लोगों के हाथों में चले गए हैं। उनके हथियाने में जिस बौद्धिक कौशल की आवश्यकता है, वह मनुष्य अनायास ही उचित अवसर मिलने पर पा जाता है। परन्तु उससे उत्पादित सामग्री को सब तक पहुँचाकर, सबके साथ मिलकर भोगने में जो मानसिक औदार्य और बौद्धिक निर्लिप्तता आवश्यक है, वह उतनी आसानी से नहीं मिलती। पहली मनोवृत्ति छीन-झपटकर अपना स्वार्थ साधन करने के कौशल को प्रश्रय देती है, इसे मनुष्यों ने अपने पूर्वज पशुओं से विरासत के रूप में पाया है। दूसरी मनोवृत्ति में आत्मत्याग, परदुःख-संवेदना और मनुष्य की चरम एकता के भाव हैं, जो संस्कार और साधना की अपेक्षा रखते हैं। पहली मनोवृत्ति ने शोषकों का दल पैदा कर दिया है, परन्तु दूसरी मनोवृत्ति अब भी अत्यन्त शिशु रूप में है। इस नई अवस्था ने संसार के सामने सैकड़ों समस्याएँ उपस्थित कर दी हैं। घिनौने युद्ध और भयंकर अकाल अब प्रकृति के कोप से नहीं होते, मनुष्य की दुर्ललित वासनाओं के कारण हो रहे हैं। जीवन एक सिरे से दूसरे सिरे तक इस प्रकार झकझोर दिया गया है कि पुराने

संचित संस्कार बुरी तरह झड़ गए हैं और एक-दूसरे से उलझ गए हैं। मनुष्य ने इतने दिनों तक जीवन के विभिन्न पहलुओं का जो मूल्य आँका था वह अधिकांश भहराकर चकनाचूर हो गया है। बहुत-कुछ टूट रहा है, बहुत-कुछ ढह रहा है। मनुष्य सर्वत्र इन समस्याओं का समाधान खोजता है। वह विज्ञान से इसका हाल पूछता है, इतिहास से इसका रास्ता पूछता है और साहित्य से इसके समाधान की आशा रखता है। जीवन जटिल हो गया है। जहाँ विज्ञान ने ज्यादा पैर जमाया है, जहाँ व्यवसायमूलक क्रान्ति हुई है, अर्थात् जहाँ अवसर देखकर एक दल ने उत्पादन के साधनों को हथिया लिया है, वहीं समस्याएँ सहस्रमुखी हो गई हैं। उन्होंने नाटक को ग्रस लिया है, काव्य को ग्रस लिया है और साहित्य को समझने की दृष्टि को भी ग्रस लिया है। पुराने भारतीय कवि की अपनी सीमाएँ हैं, ग्रीक कवि की भी अपनी सीमाएँ हैं। उन सीमाओं के भीतर उन्होंने कैसी रूप और रस की सृष्टि की है, यही विचार्य है। आधुनिक समस्याओं का समाधान उनमें नहीं मिलेगा ऐसा तो नहीं है, परन्तु उत्तर सामान्य और व्यापक ढंग का होगा, विशिष्ट या शंकुभूत नहीं, क्योंकि जीवन की सभी समस्याएँ सामयिक ही नहीं हैं, कुछ दीर्घ स्थायी भी हैं। पुराने लोगों ने भी कुछ का सामना किया था। उनके सभी अनुभव वासी नहीं हो गए हैं। प्रसिद्ध तन्त्रशास्त्रज्ञ सर जान बुडरफ ने एक बार बड़े अफसोस के साथ कहा था कि "साधारणतः यूरोपीय प्राच्यविद्याविशारदगण और उनके वे भारतीय शिष्य जो उनकी ही अँगुली पकड़कर चला करते हैं, कुछ ऐसे अवहेलामूलक विचारों का पोषण करते हैं कि भारतीय शास्त्र केवल ऐतिहासिक कुतूहल के विषय हैं। यही कारण है कि वे इस तथ्य को स्वीकार नहीं कर पाते कि प्राचीन पूर्वीय ज्ञान और आधुनिक आविष्कारों में भी आश्चर्यजनक साम्य मिलता है।"[2]

इस प्रकार की सदोष दृष्टि का परिमार्जन वांछनीय है।

इस प्रकार की दृष्टि लेकर भारतीय साहित्य को देखनेवालों ने अनजान में इस देश में एक प्रकार की प्रतिक्रिया उत्पन्न कर दी है। इस प्रतिक्रिया के कारण इस देश में उन अत्यन्त उत्साहपरायण समालोचकों का आविर्भाव हुआ है जो सब समस्याओं का समाधान एक ही कसौटी पर कसके करने लगे हैं : 'हमारे यहाँ' ऐसा माना है, या 'हमारे यहाँ' ऐसा नहीं माना है, 'हमारे यहाँ' उनका अमोघ ब्रह्मास्त्र है जिससे किसी को भी धराशायी बनाया जा सकता है। 'पाश्चात्य विचार का प्रभाव' उनका ऐसा बहुधा विघोषित निन्दा वाक्य है कि जिस किसी विचार को परास्त करने के लिए यह एक वाक्यांश बहुत काफी समझा जा सकता है। साधारणतः उपनिषदों के कुछ मन्त्र या 'काव्यप्रकाश' या 'साहित्य दर्पण' के कुछ श्लोक पढ़कर ये लोग काव्यगत सौन्दर्य के उत्कर्ष या अपकर्ष का निर्णय किया करते हैं और उसके बाहर के किसी भी विचार को 'पाश्चात्य' कहकर निश्चिन्त हो जाते हैं। यह प्रायः ही भुला दिया जाता है कि 'हमारे यहाँ' कोई छोटा-मोटा ज्ञान-रत्नाकर नहीं है। किसी एक

ही विचार को भारतीय विचार कह देना न केवल अपनी अल्पज्ञता का प्रदर्शन करना है, बल्कि अपने देश की विशाल ज्ञान-परम्परा का अपमान करना भी है। न जाने इस 'हमारे यहाँ' नामक समुद्र में कितने ज्ञान के रत्न और संस्कारों के नक्र-मकर भरे पड़े हैं। इसमें आत्मवादी हैं, अनात्मवादी हैं, वैराग्यमार्गी हैं, भोगमार्गी हैं, द्वैतवादी हैं, अद्वैतवादी हैं, शून्यविश्वासी हैं, नियतिविश्वासी हैं। नाना मतमतान्तरों के इस विशाल भण्डार से ज्ञान के एकाध टुकड़े चुनकर उसी को सम्पूर्ण मनीषा की एकमात्र उपज मान लेना क्या उचित है? हमारे देश का इतिहास हजारों वर्षों की निरन्तर प्रवहमान विचारधारा से समृद्ध है। हमारे पूर्वजों ने अपने सुदीर्घ इतिहास में न जाने कितनी सामयिक परिस्थितियों से युद्ध किया है, कितने विकट प्रश्नों का समाधान खोजा है, वे परिस्थितियाँ समाप्त हो गईं, उन विकट प्रश्नों को उपस्थित करनेवाले घटनाचक्र महाकाल के रथचक्र के नीचे पिस गए, इतिहास के अनवरुद्ध धारा के वेग में उन प्रश्नों के सोचे समाधान भी समाप्त हो गए, केवल किनारों पर छिटककर छूट गए कुछ ग्रन्थ, कुछ शिला-लेख और कुछ अनुभव जो हमारे पास रह गए हैं। भारतीय विचारधारा इन सबसे बड़ी वस्तु है। हमारा ज्ञान-भण्डार केवल संयोगवश प्राप्त कुछ छिटके-फुटके ताल-पत्रों और प्रस्तरखण्डों की लिपियों तक ही सीमाबद्ध नहीं है। और कुछ थोड़े-से श्लोकों में उसे बाँधने का प्रयत्न तो एकदम हास्यास्पद है। ऐसा करने से हम वृहत्तर मानवी दृष्टि की प्रतिष्ठा में बाधा खड़ी करते हैं। हमारे देश के मनुष्य भी वृहत्तर मानवसमाज के अंग हैं। हमारे पास जो कुछ भी साहित्य बच रहा है, वह यद्यपि अत्यन्त कम है तो भी विशालता में और गम्भीरता में वह संसार का सर्व श्रेष्ठ साहित्य है। उसमें हजार प्रश्नों के हजार उत्तर हैं। उनकी निपुण भाव से परीक्षा करनेवालों ने देखा है कि भारतीय मनीषियों ने हर बात का मूल्य वृहत्तर नैतिक पटभूमिका पर रखकर ही किया है। काव्य का ही अगर प्रश्न लिया जाए तो हमारे देश के मनीषियों ने कभी भी उसे विश्वजनीन नैतिक पटभूमि से निम्न स्तर पर रखकर विचार नहीं किया। आप उनसे सहमत हों, या नहीं, यह अवश्य स्वीकार करेंगे कि शब्द और अर्थ के 'साहित्य' की चारुता का विचार उन्होंने निम्नतर पटभूमि पर रखकर नहीं किया। और 'हमारे यहाँ' का आधुनिक ब्रह्मास्त्र तो उनके निकट एकदम अपरिचित था।

जहाँ तक केवल जीवन धारण करने का प्रश्न है, मनुष्य अपने प्रयोजनों से बँधा हुआ है। उसकी दुनिया प्रयोजनों की दुनिया है। परन्तु वह केवल जीवन धारण करने को, केवल किसी प्रकार बचे रहने को ही पर्याप्त नहीं समझता। वह अपने को नाना भाव से प्रयोजन के जगत् से बाहर भेजना चाहता है। वहीं उसका ऐश्वर्य है। पशु का जीवन केवल जीने के लिए है, उसमें प्रेम नहीं है, सौन्दर्य-प्रीति नहीं है, कुछ नई बात गढ़ने की इच्छा नहीं है। ये बातें मनुष्य जीवन का ऐश्वर्य हैं, उसका प्रकाश हैं। जिस जीवन में प्रेम नहीं, भक्ति नहीं, सौन्दर्य नहीं वह जीवन पशु का

जीवन है। मनुष्य उतने से सन्तुष्ट नहीं है। घी का लड्डू टेढ़ा भी भला होता है, उससे प्रयोजन तो सिद्ध हो ही जाता है पर मनुष्य उतने से ही सन्तुष्ट नहीं होता। उसे उस लड्डू को सुन्दर बनाने में रस मिलता है। प्रयोजन के अतीत पदार्थ का ही नाम सौन्दर्य है, प्रेम है, भक्ति है, मनुष्यता है। जहाँ स्वार्थ समाप्त होता है, मनुष्यता प्रारम्भ होती है। जीवन में जहाँ तक स्वार्थ है वहाँ तक वह लालसा के क्षेत्र में रहता है, जहाँ उसके ऊपर जाता है वहाँ वह 'प्रेम' के जगत् में आता है। जीना ही केवल जीना थोड़े है!

कवि ठाकुर भोग संजोग सबै सुख जीजतु है पै न जीजतु है।
मनभावने प्यारे गुपाल बिना जग जीजतु है पै न जीजतु है।।

गद्य हमारे प्रयोजनों की भाषा है। काव्य हमारे प्रयोजनातीत आनन्द का प्रेरक है। समस्यासमाधान गद्य का काम है, जीवन की चरितार्थता काव्य का अभिप्रेत है। जब तक यह काव्य जीवन का अंग नहीं बन जाता तब तक मनुष्य दीन होता है, प्रकाशहीन होता है; पर काव्य का रस जब उसे मिलता है, जब वह केवल प्रयोजनों की दुनिया से ऊपर उठता है तब उसे उस वस्तु का अनुभव होता है जो 'मनुष्यता' है जो उसके हृदय को संवेदनशील और उदार बनाती है। यह मनुष्य जीवन का ऐश्वर्य है। जीवन का यही काव्य नाना भाव से अपने को प्रकाशित करता है। काव्य में, शिल्प में, नृत्य में, गीत में, धर्म में, भक्ति में मनुष्य उस अपार भूमा[3] का रस पाता है जो उसे प्रयोजनों की संकीर्ण दुनिया से उठाकर असीम में प्रतिष्ठित करता है। तभी वह उपनिषद् के ऋषि की भाषा में कह उठता है—'भूमैव सुखं, नाल्पे सुखमस्ति'।

मनुष्य के सभी विराट प्रयत्नों के मूल में कुछ व्यक्तिगत या समूहगत विश्वास होते हैं, परन्तु जब वे उस संस्कारजन्य प्रयोजन की सीमा का अतिक्रम कर जाते हैं तो उसमें मनुष्य की विराट एकता और अपार जिजीविषा का ऐश्वर्य प्रकट होता है। फिर वह किसी समूह में आबद्ध न होकर मनुष्यमात्र की सम्पत्ति हो जाता है। ताजमहल कुछ व्यक्तिगत प्रीति और कुछ समूहगत संस्कारों की बुनियाद पर खड़ा हुआ है, परन्तु वह उस सीमा को अतिक्रम कर गया है। कोणार्क के मन्दिर की जो लोग केवल यह कहकर उपेक्षा करते हैं कि वह मूर्तिपूजा को प्रश्रय देनेवाली कला है तो वे संस्कृति के बहुत निचले स्तर पर भी नहीं पहुँच सके। वे उन बर्बरों के स्तर से बहुत ऊपर नहीं उठ सके जिन्होंने कुफ्र दूर करने के लिए मन्दिरों और मूर्तियों को ध्वंस किया था और प्रतिहिंसा से स्पर्द्धित होकर सुन्दर मकबरों में भूसा भरवा दिया था। आज के प्रजातन्त्र के युग में तुलसीदास को राजतन्त्र का प्रचारक कहकर आसानी से फेंक दिया जा सकता है। ये लोग भूल जाते हैं कि जितना हिस्सा जलता है, वह प्रकाश नहीं कहलाता। प्रकाश उससे अतिरिक्त वस्तु है। ताप केवल प्रयोजन है, प्रकाश उसका ऐश्वर्य है, उसका अतिरिक्त दान है। तुलसीदास का काव्य उस प्रयोजन से कहीं अधिक प्रकाश देता है, जिसके लिए वह रचित हुआ था। वह रामनाम

का प्रचारक है, पर इतना ही उसका परिचय नहीं है। वह मनुष्य के सुख-दुःख को, आशा-आकांक्षा को उसके सम्पूर्ण ऐश्वर्य के साथ प्रकट करता है। मनुष्य जीवन में जो कुछ श्रेष्ठ है, जो कुछ महत् है, उसी का विजयोद्‍घोष करता है, वह उस मानवीय महिमा का प्रचारक है जो धर्म की कान्ति से मनोहर हो उठा है, वीरता के तेज से दीप्त हुआ है और सतीत्व की श्री से समृद्ध हुआ है। वह मानवधर्म के जगद्विदित महामान से पूरा उतरता है, इसीलिए वह महान् है। जब-जब और जहाँ-जहाँ वह मनुष्यपन का ऐश्वर्य काव्य में, नाटक में, शिल्प में, चित्र में, मूर्ति में अपनी प्रयोजन की सीमा को छोड़कर प्रकाशरूप में प्रकट हुआ है, वहीं-वहीं वह पूजनीय हुआ है। उसी महिमा के बल पर महाकवियों की रचनाओं ने देवता को मनुष्य बनाया है। मूर्तिकारों की छेनी ने पत्थर में प्राणसंचार किया है और नगराय दारुखण्ड को पूजार्ह बनाया है।

आज यदि आप संसार की सारी समस्याओं का विश्लेषण करें तो इनके मूल में एक ही बात पाएँगे—मनुष्य की तृष्णा। यह अद्‍भुत तृष्णा कहीं समाप्त होने का नाम नहीं लेती। मनुष्य में सर्वत्र अभाव-ही-अभाव भर गया है। जीवन की वह परिपूर्णता कम हो गई है जो मनुष्य को जाचक न बनाकर दाता बनाती है। आज उत्पादन बढ़ाने की धूम है, जीवन का स्तर ऊँचा उठाने का संकल्प मुखर है; परन्तु जीवन में वह उच्छलित आनन्द कैसे आएगा जो मनुष्य को संयत और सन्तुष्ट बना सके, इसकी चिन्ता किसी को नहीं है। मैं भौतिक समृद्धि के प्रयत्नों को छोटा बनाने के उद्देश्य से यह बात नहीं कह रहा हूँ। उत्पादन को बढ़ाना आवश्यक है, जीवन स्तर को ऊँचा उठाने का प्रयत्न भी श्लाघ्य है, पर इतने से समस्या का हल नहीं हो जाता। तृष्णा वह आग है जिसके पेट में जितना भी झोंक दीजिए सब भस्म हो जाएगा। उस वस्तु की खोज होनी चाहिए जो मनुष्य को छोटे प्रयोजनों में बाँधने के बदले उसे प्रयोजनातीत सत्य की ओर उन्मुख करे। साहित्य और संगीत यही काम करते हैं, कला और सौन्दर्य उसे इसी ओर ले जाते हैं। नितान्त उपयोगिता की दृष्टि से भी विचार किया जाए तो मनुष्यसमाज की स्थिति के लिए—सभ्यता और संस्कृति की रक्षा के लिए ही—यह आवश्यक हो गया है कि मनुष्य अपने उस महान् उन्नायक धर्म की उपेक्षा न करे जो उसे क्षुद्रता और संकीर्णता से ऊपर उठाते हैं। भौतिक समृद्धि के बढ़ाने का प्रयत्न होना चाहिए, पर उसे सन्तुलित करने के लिए साहित्य और संगीत आदि का भी बहुल प्रचार वांछनीय है। सो प्रयोजनों की सीमा छोड़कर पशुसुलभ आहार-निद्रा के धरातल से ऊपर उठकर ही मनुष्य उस महिमा को पाता है, जो उसे देवता बनाते हैं। संक्षेप में इसी गुण को 'मनुष्यता' कहते हैं।

यह तो निश्चित है कि स्थूल जगत् को छोड़कर मनुष्य नहीं रह सकता और न अपने देश और काल के सीमाओं से अस्पृष्ट रहकर ही कोई शिल्पसृष्टि कर सकता है। काव्य भी स्थूल जगत् से विच्छिन्न होकर नहीं रह सकता; क्योंकि शब्द और अर्थ ही उसके शरीर हैं और अर्थ शब्दों द्वारा सूचित बाह्य सत्ता को प्रकट करते

हैं। एक व्यक्ति के चित्त में उचित अर्थ को दूसरे के चित्त में प्रवेश कराके ही शब्द सार्थक होता है। भावावेग द्वारा कम्पित और आन्दोलित शब्दार्थ अपने सीमित अर्थ से अधिक को प्रकाशित करता है। शब्द के अभिधेय अर्थ से कहीं अधिक को प्रकाशित करनेवाली शक्ति को प्राचीनों ने नाना नाम देकर स्पष्ट करना चाहा है। सबसे अधिक प्रचलित और मान्य शब्द 'व्यंजना' है। अनुप्रास के साथ उसकी तुलना करके उसी भावावेगजन्य कम्पन की ओर इशारा किया गया है। छन्द उस आवेग का वाहन है। छन्दोहीन भाषा में कल्पना और सम्मूर्तन तो हो सकता है, पर आवेग का कम्पन नहीं होता। प्राचीन कथाओं की गद्य समझी जानेवाली भाषा में भी एक प्रकार का 'छन्द' है—एक प्रकार की वक्र कम्पनशील नृत्यभंगिमा। वे कहानी की इस सीधी बात को कि 'एक था राजा' इतने सरल ढंग से नहीं कहेंगे। कहेंगे—'धनदर्पकन्दर्पसौन्दर्य सोदर्यरूपो भूपो बभूव'। यह भाषा ही छन्दोमयी है; इसमें छन्द है, झंकार है, लोच है, वक्रता है जो अर्थ में आवेग भरने का प्रयत्न करते हैं। उपन्यास में यह आवेग कम होते हैं; क्योंकि उनकी भाषा में गद्यात्मकता होती है, परन्तु जहाँ कहीं भी उसमें आवेग का कम्पन आता है, वहीं प्रच्छन्न छन्द भी रहता है। मेरे कहने का यह मतलब नहीं समझना चाहिए कि आवेग-कम्पित भाषा न होने के कारण मैं उपन्यास को कम महत्त्वपूर्ण साहित्यांग मानता हूँ। उपन्यास भी साहित्य के मुख्य उद्देश्य का उसी प्रकार पूरक है, जिस प्रकार काव्य। यहाँ पर मैं छन्द और प्रास की क्रिया तक ही अपने विचारों को केन्द्रित रख रहा हूँ। अनुप्रास भावावेग के वेग में नृत्य का छन्द जोड़ता है, जब एक ही ध्वनि बार-बार दुहराई जाती है तो श्रोता आवेग की वक्रिमता से सहज ही प्रभावित हो जाता है। यदि काव्य में से अर्थप्रकाशक शब्द हटा दिए जाएँ तो वह ध्वनि-प्रवाह संगीत बन जाएगा। वस्तुतः अर्थहीन छन्दःप्रवाह संगीत ही है। संगीत में बाह्य जगत् की उस सत्ता से, जो शब्द द्वारा प्रकाशित होती है, कम-से-कम योग होता है, ठीक उसी प्रकार जिस प्रकार गणित में उस आन्तर सत्ता से, जो आवेगकम्पित स्वर से प्रकाशित होती है, कम-से-कम योग होता है। चेतना के एक प्रान्त पर संगीत है, दूसरे पर गणित। संगीत में जिसे स्वर कहते हैं वह एक प्रकार का वेग ही है। बाह्य अर्थों से युक्त होने पर वह आवेग के रूप में प्रकट होता है। परन्तु काव्य जिस प्रकार शब्द-प्रकाश्य अर्थ के द्वारा बाह्य विषय-सत्ता से बँधा रहता है, उस प्रकार संगीत नहीं बँधा रहता। वह अपने-आप ही स्पन्दित होता है। ताल उसमें उसी प्रकार की अनुभूति क्षमता भरता है जिस प्रकार छन्द आवेग में। काव्य द्वारा और संगीत द्वारा स्पन्दित मानवचित्त के आवेगों में थोड़ा अन्तर होता है। काव्य में आवेग द्वारा जो स्पन्दन उत्पन्न होता है वह बाह्य सत्ता से पूर्णतया सम्बद्ध होता है, हम बाह्य घटनाओं की अनुभूति से चालित होते रहते हैं। काव्य पाठक के सुख-दुःख का आवेग उत्पन्न करता है। मनुष्य दूसरों के सुख-दुःख से प्रभावित होता है, उनके साथ उसकी समवेदना होती है और अन्त तक उस सुख-दुःख को अनुभव करने लगता

है। इस प्रकार काव्य मनुष्य-मनुष्य के भीतर वर्तमान एकत्व का प्रतिष्ठापक हो जाता है। काव्य प्रमाणित कर देता है कि व्यक्ति-मानव के ऊपरी विभेदों के नीचे एक अभेद है, एकता है।

कहते हैं, विभिन्न आवेगों से भिन्न-भिन्न जाति और आकृति के कम्पन उत्पन्न होते हैं। संगीत से भी उसी प्रकार के कम्पन उत्पन्न होते हैं जिस प्रकार के कम्पन काव्य से उत्पन्न होते हैं, फिर भी संगीत से उत्पन्न कम्पनों का योग बाह्य सत्ता से कम होने के कारण श्रोता के चित्त में उतनी गाढ़ अनुभूति नहीं होती जितनी काव्यजनित आवेग के कम्पन से होती है। टोड़ी के आलाप से जो एक प्रकार की उदास और विरह-व्याकुल वेदना चित्त में घुमड़ आती है वह विश्वजनीन तो होती है, पर अविच्छिन्न या एब्सट्रैक्ट होने के कारण अनुभूति में वह सान्द्रता नहीं ले आ पाती जो काव्य के करुणरस से उत्पन्न होती है; क्योंकि संगीत की अनुभूति अहेतुक होती है। मनुष्य का चित्त सर्वत्र कार्य-कारण की शृंखला खोजता रहता है—अनुभूति और वेदना के क्षेत्र में भी। काव्यजन्य अनुभूति की सान्द्रता इस बात का पक्का प्रमाण है कि मनुष्य आवेगचालित अवस्था में कार्य-कारण-शृंखला के प्रति आस्था बनाए ही रहता है। जहाँ वह उसे नहीं पाता, वहाँ देर तक जमना नहीं चाहता। यही कारण है कि भक्त कवि भगवान् के साथ व्यक्तिगत सम्बन्ध की कल्पना कर लेता है। जिस काव्य में केवल शब्दालंकार ही झंकार उत्पन्न करता है, अर्थ का भार कम होता है वह बहुत-कुछ उसी प्रकार का असान्द्र अनुभूति जनक आवेग-कम्पन उत्पन्न करता है जो संगीत करता है, पर उसमें संगीत की अबाध गति भी नहीं होती और अर्थ-जगत् से सम्पूर्ण विच्छेद भी नहीं होता; क्योंकि उसके शब्द बराबर बाह्य सत्ता से श्रोता का सम्बन्ध जोड़ते रहते हैं और स्वर के स्वच्छन्द प्रवाह में बाधा उत्पन्न करते रहते हैं। अर्थभारहीन शब्दालंकार न तो काव्य की गाढ़ अनुभूति ही पैदा करते हैं न संगीत का प्रवाह ही। वे दोनों के केवल घटिया प्रभाव-भर उत्पन्न करते हैं। परन्तु जहाँ शब्दालंकार में अर्थ भार बना रहता है वहाँ वे काव्यगत प्रभाव में संगीत की सहज गति भर देते हैं। अर्थालंकार शब्द के प्राणप्रद और विशेषाधानहेतुक दोनों ही धर्मों में गाढ़ अनुभूति का रस ले आते हैं, हम उनकी सहायता से वक्तव्य के व्यक्तित्व को, गुणों को और क्रियाओं को गाढ़ भाव से अनुभव करते हैं। पदार्थ के विशेषाधानहेतुक धर्म—चाहे वे सिद्ध हों या साध्य—सादृश्यमूलक अलंकारों से इस प्रकार सम्मूर्तित होते हैं कि पाठक के चित्त में अनुभूति सहज हो जाती है। वस्तुतः अर्थालंकार जब आवेग-सहचर होकर आते हैं तो काव्य में अत्यधिक उर्जस्वल तेज भर देते हैं, पर जब आवेगहीन होकर आते हैं तो चमत्कारी उक्ति-भर रह जाते हैं। वे उस अवस्था में बिजली की कौंध के समान एक क्षणिक ज्योति विकीर्ण करके अन्तर्धान हो जाते हैं। यह क्षणिक ज्योति हमारे किसी बड़े काम के काम की नहीं होती, केवल अन्तर की चेतना पर मृदुल आघात करके विलीन हो जाती है। बिहारी

की अज्ञातयौवना नायिका ने जब अपनी दासी को ईख की दँतुअन ले आने के अपराध पर झिड़का था तो उसकी सरलता ने ऐसी ही एक क्षणिक ज्योति उत्पन्न की थी। अधर के माधुर्य से दँतुअन कहीं भी मीठी होकर ऊख-सी नहीं लगने लगती। इसीलिए इस दोहे में मृदुकम्पन उत्पन्न करने की शक्ति होते हुए भी वह उतना अनुभूतिप्रेरक नहीं हो पाया, क्योंकि इस कम्पन का हेतु बाह्य सत्ता से असम्पृक्त होने के कारण स्थायी नहीं होता और न अनुभूति को गाढ़ रंग ही देता है। दोहा इस प्रकार है :

अधर परसि मीठी भई, दई हाथ सो डारि।
लावति दतुअनि ऊख की, नोखी खिजमतिगारि।।

लेकिन प्रश्न यहीं समाप्त नहीं हो जाता। यह कविता भी एक श्रेणी के लोगों को आन्नद देती ही है, इसीलिए इसे उपेक्षा की दृष्टि से नहीं देखा जा सकता।

अधर का माधुर्य एक श्रेणी की चीज है और चीनी का माधुर्य दूसरी श्रेणी की। चीनी के संस्पर्श से कोई वस्तु मीठी हो जाती है, पर अधर के संस्पर्श से नहीं होती। होती भी हो तो उस व्यक्ति के लिए तो नहीं ही होती जिसके अधर में यह अद्भुत माधुर्य दिन-रात निवास करता है। किसी और के लिए उक्त अधर से स्पृष्ट वस्तु अमृत से भी मीठी हो जाती हो तो मैं आपत्ति नहीं करूँगा। कविता की चर्चा करते समय मुझसे इतना ठूँठ होने की आशा आप नहीं कर सकते। पर मेरी आपत्ति उसी व्यक्ति की दँतुअनि के मीठी लगने पर है जो स्वयं उस माधुर्य का धनी है। इस प्रकार के चामत्कारिक उक्तियों के मूल में 'माधुर्य' जैसे लाक्षणिक शब्द हैं। उर्दू का साहित्य इस प्रकार की उक्तियों का समुद्र ही है। सभी देशों में और सभी जातियों में ऐसे शब्द प्रचलित हैं जो अपने मूल अर्थ से खिसककर भी उससे मिलते-जुलते अर्थों में प्रयुक्त होते हैं। शब्दों में और अर्थों में संस्कारसमर्पित रूढ़ि पैदा होती है जो उस देश और उस जाति के साहित्य के समझने के लिए अवश्य ज्ञातव्य होते हैं। उन रूढ़ियों को जाने बिना आप किसी साहित्य का रस नहीं ले सकते। रूढ़ि नितान्त निरर्थक नहीं होती, केवल कालप्रवाह में लुढ़कते आने के कारण उसके मूल अर्थ घिसकर अदृश्य हो गए रहते हैं। इन रूढ़ियों से शब्दों को, अर्थों को और आचारों को एक ऐसा मूल्य मिलता है जो लोककल्पित और अवास्तव होता है। 31 बार तोप दगने के बजाय यदि राष्ट्रीय ध्वज के सम्मान के अवसर पर 30 बार या 29 बार दगता तो कुछ बन या बिगड़ नहीं जाता। परन्तु किन्हीं अज्ञात कारणों ने 31 की संख्या को एक कल्पित मूल्य दे रखा है कि जो लोकचित्त में आवेग का कम्पन पैदा करता है। अधर-संस्पर्श से दँतुअन का मीठी हो जाना इसी प्रकार का कल्पित और अवास्तव अर्थ है, पर वह भी एक श्रेणी के सहृदय के चित्त में आवेग का कम्पन उत्पन्न करता ही है। एक और सरस उदाहरण लिया जाए :

अति चाह भरी जमुना-जल को बरजै पर हू नित ऐबौ करै।
सखि को सुख लाख सुनै न कछू अपनी कहि कै मुसुकैबौ करै।

दुति दूनी बढ़ाय 'गुलाब' जबै गुरु लोगन तैं न रुकैबौ करै।
नव नागरि रूप उजागरि सो भरी गागरी क्यों ढरकैबौ करै।

इस पद्य में गागरी ढरकाने की जो चर्चा है, उसका कारण यह है कि अज्ञात यौवना इस बालिका की आँखें हाल ही में मछली-जैसी हो गई हैं और विचारी को शारीरिक परिवर्तन का एकदम पता नहीं है। जब-जब वह भरी गागरी देखती है तब-तब इन कम्बख्त आँखों की छाया पानी में पड़ जाती है और उसे भ्रम होता है कि पानी में मछली आ गई है और ढरका देती है। हर बार ही ऐसा होता है। कहना व्यर्थ है कि इस अर्थ में रूढ़ि द्वारा ही चमत्कार आया है। इस रूढ़ि को समझे बिना रसबोध नहीं हो सकता कि युवावस्था आने के समय किशोरियों की आँखों में मत्स्यधर्मिता आ जाती है।

अर्थ की वक्रिमता को प्रकट करनेवाली सूक्तियाँ मनुष्य के चित्त में गुदगुदी जरूर उत्पन्न करती हैं, साहित्य में उनकी आवश्यकता भी होती है। इन सूक्तियों के सहारे कोमलीकृत चित्त में कवि सहज ही भावों को प्रवेश करा देता है। वृहत्तर मानवजीवन को गाढ़ भाव से उपलब्ध कराने में सूक्तियाँ सहायक होती हैं, परन्तु उससे विच्छिन्न होने पर उनकी उपयोगिता कम हो जाती है। नाटक, काव्य और उपन्यास में ये बहुत उपयोगी होती हैं क्योंकि इनके बिना पाठक का चित्त भाव को ग्रहण करने में तत्परता नहीं दिखाता। श्रीहर्षदेव की 'रत्नावली' में एक श्लोक है जिसमें कहा गया है कि वसन्त पहले लोगों के चित्त को कोमल बनाता है और उस कोमलीभूत चित्त में प्रेम का देवता आसानी से अपने फूल के वाणों को चुभो देता है :

इह पढमं महुमासो जनस्स चित्ताइँ कुणइ मिउलाइँ।
पच्छा विज्झइ कामो लद्धप्पसरेहिँ बाणोहिँ।।

भावों की सहायता के लिए सूक्तियाँ भी बहुत-कुछ वही काम करती हैं जो वसन्त प्रेम के देवता की सहायता के लिए करता है। छन्द इन सूक्तियों में गति देते हैं और अलंकार शोभासंचार करते हैं। पर सूक्तियाँ मनुष्य के मनोभावों में सहायक होकर ही सरस होती हैं।

केवल गतिमात्र आ जाने से वह उद्देश्य सिद्ध नहीं होता जो काव्य का प्रधान उद्देश्य है। गति तो जड़ पिण्डों में भी होती है। यह धरित्री-खण्ड न जाने कब से गतिशील है लेकिन जड़ता उसकी गति में बाधा पहुँचाती है। जड़ पिण्ड घूम-फिरकर एक ही स्थान पर आ जाता है, चेतन आगे निकल जाता है। वर्तुलाकार मार्ग गति में संचारित जड़धर्म-जन्य बाधा का परिणाम है, वह पद-पद पर बाधा पहुँचाता है और जड़ पिण्ड चक्करदार मार्ग में घूमने को बाध्य होता है। गति के साथ आगे बढ़ना भी आवश्यक है। इसी को 'प्रगति' कहते हैं। यह चेतन की अपनी विशेषता है। जब तक काव्यगत सूक्तियों में यह चेतनधर्म नहीं संचरित होता तब तक छन्द उनमें गति का वेग भर दे सकते हैं, प्रगति का उत्साह नहीं संचारित कर सकते।

जो कवित्व मनुष्य को घुमा-फिराकर जहाँ-का-तहाँ छोड़ देता है उसमें गति तो है लेकिन प्राण नहीं है। कुछ प्राण भी चाहिए। केवल कहना तो कहना नहीं है, कहने की चरितार्थता इस बात में है कि मनुष्य को आत्मधर्म के प्रति सचेतन बनाए। जिस कहने से कहनेवाले की वेदना प्रत्यक्ष न हो जाए, श्रोता का हृदय सहानुभूति से पूर्ण न हो जाए, उसमें स्वाद क्या है भला!

कवि बोधा कहे में सवाद कहा, को हमारी कही पुनि मानतु है।
हमैं पूरी लगी कि अधूरी लगी, यह जीव हमारोइ जानतु है।

जब कभी मुझे छन्द की, झंकार की और संगीत की इस प्रकार चर्चा करनी पड़ती है तभी हृदय के अन्तस्थल से यह ध्वनि निकलती रहती है—ततः किम्? छन्द की, झंकार की या संगीत की महिमा क्या वृहत्तर जीवन में भी कुछ सन्तुलन पैदा करती है या वे केवल शब्द और अर्थ के सम्बन्धों को लेकर बौद्धिक कसरत करनेवाले कलाबाजों के आरोपित अवास्तव मूल्य के बल पर ही इतने बड़े गौरव का मुकुट धारण किए हुए हैं? यह प्रश्न अनुचित नहीं है; क्योंकि जिससे जीवन को कुछ ऊपर उठने की शक्ति न मिलती हो, नीचे की ओर गिरने से बचाव न होता हो वह वस्तु बहुत काम की नहीं हो सकती। जिससे हमारे बन्धन शिथिल हों, पद-पद पर का विनिपात दूर होता हो वही काम की चीज है, नहीं तो बड़ा नाम देने से ही कोई चीज बड़ी नहीं हो जाती और हो भी जाए तो उससे विशेष लाभ नहीं हो सकता—ये नाहं नामृतास्यां किमहं तेन कुर्याम्?

वस्तुतः मनुष्य के व्यक्ति-चित्त को आवेग-कम्पित करनेवाला छन्द व्यक्ति-विशेष की पृथक्भूता शक्ति का परिचायक नहीं है। मैंने शुरू में ही कहा है कि वह एक समूहगत शक्ति है। एक चित्त के अनुभव को अनेक चित्तों में अनायास संचारित करनेवाला महान् साधन है। ऐसा वह इसीलिए कर सकता है कि वह वृहत्तर जगत् की किसी ऐसी ही शक्ति का वागाश्रित मानवीय प्रतिनिधि है। जब वह मनुष्य के वाक्य को आश्रय करके प्रकट होता है तो उस वाक्य के पीछे रहनेवाले अर्थ को प्रयोजन की गुरुता से मुक्त करके भावलोक में ले जाता है। जब वह मनुष्य की देह को आश्रय करके प्रकट होता है तो इस देह में भी असाधारण ऐश्वर्य भर देता है, उस समय हम उसे नृत्य कहते हैं। छन्द भारसाम्य की रक्षा करता है, सन्तुलन नहीं बिगड़ने देता और नितान्त गद्यात्मक प्रयोजनों के भारीपन से भाव को मुक्त करता है। मनुष्य के समाज को आश्रय करने पर यही छन्द धर्म के रूप में प्रकट होता है और सामाजिक सन्तुलन की रक्षा करता हुआ, आचार-परम्परा में अध्यात्म का ऐश्वर्य संचारित करता है। जिस समाज में छन्द नहीं, उसमें सन्तुलन भी नहीं है और उसमें अध्यात्मभावना का अभाव हो जाता है। समूची सृष्टि में ही एक प्रकार की छन्दोमयी गति है। काव्य का छन्द उस वृहत्तर सत्य के अनुरूप होने से ही महान् है, वह कलाबाजों द्वारा आरोपित काल्पनिक मुकुट पहनकर बड़ा नहीं हुआ है।

संदर्भ

1. ए.बी. कीथ, 'संस्कृत ड्रामा', आक्सफोर्ड, 1924, पृष्ठ 280
2. 'क्रिएशन ऐज़ एक्सप्लेण्ड इन दि तंत्राज़'।
3. भूमा=विराट्, निस्सीम।

दो : विनिवेशन, अन्यथाकरण और अन्वयन*

कलाकार किसी चित्र या मूर्ति के निर्माण के लिए कुछ सामग्रियों का उपयोग करते हैं। इन्हें 'उपादान' कहते हैं। फिर वे तूलिका, छेनी आदि का सहारा भी लेते हैं जो कला-वस्तु के निर्माण में सहायक होते हैं। इन्हें 'करण' कह कहते हैं। परन्तु कालिदास ने 'करण' शब्द का दो प्रकार से प्रयोग किया है। कभी-कभी वे इन्द्रियों के अर्थ में इसका प्रयोग करते हैं और अन्तःकरण (मन, बुद्धि आदि) और बहिःकरण (आँख, कान, हाथ आदि) में से किसी एक या दोनों की बात करते हैं और कभी उन औजारों का भी इस शब्द से ही उल्लेख करते जान पड़ते हैं जो कलाकार के सहायक होते हैं (जैसे तूलिका, लेखनी, छेनी आदि)। दोनों में स्पष्ट भेद बताने के उद्देश्य से मैंने अपनी ओर से दूसरी श्रेणी के करणों के लिए 'उपकरण' शब्द का प्रयोग करने का निश्चय किया है। 'करण' कलाकार के अनुशासित और शिक्षित इन्द्रिय हैं और 'उपकरण' उसकी इन्द्रिय-शक्ति के सहायक औजार आदि। आधुनिक सौन्दर्यशास्त्री उपादान और उपकरण, इन दोनों के लिए 'माध्यम' (अँग्रेजी 'मीडियम') शब्द का प्रयोग करते हैं और बताते हैं कि कलाकृति के उपयोग में माध्यम की प्रकृति की जानकारी और आनुकूल्य-विधान बहुत आवश्यक तत्त्व हैं। यह विचारणीय है कि इस सम्बन्ध में कालिदास का क्या मत है।

कालिदास ने श्रेष्ठ कलाकार के रूप में विश्वसृज् (विश्व का स्रष्टा, विधाता) को ही देखा है। परन्तु 'विश्वसृज्' की कला-रचना की प्रक्रिया के बहाने उन्होंने श्रेष्ठ मानव-कलाकार के गुणों का उल्लेख किया है। वस्तुतः वे विधाता की सृष्टि-रचना को एक उत्तम कलाकार की कलाकृति ही मानते हैं। यद्यपि विधाता 'विभु' या परम समर्थ है और मनुष्य उसकी तुलना में बहुत कम समर्थ प्राणी है, पर विधाता को भी मनुष्य की तरह श्रेष्ठ रचना के लिए 'प्रयत्न' करना पड़ता है। 'समाधि' की अवस्था में पहुँचना पड़ता है, चित्त को 'सत्वस्थ' करना पड़ता है। तभी वह सुन्दर सृष्टि कर सकता है। आधुनिक सौन्दर्य-शास्त्री प्रकृति के सौन्दर्य और मानव कलाकृति सौन्दर्य

---

* 'कालिदास की लालित्य योजना' से ।

में जितना अन्तर करते रहते हैं, कालिदास को उतना मान्य नहीं है। वे अनायास मानव-कलाकार के उपकरणों को विधाता के उपकरणों के साथ-साथ एक ही साँस में समान गौरव के साथ रख दे सकते हैं। पार्वती के बाल्यकाल के चतुरस्र या सपाट शरीर को नवयौवन ने ऊँचा-नीचा करके विभक्त बना दिया–उभार ला दिया–किस प्रकार? कालिदास दो उपमानों का प्रयोग करते हैं–एक तो विधाता की सृष्टि (प्रकृति) से लिया गया है, दूसरा मानव-कलाकार की सृष्टि (संस्कृति) से। विधाता जब कमल के मुँदे पुष्प में विभेद या उभार ले आना चाहते हैं तो सूर्य-किरणों की सहायता से ऐसा करते हैं और मानव कलाकार जब चित्र में विभेद या उभार पैदा करना चाहता है तो तूलिका की मदद से ऐसा कर पाता है। दोनों उपमानों को समान मर्यादा देने में कालिदास को रंचमात्र भी हिचक नहीं है। वे इस चिन्ता में भी नहीं पड़ते कि विधाता का नाम पहले लेना चाहिए, मनुष्य-कलाकार का बाद में। उनकी दृष्टि से दोनों समान मर्यादा के अधिकारी हैं। वे मनुष्य-कलाकार का नाम पहले ले लेने में कोई हर्ज नहीं मानते :

उन्मीलितं तूलिकयेव चित्रं सूर्यांशुप्रोद्भिन्नमिवारविन्दम्।
बभूव तस्याश्चतुरस्रक्षोभि वपुर्विभक्तं नवयौवनेन।।–कु. 1/32

[जैसे तूलिका या कूची से रंग भरने पर चित्र निखर आता है और जिस प्रकार सूर्य की किरणों से कमल का फूल रूप-वर्ण और गन्ध से फट पड़ता है, वैसे ही नवयौवन के द्वारा उस (पार्वती) का चौरस शरीर निखर उठा। उसमें ऊँचाई-नीचाई के भाव प्रकट हो गए!]

इस श्लोक में आए हुए 'चतुरस्र' शब्द पर विशेष रूप से ध्यान दिया जाना चाहिए। यह चित्र-सूत्र में बताए गए 'वैणिक' चित्र की याद दिलाता है। रेखाओं से बने हुए ये चित्र केवल खाका मात्र होते थे–'चतुरस्र सुसम्पूर्णं न दीर्घ नोल्वण-कृति', अर्थात् न ही उनमें दीर्घता का भान होता है, न ऊँचाई-नीचाई का। ऐसे खाकेवाले चित्रों में उन्मीलन या उभार लाना चतुर कलाकार की शिक्षित तूलिका का ही काम है।

वस्तुतः जहाँ-कहीं कालिदास ने विधाता की सृष्टि-प्रक्रिया की बात कही है, वहाँ मानव-कलाकार उनके मन में अवश्य विद्यमान रहता है। इसलिए उनकी विधाता की सर्जन-प्रक्रिया सम्बन्धी उक्तियों से हम मानव-कलाकार की सर्जन-प्रक्रिया के सम्बन्ध में उनका क्या मत था, इसका अनुमान अवश्य कर सकते हैं।

विधाता ने पार्वती का सुन्दर रूप कैसे बनाया? निपुण मानव-कलाकार की भाँति उसे सामग्री संग्रह करनी पड़ी, उनकी प्रकृति का अध्ययन करना पड़ा, कहाँ किसे रखना ठीक होगा, इसका विचार करना पड़ा, अभ्यास-निपुण चित्त से प्रयत्न करना पड़ा और तब जाकर वह सुन्दर रूप बन सका :

सर्वोपमाद्रव्यसमुच्चयेन यथाप्रदेशं विनिवेशितेन।
सा निर्मिता विश्वसृजा प्रयत्नादेकस्थसौंदर्य दिदृक्षयेव।।–कु.1/49

[ऐसा जान पड़ता है कि विश्व-स्रष्टा (विधाता) सम्पूर्ण सौन्दर्य को एक स्थान पर देखना चाहते थे। इसीलिए उन्होंने उपमा-योग्य सभी वस्तुओं को एकत्र किया, उन्हें यथास्थान सजाया और उनकी सहायता से प्रयत्नपूर्वक पार्वती के रूप का निर्माण किया।]

विधाता ने क्या किया था, यह जानने का उपाय हमारे पास नहीं है। पर कालिदास ने निस्सन्देह ऐसा ही कुछ किया था। तब कहीं जाकर वे पार्वती के 'कांचन-पद्म-धर्मि' रूप को निखार सके।

इस कथन से कालिदास के कई विचार स्पष्ट हो जाते हैं। सामग्री या उपादान का संचयन तो कलाकार के लिए आवश्यक है ही, उसके बिना तो वह आगे बढ़ ही नहीं सकता, परन्तु कालिदास ने यहाँ उससे बड़ी बात कहनी चाही है। उपादान का ठीक-ठीक सन्निवेश आवश्यक तत्त्व है। वस्तुतः श्रेष्ठ कलाकार वह होता है जो अपनी इच्छा और उपादान की प्रकृति का ठीक-ठीक सामंजस्य कर सकता है। जिस या जिन उपादानों के सहारे कला-कृति का निर्माण होता है वे भी अपना व्यक्तित्व रखते हैं। उनका निर्देश मानना पड़ता है, उनकी प्रकृति के विरुद्ध यदि बलात् उनका उपयोग किया जाए तो कलाकृति की चारुता को नष्ट कर देते हैं। उनका यथाप्रदेश विनिवेश कलाकार की निरीक्षण शक्ति की सच्चाई या कच्चाई की गवाही देते हैं। केवल श्रेष्ठ कलाकार ही—जो 'एकत्र सौन्दर्य दिदृक्षा' का धनी होता है—उपादान को अनुकूल बना सकता है। उसका आनुकूल्य प्रयत्न से सिद्ध होता है। उपादान सहानुभूति चाहता है, सहलावा चाहता है, मनुहार चाहता है। एरिक न्यूटन ने लिखा है कि यदि कलाकार माध्यम (उपादान और उपकरण) के स्वाभाविक आचरण की उपेक्षा करता है और जबर्दस्ती अपनी इच्छा उस पर लादने का प्रयास करता है, तो वह अपने को ही जोखिम में डाल देता है और यदि उसके सामने वह आसानी से घुटने टेक देता है, तो भी वह अपने को जोखिम में ही डाला करता है। कुशल शिल्पी की सफलता का रहस्य यह है कि वह माध्यम का ठीक-ठीक उपयोग करता है, उसके स्वाभाविक आचरण को इस प्रकार अनुकूल बनाने का प्रयत्न करता है कि वह जोर-जबरदस्ती के बिना अपनी मर्जी से उसकी सहायता करने लगता है। जापानी कुश्तीबाज की तरह वह अपने प्रतिद्वन्द्वी के प्रयत्नों को अपने अनुकूल बनाता है और उसे चित करने में उसी के प्रयत्नों का उपयोग करता है। सच्चा कलाकार अपनी मर्जी के साथ माध्यम की मर्जी को एकमेक कर देता है। ('दि मीनिंग ऑफ़ ब्यूटी', पृ. 89-90) असल में उपादान और उपकरण का निर्देश मानना और उसे अपनी इच्छा के अनुकूल बना लेना अच्छे कलाकार का सहज गुण है। कलाकार केवल ऐसा स्वप्नद्रष्टा नहीं होता जो मानवी मूर्तियों की निर्माण कर चुप बैठ जाता है। उसे अपने स्वप्न को उपादान और उपकरण की सहायता से चरितार्थ करना पड़ता है। यदि वह उनकी उपेक्षा करता है तो अनर्थ हो सकता है। मनुहार न करने का ही वह फल है जो

संस्कृत की इस अतिप्रसिद्ध उक्ति में संक्षेप में वता दिया गया है—'विनायकं प्रकुर्वाणो रचयामास वानरम्' (गणेशजी की मूर्ति बनाने चला, वना दिया वानर)। कुछ बहुत अच्छे शिल्पी उपादान की प्रकृति के अच्छे ज्ञाता होते हैं, वे उसके निर्देश को समझते हैं, फिर भी अच्छे कलाकार नहीं बन पाते, क्योंकि उनकी इच्छा-शक्ति कमजोर होती है। ऐसे शिल्पी 'कारीगर' की मर्यादा से ऊपर नहीं उठ पाते। वे बड़ी चीज नहीं दे पाते। अँग्रेजी में ऐसे प्रयत्नों के लिए 'स्लिक' शब्द का व्यवहार किया जाता है—बहुत-कुछ यह संस्कृत के 'गुणीभूत' शब्द का समानधर्मा है पर ठीक-ठीक वही नहीं है। जहाँ कलाकार की सर्वोत्तम सर्जनेच्छा के साथ माध्यम का प्रयत्नसाध्य निर्देश एक-दूसरे को समृद्ध करते हैं, वहीं कलाकृति श्रेष्ठ होती है। कलाकार में यह इच्छा-शक्ति सहज होती है, वैसी ही जैसी विधाता की सृष्टि है—चन्द्रमा में आह्लादक धर्म सहज होता है; क्योंकि चन्द्रमा, विधाता की मानसी सृष्टि है—'चन्द्रमा मनसो जातः'। माध्यम में वह यत्नसाध्य होती है, जैसे विधाता की सृष्टि में कमल पुष्प में 'सूर्य किरणों से प्रोद्भिन्नता' द्वारा वह प्रयत्न पुरस्सर आनीत होती है। कलाकृति में वह रचना-शक्ति सहज और यत्नसाध्य प्रचेष्टाओं की 'द्विसंश्रया प्रीति' प्राप्त करती है। पार्वती के मुख का जब विधाता ने निर्माण किया था तो सौन्दर्य-लक्ष्मी ने द्विसंश्रया प्रीति एकत्र प्राप्त की थी :

चन्द्र गता पद्मगुणान्न भुंक्ते पद्माश्रिता चांद्रमसीमभिख्याम्।
उमा-मुखं तं प्रविविश्य लोला द्विसंश्रयां प्रीतिमवाप लक्ष्मीः।।

[सौन्दर्य लक्ष्मी जब चन्द्रमा में होती है तो पद्म के गुणों का उपयोग नहीं कर पाती, उधर वह जब पद्म में होती है तो चन्द्रमा की शोभा से वंचित हो जाती है। किंतु यह चंचला, उमा के मुख को आश्रय करके द्विसंश्रया या उभयनिष्ठा प्रीति का भाजन बनी।]

सो, कलाकृति द्विसंश्रया प्रीति चाहती है। कालिदास जब 'यथाप्रदेशं विनिवेशितं' की बात कहते हैं तो उपादान के आनुकूल्य-साधन की ओर इंगित करते हैं।

परंतु जो बात कालिदास ने बहुत स्पष्ट शब्दों में नहीं कही, उसे वे करके दिखा गये हैं। वे जिस सामग्री का उपयोग करते हैं, उसकी प्रकृति के अनुसार ही उसे रूप दे देते हैं। परवर्ती संस्कृत कवियों में यह बात सदा नहीं पायी जाती। वक्तव्य वस्तु स्वयं अपना रूप निश्चय करता है। या और भी स्पष्ट शब्दों में कहें तो, कवि को वक्तव्य वस्तु की प्रकृति को देखकर, कलात्मक कृति की रचना करनी होती है और उसका रूप, उसका छन्द, उसका 'यथाप्रदेश विनिवेश' सोचना पड़ता है। इस बात में कालिदास की तुलना बहुत कम कवियों के साथ की जा सकती है।

कालिदास भारतवर्ष के समृद्ध इतिहास की देन हैं। स्वभावतः उन्हें विरासत में अनेक रूढ़ियों की प्राप्ति हुई थी। धर्म, दर्शन, कला, शिल्प आदि के क्षेत्र में अनेक रूढ़ प्रतीक साधारण जनता में बद्धमूल हो चुके थे, इसलिए उन्होंने भी बहुत-सी रूढ़ियों

का पालन किया है। जब तक प्रतीकों का अर्थ मालूम रहता है तब तक वे 'रूढ़' की कोटि में नहीं आते, क्योंकि वे तब तक प्रयोक्ता के अनुध्यात अर्थ का प्रक्षेपण ग्रहीता के चित्त में करते रहते हैं। दीर्घकालीन प्रयोग के बाद उनका मूल प्रयोजन भुला दिया जाता है और बाद में उन घिसे-पिटे प्रतीकों का प्रयोग रूढ़ अर्थ में होने लगता है। कालिदास नपे अपनी रचनाओं में काव्यगत और नाट्यगत रूढ़ियों का जमकर प्रयोग किया है। उनसे छनकर ही उनकी स्वकीयता (ओरिजिनैलिटी) आती है। और यदि हमें कालिदास के उपादान-प्रयोग की कुशलता की परीक्षा करनी हो तो इन रूढ़ियों की जानकारी आवश्यक हो जाएगी। यहाँ उस प्रकार के प्रयास में पड़ने की इच्छञ्ज नही है। वह एक जटिल अध्ययन-प्रक्रिया की अपेक्षा रखती है। यहाँ प्रसंग यह है कि कालिदास उपादान की प्रकृति के निपुण पारखी हैं। रूढ़ियों का मान उनके मन में है अवश्य, पर उपादान के उपयोग में उनकी स्वकीयता प्रशंसनीय है।

चित्र के विषय में उन्होंने बहुत-कुछ शब्दों में कहा है। उन्होंने यह भी इंगित किया है कि चित्रकार को ठीक-ठीक चित्र बनाने के लिए बाह्य जगत् से गृहीत सामग्री का अन्यथाकरण करना पड़ता है। कई जगह चित्रकार को—और अन्य कलाकारों को भी ज्यों-का-त्यों चित्रण करने के लिए कुछ छोड़ना पड़ता है, कुछ जोड़ना पड़ता है, कुछ बदलना पड़ता है। उसे कई बार रूढ़ियों का आश्रय लेना पड़ता है। ऐसा करना उसके लिए आवश्यक हो जाता है। वह इस विवशता से छुटकारा नहीं पा सकता।

इस कौशल को 'अन्यथाकरण' कह सकते हैं। अंग्रेजी में इसे 'डिस्टॉरशन' कहते हैं। मनुष्य जो भी कुछ रचता है उसके लिए वह बाह्म जगत् की वास्तविकता से ही मसाला संग्रह करता है। पर इसे ज्यों-का-त्यों वह ले ही नहीं सकता। उसे चार आयामों के जगत् को तीन, दो या एक में बदलना पड़ता है। वह कुछ-न-कुछ छोड़ने को बाध्य है। वह तथ्यात्मक बाह्य सत्ता को बदलता है, 'अन्यथा' बनाता है। इसीलिए उसके इस प्रयत्न को 'अन्यथाकरण' कहते हैं। अन्यथाकरण अर्थात् जो जैसा है उसे वैसा ही न रहने देना। फिर भी वह वस्तु को यथार्थ रूप में चित्रित करने का प्रयास करता है। रेखा से, रंग से वह कमियों को पूरा करता है। इस कौशल में ही कलाकार का वैशिष्ट्य है। कालिदास ने 'अभिज्ञानशाकुन्तल' में एक स्थान पर यह बात बड़े आकर्षक ढंग से कही है। राजा दुष्यन्त ने शकुन्तला का चित्र बनाया था। उस चित्र को देखकर राजा ने कहा था कि चित्र में जो कुछ साधु नहीं होता अर्थात् जैसा है वैसा नहीं बन पाता उसे अन्यथा कर दिया जाता है। फिर भी उस (शकुन्तला) का लावण्य रेखाओं से कुछ निखर ही गया है, उसमें लगातार प्रभावित करते रहने की क्षमता जुड़ ही गई है :

यद्यत्साधु न चित्रे स्यात् क्रियते ततदन्यथा।
तथापि तपस्या लावण्यं रेखया किंचिदन्वितम्।।

यहाँ इस श्लोक को उद्धृत करने का उद्देश्य सिर्फ यही नहीं है कि अन्यथाकरण शब्द के प्रयोग का औचित्य सिद्ध किया जाए, बल्कि यह भी है कि इस बात को विशेष रूप से दृष्टिगोचर किया जाए कि कालिदास ऐसा मानते थे कि यद्यपि अन्यथाकरण के द्वारा बाह्य जगत् ज्यों-का-त्यों नहीं आ जाता, फिर भी उत्तम कोटि का चित्रकार उसमें कुछ और जोड़ देता है—किंचित् अन्वितम्। ऊपर से यह बात ऐसी अटपटी मालूम होती है कि बहुत-से पण्डित इस श्लोक का अर्थ ही बदलने पर उतारू हो गए हैं। उनका कहना है कि इसका अर्थ है कि 'फिर भी इसमें इसका लावण्य कुछ-कुछ उतर ही गया है।' हर पण्डित से लोहा लेते फिरने की स्पर्धा तो मुझमें नहीं है, पर मुझे लगता है कि कालिदास का तात्पर्य वही है जो पहले कहा गया है। इसका प्रमाण उन्हीं के ग्रन्थों से दिया जा सकता है; पर बात बढ़ाने से कोई लाभ नहीं है। मैं जिस बात को स्पष्ट करने जा रहा हूँ, उसी से इसका समर्थन हो जाएगा।

जिसे हम परिदृश्यमान बाह्य जगत् कहते हैं, उसकी सच्चाई क्या है? एक व्यक्ति इसे जैसा देखता है, उसे ही ठीक देखना परिदृश्यमान जगत् की सच्चाई नहीं है। सारा मनुष्य-समाज जैसा देखता है, वैसी ही उसकी सच्चाई है। एक व्यक्ति किसी चीज को पीला देखे और बाकी लोग सफेद देखें तो सफेद ही सच्चाई है, पीला अवनर्मिल दृष्टि का प्रसाद है। इस प्रकार परिदृश्यमान जगत् की सच्चाई व्यक्ति-दृष्ट नहीं, बल्कि समष्टि-दृष्ट सच्चाई है। परिदृश्यमान बाह्य जगत् स्थूल होता है, उसकी सच्चाई का मापदण्ड बनाना आसान होता है। समष्टि-दृष्ट बाह्य जगत के कारण कार्यों का विश्लेषण करके और नए तथ्यों की जानकारी प्राप्त करके नए सिरे से नई वस्तुओं का निर्माण मनुष्य करता ही रहता है। इस विश्लेषण और अन्यथाकरण की गठनात्मक नवव्यवस्थापन की प्रक्रिया विज्ञान का कार्यक्षेत्र है। इस प्रक्रिया द्वारा व्यक्ति या व्यक्ति-समूह निरन्तर परिवर्तन करते रहते हैं। परन्तु अन्तर्जगत् इतना स्थूल नहीं है। कलाकार भी विज्ञानी की भाँति नित्य परिवर्तन करता रहता है। किन्तु इन सूक्ष्म अनुभूतियों के विश्लेषण और अन्यथाकरण की प्रक्रिया कुछ और तरह की होती है। यही कलाकार का कार्यक्षेत्र है। अन्तर्जगत् की अनुभूतियों की सच्चाई भी समाज-चित्त की सच्चाई है। एक प्रकार के रूप से यदि एक आदमी अत्यधिक प्रीतिभाव अनुभव करता है और बाकी लोभ वैसा भाव अनुभव नहीं करते तो प्रीतिभाव अनुभव करनेवाला ही अवनर्मिल माना जाता है। वैसा न अनुभव करना ही अन्तर्जगत् की सच्चाई मानी जाती है। भाषा अवनर्मिल भाव के लिए नहीं बनती, वह समाज-चित्त की अनुयायिनी होती है। बाह्य जगत् के विषयपरक होने से व्यक्तिदृष्टि कम बाधक सिद्ध होती है, लेकिन अन्तर्जगत् के विषयपरक होने के कारण अधिक बाधा उत्पन्न करती है। मैं यह तो मान लेने को तैयार हो सकता हूँ कि जो चीज मुझे पीली दिखाई दे रही है, वह वास्तव में सफेद है और मुझे अपनी आँखों की दवा करनी चाहिए, पर यह मानने में बड़ी कठिनाई है कि सेंहुड़ का काँटा जो मुझे अच्छा नहीं लगता वह वास्तव

में अच्छा ही लगने योग्य है। अन्तर्जगत् की अनुभूतियों के लिए जो भाषा बनी है, उससे व्यक्तिचित्त पूरा-पूरा कभी सन्तुष्ट नहीं होता और अधिकांश व्यक्तियों में अन्तर्द्वन्द्व बना रहता है। समाज-चित्त को परिवर्तित करना इस क्षेत्र में कठिन कार्य है। कलाकार को यही करना पड़ता है। बाह्य तथ्यात्मक जगत् सदा अन्तर्जगत् के व्यक्ति-चित्त को वैसा ही नहीं देखता जैसा समाज-चित्त से देखा जाता है। अन्यथाकरण की निर्माणोन्मुखी प्रक्रिया बाह्य जगत् के समाजस्वीकृत रूपों को जोड़कर सही अर्थों में उपलब्ध कराती है। द्रष्टा सिर्फ यह नहीं समझता कि वह जान रहा है बल्कि यह अनुभव करता है कि वह देख रहा है, पा रहा है। ज्ञातवस्तु दृष्ट होती है; दृष्ट, उपलब्ध। स्पष्ट ही कलाकार अन्यथाकृत बाह्य जगत् के अवयवों से उतना ही नहीं देता जितना बाह्य जगत् में मिलता है, बल्कि उसमें कुछ और जोड़ता है। 'रेखया किंचिदन्वितम्'—यही उसकी रचनात्मक शक्ति का वैशिष्ट्य है। चित्रसूत्र और मानसोल्लास आदि प्राचीन ग्रन्थों में कई प्रकार के चित्रों की चर्चा है। एक तो सत्यचित्र या विद्धचित्र ही है, फिर भावचित्र है, रस-चित्र है। इनमें कलाकार हू-ब-हू की अपेक्षा कुछ अधिक देता है। कालिदास इन अधिकदायी चित्रों को बहुमान देते हैं। उन्हीं के शब्दों का व्यवहार किया जाए तो इस बात को 'अन्वयन-कौशल' कहा जा सकता है।

'अन्वय' शब्द का चुनाव बड़ी सावधानी से किया गया जान पड़ता है। कालिदास ने अन्यत्र इस शब्द का प्रयोग 'सन्तान-परम्परा' के अर्थ में किया है—'रघूणामन्वयं वक्ष्ये' (मैं रघु की वंशपरम्परा का वर्णन करूँगा)। चित्र अपने-आप में एक स्थिर पदार्थ है। पर जब वह रसयुक्त बनता है तो भाव-परम्परा को दीर्घ-काल तक उत्पन्न करता रहता है, ठीक उसी प्रकार जिस प्रकार वीणा के तार को हल्का-सा आघात कर देने से देर तक 'अनुरणन' होता रहता है। परन्तु वीणा का अनुरणन श्रव्य ध्वनि-परम्परा है और चित्र या मूर्ति का अनुरणन मानसिक भाव परम्परा है। इसी भाव-परम्परा के उत्पन्न करने की क्षमता को अन्वय कहा जाता है और उस प्रक्रिया को 'अन्वयन'।

चित्रसूत्र से पता चलता है कि भारतीय कला के आचार्य रेखा को बहुत महत्त्व देते हैं। सुप्रसिद्ध कला-मर्मज्ञ श्री न. च. मेहता (एन.सी. मेहता) लिखते हैं कि ''रेखा-सौन्दर्य पर भारत एशिया-भर की चित्रकला का दारोमदार है। बल्कि यह कहना अनुचित न होगा कि पौरस्त्य चित्र केवल रंगीन रेखाचित्र हैं। आलेख्य वस्तु को रेखाबद्ध करके ही रंग-विधान किया जाता है। पहले चित्र का खाका खींचते हैं, फिर उसमें रंग भरा जाता है—यहाँ तक कि अकबर के जमाने के महाभारत के फारसी अनुवाद 'रज्मनामा' के अतीव सुन्दर चित्र दो-दो तीन-तीन चित्रकारों के हाथ के बने हैं। एक ने रेखा खींची है जिसे चित्रों की भाषा में 'तरह' करना कहते हैं। दूसरे ने रंग भरा है जिसे 'रंगरेज़' अथवा 'रंगामेज़' कहते हैं। एक चित्र में कभी-कभी 'तरह' के, रंग के, हाशिए के बिल्कुल अलग-अलग कारीगर हुआ करते थे। 18वीं और 19वीं शताब्दी में कई चित्र बिना रंग के 'स्याह कलम' भी मिलते हैं।'' ('चित्रमीमांसा', पृ. 6-7)।

वस्तुतः चित्रकार रेखा के माध्यम से ही चित्र को जीवन्त और रस-युक्त बनाता है। चित्र के बीचों-बीच 'भूलम्भ रेखा' या 'ब्रह्मरेखा' होती है। विभिन्न भावों और रसों के चित्रण में इस भूलम्भरेखा से इधर-उधर के झुकाव से भाव या रस को अनुभव योग्य बनाया जाता है। पर चित्र में सिर्फ रेखा द्वारा नतोन्नत भाव नहीं आता। आजकल आलोक-छाया की पद्धति से इस बात को स्पष्ट किया जाता है। पुराने चित्रकार रेखा के माध्यम से ही यह कार्य करते थे। इसे 'वर्तना' कहा जाता था। यह नतोन्नत या उच्चावच भाव दिखाने के लिए चित्रकार को बड़ी सावधानी से रेखा में लघुता या पृथुलता की योजना करनी पड़ती है। 'रेखा' और 'वर्तना' पुराने चित्रकारों के कौशल की कसौटी हैं। चित्रसूत्र (41.11) में कहा गया है कि 'रेखां प्रसंसन्त्याचार्या वर्तनां च विचक्षणाः' इसलिए अन्वयन कार्य में रेखा का इतना महत्त्व कालिदास ने स्वीकार किया है। अपने ग्रन्थों में उन्होंने वातावरण और अलंकार के महत्त्व का भी निर्देश किया है। वातावरण के बिना भावचित्र और रसचित्र अधूरे रह जाते हैं। मुक्तक रचनाओं की व्याख्या के लिए एक प्रकार के वातावरण की योजना करनी पड़ती है। कौन कह रहा है, किससे कह रहा है, किस परिस्थिति में कह रहा है, इन बातों की योजना न की जाए तो बिहारी और अमरुक की श्रेष्ठ रचनाएँ भी समझ में नहीं आएँगी।

विद्ध-चित्र और रस-चित्र

विद्ध-चित्र हू-ब-हू चित्रण है। उसमें चित्रकार यथासम्भव असम्पृक्त रहकर सफलता पाता है। कलाकार की अन्तर्वेदना विषय-वस्तु के माध्यम से प्रकट नहीं होती। दुष्यन्त ने शकुन्तला का चित्र बनाया था। उसका वर्णन स्वयं कालिदास ने इस प्रकार किया है—चित्र में आँकी गई शकुन्तला के दोनों नेत्र कटाक्षनिरीक्षण के फलस्वरूप फैले हुए थे, उनके ऊपर की भ्रूलताएँ लीलायित थीं, उनके चुहल का भाव था, हँसने के कारण स्वच्छ दाँतों से चाँदनी की तरह छिटकनेवाली स्वच्छ-शीतल प्रभा से उसके अधर उद्भासित हो रहे थे, कर्कन्धू फल की लाल-लाल प्रभा उसके होंठों से निकलकर मुखमण्डल को बड़ी ही रुचिर शोभा से विभूषित कर रही थी। यद्यपि वह चित्र था, तो भी ऐसा जीवन्त था कि लगता था वास्तविक शकुन्तला ही दिख रही है—अब बोली, अब बोली! विभ्रम-विलास की तरल कान्तिधारा के समान वह दिख रही थी :

दीर्घापाङ्गविसारिनेत्रयुगलं लीलाञ्चितभ्रू लतं
दन्तान्तःपरिकीर्णहासकिरणज्योत्स्ना विलिप्ताधरं।
कर्कन्धूद्युतिपाटलोष्ठरुचिरं तस्यास्तदेन्मुखं
चित्रेऽप्यालपतीव विभ्रमलसत्प्रोद्भिन्नकांतिद्रवम्।।

कालिदास ने यहाँ केवल मुखमण्डल का—तत्रापि, आँखें, भवें, अधर और हँसी का—उल्लेख किया है। उन्होंने शकुन्तला के पूरे शरीर और अन्यान्य अवयवों के

संस्थान की बिल्कुल चर्चा नहीं की। परन्तु वर्णविन्यास की बारीकी और चित्र की तरल गतिशीलता की ओर उनकी दृष्टि गई थी—ऐसा जान पड़ता है, किसी अत्यन्त भावमनोहर रसात्मक भंगिमा का किसी ने एक क्षण का छायाचित्र ले लिया हो, क्षण-भर के लिए किसी गतिशील मूर्ति को देखा और रंगों में बाँध लिया हो। चित्रसूत्र में चित्र को जो श्रेष्ठ नृत्य कहा गया है वह इसी गतिशील तत्त्व को दृष्टि में रखकर ही।

सानुमती ने देखकर आश्चर्य के साथ कहा था कि 'ऐसा जान पड़ता है कि सखी (शकुन्तला) मेरे सामने ही खड़ी है।' यह शकुन्तला का वास्तविक चित्रण है। शकुन्तला बिल्कुल प्रत्यक्ष-सी हो गई। पर वह सामान्य शकुन्तला है। वह सानुमती और दुष्यन्त के लिए समान भाव से बनी है। इससे राजर्षि दुष्यन्त की निपुणता प्रकट होती है। सानुमती ने कहा भी था—'अहो राजर्षेः निपुणता। जाने सखी अग्रतो मे वर्तत इति' (आश्चर्यजनक है इस राजर्षि की निपुणता! लगता है मेरी सखी शकुन्तला मेरे आगे ही खड़ी है!)। विदूषक ने इससे भी अधिक देखा था। कहा था—'धन्य हो मित्र, जहाँ-जहाँ आना आवश्यक था वहाँ-वहाँ इसके मन के भाव भी इसमें आ गए हैं, निम्नोन्नत प्रदेशों में तो मेरी दृष्टि फिसल-सी रही है!' (साधु वयस्य मधुरावस्थानदर्श नीयो भावानुप्रवेशः। स्खलतीव से दृष्टिर्निम्नोन्नतप्रदेशेषु।) अर्थात् शकुन्तला का शारीरिक और मानसिक चित्रण बहुत सुन्दर हो गया था। पर दुष्यन्त का मन उससे सन्तुष्ट नहीं था। उसने विदूषक की बात सुनकर ही ऊपर उद्धृत श्लोक कहा था कि, क्योंकि शकुन्तला बन गई थी, अच्छी बन गई थी, पर दुष्यन्त उस चित्र में नहीं आ पाया था। उत्तम चित्र बनाकर वह भी निपुण कारीगर की मर्यादा पा सका था, पर सहृदय कलाकार नहीं उभर पाया था। उसने रेखाओं से अपना भी कुछ जोड़ना चाहा था, पर जुड़ नहीं पाया था। उसने जोड़ने का प्रयास भी कुछ किया था, पर कहीं कोई त्रुटि रह गई थी। वह सिर खुजलाके रह गया। कहीं कोई कमी रह गई है। दुष्यन्त की अपनी मनोदशा उसमें नहीं उभर पाई थी। आलम्बन उभर आया था, आश्रय अस्पष्ट रह गया था। द्विसंश्रया प्रीति चाहनेवाली सौन्दर्य-लक्ष्मी फिर भी ठिठककर खड़ी रह गई थी। राजा ने सुधारा। मालिनी नदी का वह शान्त मनोरम तट जिसके सैकत पुलिनों में हंस के जोड़े विस्रब्ध भाव से विश्राम कर रहे थे, उसे बनाना जरूरी था, नहीं तो दुष्यन्त के हृदय की वह कचोट स्पष्ट नहीं हो पाती जो उसे मथे डालती थी—कैसी जगह जाकर उसने प्रेम किया और कैसा विश्वासघात किया! वह आश्रम था, निश्छल तपोवनों की निश्छल वासभूमि। उसे भी चित्रित करना आवश्यक था।

यह स्थान पार्वती के पिता नगाधिराज की उस तलहटी में था जहाँ सहज-भीरु, निसर्ग-सुन्दर हरिण निरन्तर विहार करते रहते थे। मुनि-कन्याओं में कुछ इसी प्रकार का निश्छल, निसर्ग-सुकुमार, सहज भाव था। इसे चित्रित किए बिना सब बेकार था।

पर सबसे अधिक आवश्यकता थी उस कृष्णमृग की, जिसकी सींगें नुकीली शाखाओं के जंगल के समान सिर पर खड़ी थीं और बगल में बैठी हुई मृगी अपनी बाईं आँख उसकी सींग की किसी नुकीली शाखा से खुजला रही थी, अत्यन्त विश्वास के साथ। विश्वास इतना गाढ़ था कि वह निश्चित जानती थी कि कृष्ण-मृग महाराज यदि गलती से भी जरा-सा हिले तो इन मनोहर आँखों की खैर नहीं और फिर भी खुजला रही थी, अशंक चित्त से। हाय-हाय, वह आश्रम ही ऐसे विश्वासपरायण प्रेमियों का निवास था! शकुन्तला ने भी तो इतने ही विश्वास के साथ आत्मसमर्पण किया था, पर दुष्यन्त ने कैसा व्यवहार किया! यही कलाकार की वेदना तो दुष्यन्त का अपना-कुछ थी। रेखाओं से उसने जोड़ा, पर जुड़ नहीं सका। बहुत माथापच्ची के बाद उसे ठीक-ठीक बात सूझी–

> कार्या सैकतलीनहंसमिथुना स्रोतोवहा मालिनी।
> पादास्तामभितो निषण्णहरिणा गौरीगुरोः पावनाः।
> शाखालंबितवल्कलस्य च तरोनिर्मातुमिच्छाम्यधः।
> श्रृंगे कृष्णमृगस्य वामनयनं कण्डूयमानां मृगीम्।

अब जाकर चित्र में रस आया। जो सबीह था वह रस-चित्र बन गया। कालिदास के समूचे काव्य में इन 'किञ्चिदन्वयन' का कौशल मुखर है।

कालिदास ने सम्पूर्ण अंग के सौन्दर्य का शब्दचित्र भी दिया है। यद्यपि वह चित्रगत आकृति का वर्णन नहीं है पर ऐसा जान पड़ता है कि हम वास्तविक चित्र ही देख रहे हैं। यह विचित्र संयोग है कि नृत्य-परायणा मालविका का चित्र होने के कारण वह मानों चित्रसूत्र की उस उक्ति की ही सरल व्याख्या है। यह चित्र इतना भावव्यंजक और सरस है कि उस पर विशेष टीका करना अनुचित जान पड़ता है। 'मालविकाग्निमित्र' नाटक में दो नृत्याचार्यों में अपनी कलाचातुरी के सम्बन्ध में तनातनी होती है। यह तय पाया है कि अपनी-अपनी शिष्याओं का अभिनय दोनों दिखाएँ और अपक्षपातिनी भगवती कौशिकी, दोनों में कौन श्रेष्ठ है, इस बात का निर्णय करें। दोनों आचार्य राजी हो गए। मृदंग बज उठा। प्रेक्षागार में दर्शकगण यथास्थान बैठ गए। भिक्षुणी की अनुमति से रानी की परिचारिका मालविका के शिक्षक आचार्य गणदास यवनिका के अन्तराल से सुसज्जिता शिष्या (मालविका) को रंगभूमि में ले आए। यह पहले ही स्थिर हो गया था कि चलित (छलित?) नृत्य–जिसमें अभिनेता दूसरे की भूमिका में उतरकर ही अपने मनोभाव व्यक्त करता है–के साथ होनेवाले अभिनय को दिखाया जाएगा। मालविका ने गान शुरू किया। मर्म यह था कि दुर्लभ जन के प्रति प्रेमपरवशा प्रेमिका का चित्त एक बार पीड़ा से भर उठता है, और फिर आशा से उल्लसित हो उठता है, बहुत दिनों के बाद फिर उसी प्रियतम को देखकर उसी की ओर वह आँखें बिछाए है। भाव मालविका के हृदय से सीधे निकले थे, कण्ठ उसका करुण था। उसके अतुलनीय सौन्दर्य, अभिनयव्यंजित अंगसौष्ठव, नृत्य

की अभिराम भंगिमा और कण्ठ के मधुर संगीत से राजा और प्रेक्षकगण मन्त्र-मुग्ध-से हो रहे। अभिनय के बाद ही मालविका परदे की ओर जाने लगी, तो विदूषक ने किसी बहाने उसे रोका। वह ठिठककर खड़ी हो गई—उसका बायाँ हाथ कटिदेश पर विन्यस्त था, उसका कंकण कलाई पर सरक आया था, दाहिना हाथ शिथिल-श्यामा लता के समान सीधा झूल पड़ा था, झुकी हुई दृष्टि पैरों पर अड़ी हुई थी, जहाँ पैर के अँगूठे फर्श पर बिछे पुष्पों को धीरे-धीरे सरका रहे थे और कमनीय देहलता नृत्य-भंगी से ईषदुन्नीत थी। मालविका ठीक उसी प्रकार खड़ी हुई थी, जिस सौष्ठव के साथ देहविन्यास करके अभिनेत्री को रंगभूमि में खड़ा होना उचित था :

वामं सन्धिस्तिमितवलयं न्यस्तहस्तं नितम्बे
कृत्वा श्यामाविटपिसदृशं स्रस्तमुक्तं द्वितीयम्।
पादांगुष्ठालुलितकुसुमे कुट्टिमे पातिताक्षं
नृत्यादस्याः स्थितमतितरां कान्तमृज्वायताक्षम्।।

परिव्राजिका कौशिकी ने दाद दी—अभिनय बिल्कुल निर्दोष है। बिना बोले भी अभिनय का भाव स्पष्ट ही प्रकाशित हुआ है, अंगविक्षेप बहुत सुन्दर और चातुरीपूर्ण हुआ है। जिस-जिस रस का अभिनय हुआ है, उस-उस रस में तन्मयता स्पष्ट लक्षित हुई है। भावचेष्टा सजीव होकर स्पष्ट हुई है, मालविका ने बलपूर्वक अन्य विषयों से हमारे चित्त को अभिनय की ओर खींच लिया है—

अंगैरन्तर्निहितवचनैः सूचितः सम्यगर्थः,
पादन्यासो लयमनुगतस्तन्मयत्वं रसेषु।
शाखायोनिर्मृदुरभिनयस्तद्विकल्पानुवृत्तौ,
भावो भावं नुदति विषयाद्रागबन्धः स एव।

इस श्लोक में कालिदास ने उस युग के अभिनय का सजीव आदर्श तो उपस्थित कर ही दिया है, नृत्य और चित्र की अभिन्नता भी कौशलपूर्वक सिद्ध कर दी है। अस्तु। कालिदास ने रघुवंश के आरंभ में शिव और पार्वती के सम्पृक्त या मिलित रूप को वाक् और अर्थ के साथ-साथ रहने के भाव (साहित्य) के साथ तुलनीय माना है। उन्होंने स्वयं 'साहित्य' शब्द का प्रयोग तो नहीं किया पर 'सम्पृक्त' या सम्पर्कयुक्त कहकर उसी भाव की ओर संकेत किया है, जिसे बाद में 'साहित्य' कहा जाने लगा। कब से इस शब्द का प्रयोग चला, यह निश्चित रूप से नहीं कहा जा सकता। भर्तृहरि ने इस शब्द का प्रयोग अवश्य किया था। बाद में तो व्यापक रूप से इसका प्रयोग उन रचनात्मक कृतियों के अर्थ में होने लगा है, जिनमें शब्द के माध्यम से कवि अंतर्जगत् की उस भावराशि को प्रकाशित करना चाहता है जो किसी एक व्यक्ति के दुःख-सुख से संबद्ध होकर भी मनुष्य के समष्टि-चित को आंदोलित, मथित और चालित करती है। कदाचित् आज से एक सहस्त्राब्दी या उससे भी अधिक पुराने आचार्य कुंतल (या कुंतक) ने इस शब्द को एक निश्चित अर्थ में अभिव्यक्त करने

का प्रयास किया था। प्रयास इसलिए कह रहा हूँ कि उन्होंने इस शब्द का काव्य को समझाने के लिए गौण रूप में ही व्यवहार किया था। वे कहना चाहते थे कि शब्द और अर्थ की परस्परस्पर्द्धी चारुता का सथ-साथ रहने का जो भाव है—साहित्य है—वही काव्य है। शब्द और अर्थ की परस्परस्पर्द्धी चारुता या एक-दूसरे से होड़ लगाकर चलने और फिर भी साथ-साथ रहने की प्रवृत्ति को काव्य कहना उचित ही था, क्योंकि केवल शब्द काव्य नहीं हो सकता, वह कितना भी सुंदर क्यों न हो। वीणा या वंशी की ध्वनि को हम काव्य नहीं कहते। इसी प्रकार केवल अर्थ, वह चाहे कितना भी सुंदर क्यों न हो, काव्य नहीं कहा जा सकता। श्रृंगार रस का मनोहर-से-मनोहर मूक अभिनय काव्य नहीं कहा जाता। अतएव शब्द और अर्थ दोनों का साहित्य आवश्यक है और उनका सुंदर होना भी जरूरी है। 'घड़ा' शब्द बोलते ही मिट्टी की एक विशेष आकृतिवाला अर्थ—पदार्थ—उपस्थित हो जाता है। यहाँ शब्द और अर्थ का साहित्य तो है, पर इसमें परस्परस्पर्द्धी चारुता नहीं है। इसलिए शब्दार्थ-साहित्य होते हुए भी यह काव्य नही कहा जा सकता। जहाँ शब्द और अर्थ में, पद और पदार्थ में होड़ लग जाती है कि कौन कितना सुंदर है—शब्द सुंदरता में अर्थ को मात दे रहा हो और अर्थ शब्द को मात दे रहा हो, ऐसे ही परस्परस्पर्द्धी चारुता के साहित्य को कुंतल काव्य कहना चाहते थे। बाद में 'साहित्य'द शब्द रचनात्मक शब्दकृतियों का नाम हो गया और आगे चलकर तो वह काव्य से अधि क व्यापक अर्थों का सूचक हो गया।

'अर्थ' बहुत छोटा-सा शब्द है। परन्तु है तेजस्वी! 'तेजवन्त लघु गनिय न रानी।' इसे छोटा नहीं समझना चाहिए। इसके पेट में सारा जगत् आ जाता है। जो कुछ है, वह पदार्थ ही तो है। वस्तु, विचार, भाव, रस, रसाभास सभी अर्थ कुछ वाच्यार्थ हैं। कुछ लक्ष्यार्थ हैं। कुछ व्यंग्यार्थ हैं। अर्थ की सीमा में सब आ जाता है, पुराना भी, नया भी, अनागत भी। जिसे हम 'साहित्य' कहते हैं, उसमें शब्द और अर्थ—पद और पदार्थ की परस्परस्पर्द्धी चारुता का रहना आवश्यक है। यह आदिसत्य है। पहले भी माना गया है। आगे भी माना जाता रहेगा। चाहे तो कोई इसे एक शाश्वत आधार मान ले सकते हैं। मैं आग्रह नहीं करूँगा। वाग्देवता के अपूर्व इंगितविलास से शब्द और अर्थ के सम्बन्धों में परिवर्तन होता रहता है। सीमाएँ टूटती रहती हैं, मिटती रहती हैं, बनती रहती हैं। शाश्वत है वाग्देवता की अन्तर्निहित विलास-लीला। पर हमें अनादि-अनन्त काल-प्रवाह का हिसाब लगाने के मोह में नहीं पड़ना चाहिए। मैं हजार-डेढ़ हजार वर्ष पहले से शुरू कर रहा हूँ। आशा करता हूँ, हजार-डेढ़ हजार वर्ष तक मनुष्य का मस्तिष्क ऐसा ही रहेगा। बाद में क्या होगा, कौन जानता है?

लेकिन यह चारुता या सौन्दर्य क्या है? कुछ लोग कहते हैं कि सौन्दर्य विषय-निष्ठ धारणा है। हम किसी विषय को इसलिए सुन्दर समझते हैं कि उससे

हमारा कुछ मतलब है। हम उसमें अपनी तृप्ति के लिए आवश्यक तत्त्व पाने के कारण उसमें रुचि लेने लगते हैं। दूसरे लोग कहते हैं कि ऐसी बात नहीं है। सुन्दर माना जानेवाला पदार्थ हमें इसलिए आन्दोलित, चालित और हिल्लोलित करता है कि सुन्दर वस्तु में कुछ शक्ति या धर्म है जो ऐसा करने में स्वयं समर्थ है। सौन्दर्य विषयनिष्ठ धर्म है। एक तीसरे प्रकार के विचारक इसे उभयनिष्ठ धर्म मानते हैं। द्रष्टव्य वस्तु में सौन्दर्य एक ऐसी शक्ति या ऐसा धर्म है जो द्रष्टा को आन्दोलित और हिल्लोलित कर सकता है; और द्रष्टा में भी ऐसी शक्ति है, ऐसा एक संवेदन तत्त्व है, जो द्रष्टव्य के सौन्दर्य से चालित और हिल्लोलित होने की योग्यता देती है। तीसरी बात अधिक समझ में आने योग्य है। गृहीता और गृहीतव्य के अन्तरतर का आकर्षण ही तो वह लीला है जो अनादि शिव-तत्त्व और शक्ति-तत्त्व के शाश्वत लीला-विलास की व्यष्टिनिष्ठ अभिव्यक्ति है।

यदि यह उभयनिष्ठ आकर्षण न होता तो हर वस्तु हर व्यक्ति को समान भाव से प्रभावित करती। हमारे देश के विचारकों ने रस-वस्तु को सहृदय-संवेद्य माना है। सहृदय व्यक्ति वह है जिसका चित्त उस दिशा में उन्मुख होता है जो कलाकार या कवि के विशिष्ट अनुभूतिवाले सर्जक चित्त के साथ ताल मिलाकर चलने की स्थिति में होता है। इसे बात बदलकर सामान्य मनुष्यता या 'कॉमन ह्यूमैनिटी' की दशा कह सकते हैं। ऐसे चित्त को पुराने पण्डितों की भाषा में 'सत्वस्थ' या 'सात्विक भावनिष्ठ' चित्त कहते हैं। राजस-चित्त व्यक्ति का एकान्त चित्त होता है, और तामस-चित्त विकृत और थोथा होता है। 'सुन्दर' कही जानेवाली वस्तु यदि किसी एक को ही सुन्दर जँचे, अन्य लोगों को न जँचे, तो वह एक व्यक्ति ही या तो एकान्त व्यक्तिनिष्ठ माना जाएगा या फिर ऐन्द्रिय या मानसिक विकार से ग्रस्त। जो वस्तु अधिकांश लोगों को सफेद दीखे और किसी एक को पीली, तो पीली देखनेवाला ही विकृत दृष्टि का माना जाता है।

वस्तु अपने-आप में पीली है, नीली है या सफेद है, यह कहना कठिन है; इसमें वैज्ञानिकों और दार्शनिकों के सूक्ष्म चिन्तन में अन्तर हो सकता है। सत्यों का सत्य यह है कि मनुष्य-चित्त से निरपेक्ष वस्तु-स्वरूप क्या है, या कुछ है भी या नहीं, यह जानने का कोई उपाय नहीं। हम जो कुछ देखते हैं, वह मानव-गृहीत सत्य है, मानव-निरपेक्ष सत्य हमारी पहुँच के बाहर है। ठीक यही बात सौन्दर्य के विषय में भी कही जा सकती है। कोई वस्तु अपने-आपमें कितनी सुन्दर है या उसका वस्तु-निष्ठ-वास्तव-स्वरूप क्या है, यह हमारी पहुँच के बाहर की चीज है। जो वस्तु हमें सुन्दर लगती है, वह मानव-गृहीत रूप में ही हमारे मानस को चालित और आन्दोलित करती है। वह भी एक मानव-गृहीत सौन्दर्य है। सीधी भाषा में ऐसा समझिए कि एक प्रकार का व्यापक मानव-चित्त है, जो विश्वजनीन है। जो वस्तु इस समष्टिमानव-चित्त को सुन्दर लगती है, वही सुन्दर है। कुछ थोड़े-से व्यक्तियों को अगर सुन्दर न लगे

तो मानना होगा कि वे समष्टि-चित्त से विच्छिन्न होने के कारण विकृत हैं और इसीलिए चिकित्स्य हैं। और सच पूछिए तो चिकित्सा है क्या चीज? इसी समष्टि-चित्त के अनुकूल बनाने की प्रक्रिया। मलेरिया कोई रोग है? क्या यह सत्य नहीं है कि कुछ मानवेतर जीवों के उल्लासपूर्ण नर्तन का नाम ही मलेरिया का बुखार है? केवल समष्टिमानव-चित्त की संवेदनाओं के प्रतिकूल संवेदन उत्पन्न करने के कारण वह रोग समझा जाता है। फलितार्थ यह हुआ कि समष्टि-चित्त के अनुकूल भावान्दोलन पैदा करनेवाला तत्त्व ही सौन्दर्य है। व्यक्ति उसके प्रतिकूल जाने पर विकृत माना जाता है, अनुकूल जाने पर प्रकृत। वस्तुतः समष्टि-चित्त के द्वारा स्वीकृत धर्म ही अँग्रेजी में 'नार्म' कहे जाते हैं और उनके अनुकूल होने को ही 'नार्मल' कहा जाता है।

व्यक्ति-मानव का चित्त कालक्रम से और परिस्थितियों के अनुसार विस्तृत, विकसित और परिवर्तित होता रहता है। समष्टिमानव-चित्त भी निरन्तर विकसित और परिवर्तित होता रहता है। इसलिए ये अंगीकृत सामान्य धर्म या 'नार्म' भी क्रमशः विकसित और परिवर्तित होते रहते हैं। आज से दो सौ वर्ष पूर्व जो बात नार्मल थी, वह आज भी नार्मल ही हो, यह जरूरी नहीं है। प्रकृत प्रसंग में समष्टि-मनुष्य द्वारा गृहीत सौन्दर्य-तत्त्व भी निरन्तर विकसित होता आ रहा है। आज का सहृदय हू-ब-हू वही नहीं है जो एक या दो शताब्दी पहले था। सौन्दर्य का शाश्वत धर्म इस निरन्तर विकासमान समष्टि-चित्त की संवेदना मात्र है। न कभी वह एकदम उच्छिन्न हो गया और न कभी वह एकदम उच्छिन्न होगा, बशर्ते मनुष्य बचा रहे। विकासमान समाज मनुष्य के द्वारा निरन्तर गृह्यमाण धर्म ही सौन्दर्य का शाश्वत आधार है।

शब्द और अर्थ मनुष्य के सामाजिक सम्बन्धों के प्रतीक हैं। इनका सम्बन्ध तभी स्थायी और ग्राह्य होता है, जब उसे समाज के समष्टि-चित्त की स्वीकृति मिल जाए। यह स्वीकृति समाज के मान्य व्यक्तियों के माध्यम से प्राप्त होती रहती है। उन्हें हम वैयाकरण, कोशकार, कवि, नेता आदि के रूप में जानते हैं। ये लोग समाज के समष्टि-चित्त की स्वीकृति पहले से प्राप्त किए होते हैं। यह माध्यमाश्रित स्वीकृति समष्टि-चित्त के विकास की एक निश्चित प्रक्रिया है। शब्द और अर्थ की चारुता भी समष्टि-चित्त की स्वीकृति की अपेक्षा रखती है।

सौन्दर्य केवल चाक्षुष विषय नहीं है। उसकी स्वीकृति चेतना के विभिन्न स्तरों पर अपेक्षित होती है। सब बात वाणी से ही नहीं कही जाती। पर जो भी तत्त्व कुछ अर्थ प्रकट करे उसे 'वाक्' या 'वचन' कहा जा सकता है। वाक् या वचन वह है जो अर्थ सूचित करे। मालविका ने भाव-मनोहर नृत्य किया था। उसके अंगों के संचालन से गीत का अर्थ स्पष्ट हुआ था। कालिदास ने इन अंगों को 'अन्तर्निहित वचन' कहा है। जो बोलते तो नहीं, पर सारे अर्थ सूचित कर देते हैं, वचन जिनमें भीतर-ही-भीतर छिपा हुआ है। जो कुछ अभिव्यक्ति का माध्यम है वह वाक् है और जो कुछ भी इस अर्थ से प्रकाश्य है वह अर्थ है। वाक् और अर्थ अभिव्यक्ति के माध्यम और

विषय हैं। संसार में जो कुछ दिख रहा है वह कुछ-न-कुछ अभिव्यक्त करता है। यह सारा संसार ही यहाँ देवता का रचित काव्य है। वैदिक ऋषि ने कहा था, 'पश्य देवस्थ काव्यं न विभेति न ऋष्यति'। सो वाक् का प्रयोग बड़े विस्तृत अर्थ में किया गया है। नृत्य, नाट्यचित्र, मूर्ति, वस्तु, यहाँ तक कि सारा विश्व वाक् है और इसी से अभिव्यक्त अर्थ अपनी शक्ति के अनुसार हम ग्रहण कर रहे हैं। सारा विश्व वाक् और अर्थ की सम्पृक्तता की लीला है। पार्वती शिव की लीला-सखी हैं। यह लोक-रचना उनकी क्रीड़ा है, चिन्मय शिव उनके सखा हैं, सदानन्द उनका आहार है और वाक् और अर्थ की आश्रयभूमि सज्जन का हृदय ही उनका निवास है :

क्रीडा ते लोकरचना सखा ते चिन्मयः शिवः।
आहारस्ते सदानन्दो वासस्ते हृदयं सताम्।। ('ललिता स्तवराज')

तीन : भावानुप्रवेश और यथालिखितानुभाव*

कालिदास ने चित्रकला के प्रसंग में भावानुप्रवेश शब्द का व्यवहार किया है। राजा दुष्यन्त ने शकुन्तला का जो चित्र बनाया था उसमें रंगों के भरने से जो उच्चावच प्रदेशों की शोभा निखर आई थी उसे देखकर विदूषक ने कहा था कि 'वाह सखे! तुमने यह चित्र बहुत ही सुन्दर बनाया है और प्रत्येक अंग से मन के भाव प्रकट हो रहे हैं।' चित्र के दर्शनीय स्थलों में मानसिक भावों के प्रवेश को ही विदूषक ने भावानुप्रवेश कहा था। उसने अपनी बात को और भी स्पष्ट करने के लिए बताया कि 'मेरी आँखें इस चित्र में बने हुए ऊँचे-नीचे स्थानों में फिसल-सी रही हैं।' इसका मतलब यह हुआ कि चित्र केवल ऊपर के स्तर के यथार्थ के अनुरूप ही नहीं था, उसमें अन्तस्तल के भाव भी उभर आए थे और वह केवल चित्र-मात्र नहीं रह गया था, जीवन्त प्रतिमा बन गया था, प्रत्येक अंग में चित्रितव्य की भावधारा उच्छ्वसित हो रही थी। पास ही खड़ी अदृश्य सानुमती ने उस चित्र को देखकर कहा था, 'अद्भुत है इस राजर्षि की निपुणता, ऐसा जान पड़ता है कि मेरी सखी शकुन्तला मेरे सामने ही खड़ी है।' चित्रितव्य के भावों को रेखा और रंगों में फिर से प्रवेश करा देना ही 'भावानुप्रवेश' है। परन्तु इतना ही काफी नहीं है, चित्रकार के आत्मदान की आवश्यकता फिर भी बनी रहती है। राजा ने शकुन्तला को तो जीवन्त चित्रित कर ही दिया था, परन्तु वह चित्र अधिक-से-अधिक प्राणवन्त ही बन सका था—उसमें दुष्यन्त का अपना हृदय नहीं उतर पाया था, इसीलिए चित्र उसे अधूरा लगा था। अन्य कलाओं में भी इस प्रकार के भावानुप्रवेश से कला प्राणवन्त हो उठती है। यह कालिदास का मत है। नृत्य-कला के प्रसंग में उन्होंने इसी बात को और अधिक स्पष्ट किया है। वह प्रसंग मालविका के नृत्य का है। मालविका ने बड़ा ही मोहक नृत्य किया था। उसके सम्बन्ध में परिव्राजिका निर्णायिका थीं। मालविका के नृत्य-गुरु गणदास ने जब भगवती परिव्राजिका से पूछा कि 'आपने जहाँ जैसा गुण या दोष देखा हो, सब कह डालिए', तो उन्होंने उत्तर दिया कि 'मैंने जो कुछ देखा उसमें कहीं भी कोई

---

* 'कालिदास की लालित्य योजना' से।

दोष नहीं दिखाई देता,' क्योंकि मालविका ने अपने ऐसे अंगों से, जिनके भीतर वाणी छिपी हुई थी अर्थात् जो बोलते-बोलते से थे, सारे अर्थों को प्रकट कर दिया है। उसके चरणों के विन्यास लय के साथ-साथ चल रहे थे। फिर गीत के रस में भी वह तन्मय हो गई थी; उसके नृत्य ने देखनेवालों को मग्न कर दिया था, क्योंकि ताल के साथ होने वाले अभिनय में नानाभाव से अंगों को चालित करके जो भाव प्रकट किए गए, वे ऐसे आकर्षक थे कि देखने वालों के मन अन्य किसी ओर नहीं जा पाए। जो भाव अन्य विषयों से मन को विरत करें और जिसमें नर्त्तकी दिखाए जानेवाले भाव में स्वयं प्रवेश कर जाए, वही रागबन्ध उत्तम होता है :

अङ्गैरन्तर्निहितवचनैः सूचितः सम्यगर्थः
पादन्यासो लयमनुगतस्तन्मयत्वं रसस्य।
शाखायोनिर्मृदुरभिनयस्तद् विकल्पानुवृत्तौ
भावो भावं नुदति विषयाद् रागबन्धः स एव।।

—माल. 2/8

कहने का मतलब यह है कि नृत्य में जिस भाव को प्रदर्शित करना है, उसी भाव में नर्तक का विलीन होना 'भावानुप्रवेश' है। वहाँ नर्तक नर्तितव्य विषय के साथ एकमेक हो जाता है। अभिनय तभी असफल होता है यदि वह उस भाव के साथ एकात्मता नहीं अनुभव करता जिसका अनुभव नृत्व के द्वारा आवश्यक है।

भावाभिनिवेश और भावानुप्रवेश

'विक्रमोर्वशीय' नाटक में तीसरे अंक में उर्वशी को अभिनय में जो प्रमाद हुआ था उसकी चर्चा है। भरत के दो शिष्य पेलव और गालव आपस में बातचीत करते हुए उस भूल की सूचना देते हैं। पेलव इन्द्रभवन की देव-सभा में अपने गुरु भरत के साथ गया था। लौटकर आया तो गालव ने उससे पूछा कि गुरु के प्रयोग से देवताओं की सभा प्रसन्न हुई या नहीं। उत्तर में पेलव ने कहा था कि 'यह तो मैं नहीं जानता कि देवसभा प्रसन्न हुई या नहीं, पर वहाँ जो 'लक्ष्मीस्वयंवर' नाम का नाटक अभिनीत हुआ था और जिसके गीत स्वयं सरस्वतीजी ने बनाए थे, उसमें सभा भिन्न-भिन्न रसों में तन्मय हो गई थी।' लेकिन एक गलती वहाँ हो गई। उर्वशी ने प्रमादवश गलती कर डाली। नाटक में उर्वशी ने लक्ष्मी का अभिनय किया था और मेनका ने वारुणी का। जब वारुणी की भूमिका में उतरी हुई मेनका ने लक्ष्मी की भूमिका में उतरी हुई उर्वशी से पूछा कि 'सखि! यहाँ तीनों लोकों से एक सुन्दर पुरुष, लोकपाल और स्वयं विष्णु भगवान् आए हुए हैं। इनमें किसी के प्रति भावाभिनिवेश है अर्थात् तुम्हारे मन की वृत्तियाँ किसमें लगी हैं?' नाटक के अनुसार उर्वशी को उत्तर देना चाहिए था, 'पुरुषोत्तम में', परन्तु उसने कह दिया, 'पुरूरवा में'। यह प्रमाद हो गया, इस पर क्रोध में आकर भरत मुनि ने उसे शाप दे दिया कि 'तू स्वर्ग में न रहने

पाएगी, क्योंकि तूने मेरे सिखाए पाठ के अनुसार काम नहीं किया।' पर ज्यों ही नाटक समाप्त हुआ, खड़ी उर्वशी से इन्द्र ने आकर कहा कि 'देखो उर्वशी, जिस राजर्षि से तुम प्रेम करती हो, वह रणक्षेत्र में सदा मेरी सहायता किया करता है। उसके मन की भी बात कुछ होनी चाहिए। इसलिए शाप तुम्हारे लिए वरदान सिद्ध होगा। जब तक राजर्षि पुरूरवा तुम्हारी सन्तान का मुँह न देखे, तुम मन चाहे समय तक पुरूरवा के साथ रह सकती हो।' इस कहानी में दो बातों पर ध्यान देना चाहिए। वास्तविक जीवन में उर्वशी का प्रेम राजा पुरूरवा से था। वास्तविक जीवन की यह मनोकामना 'भावाभिनिवेश' है। किन्तु जब उर्वशी ने लक्ष्मी के भाव का अनुभव किया तो उसे अपने वास्तविक जीवन की बात नहीं कहनी चाहिए थी। वह जिसका अभिनय कर रही है उस व्यक्ति (लक्ष्मी) के भावों को अपना भाव मानकर चलना चाहिए था। यदि वह ऐसा करती तो उसे 'भावानुप्रवेश' कहा जाता, क्योंकि उस अवस्था में वह लक्ष्मी के साथ अपने को एकमेक करके बोलने में समर्थ होती। परन्तु वह ऐसा न कर सकी और 'भावानुप्रवेश' की स्थिति से च्युत हो गई।

कलाकार को वक्तव्य विषय के साथ तन्मय होना पड़ता है। जब तक वह 'तन्मय' (तत्। मय) नहीं होता, तब तक वह उत्तम कला की सृष्टि भी नहीं कर सकता। कालिदास ने चित्रकला, नृत्यकला और नाटक के अभिनय के प्रसंगों में इस बात को स्पष्ट किया है। परन्तु यह सभी कलाओं का सत्य है। दुष्यन्त ने शकुन्तला का चित्र बनाया था और बनाते समय शकुन्तला के भावों में वह स्वयं प्रविष्ट हो गया था, इसीलिए वह जीवन्त चित्र बना सका था। शकुन्तला का वह चित्र इतना सुन्दर था और इतना सटीक था कि थोड़ी देर के लिए दुष्यन्त यह भूल ही गया था कि वह चित्र देख रहा है। जब तक वह चित्र बना रहा था तब तक वह शकुन्तला के भावों के साथ एकमेक हो गया था, परन्तु 'भावानुप्रवेश' की सफलता के बाद जो चित्र तैयार हुआ, उसे देखकर वह एक दूसरी ही अवस्था में पहुँच गया। इस अवस्था का नाम कालिदास ने 'यथालिखितानुभाविता' किया है। अर्थात् जैसा लिखा उसे सत्य समझकर अनुभव करने के कारण चित्तगत विकार और उससे उत्पन्न स्वेद-रोमाञ्चादि अनुभव उत्पन्न होने लगे। जहाँ-जहाँ चित्र का प्रसंग आया है, वहाँ-वहाँ कालिदास ने 'लिखितानुभाविता' का उल्लेख किया है।

यथालिखितानुभाव

यथालिखितानुभाव स्वयं बनाए हुए चित्र से जिस प्रकार अनुभाव उत्पन्न होते हैं वैसे ही अन्य कलाकार द्वारा बनाए गए चित्र से भी हो सकते हैं। मालविका ने जो अपने प्यारे महाराजा का चित्र देखा तो उसे ईर्ष्या होने लगी, क्योंकि चित्र में महाराज किसी और रानी की ओर एकटक देख रहे थे। चित्र में और हो भी क्या सकता था! चित्रकार ने जो टकटकी बँधाई सो बँधाई। वह स्थिर होकर रह जाती है, पर मालविका को

उससे ईर्ष्या हुई थी। उसकी सखी वकुलावलिका ने कहा था कि 'यह भोली चित्रगत महाराज को सचमुच का महाराज समझकर रूठी जा रही है।' पर उसकी ईर्ष्या के अनुभवों को स्वयं उसके प्रेमी राजा ने ही छिपकर देख लिया था। उसने अपने विदूषक मित्र से कहा था, 'देखो मित्र, ईर्ष्या से इसने अपना मुँह फिरा लिया है, भ्रूभङ्ग के कारण इसके माथे की बिन्दी टूट गई है, अधरोष्ठ फड़क रहे हैं, मुख ईर्ष्या से झुक गया है। अपने नृत्यगुरु से पति के अपराध से कुपिता नायिका के अनुभवों के अभिनय की जो शिक्षा उसे मिली है उसे मानो प्रत्यक्ष दिखा रही है' :

भ्रूभङ्गभिन्नतिलकं स्फुटिताधरोष्ठं
सासूयमाननमितः परिवर्तयन्त्या।
कांतापराधकुपितेष्वनया विनेतुः
सन्दर्शितेव ललिताभिनयस्य शिक्षा।। माल., 4/9

इस प्रकार 'यथालिखितानुभाव' का यहाँ भी उल्लेख है। विद्ध, किन्तु सरस चित्र की सफलता की कसौटी कलाकार की ओर से तो 'भावानुप्रवेश' है और सहृदय की ओर से 'यथालिखितानुभाव'। कालिदास ने कई प्रसंगों में इसकी चर्चा की है।

दुष्यन्त ने शकुन्तला का जो चित्र बनाया था, उसमें उसके भाव-चिह्न भी दिखाई दे रहे थे। राजा ने शकुन्तला और उसकी दोनों सखियों का चित्र बनाया था। विदूषक को समझ में नहीं आ रहा था कि शकुन्तला कौन है। फिर राजा के पूछने पर कि 'तुम अनुमान से बताओ कि इसमें शकुन्तला कौन है', विदूषक ने प्रयत्न करके समझ लिया। उसने दिखाया कि चित्र में पानी की सिंचाई के कारण स्निग्ध और नवीन पल्लवोंवाले आम के पेड़ से सटकर कुछ थकी हुई-सी खड़ी शकुन्तला चित्रित की गई थी। उसके शिथिल जूड़े से फूल गिर रहे थे और मुँह पर पसीने की बूँदें झलक आई थीं और वे दोनों कन्धे झुक आए थे। विदूषक ने शकुन्तला को ठीक ही पहचाना। राजा ने विदूषक की प्रशंसा करते हुए कहा कि 'मित्र, तुम बहुत चतुर हो, तुमने ठीक ही पहचाना है। इस चित्र में मेरे 'भावचिह्न' भी हैं। यह जो चित्र के कोरों पर मलिन धब्बा दिखाई दे रहा है वह मेरी पसीजी अँगुलियों के स्पर्श से ऐसा हो गया है। फिर मेरी आँखों से जो आँसू टपका था वह शकुन्तला के कपोलों पर गिर गया है, जिससे तूलिका से भरे हुए रंग कुछ फूटे हुए से दिखाई दे रहे हैं' :

अस्त्यत्र मे भावचिह्नम्—
स्विन्नाङ्गुलिविनिवेशो रेखाप्रान्तेषु दृश्यते मलिनः।
अश्रु च कपोलपतितं दृश्यमिदं वर्तिकोच्छ्वासात्।।—6-15

यही राजा के 'भाव-चिह्न' हैं अर्थात् शकुन्तला का चित्र बनाते-बनाते उसके अपने चित्त में जो प्रेमभाव उमड़े, उनके कारण जो आँसू और पसीना गिरा उनसे चित्र मलिन हो गया। इसका मतलब यह हुआ कि पहले तो राजा ने चित्रितव्य शकुन्तला के भावों के साथ अपने को एकाकार बनाया और इस भावानुप्रवेश की प्रक्रिया से

अंग-अंग को सरस और प्राणवन्त बनाया, परन्तु ज्यों ही चित्र पूरा होने को आया त्यों ही उसके अपने भाव उमड़ पड़े और चित्र के ऊपर अपना चिह्न छोड़ गए। इसी को कालिदास ने 'भावचिह्न' कहा है। इसके बाद चित्र को वास्तविक शकुन्तला समझकर राजा भावविह्वल हो गया। उसने चित्रलिखित भौंरे को देखकर कहा, 'ओ फूल और लताओं के प्यारे अतिथि! तुम इसके मुँह पर मँडराने का कष्ट क्यों कर रहे हो? तुम्हारे प्रेम की प्यासी भौंरी फूल पर बैठी हुई तुम्हारा इन्तजार कर रही है। वह बेचारी तुम्हारे बिना पुष्प-रस का पान भी नहीं कर रही।' इसके बाद भी जब भौंरा वहाँ से नहीं हटा तो राजा ने उसे दण्ड देने की घोषणा की। विदूषक ने तो उसे उन्मत्त ही मान लिया और मन-ही-मन कहने लगा कि 'यह तो पागल हो ही गया है, इसके साथ रहकर मैं भी पागल हुआ चाहता हूँ।' अदृश्य सानुमती ने भी यह अनुभव किया कि वह साक्षात् शकुन्तला को देख रही है। उसी ने राजा को 'यथालिखितानुभावी' अर्थात् जैसा लिखा है वैसा ही अनुभव करनेवाला कहा।

इस प्रकार प्रेमी चित्रकार की दो अवस्थाओं को कालिदास ने बताया है। प्रथम अवस्था में वह अपने को भूल जाता है और प्रेमिका के भावों में अनुप्रवेश करता है। दूसरी अवस्था में वह चित्र को वास्तविक समझता है और उसे देखकर उसके चित्त में वैसे ही सात्विक अनुभाव उत्पन्न होते हैं जैसे कि वास्तविक प्रेमिका को देखने से होते। इन दोनों अवस्थाओं के लिए कालिदास ने दो पारिभाषिक जैसे शब्दों का प्रयोग किया है। प्रथम अवस्था का नाम 'भावानुप्रवेश' है और दूसरी अवस्था का 'यथालिखितानुभाविता'। संक्षेप में हम इसे लिखितानुभाव कहेंगे।

जहाँ तक उत्तम कलाकार का प्रश्न है, उसमें अनासंग भाव ही श्रेष्ठ है; क्योंकि चित्त जब सत्वगुण में स्थित होता है तो उसमें आसक्ति नहीं रहती। उत्तम कृति के लिए कलाकार का निःसंग या आसक्तिरहित होना बहुत आवश्यक है, परन्तु कालिदास ने दुष्यन्त को अनासक्त नहीं रहने दिया; क्योंकि उनका उद्देश्य दुष्यन्त को उत्तम कलाकार दिखाना नहीं था बल्कि उत्तम प्रेमी दिखाना था। केवल कलाकार का आदर्श निस्संग भाव है। वह समाधिस्थ होता है। उसकी चित्तवृत्ति बाहरी विषयों से हटकर अन्तर्मुखी हो जाती है। दिलीप की रचना करते समय कलाकार ब्रह्मा की क्या स्थिति रही होगी? इसके बारे में कालिदास कहते हैं कि निस्सन्देह ब्रह्मा ने 'महाभूतसमाधि' धारण करने के बाद ऐसे सुन्दर पुरुष का निर्माण किया होगा—'तं वेधा विदधेनूनं महाभूतसमाधिना'। अगर दुष्यन्त विशुद्ध कलाकार होता, तो उसे भी उत्तम वस्तु के निर्माण के लिए इसी प्रकार समाधि धारण करनी पड़ती। परन्तु वह मूलतः प्रेमी है। कलाकार उसका गौण रूप है। चित्र-निर्माण करने के समय वह थोड़ी देर के लिए समाधिस्थ अवश्य होता है, किन्तु शीघ्र ही वह प्रेमासक्ति की दुनिया में आ जाता है। अपने ही बनाए हुए शकुन्तला के चित्र को देखकर उसकी आँखों में आँसू आ जाते हैं। वह कहता है कि 'नींद न लगने के कारण मैं उससे स्वप्न

में भी नहीं मिल पाता और सदा बहते रहनेवाले यह आँसू उसे चित्र में भी नहीं देखने देते' :

प्रजागरात् खिलीभूतस्तस्याः स्वप्ने समागमः।
वाष्पस्तु न ददात्येनां द्रष्टुं चित्रगतामपि।।–6-22

कुछ इसी प्रकार की बात 'मेघदूत' में भी कही गई है। यक्ष ने अपनी प्रिया के पास जो सन्देश भेजा था उसमें एक स्थान पर उसने कहा है कि 'हे प्रिय! जब मैं शिलापट्ट पर गेरू से तुम्हारी रूठी हुई मूर्ति का चित्र खींचकर अपने-आपको तुम्हारे चरणों पर गिरा चित्रित करना चाहता हूँ तब-तब उमड़ते हुए आँसुओं की धारा मेरी दृष्टि को आच्छादित कर लेती है। क्रूर विधाता उस चित्र में भी हमारा मिलन नहीं देख पाता' :

त्वामालिख्य प्रणयकुपितां धातुरागैः शिलाया-
मात्मानं ते चरणपतितं यावदिच्छामि कर्तुम्।
अस्रै स्तावन्भुहुरुपचितैर्दृष्टिरालुप्यते मे
क्रूरस्तस्मिन्नपि न सहते संगमं नौ कृतान्तः।।

जान पड़ता है कि विरह में चित्र बनाना, उसके द्वारा नायक या नायिका का मन-बहलाव करना कालिदास के युग में काव्यगत अभिप्राय के रूप में प्रचलित था। उमड़ते हुए आँसुओं के कारण यह काव्यगत रूढ़ि ही जान पड़ता है। 'रूढ़ि' और 'अभिप्राय' में कुछ अन्तर है, जिसे आगे स्पष्ट किया जाएगा। यहाँ प्रकृत प्रसंग में केवल यही कहना है कि 'रूढ़ि' या 'अभिप्राय' के रूप में चित्रलेखन की चर्चा करते हुए भी कालिदास ने कलासौन्दर्य-विषयक कुछ महत्त्वपूर्ण इंगित दिए हैं। परवर्ती कवियों में ऐसे इंगित या तो मिलते ही नहीं या मिलते हैं तो अस्पष्ट रूप में। कालिदास ने इतने स्पष्ट रूप में कला के विषय में जो इंगित दिए हैं वे सिद्ध करते हैं कि वे सफल चित्रकार भी थे। जो व्यक्ति स्वयं चित्रांकन का कार्य नहीं करता, वह ऐसे इंगित भी नहीं दे सकता।

चार : करण-विगम और रसास्वाद की प्रक्रिया*

कालिदास ने 'मेघदूत' में एक स्थान पर 'करण-विगम' शब्द का प्रयोग किया है। वह श्लोक इस प्रकार है :

तत्र व्यक्तं दृषदि चरणन्यासमर्धेन्दुमौले :
शश्वत्सिद्धैरुपचितबलिं भक्तिनम्रः परीयाः।
यस्मिन्दृष्टे करणविगमादूर्ध्वमुद्धू तपापाः
संकल्पन्ते स्थिरगणपदप्राप्तये श्रद्दधानाः।।

इसका अर्थ मल्लिनाथ के अनुसार इस प्रकार होता है, 'वहाँ (हिमालय में) शिला पर स्पष्ट दिखाई देनेवाले शिव के पद-चिह्न को भक्ति से नम्र होकर प्रदक्षिणा करना। इस चरण-चिह्न पर सिद्ध लोग सदा पूजा की सामग्री चढ़ाते हैं। इसके दर्शन से पाप नष्ट होते हैं और श्रद्धावान लोग शरीर त्यागने के बाद सदा के लिए शिव के गुणों का स्थिर पद प्राप्त करने में समर्थ होते हैं।' इसमें मल्लिनाथ ने 'करणविगमादूर्ध्वम्' का अर्थ किया है–शरीर त्यागने के बाद। करण शब्द इन्द्रियवाचक है। इसका अर्थ मल्लिनाथ ने शरीर कर लिया है, परन्तु स्वयं वे स्वीकार करते हैं कि करण का अर्थ इन्द्रिय है। इसका शरीर अर्थ करने के लिए उन्हें कुछ आयास करना पड़ा है। वे कहते हैं : 'करणानि इन्द्रियाणि विद्यन्ते यत्र तत् करणं वपुः अर्श आदिभ्योऽच्' अर्थात् करण शब्द का अर्थ इन्द्रिय है, इन्द्रिय जिसमें रहें, करण अर्थात् शरीर। परन्तु इतना खींचतान करने की कोई जरूरत नहीं थी। 'करण-विगम' का सीधा-सादा अर्थ है–इन्द्रियों को उल्टी दशा में मोड़ना। परवर्ती सन्त-साहित्य में जिसे 'धारा को उलटना' कहते हैं, अर्थात् इन्द्रियों को बाहरी विषयों की ओर से मोड़कर अन्तर्मुखी करना। चित्त-वृत्तियों को बाहर की ओर से प्रयत्नपूर्वक निवृत्त करके चिदानन्द ज्योति की ओर उन्मुख करना आगम-शास्त्र का पुराना सिद्धान्त है। यद्यपि कालिदास के सभी टीकाकार, जिनमें मल्लिनाथ भी शामिल हैं, यह मानते हैं कि उनका परिचय आगमग्रन्थों से था और कई जगह तो उनकी बात को स्पष्ट करने के लिए

* 'कालिदास की लालित्य योजना से।

आगमशास्त्रियों का हवाला भी देते हैं। फिर भी इस प्रसंग में वैसा नहीं किया गया। इसीलिए इस शब्द की जैसी व्याख्या होनी चाहिए थी वह नहीं हो पाई। यहाँ कालिदास का आशय यह जान पड़ता है कि शिव के चरणान्यास का दर्शन करने से श्रद्धावान् मनुष्य को इन्द्रियों को बहिर्व्यापार से मोड़कर अन्तर्मुखी करने की शक्ति प्राप्त होती है और शाश्वत गणपद प्राप्त करने में सिद्धि प्राप्त होती है। इस शब्द का मिलता-जुलता प्रयोग शूद्रक के 'मृच्छकटिक' नाटक के मंगलाचरणवाले श्लोक में हुआ है। वहाँ 'व्यपगतकरणम्' शब्द क्रियाविशेषण के रूप में प्रयुक्त हुआ है। परन्तु अर्थ इससे मिलता-जुलता ही है। वहाँ कहा गया है कि शिव जिस ब्रह्मसमाधि में लगे हुए हैं उसमें व्यपगतकरण होकर स्वयं को देख रहे हैं, अर्थात् उनके इन्द्रियव्यापार बाह्य विषयों से विरत होकर अन्तर्मुखी हो गए हैं और स्वयं में स्वयं को देखने की दृष्टि प्राप्त हो गई है। 'मृच्छकटिक' का श्लोक इस प्रकार है :

पर्यङ्कग्रंथिबंधद्विगुणितभुजगाश्लेषसंवीतजानो–
रन्तःप्राणावरोध व्युपरतसकलज्ञानरुद्धेन्द्रियस्य।
आत्मन्यात्मनमेव व्यपगतकरणं पश्यतस्तत्वदृष्ट्या
शम्भोर्वः पातु शून्येक्षणघटितलयब्रह्मलग्नः समाधिः।।

'करण-विगम' शब्द का प्रयोग कालिदास ने निश्चित रूप से इसी अर्थ में किया होगा। आगमशास्त्रियों ने समाधि के लिए इस प्रकार के अन्तर्मुखीकरण पर बड़ा बल दिया है। 'अमरौघशासन' में बताया हुआ है कि सहज समाधि इसको कहते हैं–'यत्र मनसा मनःसमीक्ष्यते'। अर्थात् जहाँ मन से ही मन को देखा जाता है। 'मृच्छकटिक' के 'आत्मन्यात्मानमेव पश्चतः' का भी यही भाव है। कालिदास के ग्रन्थों से स्पष्ट है कि सुन्दर वस्तु के दर्शन से मनुष्य की चित्तवृत्तियाँ बाह्य विषयों से हटकर अन्तर्मुखी हो जाती हैं। जिस चित्र, मूर्ति या सुन्दर पदार्थ में अन्तर्विलीन करने की जितनी ही अधिक शक्ति होगी, वह उतना ही अधिक उत्तम होगा। यह पहले ही बताया गया है कि कालिदास कलाकार को रचना के साथ समाधिस्थ मानते हैं। यदि चित्र में कोई दोष रह जाता है तो उसका कारण रचयिता की समाधि का शिथिल हो जाना है, क्योंकि चित्र या मूर्ति केवल बाहरी अवयवों का संघटनमात्र नहीं है। जब तक रचयिता के चित्त में स्वयं रस की अनुभूति नहीं होती तब तक उसका चित्र दर्शक के हृदय में भी रस का उद्रेक नहीं कर सकता। 'नाट्यशास्त्र' में स्पष्ट रूप से रस को ही समस्त भावों का मूल बताया गया है। भाव अर्थ है। यदि केवल भावचालित होकर चित्र या मूर्ति बनाई जाए तो वह दर्शक को भी भावदशा तक ले जाने में सफल होगी। यदि शारीरिक दृष्टि से चित्र बनाया जाए तो सहृदय दर्शक की दृष्टि भी बाह्य रूप और आकार तक ही आकर रुक जाएगी। इसीलिए सहृदय को भी रसानुभूति होनी चाहिए। केवल रसानुभूति की अवस्था में ही कलाकार का चित्त और अन्य इन्द्रिय बाह्य नियमों से विरत होकर अन्तर्मुखी होते हैं और समाधि की अवस्था

में पहुँचते हैं।

सहृदय कौन है? सहृदय शब्द का अर्थ है—समान हृदयवाला। कवि, चित्रकार, मूर्तिकार या शिल्पी के हृदय में जो विशिष्ट भाव रहते हैं उसको वही अनुभव कर सकता है, जो उसी प्रकार का अनुभूति-सम्पन्न हृदय रखता हो। कलाकार के चित्त में जो व्याकुलता होती है, उसे रूप देने का प्रयत्न ही कला है। उसके लिए उसे साधना की आवश्यकता होती है। जिस प्रकार की व्याकुलता उसके चित्त में होगी उसी प्रकार की व्याकुलता उसकी कृति सहृदय के हृदय में उत्पन्न कर सकती है, उसमें ज्यादा नहीं। इसीलिए यदि कलाकार समाधिनिष्ठ हो सका है तो बदले में सहृदय को भी समाधिनिष्ठ कर सकता है। यदि वह शिथिल-समाधि है, तो सहृदय की भी समाधि शिथिल होगी।

समाधि का अर्थ ही है—इन्द्रियों का बाहरी विषयों से निवृत्त होकर अन्तर्मुखी होना। भारतीय आचार्यों के अनुसार जब तक कलाकार के चित्त में स्वयं रसानुभूति नहीं होती तब तक वह सहृदय को भी रस-बोध नहीं करवा सकता। कलाकार अन्तरतर की रसानुभूति को रूप देता है और सहृदय उस रूप का बाह्य प्रत्यक्ष करके अन्तर्मुखी होता है। सहृदय के रस-बोध की प्रक्रिया कलाकार से ठीक उल्टी दिशा की ओर होती है। ऐसा जान पड़ता है कि कालिदास यह मानते हैं कि सहृदय पहले बाह्य रूप को प्रत्यक्ष करता है और धीरे-धीरे सूक्ष्म से सूक्ष्मतर तत्त्व की ओर जाता है। इस प्रक्रिया को कालिदास के शब्दों में 'करण-विगम' कह सकते हैं। यद्यपि कालिदास ने इस शब्द का प्रयोग भक्ति के प्रसंग में किया है, परन्तु इसे कलाकृति के प्रसंग में भी प्रयोग किया जा सकता है। किसी सुन्दर वस्तु के रस की अनुभूति 'करण-विगम' से ही होती है, फिर यदि वह सचमुच सुन्दर हुई तो उसकी छाप मन पर पड़ती है। इस मानसिक छाप का नाम ही 'भाव' है। यदि चित्रकार ने केवल अर्थमात्र की अभिव्यक्ति करना चाहा है तो सहृदय का भीतर की ओर जानेवाला व्यापार यहीं समाप्त हो जाता है। परन्तु यदि कलाकृति और भी अधिक गहराई से निकली है तो अन्तर्मुखी व्यापार या भावन-व्यापार और भी अधिक गहराई की ओर बढ़ता है और 'करण-विगम' की प्रक्रिया तीव्र से तीव्रतर होती जाती है। साधारण आचार्यों ने काव्य और नाटक के प्रसंग में ही रसास्वाद की प्रक्रिया को समझाया है। वह कुछ इस प्रकार है।

रस लोकोत्तर अनुभूति है, ऐसा सभी आचार्यों का कहना है। इसका अर्थ यह है कि लोक में जो लौकिक अनुभूति होती है, उससे भिन्न कोटि की यह अनुभूति है। प्रत्यक्ष जीवन में जो शकुन्तला और दुष्यन्त का प्रेम है वह लौकिक है। परन्तु नाटक या काव्यास्वादन से जो दुष्यन्त और शकुन्तला हमारे चित्त में बनते हैं, वे उनसे भिन्न हैं। लोक में 'घट' शब्द का अर्थ है मिट्टी का बना हुआ पात्र-विशेष। किन्तु यह घड़ा स्थूल आता है। यदि हम इस शब्द का उच्चारण मन-ही-मन करें

तो 'घड़ा' पद और 'घड़ा' पदार्थ सूक्ष्म रूप में चित्त में आ जाते हैं। इस प्रकार जो मानस-मूर्ति तैयार होगी, वह सूक्ष्म घड़ा कही जाएगी। इस प्रकार स्थूल जगत् के सिवा एक सूक्ष्म जगत् की मानस-मूर्ति रचने की सामर्थ्य मनुष्य-मात्र में है। इसे ही भाव-जगत् कहते हैं। लोक में जो घड़ा है वह स्थूल जगत् का अर्थ (पदार्थ=पद का अर्थ) है और मानस अर्थ भाव-जगत् का अर्थ है। 'घट' नामक पद का यह अर्थ सूक्ष्म है। लोक में प्रचलित स्थूल अर्थ से यह भिन्न है। इसलिए लौकिक न होकर अलौकिक, लोकोत्तर या भावगम्य है।

ध्वनिवादी आलंकारिक रस को व्यंग्यार्थ मानते हैं। रस, विभाव-अनुभाव आदि के द्वारा व्यंजित होता है। न तो विभाव (शकुन्तला, दुष्यन्त), न अनुभाव (स्वेद, कम्प आदि ही) और न व्यभिचारी या संचारी भाव ही अपने-आपमें रस हैं। मीमांसकों ने अभिधा और लक्षणा, इन दो वृत्तियों के अतिरिक्त इस तीसरी वृत्ति (व्यंजना) को स्वीकार नहीं किया। वे मानते हैं कि वाक्य में तात्पर्य नामक वृत्ति होती है, जो कहने-वाले के मन में जो अर्थ होता है उसे समाप्त करके ही विरत होती है। इस प्रकार वाक्यार्थ रस-बोध तक जाकर विश्रान्त होता है। व्यंजनावृत्ति को अलग से मानने की वे आवश्यकता नहीं समझते। मीमांसकों के इस मत का मूल है यह सूत्र—'यत्परः शब्दः स शब्दार्थः' (शब्द जिसके लिए प्रयुक्त होता है, वह शब्दार्थ होता है।) इसका एक मतलब यह हो सकता है कि जिस अर्थ को बोध कराने के लिए शब्द प्रयुक्त होता है वही उसका अर्थ होता है (तदर्थत्व), दूसरा अर्थ यह हो सकता है कि शब्द सम्बन्ध-मर्यादा से सीमित रहकर जिस अर्थ की सूचना देता है वही उसका अर्थ होता है (तत्परत्वं)। पहले अर्थ की व्यापकता स्पष्ट है। परन्तु मीमांसक सम्बन्ध-मर्यादा को भी मानते हैं। इसलिए जिसे वे 'तात्पर्य' कहते हैं वह सीमित हो जाता है। उससे व्यंजनावृत्ति का काम नहीं चल सकता, क्योंकि व्यंजनावृत्ति संसर्ग-मर्यादा से बँधी नहीं होती। दशरूपककार तात्पर्यवृत्ति को पहले अर्थ में लेते हैं। उनकी दृष्टि में तात्पर्य की कोई सीमा नहीं है। वे तात्पर्य और तादर्थ्य में भेद नहीं करते। ऐसा मान लेने पर भी व्यंजनावृत्ति से जो विशिष्ट अर्थ ध्वनित होता है उसको एक विशेष नाम देना आवश्यक हो जाता है। इसलिए इस वृत्ति को अस्वीकार नहीं किया जा सकता। फिर भी रस को व्यंग्यार्थमात्र मानने में कठिनाई होगी। रस अनुभूति है, अनुभूति का विषय नहीं। भाव तो विभाव के चित्त में ही उठते हैं। दर्शक के मन में उनका एक मानस-सूक्ष्म रूप उत्पन्न होता है जिससे वह अपनी ही अनुभूतियों का आनन्द लेने में समर्थ होता है। सभी आलंकारिक आचार्य मानते हैं कि रस न तो 'कार्य' होता है और न 'ज्ञाप्य'। वह पहले से उपस्थित भी नहीं रहता। जो वस्तु पहले से उपस्थित नहीं रहती, वह व्यंजनावृत्ति का विषय भी नहीं हो सकती। रस सहृदय श्रोता या दर्शक के चित्त में अनुभूत होता है, पात्र के चित्त में नहीं। अतः व्यंजनावृत्ति केवल श्रोता या दर्शक के चित्त में सूक्ष्म विभाव, अनुभाव और संचारीभाव को उपस्थित

कर सकती है और जो कुछ कहा जा रहा है उससे भिन्न, जो नहीं कहा जा रहा है, या नहीं कहा जा सका है, उस अर्थ की उपस्थिति करा सकती है। भरत मुनि के सूत्र का तात्पर्य यही हो सकता है कि सहृदयों के चित्त में वासनारूप स्थित, किन्तु प्रसुप्त स्थायी भाव ही विभावादि से व्यंजित होकर रसरूप ग्रहण करते हैं। नाटक में व्यंजना के साधन केवल शब्द ही नहीं बल्कि अभिनेता की चेष्टाएँ भी हैं। इस प्रकार नाटक एक ओर तो कवि-निबद्ध शब्दों से रस की व्यंजना करता है, दूसरी ओर अभिनेता के अभिनय द्वारा। परन्तु इतना स्पष्ट है कि व्यंजना यदि शब्द-शक्ति और अभिनय-शक्ति मात्र है तो श्रोता के प्रस्तुत भावों को व्यंजितभर कर सकती है, उस अनुभूति को नहीं व्यंग्य कर सकती जो शब्द और अभिनय के बारह है और श्रोता या दर्शक के चित्त में अनुभूत होती है। आचार्य रामचंद्र शुक्ल ने कहा है कि ''भाव की अवस्थिति नायक और नायिका में होती है। और रस की अनुभूति श्रोता या दर्शक के द्वारा होती है। पात्र के मन में रस नहीं होता जो व्यंजित किया जा सके।'' इस कठनाई से बचने के लिए आलंकारिकों ने पुराने आचार्य भट्टनायक के सुझाए दो व्यापारों—भावकत्व और भोजकत्व—को किसी-न-किसी रूप में मान लिया है। मतलब यह है कि कवि के निबद्ध शब्दों और अभिनेता के द्वारा अभिनीत चेष्टाओं में यह सामर्थ्य भी है कि श्रोता या दर्शक के पात्रों की भावना के साथ अपनी भावना का तादात्म्य स्थापित करा दे। ऐसी स्थिति में उनके भीतर पात्रों का विशेष न रहकर साधारणीकृत रूप (पुरुष, स्त्री) रह जाता है, फिर उसमें एक भोजकत्व-व्यापर का आविर्भाव होता है और वह साधारणीकृत विभावादि और उनकी भावनाओं के आस्वादन में समर्थ हो जाता है।

कवि या नाटककार का कौशल पात्रों के विशेषीकरण में प्रकट होता है। हम उस कवि को ही सफल कवि मानते हैं जो पात्रों का विशेष व्यक्तित्व निखार सकता है। परन्तु ये विशेषीकृत से बनने के कारण लोकोत्तर या अलौकिक होते हैं। वह अपने सात्विक अभिनय द्वारा कवि के अंतर्गत भाव को भावन कराते हुए होने के कारण यह भव कहा जाता है। नाना अभिनय संबंध वाले रसों को भावित कराने के कारण ये भाव कहे जाते हैं। (नाट्यशास्त्र, ' 7-1-3)। इससे जान पड़ता है कि विभाव द्वारा आहृरत अर्थ को अनुभावादि द्वारा प्रतीति योग्य करने के कारण, कवि के अंतर्गत भाव को अभिनयादि द्वारा भावना का विषय बनाने के कारण, विविध अभिनयों से संबंध ा रखनेवाले रसों को सुवासित या रंजित करने के कारण इनका नाम भाव है। तीन स्थितियां हुई : (1) कवि के अंतर्गत भाव, (2) विभाव द्वारा आहृरत अर्थ, और (3) अभिनयों से दर्शकों के चित्त में अनुभूत होने वाला रस। एक को प्रतीति-योग्य कराने का काम भाव का है (कवि के अंतर्गत भाव को), दूसरे को भावना का विषय बनाने का काम भाव हका है (विभावाहृरत अर्थ को), तीसरे को रंजित या वासत करने का काम भाव का है (अनुभूति को)। इस प्रकार भाव कवि के चित्त में स्थित भावों को

प्रतीति-योग्य बनाता है, विभाव द्वारा आहृरत अर्थ को भावनीय बनाता है और सहृदय के हृदय में वासना रूप में स्थित स्थायी भाव को भावित , वासित या रंजित करता है। ये केवल पात्र की मानसिक अवस्थाएं नहीं हैं, कवि के भावों की प्रतीति के साध न, अनुकार्य पात्र की मनःस्थिति के साथ सहृदय के मनोभावों का सामंजस्य-स्थापन और उसके अंतःकरण में प्रसुप्त स्थायी भाव को बहुविचित्र रंगों और वर्णों से रंजित-वासित करके अधिक उपभोग्य बनाने के साधन हैं। भरत मुनि ने 'भाव' शब्द का प्रयोग अभिनेता को दृष्टि मकें रखकर किया है। उन्होंने परिभाषा देते समय अवश्य ही मानसिक आवेग-संवेगों के अर्थ में इसका प्रयोग किया है। इनमें आठ स्थायी हैं, आठ सत्त्वज हैं और 33 व्यभिचारी हैं। वैसे तो सभी व्यभिचारी हैं, पर आठ अपेक्षाकृत अधिक स्थायी होने के कारण स्थायी कहे गए हैं।

कई बार इन्हें मनोभाव-मात्र समझने का प्रयत्न किया जाता है। व्यभिचारी या संचारी कहे गए भावों में कुछ तो ऐसे हैं, जिनसे मानव अपने ही चित्त में अपनी करता है। उन्हीं के सूक्ष्म भावों के मिश्रण से हम रस का अनुभव करते हैं। इसलिए कवि द्वारा विशेषीकृत पात्र सामान्य मानव-अनुभूतियों से पुनर्निर्मित होकर साधारण कर दिए जाते हैं। सद्रदय अपनी ही मानस-भूमि के ईंट-चूने से इस प्रासाद का निर्माण करता है। इसलिए जब अर्थ अलौकिक स्तर पर आता है तो उसमें सामान्य मानव-अनुभूतियों से निर्मित होने के कारण लौकिक विशेषताओं का एक ऐसा रूप बनता है जिसे साधारणीकृत रूप कहते हैं।

भावकत्व-व्यापार के द्वारा पात्रों की भावनाओं के साथ सहृदय की भावनाओं का तादात्म्य होता है, ऐसा ऊपर कहा गया है; पर यह स्पष्ट रूप से समझ लेना चाहिए कि सर्वत्र पात्र के साथ तादात्म्य नहीं होता। कुछ रसों में श्रोता का आलंबन वही होता है, जो आश्रय का। इस प्रकार आश्रय के साथ तादात्म्य संभव होता है, पर कभी-कभी आश्रय ही श्रोता का आलंबन हो जाता है। जहाँ आश्रय के साथ श्रोता या दर्शक का तादात्म्य हो जाता है, वहीं रस पूर्णांग होता है। दूसरे प्रकार से रस में अपूर्णता रहती है। पहली स्थिति केवल श्रृंगार और वीर, इन दो रसों में ही संभव है। ये ज्यादा भावनात्मक होते हैं, जबकि अन्य रस अधिकतर कल्पनात्मक होते हैं। यही कारण है कि पूर्णांक रूपकों में केवल दो ही रस होते हैं—वीर और श्रृंगार।

इस बात का चित्र और मूर्ति के प्रसंग में भी इसी प्रकार विनियोग किया जा सकता है। चित्र या मूर्ति भी मन में एक मानसमूर्ति की रचना करने में समर्थ होते हैं। वहाँ भी सहृदय दर्शक अपनी ही मानस-भूमि के ताने-बाने से अपने ही चित्त की अनुभूतियों का आस्वादन करता है। यह बात 'करण-विगम' की प्रक्रिया से ही सिद्ध हो सकती है।

यह स्पष्ट रूप से समझ लेना चाहिए कि मनुष्य जिन कलाकृतियों का निर्माण करता है, वे एक प्रकार की माया ही हैं। उदाहरण के लिए चित्रलिखित शकुंतला का

काम नहीं चल सकता। दुष्यंत ने शकुंतला का जो चित्र बनाया था उसे देखकर वह स्वंय ऐसा व्यवहार करने लगा था, मानो वह सचमुच हाड़-मांस की शकुंतला हो। विदूषक ने मन-ही-मन कहा था कि अब यह पागल हो गया है। इसी पागलपन से राजा की निवृत्ति करने के लिए उसने राजा को बताया कि यह चित्र है। इस पर राजा ने कहा कि 'हाय मित्र! तुमने यह क्या अनर्थ कर डाला! मेरा हृदय तो शकुंतलामय हो गया था और मैं उसका साक्षात् दर्शन अनुभव कर रहा था। तुमने याद दिलाकर मेरी प्रिया को फिर से चित्र बना डाला' :

दर्शनसुखमनुभवतः
साक्षादिव तन्मयेन हृदयेन।
स्मृतिकारिणा त्वया में—
पुनरपि चित्रीकृता कान्ता।।

यहाँ इंगित से 'करण-विगत' की प्रभविष्णुता दिखायी गयी है। चित्र के बाहरी रूप ने दर्शक के हृदय में शकुंतला की मानसी-मूर्ति का निर्माण किया और राजा यह भूल ही गया कि वह कागज, रंग और रेखा देख रहा था। इसके पूर्व ही दुष्यंत ने एक मनोरंजक बात कही थी। इस समय वह चित्रफलक हाथ में ले ही रहा था। अभी भी चित्र-दर्शन से उत्पन्न 'करण-विगम' की प्रक्रिया शुरू नहीं हुई थी। उस समय वह चित्रफलक को सचमुच ही चित्रफलक समझ रहा था। उस समय उसके मन की प्रतिक्रिया यह थी कि 'मेरी प्रिया जब साक्षात् उपस्थित हुई थी तब तो मैंने उसे त्याग दिया, पर अब चित्र में आंकी हुई उसकी तसवीर ही मुझे बहुत जान पड़ती है। यह बहुत-कुछ वैसा ही है जैसे कोई आदमी भरी हुई नदी को छोड़कर मृगतृष्णा के पीछे दौड़ पड़े' :

साक्षात् प्रियामुपगतामपहाय पूर्वं
चित्रार्पितां पुनरिमां बहुमन्यमानः।
स्रोतोवहाँ पथिं निकामजलामतीत्य
जातः सखे प्रणयवान्मृगतृष्णिकायाम्।।

यहा जो चित्र को 'मृगतृष्णा' कहा गया है उसमें उसकी मायाविनी शक्ति की ओर ही इशारा किया है। मृगतृष्णा का पानी लौकिक पानी नहीं है बल्कि मानस-जगत् का कल्पित है। उसी प्रकार चित्र या मूर्ति मानस-जगत् में भावमूर्ति का निर्माण करते हैं। यह कलाकार की मायाविनी शक्ति नहीं तो और क्या है?

पाँच : ताण्डव और लास्य*

इसमें कोई सन्देह नहीं कि आधुनिक युग में संसार के विभिन्न भागों में बसनेवाले लोगों की जितनी जानकारी प्राप्त हुई है, उतनी पहले कभी नहीं थी। नई जानकारियों ने मानव-चित्त की धारणाओं को समझने के लिए अनेक नए उपादान जुटाए हैं। विचारशील व्यक्तियों को इन्होंने नए सिरे से सोचने के लिए विवश किया है। ऐसा तो कोई समय नहीं रहा होगा जब मनुष्य में सौन्दर्य-बोध न रहा हो और उसे उसने अपनी वाणी या कल्पना-सर्जना के द्वारा मूर्त रूप देने का प्रयास न किया हो। परन्तु सब प्रयासों के साक्ष्य उपलब्ध नहीं होते। कुछ उपलब्ध भी होते हैं, तो सब समय उनका अर्थ समझना आसान नहीं होता। परिस्थिति-विशेष का माध्यम चाहे वह वाणी हो, चित्र हो, मूर्ति हो—परिस्थिति के परिवर्तन के साथ अस्पष्ट और दुरूह हो जाता है, काल के व्यवधान के कारण प्रतीकों के अर्थ अपने मूलरूप में उपलब्ध नहीं होते। प्रतीक पूरी इच्छा-शक्ति को कभी अभिव्यक्त नहीं कर पाते। कालान्तर का मनुष्य कुछ अपनी ओर से जोड़-घटाकर उसे समझने का प्रयत्न करता है। इन बातों का परिणाम यह होता है कि व्यवधान के बढ़ते जाने से मूल प्रयास के अर्थ में भी परिवर्तन होता जाता है। निश्चित रूप से कहना कठिन है कि वैदिक ऋचाओं का जो अर्थ हम आज समझते हैं वही मूल अभिप्रेत अर्थ है या नहीं। परन्तु फिर भी आधुनिक काल का विचारक दावा करता है कि वह मध्यकाल के विचारक की अपेक्षा अधिक अवितथ और सही अर्थ समझता है। यह दावा संगत है या नहीं, इस पर तो हम अभी कुछ नहीं कहेंगे, पर यह जानना उपयोगी होगा कि किन कारणों से आधुनिक विचारक इतना साहसी हो सका है। इन कारणों की जानकारी उपयोगी भी है और प्रस्तुत प्रसंग के लिए आवश्यक भी। संक्षेप में उनका उल्लेख करना आवश्यक है। आधुनिक काल में जड़विज्ञान और शिल्पतन्त्र के विकास ने यातायात के लिए सुविधाएँ उत्पन्न की हैं। अठारहवीं शताब्दी के आरम्भ से ही दूर-दूर के द्वीपों और देशों में यूरोपियन लोग पहुँचने लगे। उनमें बहुत ऐसे थे जो विभिन्न देशों और द्वीपों में रहनेवाले

---

* 'लालित्य तत्त्व' से।

लोगों की रीति-नीति, आचार-विचारों को समझने और लिपिबद्ध करने का प्रयत्न करते थे। इनमें अधिकांश तो कुतूहलवश ही लिखते थे परन्तु कुछ ऐसे भी थे जो अन्य देशों के निवासियों की रीति-नीति को अधिक काला करके चित्रित करने में आनन्द अनुभव करते थे। परन्तु सब मिलाकर इन यात्रा-विवरणों ने उन्नीसवीं शती के विचारशील लोगों के सामने ज्ञान का एक नया अध्याय प्रस्तुत किया। यूरोप के संयत बुद्धि के विचारकों को विविध विषयों पर नए सिरे से सोचने की दृष्टि मिली। इन यात्रा-विवरणों में दो प्रकार की बातें थीं। कुछ तो सभ्यता की विभिन्न सीढ़ियों पर स्थित आदिम अर्द्धसभ्य और सभ्य जातियों की बहु-विचित्र प्रथाएँ थीं और कुछ उनकी भाषा, शिल्प, कला, जादू-टोने आदि बातों के ब्यौरे थे। आज भी संसार में ऐसी बहुत-सी जातियाँ हैं जो 'सभ्यता' कही जानेवाली और उच्चतर समझी जानेवाली व्यवस्था के मान-दण्ड से बहुत निम्नस्तर की मानी जाती हैं। उनमें लिखने की प्रथा का अभाव है। उनकी पुरानी बातें केवल पौराणिक श्रेणी की मौखिक कथाओं में ही जी रही हैं। फिर ऐसी बहुत-सी जातियाँ हैं जिनमें लिखने की कला है, प्राचीन इतिहास को लिपिबद्ध करके बचा रखने के प्रयास हैं, धर्म और दर्शन के बौद्धिक विवेचन हैं; अर्थनीति, समाजनीति और राजनीति की सुचिन्तित व्यवस्थाएँ हैं। अनेक यूरोपियन पण्डितों ने इस प्रकार के लिपिबद्ध साहित्य के अनुवाद प्रकाशित किए। इस प्रकार एक तरफ तो विभिन्न जातियों के आचार-विचार और रीति-नीति के प्रत्यक्षदृष्ट रूप उपलब्ध हुए और दूसरी तरफ अनेक जातियों के शास्त्रीय ग्रंथों के धर्म, दर्शन, शिल्प आदि पर अपने-अपने ढंग के विश्लेषण-विवेचन भी प्राप्त हुए। इसीलिए यूरोपियन विद्वानों के सामने 'मनुष्य' अपने बहु-विचित्र रूप में उपलब्ध हुआ। यह उपलब्धि अन्तर्भेदिनी सिद्ध हुई। जिन बातों को रूढ़ भाव से 'अच्छा या बुरा' मान लिया गया था, उनके सम्बन्ध में दूसरा पक्ष भी उपस्थित हुआ। धीरे-धीरे मनुष्य को समझने के प्रयत्नों ने नया रूप ग्रहण किया। भाषा, धर्म, आचार, नैतिकता, यौन सम्बन्ध, शिल्प—सबको नई दृष्टि से देखा जाने लगा। आगे चलकर विद्वानों को कुतूहली यात्रियों के विवरणों से सन्तोष नहीं हुआ। दूर-दूर के द्वीप-द्वीपान्तरों में सच्चे ज्ञान-पिपासुओं की अनुसन्धित्सा को प्रवेश मिला। लोक-वार्ता-शास्त्र का जन्म हुआ और मानव-विज्ञान की नई शास्त्रीय विवेचना का विकास हुआ। देखा गया कि आचार, रीति-रिवाजों से लेकर धर्म, दर्शन, शिल्प, सौन्दर्य तक में सर्वत्र नए सिरे से सोचने की आवश्यकता है। कोई नैतिक मूल्य अन्तिम नहीं है, कोई शिल्प-विधि सर्वोत्तम नहीं कही जा सकती, कोई अभिव्यक्ति-पद्धति सर्वश्रेष्ठ नहीं हो सकती।

यह बहुत बड़ी बात थी। इसने मनुष्य के विचार-जगत् को आलोड़ित और मथित किया। साथ ही दूसरी प्रकार की सामाजिक व्यवस्था और विचार-पद्धति को समझने, उसे सही-सही रूप में लोक-गोचर करने की बौद्धिक ईमानदारी पर बल पड़ा। विचारशील लोगों के सामने नया प्रकाश आया। मानवीय मूल्यों के विकास को समझने

की अज्ञात-पूर्व सामग्री हाथ लगी। प्राचीन धर्मग्रन्थों को नए आलोक में देखने के प्रयास की वृद्धि हुई। शिल्प और कला के परिशंसन की दृष्टि में महत्त्वपूर्ण परिमार्जन हुआ। लोक-वार्ता ने अभिजात साहित्य को यथार्थ परिप्रेक्ष्य में देखने की दृष्टि दी और मानव-विज्ञान ने समस्त मानव-जाति को एक और अविभाज्य मानने की दृष्टि परिष्कृत की। जो बात मौजी यात्रियों की उमंग थी, उसमें वैज्ञानिक बुद्धि का प्रवेश आश्चर्यजनक है। यात्रा-विवरणों का मुख्य आधार लेकर लिखे गए ग्रन्थों में सर जेम्स जी. फ्रेज़र की आजीवन साधना के फलस्वरूप लिखी गई पुस्तक 'गोल्डेन बो' बहुत ही महत्त्वपूर्ण और विचारोत्तेजक है। इसी के समान महत्त्वपूर्ण ग्रन्थ, जो बहुत-कुछ इसी की सहायता से लिखा गया था, एडवर्ड वेस्टरमार्क का 'दि हिस्ट्री आफ ह्यूमन मैरेज' है। दोनों ग्रन्थों ने विचारक्षेत्र में बहुत अधिक क्रान्ति की है, परन्तु फ्रेज़र की पुस्तक अधिक साहित्यिक है और वेस्टरमार्क की अधिक वैज्ञानिक। वेस्टरमार्क के आलोचकों ने आक्षेप किया था कि उनके निष्कर्ष सुनी-सुनाई बातों पर आधारित हैं, अतः उन्हें वैज्ञानिक निष्कर्ष का साधन नहीं माना जा सकता। फ्रेज़र का ऐसा आक्षेप नहीं किया गया, क्योंकि उनकी पुस्तक को लोगों ने साहित्यिक शैलीकार की रचना के रूप में अधिक ग्रहण किया था। साहित्यिक प्रयत्न में कुछ कल्पना, कुछ विचारोत्तेजक निष्कर्ष, कुछ उदात्तीकरण का प्रयास आवश्यक समझा जाता है। पर वैज्ञानिक विवेचन में लोग इस बात पर अधिक ध्यान देते हैं कि निष्कर्ष के आधारभूत तथ्य ठीक-ठीक और अवितथ हैं या नहीं। वेस्टरमार्क की आलोचना का अर्थ था, इस क्षेत्र में वैज्ञानिक बुद्धि का प्रवेश। उन्होंने अपने आलोचकों की चुनौती स्वीकार की और छः वर्ष तक मोरक्को में रहकर वहाँ के निवासियों की भाषा सीखी और उनकी रीति-नीति और विश्वासों का सूक्ष्म निरीक्षण किया और अन्त में 'रिचुअल एण्ड बिलीफ इन मोरक्को' नाम की एक महत्त्वपूर्ण पुस्तक लिखी। अपनी पुरानी पुस्तक में भी उन्होंने बहुत-से संशोधन किए। लेकिन उनकी सबसे महत्त्वपूर्ण पुस्तक, जो उनकी अब तक अभिज्ञता की निचोड़ थी—नैतिक आदर्शों की उत्पत्ति और विकास के सम्बन्ध में थी ('दि ओरिजन एण्ड डेवलपमेण्ट ऑफ मोरल आइडियल्स')। इस पुस्तक में मानवीय कर्तव्याकर्तव्य के इतने बहु-विचित्र रूप उपस्थित किए गए कि परम्परा-क्रम से गृहीत और बहुमानित आदर्शों की जड़ हिलती दिखाई दी। विवाह-संस्था के इतने बहु-विचित्र रूपों के मूल में जादू-टोना का महत्त्व ही अधिक पाया गया। संसार की विविध आदिम जातियों की प्रथाओं की जानकारी ने अप्रत्यक्ष रूप से जीव-विज्ञान, मनोविज्ञान, नीतिशास्त्र, धर्म-विज्ञान आदि पर नए विचार दिए। मानव-विज्ञान ने मनुष्य के भौतिक धरातल से सम्बद्ध किन्तु अन्ततोगत मानसिक रूप में प्रकट हुई मनोवृत्तियों का रहस्य समझने में भी सहायता पहुँचाई। सबसे बड़ी बात यह हुई कि मानव-चित्त की व्यापकता का रहस्यभेद हुआ तथा जीवतात्त्विक आवेगों और मानसिक संवेगों का सम्बन्ध स्थापित हुआ। मानव-चित्त के उदात्तीकरण के आदिम

प्रयत्नों की जानकारी ने काव्य, चित्र और मूर्ति के द्वारा मनुष्य के अभिव्यंजक प्रयत्नों का मूल रूप स्पष्ट किया। बाह्य इन्द्रियों के आवेग किस प्रकार अन्तःकरण के संवेगों में पर्यवसित होते हैं, किस प्रकार मनुष्य नए-नए सौन्दर्य-निर्माण के माध्यमों का सहारा लेता है, किस प्रकार उसकी अनुभूतियाँ सूक्ष्म-से-सूक्ष्मतर रूपों की अभिव्यक्ति की ओर अग्रसर होती हैं—इन बातों की प्रक्रिया स्पष्ट हुई। एक प्रश्न स्वभावतः उदित होता है। क्या विभिन्न जातियों में अनेक विचित्र रूपों में पाए जानेवाले विश्वास और आचार-विचार उनके विशिष्ट शारीरिक गठन के कारण हैं? नृतत्त्व-विज्ञान ने मानव-शरीर के विभिन्न अवयवों—कपाल, नासिका, जबड़े आदि—की उच्चावचता का हिसाब करके विभिन्न श्रेणी की जातियों की कल्पना की, परन्तु मानव-विज्ञान ने इन ऊपरी विभेदों को बहुत महत्त्वपूर्ण नहीं माना। मनुष्य का मन सर्वत्र एक है—एक ही प्रकार सोचनेवाला, एक ही प्रकार उद्बुद्ध या अवबुद्ध होनेवाला, सब प्रकार से एक। वेस्टरमार्क ने मनुष्य के अनेक बाह्य आचरणों के परस्पर-विरोधी तथ्यों का संकलन करके यही नतीजा निकाला कि 'Man, after all is a single species !' अर्थात् सब होते हुए भी मनुष्य एक ही जीव-श्रेणी का प्राणी है। ऊपरी भेद नगण्य हैं। मानस-विश्लेषण-शास्त्र ने इस बात का अविसंवादित प्रमाण खोलकर सामने रख दिया है। पहले के मनीषियों ने भी मानव-चित्त की एकता का सन्धान बौद्धिक ऊहापोह से पा लिया था, पर मनोविज्ञान के नवीनतम शोधों ने उसे प्रत्यक्ष प्रमाण का विषय बना दिया। मनुष्य का चित्त एक-रूप है, उसकी अवगतियाँ और उदात्तीकरण की वृत्तियाँ समान मार्ग से चलती हैं, उनकी अवनर्मिल और उन्नर्मिल अवस्थाएँ निश्चित परिस्थितियों में समान रूप से क्रियाशील होती हैं। जीवतात्त्विक संवेग समान भाव से सर्वत्र मानस सूक्ष्म-बोधों को उकसाते हैं—मानव-चित्त एक है।

यह बहुत महत्त्वपूर्ण उपलब्धि है। व्यक्तिगत स्तर पर वैविध्य होने पर भी मानव-चित्त एक है। यह हो सकता है कि किसी व्यक्ति-विशेष की दृष्टि अवनर्मिल या अपनर्मिल हो और वह पीली वस्तु को लाल देखे, पर एक समष्टि मानव-चित्त है जो सर्वत्र और सर्वदा पीली वस्तु को पीली ही देखता है। हो सकता है कि किसी अन्य जन्तु के समष्टि जान्तव चित्त में वह काली या नीली प्रतिभात होती हो, पर मानवीय दृष्टि में—समग्रमानव के विराट् चित्त की दृष्टि में—वह पीली ही है। यही वह सामान्य बोध है जिसे अँग्रेजी में 'नॉर्म' कहा जाता है। और जिसके तौल पर हमने संस्कृत के पुराने मिलते-जुलते अर्थवाले 'नर्म' शब्द की कल्पना कर ली है। नर्म[1] शब्द का प्रयोग यहाँ औसत सामान्यबोध के रूप में ही किया गया है। इस नर्म या सामान्य बोध से इधर-उधर हटने पर व्यक्ति की दृष्टि अपनर्मिल (एबनार्मल) हो जाती है। कालिदास की बात को इस कोण से देखने पर वह बहुत सटीक जँचेगी। जिसके चित्त में ममत्व का लगाव अधिक है उसके लिए किसी वस्तु का आकर्षण अधिक हो सकता, परन्तु एक साधारण 'नर्म' भी है। अर्थात् सामान्य रूप से

सामग्र्यभाव का बोध भी है, जो प्रत्येक व्यक्ति के लिए आकर्षक होगा। सौन्दर्य-तत्त्व के अनुसन्धाता के लिए इस सामान्य मानवीय दृष्टि की—इस सर्वसाधारण सहज नर्मतत्त्व की—जानकारी आवश्यक है। इसी के आधार पर हम सौन्दर्यबोध के मूल रहस्यों को खोज सकते हैं। इसी विशाल और सामान्य मानवीय दृष्टि को व्यक्ति-दृष्टि से अधिक महत्त्व देने के कारण कालिदास ने बार-बार कहा था—'सर्वास्ववस्थासु अनवद्यता रूपस्य' (माल. 2) और 'सर्वास्ववस्थासु चारुता शोभान्तरं पुष्यति' (वही), तथा भारवि ने कहा था 'न रम्यमाहार्यमुतेक्षते गुणम्' (किरात. 4 : 23) इत्यादि। कहने का मतलब यह है कि सौन्दर्य का एक मानवीय स्तर है। कहीं-कहीं व्यक्ति-विशेष का स्तर इससे आपात-विरुद्ध हो जाता है। यह भारतीय कवियों की उपलब्धि है और कदाचित् संसार के अन्य महान् कवियों की भी ऐसी ही उपलब्धि है।

इस बात को और भी ग्रहणीय बनाने के लिए एक समष्टि-मानव-चित्त की कल्पना की गई है। सांख्यवादी जिस महत्त्व को स्वीकार करते हैं वह बहुत-कुछ इसी प्रकार का है। पदार्थगुणों के 'नर्म' इसी समष्टि-मानस में विद्यमान रहते हैं। सौन्दर्य जिन गुणों का सामान्य भाव है वे समान भाववाले 'नर्म' ही सौन्दर्यबोध, धर्म और नैतिक आचार-संहिता के प्राण हैं। इनकी ठीक-ठीक उपलब्धि न हो तो इन विषयों के मानवीय मान का पता नहीं लग सकेगा और व्यक्तिगत प्रयासों की ऊँचाई या नीचाई का थाह ही पाया जा सकेगा। अस्तु।

उन्नीसवीं शताब्दी के अनेक यूरोपियन तत्त्व-चिन्तकों का विश्वास था कि मानव-सभ्यता के प्रथम युग में भय-वश नाना अदृष्ट शक्तियों के विविध रूपों की कल्पना की गई थी। वे मानते थे कि आदिमानव को सुरक्षा के अभाव के कारण भय था जिससे उसने भूतों, दैत्यों और पिशाचों की कल्पना की थी। ये ही कल्पनाएँ अन्ततोगत्वा भय और रक्षा, दोनों के अधिदेवता सर्वशक्तिमान् ईश्वर की कल्पना में परिणत हुईं। आज भी बहुत-से लोग इस प्रकार भयमूलक धर्मभाव की बात सोचते हैं। फ्रेज़र ने प्रथम बार इस बात का प्रतिवाद किया। उनके विरोध का आधार थी अधुनोपलब्ध आदिमतम जातियों के गान, शिल्प, विश्वास आदि की नई जानकारी। आरम्भ में उनकी बात बहुत धक्कामार साबित हुई। विभिन्न क्षेत्रों से इसका प्रतिवाद किया गया। आज जिन जातियों को आदिमतम अवस्था में समझा जाता है, उनमें बिना किसी अपवाद के भयजन्य धर्मभावना का अभाव पाया जाता है। जैसे-जैसे आदिम जातियों और ज्ञात प्राचीन सभ्यताओं की जानकारी बढ़ती गई, वैसे-वैसे फ्रेज़र का यह मत मान्य होता गया कि आदि-मानव की कल्पना और रूपसृष्टि के मूल में भय की भावना नहीं थी।

भयमूलक रूपों की कल्पना और रचना मध्यवर्ती स्थिति की उपज है। प्रागैतिहासिक युग में चित्रित दीवारों और गुफाओं आदि के अध्ययन से विद्वानों ने यह निष्कर्ष निकाला कि आदि-मानव की रूपसृष्टि के दो कारण थे—1. प्रथम यह कि आदि-मानव

का यह विश्वास था कि जिस चीज का चित्र बनाया जाता है, वह बढ़ा करती है। अगर एक हरिण का चित्र बनाया गया तो बन में अनेक हरिणों की वृद्धि होगी। एक बादल का चित्र उरेहा गया तो आकाश में अनेक बादल मँडराएँगे! 2. दूसरा यह कि आदिमानव चित्र को वास्तविक वस्तु का प्रतिनिधि मानता था और समझता था कि किसी वस्तु के चित्र का अधिकार में रहने का फल होता है, उस वास्तविक वस्तु का अधिकार में रहना। गाय का चित्र जिसके पास होगा उसके पास गाय भी रहेगी। संक्षेप में कह सकते हैं कि आदिमानव की रूपरचना मांगल्यमूलक थी, भयमूलक नहीं। जब फ्रेज़र ने पहले-पहल इन निष्कर्षों को प्रकाशित किया तो यूरोप में एक तहलका मच गया। दीर्घकाल से ललित तर्कलब्ध निष्कर्षों की जड़ हिलने लगी। उन दिनों इस प्रकार की मांगल्यमूलक रूपरचना को तान्त्रिक सृष्टि या मैजिकल क्रिएशन कहा जाता था। फ्रेज़रं के निष्कर्षों से विचार-जगत् में जो क्षोभ पैदा हुआ, वह देर तक लोगों को आलोड़ित करता रहा। पर जब सन् 1903 ई. में एस. रैनेक (S. Rannack) ने लगभग बारह सौ प्रागैतिहासिक चित्रों को प्रकाशित किया तो फ्रेज़र के निष्कर्षों की ही पुष्टि हुई और विरोध का वेग शिथिल हो गया। तान्त्रिक सृष्टि या मैजिकल क्रिएशन मांगल्यमूलक थी। उसके आधारभूत मानसिक हेतु भय और असुरक्षाकातरता नहीं, उल्लास और आनन्द ही थे। मनुष्य की प्रथम रूपसृष्टि आनन्दहेतुक सिद्ध हुई। भयमूलक रूपसृष्टि इसके बाद हुई थी। मनुष्य में जब तर्क-बुद्धि का विकास हुआ होगा तो उसने सोचा होगा कि केवल चित्र बनाने मात्र से अभिलषित वस्तु नहीं मिल जाती, कहीं कुछ और बाधक कारण हैं। ये ही विचार भयजनक रूप-कल्पना के मूल में रहे होंगे। उन बाधक तत्त्वों के प्रसादन के लिए उनकी रूप-कल्पना और सर्जना हुई होगी। आगे चलकर भयमूलक रूपरचना का सिद्धान्त अमान्य हो गया। उपनिषद् के ऋषियों ने जिस प्रकार सम्पूर्ण सृष्टि को आनन्दजन्य माना है, उसी प्रकार आधुनिक मानव-विज्ञानी प्रारम्भिक काल के आदि-मानव की रूप-कल्पना को भी आनन्दजन्य मानता है। सारी सृष्टि को देखकर उल्लास-मुखर ऋषि ने कहा था—"आनन्दाद्धयेव खलु भूतानि जायन्ते" (आनन्द से ही भूतमात्र उत्पन्न होते हैं), और आज का मानव-विज्ञानी उसी स्वर में आदि-मानव की रूप-रचना को आनन्दोत्थ मानने लगा है।

चित्रकला की चर्चा यहाँ प्रसंग-प्राप्त उदाहरण के रूप में की गई है, मानवीय भावाभिव्यक्ति के प्रथम उन्मेष के रूप में नहीं। जिन लोगों ने आदिम जातियों की नीति-रीति का निपुण अध्ययन किया है, उन्होंने देखा है कि कदाचित् भावावेग की अभिव्यक्ति का प्रथम मानवीय प्रयत्न नृत्य के माध्यम से हुआ। संगीत और भाषा के साथ नृत्य मानवीय अभिव्यक्ति-प्रयत्नों में सर्व-पुरातन है। विद्वानों ने आश्चर्य के साथ लक्षित किया है कि जहाँ अन्यान्य कलाएँ क्रमशः विकसित होती गई हैं या विकसित होती जा रही हैं, वहाँ नृत्य अपनी आदिम अवस्था में ही चरम उत्कर्ष पर

पहुँचा पाया जाता है। डॉ. कर्ट शैख्स (Dr. Curt Shachs) की अत्यन्त महत्त्वपूर्ण पुस्तक 'वर्ल्ड हिस्ट्री आफ डांस' इस विषय की प्रामाणिक कृति मानी जाती है। वे कहते हैं–''यह बात कुछ विचित्र-सी लगेगी कि प्रस्तर-युग के बाद नृत्यकला ने बहुत ही कम नया ग्रहण किया है। रचनात्मक नृत्य का इतिहास प्रागैतिहासिक काल में शुरू होता है।'' (पृ. 62)। कालिदास ने नृत्य को देवताओं का चाक्षुष यज्ञ कहा था। उनके कथन का आधुनिक भाषा में यही अर्थ हो सकता है कि नृत्य प्रागैतिहासिक काल से चरम उत्कर्ष की अवस्था में है। सूसन के लैंगर ने 'फीलिंग एण्ड फार्म' नामक पुस्तक (पृ. 190) में कहा है कि ''नृत्य वन्य जीवन का सर्वाधिक गम्भीर बौद्धिक व्यापार है, देश और काल से परे किसी अज्ञात लोक के सम्मुखीन होने का प्रयास है, एक ऐसी मानस-धारणा है जो व्यक्तिजनातीत है और जीवन और मृत्यु से व्यवहित होकर भी शेष प्रकृति से परिवेष्टित और पोषित है। इस दृष्टि से देखा जाए तो नृत्य का प्रागैतिहासिक मूल बिल्कुल आश्चर्य की बात नहीं है। यह धार्मिक चिन्तन की वह प्रक्रिया है जो संसार में अतिमानव शक्तियों की धारणा उत्पन्न करती है। वस्तुतः नृत्य उन्हीं धारणाओं को सम्मूर्तित करने का प्रयास है। ये शक्तियाँ नृत्य द्वारा उत्पन्न नहीं की जातीं या उत्पन्न होती हुई अनुभूत नहीं होतीं बल्कि नृत्य-क्रिया द्वारा उद्‌बोधित, समाहूत, प्रतिस्पर्द्धित या प्ररोचित हुआ करती हैं। आदि-मानव की अतिमानवीय कल्पना के सामने ये यथार्थ हैं, प्रतीक नहीं।'' सभी आदिम जातियों में मण्डलावर्त नृत्य पाया जाता है। डॉ. कर्ट शैख्स ने तो इन मण्डलावर्त नृत्यों को मानव-पूर्व मानना चाहा था जो परवर्ती शोधकों द्वारा स्वीकार योग्य नहीं माना जा सका। इस मण्डलावर्त नृत्य के केन्द्र में कोई-न-कोई अतिमानवीय शक्ति (जैसे कोई देवता, पितरों की वेदी, कोई टोटम, कोई दैवी शक्ति-सम्पन्न पुरोहित ओझा, अग्नि आदि) विद्यमान होती है। यह अविसंवादित तथ्य है कि इस प्रकार के नृत्य का मूल प्रेरक मनोभाव उल्लास है। विविध प्रकार की चारियों से वलयित, ताल द्वारा नियन्त्रित, धारावाहिक मण्डलावर्त नृत्य जीवन के किसी अज्ञात रहस्यमय केन्द्र से उल्लसित होता है।

इन मण्डलावर्त नृत्यों के दो भेदों का उल्लेख डॉ. शैख्स ने किया है। एक अमूर्तपरक और दूसरा मूर्त। उनका अनुमान है कि आरम्भ में अदृश्य शक्त्यों को केन्द्र करके उल्लास-व्यंजक नृत्य चले होंगे, बाद में वाक् के साथ-साथ जब मिथक तत्त्व का आविर्भाव हुआ होगा तो इन अदृश्य शक्तियों की रूप-कल्पना की गई होगी। मिथक तत्त्व के सम्बन्ध में हम आगे विचार करेंगे, पर यहाँ अपना मत कह देना आवश्यक समझते हैं कि वाक् (भाषा) और मिथक तत्त्व परस्पर के पूरक हैं। डॉ. शैख्स के उपर्युक्त अनुमान का कोई ठोस आधार नहीं जान पड़ता, परन्तु इतना मान लेने में कोई आपत्ति नहीं जान पड़ती कि आदि-मानव की मूर्त कल्पना पहले मानसी रही होगी, बाद में उसने उसे नृत्य और संगीत में और, और भी बाद में, मिथक

और वाक् में उसे सम्मूर्तित करने का प्रयास किया होगा। भारतीय शैव और शाक्त दर्शनों में इसी को क्रमशः इच्छा-शक्ति और क्रिया-शक्ति का विलास कहा गया है। यद्यपि इन दोनों कल्पनाओं में थोड़ा तात्त्विक अन्तर है, पर मूल बात एक ही है। मूर्त या परिदृष्ट रूप देने के लिए नृत्य में, आगे चलकर मुखवास और विविध प्रकार के वस्त्राभरण का उपकल्पन हुआ होगा जिससे नृत्य में नाटकीयता का समावेश हुआ होगा। आदिम जातियों के अध्ययन से विद्वान् इसी निष्कर्ष पर पहुँचे हैं। विवाह, शस्यागम, वर्षा, वसन्त आदि के अवसरों पर मनुष्य की अन्तर्निहित चेतन-सत्ता ने अपना उल्लास प्रकट करने के लिए इन माध्यमों का सहारा लिया होगा।

परन्तु नृत्य वस्तुतः है क्या? फ्रांक थीस नामक जर्मन विद्वान् ने बताया है कि नृत्य वस्तुतः जड़ के गुरुत्वाकर्षण पर चैतन्य की विजयेच्छा का प्रयास है, क्योंकि इसकी मुख्य प्रवृत्ति भार की अवगति (गुरुत्व का आकर्षण) को अभिभूत करने की है। नर्तक से हम लाघव, क्षिप्रता, फुर्ती आदि की आशा करते हैं। और अन्तिम विश्लेषण के बाद ये बातें जड़ता के आकर्षण पर विजय पाने के प्रयास का ही नामान्तर सिद्ध होती हैं। जड़ता का भार नीचे की ओर ले जाना चाहता है, उल्लसित चैतन्य उसके इस खिंचाव का प्रतिरोध करता है। सब मिलाकर यह भौतिक भार की अवगति पर विजय पाने का प्रयास ही है और कला के क्षेत्र में कोई नई बात नहीं है। स्थापत्य में पत्थर पर विजय पाने का प्रयास है, चित्रकला में सपाट धरातल पर और कविता में अर्थ-सीमा में बँधे शब्दों पर। फ्रांक थीस के कथन का बड़ा महत्त्व है कि वस्तुतः हर कला-प्रयास में शिल्पी जड़ साम्रगी के सहज धर्म पर विजय पाने का प्रयत्न करता है। मनुष्य के कला-प्रयत्नों का अर्थ ही है जड़ता से संघर्ष। जितनी मात्रा में शिल्पी इस संघर्ष में विजयी होता है, उतनी ही मात्रा में वह शिल्पी रूप में सफल होता है। जितनी दूर तक उसके अन्तरतर का विशुद्ध चैतन्य जड़ाकर्षण और भौतिक बन्धन को छिन्न करके लक्ष्मीभूत द्रष्टा या श्रोता की अन्तर्निहित उच्छल प्राणधारा को मुखर कर देता है और जीवन्त रूप में चैतन्य को अनुभवगम्य बनाता है, उतनी ही दूर तक उसका शिल्प चरितार्थ होता है। हम किसी मूर्ति या चित्र को देखकर या कविता को सुनकर फड़क उठते हैं, तो वस्तुतः हम जड़ के गुरुत्वाकर्षण से मुक्त होने का अनुभव करते हैं। आदि-मानव के पास जब अन्य साधनों का अभाव था तो उसने अपनी पेशियों और अंगउपांग की फड़कन के सहारे ही चैतन्य का विजयोल्लास प्रकट किया। इसी का नाम नृत्य है। कुछ आश्चर्य की बात नहीं कि आदिम अवस्था में ही वह इस प्रयास में सफल हुआ। सभ्यता के अग्रसर होने के साथ-साथ अन्य साधनों का विकास हुआ, जो अधिकतर स्वयं जड़ उपादान हैं। इन साधनों के विकास के साथ-साथ क्रमशः मध्यवर्ती जड़ उपादान बढ़ते गए और चैतन्य के विजय के प्रयास क्रमशः जटिल होते गए। कई बार साधनों के उपयोग में चातुर्य-प्रदर्शन ही प्रधान हो उठा और चैतन्य के उल्लास की मुखर अभिव्यक्ति बाधाग्रस्त हुई। कौशलों ने

कला के मूल रूप को आच्छन्न कर लिया। केवल पैर के अँगूठे पर समूचे शरीर के भार को रखकर उचकने (पादांगुष्ठ नृत्य या टो-डांस) के प्रयत्न में गुरुत्वाकर्षण पर विजय पाने का प्रयास है तो अवश्य, पर वह 'गुहाहितं गह्वरेष्ठं' चित्तत्व के उल्लास से उतना चालित नहीं होता जितना कौशल-प्रदर्शन की वासना से। फ्रांक थीस ने इस श्रेणी के पादांगुष्ठ नृत्य को मूल आदर्श का कुण्ठित रूप (फ्रोज़ैन आइडियल) कहा है। निस्सन्देह वह ऐसा ही है।

परन्तु आदि-मानव का प्रथम उल्लास-नर्तन क्या सचमुच कला के क्षेत्र में आता है? मूर्तियों, चित्रों, काव्यों और शब्दों के माध्यम से मनुष्य कुछ अर्थों की व्यंजना करता है। व्यापक अर्थों में ये सभी एक प्रकार की 'भाषा' हैं। सभी किसी लक्ष्यीभूत श्रोता या द्रष्टा के चित्त में कुछ अर्थ प्रेषण करते हैं। प्रेषण-सामर्थ्य के कारण ही इन्हें व्यापक अर्थ में भाषा कहा गया है। परन्तु नृत्य कौन-सा अर्थ प्रेषित करता है?

आजकल कलाओं को रचनात्मक कला कहते हैं। मध्यकाल में भी माना जाता था कि कवि या कलाकार कुछ नई 'रचना' करता है। किसी ने कहा था कि विधाता से कवि बड़ा होता है, क्योंकि विधाता की सृष्टि में छः ही रस होते हैं जबकि कवि-सृष्टि में नौ रस होते हैं—षटरस विधि की सृष्टि में 'नवरस कविता माँहि' अर्थात् कवि विधाता की सृष्टि से भिन्न कोई दूसरी ही सृष्टि करता है। यही बात अन्य कलाकारों के बारे में भी कही जा सकती है। इसका अर्थ है कि कवि या शिल्पी वास्तव जगत् की वस्तुओं को देखकर पहले अपने चित्त में एक मानसी मूर्ति बनाता है और फिर उसे एक नया रूप देता है। मानसी मूर्ति कवि या शिल्पी की इच्छा-शक्ति का विलास है और रूप-रचना उसकी क्रिया-शक्ति का। मानसी मूर्ति को ही भाव कहा जाता है। कवि या शिल्पी भावगृहीत रूप को शब्दों, तूलिका या छेनी आदि के द्वारा जड़ आधारों पर उतारता है। यही उसकी नई सृष्टि है। इसी अर्थ में उसकी कला 'रचनात्मक' होती है। अगर यही बात है तो आदिम मानव का नृत्य किस भावगृहीत अर्थ को नया रूप देने का प्रयास है? वह कौन-सा भावार्थ है जिसे नर्तक अपनी कला के द्वारा अनुभूत कराना चाहता है? यह प्रश्न उतना सीधा नहीं है जितना अन्य कलाओं के सम्बन्ध में हुआ करता है। अन्यान्य कलाओं की तुलना में नृत्य में मानव-पूर्व तत्त्व अधिक हैं। उल्लास-काल में नाचने की प्रवृत्ति पशु-पक्षियों में भी पाई जाती है। ऐसा समझा जाता है कि मानवीय विकास की पूर्व-अवस्था में ही उल्लास-नर्तन—और सो भी मण्डलावर्त नृत्य के रूप में—आविर्भूत हो गया होगा। एक मानव-विज्ञानी ने तो यहाँ तक कहा है कि मनुष्य के मण्डलावर्त नृत्य का पूर्वरूप वनमानुसों के उसी प्रकार के नृत्य में मिल जाता है। यद्यपि यह बात बहुत पक्के प्रमाणों पर आधारित नहीं है। परन्तु यह सत्य है कि अन्य मनुष्येतर जीवों में उल्लासजन्य मण्डलावर्त नृत्य पाया जाता है। इस अर्थ में नृत्य अन्य मानवीय प्रयास-सिद्ध कलाओं से भिन्न श्रेणी का है।

कहते हैं, शिव ने त्रिपुर-निधन के बाद उल्लास-नर्तन किया था। उसका अनुकरण उनके शिष्य तण्डु मुनि ने किया था। यही उल्लास-नर्तन ताण्डव का मूल है। इसमें रस और भाव नहीं थे। शिव इस ताण्डव से उन्मत्त हो उठे थे। वे भूल ही गए कि त्रिपुर के वध का उद्देश्य संसार की रक्षा था। उल्लास के अतिरेक में उनके उत्ताल नर्तन से नभमण्डल विक्षुब्ध हो गया था, दिशाएँ चटचटा उठी थीं। धरित्री धसकने लगी थी, पर शिव नाचते ही गए–निरुद्देश्य, निर्बाध। उन्हें संयत करना आवश्यक समझकर पार्वती ने लास्य नृत्य किया। इस नृत्य का प्रयोजन था, अर्थ था। अर्थात् इसमें रस और भाव दोनों थे। ताण्डव रस-भावविवर्जित था, लास्य रस-भावसमन्वित। दोनों का यह अन्तर ध्यान देने योग्य है। पहला आदिम है–रस-भावविवर्जित, दूसरा मनुष्य की सर्जनेच्छा द्वारा चालित–रस-भावसमन्वित। भरतनाट्य-शास्त्र में मुनियों ने भरत से प्रश्न किया था कि नृत्य या ताण्डव जिसमें रस भी नहीं, भाव भी नहीं, नाटक में क्यों जोड़ा गया। भरतमुनि का सीधा उत्तर था–मांगल्य के लिए। यद्यपि नृत्त या ताण्डव में रस और भाव नहीं होते फिर भी उसका एक अर्थ है, भरत मुनि कम-से-कम ऐसा ही मानते हैं। यह अर्थ है, मांगल्य। आधुनिक मानव-विज्ञानियों की भाषा में यह बात मैजिकल क्रिएशन के आसपास पहुँचेगी। इससे मंगल होता है। यह सम्पूर्ण मानव-जीवन का ही सर्जन है। ताल द्वारा नियन्त्रित होकर भी बार-बार एक निश्चित लय में परावर्तित नृत्य वस्तुतः जन्म और मृत्यु से व्यवहित और फिर भी अविच्छिन्न भाव से निरन्तर गतिशील जीवन की ही व्यंजना है। शैख्स ने अन्तर्मुखी और बहिर्मुखी भेद करके आदि नृत्यों को समझाया है। अन्तर्मुखी केवल आन्तरिक चैतन्य वृत्ति का उल्लासजन्य नृत्य है जबकि बहिर्मुखी सोद्देश्य और सार्थक। वस्तुतः ताण्डव और लास्य अधिक सुन्दर भेद हैं। लास्य में मानवीय प्रयत्न अधिक होता है, इसलिए उसे ही अन्यान्य कलाओं के साथ एक श्रेणी में रखा जा सकता है। ताण्डव केवल परवर्ती-काल के कला-विकास को स्पष्ट करनेवाला आरम्भिक मूल प्रयास है। निस्सन्देह वह चैतन्य की आत्माभिव्यक्ति है। जीवतत्त्व के सामने बड़ी समस्या है जड़ाकर्षण का प्रतिरोध। जड़ाकर्षण पर विजय पाने का प्रयास अपने मूल रूप में ताण्डव में उपलब्ध होता है। अपने उद्दाम अभिव्यंजन और जड़ाकर्षण के प्रतिरोध-सामर्थ्य के कारण ही वह लोकमान्य हुआ है। चैतन्य के पुंजीभूत रूप शिव के द्वारा वह प्रवर्तित माना गया है। दूसरी ओर लास्य अधिक परवर्ती और मनुष्य की अपनी सर्जना-वृत्ति द्वारा अधिक सँवारा हुआ ललित प्रयत्न है। वह अधिक मानवीय है, क्योंकि वह मानव-चित्त के निश्चित उद्देश्यों–अर्थों–को अभिव्यक्ति देता है। उसके ताल, लय, छन्द, झंकार सब मिलकर मानवीय मनोभावों–रसभाव–को दर्शक के चित्त में अनुभूति कराते हैं। इसीलिए ताण्डव जहाँ मानव-पूर्व तत्त्वों का स्वतःस्फूर्त विकास है, वहाँ लास्य मानवीय प्रयासों का ललित रूप। इसलिए वह नर्तक के चित्त में अधिक स्पष्ट मानसी मूर्ति–भाव–की सर्जना करता है। बन्धनों पर विजय पाने का प्रयास

उसमें भी है, परन्तु ये बन्धन विराट् प्रकृति का अपना जड़ाकर्षण ही नहीं हैं बल्कि मनुष्य के जीवन द्वारा प्रतिफलित आकर्षण अर्थात् मानस-संस्कारों पर भी विजय पाने का प्रयास हैं। ताण्डव का लक्ष्यीभूत मानस-संस्कार अस्पष्ट है, अव्यक्त है, जबकि लास्य का स्पष्ट और व्यक्त। कहते हैं, लास्य का प्रवर्तन पार्वती ने किया था। पार्वती अर्थात्, अव्यक्त ब्रह्म की सिसृक्षा, रूप देने का सामर्थ्य देनेवाली शक्ति तन्मात्र।

जैसा कि ऊपर बताया गया है, मनुष्य के सर्जनात्मक कला-प्रयासों के पीछे कोई मानसी मूर्ति होती है। ताण्डव आदि-मानव या पूर्व-मानव के उल्लास-नर्तन का परिष्कृत रूप है। प्रश्न होता है कि वह कौन-सी मानसी मूर्ति थी जिसने आदि-मानव को उल्लास-चंचल बनाया था और जो मण्डलावर्त नृत्य के रूप में अभिव्यक्त हुई थी। यह बताना उतना ही कठिन है जितना यह बताना कि किस प्रकार आदि-मानव ने अपने मानसिक भावों को शब्द या भाषा द्वारा अभिव्यक्ति दी थी। दोनों ही आदि-मानव के भाव-सम्मूर्तन के प्रयास लगते हैं। पर कैसे यह सम्भव हुआ होगा, यह कठिन प्रश्न है। वस्तुतः मनुष्य के अति-आदिम प्रयत्नों में इच्छा और क्रिया एकमेक होकर गुँथी हुई थीं। आज भाषा ने मनुष्य के समूचे अस्तित्व को बुरी तरह छाप लिया है। हमारे लिए यह कल्पना भी कठिन जान पड़ती है कि शब्द के बिना भावसर्जना या भावधारणा (जिसे अँग्रेज़ी में कन्सेप्ट या नोशियो कहते हैं) कैसे सम्भव है। पर यह सत्य है कि मनुष्य की अपनी विशेषता भाषा है। मनुष्य-पूर्व जीवों में वह नहीं के बराबर है। किसी समय मनुष्य ने भाषा का आविष्कार किया होगा। ताण्डव में पद और पदार्थ, इच्छा और क्रिया एक दूसरे से 'कहियत भिन्न न भिन्न' होकर मिले हुए हैं। कब और कैसे वे उस अवस्था में आ गए जो पद अलग, पदार्थ अलग, इच्छा अलग और क्रिया अलग हो गई, यह बता सकना बहुत कठिन है। इस प्रश्न पर विचार करना आवश्यक है।

अर्न्स्ट कैसिरर (Earnst Cassirer) ने एक उचित प्रश्न उठाया है। उनका कहना है कि भाव-धारणा (concept, notio conceptus) किसी वस्तु के सारभूत तत्त्वों (एसेंशियल प्रापर्टी) की धारणा का नाम है। तत्त्व या प्रापर्टी क्या चीज है? कोई भाव की धारणा निश्चित तत्त्वों से बनती है। अगर किसी पदार्थ में ऐसे गुण या लक्षण हैं जो उसे दूसरे पदार्थों से व्यावृत्त करते हैं या समानधर्मा सिद्ध करते हैं तो इस वैषम्य या साम्य के आधार पर उसे श्रेणी-विशेष के अन्तर्गत, रखा जा सकता है। परन्तु श्रेणी-भेद के लिए भाषा से पूर्वावस्था में क्या आधार थे? हम भाषा के माध्यम से ही तो वस्तुओं का वर्गीकरण करते हैं अर्थात् एक को दूसरे से व्यावृत्त करते हैं। यदि भाषा-अर्जन के पूर्व ही यह करना पड़ा हो तो मनुष्य ने यह कार्य कैसे किया होगा? वह कौन-सी बात थी जिसने व्यावृत्त धर्मवाली भाषा को जन्म दिया? आज हम भाषा के इतने अधीन हो गए हैं कि इस प्रकार के प्रश्न का उत्तर सोचना भी कठिन हो गया है। मनुष्य की समूची तर्क-सरणि भाषा की देन है। वह

भाषा-पूर्व अवस्था के विश्लेषण में असफल सिद्ध होती है।

अन्र्स्ट कैसिरर का कहना है कि किसी वस्तु को प्रत्येक इन्द्रिय के द्वारा संश्लिष्ट रूप में ग्रहण करना ही आदिम मनुष्य के लिए सम्भव है। यह संश्लिष्ट रूप किसी एक क्षण की रचना नहीं होगी। धीरे-धीरे इसके संस्कार संचित हुए होंगे और अन्त में समस्त ऐन्द्रिय अनुभूतियों के संश्लिष्ट रूप ने उच्चरित वाक् के रूप में अपने को अभिव्यक्त किया होगा। गति में रूपान्तरित होने पर उसने उल्लास के रूप में और शब्द में उल्लसित होकर संगीतात्मक नाद में अभिव्यक्ति पाई होगी। धीरे-धीरे भेद का विवेक स्पष्ट होने लगा होगा, और भाषा का बढ़ाव क्रमशः जाति से व्यक्ति की ओर हुआ होगा। इसका मतलब यह हुआ कि वाक् का प्रथम स्फोट या प्राकट्य बहुत-कुछ भारतीय आचार्यों की बताई हुई उस पश्यन्ती वृत्ति के रूप में जिसमें पद और पदार्थ एकमेक होकर रहे होंगे, दूसरा स्फोट मध्यमा वृत्ति के रूप में जिसमें पद और पदार्थ अलग होकर भी 'भाव' (notio) के रूप में प्रकट हुए होंगे और तीसरा बहुत-कुछ बैखरी वृत्ति के रूप में, जहाँ पद और पदार्थ एकदम अलग हो गए होते हैं, हुआ होगा। इन वृत्तियों के बारे में विचार करने का अवसर हमें आगे मिलेगा। यहाँ आधुनिक पण्डितों की बात को समझाने के लिए पुरानी शब्दावली कदाचित् सहायक हो, यह सोचकर ही उसका प्रयोग किया जा रहा है। नहीं तो ये वृत्तियाँ हू-ब-हू उसी प्रकार की नहीं हैं जैसा आधुनिक पण्डित समझते हैं पर बहुत-कुछ वैसी ही हैं।

वाक्-तत्त्व के साथ-ही-साथ मिथक तत्त्व का आविर्भाव हुआ था। प्रसिद्ध विद्वान् मैक्समूलर ने बताया था ('फिलासफी ऑफ माइथोलॉजी, इंट्रोडक्शन टु दि साइंस ऑफ रिलिजन' के परिशिष्ट में) कि अपने उच्चतर अर्थ में मिथक तत्त्व वह शक्ति है जो मानवचित्त के हर सम्भव मानसिक क्रिया-कलाप में भाषा द्वारा प्रत्युत्पादित होती है। मैक्समूलर मिथक तत्त्व को अनिवार्य मानते हैं। वे कहते हैं कि यदि हम भाषा में विचार के ऊपरी रूप को अभिव्यक्त करने की शक्ति मानें तो मिथक तत्त्व उसकी अन्तर्निहित आवश्यकता जान पड़ेगा। भाषा वस्तुतः विचारों के ऊपर काली छाया डालती है जो तब तक दूर नहीं होगी जब तक भाषा विचार के साथ एकमेक नहीं हो जाती, जो कभी होने का नहीं है। निस्सन्देह मिथक-तत्त्व मानव-विकारों के आरम्भिक इतिहास-काल में ही बुरी तरह फूटता है, पर गायब कभी नहीं होता। मैक्समूलर ने मिथक तत्त्व को एक प्रकार की माया या भुलावा-जैसी कुछ वस्तु सिद्ध करना चाहा था। वह भाषा का ही परिणाम है और मनुष्य के लिए आत्मवंचना का मार्ग निकालता है। आज के मानवविज्ञानी इस बात को नहीं मानना चाहते। मिथक कल्पनाओं को आज का मानव-विज्ञानी आत्मवंचना नहीं मानता। वह भी वाक्-तत्त्व की भाँति मनुष्य की सहज सर्जना-शक्ति का ही निदर्शक रूप है। मैक्समूलर भाषाशास्त्र के प्रवर्तक थे, उनकी बात का मूल्य है। इसीलिए अब भी कुछ लोग उनकी बात

को स्वीकार करते हैं, परन्तु जो लोग मनुष्य की सर्जना-शक्ति का अध्ययन वैज्ञानिक दृष्टि से करते हैं वे एक मत से इस सिद्धान्त का प्रत्याख्यान करते हैं। वाक्-तत्त्व की भाँति मिथक तत्त्व भी मनुष्य की सर्जना-शक्ति की कहानी बताता है और उसके पूरक के रूप में युगपत उत्पन्न होता है। अर्न्स्ट कैसिरर ने कुछ रोषपूर्वक ही कहा है कि वस्तुतः आत्मवंचना भाषा में ही बद्धमूल है, भाषा जो सदा से मानव-चित्त को अपना क्रीड़नक बनाए रही है, जो सदा से उस अर्थ-परम्परा के गन्दे खेल में मानव-चित्त को भरमा रही है और अर्थ-परम्परा उसका निजी सत्त्व है। यह धारणा कि मिथक किसी सत्तात्मक सर्जना-शक्ति पर आधारित नहीं है—कि हम वाणी में उसका रोग-निदान-मूलक (पैथोलोजिकल) प्रभाव पाते हैं—इस धारणा के पुरस्कर्ता आज के नृत्तत्त्व-विज्ञानियों में भी मिल जाया करते हैं। परन्तु यह बात गलत सिद्ध हो चुकी है। मिथक तत्त्व भी भाषा की भाँति ही मनुष्य की निश्चित सर्जना-शक्ति का विलास है। अगर वह आत्मवंचना है तो वाक्-तत्त्व भी ऐसा ही है। अर्न्स्ट कैसिरर की इस रोषोक्ति में सार है।

सौन्दर्य असल में वस्तु की समग्रता की अनुभूति है। इसके दो मोटे रूप हैं :

1. एक तो वह जो हमें अभिभूत करता है, प्रभावित करता है, चालित करता है, पर इसलिए नहीं कि वह ऐसा करना चाहता है। हम यह ठीक नहीं जानते हैं कि वह किसी अन्य अदृश्य शक्ति की इच्छा से ऐसा करता है या नहीं। कोई अदृश्य शक्ति उसके द्वारा हमें चालित, प्रेरित या अभिभूत करती है या नहीं। यह किसी भी मनुष्य की कल्पना या तर्क का विषय-मात्र हो सकती है। यह सदा सन्दिग्ध ही रहेगा कि कोई ऐसी शक्ति है जो सौन्दर्य को साधन बनाकर हमें चालित या अभिभूत करना चाहती है। परन्तु हम चालित, प्रेरित और अभिभूत होते हैं, यह बात असन्दिग्ध है। गुलाब का फूल है। वह वर्ण से, रूप से, गन्ध से हमें मोहित करता है। हम बिल्कुल नहीं जानते कि ऐसा वह चाहता है या नहीं। हमें वह लाल दिखता है। परन्तु 'लाल' शब्द हमारी रचना है। हमें यह भी नहीं मालूम कि वह स्वयं अपने को 'लाल' समझता है या नहीं। 'लाल' कहकर हम एक चाक्षुष सत्य का परिचय मात्र देते हैं। परन्तु भाषा की सीमा है। लाल सैकड़ों चीजें होती हैं। सबको एक ही लाठी से हाँकना सम्भव भी नहीं है, उचित भी नहीं है। मनुष्य की यह महिमा है कि उसने जैसे-तैसे सीमाओं के बन्धन को अस्वीकार करते हुए अपनी अनुभूति को अभिव्यक्ति दी है 'लाल' शब्द के द्वारा। मनुष्य की यह सीमा है कि वह सैकड़ों प्रकार के लाल की अनुभूति को ठीक-ठीक अभिव्यक्ति नहीं दे पाता। 'लाल' भी एक जाति है। यह एक सीमा है। पर मनुष्य के अद्‌भुत वैशिष्ट्य को व्यंजित करनेवाली सीमा। मम्मट ने जब 'चतुष्टयी शब्दानां प्रवृत्तिः' का उपसंहार करते हुए कहा था 'जात्यादिर्जातिरेव वा' (शब्द चार प्रकार के हैं : जाति, व्यक्ति, क्रिया और यदृच्छा के वाचक। इन्हें जाति आदि चार श्रेणियों में बाँटा जा सकता है। पर सबको केवल 'जातिवाचक'

भी कहा जा सकता है।), तो उनका उद्देश्य सिर्फ पूर्वाचार्यों की संगति बैठाना मात्र नहीं था। वे भाषा की इस सीमा की ओर भी संकेत कर रहे थे। काव्य-शास्त्र के विद्यार्थी के लिए वह जानकारी आवश्यक है।

2. पद-पद पर मानव-चित्त के अपार औत्सुक्य को प्रकट करनेवाली इच्छा-शक्ति भाषा की सीमा से टकराती है। अपनी अनुभूति को जब भाषा द्वारा सीधे नहीं प्रकट कर पाती तो उपमा का सहारा लेती है। कैसा लाल? जैसी कि अमुक वस्तु होती है वैसा। उससे भी काम नहीं चलता तो उत्प्रेक्षा का सहारा लेती है। यदि अमुक वस्तु अमुक वस्तु से युक्त होती तो जैसा होता वैसा। पर काम क्या चलता है? मनुष्य छन्द से, स्वराघात से, काकु से, वचन-वक्रता से, हाथ घुमाकर, मुँह बनाकर अर्थात् अभिनय से, इस अपार इच्छा-शक्ति का समाधान करना चाहता है। इच्छा अनन्त है, क्रिया सान्त है। इच्छा नाद है—कण्टिनुअम है, क्रिया बिन्दु है—क्वैण्टम है। इच्छा गति है, क्रिया स्थिति है। गति और स्थिति का यह द्वन्द्व चलता रहता है। इसी से रूप बनता है, छन्द बनता है, संगीत बनता है, नृत्य बनता है। इच्छा काल है, क्रिया देश है। इसी देश-काल के द्वन्द्व से जीवन रूप लेता है प्रवाह के रूप में। इसी से धर्माचरण बनता है, नैतिकता बनती है। इन सबको छापकर सबको अभिभूत करके, सबको अन्तर्ग्रथित करके जो सामग्र्य-भाव है वह सौन्दर्य का दूसरा रूप है। यह भाषा में, छन्द में, मिथक रूप में, नृत्य में, गीत में, मूर्ति में, चित्र में, सदाचार में अपने-आपको प्रकट करता है। एक प्राकृतिक सौन्दर्य है, दूसरा मानवीय इच्छा-शक्ति का विलास है। दूसरा सौन्दर्य प्रथम द्वारा चालित होता है पर है मनुष्य के अन्तरतर की अपार इच्छा-शक्ति को रूप देने का प्रयास। एक केवल अनुभूति देकर विरत हो जाता है। दूसरा अनुभूति से उत्पन्न होकर अनुभूति-परम्परा का निर्माण करता है। भाषा में, मिथक में, धर्म में, काव्य में, मूर्ति में, चित्र में बहुधा अभिव्यक्त मानवीय इच्छा-शक्ति का अनुपम विलास ही वह सौन्दर्य है जिसकी मीमांसा का संकल्प लेकर हम चले हैं। प्रथम सौन्दर्य रूप से व्यावृत्त करने के लिए इसे हम 'लालित्य' कहेंगे। लालित्य, अर्थात् प्राकृतिक सौन्दर्य से भिन्न किन्तु उसके समानान्तर चलनेवाला मानव-रचित सौन्दर्य।

'लालित्य' शब्द से कई अर्थ व्यंजित होते हैं।

मनुष्य की इच्छा-शक्ति जब सर्जनात्मक रूप ग्रहण करती है तो भारतीय शास्त्रों में उसे विश्वव्यापिनी सर्जनात्मक शक्ति 'ललिता' का व्यष्टिगतरूप कहा जाता है। विश्वब्रह्माण्ड में व्याप्त सर्जना-शक्ति का ही वह पिण्ड में प्रतिनिधित्व करती है। शाक्त आगमों में बताया गया है कि सच्चिदानन्द महाशिव की आदि-सिसृक्षा (सृष्टि करने की इच्छा) ही विश्व में शक्ति-रूप से विद्यमान है। प्रलय-काल में महाशिव निष्क्रिय रहते हैं। उस समय महामाया समस्त जगत्-प्रपंच को आत्मसात् करके विराजती रहती हैं। जब शिव को लीला की लालसा होती है तो यही महाशक्ति-रूपा महामाया जगत्

को प्रपंचित करती हैं। शिव की लीलासखी होने के कारण ही उन्हें ललिता कहते हैं। लोक-रचना उनकी क्रीड़ा है। चिन्मय शिव उनके सखा हैं, सदानन्द उनका आहार है, सत्पुरुषों का हृदय ही उनका निवास-स्थान है। ललिता-स्तवराज में कहा गया है :

क्रीड़ा ते लोकरचना सखा ते चिन्मयः शिवः
आहारस्ते सदानन्दो वासस्ते हृदये सताम्।

सत्पुरुषों के हृदय में निवास करनेवाली ललिता ही वह शक्ति है जो मनुष्य को नई रचनाओं के लिए प्रेरित करती है। इसलिए इस परम्परा-गृहीत अर्थ मानव-रचित-सौन्दर्य को 'लालित्य' कहना उचित ही है। ललिता सहस्रनाम में इस देवी को 'चित्कला', 'आनन्दकलिका', 'प्रेमरूपा', 'प्रियंकरी', 'कलानिधि', 'काव्यकला', 'रसज्ञा', 'रस शेवधि' आदि कहकर पुकारा गया है। जहाँ कहीं मानव-चित्त में सौन्दर्य का आकर्षण है, सौन्दर्य-रचना की प्रवृत्ति है, सौन्दर्यास्वादन का रस है, वहीं यह देवी क्रियाशील है। इसलिए भी हमारे आलोच्य शास्त्र का नाम 'लालित्य-शास्त्र' ही हो सकता है। फिर मनुष्य की सौन्दर्य रचना के मूल में उसके चित्त के 'लालित' भाव ही हैं। इसीलिए लालित्य को ही उस सौन्दर्य का रूप माना जा सकता है जो मनुष्य के लालित भावों की अभिव्यक्ति करता है।

मनुष्य की इच्छा-शक्ति द्वारा चालित प्रयास से जो सृष्टि होती है, वह और किसी अन्य जीवधारी के वश की नहीं है। वह सब प्रकार से अपूर्व है। सृष्टि में पहले कभी ऐसा नहीं देखा गया। इस बात को बहुत पहले भरतमुनि ने प्रकट किया था। नाट्य-शास्त्र में एक कथा है : ब्रह्मा की आज्ञा से भरतमुनि ने नाट्यवेद का निर्माण किया और तदनुसार एक नाटक भी लिखा। ब्रह्मा ने उस नाटक का अभिनय करने की आज्ञा देवताओं को दी। परन्तु वे इस काम को नहीं कर सके। इन्द्र ने ब्रह्मा से निवेदन किया कि 'हे पितामह! देवता इस काम को नहीं कर सकते। इसे तो मुनि लोग ही कर सकते हैं।'[2] मुनि मनुष्य हैं, वे अपनी इच्छा-शक्ति के बल पर दूसरे का अनुकरण कर सकते हैं, परन्तु देवता भारतीय परम्परा के अनुसार भोगयोनि के हैं। उन्हें जैसा बनाया गया है और जैसा काम दिया गया है, वैसा ही कर सकते हैं और किसी अन्य का अनुकरण नहीं कर सकते। यही कारण है कि भारतीय परम्परा में जब देवता को कुछ करना होता है तो वह मनुष्य का रूप ग्रहण करता है।

मनुष्य में इच्छा-शक्ति और क्रिया-शक्ति दोनों उद्‌बुद्ध होती हैं। वे चाहें (और वे चाह सकते हैं) तो देव, दैत्य, राजा, प्रजा, सज्जन, दुर्जन सबका अभिनय कर सकते हैं। नाट्य-शास्त्र की कथा कई दृष्टियों से महत्त्वपूर्ण है। इससे देवता की तुलना में मनुष्य की विशिष्ट शक्ति का परिचय मिलता है। इसे नाट्य-शास्त्र की अन्य कथाओं से मिलाकर देखने से आधुनिक मानव-विज्ञान के निष्कर्षों की पुष्टि होती है। उदाहरणार्थ नाट्य-शास्त्र में अन्यत्र बताया गया है कि देवता नृत्य कर सकते हैं। ताण्डव के मूल प्रवर्तक शिव हैं; लास्य की प्रवर्तिका पार्वती हैं। परन्तु देवता नाटक का अभिनय

नहीं कर सकते। नृत्य और नाटक का अन्तर स्पष्ट है। नृत्य में बाह्य उपकरण की आवश्यकता नहीं होती, नाटक में होती है। नाटक अनुकरण है, पर नृत्य नहीं। इस बात को ऐतिहासिक विकास-क्रम की दृष्टि से देखा जाए तो इसका अर्थ यह होगा कि नाटक मनुष्य के भावाभिव्यंजक वाक्-तत्त्व के पर्याप्त आयत्तीकरण के बाद की कला है। यह उस समय विकसित हुआ होगा जब पद और पदार्थ का विवेक पूर्ण हो गया होगा। पर नृत्य उसके पूर्व की कला है। कदाचित् वह मानव-पूर्व है। यह उस समय की कला है जब वाक्-तत्त्व का पूर्ण उन्मेष नहीं हुआ था अर्थात् जब पद और पदार्थ विविक्त नहीं थे।

परन्तु नाटक यहाँ उपलक्षण मात्र है। मनुष्य की इच्छा-शक्ति और क्रिया-शक्ति—नाद और बिन्दु, पद और पदार्थ—के पूर्ण उन्मेष के बाद ही उत्पन्न हुई कलाएँ अर्थात् काव्य, चित्र मूर्ति आदि की भी यही कहानी है।

भरतमुनि ने नाटक के क्षेत्र में मनुष्य की महिमा को कितने स्पष्ट रूप में हृदयंगम किया था, इस बात का पता इसी से चलता है कि अपने काल में प्रचलित रूपकों में से पूर्णांग उन्होंने सिर्फ, नाटक और प्रकरण को ही माना है जहाँ नायक मनुष्य होता है। बाकी रूपकों में उन्होंने कई सन्धियों और वृत्तियों को अनियोज्य बताया है। क्योंकि जहाँ देव-कोटि का नायक होता है वहाँ धैर्य की कमी रहती है, फलागम के लिए उतावली होती है, हड़बड़ी रहती है। पूर्णांग रूपकों में दो ही पूर्णांग रस, वीर और श्रृंगार, माने गए हैं। तथापि वीर रस में एक पक्ष के पराभव होने के कारण पूर्ण रसपरिपाक नहीं हो पाता। उत्तम रस श्रृंगार ही है जहाँ 'लाभः सपद्यपि जए च पराजए च यूनोर्मनस्तहपि वाञ्छति जेतुमेव।' प्रथम रूपक शायद 'त्रिपुरदाह' था। यद्यपि देवताओं की भूमिका में मनुष्य ही उतरे थे तथापि यथार्थता की खातिर वह पूर्णांग नहीं हो सका था। रामचन्द्र गुणचन्द्र ने भरत के आशय को ठीक समझकर ही कहा था, 'देवा धीरोद्धता एव' (देवता धीरोद्धत नायक ही होते हैं क्योंकि उनमें फलागम के लिए उतावली होती है, धीरोदात्त की भाँति धीर भाव से प्रत्याशा में वे नहीं उलझते। धीरोदात्त मनुष्य ही हो सकते हैं)। इस प्रसंग पर हम अन्यत्र विचार करेंगे। यहाँ इतना ही अभिप्रेत है कि कला-सर्जन में मनुष्य की महिमा का सबल विवेक सबसे पहले भरत को ही था। पहले ही बताया गया है कि समग्र मानव के निपुण अध्ययन का एक महत्त्वपूर्ण निष्कर्ष यह निकला है कि मनुष्य का चित्त एक ही जैसा है। नृतत्त्वविज्ञान के पण्डितों ने मनुष्य की उत्पत्ति के बारे में अनेक प्रकार की जल्पना-कल्पना की है। नाक, मुँह, कपाल, जबड़े आदि की नापजोख से कई जाति के मनुष्यों का सन्धान पाया गया है। ऐसा भी कहा जाता है कि मनुष्य की ये विभिन्न जातियाँ भिन्न-भिन्न देशों में, भिन्न-भिन्न काल में प्राङ्मानव जन्तु से विकसित हुई हैं। यद्यपि इस शास्त्र के विशेषज्ञों ने कई प्रकार से मनुष्य-जाति का वर्गीकरण किया है, पर आज तक किसी जाति का मनुष्य ऐसा नहीं मिला जो लाल

को लाल रंग और पीले को पीला रंग न समझता हो या आवाज सुनने के बाद कर्कश को कर्कश न कहता हो और कोमल को कोमल न समझता हो। व्यक्तिगत अनुभूति में मात्रा की कमीबेशी हो सकती है, पर बाह्यकरणों की अनुभूति लगभग समान है। बाह्यकरणों की बनावट में भी थोड़ा-बहुत अन्तर पाया जाता है, पर उनकी आन्तरिक अनुभूति प्रायः एक सी है अर्थात् अन्तःकरण (मन, बुद्धि आदि) और ज्ञानेन्द्रियों की ग्राहिका शक्ति सर्वत्र एक समान है। मनुष्य की यह चित्तगत एकता सचमुच ही आश्चर्यजनक है। इसने इन्द्रियग्राह्य विषयों के सम्बन्ध में मानव को एक समान ग्राहिका शक्ति से सम्पन्न बनाया है। भौगोलिक और अन्य भौतिक वातावरण के कारण सहन-सीमा और सन्तोष-सीमा में अन्तर बहुत है, पर अनुभूति एक ही श्रेणी की है। कहीं मानव का ऐसा विकास नहीं हुआ जो लाल को काला देखता हो या गर्मी को सर्दी अनुभव करता हो या फिर वाग्यन्त्र के स्थान पर किसी अन्य शारीरिक अवयव से भाव-प्रेषण करता हो। अन्तःकरण और ज्ञानेन्द्रियों की ग्राहिका शक्ति की दृष्टि से मनुष्य एक है। इसीलिए गीत, नृत्य आदि अत्यन्त प्रागैतिहासिक अभिव्यक्तियों से लेकर परवर्ती काल तक के लालित्य-बोध में मनुष्य-मात्र में एक अद्भुत समानता है। जहाँ कहीं व्यक्ति-विशेष में सामान्य बोध से भिन्न प्रकार की अनुभूति देखी जाती है, वहीं उसे अवनर्मिल माना जाता है और चिकित्सा की व्यवस्था सुझाई जाती है। लालित्य-मीमांसा की दृष्टि से यह बात विशेष रूप से महत्त्वपूर्ण है। यह इसके विवेक के विषय में एक मानवीय दृष्टि का सन्धान बताती है। और रूप, वर्ण, गन्ध आदि के सम्बन्ध में एक सामान्य मानवीय 'मूल्य' नर्म की स्थापना करती है। कभी-कभी व्यक्ति-मानव मानस-विकृति या इन्द्रिय-विकार के कारण इस नर्म से विच्छिन्न हो जाता है। उस समय यह साधारण से कुछ भिन्न या अवनर्मिल बन जाता है। परन्तु यह भी विचित्र है कि इस अपनर्मिली भाव का भी अपना एक कायदा-कानून है। मानव-मनोविज्ञान के चिकित्सा-शास्त्रीय शोधों ने इस बात को अविसंवाद्य रूप में सिद्ध कर दिया है। निश्चित प्रकार के स्नायु-दौर्बल्य से मानव-मात्र में निश्चित प्रकार का अपनर्मिली भाव उत्पन्न होता है और निश्चित उपचारों से मानवमात्र में निश्चित प्रतिक्रिया होती है। परन्तु लालित्य-विवेचन के प्रयासी के लिए और भी काम की बात यह है कि मनुष्य-मात्र में इच्छा-शक्ति और क्रिया-शक्ति के कायदे-कानून भी एक ही जैसे हैं। इस शास्त्र का अन्वेषक हैरान होकर सोचता है : क्या सारी एकता सतही है या इसके पीछे कोई विराट् शक्ति क्रियाशील है? कौन है जो पर्दे की ओट में बैठा हुआ इस महती एकता को रूप दे रहा है?

सर्वत्र मनुष्य ने उल्लास-चंचल होकर जड़ता के बन्धनों पर विजय पाने का प्रयास किया है। आरम्भ में उसने नृत्य-चारिका से और स्वर-सन्धान द्वारा इस बन्धन के विरुद्ध विद्रोह किया है और बाद में वाक्, मिथक, और भाव-सम्मूर्तन के द्वारा अपने भीतर किसी बन्धन-द्रोही व्याकुलता को रूप देने का प्रयास किया है। कहीं

कुछ ऐसा है जो मनुष्य के आदि-उद्भव के समय से ही अपने को बन्धनमुक्त करने के लिए छटपटा रहा है। मानो रवीन्द्रनाथ के शब्दों में वह कातर भाव से कहता आ रहा हो—"आमि चंचल हे, आमि सुदूरेर पियासी" (अभी, मैं चंचल हूँ, मैं सुदूर का प्यासा हूँ)। कौन-सी बात है यह? कौन है वह जो नित्य नई सर्जनाओं से अपने को उल्लसित करने का प्रयत्न करता आ रहा है? जान पड़ता है यह उसका चैतन्य है, अनाविल व्यापक चित्तत्त्व उसी का अद्भुत और अक्लान्त प्रयत्न है, जो लालित्य-रचना के द्वारा नित्य बन्धनजयी होने की क्रिया से प्रकट हो रहा है। इस प्रयास को समझने के लिए उसकी इच्छा शक्ति और क्रियाशक्ति का स्वरूप जानना तो आवश्यक है ही, यह भी आवश्यक है कि उसके प्रयत्नों में बाधा पहुँचानेवाले भौतिक और अन्य तत्त्वों का स्वरूप भी समझ लिया जाए। ऊपर के इन विचारों को संक्षेप में इस प्रकार रखा जा सकता है :

1. मानव-चित्त एक है। समष्टि-मानस में ही समान बोध के मान रहते हैं जो 'नर्म' कहे जाते हैं।
2. मनुष्य ने उल्लास की अवस्था में प्रथम आत्माभिव्यक्ति की थी, जिसका अन्तर्निहित उद्देश्य जड़ बाधाओं पर चैतन्य के वियजी होने का प्रयास था।
3. मण्डलावर्त नृत्य के रूप में यह अभिव्यक्ति पूर्व-मानव-काल में ही हो चुकी होगी।
4. वाक्-तत्त्व का प्रथम उन्मेष मनुष्य की इच्छाशक्ति का प्रथम स्पष्ट विस्फोट है, जो शुरू में पद और पदार्थ के सम्पृक्त रूप में रहा होगा।
5. वाक्-तत्त्व बाह्यवस्तु के नामकरण का नहीं, अन्तःकरण के उल्लास-चंचल आश्चर्य का साधन था जो बाद में उल्लासदायक तत्त्व का वाचक हो गया।
6. वाक्-तत्त्व का स्फोट जहाँ पद और पदार्थ के विवेक का कारण बना, वहाँ उच्चारित शब्द की सीमाबोधकता का ज्ञान लेकर भी आया। इसीलिए पदार्थ-विवेक के साथ-ही-साथ मिथक तत्त्व भी साथ-ही-साथ पूरक के रूप में आविर्भूत हुआ।
7. पद-पदार्थ के विवेक ने अनुभूत तत्त्व की पूर्ण उपलब्धि में बाधा दी। इसीलिए मनुष्य की इच्छाशक्ति ने लालित्य तत्त्व का आश्रय लिया।
8. पद-पदार्थ-विवेक की पूर्ति मिथक से और इन दोनों की पूर्ति लालित्य-तत्त्व से की गई।
9. बाह्य पदार्थ को भाव-रूप में ग्रहण करना और गृहीत भाव की अभिव्यक्ति करना मनुष्य की ही विशेषता है।
10. भाव-रूप में ग्रहण करना (इच्छा) और गृहीत भाव को पुनः अभिव्यक्त करना (क्रिया) अपने-आपमें अन्त नहीं है। ये मनुष्य के अन्तर्निहित विशुद्ध चैतन्य के सहायक हैं।

11. चैतन्य की सीमाहीन अभिव्यक्ति की व्याकुलता लालित्य तत्त्व का मूल उत्स है।
12. व्याकुलता क्यों है, यह प्रश्न उचित और समाधेय है।

संदर्भ

1. 'नर्म' शब्द संस्कृत के 'नृनये' धातु से उणादि मनिन् (4.146) प्रत्यय से सिद्ध किया जाता है। इस व्युत्पत्ति से इसका अर्थ सामान्य 'नय' या 'नीति' हो सकता है। अमरकोश (1/7/32) के अनुसार इसका अर्थ परिहास है। परन्तु काव्य में यह सहज हास्य के रूप में व्यवहृत होता है। 'नर्मदा' में 'नर्म' शब्द कल्याण का वाचक है। परन्तु यहाँ 'नर्म' शब्द सहज-सामान्य बोध के रूप में प्रयुक्त हुआ है। वस्तुतः यह अँग्रेजी के 'norm' शब्द के साथ ध्वनि-साम्य के कारण ही तत्परक मान लिया गया है।

2. तच्छुत्वा भगवान् शक्रो ब्रह्मणा यदुदाहृतम्।
प्रांजलिः प्रणतो भूत्वा प्रत्युवाच पितामहम्।
ग्रहणे धारणे ज्ञाने प्रयोगे चास्य सत्तम।
अशक्ता भगवन् देवा अयोग्या नाट्य-कर्मणि।
य इमे वेद गुह्यज्ञा मुनयः संशितव्रताः।
एतेऽस्य ग्रहणे शक्ताः प्रयोगे धारणे तथा।।

['नाट्य-शास्त्र', प्रथम अध्याय, 21-23 (चौ.)]

वैभव-5

ललित सप्तक

एक : भारत में काल है कि वगरो वसन्त है?

मुख पीत, आँख पीत, देह कौ रकत पीत,
　　पीत रंग में ही पुते लोग हाँ बसन्त है।
तरुन कौ पात पीत, तरुनन कौ गात पीत,
　　पीत-सुख सोभा तरुनीन कौ लसन्त है।
पीत-शान्ति कृषक, सुपीत रक्त धेनुवृष,
　　पीत ऋद्धि देश विपरीत विलसन्त है।
पीत धुजाले के पीतता कौ सह देके कहो,
　　भारत में काल है कि वगरो वसन्त है।

दो : अबीर

फीके पड़े हैं गुलाब जहाँ तहाँ कौन गुलाल की बात करैगो?
देखि कुरंग वि-रंग बने जिन्हैं ता ढिग रंग कहा ठहरैगो?
लाल! गुलाल सम्हारते क्या लखि बाल कपोल को धीर धरैगो?
वीर अबीर जो डालि हैं सोऊ अ-बीर बने हिय-पीर परैगो?

भीर अभीरन को भई भोर तहाँ सखि! मोहन मोह गयो भरि।
मंजु गुलाबी मुठी कौ गुलाल गुलाबी कपोलन पै त्यों गयौ झरि।
कैसे कहूँ सुखमा सजनी, कछु जादुगरी तैं बसी ज्यौं कियौ हरि।
लाल रसीले रसीली लली रसरासि से गीलि गए अँखियाँ करि।

[होली, सं. 1986]

तीन : विरह विभा

तज-नीरद-साँवरो श्याम लला सजनी जिन भूले बबूलनि में,
मनमोहन पै मन बोर नहीं रहै रात विवाद को मूलनि में।
न लखै-युग मूरति बाग-तड़ागनि कुंज लता द्रुम फूलनि में।
बिन झूलै हहा दुख झूलनि में रगरै बिगरै चख धूलनि में।

जिनकी अँखियाँ में ब्रज सुन्दरी ते सुमोहिनी-मूरति फीकी लगै।
जिन कीरति कौ कल केलि कला तेरौ स्याम लला की न नीकी लगै।
जिनकी वा कसाइन लोहे की लेखनि में न विभा विरही की लगै।
परों पाँय लला तिनकी अँखियाँ रज नेकु तेरी पनही की लगै।

जिन गोपी-गुपाल की रास कला में विलास की वास बनाया करैं।
जिन बाँसुरी के सुर में न कहूँ रस की सरिता लख पाया करैं।
जिन राधिका रानी की बानी सलौनी में गन्दगी(?) गान दिखाया करै।
ब्रज लाड़िलेजू के सनेह परे तिनकी अँखियाँ करुआया करैं।

चार : उद्‌बोधनगीत

बहुत सोयी अब उठ ऐ प्राण!
विजन निद्रिते ज़रा सजग हो आज नहीं सुनसान
वेणुकुंज के पत्र आज करते मर्मर मृदु गान
हरसिंगार बिना ही ऋतु के फूल कर रहा दान
बता सयानी, इनके मन की पीड़ा गूढ़ गम्भीर
तेरे बिना कौन बतलाएगा यह पीड़ा वीर!
बहुत सोयी अब उठ ऐ प्राण!

पाँच : एक फक्कड़ का प्रयाणगीत

रजनी दिन नित्य चला ही किया मैं अनन्त की गोद में खेला हुआ;
चिरकाल न वास कहीं भी किया किसी आँधी से नित्य धकेला हुआ;
न थका न रुका न हटा न झुका, किसी फक्कड़ बाबा का चेला हुआ;
मद चूता रहा, तन मस्त बना अलबेला मैं ऐसा अकेला हुआ।

पिक कूका किए, अलि गूँजा किए, नव बल्लरियाँ लहराती रहीं;
हँसके वश में करने को रसाल और मालतियाँ मुसकाती रहीं;
बकुलों ने बिछाए प्रसून नए नवमाधवी नित्य रिझाती रहीं;
न रुका मैं कहीं न प्रलुब्ध हुआ, कलियाँ मुझे नित्य बुलाती रहीं।

मलयानिल आया कहा कि रुको कुछ मन्दी सुगन्धी का ले लो मजा,
लहरों ने कहा, ठहरो तो ज़रा, तू भगा-भगा मेरे बटोही न जा।
लिए चाँद-सा कुम्भ सुधारस का रजनी ने कहा यह जानता जा।
दिल मेरा बना पै अड़ाल रहा कहा, फक्कड़ कोप सजा-ही-सजा।

विरही गज देखके रोते रहे, प्रिय प्रेमी निजत्व को खोते रहे,
कवि वस्तुलता से सने से बने वृथा कल्पना के रस ढोते रहे,
वन बाग नए अनुराग भरे रस राशि से प्राण भिगोते रहे,
कोई रोते रहे कोई खोते रहे, अपना रथ पै हम जोते रहे।

छह : ओ निर्मम तपस्वी!

कौन है तू
शीर्णकाय निरीह तेजपुञ्ज
जो इस मत्त दानव-दलित-वसुधा पर
जगाए है अलख वैराग्य,
गाता, गीत मैत्री और करुणा के,
चलाता जा रहा अलमस्त
अपना अलग चर्खा
और मदगर्वित नृपालों की भृकुटियों के तले
निर्भीक हँसता जा रहा है?
रौंदते हैं विश्व को बलदृप्त सेनानी
उगलते नाग के फूत्कार-सह विषपिण्ड
उनके मारणास्त्र अमोघ,
कलमल कर उठी है—
भार वहन-अशक्त धरती,
रक्त से लथपथ करों से दे रहे हैं ताव मूँछों पर,
कुटिल मदभारवाही गर्दनों पर—
ढो रहे हैं विजय का संभार!
फिर भी कौन है तू ओ तपस्वी,
गा रहा है गीत जो
इस गंग की भी गैल में छूँछे मदारिन के,
तुझे क्या है न कुछ भी लाज
निज उपहास की?
तू गा अरे गणराज्य का जय-गान,
निशित कृपाण की—
इस लपलपाती लोल जिह्वा का अमर वरदान,

निशिदिन
अग्निवर्षी मारणास्त्रों के विकट निःस्वनजनित
जयनाद का गुण गान।
ओ निर्मम बटोही!
किस अगम अनजान दुर्गम मार्ग के सन्धान में
तू दे रहा है प्राण!
ऐ भोले!
कभी क्या
विश्व में फल दे सके हैं स्वप्नदर्शी गान?
तापस-जन-सुलभ आक्रोश,
क्रन्दन-वीर द्विज के शाप,
वेकस की करुणतर आह?
यह जग है न धर्म-स्थान,
यह संग्राम की है भूमि,
उत्कट लोभ का बाजार,
प्रतिभट काल गर्जन का कि रंग-स्थान,
विकट रणस्थली विषाक्त स्वार्थों की,
यहाँ वह जीतता है
जो कि भृकुटि तरेरता रहता सदा
दुर्बल पड़ोसी पर,
झपट कर नोच लेता है
समय पर भोग्य अपना,
ताक में रहता सदा
कि रगेद दे प्रतिपक्षियों को,
और अपनी जयपताका गाड़ दे पर-भूमि में,
निर्लज्ज हो छाती फुलाकर कह उठे—
'नहिं सूर्य अस्त होता मेरे राज्य में दिन रात!!'
क्या कहा?—होता न हिंसा से शमन पशुवृत्ति का?
अपराध है पर-भूमि का आहरण?
दुर्दम-दमन-आधारित विजय
कुत्सित पराभव मनुजता का?
और निशित कृपाण का जयनाद
है आह्वान नूतन युद्ध का?
लाखों निरीहों की असन्तुद वेदना का,

बालकों-वृद्धों युवतियों की अकारण मृत्यु का?
भोले, भला इस रक्त कर्दम से भरे जग में,
जहाँ है जम्बुकों का विकट उत्सव!
शकुनियों का घृणित कलरव!
फेरुओं का नरक-ताण्डव!
अन्तड़ियों का जाल!
मज्जा मेद का जंजाल,
उन्मद रंगभूमि विहार नाना व्याधियों का!
भूख का, निर्वस्त्रता का, भीरुता का राज्य
इसमें कौन मानेगा कि तू ऐ लकुटधर,
है खोजता नव प्रेम का वह सरल शाश्वत मार्ग,
जिसमें है न परपीड़न, निठुरता, आत्मवंचन,
दीन का अपमान,
शोषण सबल का, उन्मथन नरपति शक्ति का?
निर्मम तपस्वी!
एक तू ही दिख रहा इस घोर बर्बरता भरे जग में,
कलह-निर्मथित व्याकुल काल में,
हिंसा-दमन-शोषण भरे नरलोक में,
जिसकी न है वाणी स्खलित,
लोचन चलित, स्मृति-बुद्धि विकलित और आत्मा भीत,
जो है देखता सीधे अटल ध्रुव सत्य को,
निर्भिन्न कर दुर्वचन-माया जाल,
करके छिन्न मिथ्या आवरण,
निर्दलित करके तुमुल सत्याभास का जंजाल,
जो नचता न नियति नटी प्रदर्शित अँगुली-संकेत पर
झुकता न मदगर्वित नृपतियों के कुटिल भ्रू-कुञ्जनों से,
हत न होता है घृणित उपहास से,
दबता न मर्कट-किटकिटाहट से
जिसे बस एक धुन यह है,
कि मानव-मात्र का कल्याण,
शोषण का विलोप-विनाश,
मैत्री का सबल संचार।
ओ, तू दीन जन का प्राण,
तू कल्याण दलित उपेक्षितों का,

अभिमान भारतवर्ष का,
अरमान सारी जाति का,
तुझसे महात्मन्
भारतीय 'कुलं पवित्रं' हो गया,
'जननी कृतार्था' है हुई।
ओ विश्व की आशा, जगा तू अलख–
इस नरमांस पिच्छिल श्रीविहीन मसान में,
गा वह अमर संगीत
जिससे दम्भ हो लज्जित,
निराशा क्लान्त,
दमन विलुप्त,
शान्ति समृद्ध,
प्रेम प्रदीप्त।

[('विश्ववाणी', अक्टूबर 1944) प्रस्तुति : दिनेश शर्मा]

सात : मेरा स्वप्न

[जतारेके 'मदन सागर' की एक झलक]

स्वप्न देखा है,
अभी मैं हूँ खड़ा
गिरि-दुर्ग वेष्टित
एक शोभन ताल के तट पर
कि जिसके इर्द-गिर्द
विशाल गिरि-कान्तार में
लहरा रहे हैं
सघन वेणु-निकुंज,
बदरी-गुल्म,
खदिर-वनस्थली,
वनपनस के बहुझाड़,
जो कुछ योजनों तक
एक लम्बी पाँत में चलते गए हैं,
और उस हृद के
मनोहर विमल
घन मुकुराभ सुन्दर वारि पर
मँडरा रहे
टिट्टिभ कहीं,
तट पर
बिलखते चक्रवाक कहीं,
कहीं
जल केलि करते हैं
नवल कलहंस,
और सुदूर उस तट पर

उतरते स्वर्णमृग के झुण्ड
अति निश्चिन्त,
मानो है नहीं
भय का कहीं भी लेश।
सन्ध्या है उतरती आ रही,
गिरि शृंखला के निम्न तट को
छू रहा है
जरठ भास्कर का थका रथचक्र,
होता जा रहा है
लाल विस्तृत ताल
मैं हूँ मुग्ध,
चकित,
अवाक्!

—फिर हैरान होकर सोचता हूँ,
क्या कहीं वन-देवियाँ हैं
क्लान्ति-वारण के लिए उतरीं
मनोहर नीर में
जिनके मृदुल पद की महावर
फैलकर ही गाढ़ इतना कर सकीं
इस रंग को,
या दिग्वधू-जन की
कुसुम्भी साड़ियों की कान्ति
इसमें मिल गई है,
या कि सन्ध्या सुन्दरी ही
इस मुकुर में देखती निज रूप!

काली हो रही है रात।
ऊपर व्योम में है
चमकती तारावली,
शनि और गुरु के बिम्ब,
सुन्दर रोहिणी का शकट,
निर्मम काल-पुरुष-व्यूह,
नीचे झिलमिलाती ज्योति के संग

झूमते हैं लहरियों पर
सप्त ऋषि निश्चिन्त।
वन्य वराहगण द्रुत वेग से
हैं आते, कुतरते पंक पर के मुस्त,
पीते विमल जल,
अलमस्त से वे फिर लौटते हैं
देख छिछले स्थान—

यह लो!
लहरियाँ हिल गईं,
डूबे सप्त ऋषि के वृन्द,
फिर उठकर गिरे,
फिर उठे,
वृक्षों की हरिततर छाँह
कट-कट कर जुटी सौ बार!

—वह मछली
उछलकर
एक क्षण के ही लिए
कर गई
इस निस्तब्धता को भंग
एक छपाक से,
मानो किसी जलजाप्सरा ने
देखना चाहा मनोहर दृश्य था
गिरिपृष्ठ का,
पर देखकर मुझको
अचानक लाज से गड़ गई!

—मैं हैरान हूँ,
इतना मनोहर दृश्य भी भू-पृष्ठ पर होगा कहीं?
—वह दूर के अति
जम्बू वृक्ष के नीचे
मयूर-मयूरियों का यूथ
करता जा रहा है

और घनतर
नील बन के तिमिर को।

मैं जाग उठता हूँ
अचानक सुन मधुर केका—
कहाँ जाने न वे उड़ गए
सुन्दर ताल,
गिरि के शृंग,
वन के वृक्ष,
जल की अप्सरा,
तारावली की ज्योति!!
क्या कभी देखा कहीं है
यह मनोहर ताल,
मैं हूँ सोचता जगकर।
अचानक याद आता है
जताराका 'मदन सागर'
कि जिसकी लोल लघु-लघु उर्मियों में
स्नेह-आवाहन कभी अनुभव किया था
विन्ध्य गिरि के शृंग पर चढ़ कर,
—कि जिसके शिशिर-सीकर सिक्त
मृदुल समीर से
था प्राण शीतल हो गया,
मन में अजब मस्ती,
हृदय में एक नवल उमंग
बिजली की तरह थी छा गई—

अभिभूत-सा होकर
लगा था सोचने
कितने हज़ारों वर्ष का संघर्ष
गरबीले बुन्देले और चन्देले नरेशों का,
कि जिसके नीर के प्रतिबिन्दु में था
झलक उट्ठा
वक्ष-वेष्टित वर्म,
दृढ़तर मुष्टि-बद्ध कृपाण,

कन्धारूढ़ खरतर कुन्त,
बेपरवाह मस्तक पर सजे उष्णीष,
मुख पर हास्य,
तनु पर क्लान्ति,
निर्मल भाल पर श्रमविन्दु,
आँखों में अमर करुणा,
भृकुटि में तरल आकुंचन,
छबीले नौजवानों के!

लहू में जग उठा था
एक झंझावात,
मेरी कल्पना ने जब कि देखा
पत्थरों को फोड़
मृदुल तृणांकुरों के रूप में
मानो बुन्देली भूमि
बारम्बार
है यह घोषणा करती
कि देखो ये हमारे पुत्र हैं
जो छेदकर छाती
कठिन पाषाण की हैं फूटते,
जो खींच लाते भोग्य अपना
ताल से
पाताल के,
जिनके कुसुम के मुकुट पर
कितनी निकल आँधी गई,
पानी गया,
वात्या गई,
झंझा गई,
पर ये सदा उन्नत शिरा हैं,
अदमनीय,
अडोल!

आज मेरा चित्त
बहुत उदास है।

मैंने कि देखा है
मनोहर काव्य का
बस एक छिटका छन्द,
चिर सौन्दर्य नद की
एक भंगुर उर्मि,
नव-आनन्द-नाटक का
क्षणिक विष्कम्भ–
मेरा स्वप्न।

स्थान–शान्ति निकेतन।
समय–8 जनवरी, 1941 का ब्राह्म मुहूर्त।

●●●